衢江年鉴

2012—2014

YEARBOOK OF QU JIANG

《衢江年鉴》编纂委员会 编

方志出版社
Publishing House of Local Records

图书在版编目(CIP)数据

衢江年鉴．2012—2014 /《衢江年鉴》编纂委员会编
．— 北京 ：方志出版社，2018.2
ISBN 978-7-5144-2987-9

Ⅰ．①衢… Ⅱ．①衢… Ⅲ．①衢江区—2012-2014—年鉴 Ⅳ．①Z525.54

中国版本图书馆CIP数据核字(2018)第037939号

衢江年鉴（2012—2014）

编　　者：《衢江年鉴》编纂委员会
责任编辑：李志瑜
出 版 人：冀祥德
出 版 者：方志出版社
地址　北京市朝阳区潘家园东里9号(国家方志馆4层)
邮编　100021
网址　http: //www.fzph.org
发　　行：方志出版社图书经销中心
电话（010）67110500
经　　销：各地新华书店
印　　刷：杭州富春电子印务有限公司
开　　本：889×1194　　1/16
印　　张：34.25
字　　数：869千字
版　　次：2018年9月第1版　　2018年9月第1次印刷
印　　数：0001~1000册
ISBN　978-7-5144-2987-9　　定价：260.00 元

《衢江年鉴(2012—2014)》编纂委员会成员名单

主　任：赖瑞洪

副主任：郑志成

袁亚平

委　员：郑勇钦(区委办)

周　迅(区府办)

叶国祥(区委办)

姜志岳(区纪委〈监察局〉)

陈剑明(区委宣传部)

郭志强(区编委办)

陈根锡(衢江经济开发区)

宋志毅(区发改局)

周柏青(区交通运输局)

何亚明(区国土局)

黄良诚(区卫生计生局)

吴水标(区人力社保局)

李诗海(区统计局)

汪泉水(区农业局)

刘华新(区文广局)

郑耀富(区广电台)

何晓红(区档案局)

方渭泉(区人大机关)

许金铭(区政协机关)

吕信七(区府办)

徐桂明(区委组织部)

卢和邦(区委统战部)

陶水富(区委政法委)

李　青(区财政局)

胡水木(区经信局)

胡林生(区住建局)

方勇胜(区教育局)

金祖耀(区水利局)

陶海富(区民政局)

袁金培(区审计局)

江永华(区林业局)

谢根兴(区科技局)

梁忠进(区协作办〈招商局〉)

编纂委员会下设办公室，何晓红同志兼任办公室主任。

(区委办发〔2015〕98号文件)

编辑部成员名单

总　　审：方凌明

主　　编：何晓红

责任编辑：何晓红　汪雪珍　姚怡雯　吴英敏　徐理华

工作人员：连　琏　竺晏妮

编辑说明

一、《衢江年鉴(2012—2014)》以马克思列宁主义、毛泽东思想、邓小平理论、“三个代表”重要思想、科学发展观、习近平新时代中国特色社会主义思想为指导,坚持辩证唯物主义和历史唯物主义的立场、观点和方法。记载2012—2014年衢江区境内自然、政治、经济、文化、社会的基本情况和社会发展历程,为各级党政机关、研究部门和社会各界人士了解、研究、建设衢江提供丰富翔实的地情资料。

二、年鉴编纂执行《地方志工作条例》《地方综合年鉴编纂出版规定》《浙江省年鉴编纂业务规范细则》之规定,收录对象包括衢江区行政区划内的机关、团体、企事业单位和乡镇(街道、办事处)、驻衢江省部属等单位的信息资料,全面、系统、客观地记载2012年1月1日至2014年12月31日衢江区各项事业发展的基本情况和重大事件。

三、本年鉴以文字记述为主,辅以图、表、照。按类目、分目、条目三级结构层次设计,以条目为主要载体。全书设类目27个、分目162个、条目1195个,各层次以不同的字号和字体表示。条目是年鉴的基本单位,其标题以“【　】”引出,以便查阅。

四、年鉴初稿和资料,由全区各部门、乡镇(街道、办事处)、省市驻衢江区单位和市相关部门专人提供,经各单位负责人审定核实,经编辑部纂修统稿,再经衢州市地方志办公室和区委办公室、区政府办公室审核后定稿。

五、年鉴所刊数据,以区统计局提供的为准;区统计局没有的,则以职能部门提供的为准;封面图“市区快速通道”由区重点办提供。

六、年鉴文体,采用记述体。文字、称谓、数字、计量、纪年、标点符号等的使用,均按国家有关出版物书写规定。

2014年7月15日，中共浙江省委书记夏宝龙（右二）到衢江区调研城中村改造工作（区住建局提供）

2014年11月5日，浙江省省长李强（右二）到衢江区调研城中村改造工作（区住建局提供）

2013年12月11日，中共浙江省委常委、纪委书记任泽民（右三）在衢州市委书记陈新（右二）等陪同下到衢江区调研村级便民服务中心和村监会建设（区纪委提供）

2014年8月15日，中共浙江省委常委、省公安厅厅长刘力伟（中）视察衢江区横路办事处童何村文化礼堂（横路办事处提供）

2012年5月30日，中共衢州市委书记陈新（右二）到衢江区莲花镇调研基层组织建设工作

（区委宣传部提供）

2012年9月12日，衢州市代市长沈仁康（中）在衢江区全旺镇省级粮食功能区调研

（区委宣传部提供）

2014年11月15日，衢州市代市长杜世源（左三）等领导参加全旺镇陶谷三陶轩古名窑点火仪式（全旺镇提供）

2012年2月8日，中共衢江区委书记朱建华（中）和四套班子领导参加衢江经济开发区第一批重大项目集中开工仪式（区委宣传部提供）

2014年，中国工程院院士石学敏(右一)为衢江区题词并与区委书记吴江平(左)合影

(祝敏中　摄)

2012年5月28日，衢州市首座城市综合体项目——衢江东方广场开工典礼(区委宣传部提供)

2012年9月21日，浙江省林业厅厅长楼国华（右二）向衢江区区长鲍秀英（左二）授“浙江玫瑰之乡”牌匾

（区委宣传部提供）

2012年9月21日，大型系列主题公益活动“绿色中国行——走进衢江”暨第五届中国绿色宝贝、第二届中国玫瑰公主颁奖盛典（区委宣传部提供）

2014年5月11日，国际湿地公约履约办副主任严承高（左三）在区长赖瑞洪（左二）等陪同下指导衢江区乌溪江国家湿地公园试点建设（区林业局提供）

2013年12月26日，浙江新农都衢州批发市场开工仪式（区城投公司提供）

2013年12月28日，中国制浆造纸研究院衢州分院揭牌仪式

2013年5月22日，衢江区社会主义学院成立揭牌仪式（区委统战部提供）

2014年8月11日，全省首家"国家级摄影创作基地"落户衢江(祝敏中 摄)

2014年，"衢江今夏千人亲水游活动启动仪式"(区治水办提供)

2014年5月16日，衢江区第二十四次全国助残日捐赠仪式（区残联提供）

2014年9月28日，“淘宝衢州馆”入驻衢江新区
（区供销社提供）

2014年，衢江区第三届十大爱心模范颁奖活动（区委宣传部提供）

2014年，衢江爱心联盟第一次代表大会（祝敏中 摄）

2014年，樟潭街道胡金凤家庭被中宣部、全国妇联授予全国孝老爱亲“最美家庭”（区妇联提供）

2014年7月15日，衢江区首届自行车环保行启动仪式(区体育局提供)

2014年10月28日，塔山—莲花—十里丰城乡供水通水仪式(区水利局提供)

2014年，衢江区荣获中共浙江省委、浙江省人民政府颁发的银质“平安鼎”（2005—2013年度）（区政法委提供）

2012年，衢江区获“全国粮食生产先进县”称号（区农业局提供）

2014年，国务院授予湖南镇破石村全国民族团结进步模范集体称号（湖南镇提供）

衢江区“监地视频”帮教对接模式获“2014年中国（浙江）全面小康十大社会治理创新奖”（区司法局提供）

2013年12月28日，衢江区上海商会成立(区工商联提供)

2014年10月24日，衢江区杭州商会成立(区工商联提供)

浙江仙鹤特种纸有限公司(区经信局提供)

浙江志高机械股份有限公司(区经信局提供)

美卓矿机(衢州)有限公司(区经信局提供)

浙江夏王纸业有限公司(区经信局提供)

衢江区湖南镇食用菌精品园（区农业局提供）

衢江区杜泽镇循环农业生产基地（区农业局提供）

衢江区全旺镇火龙果基地（区农业局提供）

衢江区大洲镇狮子山村稻鳖共生基地（区农业局提供）

衢江区莲花省级现代农业综合区(区农业局提供)

2014年7月26日,衢江区泰华动物无害化处理厂投入使用(区农业局提供)

衢江区农产品质量检测中心(区农业局提供)

2014年12月26日，市区快速通道——机场北路建成通车（吕燕婷 摄）

2014年1月24日，衢江城区至西区26路公交新线开通（叶小斌 摄）

2012年5月28日，衢江区公路应急抢险中心成立（吕燕婷 摄）

2014年9月24日，衢江区首批公共自行车投入使用（吕燕婷 摄）

2012年12月，乌溪江国家湿地公园（试点）首次发现国家一级保护鸟类——中华秋沙鸭(钱惠康　摄)

衢江区上山溪山洪沟治理工程（区水利局提供）

环境整治后的衢江区邵源溪（周家乡提供）

衢江区下中洲堤防护岸工程（区水利局提供）

2014年9月2日，衢江区新入伍战士合影(王涛　摄)

2013年9月，衢江区第一初级中学启用(黄卿　摄)

2014年9月3日，衢州市副市长马梅芝（右）和衢江区委书记吴江平（左）为衢州市第二人民医院揭牌（区人民医院提供）

2014年12月，浙医二院衢州国际保健体检中心成立（右一为浙医二院院长王建安）

（区人民医院提供）

2013年12月28日，衢江区人民医院新院区投入使用（区人民医院提供）

2014年11月，衢江籍运动员胡邦达（中）获第四届健美操亚锦赛单人冠军（区体育局提供）

全国第九届残运会赛艇冠军——衢江籍运动员杨杰（区体育局提供）

2012年，衢州三中文嘉仪获全国健美操冠军赛暨联赛总决赛一级组女单冠军（衢州三中提供）

2014年8月5日，中央电视台拍摄全旺龙灯(雷文伟　摄)

2013年，衢江区云溪乡车塘村吴氏宗祠入选全国重点文物保护单位(邵秀清　摄)

2013年，灰坪乡千里岗游击区革命旧址被浙江省委、省政府列为第八批省级爱国主义教育基地。(区旅游局提供)

2014年，浙江省第三地质大队论证灰坪(洞青)天坑为“华东第一天坑”(柴子峰 摄)

总　目

Table of Contents

目 录

衢江区人大常委会

衢江区人民政府

政协衢江区委员会

民主党派

社会团体

法 治

军　事

基础设施

信息业

城乡建设与管理

环境　资源

农业　农村工作

工业经济

商贸　服务业

金融 财政 税务

经济管理与监督

教育　体育　科技　文化

卫生 计生

社会事务与管理

乡镇　街道

省、市驻衢江单位

附　录

索　引

解放思想　追赶跨越
为建设“五个衢江”而努力奋斗

——在中国共产党衢州市衢江区第十二次代表大会上的报告

朱建华

（2012年1月5日）

中国共产党衢州市衢江区第十二次代表大会，是衢江区走过建区十年创业历程，迈入“十二五”新征程的特殊年份召开的一次重要大会。大会的主题是：以邓小平理论和“三个代表”重要思想为指导，深入贯彻落实科学发展观，回顾总结第十一次党代会以来的工作，研究部署今后五年的奋斗目标和主要任务，团结带领全区各级党组织、广大党员和干部群众，解放思想，追赶跨越，为建设爱心衢江、创业衢江、实力衢江、绿色衢江、和谐衢江而努力奋斗。

一、过去五年的工作回顾

区第十一次党代会以来的五年，是应对挑战、经受考验的五年，更是逆势扬帆、后发崛起的五年。五年来，全区各级党组织以科学发展观为统领，全面实施“四大战略”、加快推进“三化建设”，团结带领广大党员和干部群众，迎难而上，克难攻坚，破难而进，顺利完成了十一次党代会确定的目标任务。

这五年，解放思想引领了追赶跨越。面对金融危机的严重冲击，区委始终保持清醒坚定，以解放思想为引领，深入开展“学习先进创新业、追赶先进比贡献”活动，通过“三上苏北”激发主体动力、凝聚追赶共识，形成了“解放思想、拉高标杆、追赶跨越、创先争优”的良好局面，综合实力显著增强，主要经济指标在全市实现争先进位。预计2011年，全区实现地区生产总值95亿元以上，地方财政收入4.7亿元以上，固定资产投资59.7亿元，外贸进出口总额4.1亿美元，农民人均纯收入8941元，分别是2006年的2.13倍、2.71倍、2.69倍、3.57倍和1.76倍，年均分别增长12.4%、22.1%、21.9%、29%和12%。五年来，先后荣获国家级生态示范区、中国高档特种纸产业基地、中国矿山装备制造业基地、全国粮食生产先进县、省文明城区、省基层低保规范化建设示范区和省教育强区等25项国家和省级荣誉。

这五年，转型升级取得了重大突破。面对经济发展与环境保护的双重挑战，区委深入学习实践科学发展观，通过十一次党代会和五次年中全会，先后作出“全力推进衢江工业经济新跨越”“深化工业立区、推进转型升级”“加快推进新型城镇化、建设创业型生态新区”和“发展现代农业、激发创业主体、建设美丽乡村”等决策部署，群策群力地推动了经济转型升级。跨入了工业化发展中期阶段，三次产业结构由25.1∶42.1∶32.8调整到17.2∶47.7∶35.1，人均生产总值从1400美元提高到3700美元。实现了工业主导产业转型提升，全面完成化工企业污染整治，持续推进钙产业污染整治和铅酸蓄电池行业整治，主导特色产业从“精细化工、造纸、电子、食品、钙业”向“高档特种纸、机械装备制造、区域特色产业和新兴产业”转变，其中两大主导产业产值年均增长30.9%。步入了现代农业园区化发展轨道，农业“两区”建设走在前列，创建省级现代农业综合区3个、主导产业示范区7个、特色农业精品园创建点14个和省级粮食生产功能区2个，成为省级生态循环农业示范县创建点。培育了第三产业新的增长极，衢州综合物流中心被列为全省首批现代服务业集聚示范区，汽车4S店集群项目列入省服务业重大项目计划，乌溪江湿地公园列入国家试点，成功创建国家水利风景区和天脊龙门、药王山国家AAAA级景区，第三产业年均增速高于GDP1.8个百分点。构筑了经济与生态互促共赢发展格局，生态环境质量保持全省前列，圆满完成节能减排目标任务。

这五年，项目推进实现了后劲增强。面对发达地区极化效应与中西部地区洼地效应的双重竞争，区委立足当务之急，着眼长远之计，把质量统率理念贯穿始终，发展后劲不断增强。在大干项目、干大项目中追赶发展。五年累计完成重点项目建设327个，完成投资124.9亿元；累计引进5000万元以上项目163个，亿元以上项目78个，实际到位资金148.76亿元。抽水蓄能电站等特大项目前期取得有效进展，杭长客专、衢江航运、西气东输等一批国家重大项目有序推进。在平台拓展、要素突破中追赶发展。基本形成较为完善的城乡规划体系，全区新增建设占用土地指标2520公顷、划定有条件建设区10833.33公顷。衢江经济开发区拓展了新的发展空间，五年累计增加招商熟地307.87公顷，完成东扩32平方千米规划并启动建设。在服务企业、推进创新中追赶发展。全区2000万元以上工业企业净增61家达104家，亿元以上企业净增14家达20家，其中10亿元以上企业2家。海力集团、志高机械被认定为国家高新技术企业，民心炭业获国家科技进步二等奖，志高机械全液压露天凿岩钻车被评为装备制造业重点领域国内首台(套)产品，佳成机械智能型节能变频螺杆式空压机被评为装备制造业重点领域省内首台(套)产品。

这五年，城乡统筹开创了良好局面。面对新城区和新农村建设的双重任务，区委着眼于城乡一体化发展，致力规划引领、要素统筹、项目推动，城乡面貌发生显著变化。建设了初具规模的滨江新城。实施“东扩、西连、南接、北跨”的城区发展战略，描绘了约70平方千米的城市蓝图，拉开了30平方千米城市发展框架。城市建设从框架型向功能型转变，衢州三中、区文化馆、实验小学等功能配套项目全面竣工，汽车4S店集群、二手车交易市场等产业项目异军突起，贯穿城区的23省道改建、百灵北路公铁立交、樟大公路等“南北大通道”建成通车，新城区“五纵五横”道路框架全面形成，樟潭防洪工程、市区快速通道、区人民医院异地扩建工程、城东污水处理厂等一批在建项目如期进展，圆满完成国家卫生城市、国家优秀旅游城市和国家园林城市创建任务。推进了惠及农民的美丽乡村建设。深入开展省级生态区创建，乌溪江水源污染治理持续推进，大力实施“千村示范、万村整治”工程，扎实推进“卫生洁化、道路硬化、饮水净化、环境绿化、村庄美化”。打造特色精品，建成茶坪村、东坪村等省、市级农家乐精品村，廿里镇、高家镇列入省级中心镇建设。农村住房改造有序推进，农村康庄工程实现全覆盖，等级公路通村率、硬化率和有线广播电视覆盖率均达100%，17.3万人饮水难问题得到解决。

这五年，和谐发展促进了全面进步。面对矛盾凸现期，区委着眼于构建和谐社会，着力改善民生，积极探索社会管理创新，形成了和谐发展的良好局面。农民增收步伐持续加快。深入实施低收入农户奔小康和乌溪江库区群众脱贫致富工程，基本消除家庭人均纯收入2500元以下农户，60%以上家庭人均纯收入达4000元以上，五年累计转移安置山区库区群众7000余人，乌溪江库区73%的农户家庭人均收入达到了全国平均水平。启动实施富民壮村强乡镇工程，来料加工、农家乐、现代农业和经商务工成为农民增收的主要渠道。城乡公共服务持续优化。完成学校布局调整，全面普及9年制义务教育，创设义务教育区域均衡发展共同体，获“中国地方教育制度创新优胜奖”，优质教育资源对外来务工者子女实行“零门槛、同待遇”。实施医疗卫生体制改革，健全城乡医疗卫生网络，成立浙医二院衢江分院，创设新农合单病种“限价服务”并被确定为浙江省农村卫生软科学研究项目。城乡低保、农村五保等弱势群体实现动态下的应保尽保，初步构筑较为完善的社会保险体系，创设了被《中国保险报》誉为全国三种模式之一的城乡居民社会养老保险服务合作模式。城乡居民住房保障、新型社会救助以及老年人、关心下一代、妇女儿童、残疾人、慈善等事业不断加强。“三车通三农”、文化“百千万”等工程持续推进，成功举办“绿色中国行——走进衢江”“巨星耀衢江、颂歌献给党”、纪念建党九十周年和建区十周年等重大活动。体育和人口计生工作取得积极进展。社会管理创新持续深入。建立“五大安全”责任体系，推进综治工作规范化建设，信访维稳、纠纷调处、治安防范、安全生产、应急管理等各项综治工作得到加强，依法严厉打击违法犯罪，连续五年被命名为省级“平安区”。继续强化群众工作理念，创新 “干部连民心、平安连万家”“三民工程”“网格化管理、多元化服务”等载体，构建“立足畅通渠道、致力解决问题”的信访工作机制和“上下联动、部门联动”的矛盾调处机制，完善全时监控、全域巡防、全民协防、自助联防、虚拟设防“五防”体系，形成了党委领导、政府负责、社会协同、公众参与的社会管理格局。

这五年，创先争优凝聚了衢江精神。面对不断变化的发展形势，区委以先进性教育、学习实践活动和创先争优活动为载体，扎实推进学习型、服务型基层党组织建设，把干部队伍和社会各界引领到爱心衢江、创业衢江、实干衢江建设上，连续两年涌现了“浙江骄傲——年度最具影响力人物”。区委自身建设不断加强。区委发挥统揽全局、协调各方的领导核心作用，区四套班子齐心协力，区人大依法监督力度明显加强，政府依法行政能力不断提高，政协参政议政水平显著增强。法检两院公正司法有效推进。统战工作成绩显著，民主党派、工商联和无党派人士作用充分发挥。工会、共青团、妇联等群团组织桥梁纽带作用充分体现。党管武装工作和国防后备力量建设扎实推进。民族、宗教、党史、保密、人才、老干部等工作得到了新加强。基层组织建设不断加强。圆满完成乡镇和村“两委”换届，平稳实现行政村规模调整和部分乡镇区划调整，新一届领导班子素质提升、结构改善、能力增强。深化“四民主两公开”等村民自治机制，创新党建工作“双向述职、民主评议”、村干部“绩效管理、辞职承诺”和“五日工作法”[①]等制度，大力发展村级集体经济，村级组织凝聚力、战斗力得到提升。干部队伍建设不断加强。党内民主建设和干部人事制度改革取得新进展，实现了干部竞争性选拔机制常态化、绩效考核评价机制系统化。深入开展干部作风建设年活动，创新了“一线工作法”“挂图作战法”、重点工作大督查等机制，建立了“持续突破、创先争优”示范点观摩、“流动红旗岗”等激励机制，各级各部门执行力不断提升。党风廉政建设不断加强。强化党性党风党纪教育，广大党员干部廉洁自律意识得到增强。认真落实党风廉政建设责任制，案件查办、效能作风建设和纠风治乱力度持续加大，农村基层党风廉政建设不断加强，基本建成具有衢江特色的惩治和预防腐败体系。深化廉政风险防控，突出对易发腐败的重点领域、关键岗位的监督管理，创建审计整改工作联动机制，强化中央新增投资项目和政府专项资金监管。

刚刚过去的2011年，是实施“十二五”规划的开局之年，也是建区十周年创业成果的检验之年。一年来，全区各级各部门坚定持续突破，奋力创先争优，实现了区委十一届九次全会确定的奋斗目标和“十二五”发展的良好开局。预计全区地区生产总值增长12%，地方财政收入增长31.7%，固定资产投资增长24.6%，社会消费品零售总额增长17%，外贸进出口总额增长42.1%，农民人均纯收入增长13%。区委主要抓了以下四个方面重点工作：一是以“三上苏北”推进创先争优。围绕巩固扩大学习实践和创先争优活动成果，进一步挖掘苏北崛起的根本经验并求学以致用，区委组织党政代表团第三次赴苏北学习考察，全面总结“三上苏北”的主要收获，系统提炼解放思想的新成果，为保持追赶跨越良好态势奠定了广泛的思想基础。二是以“八个突破”加快追赶跨越。围绕“区域发展目标化、发展工作项目化、项目工作指标化、指标工作考核化、考核工作激励化”，科学编制“十二五”规划，全面部署并扎实推进“土地要素、招商引资、税收增长、项目推进、城镇发展、富民壮村、服务环境、队伍建设”等八个突破，各项工作取得积极进展，为保持追赶跨越良好态势打下了坚实的工作基础。三是以“六大建设”创新社会管理。开展社会管理创新综合试点工作，创新一系列连民心、保平安、促和谐的工作机制，建立健全“大基层、大民生、大防控、大调解、大服务、大保障”等管理服务体系，促进了社会和谐，为保持追赶跨越良好态势提供了扎实的社会基础。四是以“建区十周年”弘扬衢江精神。以创新制度机制为抓手加强干部执行力建设，以学习“最美教师”为契机开展“五美四比三衢江”[②]活动，并通过建区十周年纪念活动，进一步提炼和弘扬新时代衢江精神，责任与爱心、创业与创新成为广泛共识，为保持追赶跨越良好态势凝聚了各界的工作合力。

五年的创业和探索积累了宝贵的物质和精神财富，激励我们事业不断向前进的经验启迪在于：第一，解放思想是事业向前进的重要法宝。坚持“一切立足干成、一切在于较真、一切皆有可能”，深化推进“上级政策具体化、外地经验本地化、本地工作特色化”，走出了一条思想引领务实创业的特色发展之路。第二，科学发展是事业向前进的根本要求。坚持“绿色发展、生态富民、科学跨越”，围绕主题主线，紧扣经济社会发展的关键环节，不断拉高标杆，坚定持续突破，形成了在转型升级中加速、在质量统率下扩量的良好发展态势。第三，创业精神是事业向前进的动力源泉。大力弘扬“忠诚、责任、激情、奉献”的新时代衢江精神，不断扩大了“干部创事业、百姓创家业、能人创实业、企业创新业”的全民创业格局。第四，民生至上是事业向前进的宗旨目标。践行“小财政、大民生”的理念，致力改善民生民计，创新服务民生、服务基层、服务群众的工作机制，形成了发展共推、成果共享、和谐共创的良好局面。第五，创先争优是事业向前进的旗帜标杆。用事业凝聚人心，用发展积聚力量，弘扬求真务实精神，保持真抓实干作风，促进了各级各部门奋力创先争优，推动了衢江各项事业不断前进。

回顾过去不平凡的五年，我们之所以能够经受复杂局面的考验、取得来之不易的成绩，主要得益于市委的正确领导，得益于市各套班子的关心支持帮助，得益于区四套班子的团结拼搏，得益于历届区委、区政府打下的良好基础和老同志的关心帮助，得益于各民主党派、各人民团体、各界人士和驻区各单位的大力支持，更得益于广大党员干部群众和各行业创业者的激情奉献和不懈努力。在此，我谨代表中共衢江区委，向所有为衢江发展做出积极贡献和关心支持衢江建设发展的各级领导、同志们和创业者们表示衷心的感谢，并致以崇高的敬意！

在看到成绩的同时，我们也要清醒地认识到发展中存在的问题和不足。最根本的是经济总量不大、发展质量不高，纵向比较有成绩，横向比较有压力。最突出的是发展空间不足，土地、资金、人才等要素制约加剧，整合要素能力亟待提升。最紧要的是民生改善压力加大、社会管理任务加重，社会各项事业发展的要求与经济实力不足的矛盾依然突出。最关键的是少数基层党组织建设薄弱，少数党员干部工作能力不足、精神状态不佳，与追赶跨越的责任担当还有明显差距。这些问题和不足，需要我们在今后工作中予以重点关注，并下大力气解决。

二、今后五年的工作任务

新的阶段，我们既面临严峻挑战，也面临着难得机遇。从国际看，国际市场将陷入低迷，传统行业产能过剩和新兴产业发展不确定性将长期并存，保护主义倾向将更加突出，但是这也蕴藏着推动经济转型升级、引进国外先进技术和国际高端人才、加快“走出去”、加强新兴市场拓展和合作交流等机遇。从国内看，中国经济下行压力加大，但是在较长时间保持平稳较快发展仍具备许多有利条件，经济转型升级更蕴藏着巨大发展潜力，特别是中央经济工作会议强调了稳中求进的工作总基调，牢牢把握扩大内需、发展实体经济、加快改革创新、保障和改善民生等“四个重大问题”，为今后经济工作指明了方向。从省内看，省委经济工作会议明确了“调结构、抓转型，重投入、兴实体，强改革、优环境，惠民生、促和谐”的发展思路，着力推进“三大国家战略”③和“山区经济示范区”建设，必将增强发展的稳定性、协调性、普惠性和可持续性。从我市看，工业化、城镇化、生态化一体推进，市委更加注重市区融合，更加注重转型升级，更加注重山区经济，更加注重项目投入，先进特色制造业集聚区、四省边际中心城市和生态富裕屏障正在加快形成。从我区看，人均GDP达到3700美元，已跨入工业化中期、城镇化加速期和生态化提升期，步入了经济社会发展“快车道”，同时也面临着资源要素更为紧缺、科技创新更为紧要、转型发展更为紧迫的局面。

可以判断，今后五年是我区加快转型升级的战略机遇期、奋力追赶跨越的持续发展期、化解要素瓶颈的关键突破期和社会管理创新的深化探索期。这五年，要素保障水平事关发展速度，科技创新能力事关发展质量，社会管理创新事关社会转型，民生建设力度事关和谐程度。这个阶段必须一手抓转型升级，一手抓改善民生，更加注重要素保障水平与追赶跨越目标相适应，更加注重科技创新能力与转型升级要求相适应，更加注重居民收入增长与经济发展速度相适应，努力保持经济平稳较快发展和社会和谐稳定，力争在追赶跨越上取得新进展，在转型升级上实现新突破，在改革创新上迈出新步伐，在民生改善上取得新成效，努力开创衢江科学发展新局面。

今后五年的指导思想是:以邓小平理论、“三个代表”重要思想和科学发展观为指导,深入贯彻落实中央和省市委各项决策部署,以继续“解放思想、拉高标杆、持续突破、追赶跨越”为总要求,深入实施“工业立区、商贸兴区、生态建区、特色强区”四大战略,联动推进新型工业化、新型城镇化和新农村建设,加快转型升级,增强发展活力,着力改善民生,繁荣文化事业,深化改革开放,创新社会管理,加强党的建设,推进创先争优,为建设“五个衢江”而努力奋斗。

贯彻落实这一指导思想,必须牢牢把握五个方面的总体要求:一是牢牢把握解放思想总开关,致力吐故纳新破僵化、兴利除弊求奋进,用创新的思路和办法解决前进中的困难。二是牢牢把握追赶跨越总要求,致力实干兴业、创业追赶、科学跨越,用发展的眼光和办法解决存在的问题。三是牢牢把握转型升级主基调,致力园区集聚、产业集群、发展集约,促进三次产业全面转型升级。四是牢牢把握有效投资主抓手,致力大干项目、突破要素瓶颈、优化创业服务,推进经济社会各项事业全面进步。五是牢牢把握群众至上出发点,致力改善民生、发展民主、促进民和、维护民安,让人民群众共享改革发展成果。

今后五年的总体目标是:建设“五个衢江”,与全省基本同步全面建成小康社会。

——建设爱心衢江。坚持以社会主义核心价值体系建设引领社会建设,广泛弘扬“忠诚、责任、激情、奉献”的新时代衢江精神,积极倡导广大干部群众做一个“有爱心、有责任心”的衢江人,使“友爱之心、向善之心、包容之心、感恩之心”成为党员干部和社会各界的共同追求,公民思想道德素质、法制纪律观念和科学文化素养进一步提高,干部评价指数、群众幸福指数和社会文明指数明显提升。

——建设创业衢江。创业平台加快拓展,三次产业平台进一步完善,要素保障能力基本满足创业需求,工业园区、新老城区、城市北跨区域、物流园区和现代农业园区成为发展的五个主要增长极,初步成为浙西先进制造业基地、四省边际重要物流中心、四省边际旅游胜地。创业机制更加完善,创业扶持政策体系基本完备。创业环境持续优化,“三亲理念”深入人心,“三企工程”深入推进,行政效能明显提升。创业精神广泛弘扬,形成崇尚创业、支持创业、保护创业的社会氛围。

——建设实力衢江。三次产业结构调整为9:51:40,地区生产总值、工业总产值、地方财政收入、固定资产投资、外贸进出口总额和社会消费品零售总额等主要经济指标实现倍增,到2016年,地区生产总值达到190亿元左右,工业总产值400亿元左右,地方财政收入10亿元以上,固定资产投资130亿元,外贸进出口总额8亿美元,社会消费品零售总额60亿元。

——建设绿色衢江。生态环境质量保持全省领先,森林覆盖率保持73%以上,出境水水质达标率达到100%,节能减排目标全面实现,成功创建省级生态区、省级森林城市和美丽乡村,力争完成国家级森林城市创建,乌溪江国家湿地公园成为全省重要的生态环境保护中心和休闲旅游基地,努力打造生态文明建设和山区经济发展的示范区。

——建设和谐衢江。城乡居民收入持续增加,农民人均纯收入年均增长10%以上。教育、卫生、文化、体育等社会事业全面发展,公共服务体系更加完善,社会保障体系更加健全。社会管理创新深化推进,民主法制建设更加深入,社会公平正义更加彰显,社会阶层关系更加密切,平安衢江建设再上新台阶。

围绕上述目标,今后五年的主要任务:

(一)立足科学跨越,加快经济转型升级

发展工业产业集群。要树立产业选择理念,建立产业筛选机制,努力打造高档特种纸、装备制造业、新兴产业和区域特色产业等“四大百亿”产业。做大做强主导产业。把高档特种纸和装备制

造业作为第一板块，在增量引进上优先供地，在存量提升上优先服务，加快建成亚洲最大的装饰原纸生产基地、全国知名的高档特种纸生产基地和先进矿山工程机械设备制造业基地，力争高档特种纸和装备制造业率先成为“两大百亿”产业。巩固和扩大差异化发展的竞争优势，大力推进技术创新和管理创新，注重高档特种纸裂变扩张和重组联合，拓展矿山机械产业的创新优势，培育高端数控成套装备产业，力争1家企业实现上市。培育提升特色产业。把新兴产业作为第二板块，大力发展新能源、新材料、新概念食品和核电关联产业等战略性新兴产业，加快形成工业经济新的增长点。把区域传统特色产业作为第三板块，重点推进钙产业改造提升、竹制品产业开发培育，注重与大企业大集团合作，推进优势资源的高效集约利用。注重产业高效低碳。实施工业园区生态化改造，推进节能减排低碳工程，构筑循环经济产业体系，引导企业推广清洁生产技术，建立健全落后产能退出机制，提升单位土地、单位能耗、单位排放的经济增长贡献率。

壮大三产新增长极。深入实施商贸兴区战略，健全服务业发展的领导体制和组织机构，明确发展目标和工作重点，完善政策措施和工作机制，力争到2016年城镇化率达38%，第三产业占GDP比重达40%。深化推进融合发展。主动推进市区联建，积极争取大型基础设施在更大范围内共建共享，适时启动下张、浮石等市区结合部开发建设，完成市区快速通道等市区连接项目，加快衢江航运、杭新景高速、汽车东站等项目建设，开展森林城市创建等“六城联创”。联动推进新城区和廿里镇、高家镇、莲花镇等重点镇建设，构筑“一核三副”的城镇发展格局。重点集聚城镇人口。加快构建城乡公共交通网，着力完善城市功能配套，建设“宜居、宜业、宜学、宜游”的衢江新城。完善和实施公共服务设施布局规划，完成区人民医院异地扩建工程，推进教育“三百工程”、衢州国际学校、农民安置小区等民生项目建设，逐步推进塔底片区、“一江两岛”“两江两岸”开发建设，建成较为完善的城镇基础设施、公共配套设施和商业服务设施。坚持新城区开发与城中村改造并举，改善农村居住条件，改善城区发展面貌，促进人气集聚。突出发展现代物流。把物流业作为现代服务业发展的关键，建立健全“大物流”组织领导机构，加快物流园区建设步伐，推进港区建设，完善设施配套，明确招商政策，引进和壮大一批物流业龙头骨干企业。规范和提升以上方镇为重点的农村物流，培育和发展以莲花镇为重点的农业物流，积极引导和鼓励制造业企业实行主副分离。大力繁荣城镇商贸。把专业市场建设摆在商贸业发展的首位，推进4S店集群项目建设，建成初具规模的浙西汽车城，加快市农副产品交易中心项目建设，谋划和建设生产资料专业市场。以中央商务区为载体建设高端市场，加快引进星级酒店和大型商场超市，引导和促进房地产业健康发展，积极发展金融业、建筑业。以创业街区和集镇商业街为载体，建设低门槛、低成本的商贸创业平台。

提升绿色生态经济。按照建设富裕生态屏障的要求，大力发展高效生态农业、山区生态经济和生态休闲旅游。做强生态高效农业。大力推进农业“两区”建设，加快构建“210”④现代农业发展体系。优化农业产业布局，加快粮食生产功能区块、果蔬花卉区块、畜禽养殖区块等现代农业产业带建设，打造集研发、生产、加工、休闲观光为一体的花卉产出区。提升农业经营水平，把省级现代农业综合区、粮食功能区等作为主平台，引进和培育新型农业主体，推广“东湖”模式、“产销班”模式等。推进农业清洁化生产，建立生态循环农业示范体系，积极创建省级生态循环农业示范区。壮大山区生态经济。抢抓“山上浙江”建设机遇，树立经营山水理念，大力培育发展“林下经济”⑤，重点推进竹产业提升工程，加快发展竹产品深加工业，提升发展名优茶、山地蔬菜、食用菌、油茶等山区特色产业。以乌溪江国家湿地公园和乌溪江水利风景区建设为主要载体，保护水资源，发展水经济，积极构筑水资源综合开发的完整产业链。提升生态休闲旅游。加快完善旅游业发展规划，分片整合衢南区块和衢北区块的旅游资源，分类整合山水资源、产业资源和文化资源，重点开发多层次、主题化的乡村旅游产品。加大主题设计、人员培训、市场营销等方面支持力度，重视原生态、古村落、古民居等资源保护和旅游交通提升，积极发展自驾游、体验游、探险游、修学游等新业态旅游。

（二）立足加速追赶，增强经济发展活力

主攻要素保障。要把握经济工作主动权，整合要素，挖掘要素，盘活要素，为追赶跨越提供保障。加快拓展产业平台。坚持把拓展工业平台作为主攻要素保障的重中之重，全力推进衢江经济开发区东扩，加快乡镇工业功能区建设，探索实践"飞地经济"模式⑥。完善城镇规划体系，适时启动城市"北跨"工程，组建各类开发投资公司，统筹推进新城区、物流园区、重点集镇和旅游景区等三产平台建设。完善农业"两区"设施配套，提升园区层次品位。加强土地资源开发。坚持农村土地资源开发与推进新农村建设相结合，加大农村土地综合整治力度，推进低丘缓坡开发利用。深化农地流转制度改革，不断提高土地承包经营权流转率。建立土地要素统筹调配机制，实施项目比选供地机制，健全节约集约用地考核评价体系。完善金融支持体系。加强政府融资平台和企业融资平台建设，完善中小企业信用担保体系，鼓励行业协会建立互助基金，构建符合中小企业融资需求的金融支持体系。以深化企业用工服务为切入点，完善企业劳动力保障机制。

夯实追赶基石。要把握有效投资的主抓手，深化招商选资，强化项目建设，优化企业服务，为追赶跨越夯实基石。深化招商选资。全面对接"浙商回归"工程，大力引进高档特种纸新品、特种纸后加工、工程机械、高档数控机床等成套装备及新兴产业的"五好"项目，注重引进农产品加工企业、大型物流商贸企业和知名旅游企业。坚持定性定量并举招商，推进全民招商向产业招商、专业招商、以商招商转变。深化项目落地决策咨询机制，完善项目评估筛选制度。强化项目建设。按照"保投资总量、保建设时序、保竣工投产、保前期转化"的要求，深化落实挂图作战法、千名干部联项目和重点项目建设白皮书等制度，构建"全员抓项目、全程抓服务"的常态化工作机制。持续加大重点项目推进力度，确保五年实施区级以上重点项目300个以上、完成投资300亿元以上，重点抓好抽水蓄能电站等特大项目前期和一批国家、省市区重点项目建设。优化企业服务。以"三企工程"为载体，提升企业服务效率，促进企业转型发展。深化龙头企业壮大工程，培育一批主业突出、行业领先、核心竞争力强的大企业。深化中小企业培育工程，建立科技型、创新型中小企业培育孵化机制。深化低效企业提质工程，探索建立以亩产税收为标准的末位淘汰制，力争三年内基本完成闲置、半闲置土地清理，基本消除亩均税收万元以下的低效工业企业。鼓励发展外向型经济，努力保持外贸进出口快速增长的势头。

突出创新驱动。要把握经济发展规律，加快推进科技创新和制度创新，为追赶跨越提供强大动力。实施人才战略。牢固树立人才资源是第一资源的理念，以提升自主创新能力为核心，以促进主导产业发展为重点，创新人才工作机制，构建政策支撑体系，制订出台人才奖励办法和加快创新型、紧缺型人才引进培养的政策意见，开通人才服务"绿色通道"，探索政企联动建设人才公寓，积极创建院士、博士工作站和高等院校毕业生实践基地。强化科技支撑。加快技术创新体系建设，积极引进主导特色产业的共性研究机构，探索与高校院所合作建立企业诊断服务中心。深入实施企业创新工程，评选一批创新型示范企业，建设一批企业技术中心，实施一批技术创新项目，开发一批高新技术产品。注重制度创新。深化投融资体制改革，引导和规范民间融资行为。加快农村产权制度改革，开展村组织合作社股份制试点，积极探索集体经营性建设用地使用权、农村房屋产权流转，推进宅基地换城镇住房试点和扩面工作，实施城乡户籍制度改革。深化行政审批制度改革，完善“两集中两到位”运行模式并发挥积极作用。

（三）立足协调发展，致力构建和谐社会

优先保障和改善民生。牢固确立“小财政、大民生”理念，以富民惠民十大工程⑦为主要抓手，着力保障和改善民生。促进城乡居民增收。深入推进富民壮村强乡镇工程和低收入农户奔小康工程，提升一批规模化、机械化、品牌化的来料加工基地，发展一批特色化、标准化、组织化的休闲农家乐，建造一批乡村创业点。完善公共就业服务体系，推进“充分就业村”建设，健全就业再就业援助体系。积极开展创业型城市创建，深入实施农民创业行动计划，健全创业扶持政策。深化美丽乡村建设。全面落实“10(建制镇)+40(中心村)+160(发展村)”布局规划，以“两圈三走廊”和文明生态示范带建设为重点，培育一批创业增收、休闲旅游、环境优美、特色文化、和谐文明的特色精品村，建设一批人口集中、产业集聚、土地集约、功能集成的美丽中心村。继续完善基础设施，把水利作为优先领域，全面推进病险水库除险加固、干堤加固、小流域治理和农田水利建设。整体推进环境综合整治，科学划定饮用水源保护区，加快城乡供水一体化建设，加大畜禽、水产养殖污染等防治力度。积极建设森林衢江，推进生态示范乡镇、村创建。积极发展民生事业。加快完善覆盖城乡的社会保险体系、新型社会救助体系和住房保障机制，重点健全城乡居民基本养老和基本医疗保障体系，扎实推进农村危旧房改造，积极推进残疾人共享小康工程，支持发展慈善事业。强化教育资源整合，全面普及基础教育，重视发展各类教育。深化医药卫生体制改革，完善医疗卫生服务体系，推进基本公共卫生服务均等化。健全突发公共卫生事件应急机制。深入实施农民健康工程，积极发展体育事业。加强人口和计划生育工作，重视保护妇女儿童权益，关心下一代成长，注重发展老龄事业。

大力发展和繁荣文化。全面贯彻十七届六中全会精神，更加注重以文化人、以物载文、以文惠民，发展爱心文化、创业文化、传统文化和生态文化。大力建设爱心文化。把爱心衢江建设作为推进社会主义核心价值体系建设的主要载体，制订出台爱心衢江建设实施意见和爱心文化建设行动纲要，加强社会主义荣辱观和社会公德、职业道德、家庭美德、个人品德等主题教育，高度重视未成年人思想教育，创建一批爱国爱家爱岗教育基地。大力弘扬以铜山源和乌引工程建设、“二次创业”和“三上苏北”为主轴的创业文化，推出一批各行各业先进典型，每年开展爱心模范、创业模范和实干模范评选活动。积极发展文化事业。坚持规划引领、政策扶持、项目带动，深入开展省级文明城区和文明集镇创建，统筹推进城乡文化设施建设。深化文化研究与保护工程，健全文化创作扶持和激励机制。加强基层文化阵地建设，开展广泛多样的群众文化娱乐活动。重视做好外宣、广播电视、新闻出版、党史档案等各项工作。注重培育文化产业。出台文化产业发展政策，积极引进文化龙头企业，建设文化产业项目，加快培育文化创意、动漫游戏、数字传媒等文化产业。注重以文化创意推进产业延伸，加强特种纸、机械装备、竹炭等产业文化的研究开发。结合“绿色中国行”活动，每年举办衢江玫瑰产业文化节，以此带动现代农业和产业文化的发展与繁荣。

加强和创新社会管理。激发社会活力，维护社会稳定，促进社会和谐。健全民主法治。坚持和完善人民代表大会制度，进一步落实人大及其常委会依法行使重大事项决定权和监督权。坚持把政治协商纳入决策程序,进一步发挥人民政协的政治协商、民主监督、参政议政职能作用。加强新时期统一战线工作,充分发挥民主党派、工商联和无党派人士作用,认真做好民族、宗教、外事、侨务和对台工作。支持人民法院和人民检察院独立行使审判权和检察权。充分发挥工会、共青团、妇联等人民团体的桥梁纽带作用。重视国防后备力量建设,巩固扩大"双拥"成果。强化源头治理。坚持科学民主决策,落实重大事项社会稳定风险评估机制。深化法治衢江建设,推进依法行政,维护司法公正,依法保障公民权益。深入开展"六五"普法,增强全民法制观念。普及全民防灾减灾知识,提高综合防灾减灾能力。深化拓展民生服务,积极探索社会化服务机制。夯实基层基础。强化群众工作理念,以"干部连民心、平安连万家"为载体,深化"三民工程"和"网格化管理、多元化服务",创新和规范村民自治机制,强化社区自治服务功能,把矛盾纠纷化解在萌芽。深化基层平安创建,推进基层综治工作规范化建设。高度重视互联网管理,强化舆情引导。充分发挥工会作用,建设和谐劳动关系。创新管理机制。加强"大基层、大民生、大防控、大调解、大服务、大保障"等管理创新体系建设,健全群众诉求表达、矛盾调处、权益保障、应急管理和公共安全管理等机制。全面做好政治安全、信访安全、治安安全、生产安全和公共安全等各项工作,高度关注社会热点问题,切实加强流动人口、特殊群体等重点对象和食品药品安全、企业安全生产等重点领域的管理服务,依法严厉打击违法犯罪,不断提高群众安全感和满意度。

三、全面加强党的建设

事业成败,核心在党,关键在人。要巩固扩大三次解放思想的风暴洗礼着广大干部队伍的各项成果,着力吐故纳新破僵化、兴利除弊求奋进,继往开来,创先争优,为建设"五个衢江"提供坚强有力的组织保障。

(一)深化解放思想,加强思想政治建设。认真贯彻落实胡锦涛总书记建党九十周年大会重要讲话精神,保持理论清醒、政治坚定,不断提高科学研判形势、驾驭市场经济和应对复杂局面的能力。加强社会主义核心价值体系建设,深入开展各类主题教育活动,不断提高党员干部的政治素质和道德修养。巩固扩大"三上苏北"解放思想活动成果,按照"一切立足干成、一切在于较真、一切皆有可能"的要求,旗帜鲜明地鼓励改革创新、支持实干兴业、宽容探索失误,激励广大党员干部在观念更新中敢为人先,在破解难题中奉献责任,在干事创业中争当先锋,保持追赶的状态,促进经济社会平稳较快发展。

(二)激发各方活力,加强基层组织建设。按照"推动发展、服务群众、凝聚人心、促进和谐"的要求,全面加强机关、企业、农村、社区、新经济组织和新社会组织等领域党的建设,实现党的组织和党的工作全覆盖,增强基层党组织生机活力。深入推进学习型和服务型基层党组织建设,探索建立党员长期受教育的机制,推动各级党员干部向标杆看齐、向先进学习。继续加强领导班子和干部队伍建设,深化推进干部人事制度改革,健全完善干部考核评价体系,注重选拔在攻坚克难第一线、善于破题担责任、甘在基层做贡献的优秀干部,努力打造一支推动发展有能力、促进和谐有实效、对待群众有感情的优秀干部队伍。高度重视乡镇(街道)党(工)委和村(社区)党支部建设,加强农村党员的发展、教育和管理工作,不断提升基层党组织的凝聚力和战斗力。加强党管人才工作,为发展提供支撑。重视培养女干部和党外干部,关心老干部政治和生活待遇。

(三)服务人民群众,加强干部作风建设。坚持以党风带政风促民风,按照"领导带头、向我看齐,干部带头、从我做起"的要求,持续推进干部作风建设和重点行业作风建设,推动各级党员干部带着感情、带着敬畏、带着责任做好群众工作,努力培育与党的优良传统相承接、与爱心衢江实践相符合的好作风。坚持以创业论英雄、以实干比才能，引导广大党员干部在“三民工程”“三企工程”等活动中创事业、比贡献，努力打造一支“德才兼备、智勇双全”的干部队伍。加强干部执行力建设，对贯彻落实区委、区政府重大决策部署中消极应付、推诿扯皮、敷衍塞责的，对来访和办事群众态度恶劣、故意刁难、索要财物和接受吃请的，实行严肃的问责。

（四）勇于克难攻坚，加强制度机制建设。认真贯彻民主集中制原则，完善领导班子议事规则和集体领导下的个人分工负责制，积极发展党内民主，认真执行党代表任期制，健全党内情况通报制度。坚持发展工作项目化，把走进矛盾、破解难题作为一种要求，每年梳理排出一批重点工程和重大项目，明确责任单位和完成时限，形成重点项目克难攻坚的常态化机制。坚持把工作绩效与干部的“面子、票子、帽子”相挂钩，围绕办事提速、服务提质、工作提效，继续深化“一线工作法”“持续突破、创先争优”观摩制度等工作推进机制，完善“以目标倒逼进度、时间倒逼程序、民意倒逼部门、督查倒逼落实”的工作倒逼机制，落实“队伍进修班”和“流动红旗岗”评比等激励机制。

（五）坚持从严治党，加强党风廉政建设。始终把党风廉政建设摆在十分重要的位置，认真贯彻落实《廉政准则》，严格执行党风廉政建设责任制，加快完善惩治和预防腐败体系。深入开展党性党风党纪教育，健全廉政教育长效机制，推行党风廉政巡查制度，提高党员干部拒腐防变的意识和能力。健全权力运行监督机制，加强对领导机关和领导干部、重点领域和关键岗位的监督。加强农村基层党风廉政建设，健全农村集体“三资”管理机制，全面推进各级党务政务公开、村务公开和财务公开，提高基层权力运行透明度。始终保持惩治腐败的高压态势，严肃查办各类违纪违法案件，坚决纠正损害群众利益的不正之风，以反腐倡廉建设实际成效取信于民。

四、2012年的工作重点

2012年是区委换届后的第一年。新的一年，全区各级各部门要遵循“土地活、全局活，资金通、血脉通，平台大、产业大，招商进、指标进，项目足、后劲足，转型快、发展快，商贸兴、城镇兴，农业优、前景优，基础稳、社会稳，队伍强、全区强”的工作要求，立足新起点，谋求新业绩，迎接十八大。2012年全区经济社会发展主要目标：全区生产总值增长11%，力争 12%；地方财政收入增长16%，力争20%；固定资产投资增长18%，力争22%；社会消费品零售总额增长15%，力争17%；外贸进出口总额增长18%，力争20%；农民人均纯收入增长11%。重点抓好以下八项工作：

1. 突破要素制约，增强经济发展支撑力。拓展工业平台，做好开发区东扩32平方千米布局规划，完成一期100公顷配套建设并启动二期用地报批征用。盘活土地要素，拓展增量、挖掘存量，全年供应熟地66.67公顷以上，实施低丘缓坡开发266.67公顷、农村土地综合整治133.33公顷以上。服务企业融资，深化银企对接，落实企业贷款周转金、中小企业贷款风险补偿制度，创新企业融资担保模式，完善中小企业信用担保体系。

2. 加快项目建设，增强有效投资驱动力。深入开展“扩大有效投资突破年”活动。完善招商引资考核机制，突出效益导向，注重引进“五好”项目。围绕78个区级重点建设项目，加快逸达电器、民德纸业等产业性项目建设，推进杭长客专、衢江航运等项目征迁工作。探索重点项目“挂牌招才”制度。对应国家、省各项投资政策，谋划和储备一批大项目、好项目，重点做好抽水蓄能电站等特大项目前期工作。

3. 推进转型升级，增强工业核心竞争力。做大做强主导产业，着力提升特色产业，培育发展新兴产业，推进上方钙产业转型提升。突出抓好节能降耗工作,加强重点企业监管,加快淘汰落后产能。深入实施"龙头企业壮大、低效企业提质、中小企业培育"工程,深化"三企工程",帮助企业解决实际问题。落实低效企业帮扶措施和奖惩政策,大力推进企业"腾笼换鸟"。

4. 突出市区一体,增强滨江新城集聚力。完善城市道路管网、公共服务设施等专项规划和中央商务区、塔底片区等规划设计。加快市区快速通道、樟潭防洪工程、区人民医院异地扩建工程等项目建设,全面启动城中村改造。繁荣城市经济,积极引进商场、超市、餐饮等配套项目,启动中央商务区项目建设。强化城市土地营运,依法依规加大工(综)改商处置力度,有序推进城区综合用地开发建设。深化"六城联创",积极开展森林城市创建。开展北跨区块重大基础设施和配套建设工作的研究。

5. 建设美丽乡村,增强农村发展内生力。提升发展现代农业,完善农业"两区"设施配套,推进土地规模流转,加大现代农业招商力度。多措并举拓宽富民壮村渠道,以省特扶项目、低收入农户奔小康工程、杭州市结对帮扶等为载体,加快村级创业点建设。着力优化农村环境,推进云十线、石安环线等沿线环境综合整治,实施"村道硬化、污水治理、垃圾处理、卫生改厕、村庄绿化",建设一批生态优良、环境优美的美丽乡村。

6. 致力改善民生,增强为民服务保障力。落实新一轮就业再就业政策,扎实推进城乡居民社会养老保险,完善医疗保险政策,全面实施社保卡制度。健全被征地人员基本生活保障制度。推进教育"三百工程",做强做优城区教育,加快城乡公办幼儿园建设。稳妥推进新医改工作。弘扬"最美教师"精神,深入开展"五美四比三衢江"活动。牢牢把握文化普查、规划制定、政策扶持、项目带动和工作考核五个环节,加快推进文化阵地和文化设施建设。举办衢江玫瑰产业文化节。

7. 促进社会和谐,增强社会管理创新力。全面开展"社会管理创新基础年"活动,深化全市社会管理创新综合试点工作,深入推进"三民工程"和"网格化管理、多元化服务"。坚持以群众工作统揽信访工作,扎实做好初信初访,把矛盾纠纷化解在基层。继续完善维稳工作机制,加强政法综治基层基础建设,完善社会治安防控体系,依法严厉打击违法犯罪,切实加强安全生产监督管理。

8. 加强党的建设,激发创先争优原动力。深入学习贯彻党的十八大精神,开展"加强纪律性、事业向前进"主题教育活动,坚定各级党员干部的理想信念、发展信心和追赶决心。加强干部队伍建设,完善干部考核评价体系。高度重视基层党建工作,深入推进学习型和服务型基层党组织建设。深入开展"行政效能提升年"活动,着力"治庸、治懒、治散",开展"比技能、比作风、比业绩、比奉献"竞赛,提升工作执行力。加强党风廉政建设,不断推进源头预防和治理腐败工作。

展望未来,我们的事业任重道远,使命光荣艰巨,前景充满希望。让我们在省委、市委的正确领导下,高举邓小平理论和"三个代表"重要思想伟大旗帜,深入贯彻落实科学发展观,解放思想,追赶跨越,为建设"五个衢江"而努力奋斗!

政府工作报告

——在衢州市衢江区第十四届人民代表大会第一次会议上

衢州市衢江区代区长　鲍秀英

（2012年2月8日）

一、过去五年政府主要工作回顾

区十三届人大一次会议以来的五年，是全区上下克难攻坚、创业追赶的五年，也是我区发展速度最快、质量最好、城乡面貌变化最大、人民群众得实惠最多的时期之一。五年来，本届政府在上级党委、政府和区委的正确领导下，团结和带领全区人民，坚持以邓小平理论和“三个代表”重要思想为指导，全面贯彻落实科学发展观，沉着应对金融危机等宏观形势的重大挑战，经受特大洪水等自然灾害的严峻考验，深入实施“四大战略”，加快推进“三化建设”，综合实力显著增强，主要经济指标实现翻番，全市综合考核争先进位，胜利完成本届政府确定的主要目标任务。2011年，实现生产总值99.37亿元，年均增长12.4%，人均生产总值从1405美元提高到3857美元；财政总收入和地方财政收入分别达到7.24亿元和4.74亿元，年均增长20.2%和22.3%，2010、2011连续两年地方财政收入净增1亿元以上；固定资产投资58.26亿元，年均增长21.3%；外贸进出口总额4.1亿美元，年均增长28.9%；社会消费品零售总额28.26亿元，年均增长16.3%；农民人均纯收入9225元，年均增长12.7%；节能减排目标任务全面完成。连续五年被评为全省“平安区”，生态环境全省领先，人民群众满意度、幸福感进一步提升。

五年来，我们致力于加快发展，经济实力在转型升级中再上台阶。始终把优化结构作为转型升级的关键之举，加快转变经济发展方式，农业比重降至20%以下，工业经济占据近“半壁江山”，服务业异军突起，三次产业结构由25.1∶42.1∶32.8调整为17.7∶47.3∶35。

工业经济扩量提质。坚持“工业立区”，合力兴工扶工，不断加快质量统率下的总量扩张，实现了从“2+6”资源优势产业向“3+新”主导新兴产业的转变，工业主导地位进一步确立，跨入了工业化中期阶段。建立健全促进工业转型升级的政策体系，大力推动产业集群发展，高档特种纸、机械装备两大主导产业规模产值达43.25亿元，占规模工业总产值的45.4%，被授予中国高档特种纸产业基地、中国矿山装备制造业基地、中国碳酸钙之乡和浙江省首批特种纸产业示范基地。深入实施龙头企业壮大、低效企业提质和中小企业培育“三大工程”,落实“百名局长联百企”、清费减负等措施,帮扶企业做大做强,仙鹤特种纸、夏王纸业产值双双突破10亿元,全区2000万元以上企业净增61家、达到104家,亿元企业净增16家、达到22家,规模工业总产值达到95.18亿元,年均增长23.9%。完善落实促进企业自主创新政策,新增国家高新技术企业4家、专利授权340项,省级名牌产品9个、著名商标9个,志高全液压露天凿岩钻车、佳成机械智能型空压机分别被认定为国内和省内首台(套)产品,民心炭业科企合作项目获国家科技进步二等奖,雁杰模板进入奥运鸟巢。扎实推进质量强区建设,夏王纸业、海力集团荣获市政府质量奖,现代炭业等4家企业参与制(修)订国家标准。建筑业取得跨越发展,2011年建筑业产值超35亿元,年均增长32.6%。

现代农业快速发展。坚持以工业化理念发展现代农业,走园区化、规模化、产业化之路,实现了从四大主导产业向“210”现代农业发展体系的转变,农业“两区”建设走在省市前列。出台支持现代农业园区发展政策意见,成立衢州农业对外综合开发区管委会,建成莲花镇东湖畈、全旺镇全旺畈2个省级粮食生产功能区,启动建设省级现代农业综合区3个、台湾农民创业园1个、主导产业示范区7个、特色农业精品园14个,累计完成基础设施投入2.1亿元。积极发展花卉、果蔬等新兴产业,流转土地5400公顷,全区新增钢架大棚124万平方米,新建精品花卉苗木基地433.33公顷、果蔬基地1466.67公顷、水产基地133.33公顷,“万元田”达到2000公顷。大力培育现代农业经营主体,创新推广“产销班”等新型农民合作模式,引进九九红玫瑰、宝岛生物科技、杭莲设施农业、龙海蔬菜等农业龙头企业53家,发展农民专业合作社1005家。改造提升粮食、生猪、柑橘、毛竹等主导产业,粮食生产保持稳定,五次被评为全省粮食生产先进区,2007年被评为全国粮食生产先进区,先后荣获中国竹炭之乡、中国椪柑之乡、全国生猪调出大县等称号。

服务业壮大提升。立足“衢州东区、工业基地、物流中心、旅游胜地”发展定位,出台促进服务业加快发展的政策措施,实现了从农村传统服务业向城市现代服务业的转变,“商贸兴区”战略全面确立,服务业增加值年均增长14.4%。加快发展现代物流业,衢州综合物流中心被列为全省首批现代服务业集聚示范区,无水港、市级粮库建成使用,农贸城迁建项目有序推进。积极发展商贸业,新建改造浙汇农城、莲花等农产品交易市场4个,建成二手车等专业市场2个;省服务业重大项目浙西汽车城基本建成,宝马、奥迪、别克等一批知名品牌汽车4S店开张营业,成功举办两届汽车展销会。大力发展旅游业,乌溪江湿地公园列入国家建设试点,成功创建乌溪江国家水利风景区和天脊龙门、药王山国家AAAA级旅游景区,2011年实现旅游总收入12.8亿元,年均增长23.4%。培育发展金融业,上银村镇银行和鸿基、民丰2家小额贷款公司相继开业,金融服务业态不断丰富,2011年,全区实现存贷款余额142亿元,年均增长19.9%。繁荣发展房地产业,新建鑫业晶典、府东苑、铂金府邸、君悦东方等一批房地产项目,完成房地产投资17.34亿元、开发面积100.57万平方米。

五年来,我们致力于大干项目,发展后劲在强化投入中不断增强。始终把项目投资作为发展经济、改善民生的重要抓手,坚持大干项目、干大项目,不断增强发展后劲。

招商引资成效显著。坚持把招商引资作为“一号工程”,创新招商方式,组建产业招商局,完善招商激励机制,拓展招商领域,突出“招大、引强、选优”,招商引资取得重大成效。累计引进5000万元以上项目163个,实际到位资金148.8亿元，其中亿元项目78个，工业项目单体投资从1328万元提高到1.2亿元。出台促进外向型经济发展政策，累计实际利用外资2881万美元。推进山海协作，加快借力发展，鄞州工业园、民建创业园建设成效明显，杭州市结对帮扶工作不断深化。

项目推进持续突破。全面推行“挂图作战”工作机制和“持续突破、创先争优”观摩制度，深入开展项目攻坚活动，比学赶超推进项目建设，累计实施区级以上重点项目327个，完成投资124.9亿元。市区快速通道、樟潭防洪工程等一批重大基础性项目快速推进，衢州三中、文化馆等一批重大民生性项目建成使用，娃哈哈、都邦药业、五洲纸业等一批重大产业性项目竣工投产，创造了项目推进的“衢江速度”。高度重视项目谋划和申报争取，积极开展重大项目库建设，争取省市专项资金28.23亿元，区人民医院异地扩建、城东污水处理厂等6个项目列入省重点建设计划，总投资达14.1亿元。

平台要素有效保障。推进衢江经济开发区整合提升，成功调整部分乡镇行政区划，开发区东扩取得重大突破，打开了新的发展空间，累计开发面积307.067公顷、基础设施投入4.5亿元；廿里、上方、大洲工业功能区先后被列为省级小企业创业基地，“1+3”工业发展空间体系基本建立。深入实施“两服务两提升”，开发区盘活闲置土地（指标）112.53公顷，投资强度和亩均税收分别从106万元、2.18万元提高到218万元、3.75万元。加大批地征地供地力度，完成用地报批1033.33公顷、征地573.6公顷、供地421.2公顷和低丘缓坡（低次园地）开发1866.67公顷、建设用地（宅基地）复垦352.47公顷，新增招商熟地307.87公顷。探索政银企合作模式，建立金融联席会议和企业还贷周转金制度，定期举办银企对接会，累计帮助企业转贷2.95亿元。加强科技人才保障，2011年全区财政科技投入达2720万元，年均增长24.1%。

五年来，我们致力于统筹协调，城乡建设在融合发展中扎实推进。始终把城乡一体、融合发展作为加快推进新型城镇化的着力点，统筹推进城市、农村和生态建设，城乡面貌深刻变化。

城镇发展加快推进。强化规划引领，完成衢江分区规划、城乡一体化规划和乡镇总体规划修编，城区控制性详规实现全覆盖。大力推进滨江新城建设，实施“东扩、西连、南接、北跨”发展战略，描绘了70平方千米的城市蓝图，建成区面积从4.68平方千米扩大到5.58平方千米，实现了从框架型向功能型的转变，城市“靓丽雏形”显现。加快市政功能和公共服务配套，市民广场、实验小学、信用联社大楼等一批功能配套项目建成，城区公共交通、绿化亮化、污水管网等基础设施进一步完善。城区主干路网基本建成，23省道、百灵北路公铁立交、樟大公路建成通车，实现了以城区为中心的南北交通大贯通。稳步推进“工改商、综改商”，完成处置面积30.53公顷，实施“百幢高楼工程”，建成高楼11幢、在建26幢、已批待建55幢。成功创建国家卫生城市、国家优秀旅游城市、国家园林城市和省级文明城区，城市品位明显提升。加快中心镇、重点集镇开发建设，廿里、高家被确定为省级中心镇，上方、湖南等8个市级文明集镇创建工作扎实推进。

农村面貌明显改善。深入推进村庄整治，完成整治村361个，创建省市级全面小康建设示范村22个，开展廿项线、药王山沿线等连线成片整治，农村面貌明显改观。加快农村社区建设，村级便民服务中心实现全覆盖，建成云溪胡山村、杜泽文林村等市级示范便民服务中心6个。深化农村文明素质工程，“乡风文明评议日”创新活动在全省推广。加大农村基础设施投入，改善17.3万农民饮用水条件，农村康庄工程实现“双百”目标，建成农村联网公路、通村公路546.7千米，建设新农村电气化村65个。实施“强塘固房”工程，扎实推进农田水利建设，整治河道280千米、山塘34座，加固水库28座、堤防58千米，成功列入中央小型农田水利建设重点县，首次荣获浙江省水利最高奖“大禹杯”银杯奖。改造建设农村住房15259户，其中农村困难家庭危房改造5529户，成功探索了宅基地有偿收储选位的高家“篁墩模式”、跨村建房的大洲“东岳模式”、上坡进林的黄坛口“摇篮模式”和就地改造的廿里“新村模式”。

生态建设扎实有效。积极做好节能减排工作，全面完成化工园区、“811”环境污染和铅酸蓄电池行业整治，整合提升砖瓦企业和钙产业，开展排污权交易试点，26家企业通过省级清洁生产验收，建制镇污水处理设施实现全覆盖。加强饮用水源保护，深入推进农业农村面源污染治理和乌溪江水环境综合整治，新建户用沼气7566户9.9万立方米，农村生活垃圾集中处理率达90%以上。切实抓好生态公益林建设，被命名为浙江省公益林建设示范县。成功创建国家级生态示范区和省级环保模范城市，建成国家级生态乡镇3个、省级9个，成功举办“绿色中国行——走进衢江”暨中国玫瑰公主评选大型主题公益活动，生态衢江“金名片”进一步打响。

五年来，我们致力于务实惠民，人民生活在共建共享中持续改善。始终把维护好、实现好、发展好人民群众的根本利益，作为政府工作的重中之重，努力推动基本公共服务均等化，让广大群众共享经济社会发展成果。

民生事业全面进步。不断加大民生投入，坚持每年为民办实事，全区财政公共预算民生支出累计达34.45亿元，年均增长22.3%。切实加强社会保障，社会保险制度实现全覆盖，城乡居民基本医疗保险参保率达95%以上，新增被征地人员实现即征即保，城乡低保标准不断提高，城乡居民社会养老保险综合参保率达95.7%。扎实做好“米袋子”“菜篮子”工程，新建杜泽、莲花2个千亩水生、设施蔬菜基地。推进城乡教育均衡发展，对外来务工人员子女实行优质教育资源“零门槛、同待遇”，义务教育共同体获“中国地方教育制度创新优胜奖”，新建改造农村中小学食堂宿舍6.74万平方米，实施校安工程5.73万平方米，资助贫困家庭学生2.84万人，城区教育“三百工程”初见成效，成功创建省教育强区。不断健全城乡医疗卫生服务网络，浙医二院衢江分院成功挂牌并晋升为“二级甲等综合性医院”，新改扩建乡镇卫生院15家、社区卫生服务中心21家、服务站130家，基本形成20分钟社区卫生服务圈。繁荣发展文化事业，建成乡镇综合文化站15个，广播电视实现村村通，整转数字电视2.75万户，完成非物质文化遗产、第三次全国文物普查和首批4个空白乡镇邮政所补建工作，《十二生肖传奇》等大型影视片在我区拍摄，优秀共产党员毛水标和“最美教师”分别当选2010、2011“浙江骄傲——年度最具影响力人物”。深入开展全民健身运动，创建省体育强乡镇6个、小康体育村145个，衢江籍运动员胡邦达获健美操世锦赛冠军，杨杰在全国第八届残运会上获1金1银，双桥乡获全国体育先进乡镇乒乓球赛季军。低生育水平保持稳定，被评为全省计生优质服务区。区残联被授予全国残疾人体育先进单位，妇女、儿童、老龄、慈善、社会福利、红十字等事业进一步发展，民族、宗教、侨务、外事、对台事务等工作取得新成效。

增收致富步伐加快。全面落实强农惠农政策，深入实施低收入农户奔小康工程，不断深化职能扶贫和结对帮扶工作，全面消除家庭人均收入2500元以下农户，60%以上家庭人均收入达4000元以上，湖南“华家模式”作为农民增收新样本在全省推广。扎实推进乌溪江库区脱贫致富工程，实施“五千一乐”产业增收项目，建成廿里白马新村、后山小区等安置小区6个，转移安置山区库区群众7000余人，73%的库区农户家庭人均收入达到当年全国平均水平。积极落实大中型水库移民后期扶持政策，发放移民直补资金7000万元，实施移民后期扶持项目1968个、投入资金2.2亿元，移民工作获全国先进。推进农民素质培训和就业扶贫工程，创建充分就业村110个，培训农民6.2万人次，新增转移就业9.5万人。提升发展来料加工业，培育500平方米以上来料加工基地55个，发放加工费11亿元。大力发展农家乐休闲旅游业，2011年实现农家乐经营收入5942万元，建成茶坪、东坪2个省级农家乐精品村和岭洋渔村等25个省市级农家乐特色村（点）。

社会管理不断创新。建立健全“五大安全”管理责任体系，严格落实安全生产责任制，安全生产三项指标保持“零增长”。加强食品药品质量安全监管，完成“十小”行业整规，成功创建省级食品安全和农村药品“两网一规范”示范区。探索推行“干部连民心、平安连万家”工作，推进“网格化管理、多元化服务”，创新群众信访“一单式”办理和“五日工作法”，建立矛盾调解“超市”，“民情沟通日”制度被誉为创新信访工作之“浙江样本”。完善社会治安防控体系，严厉打击各类违法犯罪活动，“清网行动”成效显著。深化违法用地和违章建筑“两违”整治，开展河道采砂专项治理。实施公民权益依法保障行动计划，“五五”普法工作通过省级考核验收。圆满完成村规模调整，全区506个行政村调整为271个，调减率达46.4%，实现了布局调优、规模调大、班子调好、实力调强。注重基层防汛抗灾和应急体系建设，校园安保“十个一”机制全市推广，预防和应对突发公共事件能力不断增强。国防建设、国防动员、国防教育、民兵预备役、人民防空和双拥工作进一步加强。

五年来，我们致力于创新服务，政府效能在职能转变中明显提升。始终把“务实、高效、公正、廉洁”作为政府自身建设的基本要求，注重务实创新，优化服务环境，努力建设人民满意政府。

改革创新持续深化。完成新一轮政府机构改革，推进行政审批“两集中两到位”，274项行政许可事项进入行政服务中心办理，占总数的95.1%。制定出台工业项目“六步工作法”，强化项目建设管理。深化农村综合改革，加强耕地林地宅基地“三地”流转和资金资产资源“三资”管理，责任农技推广体系改革被评为全省十大创新典范并在全省推广。建立健全政策性农业和农村住房保险制度，探索金融服务“三农”模式，开展农村资金互助社试点。深化医药卫生体制改革，实施基本药物制度，卫生院药品销售价格平均降幅达37.6%，在全省率先推行医疗限价服务，有效解决群众看病贵问题。探索城乡居民社会养老保险服务合作机制，被国家保监会誉为政保合作“衢江模式”。推行质量监管“四创服务”，被评为衢州市十大行政服务创新。

行政效能切实提高。深入开展学习实践科学发展观和创先争优活动，全面实施“一线工作法”、重点工作大督查和执行力提升工程，着力规范权力运行，提高公信力，增强执行力。健全科学民主决策制度，坚决贯彻落实区委各项重大决策部署，主动接受人大依法监督、政协民主监督和社会监督，坚持重大事项向人大报告和政协通报，建立区政府领导领办议案建议提案制度，办理议案建议提案2304件，满意率达99.6%。支持工会、共青团、妇联和民主党派、工商联等发挥作用。扎实推进依法行政，完善行政复议机制，加强政府规范性文件清理，行政行为进一步规范。大力推进阳光政务，深化政府信息公开，加强电子政务建设，完善各类公开办事制度，411项行政审批事项纳入电子监察系统，行政效能进一步提高。

廉政建设得到加强。深化推进惩防体系和廉政风险防控机制建设，认真落实党风廉政建设责任制，严格执行廉洁从政各项规定。完善公共资源市场化配置监管体系，建立“一办三中心”，规范工程建设招投标、土地出让、政府采购等公共资源交易行为。不断健全公共财政运行机制，实行全口径财政预算，试行国库集中支付制度，规范公务员津补贴，完成财政“三位一体”管理体制改革，完善乡镇财政体制，财政资金使用绩效不断提高。

实施领导干部经济责任审计工作六项制度，建立审计意见整改联合督查机制，推进“阳光审计”。加强节约型机关建设，从严控制行政经费和一般性支出，15家单位实施公务卡支付改革试点。深入开展工程建设领域突出问题专项治理，强化专项资金监管，全面完成公车治理和“小金库”清理工作。

刚刚过去的2011年，是“十二五”开局之年，也是建区十周年。这一年，“三上苏北”、解放思想，全区上下创业激情进一步迸发；纪念建区十周年活动成功举办，发展信心进一步提振；“最美教师”大爱精神潮涌衢江、震撼衢州、感动浙江、传遍全国，爱心衢江美誉度进一步提升；经济社会发展“八大突破”持续推进、创先争优，创业追赶步伐进一步加快。全区生产总值增长12%，地方财政收入增长32.8%，固定资产投资增长21.6%，社会消费品零售总额增长18.5%，外贸进出口总额增长42%，农民人均纯收入增长16.6%，人口自然增长率、城镇登记失业率控制在计划指标之内，十个方面为民办实事任务全面完成。

一年来，我们突出抓好以下几方面工作：一是全力以赴拓平台。全面完成区乡两级土地利用总体规划修编，发展空间进一步拓展。加快开发区南山五期开发建设，全力推进开发区东扩一期1平方千米土地征收和基础配套，启动二期用地报批前期工作。城区、物流园区、农业“两区”和乡镇工业功能区建设扎实推进。二是凝心聚力干项目。建立一二三产联动、定性定量相结合的招商机制，新引进项目396个，实际到位资金32.45亿元，其中亿元项目35个，中央商务区、粮食大楼等定性招商项目成功招商。建立千名干部联项目工作机制，加快推进重点项目建设，85个区级重点项目完成投资39.7亿元，杭长客专、衢江航运、西气东输、杭新景高速等国家重大项目征迁工作有序开展，安仁铺枢纽工程开工建设，抽水蓄能电站等重大项目前期取得有效进展。三是全心全意帮企业。创新实施覆盖三次产业的“三企工程”，积极开展企业对接帮扶，解决企业难题596个。推进小微企业脱困解难，认真落实各级促进企业发展的政策措施，帮助491家企业授信6.95亿元、转贷1.18亿元，减轻企业负担1.45亿元。四是千方百计保要素。大力开展土地开发整理，出台农村土地综合整治政策意见，实施土地整治项目9个、组建报批25个共计204公顷，低丘缓坡（低次园地）开发479.13公顷。积极拓展融资渠道，加强政银企联动，与泰隆银行签订战略合作协议，金融机构新增贷款14亿元。五是坚持不懈惠民生。创新启动“富民壮村强乡镇工程”，实施壮村物业项目88个，271个村集体经济收入达3593万元，增长54.1%；乡镇地方财政收入7407万元，增长44.5%。我区列入全省“6+6”重点欠发达特别扶持县，209个特扶项目完成投资4.77亿元。全面启动美丽乡村建设，完成6个乡镇整乡整治和70个村庄整治。深化社会管理创新综合试点工作，全市社会管理创新现场会在我区召开。抗击“6·15”“6·19”洪灾取得重大胜利，上方、太真等灾后恢复重建有序开展。

回顾过去五年工作，有许多经验值得总结：一是信心为先。面对复杂多变的形势和竞相发展的态势，我们始终把解放思想、激发主体、提振信心置于万事之先，“三上苏北”取真经求发展，坚信“一切立足干成、一切在于较真、一切皆有可能”，持续突破、创先争优，积极开创衢江科学发展新局面。二是发展为上。立足经济欠发达这一最大区情实际，坚持把发展作为第一要务，加快推进新型工业化、新型城镇化和新农村建设，走经济、民生、生态互促共赢之路，推动经济社会追赶跨越可持续发展。三是平台为要。坚持把大平台建设作为头等大事，把挖掘土地资源作为关键所在，全力推进开发区东扩，加快城区、物流园区和农业“两区”开发建设，不断强化产业发展平台支撑。四是项目为源。全区上下把项目建设作为经济发展的重要引擎，牢固树立“发展工作项目化”理念，坚持大干项目、千大项目，强力推进一批支撑经济快速发展、促进产业转型提升的大项目、好项目，切实增强区域发展内生动力。五是民生为本。坚持“小财政、大民生”，扎实推进为民办实事工程，着力解决人民群众最关心、最直接、最现实的利益问题，增加群众福祉，促进社会和谐，努力实现发展为了人民、发展依靠人民、发展成果由人民共享。实践证明：只要我们解放思想、坚定信心，就一定能够在开拓创新中取得更大作为；只要我们坚持加快发展，拉高标杆、追赶跨越，就一定能够实现后发崛起；只要我们紧抓平台空间拓展不放松，就一定能够牢牢把握经济工作主动权；只要我们坚定不移抓项目，以项目强基础、调结构、扩总量，就一定能够迈入发展的“快车道”；只要我们牢记民生为本、稳定为基，就一定能够凝聚更强大的力量，形成和谐发展新格局。

五年的成绩来之不易，积累的经验弥足珍贵。这是上级党委、政府和区委科学决策、正确领导的结果，是全区人民同舟共济、奋力拼搏的结果。在此，我谨代表区人民政府，向在各行各业辛勤劳动、激情奉献的广大干部群众，表示崇高的敬意和衷心的感谢！向人大代表、政协委员，向各民主党派、工商联、各人民团体和离退休老同志，向驻我区的人民解放军、武警官兵和部省市属单位，向所有关心支持衢江发展的社会各界人士和朋友们，表示衷心的感谢！

各位代表，尽管成绩令人鼓舞，但必须清醒地认识到发展中仍存在不少困难和问题：一是经济总量小、财力弱，城乡公共基础设施欠账较多，社会保障、社会事业发展等刚性支出大幅增加，民生需求与有限财力的矛盾突出。二是项目前期力度不够，政策处理难度增大，土地资金人才要素紧缺，项目推进与瓶颈制约的矛盾突出。三是社会管理基础依然薄弱，金融危机诱发的社会矛盾时有发生，环境保护、安全生产、征地拆迁等领域还存在不少问题，改革发展与维护稳定的矛盾突出。四是少数部门和工作人员为民服务意识和能力亟待提升，落实决策部署行动不快、效率不高，工作效能与发展主体的要求存在一定差距。我们要正视自身工作中的问题，采取有效措施切实加以解决，推动发展再上新台阶。

二、今后五年政府工作的总体要求和目标任务

从今后五年发展趋势看，宏观形势异常复杂，国际市场陷入低迷，经济下行压力加大，但也具备难得的发展机遇和诸多的有利条件。国家突出稳中求进的工作主基调，经济环境总体趋好。特别是省委、省政府更加重视山区发展，着力构筑“以海引山、以山促海、山海联动、全域发展”的新格局，实施新一轮扶贫开发战略，对欠发达地区扶持力度持续加大。市委、市政府强化“大衢州”建设，加大放权放活、共建共享力度，市区一体、融合发展步伐将进一步加快。衢江作为后发地区蕴藏着更大的发展潜力，生态环境、低丘缓坡、水资源等战略性稀缺资源优势明显，承接产业转移、引进大企业大项目条件日趋完备，发展战略性新兴产业、改造提升传统产业的空间很大。我们要趋利避害、化危为机，切实增强推进科学发展的信心决心。今后五年，政府工作的指导思想是：以邓小平理论和“三个代表”重要思想为指导，以科学发展为主题，认真贯彻落实中央、省、市重大决策部署和区第十二次党代会精神，按照“绿色发展、生态富民、拉高标杆、持续突破、科学跨越”要求，深入实施“工业立区、商贸兴区、生态建区、特色强区”四大战略，联动推进新型工业化、新型城镇化和新农村建设，继续解放思想，深化改革开放，加快转型升级，强化要素保障，建设生态文明，致力民生改善，繁荣文化事业，创新社会管理，推动追赶型跨越式可持续发展，为建设“五个衢江”而努力奋斗。

今后五年的主要目标任务：

——综合实力显著增强，转型升级实现新突

破。围绕转型发展、好中求快,实施“三大百亿”投资“九大工程”建设,突出工业经济和现代服务业发展,加快经济总量扩张和产业结构优化,着力构建以“四大百亿”产业为主体、现代服务业为支撑、现代农业为基础的新型产业体系,三次产业结构调整为9:51:40。到2016年,主要经济指标实现倍增,生产总值达到190亿元左右、地方财政收入10亿元以上、固定资产投资130亿元、外贸进出口总额8亿美元、社会消费品零售总额60亿元。

——城乡面貌深刻变化,统筹发展实现新突破。加快创业型生态新区建设步伐,基本完成城中村改造,创建国家文明城市,城市功能不断完善,城市品位明显提升,宜居宜业特色彰显。推动浮石、下张片区开发建设,启动向北跨江发展,区域发展空间进一步拓展,集聚辐射能力不断增强,城区人口达到7.5万人,城镇化率38%。加快中心镇、经济强镇和美丽乡村建设,推进城乡公交、供水一体化,实施农村土地综合整治,加强农村路网和农田水利建设,健全农村社区公共服务体系,城乡人居环境明显改善。

——人民生活更加宽裕,和谐建设实现新突破。以富民惠民十大工程为重点,着力保障和改善民生。深入实施“富民壮村强乡镇”工程,农民人均纯收入和乡镇地方财政收入年均分别增长10%、25%以上,90%以上的村集体经济收入达5万元以上。全力推进低收入农户奔小康工程,全面完成特扶项目建设,80%以上低收入农户家庭人均收入达到4000元以上。大力发展民生事业,健全社会保障体系,推进文化事业繁荣发展,提高教育卫生服务水平,基本公共服务体系逐步建立。切实加强社会管理创新,深化“三民工程”,平安衢江建设迈出新步伐。

——生态环境保持领先,生态文明实现新突破。深入实施生态建区战略,扎实推进节能减排,积极开展“811”生态文明建设推进行动,建成国家环保模范城市、森林城市和省级生态区。大力发展绿色、循环经济,着力打造“海上经济”的绿色腹地和“山上经济”的示范高地,富裕生态屏障建设成效凸显。加强生态公益林建设,推进乌溪江国家湿地公园建设和保护,全区森林覆盖率保持在73%以上。强化农村饮用水源保护,深入开展水源地综合整治,出境水质达标率100%,生态环境继续保持全省领先。

——创业环境更加优化,改革创新实现新突破。加快大平台大产业大项目大企业建设,城区和工业园区、物流园区、农业“两区”创业平台优化发展,基础设施现代化水平加快提升,要素保障能力切实增强。深入实施“三企工程”,积极打造优质高效的服务环境,鼓励支持企业发展实体经济,努力营造勤劳创业、实业致富的社会氛围。加快土地使用制度、投融资体制等重点领域改革,着力解决制约科学发展的深层次问题。倡导做一个“有爱心、有责任心”的衢江人,全民创业热情竞相迸发,开放包容的活力创业氛围进一步浓厚。

具体工作中,要切实把握好以下几个方面:

一是坚持把绿色发展作为重要方向。牢牢把握衢江发展新要求,大力推进经济生态化、生态经济化,积极发展山区经济,不断把生态资源转化为竞争优势、绿色产业和民生财富,形成有利于资源节约集约的生产方式和消费模式,促进速度质量效益和人口资源环境相协调,实现发展更快、民生更好、生态更优。

二是坚持把追赶跨越作为首要任务。牢牢把握衢江发展新阶段,更加坚定加快发展、创先争优,进一步营造比学赶超、干事创业的浓厚氛围,坚持大干项目、干大项目,加快推进经济转型升级,积极培育新的经济增长极,始终保持追赶跨越的良好发展态势,为衢州建设“两地三城”、加快“两个崛起”做出更大贡献。

三是坚持把市区一体作为基本理念。牢牢把

握衢江发展新趋势，牢固确立“大衢州”理念，注重市区一体、融合发展，坚持规划统筹，主动对接衢州中心城区，积极融入衢州绿色产业集聚区，努力在市区管理体制、园区运行机制等方面求突破，推进基础设施、产业平台、公共服务共建共享，在市区一体化中实现差异化发展。

四是坚持把城乡统筹作为内在要求。牢牢把握衢江发展新规律，加强城乡规划调控和衔接，统筹城乡产业布局、社会事业、生态文化发展，大力培育中心镇、中心村，加快建设美丽乡村，推动公共财政向农村倾斜、基础设施向农村延伸、公共服务向农村覆盖，推进基本公共服务均等化，形成各具特色、功能互补、协同发展的新型城乡体系。

五是坚持把群众至上作为根本宗旨。牢牢把握人民群众新期待，坚持“群众至上”，把保障和改善民生作为一切工作的出发点和落脚点，更加用心、用力、用情为群众谋利益办实事，做到民生改善与经济增长协同推进，生活水平与发展水平同步提升，努力保持社会和谐稳定，切实把改革发展成果体现到富民、惠民、安民上来，让人民生活得更有尊严、更有品质。

三、2012年政府主要工作

2012年是新一届政府的起始之年，也是实施“十二五”规划承上启下的重要一年。我们必须牢牢把握稳中求进、好中求快的主基调，以等不起的紧迫感和坐不住的责任感，积极应对当前严峻复杂形势，抢抓机遇、破难而进，始终做到坚定、清醒、有作为，努力向全区人民交出满意的答卷。建议2012年全区国民经济和社会发展主要目标为：地区生产总值增长11%，力争12%；地方财政收入增长16%，力争20%；固定资产投资增长18%，力争22%；社会消费品零售总额增长15%，力争17%；外贸进出口总额增长18%，力争20%；农民人均纯收入增长11%，城镇登记失业率控制在4%以内，人口自然增长率控制在5‰以内，节能减排完成上级下达目标。重点抓好以下六方面工作：

（一）注重项目拉动，狠抓有效投入，努力推进投资持续增长

更加注重招商选资。牢固树立主抓好项目、大项目和“亩产论英雄”的理念，举全区之力抓招商，继续实行分产业和定性定量招商，着力在专业招商、产业招商、龙头企业招商上求突破，全年力争引进亿元项目20个，实际到位资金28亿元。加强与央企省企等大企业大集团的对接联系，大力引进一批产业链延伸配套和战略性新兴产业项目。继续强化服务业重大项目招商，加大物流招商，深化现代农业招商，努力引进一批带动力强、辐射面广的服务业和农业项目。进一步完善招商工作机制，健全领导带头、部门参与、全社会发动的招商工作体系，形成招商引资有功、招商引资光荣、招商引资有奖的良好氛围。实施“走出去、引进来”战略，促进浙商、衢商回归，主动融入长三角、海西区和海洋经济发展示范区，积极组织企业参加国内外各类展销会，力争实际利用外资800万美元以上。

更加突出干大项目。全面开展“项目建设突破年”活动，完善项目工作“白皮书”和观摩制度，创新项目工作督查巡视、考核评价机制，落实工业项目“六步工作法”，对重大项目做到手续优先审批、用地优先安排、产业优先扶持、用工优先保障，汇聚各方力量加快项目推进，确保区级重点项目完成投资46亿元以上。狠抓一批对发展起支撑带动作用的重大项目，尽快建成逸达电工器材、星月神电动车、神舟不锈钢、开山铸造等产业性项目，平稳推进杭新景高速、衢江航运、杭长客专、西气东输等项目征迁工作，加快区人民医院异地扩建、衢州国际学校等社会事业项目进度。狠抓重大项目前期工作，高度重视项目谋划、包装和申报，力争抽水蓄能电站等重大项目前期有效突破，确保

更多项目列入省重点建设计划,做到储备一批、推出一批、引进一批、落地一批、见效一批。

更加强化要素保障。着力破解土地要素制约,千方百计保障项目建设用地,全年力争报批用地200公顷。加快土地开发整理,推进砖瓦企业整治,实施农村土地综合整治133.33公顷以上、新增储备100公顷左右,低丘缓坡(低次园地)开发333.33公顷。加强政银企对接,创新金融产品和信贷模式,建立企业金融风险防范机制,健全企业还贷周转金、中小企业贷款风险补偿制度,组建第三家小额贷款公司,着力提高金融服务实体经济水平。注重招才引智,制定出台人才引进相关政策,加强企业用工信用体系建设,开展企业家和企业管理人才素质提升培训,激发各类人才的创造活力和创业热情。全面落实单位生产总值能耗和能源消费总量双控管理,严格新上项目能效和环保标准,促进资源节约集约利用。

(二)注重产业带动,加快集群发展,努力推进工业转型升级

深化拓展工业平台。优先保障开发区用地指标和建设资金投入,做好开发区东扩区块产业布局规划,完成开发区东扩一期基础设施配套,确保供应熟地66.67公顷以上;积极抢抓国家开展低丘缓坡综合开发利用试点机遇,加快推进低丘缓坡开发为建设用地项目申报实施,启动东扩二期征地和主要路网建设,谋划三期用地报批工作。重点支持廿里工业功能区建设,加快大洲工业功能区发展,推进上方钙产业整合提升,积极扶持峡川、后溪独立工矿区建设,增强平台承载力。建立建设用地投入产出考评、低效用地退出、工业用地存量流转机制,努力提高投资强度和产出效益。

着力培育主导产业。坚持培育新兴产业与改造提升传统产业两手抓,推进产业向高端化、高新化、规模化发展,力争工业总产值达到180亿元以上。发挥中国高档特种纸产业基地优势,加快仙鹤二期、东大特种纸等新上重大项目投产,推动晶鑫二期等项目实施,重点发展特种纸后加工,努力做大产业规模。打响中国矿山装备制造业基地品牌,大力培育以志高掘进、路邦铲运、巨鑫破碎、诚远立磨为依托的矿山装备制造产业集群,支持发展数控机床为重点的成套高端装备。立足资源优势,加强钙产品、竹制品等区域特色产业品牌建设和技术研发,不断提升产品品质。对接国家战略性新兴产业规划,积极培育发展新能源、新材料、节能环保等新兴产业。

帮扶企业做大做强。深化"三企工程",高度重视对中小企业的扶持,完善落实帮扶企业的一揽子政策措施,营造尊商、亲商、兴商氛围,着力提振企业家信心。继续实施企业培育壮大"三大工程",对龙头企业实行"一企一策",突出要素保障,鼓励企业增资扩股、开展资本运作,做好企业上市服务工作,力争新增规模企业10家、亿元企业5家,规模工业总产值达到118亿元。选择一批有潜力的企业列入培育库,引导企业向"专、精、特、优"发展,形成一批科技型、成长型企业。落实低产低效企业帮扶和奖惩倒逼措施,促进企业转型转产。推动民营经济大发展大提升,鼓励企业加大实体经济投入,坚守实业,做强主业,夯实立身之本。加快质量强区建设,构建企业技术创新体系,实施省级技术创新项目15个。

(三)注重市区联动,彰显滨江特色,努力推进人气商气集聚

加快滨江新城建设。按照"东扩、西连、南接、北跨"的战略思路,加强"一江两岛"、塔底片区、城市重要道路、重要节点和入城口等城市设计,加快拓展城市发展空间,着力打造宜居宜业宜商宜学宜游的"五宜"滨江新城。实施城区建设项目46个,完成投资21亿元以上。将城中村改造作为民生德政工程来抓,出台政策意见,启动城中村改造工作。加快市区快速通道、城东污水处理厂、建成区道路管网改造等项目建设进度，开工建设人防建设商务大楼、衢江电力生产基地等项目，启动信安大道向西延伸、江滨景观带改造等项目前期工作，进一步完善城市功能配套。强化城市招商，积极探索BT、BOT等融资方式，引进民间资本参与城市建设，增强城市建设活力。

突出现代服务业发展。深入实施“商贸兴区”战略，全面落实服务业发展规划，加快推进一批服务业大项目，力争服务业增加值增长13%。强化城市土地营运，调整土地供应结构，加大商业用地出让力度，加快集商场超市、五星级酒店、文化娱乐于一体，总投资超10亿元的大型城市综合体项目建设，培育发展总部经济、楼宇经济、会展经济等新型商贸业态，积极引进一批商贸龙头企业。继续推进“工改商、综改商”，加快已出让土地开发建设，促进房地产业健康发展。大力发展生产性服务业，促进制造业企业主辅分离，发展第三方物流，推进农贸城迁建、铁路货场等项目建设，构建现代商贸流通体系。合理规划布局城乡商业网点，加快推动传统商业转型。围绕打造四省边际休闲旅游胜地，加强市区旅游规划对接，深化市区一体的乡村旅游精品线路建设，推进灰坪红色(探险)旅游、银湖山庄、黄金海岸和粮食大楼四星级酒店等项目，旅游总收入增长20%以上。

强化城市管理服务。深化“五城联创”，完成省级森林城市创建，努力营造整洁优美、文明有序的城市环境。注重城市长效管理，推行“数字城管”，努力构建以社区为基础、街道为主体、部门联动的城市综合管理体制和“两违”防控长效机制。积极争取完善市区、城乡公交线路。加强城市商贸经营管理，加快小商品、物流、汽配等专业市场建设，规范各类商贸经营行为，积极实施精品街、星级市场、示范社区创建工程，提升城市整体服务水平和发展品位。

(四)注重协调互动，打造生态家园，努力推进美丽乡村建设

积极提升现代农业。坚持以先进的理念和机制引领现代农业发展，推进省级生态循环农业示范区创建，提升农业现代化水平。加强农业“两区一化”建设，落实水利改革发展意见，实施标准农田质量提升工程，进一步完善“两区”基础设施配套，新建粮食生产功能区1113.33公顷以上。加快建设莲花、全旺、千里岗省级现代农业综合区，推进杜泽水生蔬菜、横路柑橘、周家枇杷等主导产业示范区和特色农业精品园建设。推动土地集中流转，流转耕地666.67公顷、林地400公顷。全面落实设施农业、柑橘、蔬菜等产业扶持政策，新发展设施农业基地66.67公顷。深化与省农科院等科研院校的技术合作，加强农业公共服务中心建设，不断健全农业科技创新推广体系。扶持培育一批现代农业经营主体，打造“一社一品”，推进“农超对接”，促进农业规模化、标准化、生态化经营。

着力建设美丽乡村。把优化农村生态环境作为建设美丽乡村的重点，加快建设新农房、新社区、新村庄。完善中心镇、中心村布局规划，完成建制镇镇区控规和村庄规划编制。以“两圈三走廊”为重点，推进村庄整治、农房改造、农村联网公路、农村饮水安全工程和农村电气化建设，实施乌溪江流域综合整治，加快云十线、石安环线、廿项环线等文明生态示范带建设，努力培育全旺楼山后等一批宜居宜业宜游的美丽乡村。深入实施低收入农户奔小康和“富民壮村强乡镇”工程，完善农民增收长效机制，推进特扶和移民后扶项目建设，多渠道促进农民增收致富。进一步加强村集体“三资”管理，加快村级物业项目建设，不断壮大村级集体经济。加强集镇开发建设、经营管理和文明创建，启动建制镇一条商业街、一个集中居住区、一座农贸市场“三个一”改造提升工程，加大乡镇财政税源培植力度,切实提升集镇建设品位和综合实力。

大力发展山区经济。抢抓列入全省“山区科学发展试验区”机遇,科学制定山区经济发展规划,主动对接、谋划推进一批山区经济发展项目,努力建设富裕生态屏障。以增强山区内生动力为重点,大力发展毛竹、油茶、名优茶等林业经济,积极培育山地蔬菜、食用菌等生态高效农业,集中建设一批生态经济效益明显、现代化水平较高的山区生态特色产业基地。把旅游业作为山区经济发展的龙头支柱产业来抓,不断提升旅游产业化水平。主动接受现代企业和周边产业辐射,优先发展资源消耗少、环境污染小、劳动密集型的家庭工业和绿色农产品加工业,加快建设一批机械化来料加工基地,促进山区农民就业增收。加快下山异地脱贫进程,引导人口向城区、中心镇、中心村集聚,提高基本公共服务水平。

(五)注重和谐推动,加强民生建设,努力推进社会管理创新

统筹推进社会事业。加快推进城区教育“三百工程”,启动新一轮教育布局调整,实施学前教育三年行动计划,加大公办幼儿园建设力度。积极推进医药卫生体制改革,实现基本药物制度乡镇全覆盖,深化浙医二院对口协作,区妇保院争创二级乙等医院。大力发展文化事业,突出创业、生态文化主题,举办玫瑰产业文化节,抓好举村“三爱”教育基地、灰坪红色教育基地建设,推进永乐动漫创业基地、特色文化苑、杨继洲文化公园等项目,加强文化遗产保护和特色文化品牌培育,完成巽峰塔、黄甲山塔、骏惠堂等文保单位修缮,着力构建公共文化服务和文化产业体系。加快公共体育设施建设,创建省体育强乡镇2个、小康体育村38个。切实做好人口和计划生育工作。加强妇女儿童权益保护,推进新时期民族、宗教、侨务、外事、对台事务等工作。

不断健全社保体系。认真贯彻落实新一轮就业再就业政策,切实稳定就业形势。扎实推进城乡居民社会养老和基本医疗保险,全面推进社保“一卡通”建设,合理控制医疗保险基金支出,切实提高医疗待遇水平,全区符合参保条件的城乡居民实现应保尽保。发展新型社会福利事业,推进以居家为基础、社区为依托、机构为支撑的社会养老服务体系建设。进一步健全被征地人员基本生活保障制度,积极做好城镇职工社会保险扩面工作,努力提高社会保障水平。抓好“菜篮子”和“米袋子”工程,切实保障粮食等主要农产品供给和质量安全。进一步提升低保、医疗等社会救助水平,大力发展红十字、残疾人和慈善事业。

全面加强社会建设。扎实开展“社会管理创新落实年”活动,深化社会管理创新综合试点工作,加强虚拟社会建设管理,深入实施“三民工程”,强化基层民主政治建设。进一步落实信访工作责任制,深化“五日工作法”,切实把矛盾纠纷化解在萌芽状态。推进依法治区,认真开展“六五”普法活动,增强全民法治意识。抓好社会治安防控体系建设,依法打击各类违法犯罪活动,努力营造社会安定、生活安宁的良好局面。严格落实安全生产责任制,切实推进企业安全生产诚信机制建设,强化道路交通、学生接送车、食品药品等重点领域安全生产监管,坚决遏制重大安全事故的发生。加大环境治理力度,确保环境安全。抓好防汛防台抗旱、森林防火、动植物防疫等工作。进一步完善突发公共事件应急处置机制,提高预防和处置突发公共事件的能力。加强国防建设、国防教育、国防动员,做好双拥、优抚和人民防空、民兵预备役工作。

各位代表,新的一年,我们还要紧紧围绕人民群众最关心、最直接、最现实的利益问题,努力办好十个方面实事:就业方面。培训农民1万人次、企业用工1200人,引导和帮助农村劳动力就业5500人,新增城镇就业700人,城镇零就业家庭发现一户、援助一户。社会保障方面。城乡居民社会养老保险参保率达到95%以上；城乡低保补助标准分别达到每人每月424元、255元；完成杜泽、莲花2个养老服务中心项目建设。医疗卫生方面。城乡居民基本医疗保险参保率达到95%以上，区内报销比例达到70%；乡镇卫生院一体化管理的村卫生室实行基本药物零差率销售；启动残疾人康复综合服务大楼建设，实施残疾幼儿抢救性康复项目。住房保障方面。启动城中村改造，开工建设15万平方米公寓房一期和迁建小区基础配套工程。教育文化方面。启动衢江区第一初中建设，90%以上的乡镇（街道）建成等级中心幼儿园，实施教育装备提升工程，配备学校计算机2000台、多媒体600台，中小学生均营养餐标准由350元提高到750元；设立困难学生救助专项资金，推进“春泥计划”和未成年人思想道德建设；送戏130场、送电影3300场，农家书屋行政村全覆盖；建成广播电视信息传输中心，完成数字电视整转2万户。扶贫方面。完成特扶项目投资5亿元以上，确保70%以上低收入农户人均收入超过4000元；全面完成廿里后山小区建设，推进上方立模、大洲东岳等安置小区建设，转移安置山区库区农户2500人以上。农村环境建设方面。实施环境整治提升村50个；完成农村住房改造5589户，其中农村困难家庭危房改造3000户以上；新建15个农村社区服务中心；基本实现村村建邮站。饮用水保障方面。30个山塘水库实现“清水养鱼”，新解决1.5万人饮用水安全问题。交通方面。启动建设方杨撤渡建桥工程，完成廿项线廿里段改建，实施农村公路安保工程61千米。公共安全方面。加固干堤6千米、病险水库6座，整治山塘20座；改造提升3个乡镇农贸市场；治理4个地质灾害隐患点。

（六）注重服务主动，转变工作作风，努力推进行政效能提升

推进政府管理创新。始终把人民满意不满意作为检验评判工作的唯一标准，牢牢把握科学管理、精细管理、规范管理要求，着力打造人民满意政府。坚持依法行政，深入推进科学民主依法决策。自觉接受人大依法监督和政协民主监督，切实做好人大议案建议和政协提案办理工作，认真听取民主党派、工商联、无党派人士和各人民团体的意见，高度重视司法监督、舆论监督和社会公众监督。严格落实廉政建设责任制，强化审计监督和行政监察，不断规范行政行为，从源头上预防和治理腐败。完成“大国资、大监管”体系建设。严格控制一般性财政支出，全面推行国库集中支付和公务卡制度，把有限的资金和资源更多地用在民生改善上。

弘扬干事创业政风。大兴解放思想、开拓进取之风，弘扬“忠诚、责任、激情、奉献”的新衢江精神，倡导“六戒六要”，治庸治懒治散，着力改变“不求有功、但求无过”的价值取向，切实做到勇于担当、敢于动真。大兴创业创新、克难攻坚之风，始终保持昂扬向上、奋发有为的精神状态，在难题面前敢闯敢试，在矛盾面前敢抓敢管，善于化危为机，努力争创发展新优势。大兴深入基层、高效服务之风，坚持少开会、开短会，多开专题点评会、现场交办会，大力倡导“零距离”指导、“零差错”办理、“零关系”办事、“零利益”服务，尤其对群众反映强烈的住房、医疗、教育等问题和企业遇到的资金、用地、用工等问题，要不遗余力、尽心尽力帮助解决，不断优化政务环境。

提升政府执行能力。深入开展“行政效能提升年”活动，深化“最美教师”学习，加强纪律性，提升执行力。强化合力抓执行，牢固树立“全区一盘棋”理念，加强政府部门间的协调配合，切实做到职责上分、思想上合，工作上分、目标上合，权限上分、力量上合，不断增强工作合力。强化机制抓执行，继续推行“一线工作法”和限时办结、首问负责、服务承诺等工作制度，建立健全抓执行的考核评价、监督检查机制，探索重点工作“挂牌招才”机制，打造智勇双全、堪当重任的公务员队伍，着力在重难点问题和关键环节上求突破、见成效。强化问责抓执行，严格奖惩制度，强化责任追究，重点加强对执行不力和不作为、慢作为、乱作为等行为的问责，确保令行禁止、政令畅通。

回顾过去，我们豪情满怀；展望未来，我们信心百倍。今后五年，希望和困难并存，机遇和挑战同在，形势催人奋进，使命神圣光荣。让我们在中共衢江区委的正确领导下，紧紧依靠全区人民，解放思想，坚定信心，追赶跨越，为加快建设爱心衢江、创业衢江、实力衢江、绿色衢江、和谐衢江，全面建成惠及全区人民的小康社会而努力奋斗！

转变作风 狠抓落实
努力实现衢江加快发展追赶跨越

——在区委十二届三次全体(扩大)会议暨全区干部大会上的报告

吴江平

(2013年2月19日)

一、2012年主要工作

2012年,面对趋紧的宏观形势、艰巨的追赶使命和繁重的维稳任务,区委常委会认真学习十八大精神,贯彻落实中央和省、市委重大决策部署,围绕主题主线,确立了建设"五个衢江"的奋斗目标,作出了深化商贸兴区、提升城市能级的工作部署,经济发展在逆境中实现稳中求进,各项社会事业全面进步,社会保持和谐稳定。全区地区生产总值增长10.5%,财政总收入、公共财政预算收入分别增长16.7%、11.6%,固定资产投资增长19.5%,社会消费品零售总额增长15.5%,出口总额增长6.4%,农村居民家庭人均纯收入增长11.2%,节能减排完成市下达的目标任务。经济社会发展工作目标考核位列全市第二。

一是加快产业转型。完善工业产业扶持政策,大力引进特种纸后加工企业和先进装备制造业,两大主导产业实现较快增长,东港热电与富春环保上市公司、仙鹤特种纸与新加坡希科资本公司、巨鑫机械与芬兰美卓公司成功合作,规模工业总产值增长12.6%,利润总额增长21.9%。农业"两区"实现扩面提质,莲花现代农业综合区通过省级验收,我区被评为全国农业标准化示范区、全国粮食生产先进县和浙江玫瑰之乡。健全完善服务业发展的工作机制和政策措施,举办第三届浙西汽车展销会和首届房交会,服务业增加值增长12.9%。完善旅游业大发展政策,旅游总收入增长24.5%。

二是扩大有效投资。省、市、区三级重点项目建设均超额完成年度计划,78个区级重点项目完成投资增长20.4%,星月神、开山铸造、仙鹿纸品等工业项目建成投产,金达纸业、泽潇医用纸、逸达电工等工业项目开工建设,泰隆银行衢州分行总部、汽车商务广场、金辉电子商务园等服务业项目成功落地。衢江—鄞州山海协作产业园成为全省9个共建产业园之一。新成立城市和开发区招商局,引进协议投资额亿元以上项目32个。8个项目列入省重点建设计划,总投资50亿元的抽水蓄能电站纳入省布点规划,20亿元的天然气热电联产热力规划通过评审。

三是主攻要素保障。抢抓低丘缓坡综合开发利用试点机遇,完成征地1400公顷、批地518.33公顷、供地193.33公顷,开发区动态保持66.67公顷以上的招商熟地储备。启动实施人才集聚工程,新引进海外高层次人才2人,中国制浆造纸研究院衢州分院和全市首家民营企业院士专家工作站落户我区。扎实开展"进村入企"大走访、"三企工程"等活动,实施企业减负"阳光工程",定期开展银企对接,企业新增贷款增长31%。

四是加快新区建设。开展"两江两湖两岛"、塔底片区和浮石片区规划研究,启动中央商务区、塔底片区、滨江景观带三大城市设计,完成衢江区分区规划、中心城区控规和城中村改造规划,集镇总规实现全覆盖。强化城市功能建设,市区快速通道乌溪江大桥实现半幅合拢,百灵大桥、樟潭防洪工程二期顺利开工,区人民医院异地扩建工程进入后期装修,东方广场商场超市主体工程结顶,乐美滋、乐来购两家大型超市开张营业,城中村改造取得积极进展,新屋里小区、区第一初中等开工建设。

五是建设美丽乡村。积极开展美丽乡村"四级联创",启动实施"一村一品"行动计划,完成城乡一体化规划、美丽乡村总体规划、村庄布点规划等一揽子规划,推进农村饮用水安全、农村联网公路等重点工程,创建市级美丽乡村示范乡镇2个、精品村6个、"一村一品"专业村16个。积极发展来料加工、农家乐,农村居民家庭人均纯收入、村级集体经济收入和乡镇地方财政收入较快增长。启动省级生态区创建,举办第二届"绿色中国行—走进衢江"大型主题公益活动,成功创建国家森林城市。

六是保障改善民生。加强教育均衡、新医改、社保提标扩面、保障性住房等民生事业建设,全年财政民生保障支出10.6亿元,新增财力87%用于民生支出,探索和完善了公立医院改革、"先看病后付费一站式支付"、名校托管机制等惠民措施,区乡村三级医疗机构全部实行国家基本药物制度和药品零差价销售。启动实施文化建设"六个十"工程,深入开展"做最美衢江人—我们的价值观"大讨论活动,举办衢江区首届十大爱心模范评选,涌现出一大批最美典型。"双桥农运会模式"在全国推广。

七是创新社会管理。开展"社会管理创新落实年"活动,挂图推进8大体系22个社会管理重点项目,推进"三民工程"标准化建设和"网格化管理、多元化服务",建立乡村两级社会服务管理中心(站)。深入推进平安建设,扎实开展"信访积案化解年"、打击侵财犯罪专项行动等活动,创新维护社会稳定"五早"工作机制,信访工作实现"三无四下降一好转",安全生产工作获市级先进。圆满完成十八大安保攻坚战,实现"北京不去人、家里不出事"的工作目标,被评为全省先进集体。

八是深化创先争优。认真学习贯彻十八大精神,开展领导干部创先争优示范行动、创先争优公开承诺、领导干部竞争性选拔和"广泛学先进、提升执行力、加强纪律性、事业向前进"主题教育实践、"吐故纳新破僵化、兴利除弊求奋进"解放思想大讨论等活动,推行服务型党组织创建星级管理制度和第一书记"四诊"工作法,建立乡镇党代会常任制、党代表任期制和党代表工作室。推进以"两项工作"和"三项制度"为重点的"行政效能提升年"活动,行政审批平均提速29.8%。深化党风廉政建设和惩防体系建设,落实以"三治三比"为重点的作风整治活动,加强廉政风险防控,加大查信办案力度,全年查办违纪违法案件54件,处分党员干部51人。

这些工作的开展和成绩的取得,是省、市委正确领导的结果,是区委全体委员共同努力的结果,是全区各级党组织带领广大党员干部群众扎实工作的结果。在此,我代表区委常委会向全区党员干部群众表示衷心的感谢!

在肯定工作的同时,我们也清醒地看到发展中面临的困难和工作中存在的不足:一是经济总量小,发展内生动力不足,缺乏行业领军型企业的支撑和带动,尚未形成上下游配套的完整产业链;平台空间容量不足,要素保障能力与加快发展要求尚不相适应,土地产出效益与发展投入成本明显不相匹配。二是城镇化水平低,新城区和重点集镇发展定位、发展重点还不够清晰,城镇建设规划理念滞后，新城区空间布局不尽合理，城市功能中“不通达、不方便、不舒适”的问题十分突出，城区人口集聚速度缓慢。三是旅游业发展滞后，面上规划层次不高，工作中尚缺乏大景区理念，旅游项目建设布点散、规模小、档次低，点上谋划缺乏想象力，旅游资源与文化资源、产业资源整合不足，造成资源类似、项目雷同、功能单一、品位不高、附加值低。四是新农村建设任务繁重，特别是农村生猪养殖污染严重，已严重影响了农村生活居住环境。五是干部能力、素质、作风与新时期加快发展的要求尚有较大差距，部分党员干部包括领导干部工作标准不高，缺乏建功立业争发展的进取意识，存在“浮躁、漂浮、空洞、涣散”的不良风气和不负责、不担当、不作为的“三不”干部。对于这些困难和问题，我们必须引起高度重视并切实加以解决。

二、2013年主要任务

2013年工作的总体要求是：以党的十八大精神为指导，全面贯彻落实中央和省、市委决策部署，紧紧围绕加快发展、追赶跨越的主基调，始终突出转型升级、改善民生的工作重点，牢牢把握转变作风、狠抓落实的核心要求，更加强化要素基础、项目抓手、创新驱动和城镇带动，致力争先定标杆，大胆实践破常规，攻坚克难朝前赶，为建设“五个衢江”、实现“四个翻番”而努力奋斗。

今年我区经济社会发展的主要预期目标是：地区生产总值增长10%，力争11%以上；公共财政预算收入增长10%，力争12%以上；固定资产投资增长20%，力争30%以上；社会消费品零售总额增长15%，力争16.5%以上；外贸进出口总额增长15%，力争18%以上；农村居民家庭人均纯收入增长11%，力争12%以上；节能减排等约束性指标均完成上级下达目标。

实现今年的目标任务，关键是要转变作风、狠抓落实。全区上下务必认识到：加快发展、扩张总量是衢江当前最紧迫的任务。经济欠发达是衢江区最大的区情，加快发展的主基调不能动摇，工作精力不容分散。我们一定要把扩张经济总量作为主要任务，把扩大有效投资作为主要抓手，着力引进大项目、大企业，力争通过优质增量引进实现产业转型。各级各部门都要把推动和保障发展作为第一职责，各项工作都服从服务于加快发展。转变作风、狠抓落实是加快发展最现实的要求。作风关系发展，作风决定作为。我们现在不缺发展思路，也不缺发展机遇，相对缺的是真抓实干的作风，必须密切联系群众，切实为企业和群众解决具体问题；狠抓工作落实，努力实现说一件、办一件、成一件；提高服务效能，以铁的决心、铁的纪律加强软环境建设。改革创新、突破常规是加快发展最根本的保障。当前各地普遍面临着体制制约多、审批速度慢、要素保障难等问题，谁能率先突破，谁就抢得发展先机。我们要有“宁痛一时，不痛一世”的胆略和勇气，牢牢把握山区科学发展试验区建设的契机，树立“试验区就是改革区”的观念，高举“不破法规破常规”的旗帜，大胆地想，大胆地干，真刀真枪地突破一些制约发展的障碍。

实现2013年奋斗目标，必须突出重点，抓好四个方面工作：

（一）紧扣产业转型升级，提升发展的速度和效益

做大工业经济总量。要坚持工业立区主战略不动摇，咬定“四大百亿”产业目标，加快做大产业规模，拉长产业链，确保产业总量增速高于“十二五”规划目标需达到的年均增长数。重点发展特种纸后加工和成套高端装备制造，在东扩区域建立特种纸深加工和先进装备制造园区，引导仙鹤、志高等龙头企业集团化发展。做大做强开山工业园区，加强钙产业、竹产业等区域特色产业品牌建设和技术研发，推动廿里等重点乡镇工业功能区提质增效降耗。发挥生态资源优势，大力引进对

空气、水等环境要求高的新兴产业。强化龙头企业(项目)和成长型企业专项服务,设立中小企业成长“孵化园”,推进“机器换人”“小微企业上规模”和“个转企”。

提升农业产业层次。要加快农业园区化发展,突出土地流转、招大引强、设施配套等重点,推进“两区一中心”建设,努力创建国家现代农业园区。积极培育新型农业经营主体,鼓励和支持承包土地向专业大户、家庭农场、农民合作社流转,鼓励发展家庭农场,加大紧密型农民专业合作社的扶持力度,发展多种形式的适度规模经营。积极发展果蔬、花卉、渔业等新兴产业,切实抓好稳粮增效、减橘改种和毛竹低改。大力引进工商资本,抓好老爸果园、宝德、山家里等落地项目续建服务工作,积极推进宝岛公司与央中汇盈集团嫁接合作,引进1~2家投资5亿元的大型现代都市农业综合体项目。借鉴开化龙顶、常山胡柚等地理标志品牌培育模式,加大区域名牌产品培育力度。

促进城市商贸繁荣。要立足区位优势,发展面向四省边际的集散型专业市场和服务工业园区的配套型专业市场,研究制定总部经济发展政策,加快东方广场、泰隆金融大厦、金辉电子商务园、汽车商务广场、浙西汽车城等项目建设,推动浙西农贸城尽快落地衢江新区,高标准谋划建设中央商务区、金融街。围绕“让新衢州人住到东区来”的要求,研究制定人口集聚政策,有序推进新城区地块开发,实现激活刚需市场和加快人口集聚“双赢”。

打好旅游发展战役。按照建设大景区的理念,系统研究旅游业转型升级的重大课题,重点围绕紫薇山国家森林公园、莲花现代农业综合区、乌溪江国家湿地公园,连片整合提升药王山、天脊龙门、九龙湖等景区和莲花镇休闲观光农业集聚区。高标准谋划推进华东自驾游营地(世界木屋风情园)、大乘寺佛教文化养生度假区、节理石柱梦幻山谷和“两岛”等开发建设,加快推进九九红玫瑰园、乌溪江度假村等旅游项目,力争引进一个10亿元以上的旅游综合体、创建一个AAAA级旅游景区。强化旅游资源整合,把文化资源、生态资源和产业资源渗透到旅游发展的各个环节。加大土地、资金、人才等要素保障力度。做好旅游宣传营销,打响“城中山水、生态衢江”金名片。

(二)强化经济工作抓手,增强发展的动力和支撑

突出招商引资和项目建设。坚持招商引资一号工程不动摇。要以专业招商为方向,立足衢江实际,在继续推行全员招商的基础上,配强专业招商力量,成立工业、农业、服务业和旅游业招商团队,落实专业招商的招大引强任务,在招商实践中提升专业招商水平。专业招商要围绕主导特色产业发展的关键环节,瞄准国内外知名企业和行业领军企业,深入研究产业政策,动态掌握产业发展动向、项目资金流向和企业投资意向,着力引进一批龙头型、税源型、创新型招商项目。注重以商招商,研究制订以商招商政策,着力引进产业链延伸项目。深化山海协作,推进衢江—鄞州山海协作产业园建设。坚持项目建设主抓手不动摇。高度重视项目前期工作,强化项目前期经费保障,谋划和包装一批高质量的重大项目,“上接天线”“下接地气”做好分层次对接,力争更多的项目列入省市计划盘子,努力实现重大前期项目报批提速。继续加大项目推进力度,突出抓好90个区级重点建设项目,严格落实项目进度月通报、年度综合评价和后进单位约谈制度。把招商引资考核奖惩与项目建设进度相挂钩,以项目的实际投资额与是否建成达产等作为衡量招商引资是否成功的标准。

强化要素保障和腾笼换鸟。把要素保障作为一切经济工作的基础。以开发区东扩为重点,抓好前期报批、征地拆迁、土地平整、市政配套等环节,力争通过三年努力,使衢江经济开发区面积在现有10平方千米的基础上再扩大10平方千米左右;大力推

进低丘缓坡综合开发利用试点工作、农村土地综合整治和低丘缓坡综合开发，实施低丘缓坡开发666.67公顷，农村土地综合整治66.67公顷、储备66.67公顷，征地533.33公顷以上。加强政银企对接，探索建立国有融资性担保公司，引进和培育新业态金融机构，积极探索实践BT、BOT等投融资模式，推进企业债券发行工作。把腾笼换鸟作为提升发展效益的关键。广泛宣传并严格落实国土资源部〔2012〕53号令，"依法收回一批、帮助盘活一批、促进开工一批"闲置土地，切实防止"圈地"现象再发生。

注重城市带动和创新驱动。更加突出城市化带动。完成中央商务区、滨江景观带、塔底片区的城市设计，开展"一湖两岛"等城市特色设计，做好各类专项规划。抓好城市建设和管理十大专项工作，实施城市能级项目30个、完成投资20亿以上，优先安排、优先保障最有利于人口集聚的城市功能项目，加快公办幼儿园、健身公园、市民活动中心等公共服务设施建设。扎实开展"三改一拆"，全力推进城中村改造，切实抓好信安中路、滨江景观带西段以及建成区路面"白改黑"、架空线"上改下"、景观"绿改彩"、排水"雨污分流"等项目建设。继续推进集镇"四个一"工程建设，着力整治集镇环境脏、乱、差问题。更加突出创新驱动。把争取省、市及沿海发达地区的智力支持摆到与争取项目资金同等重要位置，像抓招商引资一样抓急需人才的引进，推进人才集聚工程，抓好10个配套办法的实施，明确和落实对企业人才、人力资源服务的责任。完善政府主导、企业主体、院校支撑的产学研用技术创新体系，推进以企业技术中心为重点的创新平台建设，引导和推进企业加快技术改造、开发自主品牌。

（三）推进和谐社会建设，强化发展的根基和保障。

突出民生事业建设。加大教育事业投入，着力解决学前教育薄弱等结构性矛盾，高度关注弱势群体教育。深化公立医院改革，启动卫生强区创建，抓好基本和重大公共卫生服务项目实施，确保通过国家卫生城市复评。加快城乡社会保障体系建设，全面推进城乡居民重大疾病补充保险和社会养老服务体系建设，健全和规范最低生活保障、医疗救助、孤残补助等社会救助机制。积极创建省体育强区、省级文明区、文明集镇和创业型城市，扎实推进"爱心衢江"建设，谋划建设文化集聚项目，举办玫瑰节、登山节、枇杷节等特色文化旅游节，促进文化和旅游融合发展。

深化美丽乡村建设。深入开展美丽乡村"四级联创"，创建文明生态示范带2条、示范乡镇2个、特色精品村10个以上，争创全省美丽乡村先进区。加强农村环境整治，突出抓好饮用水源安全保障，加快城乡供水一体化建设，下大决心整治农村养殖污染，重点推进衢北片区生猪"移栏上山"。落实强农惠农政策，加快特扶项目和水库移民项目建设，实施新一轮低收入农户收入倍增计划，提升农民转移就业能力。全面实施"一村一品"行动，培育壮大村级创业点，发展一批特色农业专业村，培育提升一批精品农家乐、来料加工基地。将新农村建设与文化旅游发展有机结合起来，抓好历史文化村的保护和利用，重点推进全旺楼山后、云溪车塘、湖南破石特色文化精品村建设。

加强生态文明建设。严格实行空间、总量、项目"三位一体"环境准入制度，加快淘汰重污染高能耗落后产能，强化重点区域、行业、企业监管力度，确保完成节能减排各项目标任务。深化森林系列创建工程，全面开展"五边三化"行动。加快城东污水厂建设，积极开展国家级和省级生态乡镇、生态村创建，力争通过省级生态区验收。

维护社会和谐稳定。推进平安衢江、法治衢江建设，全面实施"六五"普法，提升政府依法行政和"两院"公正司法能力，深化"民主法治村（社区）"创建，引导群众依法有序表达诉求。强化源头治理，落实社会稳定风险评估制度和矛盾化解"五早"工作机制，力争把不稳定因素化解在源头；坚持以群众工作统揽信访工作，关心、帮助和疏导信访群众，及时化解信访矛盾。创新社会管理，深化三民工程标准化建设和"网格化管理、多元化服务"，推进乡村两级社会管理服务中心(站)规范化建设，重点抓好"两违"整治。严厉打击各类违法犯罪行为，加强道路安全、学生接送车、食品药品等重点领域安全监管，坚决遏制重大安全事故发生。

(四)加强党的自身建设，提高领导发展的能力。深入开展党的十八大精神主题学习教育活动，提高科学研判形势、驾驭市场经济、应对复杂局面和服务人民群众的能力。深化推进"百千万先锋行动"，探索建立"先锋指数"为特征的考评管理体系，探索完善乡镇(街道、办事处)特色竞争"三个争先"工作机制。加强党建工作制度创新，完善和落实服务型基层党组织星级管理、乡镇党代会常任制、党代表任期制、无职党员设岗定责等长效机制，扎实推进"两新"组织党建和党内基层民主建设。加强农村基层组织建设，深化第一书记"四诊"工作法，扎实推进后进村党组织整转提升；加强村级班子建设，加大农村干部教育培训力度，严格落实村两委联席办公制度和重大村务民主决策"五步工作法"，完善落实村干部奖惩机制，加大不合格村干部处置力度，表彰奖励在"两违"整治管理、项目征地拆迁、低丘缓坡开发和土地综合整治有突出贡献的村干部。坚决维护党的政治纪律，认真贯彻落实《廉政准则》，严格执行党风廉政建设责任制，健全廉政风险防控和权力运行监督机制，加强重要部门、关键岗位、重点领域的监督，保持惩治腐败的高压态势。不折不扣执行中央政治局"八项规定"和省委"六个严禁"，坚持和发扬艰苦奋斗精神，大力整治公费应酬、公款消费、公车私用、奢靡浪费等不正之风。

三、加强干部作风建设

刚才，区委、区政府隆重表彰了一批2012年度先进单位和个人。这既是对过去一年我区各方面先进典型的表彰，也是对全区广大党员干部工作的充分肯定。过去的一年，我区在发展形势十分严峻的情况下，实现了在市委市政府经济社会发展工作目标考核的争先进位，取得了全市第二的历史性突破，这充分表明我区的干部作风总体上是好的。尤其是横路、樟潭、浮石、廿里等乡镇(街道、办事处)攻坚克难，全区完成征地1400公顷，其中开发区东扩二期146.67公顷土地当年征用、当年配套，三期400公顷土地征迁三年任务一年完成。但是，我们必须清醒地看到中央和省委对干部作风建设提出了更高要求，措施之细、力度之大前所未有。我区干部作风现状与这种新要求相比尚存在不少差距。各级党员干部要认真学习贯彻中央和省、市委关于作风建设的会议精神和有关规定，提素质、转作风、抓落实、促发展，切实担负起加快发展、追赶跨越的光荣使命和重大责任。

(一)从共识问题入手，切实提升干部素质、改进会风文风、推进重心下移。在前段时间的走访调研中，各级各部门普遍反映干部素质不适应、会风文风不够务实等问题，建议区委加强学习培训、精简会议、转变文风。区委认为这些建议很好，改进学风、会风、文风和大兴调查研究、联系群众之风是作风建设的最好切入点。

一是加强学习培训和实践锻炼，提升干部素质。由区委组织部牵头，各级各部门分工负责，重点抓好学习培训和挂职锻炼两项工作。学习培训要围绕提升干部抓发展、抓项目、抓落实的能力，分层次排出区管干部、业务干部和本单位干部的全年培训计划，邀请国家部委和省厅专家、行业权威、各地精英、各行能手来衢江授课，重点办好精品规划班、国土保障班、产业政策班、城镇建设班、旅游发展班、项目谋划班、企业服务班、招商引资班以及相关领域的改革创新研讨班,并适度组织一些有针对性的外出考察学习。挂职锻炼要围绕提升干部实践能力、协调能力和信息收集研判能力,选派一批项目争取重点部门干部到国家有关部委和省厅挂职锻炼,选派一批区管干部到省属国有企业挂职锻炼,选派一批退居二线的党员领导干部、部门中层干部到农村基层担任第一书记,选派一批年轻后备干部到企业担任帮办员,并落实挂职锻炼干部的工作任务,建立管理考核奖惩机制。

二是抓好精简会议和转变文风。一个地方会风反映了党委、政府思考问题的方向和解决问题的方法,一个干部文风反映了这个干部的能力素质、工作作风和处事态度。必须明确,开会议、写文件、作报告、发表文章,都是为了解决问题。要从严控制会议数量、会议规模、会议时间、会议经费,坚决杜绝为了开会而开会。领导同志要尽可能自己动手,在写稿子的过程深入思考工作中存在什么问题和如何解决问题,或者尽量脱稿讲有针对性的和可操作的话,讲有感而发的和自己判断的话。要坚持内容决定形式,大力提倡"短、实、新"的文风,做到实事求是、言之有物、见解深刻、深入浅出、生动活泼,力戒假话、空话、套话。要控制发文和简报数量,提高文件的针对性、操作性。新闻报道要贴近实际、贴近生活、贴近群众,关注基层、关注民生、关注项目、关注作风。

三是加强调查研究和群众工作。只有深入调查研究,密切联系群众,做到重心下移,才能实现"接地气"和"通血脉"。要围绕重点、难点、热点,排出一批针对性强、切入点小的重点调研课题,采用问卷、访谈、座谈、统计分析等各种调研方法,以数字说话、以案例说话、以事实说话。要全面开展党的群众路线教育实践活动,建立区乡领导下村蹲点住夜调研制度,到最偏远、最落后、问题最多、群众意见最大的地方去了解群众需求和心声,特别是对信访群众要换位思考,将心比心,切身感受他们的无奈、疾苦和艰辛,实实在在地解决具体问题。要加强乡镇干部队伍建设,建立健全乡镇干部住乡包村联户、民情沟通调处、乡镇干部联系服务卡等制度,全面推行岗位目标责任制、工作项目责任制、干事创业承诺践诺制和办事首问责任制,逐步强化乡镇管理职权,提高乡镇干部待遇,改善乡镇工作环境,切实减轻乡镇负担,尤其是职能部门不得把部门责任转嫁到乡镇。每位乡镇干部每周至少在乡镇住夜两个晚上,每天有一名党政领导班子住夜值班,乡镇班子成员在任期内要走遍辖区内所有自然村,驻村干部在联系期内要走遍联系村所有农户,熟悉人头田头,叫得出张三李四,注重办好一家一户的"小事"。

(二)从领导干部做起,切实做到抓落实、敢管理、勇突破。不愿担责任,就不该当干部;不敢担责任,就不配当领导。领导干部面对责任能不能担当,面对工作要不要抓落实,面对障碍敢不敢突破,往往决定了一个地区、一个单位的干部队伍作风走向。各级领导干部一定要以身作则、率先垂范,区四套班子同志带头做起,区级领导向我看齐。

一是带头抓落实。抓落实的能力是领导干部最基本的执政能力。各级领导干部要把抓落实作为工作常态,从自己做起,从具体事抓起,坚决杜绝把以会议贯彻会议作为主要工作方式,把划圈批示作为主要工作手段,切实做到责任紧身、项目贴身、督查靠身,绝不能议而不决、决而不抓、抓而不紧,更不能矛盾上交、责任下推、难题后拖,尤其是在行政审批的流程中,区领导必须确保做到不让审批速度在我这里降低。领导干部除工作需要外,少出去应酬,多回家吃饭,省下点时间,多读点书,多思考点问题,多深入基层和群众谈心交心。区委将对区领导分工抓重要事项、重大项目和联系重点企业的情况实行严格的督查考核,并将督查结果在新闻媒体上予以公布。

二是碰硬抓管理。没有敢于批评落后的碰硬

管理，敢于得罪人的问责问效，干部的惰性就会被放大，工作的执行就会被打折扣，作风建设也会流于形式。各级领导干部要坚决克服一团和气的做法，做到敢抓敢管，动真碰硬。区委将更加注重管事与管人的有机统一，把“区委常委交办的工作等同于区委书记交办，分管副区长交办的事项等同于区长交办”作为一个鲜明的导向加以落实，推行重点工作分管领导负责制和包干制，充分尊重各级领导干部从工作角度提出的干部调整意见，坚决支持各级领导大胆管理、放手工作，如果因此工作上去了，得票下来了，组织上会予以充分理解，并继续在政治上、工作上予以大力支持。

三是大胆抓突破。改革要冲破思维藩篱、触动现实利益、挑战习惯做法，不可避免地会招惹是非，甚至会有风险和责任。在改革的风险和责任面前，领导瞻前顾后，干部就不敢担当；领导避实就虚，干部就不敢突破。各级领导干部要深刻领会习近平总书记关于深化改革开放的重要讲话精神，牢记“改革有风险，但不改革就会有危险”的教诲，勇担风险，敢担责任，大胆实践，力破常规。区委支持为了衢江发展大局的一切改革创新行为，对改革创新中的失误予以包容，成效予以激励，风险予以保护。区委常委会是区级领导推改革、抓创新的坚强后盾，区级领导要成为分管联系单位改革创新的坚定支持者和保护者，各级各部门主要领导要支持、激励和保护干部在工作推进、审批提速、服务提效中的改革创新、变通快通行为。

（三）从重点环节突破，切实推进审批提速、执行提效和服务提质。审批速度、执行效率、服务质量已影响和制约了加快发展，必须作为作风建设的重中之重。

一是狠抓审批提速。要按照“减少材料、减少时间、减少环节、减少前置”的要求，继续清理和规范行政审批事项，扎实推进审批前置条件的清理削减，重新开展审批流程再造，选择若干个政府投资项目及企业投资项目进行全程跟踪督查，积极推广并联审批、组合审批、容缺预审和联合审图、联合踏勘、联合办理、联合验收等做法，并学习借鉴先行地区行政审批前置变后置改革试点的做法。积极引进中介机构进驻行政服务中心，规范中介市场运作，探索建立强制（指定）中介评估认定办法，严肃查处强制（指定）中介的行为。要进一步强化行政服务中心管理工作，进驻中心的窗口单位工作人员由行政服务中心负责考核管理，各相关部门要确保职能归并到位、授权到位、人员到位。由于职能归并不到位、授权不到位等原因，窗口单位服务质量评比中连续两次排在后两名的，单位主要领导直接坐班行政服务中心服务窗口，直到整改到位。

二是狠抓执行提效。要建立和完善纵向到底、横向到边的抓落实责任体系，对每一项工作都要定人员、定责任、定时间、定进度，坚决克服那种看似大家都在抓实际没人抓、看似大家都有责实际无人负责的不良现象。要严格追究责任，对区委、区政府重点工作推动不力的，由区纪委及时警示、约谈和问责，查处一批不落实的事和人，对该约谈不约谈、该查处不查处的，追究相关责任人的责任。要加强协调配合，进一步树立交办会、协调会等会议纪要的权威地位，对各类会议纪要落实情况进行跟踪监督，严肃处理以各种理由借口拒不执行会议纪要的单位及其领导。对项目决策咨询会议出具的会议纪要，要视同为参会各部门同意项目落地的书面意见，不得再要求企业出具单独部门的书面意见，可直接进入工商登记审批程序。要坚决纠正把局部利益、部门利益、小团体利益放在全局利益之上的观念和行为，无论是“块块”部门还是“条条”部门，无论是区管的干部还是市局管的干部，既然身在衢江，就要心系衢江，服从衢江发展大局。

三是狠抓服务提质。要探索建立软环境指数综合评价体系，定期开展审批速度、办事效率、服务效能与衢州市和周边县（市、区）的对比分析，速度慢、效率低、效能差的责任单位要限期整改。要继续开展“评环境、评部门、评干部、评窗口”、满意不满意单位评选和“百名基层站(所)长群众评”活动,强化评议结果运用,排名末位的不满意单位在新闻媒体上公布,连续两年排名末位的不满意单位进行干部人事调整。要规范行政执法、涉企收费行为,除列入重点管理的低产低效企业外,对其他企业必须严格执行涉企检查申报备案和涉企收费监测制度,各种行政事业性收费和行政处罚一律按下限执行,严肃查处提高收费(处罚)标准、搭车收费和报销费用等行为。对一些由于自收自支人员过多从而产生收费冲动的部门单位,由区人劳局牵头进行专题调研,拿出切实可行的解决方案。

(四)从较真动真抓起,切实强化用人导向、考核激励和查处力度。干部作风、机关效能、服务环境建设没有巧办法,只有硬招子。

一是强化用人导向。要排除一切干扰,在抓落实的过程中考察干部,用抓落实的成果检验干部,大胆启用想干事、会干事、干成事、不出事的干部。想干事,就是能够清楚掌握基本情况、工作动态和政策规定,立足区情抓发展,积极主动抓落实,而不是上面压着抓、领导逼着干。对基本情况掌握朦朦胧胧的、对工作进展情况模模糊糊的、对法律政策规定一知半解的,都是不想干事的表现。会干事,就是别人想不到的你能想到,别人想到的你能抢先做,别人做不到的你能做到,既善于谋大局,又善于抓细节,还敢打“擦边球”。干成事,就是发展有实绩、排位有进步、工作有亮点,而不是在汇报上唱高调、在形式上做文章、在统计上弄虚假、在考核中翻花样。不出事,就是不该要的不要,不该拿的不拿,不该沾的不沾,而不是让干部在工作中循规蹈矩、畏首畏尾、缩手缩脚,对于为了发展、为了工作、为了群众而出的问题,要予以包容和保护。

二是强化考核激励。考核督查流于形式,工作多半流于形式。考核督查过分重视材料汇报和台账资料,本身就是形式主义,只会助长不抓落实的风气,必须在考核督查中注重实绩,在奖惩兑现上严格较真。要进一步完善考核机制和体系,突出抓发展、抓项目、抓落实的考核导向,把勇争全区第一、全市领先乃至全省全国先进作为各级各部门分类考核或单项工作的标杆,建立“一把手”任职期间项目实绩动态考核机制,防止出现“急功近利”的现象。坚持把考核结果与干部使用和奖惩挂钩,对成绩突出的要优先提拔重用,对完不成目标任务的坚决给予相应处罚。大力表彰和广泛宣传各行各业先进典型,激励各级党员干部坚守攻坚克难第一线、勇破难题敢担当、甘在基层做贡献。

三是加大查处力度。实践证明,不处理人,邪气下不去,正气上不来。要进一步优化和完善《衢江区影响机关工作效能行为责任追究办法》,细化影响机关工作效能行为的界定标准,逐一明确处罚措施,加大各类投诉的查处力度。动真格推进治庸、治懒、治散、治奢,不等投诉主动去查访,对于胆敢破坏软环境的人,按照“就高不就低、就严不就宽”严肃处理,力争通过查处一案,整治一线,教育一片。

(五)从新年开局抓起,切实做到走进项目、走进村企、走进矛盾。根据市委统一部署,今年2月中旬至4月中旬,全面开展以领导干部下基层“三走进”为主题的“践行群众观、实现开门红”集中行动。各级各部门领导班子带头,抓紧落实今年开局各项工作,实现一季度经济社会开门红。

一是走进项目。全面实行领导干部挂钩联系项目制度,各责任领导要全程参与联系项目的立项、设计、规划、拆迁、建设等各环节,亲自研究、亲自督办、亲自解决项目建设中的重大问题,全力抓好杭新景高速、衢江航运等一批重大项目征迁和娃哈哈二期、都邦二期等一批产业项目实施。对其他重点建设项目也要明确责任领导和牵头单位,及时协调解决项目建设中的各种问题。

二是走进村企。要建立领导干部直接联系和服务群众制度,区级领导干部在第一书记工作法联系1个村的基础上,每人再联系1个乡镇(街道)、1个企业和1户以上困难党员群众或孤残群众家庭。各部门要以“进村入企”大走访活动联系点为基础,联系1个村、1个企业。每名党员干部都要争当志愿者,争做“微义工”,至少参加社区活动2次,联系1户以上困难群众或孤残群众家庭。

三是走进矛盾。要摸清群众反映最强烈的生产生活问题,摸清当地生活最困难群众的现状,摸清影响项目建设、征地拆迁、企业发展的关键问题,摸清历史遗留下来的、久拖未决的最困难问题,建立涵盖项目建设、城市管理、社会稳定和民生事业等各方面的“难题库”,实行难题化解责任制,切实化解一批矛盾,息访息诉一批信访案件。

开展“三走进”集中行动,绝不能搞形式主义、做表面文章,要带着感情和感恩的心态深入基层,并自觉做到“五坚持、五严禁”,即:坚持真心为民服务,严禁脱离实际乱承诺;坚持轻车简从,严禁给基层增加负担;坚持吃工作餐,严禁在基层饮酒、公款吃喝;坚持廉洁自律,严禁收受基层单位馈赠的物品;坚持亲自撰写调研报告,严禁让秘书代写或基层干部代劳。

加快发展任务艰巨,转变作风时不我待。让我们紧密地团结在以习近平同志为总书记的党中央周围,在市委的正确领导下,转变作风,狠抓落实,努力实现衢江加快发展追赶跨越!

政府工作报告

——在衢州市衢江区第十四届人民代表大会第二次会议上的报告

衢州市衢江区区长　鲍秀英

（2013年1月15日）

回顾2012　逆势奋进
发展态势保持良好

2012年，是新一届政府的开局之年。一年来，面对异常复杂严峻的宏观形势和各种困难，我们在区委的正确领导和区人大、区政协的有力监督支持下，深入贯彻科学发展观和党的十八大精神，牢牢把握"稳中求进、转中求好"的主基调，紧紧依靠全区人民，坚定信心，逆势奋进，经济持续平稳较快发展，社会保持和谐稳定。预计全区实现生产总值115亿元，增长11%；财政总收入8.45亿元，其中地方财政收入5.29亿元，分别增长16.7%和11.6%；固定资产投资69.03亿元，增长20%；社会消费品零售总额32.64亿元，增长15.5%；出口总额2.24亿美元，增长10%；农民人均纯收入10240元，增长11%；人口自然增长率、城镇登记失业率控制在计划指标之内。全区新增财力87%以上用于民生支出，完成农民饮用水、下山脱贫等为民办实事项目。

一年来，我们紧紧围绕区十四届人大一次会议确定的目标任务，扎实抓好各方面工作。

一、坚定清醒、真抓实干，应对困难挑战积极有为

把保稳促调作为重中之重。全面落实中央、省市稳增长、调结构的一揽子政策措施，及时统筹安排工业、农业、服务业等专项资金5.6亿元，完善主导产业和龙头骨干企业培育政策，加快发展大产业大企业，新增规模企业16家、达到120家。落实设施农业扶持政策，发放各类补贴2380万元，新建钢架大棚77万座、累计达到207万平方米，建成"万元田"2400公顷。出台加快服务业发展的若干意见，服务业投资达22.2亿元，增长20.3%。同时，年初就出台了综合争先、招商引资、财政收入等一系列考核办法，将主要经济指标、重点工作任务分解下达，各项工作抓得早、抓得紧，为经济企稳回升奠定了坚实基础。

把帮扶企业作为关键之举。深化"三企工程"，积极开展"进村入企"大走访，建立龙头企业（项目）专项服务组，强化企业帮扶和服务，解决企业难题500多个，完成工业技改投入12.3亿元、增长25.4%，企业家信心指数明显提升。推进政银企联动，认真落实企业转贷贴息政策，中小企业新增贷款16.4亿元、增长31%，有效缓解了企业融资难问题。实施企业减负"阳光工程"，取消（降低、暂缓）各类涉企收费158项，减轻企业负担8000多万元。

把破解难题作为当务之急。大力倡导"不破法规破常规"，敢于担当、主动作为，集中精力破解事关经济社会发展大局的各类困难问题。一批重大项目征迁强力推进，杭长客专、衢江航运、天然气管线等国家、省级重大线性项目实现无障碍施工。一批企业资金链断裂问题积极处置,豪信房开、民德纸业成功实现重组,坤力塑料"联保"危机及时化解。一批群众反映强烈的难题有效破解,全面完成城中村改造调查摸底,制定了安置政策,新屋里小区一期14.7万平方米BT项目开工建设;河道采砂专项整治有力开展,依法取缔采砂场46家,江心岛非法采砂得到根治。

二、优化结构、加快转型,经济发展质量显著提高

工业经济转中求进。规模工业总产值突破百亿大关、达到101.75亿元,增长12.6%;规上工业企业利润总额6.2亿元,增长22%。加快主导产业链延伸,新引进泽潇医用、望湖纸业等特种纸后加工企业4家,丰麒工贸、锦博机械等先进装备制造企业36家,两大主导产业实现产值48.5亿元、增长16.6%,占规模工业总产值的47.6%。推动企业扩外贸、拓市场,组团参加上海宝马展、广交会等重大展会,东港热电与上市公司"富春环保"、巨鑫机械与跨国公司"芬兰美卓"、仙鹤特种纸与新加坡"希科资本"成功合作,企业综合竞争力明显增强。加大企业科技创新扶持力度,中国制浆造纸研究院衢州分院和全市首家民营企业院士专家工作站落户我区,新增市级企业技术中心3家,夏王装饰原纸、志高空压机组被评为浙江省名牌产品,全区万元工业增加值能耗下降7.3%,完成上级下达目标。

现代农业提质增效。实现农业总产值34.8亿元,增长5.8%。大力推进"三园共建",投入农田水利建设资金8500多万元,莲花现代农业综合区在全市率先通过省级验收,全旺现代农业综合区发展迅速,千里岗现代农业综合区启动建设;新增市级粮食生产功能区7个、面积666.67公顷。积极培育新型农业经营主体,新引进老爸果园、好德农业、金禾灵芝等1000万元以上现代农业项目25个,到位资金4.8亿元,其中5000万元以上项目5个。加快发展花卉、果蔬、油茶等"4+6"主导特色产业,新流转土地866.67公顷,调减"三低"橘园800公顷,新建果蔬基地240公顷、花卉苗木基地286.67公顷,被评为全国农业标准化示范区、全国粮食生产先进区、全国生猪调出大区和浙江玫瑰之乡。

现代服务业发展壮大。"商贸兴区"战略全面实施,实现服务业增加值40亿元,增长12%。商贸业快速发展,6000平方米的乐美滋和4000平方米的乐来购两家大型超市开张营业,浙西汽车城新增投资1.1亿元,实现销售额14亿元,增长309%。市农贸城迁建项目一期25公顷征地全面完成,卷烟物流配送中心成功落地。第三家小额贷款公司"鑫业公司"和农行廿里支行、上银村镇银行上方支行开业,金融机构实现税收6722万元,增长94.3%。出台旅游业大发展政策,后溪银湖山庄、湖南乌溪江度假村等项目开工建设,实现旅游总收入15.9亿元,增长24.5%。成功举办首届房交会,全年完成房地产投资9.6亿元、增长48.8%,长河绿江南、美丽东城等房地产项目销售面积达10.2万平方米,增长55.3%。建筑业实现产值42亿元,增长14.9%。

三、大干项目、干大项目,追赶发展后劲持续增强

招商实效明显提高。创新招商工作机制,新成立服务业、城市和开发区3个专业招商局,理顺3个产业招商局体制,加强专业、产业和龙头企业招商,全年新引进项目479个,实际到位资金40亿元、增长23.3%,其中亿元以上项目35个、浙商回归项目8个。推行精细化招商,强化项目决策咨询和竣工履约验收,总投资1.2亿元的仙鹿纸制品、1.8亿元的泰隆银行总部等一批优质项目相继落户,开发区亩均投资和税收分别达到200万元、4万元。推进区域合作交流,衢江—鄞州山海协作

产业园列为全省首批9个共建产业园之一。

项目建设强力推进。深入实施“项目建设突破年”和“互看互学互比”活动，开展重点工作专项督查和“项目工作之星、群众工作之星”评选，创新“三挂三战”项目推进机制，78个区级重点项目完成投资47.8亿元、增长20.4%。东大特种纸、星月神电动车等重大产业项目建成投产，杭新景高速、迎宾大道拓宽等项目征迁有序推进。重大项目前期取得突破，8个项目列入省重点建设计划，创历史新高；总投资50亿元的抽水蓄能电站项目与国网新源公司签署合作意向，20亿元的天然气热电联产项目热力规划通过省级评审。谋划储备山区科学发展项目258个，总投资978亿元。

要素制约有效破解。牢固树立“土地活、全盘活”理念，全区实施征地1400公顷，其中国家、省市项目346.67公顷，城区66.67公顷市绿色产业集聚区委托553.33公顷；报批用地518.33公顷，供地193.33公顷。特别是抢抓了国家低丘缓坡综合开发利用试点机遇，全力推进开发区东扩征地，三年计划一年完成，樟潭街道、横路办事处征地386.67公顷；投入1.54亿元加快市政配套建设，形成熟地66.67多公顷、正在配套133.33公顷，，改变了我区多年来“项目等地”的局面。大手笔推进低丘缓坡(低次园地)开发，创新“委托开发”模式，全年共实施1000公顷，通过省市验收392.2公顷，2012年项目507.13公顷实现当年立项、当年施工；农村土地综合整治13个项目90.27公顷实施拆旧复垦。积极探索信托、BT等投融资模式，城中村改造、开发区东扩等项目实现融资6.35亿元。出台“人才新政32条”，投入科技人才经费3965万元，国家“千人计划”和海外高层次人才引进实现零突破。

四、城乡一体、协调联动，区域融合发展步伐加快

城市能级加速提升。加强城市建设和管理，投入1300多万元，启动中央商务区、滨江景观带、塔底片区三大城市设计，完成中心城区及廿里、上方、大洲集镇控规和城中村改造规划编制，建制镇总规和中心村规划实现全覆盖，城乡规划体系进一步完善。加快完善城市功能，投入城市建设资金28.6亿元，市区快速通道乌溪江大桥半幅合龙，百灵大桥、樟潭防洪工程二期顺利开工，完成城东污水处理厂土建和老城区路网“四巷”改造，大桥路、梅林路改造有序推进。强化城市营运，总投资超10亿元的衢州首座大型城市综合体——东方广场项目快速推进、5万平方米商场超市主体结顶，汽车商务广场、光明电力商务大楼等一批商业配套项目落地，建成高楼49幢、在建39幢。实施集镇“四个一”工程，总投资1.5亿元的廿里商城启动建设，杜泽、廿里、上方等4个农贸市场改造提升并通过省市验收。

美丽乡村加快建设。积极开展“四级联创”，启动“一村一品”行动计划，累计完成特扶项目投资5.6亿元。创建市级美丽乡村示范乡镇2个、精品村6个、“一村一品”专业村16个。加快农村基础设施建设，建成农村联网公路24千米、安保设施61千米，新解决3.23万人饮水安全问题，云溪塔山至十里丰自来水主管道项目完成前期。总投资1.7亿元、占地10公顷的廿里后山小区全面建成，785套安置房交付使用；上方立模小区一期110套安置房交付、二期100套竣工；大洲东岳小区41户农民建房完成。深入推进富民壮村强乡镇工程，实施水库移民扶持项目169个，发放来料加工费4.6亿元，实现农家乐经营总收入7385万元。

生态建设扎实有效。启动省级生态区创建，完成电镀行业整治，关停砖瓦窑4家，6家企业通过省级清洁生产验收。加强农业面源污染和乌溪江水环境综合整治，新建户用沼气1557户，30个山塘水库实现“清水养鱼”，累计建成高家溪西等生猪生态养殖小区35个。开展“五边三化”行动，抓好乌溪江国家湿地公园生态修复，全区新增绿地1400公顷，成功创建国家森林城市。建成湖南、灰坪、黄坛口3个国家级生态乡镇,大洲、峡川等5个镇级污水处理设施投入营运。举办第二届"绿色中国行——走进衢江"大型主题公益活动,生态衢江"金名片"进一步打响。

五、民生为本、群众至上,和谐稳定局面得到巩固

社会事业不断进步。推进教育均衡发展,总投资1.34亿元48个班的区第一初中动工建设,职业中专被评为省首批改革发展示范学校,新创建标准化学校14所,设立"爱心助学基金"。全面启动区级公立医院综合改革,浙医二院病理联合诊断分中心挂牌成立,在全省率先推行"先看病后付费"便民措施,举村洋坑等140家村卫生室实现紧密型一体化管理,区人民医院异地扩建工程进入后期装修,区妇保院通过二级乙等评审。开展第三届"创业文化周"和送文化、种文化活动,着力打造孝文化、善文化、红色文化等特色文化品牌。"双桥农运会模式"在全国推广,浮石街道、周家乡通过省体育强乡镇验收,创建省级小康体育村60个。以首届十大爱心模范评选引领"爱心衢江"建设,深入开展"最美衢江人"系列活动,社会主义核心价值观进一步弘扬。人口计生、妇女、儿童、老龄、残疾人、社会福利、慈善、红十字等事业全面发展,民族、宗教、外事、侨务、对台等工作取得新成效。

社会保障不断完善。高度重视就业问题,新增城镇就业1245人,农村劳动力转移就业9875人,建成充分就业村110个。加强低保规范化管理,城乡低保标准分别调整为每人每月424元和272元,民政信访工作获全国先进。完善政保合作"衢江模式",城乡居民基本医疗保险筹资标准提高到370元、区内住院报销比例提高到70%,养老保险参保率达到97.3%,社会保障水平明显提升。

和谐建设不断深化。深入开展"社会管理创新落实年"活动,强化基层基础建设,20个后进村实现星级提升。实施安全生产"打非治违"专项行动和食品安全大整治百日行动,市级药品安全示范乡镇实现全覆盖,安全生产工作获市级先进。坚持"民情沟通日"制度,创新维稳工作"五早"机制,加大网络舆情监管力度,严厉打击违法犯罪,圆满完成十八大安保攻坚战。防汛防旱、森林消防、动植物防疫工作得到强化,普法、社区矫正、人民调解、法律援助等工作扎实推进,国防建设、国防动员、国防教育、民兵预备役、人民防空和双拥工作切实加强。

六、转变观念、改进作风,政府自身建设不断加强

行政效能得到提升。全面开展以"三治三比"为主要内容的"行政效能提升年"活动,积极推进"两项工作""三项制度",30项审批管理事项下放到乡镇,行政审批平均提速29.8%。创新推行政府领导AB角、周二(晚)集中办公、目标公开承诺、重点工作约谈等机制,全年交办各类事项152件,解决率达90%以上。447项行政审批事项纳入电子监察系统,累计办结各类诉求9.7万件。

依法行政得到强化。认真办理人大代表议案建议和政协提案,办结398件,满意率达99.7%。加强与民主党派、工商联的沟通联系,充分发挥工会、共青团、妇联等人民团体作用。政府机构改革全部到位。成立区政府咨询委和法律顾问团,强化战略研究和决策咨询,依法民主决策水平不断提高。深化政府信息公开,健全重大事项社会公示和听证制度,组建衢江新闻网,全年办理区长信箱来信178件。

廉政建设得到加强。强化政府投资项目预算评审和审计监督,全年评审项目1191个、核减预算8734万元,审计项目131个、核减造价1800多万元。优化财政支出结构,全面推行国库集中收付和公务卡制度,认真开展公务用车治理,实行"三公"经费限额管理。加大惩治腐败力度,查处各类违纪违法案件54起。

过去一年的成绩来之不易。这是上级党委、政府和区委正确领导的结果，是全区上下齐心协力、攻坚克难的结果。在此，我代表区人民政府，向在衢江工作和生活的全体人民，向给予政府工作支持和监督的人大代表、政协委员，表示崇高的敬意和衷心的感谢！向各民主党派、工商联、各人民团体和离退休老同志，向驻我区的人民解放军、武警官兵和部省市属单位，向所有关心支持衢江发展的社会各界人士和朋友们，表示衷心的感谢！

在看到成绩的同时，我们也清醒认识到，当前我区经济社会发展中还面临许多困难和问题。主要是：经济总量小，产业链短，集聚度低，环境容量制约突出，尤其缺少“好大高”项目和龙头企业支撑，受房地产市场低迷和造纸业进口下降等因素影响，地方财政收入、外贸进出口总额两项指标尚未完成年初预期目标。城乡基础设施欠账较多，民生需求一时难以满足，新一轮财政体制调整对我区财力将产生重大影响，农民持续增收难度增加，城区和农村违法建筑、环境保护等问题依然突出。谋划项目、包装项目、争取项目、推进项目的总体水平不高，少数干部精神状态不佳，突出表现为浮躁、漂浮、空洞、懈怠、涣散，缺乏做群众工作的责任心，存在有法不依、为政不廉等现象。我们务必高度重视，采取强有力措施加以解决。

展望2013　把握机遇
明确目标科学发展

2013年，我们要按照十八大“两个翻番”和加快推进新型城镇化，以及省委建设“两富”现代化浙江和市委“一个中心、两大战役”的战略部署，抢抓机遇、提振信心，加快推进绿色发展、生态富民、科学跨越，努力向全区人民交上满意的答卷。

今年政府工作的总体要求：坚持以邓小平理论、“三个代表”重要思想、科学发展观为指导，全面贯彻党的十八大和中央及全省经济工作会议精神，认真落实市委、市政府和区委决策部署，继续拉高标杆，持续追赶跨越，以提高经济增长质量和效益为中心，以项目建设为支撑，以改革创新为动力，以改善民生为根本，以和谐稳定为保障，抢抓山区科学发展试验区建设机遇，深入实施“四大战略”，联动推进“四化融合”，为建设“五个衢江”而努力奋斗。

综合分析各种因素，建议今年经济社会发展主要预期目标为：地区生产总值增长10%，力争11%以上；地方财政收入增长10%，力争12%以上；固定资产投资增长20%，力争30%以上；社会消费品零售总额增长15%，力争16.5%以上；外贸进出口总额增长15%，力争18%以上；农民人均纯收入增长11%，力争12%以上；人口自然增长率控制在4.08‰以内，城镇登记失业率控制在4%以内；节能减排完成上级下达目标。

新的一年，我们还要重点办好群众最关心最直接的十方面实事：①建成区第一初中，完成廿里小学二期扩建工程，启动1～2所公办幼儿园建设，配备中小学课桌椅5000套、计算机1000台。②培训农民1万人次，引导和帮助农村劳动力就业5500人，新增城镇就业800人。③区人民医院异地扩建工程投入使用；城乡居民基本医疗保险参保率达96%以上，区内住院报销比例达到75%。④城乡居民社会养老保险参保率达95%以上；农村低保补助标准提高13%；启动峡川、云溪2个敬老院改造。⑤完成保障房建设200套；转移安置山区库区群众1500人以上。⑥30个山塘水库实现“清水养鱼”；新解决3万人饮水安全问题。⑦建设农村联网公路26千米、安保设施30千米，完成农村公路大中修27千米。⑧整转数字电视2000户；送戏120场、电影3800场、图书1.6万册；争创省体育强乡镇3个、省级小康体育村30个；“春泥计划”教育实践基地实现行政村全覆盖。⑨改造提升通浦、大洲等农贸市场；加固山塘水库30座，整治河道水渠100千米。⑩加强政风民风热线、区长信箱、机关效能110、衢江新闻网等平台建设,畅通群众诉求渠道,诉求答复率达100%。

当前,我区正处在爬坡过坎的关键时期,经济形势越严峻,追赶跨越的任务越紧迫。我们要始终保持昂扬向上的精神状态,危中求机,难中求进,努力完成各项预期目标。具体工作中,要着重把握好以下几个方面:一要提振追赶跨越的精气神。始终把奋勇争先作为追赶跨越的鲜明主题,大力弘扬"忠诚、责任、激情、奉献"的新衢江精神,坚持信心为先、合力为重、实干为要,在全区形成你追我赶、不甘人后的良好局面。二要汇聚改革创新的正能量。始终把改革创新作为追赶跨越的动力源泉,坚决破除一切妨碍科学发展的思想观念和体制机制,善于从政策中找机遇、从困难中找对策,以深化改革解决发展中的矛盾问题,以推进创新增添新的发展动力。三要构建融合发展的大格局。始终把加快新型城市化作为追赶跨越的重要途径,坚持市区一体、协调联动,统筹城乡空间布局、产业发展、基础设施、生态建设和社会管理,推进基本公共服务均等化,努力建设"三生三宜"的现代田园城市。四要牢记改善民生的新使命。始终把"人民对美好生活的向往"作为追赶跨越的根本目标,引导广大群众通过勤劳致富改善生活,切实加强民生保障和社会建设,努力创造更高质量的就业、更高水平的收入、更加和谐的环境,使发展成果更多、更公平惠及全区人民。

坚定信心　追赶跨越
持续突破奋力前行

根据上述总体要求和主要目标,今年区政府重点要抓好以下八个方面工作:

一、以狠抓项目工作为主线,力求在扩大有效投资上有新突破。一要集中精力招项目。坚持招商引资一号工程不动摇,突出专业化、产业化、定向化招商,强化以商招商,成立开发区招商服务中心,充分发挥专业招商局作用,大力引进国企、央企、省内百强企业、行业标准制定企业和"3+新"产业链项目,注重项目抱团落户,力求在"产业园""商贸城""综合体"等10亿元大项目上取得突破。建立招商项目库和信息共享机制,依托优质山水生态资源,加强长三角、珠三角等重点区域驻点招商,加大税源型、品牌型项目招商力度,鼓励浙(衢)商回乡投资创业。二要千方百计争项目。更加重视项目谋划、包装、转化,实现由单个项目谋划向项目群、产业集群转变,重点抓好衢江港区项目前期工作,推进抽水蓄能电站预可研编制。加强政策研究,出台山区科学发展试验区实施意见,强化与国家、省市规划衔接、产业连接、项目对接,加大跑部进厅力度,促进一批带动力强的龙头项目和事关民生的实事项目列入省重点建设计划,争取更大政策资金支持。三要全力以赴干项目。深化"三挂三战"项目推进机制,开展"晒项目、赛项目"活动,强化项目工作刚性考核,真正形成"以项目论英雄"的导向。突出抓好90个区级重点建设项目,确保完成投资56亿元以上。全力推进杭新景高速、衢江航运等一批重大线性项目征迁工作,大力实施娃哈哈二期、都邦二期等一批产业大项目,堤防加固、小流域治理等一批农林水项目,泰隆银行总部、卷烟物流配送中心等一批城市商贸项目,区人民医院异地扩建、第一初中、特色文化苑等一批社会文化项目,做到"落地项目早开工、在建项目出形象、竣工项目快投运",以大项目、大投入推动大发展,切实增强发展后劲。

二、以加强要素保障为抓手,力求在强化发展支撑上有新突破。一要在土地利用上求突破。研究制订土地开发整理三年计划,实施低丘缓坡开发666.67公顷,农村土地综合整治66.67公顷、储备66.67公顷、,征地533.33公顷以上。强化"腾笼换鸟",严格落实国土资源部〔2012〕53号令,创新低产低效企业重点管理制度,推进搬迁转移、兼并重组和整治提升,依法加强出让土地管理,防止

“圈地”现象，盘活闲置土地66.67公顷以上，提高土地集约节约利用水平。二要在资金保障上求突破。注重政银企抱团发展，建立国有融资性担保公司，加强企业上市和直接融资工作，新引进1～2家金融机构，切实解决企业融资难题。整合提升国资运作平台，做大国资总量，破解抵押难题，推动企业债券发行工作，完善推行BT、BOT等投融资模式，扩大政府融资规模，保障政府性投资项目顺利实施。三要在人才需求上求突破。强化科技人才保障，实施人才集聚和企业家素质提升工程，着力引进和培养工业主导产业及金融商贸、现代物流、教育卫生、文化旅游等领域的紧缺急需人才。

三、以培育东部工业新城为载体，力求在加快工业转型上有新突破。一要提升平台承载力。围绕打造东部工业新城，加快开发区东扩市政配套，动态储备熟地66.67公顷以上。启动下山溪以东工业平台谋划和“两规”修编工作。科学规划东扩区域产业布局，建立特种纸深加工和先进装备制造园区，重点引进“2+新”龙头企业。积极推进衢江—鄞州山海协作产业园建设，完善运行机制，努力把园区建设成为产业转移的首选区和招商项目的集聚区。成立东部工业新城建设投资公司，开展东部工业新城服务中心项目征迁、基础配套等前期工作，推动产城融合发展。完成廿里工业功能区26.67公顷土地基础配套和大洲工业功能区20公顷土地收储，增强平台承载力。二要提升产业集聚力。以培育“四大百亿”产业为目标，深化产业发展战略研究，力争规模工业总产值增长14%以上。加大先进成套装备制造和食品医疗、生活家装等特种纸后加工项目招商力度，引导仙鹤、志高等龙头骨干企业集团化发展，做长优势产业链，促进产业集聚集群，两大主导产业产值分别达到45亿元和25亿元以上。加强钙产品、竹制品等区域特色产业品牌建设和技术研发，不断提升产业整体素质。研究制订战略性新兴产业发展规划，重点培育新材料、新能源、节能环保等新兴产业，做到有招商目录、有项目支撑、有政策配套，新兴产业产值增长12%以上。三要提升企业竞争力。继续强化龙头企业（项目）专项服务，推行企业帮办制，选派百名机关干部常驻企业，帮助解决发展难题。加大小微企业扶持力度，设立成长型企业“孵化园”，形成一批科技型、创新型、龙头型企业，新增规模企业10家力争16家、亿元企业5家。鼓励企业加快技术改造，发挥中国制浆造纸研究院衢州分院作用，推动装备制造业公共技术服务平台建设，完成技改扩建投资15亿元以上。推进质量强区，引导企业开发自主品牌，提升“衢江制造”核心竞争力。

四、以推进农业强区建设为契机，力求在发展现代农业上有新突破。一要强化农业“两区”建设。重点抓好莲花现代农业综合区品位提升和创意设计、全旺现代农业综合区基础配套和布局规划、千里岗现代农业综合区产业培育，继续推进省级生态循环农业示范区建设，努力创建国家级现代农业示范区，加快农业大区向农业强区迈进。二要强化新型经营主体培育。加大对种养大户、专业合作社和农业龙头企业扶持力度，大力培育现代职业农民，流转土地666.67公顷，新引进规模现代农业项目20个以上。以“央中汇盈”与宝岛农业合作为契机，重点培育1～2个集高效农业、生态休闲、观光度假于一体的现代农业综合体，提高现代农业发展水平。三要强化主导特色产业提升。推进衢北生态养殖、衢南山地蔬菜、园区设施农业、库区湿地茶叶等特色农业板块建设，形成具有衢江特色的“彩色农业”，新增玫瑰种植133.33公顷，争创中国玫瑰之乡。完善基层农业公共服务体系，建立农产品电子商务平台，推进农业生产标准化、生态化、品牌化，打造名优特生态农产品。

五、以建设现代田园城市为目标，力求在推进新型城市化上有新突破。一要加强城市建设管理。强化规划引领，完成三大城市设计，做好城区道路管网、绿化亮化等专项规划，加快编制集镇控规,开展全域规划编制试点,进一步拓展城乡发展空间。围绕行政、教育、医疗、商务、文化"五大中心"建设,实施城市能级项目30个、完成投资20亿元以上,不断提升城区承载力和辐射力。开展城市建设管理十大专项行动,突出市政基础配套,完成市区快速通道乌溪江大桥、百灵大桥建设和大桥路、梅林路、仙岩路改造,打通兴丰路、通江路等市政支路,启动建设滨江西路、汽车东站,完善新城区与乡镇公交网络,努力构建市区10分钟、城乡半小时交通圈。实施西、北两大入城口景观改造和新城区"四化"工程,推进老城区路面"白改黑"、杆线"上改下"、景观"绿改彩"等工程,加快公共服务设施建设,改造提升东方公园、金山公园,为市民健身休闲提供更多好去处。加强城市环境综合整治,扎实开展"三改一拆",全力推进城中村改造,完成新屋里小区一期主体工程,启动缪家小区配套建设,提升城市建设品质。二要加强美丽乡村创建。以"四级联创"和"一村一品"行动为主抓手,推进农村社区建设和特色产业发展,重点抓好楼山后特色文化第一村、黄坛口省级示范中心村、云溪车塘历史文化村建设,创建"一村一品"专业乡镇2个、专业村20个和美丽乡村精品村5个以上,实施环境整治村48个,形成点上出彩、线上美丽、面上洁净的美丽乡村格局。强力推进城市自来水管网向农村延伸,切实解决农民饮水安全问题。三要加强生态文明建设。大力实施"五边三化"行动,巩固"森林城市"建设成果,突出城区、主要道路、旅游景区等重点区域洁化、绿化、美化,新增城乡绿化333.33公顷。抓好节能减排,加快淘汰落后产能,鼓励发展生态养生养老等新兴产业,提升绿色生产力和竞争力。加大农村垃圾和集镇污水收集处理力度,开展清洁水源、清洁空气、清洁土壤行动,强化农业面源污染治理,推进生猪养殖"移栏上山",重点实施湖南、举村、岭洋、黄坛口等乌溪江沿线乡镇环境综合整治,有效控制库区养殖业,坚决遏制违法建筑,持续改善生态环境,完成省级生态区创建。

六、以打造中央商务区为重点,力求在做实现代服务业上有新突破。一要突出城市营运。加快光明电力商务大楼、求实路商业街等项目建设,加强永乐影视文化基地、艾斯特医院、建业财富中心、浙西商品交易博览城等项目招商工作。盘活城区土地资源,加大"工改商、综改商"力度,推动嬴湖玫瑰园、君悦东方、锦江花苑等项目加快建设,有序推出新城区地块开发,强化房地产和建筑业监管,保持房地产市场健康发展。二要繁荣城乡商贸。全力推进东方广场项目建设,确保商场超市开张营业、五星级酒店主体完工。做大做强浙西汽车城,引进中高端汽车品牌,建成汽车城商业街、汽车商务广场等项目,实现汽车销售额15亿元以上。以市综合物流园区为依托,深化市区共建共享机制,促进物流业大发展。研究制定总部经济发展政策,引进一批带动力强、税收贡献大的商贸服务业项目和企业总部基地,逐步将中心城区打造成为集商务办公、休闲娱乐、购物居住等多功能于一体的复合型现代商务区。以"四个一"工程为载体,加快廿里、莲花、大洲、湖南等重点集镇开发建设,繁荣发展集镇商贸业。三要推进旅游业大发展。坚持"以文为魂、以水为脉、以绿为韵",突出乌溪江国家湿地公园保护与开发,主动对接市区旅游规划,着力谋划乌溪江十里风光带、立体户外运动天堂、节理石柱地质公园等一批旅游重点项目,推进九九红玫瑰园、乌溪江度假村等"6+10"旅游项目建设和前期工作。加大旅游宣传营销和项目招商力度,完善旅游设施配套,精心策划旅游线路,力争引进一个10亿元以上旅游综合体、创建一个AAAA级旅游景区,全力提升衢江旅游的知名度和美誉度。

七、以提高人民生活水平为根本,力求在构建和谐衢江上有新突破。一要促进农民持续增收。落实强农惠农富农政策,加快特扶项目和水库移民扶持项目实施,抓好农民就业培训,促使更多农民实现转移就业增收。整合提升一批精品农家乐,力争农家乐接待游客180万人次、经营总收入增长20%以上。扶持来料加工加快发展和转型升级,发放加工费4.8亿元以上。继续实施异地脱贫工程,推动人口向城区集聚,加快农民市民化进程。二要加快民生事业发展。完善医疗保险政策,深化区级公立医院综合改革,启动"卫生强区"创建,确保通过国家卫生城市复评。推进教育"三百工程",提升学前教育发展水平,引进社会力量创办高中,争创省教育现代化区。发展文化体育事业,强化文化遗产保护,开展省体育强区创建工作。健全社会救助和社会福利制度,推进社会养老服务体系建设,加强人口计生、老龄工作,积极发展慈善和红十字事业,切实保障妇女、未成年人和残疾人合法权益。三要深化社会管理创新。深入开展"百千万先锋"行动,夯实乡镇基层基础,抓好"三民工程"标准化建设,保障基层组织正常运转。推进平安衢江、法治衢江建设,完善"五大安全"责任体系,加强安全生产和食品药品安全监管,深化"五早"机制,加大违法犯罪打击力度,确保社会和谐稳定。强化双拥、国防建设、国防教育、国防动员、民兵预备役和人民防空工作。认真做好民族宗教、台湾事务和外事侨务工作。

八、以提升执行能力为核心,力求在打造有为政府上有新突破。一要打造敢于担当的政府。以对衢江发展高度负责的精神,切实履行好工作职责,不计较、不埋怨、不回避,更不怕得罪人,只要有利于企业发展、有利于项目建设就敢负责、勇担当。充分调动和运用好各种资源,注重发挥法律顾问团作用,依法有效处理各类矛盾,尽心尽力解决好群众反映强烈的热点难点问题。完善考核督查机制,强化结果运用,对在项目推进、企业帮扶、征地拆迁等重点工作中措施不实、工作不力、进度不快的行为加大问责力度,营造"干实事、抓落实"的良好氛围。二要打造务实高效的政府。改进工作作风,积极倡导"用脚步丈量民情",主动深入基层接地气、聚人气,着力培养学习型、研究型、协调型、项目型、破题型、服务型的"六型"干部。注重统筹谋划,善于把握上情、立足区情,运用"底线思维",研究破解一些经济社会发展的重大问题,增强工作的前瞻性、针对性和有效性。强化协作配合,突出治庸、治懒、治散,坚决杜绝相互推诿、工作散漫、讲怪话、发牢骚等不良现象,形成上下齐心抓工作的强大合力。深化行政审批制度改革,切实提升行政效能和服务质量。三要打造清正廉洁的政府。按照中央"八项规定"和省委"六个严禁"的要求,把廉洁自律作为一种思想境界来提升、作为一种职业操守来要求、作为一种行为习惯来遵循,真正将纪律约束内化于心、外化于行。强化依法行政,自觉接受人大依法监督和政协民主监督,充分发挥咨询委作用,进一步提升科学决策水平。加强政府投资项目审计监督,完善公共资源市场化配置监管体系,增强部门预算透明度,提高财政资金使用绩效。严格控制"三公"经费,切实降低行政成本,把有限的财力更多地用在发展经济和改善民生上。

各位代表,新一年的目标任务已经明确,关键是狠抓落实、善作善成。让我们在中共衢江区委的坚强领导下,牢记"三个一切",继续拉高标杆,坚定持续突破,为加快推进"五个衢江"建设,让全区人民过上更加幸福美好的生活而努力奋斗!

改革创新　大干项目 争创衢江绿色发展新优势

——在中国共产党衢州市衢江区第十二届二次代表大会上的报告

吴江平

（2014年1月6日）

一、过去一年的发展成效

过去的一年，是全面贯彻落实党的十八大精神的开局之年。面对各种不利因素的影响和经济下行的压力，区委坚持以科学发展观为指导，认真贯彻落实中央和省、市委重大决策部署，牢牢把握稳中求进的主基调，同心协力，克难攻坚，保持了经济社会平稳较快发展的良好态势。预计全区地区生产总值增长10%；地方财政总收入10.6亿元、增长25.4%，公共财政预算收入增长25.3%；固定资产投资增长25%，社会消费品零售总额增长14%，外贸进出口总额增长32.5%，农村居民家庭人均纯收入增长10%。节能减排完成市下达的目标任务，顺利通过国家卫生城市迎检复评，家庭农场成为全省样本，“三改一拆”工作成为全市“远学温州、近学衢江”典型。一年来，主要抓了六方面工作：

（一）统揽全局，推进发展积极有为。始终坚持从全局高度谋划区域科学发展，抓重点、破难点，推进了一批事关基础、事关全局、事关长远的重大工作。描绘完善了城市发展蓝图。面对新阶段、新问题，把新型城镇化作为实现现代化的战略支点加以研究部署，提出了“共建让生活更美好的现代田园城市”的城市发展新目标。更加突出了项目工作主线。充分发挥考核指挥棒作用，把项目谋划和转化纳入争先考核范围，并实行招商引资、项目建设考核加分不封顶，形成了大干项目、干大项目的鲜明导向。启动实施了一批重点工程。着眼未来发展空间，全力推进开发区东扩，开发区东扩4.82平方千米设施基本配套，新增熟地180公顷，并编制完成跨下山溪6.8平方千米控规。正式启动城中村改造，制定出台了符合衢江实际、合乎民生需求的拆迁安置政策，影响城中村改造的一批历史遗留问题得到解决。

（二）主攻项目，追赶后劲持续增强。始终把项目工作摆在突出位置，狠抓有效投入，扩大有效投资。招商实效不断提高。完善招商考核机制，开展招商项目"回头看"，并对未开工招商项目倒扣分。不破法规破常规引进投资7.5亿元的五一机械，实现当年洽谈、签约、开工、投产，创造了招商引资"衢江速度"，全年引进亿元以上重点项目35个，浙江兆亿汽车轮毂项目列入省浙商回归重大项目，外资引进总额、完成率均列全市第一。衢江—鄞州山海协作产业园管委会和堇信投资开发公司成立运行。项目建设有效突破。深入开展项目谋划PK赛、重点项目"互看互学"等活动，严格落实"三挂三战"和项目进度月通报制度，静态投资70亿元的抽水蓄能电站等一批特大项目前期取得突破性进展，浙江新农都衢州批发市场等一批重大项目落地开工，杭新景高速、杭长线高铁和迎宾大道加宽改造等一批急难险重的征迁任务圆满完成，全年项目谋划量和列入省重点项目、省"991"循环经济、省"411"重大项目计划的项目创历史新高。要素保障持续增强。联动推进低丘缓坡开发和农村土地综合整治，加快"腾笼换鸟"步伐，加大用地保障力度。突破能耗瓶颈，全省规模最大的单体光伏项目—天华阳光光伏电站开工建设，广胜光伏电站完成项目核准。创新企业融资机制，建立"九龙仙霞"科技型中小企业债权基金，鑫丰特种纸、诚远重机在省股权交易中心成功挂牌。

（三）突出重点，转型发展步伐加快。充分利用宏观环境变化倒逼转型的机遇，把转型升级和区域特色更加紧密地结合起来，不断增强区域发展核心竞争力。着眼总量壮大抓工业。落实产业扶持政策，狠抓重点工业项目建设，集中要素资源做大做强主导产业，规模工业产值全年保持两位数以上增幅。其中，预计两大主导产业规模产值56.7亿元、增长17%。中国制浆造纸研究院衢州分院、中科院常州中心（衢州）起重设备研发中心正式挂牌。扭住十大专项抓城建。扎实推进城市建设和管理十大专项工作，初步完成江滨景观带、塔底片区、中央商务区等重要节点城市规划设计，乌溪江大桥衢江段顺利合拢，城东污水处理厂投入试运营，东方广场酒店、写字楼主体竣工，已完成工程形象进度的85%。聚焦放心安全抓农业。在家庭农场率先建立产品溯源和诚信体系，衢江放心农产品品牌初步打响，全区食用农产品"三品"认证面积占比达32.45 %；在全市率先完成省级农产品质量安全监管示范区创建；莲花生态循环农业示范区通过省级验收，三家农产品电商平台销售农产品1160万元。紧盯重大项目抓旅游。积极开展莲花休闲农业旅游区国家AAAA级景区创建，举办"快乐农家"擂台赛，扎实推进关公山景区、乌溪江度假村、银湖山庄建设，莲花释界健康禅文化旅游度假区等一批超10亿元的特大旅游项目前期工作取得积极进展。

（四）聚焦民生，生态家园展现新貌。始终坚持以人为本、民生至上，全区新增财力88%以上用于民生支出。环境整治力度空前。以"重整山河"的雄心和壮士断腕的决心，扎实推进"共建生态家园""双清""五边三化"行动和乌溪江库区饮用水源、信安湖流域水环境、"三改一拆"专项整治，经第三方瑞士SGS公司的环评检测，乌溪江水源的29项指标均远远优于国家一类水标准。公共服务全面提升。统筹发展科教文卫事业，挂牌成立"中华第一针"石学敏院士工作站和省民进医卫专家服务站，建成浙医二院衢江分院（新院区）、区第一初中并投入使用，国家基本药物制度实现全覆盖。全面启动文化强区建设，以文化建设"八个十"工程①为抓手，面向全国征集与编创最美"衢江故事"，完成十大历史文化名人评选和10个历史文化古村落保护的规划编制，跻身全国群众体育先进单位，建成农村文化礼堂25家，完成巽峰塔修复，杨继洲针灸文化馆建成开放，云溪吴氏宗祠升格为国家级文保单位。社会大局和谐稳定。扎实开展“走进矛盾”和“排查整治、强基促稳”专项活动,严格落实领导干部“一岗双责”、信访工作“三色”预警、维护稳定“五早”等工作机制,信访维稳、纠纷调处、治安防控、安全生产和应急管理进一步加强。

(五)转变作风,干事创业氛围浓厚。从效能建设入手,从文风会风改起,从领导干部抓起,形成了干实事、抓落实的良好氛围。学风会风明显改观。多层次开展干部培训和挂职锻炼,10名挂职干部引进并落地亿元以上项目2个,争取项目补助资金2140万元。会议多、材料多、开会时间过长等问题得到有效解决。干部作风更加深入。深入开展“践行群众观,实现开门红”集中行动,全面落实乡镇干部住乡包村联户和生态指导员制度,推动各级党员干部在走进项目、走进村企、走进矛盾中锤炼作风、提升能力。行政效能不断提升。创新实施干部纪实考绩工作制度,加大对“三不”干部②的处置力度,对5名区管干部进行调整、7名区管干部进行诫勉谈话,3名干部年度考核被确定为不称职。深化行政审批改革,取消、调整非行政许可事项36项,审批事项平均承诺时限从原来的4.14天减少到3.53天。

(六)创先争优,党的建设不断加强。宣传思想工作凝聚了共识、展示了形象。认真贯彻落实党的十八大、十八届三中全会和习近平总书记系列重要讲话精神,巩固完善“周一夜学”制度,全面推进学习型党组织建设。深入开展“中国梦·衢江情”主题宣传教育活动,扎实推进“三个一百”主题实践活动,“最美精神”得到广泛弘扬。加强网络舆情研判导控服务机制建设,网络管控能力得到提升。组织人才工作增强了支撑、筑牢了基础。扎实推进后进村整转,创新“警官任村干部”机制。圆满完成村级组织换届,选风选纪明显改观。全面推行党代会常任制,成立全市首个党员教育服务中心。加强农村党员先锋指数考评管理,共评出警示型党员220名,确定不合格党员47名,处理10名。新建院士工作站1家、专家工作站6家,培育重点创新团队5家,引进国家“千人计划”人才1人、海内外高端人才4人和紧缺急需人才68人。纪检监察工作净化了风气、优化了环境。严格贯彻落实中央“八项规定”和省委“六个严禁”,开展机关干部作风纪律明察暗访专项行动,27人次受到效能责任追究。加大案件查办力度,查办违纪违法案件68件,处分党员干部68人。与此同时,区人大、政协围绕中心,积极履职,在重点项目建设、环境综合整治等方面加大监督力度,在促进项目转化、加快产业转型等方面做了大量卓有成效的工作;区咨询委在项目入库评审、产业结构调整等决策上充分发挥“智库”作用;统战部门在促进“五大关系”和谐上积极有为,探索开展五大“同心”主题实践活动,成立我市首家县级社会主义学院。人武、群团、双拥、计生、老干部、关心下一代等工作也取得了新进展。

这些成绩的取得,是上级党委、政府关心支持的结果,是区各套班子和各级党组织、广大党员干部、人民群众共同奋斗的结果,是驻衢江区部队、部省市属企事业单位和社会各界人士积极奉献的结果。在此,我代表区委向同志们表示衷心的感谢!

在充分肯定成绩的同时,也要清醒认识到工作中存在的问题和不足:在经济发展上,平台空间容量难以满足衢江经济高速发展的要求,能耗资源瓶颈还未有效突破;发展内生动力不足,缺乏龙头型、科技型大企业的支撑和带动,特别是总部型龙头企业很少。在城市建设上,依然面临着功能不配套、设施不完善、管理不规范问题,且十大专项工作进展不一,特别是江滨景观带改造提升、城市文化旅游整合提升和城区入城口改造提升尚处规划阶段,进展有待加快。在环境整治上,农村环境综合整治任务繁重,特别是水环境治理和生猪养殖污染整规任重道远。在队伍建设上,少数领导干部缺乏创新能力、担当精神和破难勇气，特别是谋划项目、干大项目和借力发展、“花小钱办大事”的能力不足，与面临的形势、承担的使命还有明显差距，等等。

二、争创衢江绿色发展新优势

新的一年，我们既要看到各种不利因素的长期性、复杂性和曲折性，把可能遇到的困难和风险估计得更充分一些，把应对的措施准备得更周全一些；更要看到党的十八届三中全会、省委十三届四次全会和中央经济工作会议同时聚焦改革议题，我们要牢牢把握中央和省、市委更大力度深化改革创新、扶持发展新兴产业和加快推进城镇化的重大机遇，在积极拼抢中赢得发展先机，在改革创新中争创发展优势，在科学发展中迈出更大步伐。

今年工作的指导思想：全面贯彻落实党的十八届三中全会精神，按照中央、省、市委的决策部署，牢牢把握“稳中求进、改中求活、转中求好”主基调，积极奋战“一城一村一区一心”主战场，更快步伐加快转型升级，更大力度建设田园城市，更强决心共建美丽乡村，更实举措改善群众生活，改革创新，大干项目，争创衢江绿色发展新优势。

新的一年，全区经济社会发展的主要预期目标：地区生产总值增长9.5%左右，力争10.5%；公共财政预算收入增长10%左右；固定资产投资增长15%左右，力争20%；社会消费品零售总额增长13%左右，力争15%；外贸进出口总额增长8%左右；农村居民家庭人均纯收入增长10%左右，力争11%；节能减排等约束性指标均完成上级下达目标。

新的一年，要把“一城一村一区一心”建设作为争创衢江绿色发展新优势的主战场。“一城”就是突出以人为本、尊重自然理念，共建让生活更美好的现代田园城市，让居民“望得见山、看得见水、记得住乡愁”；“一村”就是争创省级美丽乡村先进县，努力打造天蓝、水清、地绿、景美、人和的幸福家园；“一区”就是打造循环经济示范区，努力使循环经济成为支撑衢江高速发展的支柱产业；“一心”就是大力发展放心农业，让“吃得放心、吃得开心”的衢江农产品品牌深入人心。重点抓好六个方面工作：

（一）更大力度深化改革创新，切实增强区域发展活力。

积极鼓励改革创新。各级领导干部要深刻领会党的十八届三中全会和省委十三届四次全会精神，善于抓机遇，大胆抓突破。区委支持为了衢江发展大局的一切改革创新行为，对改革创新未能实现预期目标，但有关单位和个人依照上级有关精神决策、实施，且勤勉尽责、未牟私利的，不作负面评价。要像落实“河长制”一样落实改革责任，每位区领导要分别牵头落实几项改革举措，领着部门扎扎实实去干。各级各部门主要领导要支持和保护干部在工作推进、审批提速、服务提效中的创新行为。

全面落实改革任务。成立全面深化改革领导小组，在落实好省、市下达的改革任务的基础上，结合我区实际，排出年度改革创新计划，并将改革创新任务转化为一个个具体可操作的项目，像抓工程项目一样组建工作组，倒排时间表，设定目标值，画好施工图，确保各个改革创新项目善作善成、取得成效。各级各部门不要等、立即干，找准各自特色和最能取得突破、最能让群众受益的关键环节，创造性地把改革任务落到实处。

探索重点领域改革。深化行政审批改革，继续推进“两集中、两到位”，全面清理、调减行政审批事项，探索建立部分事前准入改为事后备案监管的审批模式，最大限度简化程序、优化流程。推行组合审批、容缺预审和指导办理服务，探索投资项目分阶段办理和网上并联审批运行机制，建立重大项目信息直报、项目前期审批会商制度，完善工业项目竣工联合验收制度，落实工业投资项目模拟审批等创新机制，打造行政审批“快车道”。设立社会中介机构监管服务中心，建立健全中介服务组织失信惩戒、自律保障和市场退出机制。出台行政审批问责办法，开展项目审批全程跟踪督查和经济发展软环境调查评估，切实解决超时限审批、吃拿卡要问题。探索农村综合改革，探索开展土地向规模集中、农民向社区集中、产业向园区集中“三集中”改革试点工作，做好农村承包经营权、农村宅基地和农房确权登记。推进市场化改革，按照“非禁即入”的原则，进一步放宽市场准入，支持社会力量参与教育卫生、养老服务等社会事业和城市重大基础设施建设。深化资源配置方式改革，探索工业企业亩产税收公示制，建立按企业单位要素综合经济效益配置公共资源的导向机制。

(二)更大力度推进转型升级，着力培育现代产业集群。

着力招引高端项目，更加注重以增量扩张带动存量优化。突出产业招商、以商招商，围绕我区的山水优质资源，针对龙头企业的产业链配套延伸，研究制定招商目录，并加快引进一批新兴产业、高新技术和产业链龙头项目。强化专业招商，加大培训力度，努力建成一支熟悉区情、熟知政策、精于谈判的招商“特种兵”队伍。推行委托招商、驻点招商，充分发挥现有招商平台和山海协作产业园作用，加强与浙江中关村产业园、鄞州区以及产业高端团队、金融投资机构等的对接沟通，切实提高招商实效。

着力拓展工业平台，更加注重以空间拓展推动总量壮大。在做好东扩跨下山溪以东区块和东港三路以南区块的各项规划的基础上，加大开发区东扩南拓力度，力争空间拓展取得实质性突破。加快推进东扩区域的道路管网配套建设，适度布局基础商贸服务业，全面完成东扩4.82平方千米范围内的设施配套，确保形成熟地133.33公顷以上。

着力壮大优势产业，更加注重以规模发展拉动层次提升。编制产业发展空间布局规划，推进主导优势产业组团式、链条化集聚，谋划建设特种纸产业园、全国起重机械科技园和先进装备制造园区。建立产业发展专项服务组，坚定不移做大做强两大主导产业，集中要素资源培育新兴产业，重点抓好抽水蓄能电站、莲花释界等项目前期，扎实推进业胜金属、天华阳光等项目建设，并将循环经济理念贯穿工业、农业、城市建设和社会管理等各个领域，力争通过几年努力，把循环经济、新能源产业和健康养生旅游产业培育成为支撑衢江发展的百亿新兴产业。把发展总部经济作为今后突破重点，积极引导业胜金属、五一机械、娃哈哈和都邦药业等国内知名企业在我区设立区域性总部。

着力培育高新企业，更加注重以科技创新驱动内生增长。进一步加大科技投入，积极搭建院企合作平台，加快科技成果转化，重点发挥好中国制浆造纸研究院衢州分院和院士专家工作站作用，推进科技创新型产业孵化园建设，并积极争取3D打印技术产业联盟布局我区。充分发挥企业的创新主体作用，把技改投资作为工业有效投资考核的重要内容，鼓励企业加大技改投入，重点抓好装备制造业首台(套)产品的技术攻关及产业化项目，力争在先进专用设备、成套设备和重大装备领域有较大突破。紧贴新兴产业发展脉搏，大力引进产业领军型人才、团队。

(三)更大力度提升城市形象，加快建设现代田园城市。

扎实推进重点区域改造。突出“一村四区块”改造：城中村改造要全面完成卢家村、上埠头自然村整体搬迁，适时启动樟树潭村、茶园村整体搬迁，确保缪家小区一期、龙潭嘉苑一期如期开工建设。同时，稳步推进旧厂区改造，做好土地收储工作。江滨景观带要尽快完成江滨西路的土地征用，启动江滨公园一期建设。中央商务区要加快东方广场等在建项目建设，切实抓好浙西商品交易博览城和重点地块招商。塔底片区要围绕发展运动休闲等产业，积极开展项目谋划和招商。两个入城口要完成改造范围内的土地和房屋征收，以及道路拓宽、景观改造和绿化带建设。

加快完善基础设施建设。优化路网结构，谋划建设宾港大桥改建工程、衢州港区樟潭作业区、320国道平塘互通式枢纽立交和杭金衢高速公路（衢江出口）互通公路，加快塔底片区互通立交等重点交通工程建设，确保市区快速通道建成通车。加快发展城乡公交，开工建设汽车东站，新增汽车城—浮石、三中—廿里两条公交线路。抓好“六改一提升”[③]工作，开工建设信安中路等城区“断头路”，确保城东污水处理厂7月份正式投入运营。加快廿里、莲花全国重点集镇建设步伐，着力改善集镇脏、乱、差面貌。

着力培育发展城市经济。培育发展现代物流、汽车、金融、综合商务、电子商务等现代服务业，把发展电子商务作为重中之重，充分发挥衢州网商协会与阿里巴巴、淘宝等网商联系密切的优势，整合金辉电子商务创业园、来此购商城、居尚美家等网商平台资源，同步配套发展仓储物流业，打造完整产业生态链，推动我区网商整体壮大。

（四）更大力度整合生态资源，大力发展休闲养生旅游。

突出板块建设。扎实推进乡村休闲旅游三年行动计划，重点突出四个板块：生态休闲板块要加快推进千里岗运动休闲旅游区、五指山运动休闲度假区等项目前期，高标准抓好乌溪江度假村、关公山景区建设。健康养生板块要谋划推进衢州市针灸医院、医药物流综合体建设，切实抓好医疗康复保健中心的招商工作，力争莲花释界项目实现转化实施。“快乐农家”板块要进一步提升农家乐旅游发展水平，打响衢江“快乐农家”品牌。观光农业板块要重点抓好莲花休闲农业旅游区创建国家AAAA级景区工作，力争今年6月底完成创建并通过验收。

打造精品线路。注重文化与旅游融合发展，把城区、江心岛、云溪、高家、全旺的文化旅游资源整合起来、串珠成线，重点抓好江心岛休闲度假项目招商和楼山后特色文化旅游村建设，力争年内完成省级旅游度假区创建。注重农业与旅游互动发展，将莲花、全旺、高家的休闲体验农业资源串联起来，结合田园风光圈建设，打造“全旺—高家—莲花”农业休闲体验游线路。

加大品牌宣传。依托会展推荐、节事活动、媒体促销、网络营销、区域合作等多种手段，加大宣传营销力度，努力打响“城中山水、生态衢江”金名片。积极争取中央、省级主流媒体支持，实现“花最少的钱、做最好的宣传”。引导企业加强与淘宝网、E龙网、携程网的合作，利用网站、微博、手机报等网络平台，进一步扩大衢江生态旅游品牌影响力。

（五）更大力度建设美丽乡村，努力共建幸福生态家园。

统筹推进环境整治。以共建生态家园行动为抓手，以水环境治理为突破口，统筹推进“五水共治”[④]。严格落实“河长制”，扎实做好河道采砂管理整治、水产养殖污染治理、农村饮用水源保护和河道清理保洁，做到城乡河道保洁全覆盖。围绕农村生活污染、农业面源污染、城镇污染源治理，全面启动农村生活污水治理三年行动，重点抓好村内禁养和移栏出村，切实解决生猪养殖污染问题。建立主要污染物总量指标化管理和企业刷卡排污总量控制制度，着力抓好总磷污染整治和危险废物规范管理。

积极争创美丽乡村。在统筹推进美丽乡村示范乡镇、历史文化保护利用村、中心村和精品村创建的基础上，以石安线、廿项线、云十线、药王线为重点，整合各类要素资源，发挥村规民约作用，突出点线面结合和整乡整镇推进，全力抓好沿线赤膊墙整治、垃圾杂物清理、景观小品建设、文化内涵挖掘，力争今年完成省级美丽乡村先进县创建。

大力发展放心农业。按照走在前列的要求，切实抓好家庭农场集聚区、"一村一品"特色产业集聚区和三个省级现代农业综合区建设。按照放心安全的要求，坚持用"四个最"[5]保证舌尖上的安全，进一步优化农产品质量安全监管流程，加大对土壤检测、地力提升等环节补助力度，定期公布食用农产品放心指数，确保规范性家庭农场率先实现"吃得放心"目标。按照素质提升的要求，鼓励扶持大学生投身家庭农场建设，打造一支走在省、市前列的高素质家庭农场主队伍。按照打响品牌的要求，积极引导家庭农场开展"三品一标"[6]认证，对接浙江新农都有形市场，整合三家农产品电商平台，网上网下联动打响衢江放心农产品品牌。

（六）更大力度改善民生事业，不断夯实社会和谐根基。

提升公共服务水平。扎实推进社保扩面工作，做到应保尽保、应收尽收。深化教育"三百工程"，加快引进民办高中、等级幼儿园，扎实推进区第二小学和阳光新屋里小区等3个幼儿园建设。探索养老服务中心"公办民营"模式，在城乡社区合理布局医疗卫生、养老机构。巩固完善国家基本药物制度，扎实做好区中医院异地扩建项目前期，加强石学敏院士工作站的技术成果应用，提高浙医二院的优质资源延伸覆盖面。

加快文化强区建设。深入挖掘、弘扬和宣传"最美衢江人"，探索"最美盆景变风景"的有效机制，传递社会道德正能量。全面开展"让网络空间清朗起来"学习实践活动，打好正面宣传主动战，讲好讲响讲透衢江故事，不断提升衢江的知名度和美誉度。扎实推进农村文化礼堂建设，争创农村文化礼堂建设省级先进区。深入实施文化产业"226"工程[7]，加快文化产业与其他产业的融合发展，增强文化整体实力和竞争力。

深化平安衢江建设。深化"网格化管理、多元化服务"，加强乡、村社会服务管理中心（站）规范化和基层社会管理综合信息平台建设，夯实综治基层基础。着力从源头上预防和减少社会矛盾，严格实施重大决策社会稳定风险评估，完善群众诉求表达、利益协调、权益保障机制，大力化解各类矛盾和信访积案，最大限度地减少不稳定因素。妥善处理经济领域矛盾纠纷，严厉打击经济领域违法犯罪行为，确保重点工作、重点项目顺利实施。

加强民主政治建设。支持区人大及其常委会围绕区委中心工作和群众关注的热点难点问题依法履职。探索和推进社会主义协商民主制度建设，支持区政协依法履行政治协商、民主监督、参政议政职能。支持两院依法独立公正行使审判权和检察权。充分发挥咨询委"智库"和统战、人武、群团、老干部等桥梁纽带作用，凝聚各方力量，合力推动衢江经济社会平稳较快发展。

三、牢牢把握大干项目的工作着力点

一分部署，九分落实。今年的目标任务已经明确，要把蓝图变为现实，没有看得见、摸得着的具体项目，没有实实在在的大项目、好项目，争创衢江绿色发展新优势只能是"纸上谈兵、空中楼阁"。我们要突出问题导向，找准工作抓手，以项目的持续突破推动衢江经济社会平稳较快发展。

（一）围绕“谋划扩量、转化加速、实施提质”，完善项目工作机制。应该清醒地看到，在项目谋划、转化、推进上，我们面临着在手在谈的旗舰型储备项目偏少、项目前期工作力量偏弱、一批战略性产业项目离落地开工还有差距等突出问题，需要从机制层面加以破解，推动谋划扩量、转化加速、实施提质。要完善项目生成管理机制。继续开展项目谋划竞赛活动，落实项目谋划赋分考核制度，严格执行项目入库评审制度，实现项目储备量质并举。加强项目储备库管理，建立各级各部门谋划项目、重点办储备管理、职能部门对外招商的项目滚动管理机制。要完善项目前期转化机制。充实项目前期办，每年安排不少于1000万元的重大项目前期专项资金。继续实施区人大、政协领导挂联重大前期项目制度，促进项目快速转化。对总投资10亿元以上的重大项目，要建立由区四套班子领导领衔的前期重大项目领导小组，紧盯重点环节做好统筹协调。建立重点前期项目转化考核加分制度，力争区级重点前期项目转化30%以上。要完善项目协调推进机制。深化落实“三挂三战”等工作机制，定期开展重点项目“互看互学”活动，确保区级以上重点项目按时序推进。建立重点项目推进点评分析制度，每季听取区级领导联系重点项目情况汇报，联合会办解决项目推进中遇到的各类问题。

（二）紧抓“项目争取、招商引资、要素保障”，推动重点环节突破。应该清醒地看到，在项目争取、招商和保障上，我们面临着对宏观政策走向研究不够、抢抓政策机遇能力不强、招商实效有待提高、项目开工前期保障有待加强等突出问题，需要从重点环节入手，寻求有效突破。要加大项目争取力度。高度关注和研究上级政策走向、资金投向，组建专门工作班子，上接天线，下接地气，做到上级政策“出台一个、研究一个、对接一个”，力争更多的项目列入国家、省相关计划盘子。对应国家、省各项政策，争取列入国家试点和示范城市、示范园区、示范基地等建设，重点争创“全国绿色能源示范县”。要提高项目投资效益。进一步完善招商引资考核办法，加大项目投产、税收贡献等重点环节的考核权重，不仅要考核项目数量、投资体量，更要考核设备投入量、科技投入量、建设周期和税收贡献。要强化项目开工保障。着眼用地指标、能耗、资金问题，更大力度争取各类用地指标，加大闲置用地的依法处置力度，积极破解企业融资难题，并把发展循环经济和新能源产业作为解决能耗问题的重要途径，抓紧编制衢江区光伏产业发展规划，积极在全区推广建设屋顶分布式光伏发电站。

（三）着力“聚焦发展、聚焦项目、聚焦一线”，浓厚项目工作氛围。应该清醒地看到，仍有一些单位认为抓项目缺少载体，在主动服务项目、推进项目建设方面，存在各乡镇与各部门之间工作不平衡的问题，需要调动起方方面面的积极性和创造性。要领导带头抓项目。区四套班子领导要带头抓项目、抓落实，每个区领导都要挂联2个区级重点项目；各级各部门主要负责人要带头谋项目、干项目，把大干项目作为推动工作落实的突破口，亲自挂帅谋划一批项目，靠前指挥推进一批项目。要形成合力推项目。经济部门、综合部门要切实加强协调和调度，全面准确地为项目推进提供信息服务和有效指导；新闻媒体要开设“大干项目、干大项目”专栏、专题，宣传先进典型，鞭策慢进后进；区人大、政协要围绕项目建设，经常开展视察、评议活动；各相关部门也要按照职能回归的要求，切实履行好职责。要强化督考促项目。区纪委（监察局）、督考办要加强对项目建设情况的督查考核和问责，对全区所有区级重点项目都要进行跟踪问效、定期督查和捆绑考核，及时在《今日衢江》、衢江政务网和行政大楼公示栏公布督查结果，并抓好督考结果运用。

四、以群众路线教育实践活动为载体，全面提升党的建设科学化水平

按照上级统一部署，今年上半年将集中开展以为民务实清廉为主要内容的党的群众路线教育实践活动。要按照“照镜子、正衣冠、洗洗澡、治治病”的总要求，从衢江实际出发，扎实做好各项工作，做到规定动作不漏项，自选动作有特色。各级党员干部要带头贯彻落实中央、省、市委关于改进作风、厉行节约的各项规定，带头整改“四风”[8]问题，带头深入基层调研，切实解决群众反映强烈的热点问题，让人民群众看到实实在在的变化。

(一)完善顺民意解民忧的工作机制。要始终牢记发展为了人民、发展依靠人民，突出群众的主体地位，让更多的群众参与到“四个一”建设中来。完善问需于民的科学决策机制。完善重大决策的规则和程序，形成事前深入调研、事中检查评估、事后跟踪反馈的决策程序和机制，把群众的利益需求作为一切决策的出发点和落脚点。完善问政于民的共建共管机制。在涉及群众切身利益的重要规划设计、重大项目建设、重点工作推进过程中，要充分保障群众的知情权、参与权、监督权，广泛听取和采纳群众意见。完善问效于民的考核评价机制。对涉及群众利益的重大决策，要建立群众参与率、满意度考核评价机制。

(二)打造过得硬打胜仗的干部队伍。以鲜明的用人导向选拔干部。突出“以项目论英雄，凭实绩用干部”的用人导向和能岗相适的选配原则，更加注重在重点工作推进中甄别干部、考察干部，切实把想干事、能干事、干成大事的干部配备到合适岗位。以多样的培养方式提升干部。采取集中培训和上挂、下派、外派等多种形式，切实加大年轻干部的培养力度。调整完善人才引进政策，以开放的姿态引进各类紧缺人才，打造衢江人才洼地。以科学的考评机制激励干部。落实领导班子运转分析季度走访制度，对表现一般或较差的领导班子采取约谈、诫勉谈话等相应组织措施。完善干部动态管理、实绩考核、科学评价等机制，强化纪实考绩结果运用，畅通干部“下”的渠道，褒奖重用埋头苦干、狠抓落实的实干型干部，教育调整只尚空谈、不干实事的“三不”干部。

(三)建设凝党心聚民心的战斗堡垒。建立健全农村基层服务型党组织“星级管理”目标考核体系，充分发挥村级党组织的战斗堡垒作用。有针对性地开展新任村主职干部培训，着力提高他们谋划推进项目、建设美丽乡村和做好群众工作的能力。深入开展“青春党建”以及“双强六好”党组织创建，全面推进各领域基层党建工作。加强党员先锋指数考评管理，加大考评结果运用，及时处置不合格党员。推动区党员教育服务中心功能向乡村延伸，实现全区党员教育管理服务全覆盖。

(四)弘扬干实事抓落实的优良作风。各级党员干部都要以务实的态度，力行实干，力戒空谈，努力在项目建设上比进度、在工作落实上比力度、在争先进位上比幅度。区级领导要“率先”，走向前台抓项目，深入基层破难题，真正做到领导指挥在一线、情况掌握在一线、问题解决在一线；各乡镇要“争先”，明确更高的目标定位，紧盯更强的赶超对象，拿出更实的工作举措，努力在发展的舞台上比成绩、赛高低；各部门要“抢先”，围绕服务和促进发展，对上争政策、争资金、争项目，对下送信心、送服务、送办法，确保工作一抓到底、抓出成效。

(五)营造清正清廉清明的政治环境。探索部门乡镇权力公开透明运行工作机制，试行新提任领导干部有关事项公开制度，制定领导干部个人事项报告抽查核实办法，落实重点工作、重大项目约谈制度，深化对工程、土地等重点领域和“人、财、物、权”等关键环节的监督和制约，促进权力阳光运行。推进农村集体“阳光三资”工程建设，探索村监会重点村务“点题”监督机制，不断加强农村党风廉政建设。完善反腐败工作联席会议制度，严查严重违反政治纪律案件，群体性事件、重大责任事故背后的腐败案件以及商业贿赂案件，以反腐倡廉的实际成效取信于民。

美好蓝图令人振奋，崇高使命催人奋进。我们坚信，只要沿着选准的路子坚定不移地走，朝着认准的目标坚持不懈地干，盯着看准的事情坚韧不拔地做，我们就一定能够把绿色发展的锦绣蓝图化为美好现实！

政府工作报告

——在衢州市衢江区第十四届人民代表大会第三次会议上的报告

衢州市衢江区代区长　赖瑞洪

(2014年1月11日)

2013年工作回顾

2013年,是全面贯彻落实党的十八大精神的开局之年。一年来,在极为错综复杂的形势下,区政府坚持以科学发展观为指导,大力弘扬实干苦干的工作作风,各项工作早动员、早部署、早落实,经济实现平稳健康发展,社会保持和谐稳定。预计全区生产总值增长10%;地方财政总收入突破十亿大关、达到10.56亿元,其中地方公共财政预算收入6.61亿元,分别增长24.9%和25%;固定资产投资86.3亿元,增长25%;社会消费品零售总额37.38亿元,增长14%;外贸进出口总额4.8亿美元,增长42%;农民人均纯收入11390元,增长11%;人口自然增长率、城镇登记失业率控制在计划指标之内。全区新增财力87%以上用于民生支出,十方面为民办实事任务顺利完成,成功通过国家卫生城市复审,"三改一拆"、家庭农场等工作走在省、市前列。

一年来,我们紧紧围绕区十四届人大二次会议确定的目标任务,扎实做好各方面工作。

一、以稳中求进为基调推动经济转型升级

工业经济提质发展。工业总产值达到196.8亿元,其中规上工业总产值116.8亿元,增长10%。加快培育主导产业,仙鹤18号机、望湖蓝图纸业顺利投产,总投资7.5亿元的五一机械、2.4亿元的金润科技等行业龙头企业相继落户,跨国公司"芬兰美卓"投资5.2亿元在我区设立全球第六个铸造基地,两大主导产业实现产值56.7亿元、增长17%,占规上工业总产值的48.5%。全面实施"四换三名"工程,关停落后产能企业23家,盘活存量用地40公顷,万元工业增加值能耗下降6.8%;完成工业技改投资12.6亿元;推动"个转企、小升规、规改股",完成"个转企"379家,新增规模企业4家、省级以上高新技术企业14家,鑫丰特种纸、诚远重机在浙江股权交易中心挂牌;志高机械、佳成机械空压机列入国家节能惠民工程首批目录。

现代农业提升发展。加快建设农业“两区”,新建粮食功能区933.33公顷,全区粮食总产量达17.9万吨;莲花生态循环农业示范区通过省级验收,全旺现代农业综合区发展迅速。大力实施家庭农场培育计划,创新“金伞”保险等举措,注册家庭农场625家、面积5933.33公顷,全市家庭农场现场会在我区召开,衢江家庭农场成为全省样本。全区流转土地7200公顷,流转率达43.6%,新引进总投资1.8亿元的三易易、1亿元的西莲玫瑰等现代农业项目69个,实到资金7.1亿元,新增设施农业基地70公顷、特色林业基地2133.33公顷、精品渔业基地320公顷。探索食用农产品质量安全追溯制度,建成“一村一品”展示展销中心和农业放心馆,全市率先创建省级农产品质量安全监管示范区。

服务业提速发展。加快打造中央商务区,东方广场五星级酒店和写字楼主体竣工、累计投资8.3亿元,港汇广场文化商务综合体和泰隆金融大厦动建,汽车商务广场、求实路商业街建成,信用联社大楼启用。浙西汽车城新建4S店5家、总数达19家,实现销售额14.3亿元;衢江区小商品市场开业。大力发展电子商务,制定产业发展三年行动计划,全国首家农产品经纪人协会电商供销平台在我区落成,金辉电子商务创业园一期建成,全区实现电子商务交易额6.1亿元,增长103%。主动对接衢州国家休闲区规划,莲花释界、灰坪千里岗、周家五指山、湖南节理石柱等重大旅游项目前期深化推进,莲花休闲农业旅游AAAA级景区有序创建,九九红玫瑰园、乌溪江度假村、银湖山庄等项目加快建设,全区新增旅游投资6.2亿元,实现旅游总收入19.4亿元,增长30.3%。稳步发展房地产业,完成投资14.7亿元,销售面积25.7万平方米,分别增长53%和151%。建筑业实现产值52.6亿元,增长26%。

二、以大干项目为抓手增强追赶发展动力

招商引资取得突破。加大注册资本、实到资金、项目开工考核力度,提高招商实效,成功引进神霸矿机、东安实业等亿元以上项目35个,总投资15亿元集农贸商城、商务办公、公寓酒店于一体的浙江新农都衢州批发市场(农贸城)落地开工。成立衢江上海商会,组织参加“浙商之春”、首届衢商大会等活动,引进浙商回归项目13个,实到资金14.3亿元,兆亿实业列入省浙商回归重大项目。引进外资2076万美元、增长410%,总额列全市第一。

项目推进实现突破。深化重点项目“互看互学”“白皮书”制度,建立投资项目化管理机制,开展项目攻坚专项行动,90个区级重点项目完成投资57.5亿元,娃哈哈二期、业胜金属二期等重点产业项目投产,樟潭防洪工程竣工,衢江治理工程启动建设,杭新景高速、衢江航运、迎宾大道拓宽改造等省、市重大项目征迁工作基本完成。重大项目前期卓有成效,静态投资70亿元的抽水蓄能电站被列为浙江省2020年规划新建推荐站点并完成预可研编制,全省单体规模最大的“农光互补”天华阳光光伏电站开工建设,总投资6.3亿元的广胜光伏电站完成项目核准。开展项目主题谋划和PK赛,建立项目评审入库机制,新谋划入库项目492个、总投资超2500亿元;艾科赛仑等4个项目列入省“411”重大项目计划,东方广场、丰麒工贸新增为省重点建设项目、全区累计达10个。

平台要素有效突破。加快推进开发区建设,投入资金2.1亿元,东扩4.82平方千米设施基本配套,新增熟地180公顷;衢江—鄞州山海协作产业园管委会和注册资金2亿元的堇信投资开发公司成立运行,完成沈家污水处理厂扩容改造,平台承载力明显增强。加大用地保障力度,报批用地307.73公顷、征地461.33公顷;低丘缓坡开发立项实施866.67公顷,通过区级验收666.67公顷;农村土地综合整治立项141.6公顷,完成复垦57.87公顷,被评为全省“百万”造地保障工程建设先进集体。创新设立“九龙仙霞”科技型中小企业集合债权基金,引进巨能股权投资公司,全区中小企业新增贷款6.8亿元,增长38%。落实人才政策,培养

高技能人才656人,引进人才68人,中国制浆造纸研究院衢州分院、中科院常州中心(衢州)起重设备研发中心在我区挂牌。

三、以建设现代田园城市为目标加快新型城镇化进程

城乡规划加强引领。坚持"市区一体、城乡统筹"理念,有序引导和推进现代田园城市建设,分区规划、城乡一体化规划、城镇总规、城区单元控规、村庄布点规划和公共交通规划基本完成,中央商务区、塔底片区、滨江景观带三大城市设计和美丽乡村规划进一步深化,城区排水、市民公园、城市阳台、一湖两岛等专项规划设计启动编制,城乡规划体系进一步健全。

城镇建设加快步伐。实施城市建设管理十大专项工作,全力推进城中村整体搬迁改造,调查摸底全面完成,搬迁改造政策正式出台,村级集体留用地问题得到破解,阳光新屋里小区37幢12.6万平方米安置房顺利结顶,缪家小区一期完成"三通一平",龙潭嘉苑小区完成土地征收,全市城中村改造工作现场会在我区召开;入城口改造提升等专项工作扎实推进。加快完善基础配套,市区快速通道乌溪江大桥主体完工,百灵大桥建成,梅林路、丹桂路、大桥路等路网完成改造,新增绿地6.7万平方米,城东污水处理厂投入试运行,25个城建重点项目完成投资21.5亿元。开展城市治乱治堵工作,完成东迹大道安全隐患治理,集中整治振兴中路车辆乱停放、占道经营等现象,城区新开发地下空间5.1万平方米,新增停车位1580个。推进重点集镇建设,改造提升农贸市场3个,总投资1.6亿元的廿里商城主体结顶,6000万元的大洲金宏商贸综合体建成营运。

美丽乡村加速创建。启动省级美丽乡村先进县创建,整治村庄49个,建成精品村6个,楼山后历史文化村加快建设。建成农村联网公路26.5千米、安保设施33千米,硬化村道16千米、埋设污水管网3.2万米,建成塔山—十里丰等城乡供水一体化主干管37千米,新解决高家、云溪等4.7万人饮水安全问题,周家、岭洋被授予市新农村电气化乡镇。推进富民壮村工程,168个特扶项目完成投资5.3亿元,来料加工扩面提质、发放加工费4.8亿元,列入国家大中型水库移民避险解困试点。深入开展"一村一品"创建,建成市级特色乡镇1个、优秀村9个。大力发展乡村旅游,创建茶坪、东坪市级乡村旅游示范村,举办"快乐农家"擂台赛,农家乐接待游客187万人次。

四、以环境综合整治为突破加强生态文明建设

环境整治强力推进。以省市区三级人大联动开展饮用水源保护执法检查为契机,投入资金8000多万元,扎实推进乌溪江水资源保护、信安湖流域环境综合整治、生猪养殖整规等工作,划分禁养区、限养区,出台生猪减量提质政策,削减能繁母猪2.6万头、生猪饲养量近50万头,拆除生猪养殖用房48万平方米、玻璃拉丝企业13家、灯光诱捕网箱4.4万平方米,经国际权威机构检测,乌溪江水质远优于国家一类水标准。开展"清理河道、清洁乡村"行动,建立"河长制",加强河道保洁与采砂管理,治理河道水渠120千米,54座山塘水库实现洁水养殖。

"三改一拆"全力推进。以"两违"专项整治为突破口,全面开展"三改一拆"行动,拆除违法建筑3984宗111万平方米,全市"三改一拆"现场会在我区召开,被衢州市树为"远学温州、近学衢江"的先进典型。改造旧厂区12.5万平方米、旧住宅区7万平方米。通过"三改一拆",拆出了发展空间,优化了城乡环境,改出了美丽家园。

生态创建有力推进。围绕创建省级生态区,完成莲花、双桥国家级和樟潭、浮石省级生态乡镇创建,省级生态乡镇比例达80%。深化"五边三化"行动,新增绿化面积1066.67公顷,重点生态公

益林补偿标准提高到每亩25元。乌溪江国家湿地公园详规通过评审，黄坛口水库库尾湿地植被恢复工程通过省级验收。加强规模化养殖场治理，实行病死猪无害化集中处理，浙西最大、年处理10万吨畜禽排泄物的"农得惠"肥业公司投产。突出企业节能改造和排污监管，加强大气污染源头防治，整治提升"印染、造纸、化工、制革"四大行业企业39家、关停4家。

五、以让人民过上美好生活为根本保障和改善民生

社会事业全面发展。统筹发展教育卫生文化体育等事业，总投资1.34亿元48个班的区第一初中建成使用，完成廿里小学二期扩建和东港幼儿园接管，新创建标准化学校8所，衢州三中高考成绩再创新高。总投资2.3亿元的区人民医院异地扩建工程一期启用，"中华第一针"石学敏院士工作站、省民进医卫专家服务站挂牌，国家基本药物制度实现全覆盖。云溪吴氏宗祠列为国家级文保单位，杨继洲针灸文化馆开放，建成农村文化礼堂25个。创建省体育强乡镇5个、小康体育村78个，被评为全国群众体育先进单位。深化"发现最美衢江人、争做最美衢江人"主题实践活动，评选第二届十大爱心模范。人口计生、妇女、儿童、老龄、残疾人、社会福利、慈善、红十字等事业全面发展，民族、宗教、外事、侨务、对台等工作取得新成效。

社会保障日趋完善。加强就业培训服务，新增城镇就业1156人，引导帮助农村劳动力就业8349人。整合城乡居民基本医疗保险制度，出台特殊病种大病再补偿政策，建立职工医疗互助保障机制，区内住院报销比例达75.2%。打造"阳光低保"，城乡低保标准分别调整为每人每月480元和332元，实现应保尽保。健全养老服务体系，杜泽、莲花、太真养老服务中心建成，农村五保和城镇"三无"人员集中供养率分别达95%、100%，被征地农民基本生活保险参保8590人。

社会管理不断创新。以"三走进"活动为载体，深化矛盾大排查，构筑衢江特色大调解工作体系，调处各类纠纷6174件，化解重点信访隐患64个，行业调解工作被央视"焦点访谈"肯定。依法打击各类违法犯罪活动，投资525万元建成"天网工程"二期。有序完成村委会换届选举。开展全省首批安全生产综合整治试点，加强食品药品安全监管，推行安全生产"黑名单"制度，整治重大事故隐患9个，实现三项指标零增长。防汛防旱、森林消防、动植物防疫工作得到强化，普法、社区矫正、法律援助等工作扎实推进，国防和双拥工作切实加强。

六、以转变政府职能为重点改进工作作风

服务发展更加有为。完善经济运行监测机制，落实企业帮扶政策措施，解决企业发展难题373个，稳妥化解企业债务危机，帮助28家中小企业转贷1.2亿元。加大简政放权力度，出台行政审批制度改革实施意见，取消、调整非行政许可36项，30项涉及民生审批管理事项下放到乡镇，审批效率平均提速17.3%。创新赋分考核和纪实考绩制度，加强重点工作督查督办，全年交办各类事项102件，解决率达99%。

依法行政更加规范。认真开展"十二五"规划中期评估，强化战略研究和决策咨询，充分发挥政府法律顾问团作用，科学、民主决策水平进一步提升。认真办理人大代表议案建议和政协提案，办结381件，满意率达99.4%。加强与民主党派、工商联的沟通联系，支持工会、共青团、妇联开展工作。深化政府信息公开，积极适应微博、网络社群等新媒体发展，全年办理区长信箱56件。

廉政建设更加深入。严格执行中央"八项规定"和省委"六个严禁"，在全市率先实行全口径预算，公开2013年度政府预算及"三公"经费预算，全区"三公"经费支出总额同比下降

15.3%,其中公务接待费下降26.4%。开展机关事业干部会员卡专项清退工作,认真落实公务卡和公车定点停放制度。强化审计监督,130个政府投资项目累计核减2653万元,推行"村级工程村民建"机制,提高资金使用绩效。加大案件查办力度,查办违纪违法案件68件,处分干部68人,27人次受到效能责任追究,营造了风清气正的发展环境。

过去一年的成绩来之不易。这是市委、市政府和区委科学决策、正确领导的结果,是区人大及其常委会和区政协有效监督、关心支持的结果,是全区上下克难奋进、顽强拼搏的结果。在此,我代表区人民政府,向所有为衢江经济社会发展做出贡献的广大干部群众和各界人士,表示衷心的感谢和崇高的敬意!

我们也清醒地看到,与人民群众的要求和期待相比,政府工作还存在不少差距。主要是:工业投资增长趋缓,农业产业化水平较低,服务业推动经济增长动力不足,资源要素制约加剧,经济转型升级任重道远;城区集聚辐射功能不强,人气商气不旺,城市建设力度仍需加大;社会治理方式有待创新,生态环境、公共交通、农民增收等问题比较突出;"四风"问题在一些部门和一些地方依然存在,项目谋划推进能力有待进一步提升。对于这些问题,我们将高度重视,更多地从主观上查找薄弱环节,努力把各项工作做得更好,决不辜负全区人民的重托和期望!

2014年总体要求和工作目标

2014年,是全面深化改革的第一年,也是全面完成"十二五"规划至关重要的一年,更是推动衢江加快发展、追赶跨越的关键一年。我们要立足区情实际,发掘比较优势,在新的起点上抢抓历史性机遇,全力推动经济社会持续健康较快发展,努力向全区人民交上满意的答卷。

区政府工作的总体要求是:坚持以科学发展观为指导,全面贯彻党的十八大和十八届三中全会精神,认真落实市委、市政府和区委决策部署,以增进人民福祉为根本,始终坚持"工业立区、商贸兴区、生态建区、特色强区"战略,紧紧围绕"一城一村一区一心"建设,牢牢把握改革创新这一主线,深入实施"双百计划",扎实开展"三大行动",全面推进"四大工程",提振精气神、汇聚正能量,大干项目、干大项目,努力争创衢江绿色发展新优势。

综合分析各种因素,建议今年经济社会发展主要预期目标为:地区生产总值增长9.5%左右,力争10.5%;地方公共财政预算收入增长10%左右;固定资产投资增长15%左右,力争20%;社会消费品零售总额增长13%左右,力争15%;外贸进出口总额增长8%左右;农民人均纯收入增长10%左右,力争11%;节能减排等约束性指标完成上级下达目标。

新的一年,我们要坚持底线思维、问题导向,继续办好十方面民生实事。一是全面整治臭河、黑河、垃圾河,消灭垃圾河,改善臭河、黑河水质,整治山塘25座,治理江山港楼里段等河道38千米,出境水质达标率100%。二是开展农村生活污水处理,集镇污水处理厂正常运营,新增生活污水治理村92个、农户受益率达70%以上,建设生态精品村50个。三是深化农村居民饮用水安全保障工程,完成新区—安仁等4条城乡供水一体化主干管建设和湖南镇自来水厂取水口改建,实施峡川镇水源保障工程,新解决莲花、全旺等3万人饮水安全问题;50座山塘水库实现洁水养殖。四是实施食用农产品放心工程,定期发布食用农产品放心指数,完成通浦、高家农贸市场改造提升。五是推进交通畅通工程,开工建设汽车东站,新增公交线路4条;建设农村联网公路27千米、安保设施40千米,完成农村公路大中修26千米。六是加快教育均衡发展,完成区第二小学主体建设,启动区第四小学扩建工程;开通衢江教育骨干网,校园网络实现"千兆到校、百兆到班”。七是实施文化建设“八个十”工程，建成农村文化礼堂24个。八是加强城乡居民生活保障，完成保障房建设378套，社会养老保险、基本医疗保险参保率分别达95%、96%以上，农村低保补助标准达到城镇的73%，区残疾人康复综合服务中心建成使用。九是加大下山异地脱贫力度，转移安置山区库区群众1500人以上。十是加快养老服务体系建设，改造提升乡镇养老服务中心2个，建成城乡社区居家养老服务中心98个。

2014年主要工作任务

根据上述总体要求和主要目标，今年区政府重点要抓好以下九个方面工作：

一、突出改革创新主线，抢抓追赶跨越新机遇。一要领会好改革精神。全面掀起十八届三中全会精神学习热潮，原原本本、扎扎实实开展学习研讨活动，深刻领会全面深化改革的总目标和路线图。结合区情实际，对接上级各项改革举措，研究衢江推动改革的重点任务，找准改革突破口，用改革的思路和办法破解难题，以改革的主动赢得先机，以改革的成效取信于民。二要实施好改革项目。突出重点领域和关键环节，抓好一批可以“马上改”“立刻改”的改革项目，推进资源配置市场化改革，落实“非禁即入”和负面清单管理，探索工业企业亩产税收公示制。推进政府职能转变和机构改革，优化政府职责和组织机构体系，努力建设现代政府。推进农村综合改革，开展农村产权制度改革试点，加快农民市民化进程。三要落实好改革保障。坚持以解放思想引领改革，坚决破除各方面机制弊端，积极争取重点改革试点，一以贯之、一贯到底地落实好中央精神和省市决策部署。坚持以正确舆论引导改革，吹响改革集结号，营造全社会支持改革、鼓励创新、宽容失败的良好氛围。

二、深入实施“双百计划”，增添持续发展新动力。一要突出招大引强。进一步优化招商政策和考核机制，以实到资金和产出效益论英雄，坚持全员招商与专业招商并举、新项目与新产业齐招、内资与外资共抓。依托优质山水生态资源，主动对接国企央企、国内500强和行业标准制定企业，研究产业布局，画出招商地图，更加注重专业招商、定向招商，鼓励浙(衢)商回乡创业，重点聚焦10亿元以上产业项目，着力引进一批事关长远发展、推动转型升级的大项目、好项目。营造尊商亲商兴商的良好环境，加强重大在谈项目和落地项目跟踪服务，提升项目投资质量和效益。二要推进项目攻坚。实施“百亿投资”计划，大干项目，干大项目，全区固定资产投资突破100亿元，100个区级重点项目完成投资66亿元以上。加快推进夏王三期等一批产业项目，汽车东站等一批基础项目，农民饮用水等一批民生项目，抓好衢州港区等重大项目前期，以大项目推动大发展。完善项目“互看互学”和专项服务机制，合力破解项目推进难题，切实提高项目开工率、投产率、达效率。深化项目对接，吃透上情、发掘优势，谋划一批重大工业产业、现代田园城市、健康养生养老、生态休闲旅游项目，加大跑部进厅力度，力争一批项目列入省市重点计划。建立项目长效谋划、定期评审和转化实施机制，提升项目工作水平。三要培育优势产业。实施“百亿产业”计划，深化产业战略研究，建立产业发展领导小组，完善落实主导产业和龙头骨干企业培育政策，积极支持技改扩建，制定企业梯队发展意见，实行一企一策。大力推进特种纸深加工、矿山机械和轻小型起重机械产业园建设，加大仙鹤特种纸、夏王纸业、志高机械、美卓矿机、五一机械等领军型企业培育力度，推进两大主导产业转型提升，加快向“百亿产业”迈进。以争创国家绿色能源示范县和全省循环经济示范区为契机，编制绿色能源和水资源产业发展规划，力争抽水蓄能电站项目拿到“国家路条”，加快天华阳光、广胜、仙鹤等光伏电站和娃哈哈、都邦药业等水资源项目建设，创建业胜金属循环经济产业园，积极引进纯净水、生物医药等项目，着力培育百亿新能源、水资源和循环经济产业。

三、开展城市改造建设行动，打造田园城市新面貌。一要坚持超前规划。按照以人为本、尊重自然要求，开展现代田园城市发展战略规划研究和田园小镇规划设计，完成滨江景观活力带、美丽田园风光带规划编制。深化城区地下空间开发利用、主要街景、道路管网、市民游憩区、绿化亮化等专项规划，进一步优化公共服务设施布局。强化规划执行刚性，确保城镇化建设"一张蓝图干到底"，让居民"望得见山、看得见水、记得住乡愁"。二要提升城市能级。全力抓好城中村整体搬迁改造，交付阳光新屋里小区一期，开工建设缪家和龙潭嘉苑小区，全面完成卢家村、上埠头自然村整体搬迁，启动搬迁樟树潭村、茶园自然村。强化需求导向，实施城区110千伏及10千伏高压线路"上改下"，推进两个入城口改造、塔底互通立交工程建设，开展杭金衢高速衢江出口、320国道平塘互通立交、宾港大桥改造项目前期，市区快速通道建成通车。实施旧住宅区"六改一提升"，加快信安中路、江滨西路、通浦路、求知路、茶苑路建设，提高城市通达性。改造提升市民公园、金山公园，启动江滨公园一期，新增城市绿地2万平方米。完善中心镇、重点集镇基础设施建设，增强集镇吸引力和服务功能。三要加强城市管理。巩固国卫复审成果，深化城市环境综合整治，加大振兴中路、百灵路长效管理力度，严格规范经营秩序，切实改善市容环境。积极发展城市公共交通，优化调整公交线路，新增停车位200个，新建停车场1个，改善城区道路通行条件。建成数字城管二级平台，探索城市管理市场化机制，提升城市管理水平。

四、开展商贸旅游繁荣行动，推动人气商气新聚集。一要大力发展商贸业。出台促进城区人气商气集聚的政策意见，围绕打造"人气中心"加快中央商务区建设，推动东方广场超市、求实路商业街招商营运，完成五星级酒店建设，基本建成泰隆金融大厦、光明电力商务大楼等项目，谋划引进家装家居市场。深化浙西汽车商贸旅游集散综合体项目前期，积极争取落户衢江。有序推出城区地块开发，加大不符合城市规划的已出让土地处置力度，强化房地产监管，促进房地产业持续健康发展。二要着力发展新兴业态。健全服务业发展政策，鼓励发展总部经济、电子商务、文化创意、健康养生等新兴现代服务业，加快港汇广场、农贸城、卷烟物流配送中心等项目建设，抓好浙西商品交易博览城、医药物流、康复中心等项目招商工作。推进"电商换市"，大力扶持来此购商城、居尚美家等电子商务平台，启动金辉电子商务创业园二期，建设淘宝衢州特色馆。三要重点发展休闲旅游。完成莲花休闲农业旅游AAAA级景区、乌溪江国家湿地公园创建，积极创建省级旅游度假区。加快千里岗、五指山、节理石柱等重大项目前期，力争莲花释界项目落地，推进九九红玫瑰园、银湖山庄等项目建设，建成乌溪江度假村。发展乡村休闲旅游，加强宣传推介，打响"城中山水、生态衢江"金名片。

五、开展共建生态家园行动，实现人居环境新改善。一要深化环境综合整治。切实加大财政投入，大力推进"五水共治"，制定具体方案，挂出作战图、明细表。坚持治污先行，建立最严格的水资源管理制度，巩固乌溪江水资源保护和信安湖流域环境综合整治成果，开展农村生活污水治理三年行动，突出生猪养殖整规，通过村庄移栏禁养、改进养殖模式等途径，切实减少农村污染源。谋划启动城市防洪排涝工程，实施引水入城，完善城市水系，打造特色滨水生态景观。加大"五边三化""双清"等工作力度，全面推行"河长制"，严格控制河道采砂，探索机制砂，开展山塘水库生态治理，加快农村生活污水生态化处理设施建设。二要深化美丽乡村创建。围绕"农业强、农村美、农民富"的要求，推进石安环线、云十线、廿项线、药王线四条景观带建设。深化"三改一拆"行动，建立巡查机制，加大“一户多宅”整治力度，积极创建无违建乡镇。深入实施“千村示范万村整治”工程，全面推广举村“洋坑模式”，整乡整镇推进的乡镇达60%以上，力争跨入省级美丽乡村先进县行列，努力打造天蓝、水清、地绿、景美、人和的生态家园。三要深化生态文明建设。牢固树立“绿水青山就是金山银山”和“山水林田湖是一个生命共同体”理念，全面落实节能减排措施，严厉打击违法排污，加快实施一批重点节能改造项目，大力发展循环经济、低碳经济。推进大气污染综合防治，建立环境空气自动监测站，注重源头防控，努力改善空气质量。深化生态文明行动，倡导绿色低碳生活，增进绿色福利，全面完成省级生态区创建。

六、推进放心农业工程，创建现代农业新样板。一要推动农业园区化。以工业化思路推进农业现代化，加大强农惠农富农政策扶持力度，加快农业“两区”基础设施和公共服务配套建设，新建粮食生产功能区1000公顷，建设粮食应急中心，切实保障粮食安全。实施现代农业综合区三年行动计划，改造提升莲花现代农业综合区，确保全旺、千里岗现代农业综合区通过省级验收，争创国家级现代农业示范区。二要推动农业产业化。加强土地经营权流转和现代农业项目招商，新流转土地466.67公顷、引进规模现代农业项目20个以上。加快转变农业生产方式，提升柑橘、毛竹等传统产业，扶持发展花卉、果蔬等特色产业，推动全旺高新农业综合体等现代农业项目建设。加强农超对接，实行网上网下双向互动，全面拓宽农产品销售渠道。三要推动农业标准化。积极培育家庭农场、种养大户、专业合作组织等新型农业经营主体，加快莲花、全旺、杜泽、高家四大家庭农场集聚区建设。推进农业科技创新和标准化建设，大力发展生态循环农业，开展清洁土壤行动，积极构建覆盖从田间到餐桌的监管体系，健全农产品质量和食品安全追溯制度，全力打造“吃得放心、吃得开心”的衢江优质农产品，确保广大人民群众“舌尖上的安全”。

七、推进要素支撑工程，增强区域竞争新优势。一要突破工业平台拓展。充分发挥开发区主平台作用，加快东扩区块基础配套和功能完善，确保形成熟地133.33公顷以上，力争跨下山溪6.8平方千米空间拓展取得突破。深化开发区商业服务业布局规划，启动生产性物流中心和横路工业新城服务中心建设，推动工业区向工业城转变。创新衢江—鄞州山海协作产业园运行机制，加大堇信投资开发公司融资力度，建立中小企业孵化器，努力把园区建设成为“好大高”项目的集聚区。改造提升廿里、大洲、上方工业功能区。二要强化土地资金保障。抓好土地利用总体规划中期评估和修编，多渠道争取用地空间，保障重点项目用地需求，全年批地133.33公顷、征地100公顷，实施低丘缓坡开发333.33公顷、农村土地综合整治20公顷，严格耕地质量管理和地力修复提升，实现耕地数量、质量双平衡。强化“腾笼换鸟、空间换地”，加快旧厂区改造，加大低效建设用地二次开发力度，开展批而未用土地专项清理，盘活存量用地20公顷。推进普惠金融，探索PPP、BT等投融资模式，发挥“九龙仙霞”基金作用，缓解融资难题。统筹谋划政府性投资项目，有效整合国有资产，清理盘活财政存量资金。三要注重科技人才支撑。积极对接上海自贸区、浙江中关村科技产业园，努力在项目、技术、人才等方面开展合作、争取支持。充分发挥中国制浆造纸研究院衢州分院和院士专家工作站作用，建立长三角循环经济研究院衢江分院，力争3D打印机技术产业联盟布局我区，积极构建高层次公共技术服务平台。加强人才创业创新基地建设，引进培养一批高技能人才，推进企业技改和“机器换人”，着力打造名企、名品、名家。

八、推进富民惠民工程，满足人民群众新期待。一要加快民生事业发展。进一步加大投入，鼓励民间资本办医办学办文化，促进社会事业大发展、大提升。深化教育“三百工程”，新建区第二小学,扩建区第四小学,加快引进民办高中和等级幼儿园。深化公立医院改革,完成区人民医院主体搬迁,推进中医院(针灸医院)项目前期。争创省体育强乡镇2个、小康体育村20个,大力弘扬“最美”精神,推动最美“盆景”变“风景”。进一步健全社会保障体系,提升社会保障服务效能。实施“单独两孩”政策。完成第三次经济普查工作。积极发展慈善、红十字事业,切实保障妇女、未成年人和残疾人合法权益。二要拓宽农民增收渠道。深入实施富民壮村工程,加大村级集体经济扶持力度,实施新一轮低收入农户收入倍增计划,引导广大群众创业创新、勤劳致富,加快山区经济、特扶项目建设,鼓励发展多种产业,探索增加农民财产性收入。整合提升精品农家乐和来料加工业,力争农家乐经营总收入增长20%、来料加工费突破5亿元。强化政策引领,扎实抓好大中型水库移民避险解困试点工作,大力推进库区群众下山出库、转产转业,让更多群众住上“好房子”、过上“好日子”。三要创新社会治理方式。推进平安衢江、法治衢江建设,加强食品药品、安全生产监管,建立隐患排查和安全预防控制长效机制,完善立体化社会治安防控体系,强化虚拟社会管理服务。深入开展“六五”普法教育,依法打击各类违法犯罪活动,实现平安建设“十连冠”。强化双拥、国防、民兵预备役和人民防空工作。认真做好民族宗教、台湾事务和外事侨务工作。

九、推进效能提升工程,树立奋发有为新形象。一要凡事往前干。树立“一分部署、九分落实”理念,敢闯敢试、苦干实干,真正做到干工作冲在前、转作风做在前、谋发展想在前。深化目标承诺、月度督查、季度通报、绩效考核机制,继续推行赋分考核和纪实考绩制度,健全工作落实责任制,做到人人身上有干的任务、有干的指标、有干的责任,坚决治理推诿扯皮、庸懒散慢和不负责、不担当、不作为行为。二要服务优环境。全面开展群众路线教育实践活动,坚持“群众想什么、我们就干什么”,进一步解决“四风”问题,建立健全改进作风的长效机制。大力倡导“三待三亲”理念,深化完善“三挂三战”机制,实行项目终身服务制,切实解决审批、用工、融资等问题。探索建立部门权力清单制度,全面清理、调减行政审批事项,出台行政审批问责办法,设立中介机构监管服务中心,努力打造行政审批流程最优、环节最少、时间最短、服务最佳的“四最”创业投资环境。三要廉洁立正气。进一步完善惩治和预防腐败体系,加大政府信息公开力度,健全全口径政府预算体系,强化经济责任审计,加强政府性债务管理。开展“正风肃纪”专项行动,逐步推行部门“三公”经费公开,规范公务接待、公务用车、因公出国和会议活动,厉行节约、反对浪费,把有限的财力用于发展经济和改善民生。

时代赋予重托,奋斗铸就辉煌。衢江正处在加快发展、追赶跨越的关键时期,我们的使命光荣、责任重大。让我们在中共衢江区委的坚强领导下,大力弘扬“忠诚、责任、激情、奉献”的新衢江精神,进一步解放思想、改革创新、真抓实干,为争创衢江绿色发展新优势、让全区人民生活得更加幸福美好而努力奋斗!

大 事 记

2012年

1月4日 市委副书记、市长尚清赴衢江区走访慰问困难党员、敬老院老人。

1月5日 市委常委、常务副市长江汛波率市检查考核组到衢江区专项检查惩防体系建设和党风廉政建设责任制落实情况。

1月5—7日 中国共产党衢州市衢江区第十二次代表大会召开。区委书记朱建华代表中国共产党衢州市衢江区第十一届委员会向大会作《解放思想追赶跨越为建设"五个衢江"而努力奋斗》报告,选举朱建华、鲍秀英、童炜鑫、余金华、吴剑锋、吾东明、汪樟华、毛胜田、汪群、黄忠京、费里夫为常务委员会委员,选举朱建华为区委书记,鲍秀英、童炜鑫为区委副书记。

1月9日 省委第三巡视组对衢江区巡视情况进行反馈,组长邬金水反馈巡视情况,省委第三巡视组副组长、省委组织部部务会议成员杜林德,省委巡视办副主任洪国良等出席反馈会。市委常委、纪委书记杜康出席并讲话。区委书记朱建华主持会议并作表态发言。

同日 省妇联主席厉月姿到衢江区走访慰问老妇代会主任、妇女党员及贫困妇女。

同日 衢江区经济社会发展恳谈会在京举行。

1月11日 衢江区在杭州召开经济社会发展恳谈会。

1月13日 市综合考核组到衢江区考核经济社会发展工作目标。

1月14日 龙泉市委书记蔡晓春率党政代表团到衢江区考察学习。

1月17日 市委副书记、代市长陈新到衢江区调研指导工作。

1月27日 福建省政协副主席叶继革到衢江区,就衢江经济和社会发展情况进行全面考察。

1月29日 "爱心衢江"捐资助学仪式在区会议中心隆重举行,现场为贫困学生筹集善款200多万元。

同日 区四套班子领导、各机关部门和乡镇、村围绕"龙年新春植树绿,衢江新区添新彩"这一主题,全面开展植树活动。

2月7—11日 区政协十二届一次会议召开,会议听取和审议政协第十一届衢州市衢江区委员会常务委员会工作报告和关于提案工作情况的报告,选举产生政协第十二届衢州市衢江区委员会,主席赵建新,副主席金召卫、留渭良、夏海涛、余渭龙。

2月8—12日 区十四届人大一次会议召开,代区长鲍秀英作《政府工作报告》。大会选举耿建新为区十四届人大常委会主任,郑雪龙、张建新、严曦、黄民新、方平、赵瑞慈为副主任;选举鲍秀英为区长,程品方为区人民法院院长,吴刚为区人民检察院检察长。

2月14日 市委副书记、代市长陈新,市委常委、政法委书记傅根友,副市长占跃平在衢江区接待来访群众,解决多个信访问题,并召开信访工作座谈会。

2月15日 区委、区政府召开拉高标杆追赶跨越表彰动员大会。

2月22日 衢江区6家重点项目集中开工,总投资近12亿元。

2月24日 区委、区政府召开全区招商引资动员大会暨民营经济工作会议。

3月1日 全区"进村入企"大走访活动领导小组会议召开。

3月6日 市委常委、常务副市长江汛波到杜泽镇,开展"进村入企"大走访活动。

同日 衢江区启动"弘扬雷锋精神建设五个衢江"主题实践活动。

3月9日 全区召开"进村入企"大走访暨"三年"活动动员大会。

3月12日 区四套班子领导朱建华、鲍秀英、耿建新、廖立生等与机关干部职工一起到衢江水岸参加义务植树活动。

3月13日 市委书记赵一德到衢江区湖南镇,开展"进村入企"大走访活动。

3月15日 衢江区召开2012年"拉高标杆、追赶跨越"公开承诺会。

3月16日 区十四届人大常委会举行第一次会议。会议任命副区长和区人大常委会各委(办)主任、副主任及信访室主任。

3月17日 马来西亚果农协会代表团一行40余人到衢江区现代农业园区考察

3月21日 全市重点项目建设"互看互学"活动走进衢江区,赵一德、陈新、居亚平、俞流传、李剑飞、江汛波等市四套班子领导,朱建华、鲍秀英等区四套班子领导,同与会人员100多人参加现场会,现场察看衢江区4个观摩点。

3月23日 副市长毛建民到衢江区全旺镇开展"进村入企"大走访活动。

3月27日 全市春耕生产"五送"服务暨农业科技促进年活动在全旺镇启动,副市长毛建民出席启动仪式。

3月28日 召开全区干部大会,传达贯彻全市重点项目建设"互看互学"活动现场会和全市重点项目建设推进会精神,通报有关网络舆情调查情况。

4月1日 区委召开党管武装工作暨国动委会议,贯彻落实军分区党委扩大会议精神,听取部分乡镇党委书记党管武装工作述职,总结部署衢江区党管武装和国动委工作。

同日 浙江九九红集团优奈思新品上市发布会在杭州举行,区委副书记童炜鑫出席发布会并致辞,香港卫视集团董事局主席高红星,绿色中国杂志社社长缪宏,产品代言人、影视明星戚薇,以及来自全国各地的200多名经销商参加发布会。

4月6日 全区生态环保暨节能减排工作会议召开。

4月11日 市政协组织部分市政协委员到衢江区开展"加快森林城市创建　打造幸福宜居衢州"视察活动。市委书记赵一德、市政协主席俞流传等参加视察。

4月16日 副省长毛光烈到衢江区调研工业经济和绿色产业集聚区工作情况。

4月18日 省委常委、宣传部部长茅临生一行到衢江区专题调研文化产业发展和现代农业产业化情况。

4月22日 "绿色中国行——走进北京暨2011绿色中国年度焦点人物颁奖盛典"在北京举行。衢江区第四小学"最美教师"陈霞、姜文、江忠红荣获"2011绿色中国年度焦点公益人物奖"。

4月26日 省国土资源厅副厅长张国斌一行到衢江区调研低效用地二次开发工作。

5月3日 共青团建团90周年纪念大会暨“人防杯”第四届“衢江区十大杰出青年”、“十佳创业创新青年团队”颁奖典礼举行。

5月12日 区中医院(筹)举行成立揭牌仪式。

5月20日 市委书记陈新率市气象、水利、国土、交通、住建等部门,检查调研防汛工作,实地察看铜山源水库、塔底水利枢纽工程、市区快速通道乌溪江大桥的防汛情况。

5月23日 省委政法委副书记、综治办主任巫波伦一行到衢江区专项督查社会管理创新工作。

同日 区委召开财经工作领导小组(扩大)会议,讨论研究衢江经济开发区东扩工作实施意见。

5月24日 县(市、区)“两项工作”和“三项制度”推进现场会在衢江区召开,市委常委、纪委书记杜康出席会议并讲话。

5月25日 后溪镇公铁立交工程举行通车仪式。

5月26日 第二届衢州宝山枇杷文化节在杜泽镇开幕。

5月28日 衢江区东方广场城市综合体项目开工建设。

同日 衢江区举行城市招商暨城市综合体项目推介会。20家入驻城市综合体的企业和知名品牌商代表现场签约。

5月29日 中国少年先锋队衢州市衢江区第七次代表大会隆重开幕,来自全区的150名代表出席会议。

5月30日 市委书记陈新到衢江区调研农村基层组织建设工作。陈新强调,要突出“三民工程”的品牌建设,推进服务型基层党组织建设,强化基层组织建设各项任务保障,推进各项目标任务的落实。

5月31日 衢江区召开美丽乡村“四级联创”工作推进会。

6月1日 市委副书记、代市长沈仁康在衢江区调研时强调,要抓住“市区一体化”发展的有利契机和优越的区位优势条件,立足长远,做好各项基础工作,抓好各项目标任务。

同日 区人民政府咨询委员会正式成立,周小平任咨询委员会主任。

6月7日 衢江区召开杭新景高速公路衢江段征迁工作动员会,区委副书记、区长鲍秀英强调,要明确任务、强化保障、合力推进,确保顺利完成征迁工作任务。

6月12日 区委召开全区领导干部会议,认真学习传达省第十三次党代会精神。

6月14日 市委副书记李剑飞到衢江区调研经济强镇和中心镇建设工作。

6月15日 区委书记朱建华到其任职“第一书记”的云溪乡锦桥村调研帮扶工作。

同日 区委副书记、区长鲍秀英到其担任“第一书记”的周家乡龙园村调研帮扶工作。

6月18日 衢江上银村镇银行首家乡镇分支机构——上方支行隆重开业。

6月28日 由市妇联、市红十字会联合主办的“播撒爱心 传递温暖”衢州市“寻找百名贫困留守儿童”博爱救助金发放仪式在峡川镇中心学校举行。

7月19日 市委副书记、代市长沈仁康在衢江区调研项目建设工作时指出,要把“三待三亲”理念贯穿于服务园区、服务项目、服务企业之中。

7月24日 副省长朱从玖一行到衢江区民丰小额贷款有限公司,实地调研经济金融工作。市委书记陈新,市委副书记、代市长沈仁康,区领导朱建华、鲍秀英等陪同。

7月25日 团中央少年部部长王路到衢江区调研少先队工作,团省委副书记、省少工委主任朱斌等领导陪同调研。

7月26日 市委常委、组织部部长赵建林一行来到衢江区,调研指导后进村整转工作。

同日 全区安全播出暨卫星电视广播地面接收设施专项整治工作会议召开。

7月30日 区委十二届二次全体(扩大)会议召开。

同日 区十四届政府第一次全体(扩大)会议召开。

7月31日 市委常委、常务副市长江汛波一行到衢江区检查杭长客专衢江段征迁工作,现场协调解决征迁面临的难题。

8月1日 省人大常委会委员、农委副主任委员俞仲达率省人大食品安全执法检查组一行到衢江区开展执法检查。

8月2日 衢江现代农业园区首届精品瓜果采摘节启动仪式在莲花省级现代农业园区举行。

8月3日 市委常委、副市长彭德成到衢江区调研旅游工作。

8月7日 市委副书记、代市长沈仁康到湖南镇岩家山村任村"第一书记",指导后进村整改提升工作。

8月13日 副市长毛建民赴任全旺镇官山底村"第一书记",围绕"加快村基础设施建设、发展村集体经济、增加农民收入"开展调研。

8月15日 参加全市"一村一品"行动推进会的县(市、区)领导与代表到衢江区,现场考察"一村一品"工作。市委书记陈新、市委副书记李剑飞等领导参加考察活动。

同日 市委常委、常务副市长江汛波到杜泽镇堰坑头村担任村党支部"第一书记",并与各级党员干部座谈后进村整转工作,共商堰坑头村的发展策略。

8月16日 国家信访局办信二司副司长朱选文率中央信访工作督导组一行到衢江区督导检查信访维稳工作。

8月17日 省卫生厅厅长杨敬到衢江区调研,与衢江区"省第十三次党代会"代表座谈交流基层卫生事业建设工作。

8月21日 市委常委、纪委书记杜康到大洲镇调研服务企业情况。

8月26日 浙医二院衢江分院成立两周年总结汇报暨表彰大会举行。市委常委、宣传部部长诸葛慧艳,浙医二院院长王建安,区领导朱建华、鲍秀英等出席活动。

8月27日 中国工艺美术学会雕塑委员会会长、知名艺术家钱绍武、作家叶廷芳等一行到衢江区参观考察。

8月30日 市委副书记、代市长沈仁康赴湖南镇岩家山村调研后进村整转工作。

8月31日 市委副书记、代市长沈仁康,副市长占跃平等市领导到衢江区下访约访群众,并主持召开信访工作座谈会。

9月5日 市委常委、宣传部部长诸葛慧艳一行到衢江区调研文化工作。

9月11日 省高级人民法院院长齐奇到衢江区视察审判执行工作。市委常委、政法委书记傅根友,市中级人民法院院长章俊等领导陪同视察。

同日 省民政厅党组书记、厅长尚清率相关处室负责人到衢江区调研民政工作。

同日 市人大常委会主任居亚平到衢江区接待了部分市人大代表。区人大常委会主任、副主任参加座谈会。

9月12日 市委副书记、代市长沈仁康在衢江区调研粮食生产功能区建设时强调,要以农业"两区"建设为抓手,扎实推进现代农业发展,加快实现产业富民。

9月14日 新疆乌什县委书记申海涛率县党政代表团到衢江区考察。

9月19日 市委常委、组织部部长赵建林深入举村乡、湖南镇、廿里镇,调研基层组织建设工作。

9月21日 大型系列主题公益活动"绿色中国行——走进衢江"暨第五届中国绿色宝贝、第二届中国玫瑰公主颁奖盛典在衢州三中隆重举行。

同日 “绿色中国行——走进衢江”大型系列主题公益宣传活动之“秀美衢江、生态家园”的“8+1”对话在区会议中心举行。区四套班子领导以及到衢江参加活动的嘉宾出席对话活动。对话活动吸引了人民网、中央电视台等多家媒体的关注。

9月23日 9个亿元项目在衢江经济开发区东扩二期现场举行隆重的集中开工仪式。

9月25日 省综治办副主任徐樟清到衢江区,就网格化管理与多元化服务等社会管理综治工作进行调研。

9月25—27日 省委常委、组织部部长蔡奇一行到举村乡蹲点调研,并召开基层组织建设年座谈会。

10月6日 省委副秘书长、省农办主任章文彪一行到衢江区考察历史文化村落保护利用与开发建设工作。

10月10日 全市四县、市、区老年书画展在衢江区举办。

10月12日 浙西汽车城衢江第三届汽车展销会在新城区江城大道开幕。

10月15日 省国土资源厅厅长楼小东一行到衢江区开展“进村入企”大走访活动,实地查看廿里镇山下村低丘缓坡(低次园地)开发项目和开发区东扩二期现场。

10月17日 市委副书记、代市长沈仁康深入“第一书记”挂联村——湖南镇岩家山村走访农户,实地察看村庄经济发展情况,落实帮扶计划。

10月25日 以“寻找衢江文明的足迹”为主题的衢江首场历史文化名人专题讲座在全旺镇蕴真阁举办。

11月4日 市委书记陈新在举村乡调研时强调,各级领导干部要深入群众,时刻关注群众的利益和情绪,切实帮助基层解决实际困难和问题。

11月5—6日 省委副秘书长、省农办(扶贫办)主任章文彪一行带着扶贫课题深入乌溪江库区调研。

11月7日 市委常委、常务副市长江汛波到衢江区调研重点项目。

11月9日 省委副秘书长、省农办主任章文彪到衢江区调研

同日 全区城乡居民医疗保险合作框架协议签约仪式举行。

11月16日 中国移动社区达人秀和普法进社区暨“最美衢州人”首届十大年度人物评选活动的现场公众投票活动在衢江区举行。

11月19日 衢江区召开全区领导干部会议,传达贯彻中共十八大精神。

11月24日—25日 后山脱贫小区安置房抽签仪式在廿里镇中心小学礼堂内举行,785户库区困难群众现场抽签选房。

11月29日 省档案局考核组到衢江区考核“平安浙江”档案安全监管工作。

11月30日 省委宣讲团成员、省委宣传部副部长来颖杰到衢江区宣讲中共十八大精神。

12月3日 区第一初中开工奠基典礼隆重举行。

12月10日 衢江区召开领导干部会议传达贯彻省委十三届二次全会精神,讨论研究贯彻落实意见。

12月12日 衢江区信访局被浙江省委、省政府信访工作领导小组、浙江省信访联席会议评为全省“党的十八大期间信访工作先进集体”。

12月13日 衢江区举行“最美衢江人”主题文艺活动暨“十大爱心模范”颁奖典礼。

12月17日 以市委常委、纪委书记杜康为组长的“开山集团专项服务组”到大洲镇,为当地的骨干企业——浙江开山铸造有限公司开展专项服务。

12月23日 中国制浆造纸研究院与区政府合作共建中国制浆造纸研究院衢州分院,签约仪式在衢江区举行。

12月26日 衢江区城中村改造首个安置项

目“新屋里”小区开工建设

12月28日 省广播电视局局长张宝贵到区广电台调研工作。

2013年

1月14日 区委召开全区领导干部会议,宣布省委关于衢江区委主要领导调整的决定。省委决定:提名朱建华为衢州市副市长人选,吴江平任中共衢州市衢江区委委员、常委、书记,免去朱建华的中共衢州市衢江区委书记、常委、委员职务。市委书记陈新到会讲话,市委常委、组织部部长赵建林宣读省委决定。

1月14—17日 召开区政协十二届二次会议。

1月15—18日 召开区人大十四届二次会议。

1月21日 市委、市政府举行“最美衢州人”首届十大年度人物颁奖盛典。衢江区“最美教师”陈霞、姜文、江忠红、马建红团体荣获“最美衢州人”首届十大年度人物特别荣誉奖,智障孩子的“好妈妈”徐建英、自强不息的残奥会冠军杨杰入选“最美衢州人”首届十大年度人物,毛水标、徐建龙获十大年度人物提名奖。晚会现场还播放了云溪派出所教导员徐小宁的先进事迹。

1月28日 区委书记吴江平先后到区规划局、区发改局、区经信局、区住建局、区国土局、区城投公司调研时强调,要切实增强责任感和使命感,高起点规划、高标准建设,谋划重大项目,强化要素保障,拓展产业平台,立足自身优势,集合“最衢江”元素,抢抓机遇,破难而进,着力建设宜居、宜业、宜游的山水田园城市。

1月29日 区委书记吴江平在横路、大洲、浮石、樟潭等乡镇(街道、办事处)走访调研时强调,要立足发展实际,瞄准标杆定位,强化要素保障,加快项目推进,在追赶跨越中实现新一轮的科学发展。

2月4日 区委书记吴江平走访慰问驻衢江部队官兵,向人民子弟兵致以诚挚的敬意和节日的祝福,与部队领导共叙军民鱼水深情、同谋军地科学发展。

同日 衢江区举行2013年浙商之春企业家迎春茶话会,吴江平、鲍秀英等区四套班子领导与近百名在衢江创业的企业家们欢聚一堂,共庆新春、共话发展。

2月19日 区委召开十二届三次全体(扩大)会议暨全区干部大会。

2月26日 区委、区政府召开工业经济暨招商引资项目推进大会。

同日 召开全区农村工作会议暨“三改一拆”动员会。区委书记吴江平强调,要以农村“两违”整治为重点,全力抓好“三改一拆”工作,一手抓整治一手抓发展,深化推进美丽乡村建设。

3月6日 省平安建设综治考核组到衢江区考核2012年度“平安衢江”建设工作。

3月11日 全区农村“两违”专项整治工作推进会召开。

3月15日 全区组织宣传统战工作会议召开。

3月21日 副省长卢子跃在省民政厅厅长尚清、省政府副秘书长冯波声的陪同下到衢江区调研养老服务体系建设工作。

3月28日 衢江区重点项目互看互学活动“百亿项目”集中开工仪式在衢江经济开发区举行。区委书记吴江平宣布衢江区重点项目互看互学第一次“百亿项目”集中开工。

3月29日 衢江区被省委、省政府命名为2012年度“平安区”,区委书记吴江平在全省建设“平安浙江”电视电话会议主会场代表衢江区上台领奖,这是衢江区连续八年获得这一荣誉。

4月12日 区委召开理论学习中心组(扩大)学习会,《求是》杂志社副总编辑黄中平应邀作《实现中国梦必须弘扬中国精神》主题报告。

4月17日 省党建研究会会长斯鑫良带队到

衢江区,看望慰问乡镇干部,指导调研乡镇干部队伍建设工作。

4月24日 衢江区党政代表团赴鄞州区学习考察

4月27日 衢江区召开全区庆“五一”暨劳模表彰大会,表彰全区各条战线上的劳动模范和先进工作者。

5月2日 市委书记陈新率相关部门负责人到樟潭街道现场督查“三改一拆”工作。

5月5日 衢江区第三届玫瑰节暨“玫瑰红五月”系列活动启动仪式在莲花九九红玫瑰爱情主题公园举行。

5月6日 国家能源局正式批复《浙江省抽水蓄能电站选点规划》。衢江抽水蓄能电站被列为浙江省2020年新建抽水蓄能电站推荐站点,总投资50亿元。

5月21—24日 省委第三巡视组到衢江区开展巡视回访工作。

5月27日 以省委政法委副书记、维稳办主任刘树枝为组长的省督查组到衢江区督查“排查整治·强基促稳”专项活动开展情况。

6月4日 省委副书记王辉忠在衢江区专题调研农民增收工作时强调,要把实施创新驱动发展战略作为实现农民持续增收的根本举措来抓。

6月18日 以省质监局总工程师吴一新为组长的省直“双服务”(服务基层、服务企业)第八组到衢江区实地督查调研“三改一拆”工作。

6月19日 市委副书记、市长沈仁康到衢江区检查安全生产工作,实地检查315省道衢江区东段大道段(挂牌道路隐患点)。

6月21日 区委召开全区领导干部大会,宣布省委、市委关于衢江区政府主要领导调整的决定。省委决定:提名赖瑞洪为衢州市衢江区区长候选人,提议鲍秀英不再担任衢州市衢江区区长职务;市委决定赖瑞洪任中共衢州市衢江区委委员、常委、副书记,免去鲍秀英中共衢州市衢江区委副书记、常委、委员的职务。

6月24日 衢江区家庭农场协会成立,标志着全省首家家庭农场协会正式成立。

7月1日 国家卫生城市复审工作领导小组(扩大)会议召开,对省级考核反馈的9大类、15个具体问题进行交办。

同日 市政协主席俞流传到衢江区黄坛口乡督查“三改一拆”工作

7月2日 区残疾人联合会第六次代表大会召开。、

7月9日 《乌溪江国家湿地公园详细规划》顺利通过专家组评审。

同日 泰隆衢州金融大厦奠基仪式在衢江区举行。

7月16日 区委副书记、代区长赖瑞洪在生态区建设暨节能减排工作会议上强调,要以创建省级生态区为契机,加快生态文明建设。

7月24日 市人大常委会组织部分省、市人大代表到衢江区新屋里小区建设现场视察“三改一拆”工作。市人大常委会主任居亚平参加视察。

7月25日 省科技厅党组书记、厅长周国辉一行到衢江区就科技创新工作进行专题调研。

7月28日 区委召开理论学习中心组(扩大)学习会,邀请杭州市规划局总规划师章建明作城乡规划专题讲座。

7月30日 省交通运输厅副厅长郑黎明带领运输处、省治堵办深入衢江区开展群众路线教育活动。

7月31日 省农业厅厅长史济锡在衢江区检查抗旱工作。

8月1日 副省长毛光烈一行到衢江区开展下访约访活动。

8月4日 衢江籍运动员胡邦达在第九届世界运动会上,与队友合作在五人操项目中获得金牌。

8月10日 区委副书记、代区长赖瑞洪在“第

一书记”联系村周家乡龙园村调研时强调,要围绕农民增收核心目标,不断挖掘自身发展潜力,建设一个业强、民富、村美的新农村。

8月12日 市委书记陈新到衢江区检查防旱抗旱工作。

8月15日 以“进一步推进社会主义协商民主”为主题的全市政协读书会在衢江区举行。

8月16日 区十四届政府第二次全体(扩大)会议召开

8月27日 副省长熊建平带领省政府办公厅、省环保厅负责人到衢江区调研乌溪江饮用水源保护工作。他强调,生态资源是衢江区最大的优势,要正确处理经济社会发展与生态环境保护的关系,拓宽群众增收致富渠道,保护好生态环境,不断提升生态建设和绿色发展水平。

8月30日 宁波市鄞州区党政代表团到衢江区考察。

9月2日 市委常委、纪委书记陈欣到衢江区现场督查违法建筑拆除工作。

9月6日 召开全区项目推进与谋划工作会议。

9月16日 “楼峯古村·皇后故里”历史文化研讨会在全旺镇召开,北京明史专家毛佩琦和刘少华应邀实地踏看楼山后村并座谈解读楼山后“明孝贞皇后”部分生平简介。

9月18日 市委副书记、市长沈仁康到衢江区就乌溪江库区水资源保护与农民增收工作进行专题调研。他强调,要从全局高度认识乌溪江库区环境保护工作的重要性,做足做好环境保护与经济发展文章。

9月26日 召开衢江区第十四次妇女代表大会。

9月29日 全市人大常委会主任工作研讨会在衢江区召开,专题研讨生态补偿机制建设和生态补偿立法议题。

10月11日 区委、区政府召开国防教育宣讲报告会。省委“中国梦”宣讲团成员、市委常委、军分区政委叶菁大校应邀作专题辅导报告。

10月15日 区委、区政府召开动员大会,启动开展“共建生态家园”干部走亲连心服务基层行动。

10月17日 市委副书记江汛波调研衢江区村庄整治和中心镇建设。

同日 杭州市—衢江区结对帮扶工作对接会在衢江区召开。

10月18日 召开全区村级组织换届工作会议。

10月20日 区委书记吴江平到灰坪乡参加“民情沟通日”活动,徒步3小时穿越9千米的原始次森林,实地考察生态旅游资源。

10月21日 市委常委、宣传部部长诸葛慧艳到衢江区调研文化礼堂建设工作。

10月24日 召开衢江区工会第十四次代表大会。

11月5日 市委副书记、市长沈仁康到衢江区调研共建生态家园行动。

11月6日 全区新农村建设领导小组(扩大)会议暨美丽乡村先进县创建工作部署会召开。

11月8日 衢江区举行第二届“十大爱心模范”颁奖活动。

11月10日 环保部生态司司长庄国泰、省环保厅副厅长方敏一行到衢江区考察乌溪江水资源保护。

11月14日 全市首个区级党员服务中心——衢江区党员教育服务中心举行揭牌仪式。区委书记吴江平出席并致辞。

11月15日 全市城中村改造工作现场会在衢江区举行,来自市级相关部门和全市兄弟县(市、区)相关领导参观了衢江区新屋里城中村改造拆迁安置小区建设现场。

同日 区委召开常委扩大会议,传达学习贯彻中共十八届三中全会精神。

11月25日 中国工程院院士石学敏和中国针灸学会副会长方剑乔等一行到衢江区考察。

11月26日 市委副书记、市长沈仁康到衢江调研重点集镇建设。

11月22—26日 衢江区组织17家企业168个产品参加2013浙江农业博览会暨全国名优果品交易博览会展示展销。

12月4日 衢江区档案馆通过省二级综合档案馆暨省级爱国主义教育基地测评。

12月9日 区委、区政府召开城中村整体搬迁改造动员会。

12月10—12日 水利部水库移民开发局副局长刘冬顺一行到衢江区调研水库移民工作。

12月11日 区委邀请省委党的十八届三中全会精神宣讲团成员、省委党校副校长郑仓元到衢江区宣讲。

同日 省委常委、纪委书记任泽民到衢江区调研村级组织换届工作。

12月13日 省人大常委会副主任程渭山一行到衢江调研现代农业发展情况。

12月16日 浙江五一机械有限公司和中国科学院常州先进制造业技术研发和产业中心合作成功签约。区委书记吴江平和中国科学院常州中心综合办部长徐枫为中国科学院常州中心起重设备研发中心授牌。

12月19日 区委、区政府召开美丽乡村先进县创建推进会。

12月26日 浙江新农都衢州批发市场举行开工仪式。

12月27日 衢江区浙江海力集团公司的“海力及图”和好梦来家纺公司的“好梦来”两件商标被国家工商总局认定为中国驰名商标，实现衢江区中国驰名商标“零突破”。

12月28日 衢江区人民医院、浙医二院衢江分院新院区门诊正式启用。

同日 衢江区上海商会正式成立。省人民政府副秘书长、驻上海办事处主任朱绍平，上海市嘉定区副区长朱建江应邀出席。区领导吴江平、赖瑞洪等前往上海参加成立仪式。

同日 坐落在衢江新城区求实路的中国制浆造纸研究院衢州分院举行揭牌仪式。中轻集团副总经理曹振雷、中国制浆造纸研究院院长曹春昱应邀出席揭牌仪式。区委书记吴江平出席并致辞，区委副书记、代区长赖瑞洪等领导参加揭牌仪式。

2014年

1月2日 市委书记陈新带领市检查组到衢江区就落实党风廉政建设责任制和推进惩防体系建设情况进行专题检查考核。

1月3日 区职业中专在第十届全国中等职业学校“文明风采”竞赛中获“卓越组织奖”。区职业中专有共有12件作品选入全国决赛，有11件作品获奖。

1月6日 副市长朱建华率市供销社等相关部门负责人到衢江区调研百特汇电商生产基地情况。

1月6—7日 召开区第十二届二次党代会。区委书记吴江平代表区第十二届委员会向大会作报告。

1月8日 在第三届浙江省“人民满意的公务员”和“人民满意的公务员集体”颁奖仪式上，樟潭街道被授予浙江省“人民满意的公务员集体”，成为全市获此殊荣的两家单位之一。

1月10—13日 区政协十二届三次会议召开。

1月11—14日 区人大十四届三次会议召开。

1月15日 省住建厅副厅长赵克率调研组到衢江调研在建世行贷款项目建设和实施情况及城镇污水管网建设目标任务完成情况。

1月16日 全市发展党员和党员管理工作座谈会在衢江区召开。

1月17—19日 衢江区第二届房地产展示交易会在东方广场召开。

1月22日 省妇联副主席童丽君到衢江区开展贫困妇女走访慰问活动“两癌”救助款发放工作。

同日 市委书记陈新到衢江区开展春节走访慰问活动,先后看望慰问敬老院的老人、低保家庭、困难党员和优抚对象。

1月23日 全区政法工作会议召开。

1月24日 衢江城区至西区26路公交新线开通仪式举行。

2月11日 经省知名商号评审委员会评审,衢江区浙江雁杰建筑模板有限公司的“雁杰”商号得到认定,确认为浙江省知名商号。包括“民心”“海力”“圣效”“江南益寿堂”在内,衢江区共有浙江省知名商号5件。

2月13日 以省农办副主任严杰为组长的调研组到衢江区调研农村生活污水治理情况和古村落保护利用情况。

2月18日 由省统计局二产处处长胡永芳为组长的省级山海协作产业园考核组到衢江区,对衢江—鄞州山海协作产业园实施情况进行考核。

2月19日 全区党的群众路线教育实践活动工作会议召开。

2月20日 省发改委主任谢力群一行到衢江调研,实地察看了位于大洲工业功能区内的衢州业胜循环经济项目。

同日 省委副秘书长、省农办主任章文彪在衢江区调研“五水共治”时强调,要明确“五水共治”目标任务,扎实有效推进农村生活污水治理工作。

2月26日 衢江区与浙江省长三角循环经济技术研究院签署战略合作协议,标志着该院衢州分院落户衢江。

2月28日 衢州市衢江区市场监督管理局揭牌仪式举行。该局整合区工商、食品药监局的职责及质监部门的食品安全监管职责,建立一体化的市场监管体系。

3月1日 国网新能源控股公司副总经理张振有一行到衢江区现场考察抽水蓄能电站项目有关工作。

3月2日 北京三维投资基金管理有限公司总经理孙放率《大长今2》选景暨中韩文化交流园考察团一行到衢江区考察选景,寻找最美“衢江故事”。

3月5日 省委宣传部常务副部长胡坚到衢江区调研农村文化礼堂建设工作。

同日 省能源集团原党委委员、工会主席、省市委派驻衢江区督导组组长卢嘉三一行到黄坛口乡调研“五水共治”,了解党的群众路线教育实践活动开展情况。

3月7日 以省农办副主任高启华为组长的调研组到衢江区调研农民培训工作。

3月18日 省农业厅公布首批210家省级示范性家庭农场名单,衢江区的陈建海、樊土寿、高荣根、傅孔明、百鸟笼、红日等6家家庭农场榜上有名。

3月20日 省委驻衢州督导组组长、省人大常委会副主任袁荣祥一行到衢江区指导党的群众路线教育实践活动。

3月21日 市委副书记、市长沈仁康到衢江区指导党的群众路线教育实践活动,并作专题报告。

3月23日 杭州娃哈哈集团董事长宗庆后到衢江区察看已经投产的衢州娃哈哈启力饮料有限公司经营情况。

3月26日 以色列柑橘新品种研究专家尼尔卡迈到衢江区考察柑橘产业发展。

4月1日 中国工程院院士、浙江省农科院院长陈剑平一行先后到莲花镇东湖畈村、高家镇段家村调研，了解衢江区现代农业发展情况和农民增收过程中对科技的需求。

4月4日 全市“百亿项目”集中开工仪式在衢江区樟潭街道大路章村的绕城南线公路工程工地举行.

4月8日 以省工商局副局长张雪林为组长的省“三改一拆”和“五水共治”督查工作组到衢江区进行专项督查。

4月9日 市委书记陈新到湖南镇调研“河长制”工作

4月10日 衢州市城东污水处理厂完成为期10天的SBR污水处理、工艺管线、曝气系统和设备的有负荷清水联动试车，正逐步接纳污水进行工艺调试和试运行。

4月11日 衢江区被省委、省政府命名为2013年度“平安区”，这是衢江区连续九年获得这一荣誉，区委书记吴江平在省主会场代表衢江区上台领奖。

同日 全市“一户多宅”整治暨“三改一拆”工作现场会在衢江区召开。

4月14日 以省委宣传部常务副部长胡坚为团长，省作协党组书记、副主席臧军等为副团长的“钱塘江抒怀”采风团到衢江区，以“五水共治”为主题，深入黄坛口乡茶坪村、全旺镇楼山后村、廿里镇杨继洲故里等地采风，书写衢江故事。

4月16日 省农业厅副厅长刘嫔珺一行到衢江区调研农产品质量安全示范区创建工作。

同日 唐山市曹妃甸区副区长韩顺宏一行24人到衢江区实地调研家庭农场发展情况。

4月17日 台湾制瓷大师徐瑞鸿率台湾台南艺术大学艺术史学系学术交流团到衢江区交流访问。

4月22日 义务教育发展基本均衡区省级督导组到衢江区督导评估。

同日 由衢江区政府、中国园艺学会长江蔬菜协会、浙江新农都实业有限公司共同举办的2014年长江流域蔬菜经济技术协作交流会暨衢州家庭农场促进对接会召开。

4月23日 市委副书记、市长、衢江“总河长”沈仁康到衢江区检查衢江“河长制”工作。

同日 衢州新农都蔬菜批发市场正式动工。该项目总用地24.67公顷，总建筑面积46.7万平方米，总投资15.2亿元。

4月27日 盛世莲花第四届玫瑰节系列活动启动仪式在莲花九九红玫瑰园举行。

5月4日 市政协主席俞流传赴廿里镇“走亲连心”蹲点调研。

5月5日 市委副书记江汛波到衢江区调研“一户多宅”整治工作。

同日 衢江区首届杜鹃花节在大洲镇大路村六春湖举行。

5月9日 衢江区被评为2013年度全省“腾笼换鸟”先进区，衢州市仅有衢江区获此殊荣。

5月11日 国家林业局湿地保护管理中心副主任严承高、中科院湿地生态研究首席专家马克明一行到乌溪江国家湿地公园，实地检查指导湿地公园试点工作。

5月15日 省经合办主任姚少平一行到衢江区检查指导衢江—鄞州山海协作产业园工作。

同日 在全国妇联举行的“最美家庭”揭晓暨五好文明家庭表彰会上，樟潭街道下埠头村胡金凤家庭从全国331户候选家庭中脱颖而出，获得全国“最美家庭”称号，全省仅有4户获得此称号。

5月19日 衢江区在湖南镇岩家山村举办区长带你“寻找最美衢江水”活动，并结合本次“5·19”中国旅游日主题活动，启动“寻找最美衢江水”摄影比赛。

同日 由区体育局选派的衢江下张第一幼儿园队在“中国体彩·千秋建设杯”2014年全国健身秧歌大赛中获得冠军。

5月26日 省委党校中青一班27名学员到衢江区开展为期5天的党的群众路线教育实践活动

现场教学。

5月27日 衢江区选送的举村乡省非遗项目“提线木偶戏”传统剧目《金兰义》第九届浙江省非物质文化遗产节暨2014“浙江好腔调”传统戏剧系列展演首场演出中获“浙江好腔调”奖。

6月4日 省妇联主席劳红武到衢江区调研走访,实地查看“妇女之家”建设情况,走访慰问全国“最美家庭”胡金凤家庭。

6月13日 衢江区盛世莲花农业综合现代园项目正式列入2014年度浙江省3个省级农业综合开发现代园项目之一,也是衢州市唯一列入2014年度省级现代园的项目。

6月15日 衢江区代表团在衢州市第四届残疾人运动会中获7枚金牌,11枚银牌,8枚铜牌,总分201分。

6月17日 省发改委联合省财政厅评审公布全省循环化改造示范试点园区名单,衢江区经济开发区被列为全省首批开展循环化改造的8家试点园区之一,也是衢州市唯一入选的园区。

6月19日 省民政厅副厅长、巡视员、移民办主任廖卷清一行到衢江区调研移民创业致富工作。

6月27日 衢州市人民政府公布第四批文物保护单位名单,共24处。衢江区涉及13处,有银坑银矿遗址(古遗址)1处,吴氏墓葬群(古墓葬)1处,沙潭吴氏宗祠、翁源翁氏小宗祠、破石余氏民居、板桥叶氏宗祠、相对方氏私己厅、国舅厅、西山寺普洞塔、棠陵邵邵氏宗祠等古建筑8处,上方袁氏民居、江文焕故居、杜本仁堂等近现代重要史迹及代表性建筑3处。

6月28日 国家林业局湿地保护管理中心副主任程良一行到乌溪江国家湿地公园视察、指导试点工作。

6月30日 副市长毛建民率市水利局、民政局、交通运输局等单位负责人深入岭洋乡白岩村查看灾情,检查防汛救灾工作。

7月1日 衢江省级农业高科技园区通过以省科技厅副厅长曹新安为组长的省考察论证专家组论证。

7月4日 美国威斯康星州教育代表团到衢江区交流访问。

7月7日 淘宝特色中国·衢州馆在衢江区召开招商发布会,向网店卖家、农产品供应商、涉旅机构开始招商。

7月8日 市委常委、常务副市长赵建林率市五水共治办公室、住建、环保等部门负责人到衢江区调研集镇污水处理工作。

7月11日 省防指副指挥、省水利厅副厅长虞洁夫到衢江区检查指导防汛工作。

7月14日 区旅游局统计,上半年,全区共接待游客259万人次,实现旅游总收入13.88亿元,其中门票收入606.8万元,同比增长17.19%和17.41%。

7月15日 衢江籍运动员杨杰在第九届残疾人运动会暨2014年全国残疾人赛艇锦标赛上获1000米A级男子单人双桨金牌。这是他继第八届残运会赛艇项目夺得首金后,再次获得该项目金牌。

7月16日 省委宣传部副部长黄明辉到衢江区调研宣讲服务进农村文化礼堂工作。

同日 省委赴衢州市督导组组长、省人大常委会副主任袁荣祥到衢江区调研。

7月22日 省农村综合改革办、财政厅同意将衢江区列入一事一议财政奖补助推美丽乡村建设试点。衢江区作为全省8个扩大试点县之一,是全省唯一列入试点的市辖区。

7月23日 杭州市江干区副区长沈燕俊一行到衢江区开展结对帮扶活动。

7月25日 文化部办公厅发布了《关于公示第四批国家级非物质文化遗产代表性项目名录推荐项目名单的公告》,杨继洲针灸入选该名录。

7月28日 浙江省长三角循环经济技术研究

院衢州分院在衢江区揭牌成立。

7月30日 “浙江—衢江今夏千人亲水游”系列活动开幕式在大洲镇举行。

同日 全国政协常委、省工商联主席、正泰集团董事长南存辉率省工商联知名企业家到衢江考察指导。

7月31日 省政协副主席、民建浙江省委会主委陈小平一行到衢江区调研民建基层组织建设发展情况。

8月4日 中央电视台科教频道《文明密码》栏目组到全旺镇，寻访省级非物质文化遗产——全旺板龙，与“全旺板龙”非遗传承人黄基康探究全旺民风民俗。

8月5日 全国政协常委、省工商联主席南存辉到衢江区考察

8月7日 省农业厅厅长史济锡一行到衢江区检查省级农产品质量安全放心示范县创建工作。

8月8日 省级生态区创建验收组对衢江区生态区创建工作进行验收。

8月11日 中国新闻摄影学会“国家级摄影创作基地”落户衢江，中国新闻摄影学会会长徐祖根出席仪式并现场授牌。

8月12日 区十四届政府第三次全体(扩大)会议召开。

8月13日 全市集镇污水处理工作现场会在衢江区召开。

8月14日 杭州市委副秘书长、市农办主任张如勇率帮扶团成员单位负责人到衢江区实地察看结对帮扶项目实施情况。

8月15日 浙江省森林食品认定委员会公布2014年度浙江省森林食品基地名单，衢江区上方镇新京村油茶基地、举村乡举村村毛竹笋基地、上方镇立模新村油茶基地(复认)等3个基地榜上有名，其产品注册商标分别为“紫微山”“千里岗”“枝群”。

8月21日 信安中路正式开工建设，比原计划提前7天进场施工。信安中路为衢江区最重要的一条东西向主干道，红线宽50米，全长1.02千米，工程投资约4000万元。信安中路通过宾港北路与市区快速通道连接，建成后可大大缩短市区与衢江新区的路程，构建衢州城区15分钟交通圈。

8月25日 水利部水库移民开发局政策法规处处长王俊海一行到衢江区调研水库移民后期扶持生产开发项目管理工作。

8月26日 全省“最美浙江人”主题宣传活动现场会在衢江区召开，省委常委、宣传部部长葛慧君一行到“最美衢州人·尚德乐园” 考察。

8月27日 美卓公司SBL总裁Juha Silven-noinen到衢江区实地考察位于衢江经济开发区的美卓矿机(衢州)有限公司生产经营情况。

同日 省民政厅副厅长、巡视员、省移民办主任廖卷清一行到衢江区考察水库移民创业致富工作。

8月29日 宁波市委常委、鄞州区委书记陈奕君带领党政代表团到衢江区考察。

9月2日 衢江区万亩高山杜鹃林、岗头村古树群获“浙江最美森林”称号，千亩白豆杉林获“浙江最美森林”提名奖。

9月3日 衢江区人民医院挂牌衢州市第二人民医院

9月4日 2012年普利兹克建筑奖获得者，中国美术学院建筑艺术学院院长、建筑学学科带头人王澍到衢江区考察历史文化古村落保护开发利用。

9月16日 省商务厅厅长周日星一行到衢江区调研电子商务发展工作。

9月17日 全省第十六届公共文化论坛在衢江区开幕。

9月23日 2014年浙江省全民健身浙西片区活动在衢江区太阳岛举行。

同日 省林业厅召开《浙江乌溪江国家湿地

公园湿地保护与生态恢复项目初步设计》专家评审会。评审组对《初步设计》进行了审查和评议,同意该项目通过评审。

9月26日 省财政厅下文,衢江区列入全省四个财政支持粮食生产综合改革试点县(市、区)之一,也是全市唯一的试点区。

9月28日 浙江音乐学院(筹)与区政府签订附属学校建设合作意向。

10月8日 富阳市委副书记吴玉凤一行到衢江区实地踏看帮扶项目,为周家乡、上方镇、高家镇,分别送去60万元、35万元、40万元帮扶资金。

10月9日 新浪浙江总经理田芳艳一行到衢江区考察电子商务产业发展情况。

10月10日 省委副书记王辉忠走访衢江区浙商回归企业。

同日 副省长黄旭明到衢江区调研现代农业工作。

同日 省民政厅副厅长、巡视员、移民办主任廖卷清率参加全省水库移民创业致富现场会的与会人员,到莲花镇水库移民现代农业创业基地考察。

10月11日 全省农产品质量安全放心示范县创建工作现场会在衢江区举行。

10月16日 微电影《神针》剧组在衢江区药王山举行开机仪式。

10月21日 中华全国供销合作总社经济发展与改革部副部长杨杰、齐雪飞一行到衢江区调研供销系统电子商务工作。

10月23日 省人大立法调研小组到全旺镇人大代表联络站召开立法调研座谈会。

10月24日 衢江区杭州商会第一次会员大会暨成立大会在杭州举行。

10月26日 国家林业局副局长刘东生到衢江区考察文化古村落保护、新农村建设。

10月28日 浙江省政策性农业保险工作协调小组办公室下文批复,衢江区成为全省唯一的生猪价格指数保险试点县(区)。

11月4日 市委副书记、代市长杜世源督查衢江区宾港大道沿线改造提升工作。

11月5日 杭州市政协副主席何关新率农林界政协委员到衢江区考察洽谈。

11月6日 举村乡洋坑村在浙江省传统戏剧之乡授牌仪式暨展演晚会上获评"浙江省传统戏剧特色村",全省仅有10个。

11月8日 大洲镇沧州村排舞队和浮石街道徐家坞排舞队在省文化礼堂杯乡村排舞大赛中获银奖。

11月9日 衢江区"九大行业"大调解机制荣获2014中国(浙江)全面小康十大社会治理创新奖。

11月12日 全国起重机械标准化技术委员会桥式和门式起重机分技术委员会二届二次扩大会议在衢江区召开。

11月14日 浙江省能源集团与衢江区政府签订重大项目合作协议。省能源集团党委委员、副总经理范小宁与区委副书记、区长赖瑞洪代表双方签订合作协议。

11月15日 位于全旺镇马蹊村陶谷的三陶轩古名窑正式开炉点火。三陶轩古名窑,是由台湾著名陶艺大师徐瑞鸿创办的东海堂三陶轩陶瓷艺术公司,从江西景德镇迁址至全旺镇。

11月17日 省督查组到衢江区专项督查"三改一拆"和"五水共治"工作。

11月18日 新疆乌什县党政代表团一行到衢江区考察。

11月25日 以省教育科学研究院副院长朱永祥为组长的考核评审组到衢江区督导评估青少年活动中心省等级评估工作。

11月27日 中国作家协会副主席、著有《蹉跎岁月》《孽债》《问世间情》等的著名作家叶辛到衢江区考察。

12月1日 全省首个生猪价格指数保险签约

仪式在衢江区举行。

12月3日 国务院公布了第四批国家级非物质文化遗产代表性项目名录，衢江区“杨继洲针灸”入选。这是国家非物质文化遗产传统医药类中唯一的针灸项目，也是衢州市首个传统医药类国家级非物质文化遗产。

12月7日 普利兹克建筑奖首位中国籍得主、中国美院建筑艺术学院院长、博士生导师王澍，中国油画学会理事、中国美协油画艺委会委员、中国美院艺术现象学研究所副所长焦小健一行到衢江区考察，先后实地踏勘乌溪江湿地公园博物馆选址、湖南镇节理石柱群、全旺陶谷三陶轩古名窑等地，并就衢江区南部山区打造全国顶级养心“归谷”等情况进行研究和探讨。

12月10—11日 副省长朱从玖到衢江区调研金融支持家庭农场发展工作。

12月17日 第三届浙江省公共管理创新案例评选考评组到衢江区考评放心农业创新案例工作。

12月20日 在第九届中国全面小康论坛颁奖晚会上，衢江区“监地视频”帮教对接模式获全国“十大社会治理创新”奖。

12月23日 副省长熊建平到衢江区调研环境保护工作。

同日 衢江区档案馆通过国家二级综合档案馆测评。

12月26日 衢江区全旺省级现代农业园区经省农业厅、省发改委、省财政厅和省环保厅检查验收，被认定为第三批省级生态循环农业示范区、面积333.33公顷，林氏精品西瓜专业合作社被认定为第四批省级生态循环农业示范企业。

同日 衢江区经省农村生活污水治理省补助资金竞争性分配工作小组专家评审，入围评审得分靠前的38个县(市、区)，获得省财政下达的2014年50%部分农村生活污水治理资金共计8847万元，2015年将下达20%部分资金，项目验收通过后再下达30%资金，共计争取农村生活污水治理竞争性分配资金17694万元。

同日 衢州机场北路通车仪式在衢江区乌溪江大桥东桥头北侧举行。

同日 浙医二院衢州国际体检保健中心揭牌仪式在市第二人民医院(区人民医院)举行。

同日 在“第一届中国气候旅游高峰论坛暨生态旅游宣传推介活动”颁奖盛典上，衢江区获“中国特色生态宜居旅游名区”及“中国健康养生休闲旅游名区”称号。

“两山”理论的衢江实践
——“四个一”建设发展战略综述

生态资源是衢江最大的资源,生态优势是衢江最大的优势。对于绿水青山和金山银山这“两座山”的关系认知,衢江人的认识从来都是主动的,践行也是坚决的。从2013年区委十二届四次全会提出共建“田园城市”目标开始,到2014年区委十二届二次党代会系统作出“四个一”建设的战略部署,再到2014年区委十二届六次全会提出奋力打造全国农产品质量安全放心区,一年一个重点,一步一个脚印,稳步推进“四个一”建设,创造“绿水青山就是金山银山”的衢江样板。“四个一”即一城、一村、一区、一心,“一城”就是突出以人为本、尊重自然理念,共建让生活更美好的现代田园城市,让居民“望得见山、看得见水、记得住乡愁”;“一村”就是争创省级美丽乡村先进县,努力打造天蓝、水清、地绿、景美、人和的幸福家园;“一区”就是打造循环经济示范区,努力使循环经济成为支撑衢江快速发展的支柱产业;“一心”就是大力发展放心农业,让“吃得放心、吃得开心”的衢江农产品品牌深入人心。

田园城市建设

2012年,启动中央商务区、滨江景观带、塔底片区三大城市设计,完成中心城区及廿里、上方、大洲集镇控规和城中村改造规划编制。市区快速通道乌溪江大桥半幅合龙,百灵大桥、樟潭防洪工程二期顺利开工,完成城东污水处理厂土建和老城区路网“四巷”改造。总投资超10亿元的衢州首座大型城市综合体——东方广场项目快速推进。

2013年,启动城区排水、市民公园、城市阳台、一湖两岛等专项规划设计编制。实施城市建设管理十大专项工作,全力推进城中村整体搬迁改造,调查摸底全面完成,搬迁改造政策正式出台,村级集体留用地问题得到破解,阳光新屋里小区37幢12.6万平方米安置房顺利结顶,缪家小区一期、龙潭嘉苑小区顺利推进。城东污水处理厂投入试运行,25个城建重点项目完成投资21.5亿元。完成东迹大道安全隐患治理,集中整治振兴中路车辆乱停放、占道经营等现象。

2014年，推进城中村整体搬迁改造，完成两期征收736户、面积13万平方米，其中二期40天全部签约，阳光新屋里小区一期圆满交付，龙潭嘉苑、缪家小区有序推进。完成仙岩路片区、霞飞路以西区块路网改造，打通兴丰路等6条城市断头路，信安中路、江滨西路、塔底互通工程有序推进。新开通26路、36路、526路公交，新建公共自行车服务网点21个，数字城管建成运行。

美丽乡村建设

2012年，创建市级美丽乡村示范乡镇2个、精品村6个、"一村一品"专业村16个。建成农村联网公路24千米，新解决3.23万人饮水安全问题。廿里后山小区、上方立模小区一期、大洲东岳小区等农民安置小区建成。启动省级生态区创建，完成电镀行业整治。加强农业面源污染和乌溪江水环境综合整治，30个山塘水库实现"清水养鱼"，建成生猪生态养殖小区35个。开展"五边三化"行动，抓好乌溪江国家湿地公园生态修复，成功创建国家森林城市。

2013年，启动省级美丽乡村先进县创建，整治村庄49个，建成精品村6个。建成农村联网公路26.5千米，新解决高家、云溪等4.7万人饮水安全问题。推进富民壮村工程，168个特扶项目完成投资5.3亿元，来料加工扩面提质、发放加工费4.8亿元。大力发展乡村旅游，创建茶坪、东坪市级乡村旅游示范村，举办"快乐农家"擂台赛，农家乐接待游客187万人次。

2014年，创建美丽乡村景观带5条、示范乡镇6个、精品村19个，完成101个村生活污水治理，创新推行农村垃圾清运BOT模式，整治赤膊墙4587户183.5万平方米，茶坪、洋坑、东坪被评为衢州市最美乡村。突出"无违建"三级联创，拆除"一户多宅"32万平方米，"一拆五统"的马蹊模式成为全市典型。实施莲花综合改革试点，推进农村确权赋权、"移房上山"和农村建房审批改革，切实增强发展内生动力。加快中心镇和重点集镇建设，廿里、莲花荣膺"全国重点镇"。

循环经济示范区建设

2012—2014年，衢江区把循环经济作为新的经济增长点。坚持以园区循环化改造为抓手推进工业循环，加快产业集群发展和资源循环利用，培育了业胜金属、煌盛铂业、朗坤环保、源本科技等一批行业龙头，推动抽蓄、风电、光伏等一批循环经济项目，衢江经济开发区成为全省园区循环化改造试点。坚持以全省生态循环农业示范区创建为抓手推进农业循环，探索出沼液浓缩制有机肥的宁莲模式和废弃茭白叶综合利用的杜泽模式，成为国家农产品质量安全监管创建试点县。坚持以借脑引智为手段强化人才技术支撑，成立浙江省长三角循环经济技术研究院衢州分院，为打造循环经济发展示范区奠定坚实基础。

放心农业发展

以解决"吃得放心"问题为切入点，从食品安全的源头抓起，从机制创新入手，大力发展放心农业，探索出一条以特色发展引领农业转型的创新之路。2013年，衢江区提出发展放心农业的初步设想，抓住家庭农场这一主体，以加快土地规模经营推动家庭农场快速发展，以推行二维码追溯、诚信黑名单、发布放心指数等制度倒逼家庭农场诚信经营，全市率先创建省级农产品质量安全监管示范区。2014年，在全省率先作出建设放心农业八大体系的系统部署，重点围绕生产、流通、监管等三个重要环节，从制度层面加以保障，推行了开通家庭农场免费直通车、放心农产品直供直销等一系列创新举措，承办全省农产品质量安全放心示范县创建现场会。

（黎豪杰）

攻坚克难的衢江足迹

2012—2014年,衢江区直面困难挑战,坚持克难攻坚、加压奋进。推进城中村改造,启动上方钙产业整治提升,加快推进开发区东扩,以“三改一拆”为抓手,推进现代田园城市建设,开展第一轮“四边三化”行动,因地制宜确定整治目标任务,以“五水共治”为抓手,加快推进重点区域和重点领域水环境整治,城乡人居环境得到明显改善,干成一批打基础利长远的大事难事。

一、城中村改造

推进城中村改造工作是衢江区加快发展、推进田园城市建设的需要。2013年12月,衢江区对城区规划范围内樟潭街道所辖的卢家、樟树潭、茶埠、沈家四个城中村分期实施、连片改造,按照“突出重点、服务项目、沿江成片、由东向西”的原则,正式启动城中村改造一期工作。为了让老百姓顺利搬迁安居,衢江区创新采用“房票”安置办法与“预征迁”模式。卢家、上埠头2个村540户,签约期内共签约538户,签约率为99.63%。2014年7月,启动城中村改造二期,共涉及沈家、茶埠2个村200户,40天内实现签约率100%,并全部腾空移交拆除。

二、上方钙产业整治

2014年,衢江区借“五水共治”的东风,以石灰土窑的淘汰为突破口,全面启动上方钙产业整治提升工作。自《关于石灰土窑整治提升工作的实施意见》出台后,衢江区集中精力专攻石灰土窑关停,仅用三天时间就完成93座石灰土窑关停协议的签订,签约率达100%。2014年9月底关停石灰土窑59座,占总量的63.4%,超额完成年度任务目标。上方钙产业整治直接带来生态恢复与环境改善,得到当地老百姓的交口称赞。

三、衢江经济开发区东扩

2012—2014年,衢江区围绕“高起点规划、高标准建设、高质量管理”的要求,加快推进开发区东扩平台规划编制、用地报批、征地拆迁、配套建设、招商引资等各项工作,实现开发区平台空间持续扩容、经济社会持续增长。2012年,衢江区抢抓低丘缓坡综合开发利用试点重大机遇,将原本分三年共三期的工作计划合并为一年全部启动实施。当年,东扩一期、二期完成土地农转用报批260公顷,房屋拆迁约14212平方米,东扩三期、四期完成地籍调查并全面启动政策处理。2013年,完成东扩三期的土地征收扫尾工作,新征用地25.92公顷,拆迁各类建筑物近4万平方米。投入建设资金2.2亿元,新增熟地180公顷,基本完成东扩一、二期市政配套工程和东扩三期土石方工程。2014年,启动东扩三期市政配套工程建设,完成新建道路7条,总长度5.5千米,改建道路2.1千米;新建各类管网26千米,逐步推进东扩区域亮化工程。

四、三改一拆

根据省、市统一部署,以“三改一拆”为抓手,推进现代田园城市建设,提升城乡环境。2013—2014年,全区累计拆除违法建筑11839宗226.34万平方米,完成“三改”134.7万平方米(其中改造旧住宅区52.182万平方米、旧厂区68.588万平方米、城中村13.93万平方米),处置非法“一户多宅”2253宗,面积32.03万平方米,“三改一拆”行动取得阶段性成果,得到了市委、市政府充分肯定,成为"远学温州、近学衢江"的先进典型。通过三改一拆，腾出可利用土地166.67多公顷，为持续发展增强了空间和后劲；结合农村土地综合整治，培育了一批以"一拆五统"的全旺马蹊模式、"腾屋换人、梯次安置"的廿里富里模式为代表的农村土地收储、统一规划建设、自我管理升级的新农村建设典型，为破解农民建房难、建房乱问题积累了宝贵经验。推出了"政策最优惠、征收服务最贴心、安置地段最佳、设计方案最优、配套设施最全"的"五最"措施，以民意为重，创新"房票"安置、"选房超市"、BT模式招标等举措，有力推动城中村改造工作，2014年受到省委书记夏宝龙、省长李强的高度肯定，累计有3省10批次兄弟县（市、区）到衢江考察学习。

五、四边三化

2012年10月起，根据省委、省政府和市委、市政府的部署，衢江区开展第一轮"四边三化"行动，因地制宜确定整治目标任务，取得丰富成果。开展国、省道户外广告专项整治，累计拆除非公路广告牌300多块，拆除违法构筑物194处。投入资金1.78亿元专门用于"清三河"治理，实现河道两侧全区禁养，并对全区50家违法违规砂场进行了集中整治。新增城区绿化面积9万平方米，开展农贸市场整治和沈家村菜市场改造工作，基本实现城区现有道路亮化全覆盖。完成8家废弃的小型露天采石场的复垦、复绿工作，创建绿色矿山7家。完成山体绿化（林相改造）606.67多公顷，创建区级以上森林村庄20个。拆除国、省道500米范围内燃煤锅炉、窑炉47台，基本消除五边区域烟囱"冒黑烟"现象。

六、五水共治

衢江区以"五水共治"为抓手，加快推进重点区域和重点领域水环境整治，积极开展五边三化、"三河"治理等专项行动，城乡人居环境得到明显改善。2013年，全面开展乌溪江饮用水源保护区污染综合整治工作，在规定时间全面关停乌溪江库区范围内13家玻璃拉丝企业，全面禁止库区范围内畜禽养殖、网箱养殖及灯光诱捕，并对库区旅游景点和农家乐开展专项整治，实现库区水质常年保持一类地表水标准，治出了华东地区最好的一级地表水。2014年，以信安湖流域、铜山源水库水质提升为重点，强力推进生猪整规、农村"双治"、上方钙产业整治等重点治水工作，实现铜山源水库入库水质从劣Ⅴ类提升到Ⅱ类。

（黎豪杰）

改革创新的衢江模式

2012—2014年，衢江区面对国家持续释放改革"红利"的重大利好，以对接争取各类改革试点为抓手，在工作中深化改革、勇于实践，创出了一批走在全省乃至全国前列的特色做法。2014年争取省级以上试点22个。

改革创新、试点先行

一、全国农产品质量安全创建试点县

2014年年初，省政府决定在全省开展农产品质量安全放心示范县创建工作。3月,衢江区主动对接省农业厅,积极做好创建准备工作。5月,省农业厅正式发文把衢江区列入首批12个“省级农产品质量安全放心示范县”创建单位之一。7月,区委十二届六次全会专题研究“放心农业工作”,明确了今后一个时期发展放心农业的主方向,在全区面上推进覆盖农产品生产、流通、监管等三个环节的放心农业八大体系建设,进一步推动了全区农产品质量安全工作。2014年年底,经国务院同意,由农业部牵头,衢江区正式启动“国家农产品质量安全县”创建工作。

二、国土综合改革试验区

围绕《浙江省国土资源管理改革要点》要求,衢江区积极探索研究国土改革试点工作。2014年,衢江区结合省国土资源厅占水田补水田的占补平衡新政策和在莲花镇开展农业农村改革试验区建设的经验,创新实施了富里万亩水田垦造、莲花镇东湖畈村“移房上山”、上方镇矿产资源综合利用等国土改革试点工作,并取得初步成效。

三、富里农村综合改革试验区

2014年以来,中央对土地资源开发利用提出了“占优补优、占水田补水田”的要求,土地整治从追求耕地数量上占补平衡,转到追求数量与质量的“双平衡”。为此,衢江区谋划建设富里农村综合改革试验区。该项目位于衢江区江山港北岸,涉及2个镇6个行政村,东起廿里镇富里村,南靠江山港,西至京台高速衢州南互通连接线,北邻柯城区华墅乡、航埠镇;项目总面积1232.8公顷,其中村庄、道路等不适宜开垦面积139.6公顷,可规划垦造水田628.13公顷,可规划提升,面积465.067公顷;项目总投资约30亿元,其中水田垦造投资约15亿元,将以万亩水田垦造为基础,高目标定位、高起点规划、高标准建设,将项目打造成为省级乃至国家级水田垦造示范区、大型区域土地流转提升区、现代化粮食生产功能区、放心农业发展先行区、新农村建设样板区、农村综合改革试验区“六位一体”的综合项目,创建省级现代农业园区(智慧农业小镇)和美丽乡村样板区、乡村休闲旅游AAAA级景区。

四、园区循环化改造试点

2013年12月,省政府办公厅发布《关于浙江省园区循环化改造推进工作方案》,对加快推进全省园区循环化改造、促进园区绿色低碳循环发展做了具体的部署。2014年,衢江区高度重视、形成合力,积极争取、主动对接,同年衢江经济开发区顺利列入全省示范试点。根据方案,衢江经济开发区循环化改造重点有三方面,一是通过园区市政基础设施改造和企业技改,实现园区水、气、热集中高效利用;二是通过企业技改扩建和企业间资源循环利用,提高资源利用率,降低单位产值排放;三是通过招商引资,构建循环型产业链,积极培育和发展循环经济产业。根据上述目标和改造内容,2013年至2017年,衢江经济开发区重点实施循环化改造项目30项,总投资49亿元。

五、莲花“移房上山”工作试点

2014年,衢江区结合农村土地综合整治和“一户多宅”整治,在莲花镇东湖畈村开展“移房上山”工作试点。该试点的主要做法是把千金堰、黄泥埂、山底碓、狮子头等4个位于田畈中央的自然村,整体拆除搬迁至坡地较多的山丰自然村,同时,规划山丰自然村东北侧低次园地1公顷,用于农户搬迁安置。拆除村庄内旧房和附属用房67宗,腾出宅基地4余公顷,安置农户数24户84人。该试点对探索城乡建设用地增减挂钩节余指标跨区域调剂,创新农村宅基地拆旧建新和退出模式,促进村庄集聚,实现农村建设用地减量化和“零占用耕地”有积极意义。

大众创业、万众创新

2012年以来，衢江区坚持找准撬动点，持续发力、不断发酵，以点上突破推动面上工作，并循着这样的思路不断积聚高端要素，与普利兹克建筑奖得主王澍教授、国医大师石学敏、台湾汝窑大师徐瑞鸿等一批行业领军人物开展合作，先后引进了中科院、中国农科院、长三角循环经济研究院等一批高端科研平台，先后推动了朗坤环保、源本科技、量子电池、建筑工厂化等一批科技创新型项目，先后探索了马蹊模式、富里模式、湖仁模式等基层创新做法，大众创业、万众创新的氛围不断浓厚。

平台篇：

衢江—鄞州山海协作产业园建设

山海协作工程是习近平总书记在浙江工作时的重大部署，建设山海协作产业园是省委、省政府深入贯彻落实科学发展观、加快山区经济发展的重大决策。2012年4月衢江区与鄞州区签订共建“山海协作产业园”框架合作协议，2013年7签订正式协议，衢江—鄞州山海协作产业园正式成立。产业园计划分三期开发建设，截至2014年，已累计投入建设资金5.75亿元（2013年1.5亿元、2014年4.25亿元）。其中，一期开发面积2.35平方千米，结合低丘缓坡综合开发利用试点工程进行配套建设，2014年已完成配套建设，形成熟地179.93公顷；二期开发面积2.03平方千米，已完成土石方平整，市政配套建设全面启动。

要素篇：

集聚高端要素

2012年以来，衢江区招商引智工作不断取得突破，先后引进中国制浆造纸研究院、长三角循环经济技术研究院、中科院常州起重设备研发中心等三家“国字号”研究院。中国制浆造纸研究院衢州分院于2014年7月正式运行，是中国制浆造纸研究院在全国仅有的一家分院，成立以来，已与晶鑫纸业、仙鹤特种纸、金昌纸业、维达纸业、鑫丰特种纸等区内外多家企业展开深入合作，为衢江区特种纸产业发展提供强大的智力支持。浙江省长三角循环经济技术研究院衢州分院于2014年7月28日揭牌成立，有效助推创建循环经济和生态文明领域的“衢江模式”。衢州新农都实业公司与中国工程院院士、新疆农科院育种专家吴明珠院士签订院士专家工作站合作协议书，成为衢江区首家农业院士专家工作站，有力促进放心农业的发展水平。

建立“九龙仙霞”科技型中小企业债权基金

2013年5月，衢江区为有效解决科技型中小企业融资难题，主动与衢州中行、浙江中新力合股份有限公司对接，创立了衢州市首只科技型中小企业债权基金“九龙仙霞”项目。该基金融合政府、投资公司、银行三方资金，由衢江区国有资产经营有限公司出资20%，中新力合子公司杭州点石引导投资管理公司出资5%，中国银行出资75%为入选该项目的成长性科技型中小企业提供优惠利率的定向贷款。首期2500万元资金于2013年7月全部到位，共有来自衢江区的13家优秀科技型企业入选，获得了一年期纯信用担保贷款，户均额度193万，真正体现小企业融资特征与覆盖效应。2014年发放了第二期，资金2500万元。该项目缓解了企业的资金压力，有力推动科技型中小企业成长，为打造产业集群、培育新的经济增长点创造良好环境。

企业篇：

朗坤模式

朗坤环保，拥有废弃物逆向气化制油并发电的国际先进技术。2014年5月，朗坤环保承担的“万吨级混合废塑料气化制油关键技术及产业化”项目科技成果，通过包括3名中国工程院院士在内的专家组鉴定。鉴定组认为，成果具有明显的工程实用性和技术指导价值，总体技术达到国内领先水平，其中渐进循环密闭低温反应釜、油气自动转换及稳压技术达到国际先进水平，建议大面积推广应用。随着该技术的推广和应用，将改变传统的垃圾处理模式，为现有的垃圾填埋场延长使用期限，有望打造一个百亿乃至千亿级新产业。

民生篇：

房票安置模式

“房票”是用于被征收人在衢州市城市总体规划用地范围内购买商品住宅结算的特定票据。城中村改造中，衢江区创新方法，在全市率先实行房票安置模式。具体流程：①被征收人签订房屋征收补偿安置协议、腾空房屋移交拆迁公司拆房；②被征收人根据房屋征收补偿安置协议、房屋拆除移交单、身份证到区城改办房票安置中心领取房票；③被征收人自主选择由征收项目实施单位确定的商品住宅或二手房，签订购房协议；④被征收人凭商品房开发企业提供的被征收人房屋买卖合同和“房票”，经被征收人确认后，直接与商品房开发企业相互结算；⑤按相关程序办理土地证、房产证。“房票”安置方式，对于被征收户而言，增加了安置渠道，缩短了周转房时间，改善了居住条件；对于房地产市场而言，增加了商品房销售量，减少了存量房产，有利于房地产市场的平稳健康发展；对于政府而言，“房票”安置方式满足了被征收户的实际需求，实现了现房安置，赢得了民心，有力地助推了城中村整体搬迁改造进度，“房票”安置方式实现了百姓、企业、政府三方共赢。截至2014，年共发放房票面积4.5万平方米，实际支付房款13716万元，减少近3万平方米的库存。

“马蹊”模式

“马蹊模式”是衢江区全旺镇马蹊村探索推进“一户多宅”整治，创建“无违建村”的一项机制创新。2013年以来，马蹊村以“三改一拆”专项行动为契机，注重“拆、改、用”有机结合，强势推进“一户多宅”整治和“无违建”村创建，助推美丽乡村精品村建设。该机制的核心内容是“一拆五统”“一拆”即指整治拆除“一户多宅”“五统”指腾出的宅基地由村集体统一收储利用、根据村庄现状布局和发展愿景统一规划布局、按照村庄规划对有建房需求的农户统一流转安置、宅基地收储出让由村集体统一成本核算、旧房拆除后由村集体争取项目资金统一基础配套。马蹊村原村庄布局凌乱，中心村旧房连片，共有破旧房屋110宗，闲置宅基地面积达18500平方米，其中“一户多宅”65宗，“有新房无新村”是马蹊村原貌的真实写照。“马蹊模式”有效整合利用农村闲置宅基地，解决了农民无地建房难题，实现了“改出形象、改出效益”和“零违建”的目标，村庄面貌焕然一新。

“富里”模式

2014年9月起，按照市、区两级的部署，围绕“政府得土地、农民得实惠、镇村得发展”的目标，衢江区在推进“一户多宅”整治中，在廿里镇的富里、上宇、里珠等村创新方法破解难题，形成了“腾屋换人，梯次安置”的“富里”模式。具体做法：①腾屋换人，梯次安置。由于涉及整治的农户家庭经济状况不同，一方面大多数经济困难户、低保户无力承担拆旧房建新房的费用，建房意愿不高，而另一方面部分地段交通不便但已建新房的农户，强烈要求列入整治，到新的迁建点建新房。针对这个矛盾，廿里镇因地制宜，提出了将交通不便但已建的新房进行保留，由村集体统一收储，然后在迁建点提供一块新的地基给予建新房。统一收储的房屋腾空后，统一给予低保户、困难户居住，低保户、困难户原居住房屋由村集体统一收回，开展土地综合整治。②多方帮扶，保障安置。低保户统一安置居住房屋，需支付长期租金。一方面通过低保户原房屋拆除的补偿资金解决一部分，另一方面所有低保户列入危旧房改造对象，每人一次性救助7000元。③阳光运作，公平安置。整治工作所有内容，做到应该公开的全部公开。“富里”模式破解了“一户多宅”的难题，有效遏制农户跟风抢建、侵占集体土地的不良现象，改善村居环境，实现村庄科学规划、统一建造、有序发展。

“湖仁”模式

高家镇湖仁村按照“兴业、美村、强基、惠民”的发展思路，全力推进产业转型、村庄整治等工程，先后荣获市级美丽乡村精品村、森林绿化先进村、平安村，连续3年被评为区委创先争优先进基层党组织，村民的幸福感、获得感不断增强，从曾经脏、乱、差的“浆糊村”一跃成为远近闻名的精品村，“湖仁”模式也成为全市典范。“湖仁”模式主要做法：①主动转型，打响“一村一品”。该村与中国柑橘研究所合作，累计投入60余万元，选育出优质橘橙品种，并于2014年注册“湖仁红”商标。优良的品质得到市场认可，湖仁村的橘橙售价每公斤高达40元仍然供不应求。全村已推广“湖仁红”柑橘26.67多公顷，年收益800余万元，带动86户农户200多人人均增收16000元。②克难攻坚，建设美丽乡村。在村支书汪水荣带领下清理陈年垃圾，并启动垃圾分类减量攻坚行动，易腐烂的做有机肥还田，不易腐烂的分3类投放到指定位置，实现村域“三无四覆盖”（村内无保洁员、村道无垃圾桶、无垃圾，宣传全覆盖、包干全覆盖、监督全覆盖、长效全覆盖）。推进“三改一拆”“生猪整规”“清千塘美百河”等工作，累计整治生猪4600多头，拆除违章建筑3万多平方米，成为全镇第一个无垃圾、无生猪、无违建的“三无村”。③发动群众，突显主体作用。从2008年集资硬化村内道路开始，村两委注重引导村民强化家园建设的主人翁意识，不断向上争取项目、整合资源，2013—2014年，争取各类项目资金800余万元，实现渠道、河道、机耕路整治全覆盖。完善项目实施、党建工作、村规民约等制度建设，主动公开并发扬民主，突显村民自治的主体作用。

“监地视频”帮教对接模式

为实现监管改造与安置帮教的“无缝对接”，衢江区司法局在特殊人群管理理念、方法和手段上不断创新，于2011年年底与浙江省乔司监狱携手合作，创设“监地视频帮教”模式，将帮教工作前移。区司法局通过与监狱搭建专用视频网络平台，将监释人员、重点改造对象、改造过程中表现优秀的罪犯、家庭中有重大变故的罪犯以及因各种特殊原因亲属不能探监的罪犯作为重点帮教活动对象，组织他们与家属、与地方司法行政工作人员进行视频通话，充分发挥亲属、社会等多方力量，达到政策宣传、信息传递、亲情感化的效果，协助监所提高犯人的改造质量，降低刑释解教人员再犯罪率。这一模式不仅让服刑人员及其家属感受到了温暖，也得到了省、市政法委以及省司法厅领导的肯定和赞扬，并多次获得批示。在2013年全国纪念“枫桥经验”50周年大会期间，作为全省创新社会管理的重要内容进行了重点宣传，并先后荣获“首届浙江全面小康十大社会治理创新奖”“2014中国十大社会治理创新奖”。

（黎豪杰）

大干项目的衢江力度
——项目建设工作综述

2012—2014年,衢江区面对经济下行、宏观趋紧的新常态,始终坚持大干项目、干大项目,推行晒项目、赛项目机制,做到项目争取没有不可能,大干项目没有局外人,项目工作机制全市推广。一大批十亿元以上项目和事关发展、改革、民生的关键项目不断推进。

一、抽水蓄能电站

衢江抽水蓄能电站项目选址在黄坛口乡坑口村,上水库位于该村西坑上游的沿王山自然村;下水库位于西坑下游的王家自然村。电站初拟装机容量120万千瓦,项目静态总投资54亿元,动态总投资68亿元。该项目建成后,电力产品年销售收入可达10亿元,年创税1亿余元。2013年4月22日,国家能源局国能新能〔2013〕167号《关于浙江省抽水蓄能电站选点规划的批复》将衢江站作为浙江省2020年新建抽水蓄能电站推荐站点。2014年7月,衢江区全面完成项目预可行性研究。

二、衢州新农都

浙江新农都衢州批发市场项目由浙江衢州新农都实业有限公司投资兴建,是衢州市政府规划指定的衢州农贸城迁建项目,也是省、市、区重点招商引资项目。项目位于衢州市衢江区G60杭金衢高速南出口以西,东迹大道以北、信安大道以南,占地约24.67公顷,规划建筑面积46.7万平方米,计划总投资15.2亿元,设计可容纳商户5000余户,规划分蔬菜、水果、水产、冻品、副食品百货、综合市场等六大交易区,同时,配置仓库、物流、配送用房、沿街商铺、商务办公、商务酒店、公寓等商贸综合服务设施。项目还将结合衢州生态农业和特色农产品优势,设立1万余平方米的“衢州一村一品”特色农产品展示区,常年展销本市六个县(市、区)的名特优农产品;结合衢州发展生态休闲旅游的优势,打造“衢州旅游购物中心”和“衢州特色餐饮一条街”,助推衢州家庭农场、特色农业、生态农业和特色餐饮发展。项目旨在打造支撑浙、闽、赣、皖四省九地农副产品交易中心、集散中心、物流中心、信息中心、价格形成中心的综合服务平台。目前,项目正按照高起点、高品位、高档次的要求进行规划、设计与建设,项目建成后,外观上将成为衢江区的一个亮点和景点,内涵上将打造衢州高品质的蔬菜消费市场和辐射全国的精品果蔬产地市场。

三、机场北路

衢州机场北路起点位于市水利局门口,终点与宾港路交叉,全长共5.6千米(其中乌溪江大桥862.7米),按一级公路设计,设计速度80千米/小时,路基宽26米,项目总投资约2.0亿元。项目于2011年开工建设,于2014年12月建成通车。项目建成后,缩短了衢江新区与衢州市区的2千米距离,拉动了衢江区经济社会发展,并直接连通衢州“六区一站”即市中心区、衢江新区、衢江经济开发区、市经济开发区、市综合物流园区、衢江港区和衢州货运东站,对完善衢州干线公路网络,构建综合交通体系,打造四省边际城市,推进新型城市化建设具有重要意义。

四、信安中路

信安中路作为衢江区最重要的东西向主干道，连接了宾港大道与衢州市区快速通道，全长1.02千米，红线宽度50米，双向6车道设计，工程投资约4000万元。该项目于2014年8月底进场施工，采取“征、用”同步推、昼夜施工抢、分段维护超、工程审计跟等一系列超常规工法，抢抓2014年下半年的黄金施工季节，边施工边进行政策处理工作，共完成近200户、40000平方米的房屋征迁工作。

五、东方广场

衢江区东方广场项目是由中国服务业500强浙北集团和浙江商贸业80强东方集团共同倾力打造的衢州市最大的城市商业综合体项目，总投资15亿元。该项目位于衢江新城核心区域，市民广场黄金中轴西侧，占地5.88公顷，建筑面积22万平方米，是集购物中心、金融办公中心、文化娱乐中心、运动健康中心、儿童体验中心等于一体的大型城市综合体。项目自2012年5月启动，2014年7月主体建筑基本结顶。该项目是衢江区推进田园城市建设的又一重大成果，标志着衢江区商贸服务业发展迈上一个新台阶，对完善城市功能分区、提升城市能级具有里程碑的意义。

六、衢州市第二人民医院

2011年，衢江区人民医院异地扩建一期工程开工建设。2013年10月，一期工程完工，同年12月正式投入使用。2014年5月，医院急诊及大部分病区搬迁工作正式启动，医院按照“一院两址”模式运行，拥有新院区和坊门街院区两大院区。2014年9月，经市政府批准同意，衢江区人民医院正式挂牌衢州市第二人民医院；12月，深化浙医二院对口协作，正式挂牌浙医二院衢州国际体检保健中心。现有职工752人，其中中高级职称205人；两院区开放床位501张，床位使用率93.99%；学科建设齐全，其中神经内科为浙江省县域龙头学科；建有沪杭医疗专家工作站9个，上海、杭州等地知名专家定期来院坐诊。

七、盛世莲花国家AAAA景区

2013年8月，衢江区成立莲花休闲农业旅游国家AAAA级旅游景区创建工作领导小组。2014年，投入资金9000余万元，建设综合服务中心、莲花大道、景区环园游步道、停车场等各项配套设施。同年11月，顺利通过AAAA级景区省级专家景观资源评审。该景区位于衢州市衢江区莲花镇境内，规划总面积6.5平方千米，其中钢架大棚总面积已超过120万平方米，先后入驻现代农业企业23家。景区四季瓜果飘香、蔬菜常绿，基本形成了草莓、葡萄、西瓜、蔬菜、玫瑰、龟鳖等水陆并举的六大产业。景区集现代农业与休闲观光、创新科技与农耕文化、现代生活与休闲养生融合发展，游客在享受休闲采摘、欣赏亲水观光带自然美景的同时，又能体验农耕文化、感受当地风土人情、品味独特田园生活。

（黎豪杰）

区情概要

【概况】 衢江区地处浙、闽、赣、皖四省交界,介于北纬28° 31' ~29° 20' 07″,东经118° 41' 51″ ~119° 06' 39″之间,东毗龙游,西邻常山、江山,北枕淳安、建德,南界遂昌。东西宽41千米,南北长87.9千米。承东启西,连南贯北,素有"衢通四省"之称,区域面积1748平方千米。人民政府驻樟潭街道府前路6号。境属亚热带季风气候区,四季分明,气温适中,雨量丰沛,日照充足。区内地势以衢江为轴,渐向两侧递升,仙霞岭余脉雄踞南部,千里岗山脉横卧西北。最高峰南部水门尖海拔1451.8米,最低点中部平原以东的高家镇朱家村海拔45.2米,地形高差为1406.6米。水系为钱塘江上游支流,干流衢江,南北两侧入衢江的一级支流10条、二级支流8条。土壤类多性良,宜种面广。2014年年底辖2个街道(不含东港街道)、10个镇、8个乡、1个办事处、272个行政村、4个社区。全区总人口40.1567万人,其中男性20.6591万人,占51.45%,女性19.4976万人,占48.55%。

【建制沿革】 境内商周时属扬州,春秋为越国姑蔑地,战国时属楚。东汉初平三年(公元192年)始建县,名新安,至今已有1800多年的历史。在历史的长河中,由于其地理位置"居浙右之上游,控鄱阳之肘腋,制闽越之喉吭,通宣歙之声势",川陆所会,四省通衢,县境内一直为郡、州、府、道、署、市的驻地,历来为浙西首县。晋太康元年(公元280年)改为信安,唐咸亨五年(公元674年)分信安,复置常山县。唐武后如意元年(公元692年)从龙丘(今龙游县)西桐山、信安(今衢江区)玉泉等乡析出,置盈川县,与龙丘、信安并存,至元和七年(公元812年)撤销。盈川县并入信安。唐咸通中(公元860—874年)易名西安,民国元年(公元1912年)始称衢县。1949年10月后隶衢州专区,1950年5月撤销衢州市(县级)并入衢县。1955年改属金华地区。1958年10月,常山县撤销,并入衢县,1961年又从衢县析出,复置常山县。1959年12月龙游县撤销,并入衢县,1983年又从衢县析出,复置龙游县。1981年改建衢州市(县级)。1985年5月,衢州市升地级市,原县级市辖区分设衢江区和柯城区,同年12月,在衢江区基础上恢复衢县建制。2001年12月26日,经国务院批准撤销衢县,设立衢州市衢江区,区域总面积1748平方千米。2002年5月,区机关正式搬迁至樟潭镇办公。2005年9月,搬迁至新区行政中心大楼。2005年11月,经省人民政府批准,衢江区行政规划调整为10镇、9乡、2街道。2010年6月,经省人民政府批准,衢江区行政区划调整为10镇、8乡、2街道(不含东港街道、横路办事处)。2011年年末经区委、区政府批准行政区划调整为10镇、8乡、2街道(不含东港街道)、1办事处。

【行政区划】 为适应经济社会发展,衢江区先后多次进行乡镇区划调整。至2014年年末,全区实有10个镇(上方、峡川、杜泽、莲花、高家、全旺、大洲、廿里、后溪、湖南),8个乡(灰坪、太真、双桥、周家、云溪、黄坛口、岭洋、举村),3个街道(浮石、樟潭、东港),1个办事处(横路)。实有行政村280个(含东港8个,廿里镇2011年新增移民村1个),4个社区(樟潭街道3个、浮石街道1个)。

成立东港街道办事处 2005年2月,根据衢江区政府《关于同意成立东港街道办事处并实行委托管理的批复》精神,区编委下发《关于设立衢江区东港街道办事处的通知》。横路乡划出野鸭垅、旺村、横路后三个村,樟潭划出闸桥、后龙张、姜庄、诸家、潘家垅5个村,合并成立衢江区东港街道办事处。东港街道办事处为衢江区政府派出机构,委托衢州市经济开发区管理委员会管理(2012年,东港街道变更为衢州绿色产业集聚区管理)。

全区乡镇行政区划调整 2005年,衢江区进行乡镇行政区划调整。撤销樟潭镇、下张乡建制,设立樟潭街道;撤销浮石乡建制,设立浮石街道;撤销安仁镇建制,其行政区域并入高家镇;撤销坑口乡和长柱乡建制,合并成立黄坛口乡;撤销岭头乡和洋口乡建制,合并成立岭洋乡;撤销庙前乡建制,其行政区域并入杜泽镇;上方镇、灰坪乡、峡川镇、莲花镇、太真乡、双桥乡、周家乡、云溪乡、全旺镇、大洲镇、横路乡、廿里镇、后溪镇、湖南镇、举村乡建制保持不变。调整后,全区乡镇建制数从原来26个(其中,12个镇、14个乡),调整为21个(其中,2个街道、10个镇、9个乡),调减率为19.2%,调整后的乡镇平均规模人口有19045人、区域面积87.9平方千米,街道办事处平均规模人口有18529人、区域面积有39.4平方千米。

部分乡镇行政区划调整 2010年,为加快区域经济发展,衢江区开展部分乡镇行政区划调整,6月18日,经省政府批复同意,撤销横路乡建制,将其行政区域和全旺镇的尹家、双盈头两村区域并入高家镇。调整后,高家镇区域面积134.85平方千米,辖66个行政村、56940人,镇政府驻地不变;全旺镇区域面积92.15平方千米,辖23个行政村、21338人,镇政府驻地不变。同年11月,为进一步理顺机构运行关系,方便群众办事,确保横路乡区划调整后经济社会的发展,经区委、区政府批准,成立衢江区横路办事处。由区政府直辖,辖7个行政村。

村规模调整 2010年,衢江区进行村规模调整。全区506个村调整为271个(不含东港8个),调减幅度达到46.4%,村均人口由原来的790人增加到1476人。506个村有112个村保持原状,没有进行调整;有394个调整为159个,其中,二村合并成新村的有100个村,三村合并成新村的有43个村,四村合并成新村的有14个村,五村合并成新村的有2个村。2014年年末,全区实有行政村280个。

【自然环境】 衢江区境内水系为钱塘江上游支流,属山区性河流,源短流急,河床比降大,水位、流量、流速的变化,受降雨的控制,洪枯水位明显,具有山地型河流暴涨暴落的特点。干流衢江,由西向东横贯全境,出盈川经龙游,在兰溪横山下与婺江汇合。南北两侧流入衢江的一级支流10条,二级支流8条。衢江区地形南北高,分别为山地、丘陵型。中部低,为平原型。

境内山脉分南、北两系,南系为仙霞岭山系,北系为千里岗山系,两系各由若干支脉和余脉组成。南系仙霞岭山脉由遂昌进入县境,经长柱、石屏一带出龙游南部山区。主要有黄毛山、方坑坞尖、十八岗、将军岩、石屏山、峰洞岩等18个主要山体。北系千里岗山脉向西南跨越常山、柯城,入境后经灰坪乡、上方镇,呈南西—北东走向延伸,与淳安县自然成界,东达建德,盘亘千里,故名“千里岗”。

境内奇峰竞秀,重峦叠嶂,流泉飞瀑,景色壮观。有面积近百平方千米的灰坪原始次森林,素有衢北“绿色宝库”之称,是衢州地区保持最为完整的物种基库。南部有乌溪江国家湿地公园(试点），栖息着有“鸟类中的大熊猫”之称的中华秋沙鸭等珍稀物种。乌溪江水质常年保持华东地区最好的Ⅰ级地表水标准，森林覆盖率高达72.9%，空气负氧离子每立方厘米含量最高可达1.5万个，是全国9个生态良好的地区之一，首个国家休闲区、国家级生态示范区、浙江的生态屏障；北部有千里岗山脉之岩溶地貌，以太真洞为主的数千大小深浅不一、形态各异的溶洞景观。境内有华东地区最大的灰坪天坑和最好的全天候攀岩基地，有堪称中国水力发电发祥地、中国水电建设摇篮的中华第一坝——黄坛口大坝，有“小三清山”之称的天脊龙门，有炎帝、扁鹊、华佗、李时珍等曾经采药、居住的地方——“药王山”，特别是占地面积30平方千米、5000万根的节理石柱群，数量之多，是英国北爱尔兰“巨人之路”和“巨人之路海岸”的一千多倍，其中扭曲型目前在全世界是独一无二的。

【气候】 区境属亚热带季风型气候，四季分明，光照充足，气温适中，无霜期长，具有“春早、秋短、夏冬长、温适、光足、旱涝明”的特征。

2012年，全区平均气温17.4℃，比上年低0.1℃；高温日数29天，较常年略多；但日照时数较常年偏少近22%。年初到3月上旬出现历史罕见阴雨寡照天气；春季暴雨、强对流频发；梅汛期降水集中；盛夏台风活动频繁；高温持续时间长；9月遭遇秋季低温冷害。强对流天气频发，局地多出现较大的短时集中强降水，并伴有短时大风等灾害天气。4月10日下午到傍晚，出现强对流天气，其中后溪镇最大风速达到10级。自6月29日出梅后，连续出现了持续的高温天气，从6月30日—7月14日出现连续15天的高温日。对农业造成较大影响。10月25—26日，连续两天出现中度以上灰霾天气，造成高速公路多次封道。

2013年，全区平均气温18.3℃，比上年高0.9℃，最高温度41.2℃，出现在8月11日，最低温度-5.3℃，出现在12月28日；年平均日照时数接近常年略偏多，为1622.5小时；年平均降水量明显偏少。本年度阶段性气象灾害发生频繁，遭受高温干旱、台风、雾霾、大雪、局地强对流、梅汛期暴雨等极端天气气候事件，最高气温破历史纪录。4月24日出现暴雨天气。4月29—30日受西南暖湿气流和冷空气共同影响，普降暴雨，局部地区出现大暴雨。从10月6日08时至10月8日20时，受2013年第23号热带风暴“菲特”影响，衢江区普降小到中雨，局部大雨。并在大部分地区出现4～5级的偏东风，6～8级阵风，其中杨梅岙出现10级（26.5米/秒，10月7日02时）阵风。

2014年，全区平均气温18.0℃，比上年低0.3℃，最高气温37.2℃，出现在7月11日，最低气温-4.9℃，出现在1月23日；年平均日照时数接近常年略偏少，为1764.9小时；年平均降水量较常年偏多。本年度阶段性气象灾害发生频繁，遭受高温、台风、雾霾、连阴雨、局地强对流、梅汛期暴雨等极端天气气候事件。8月中旬出现了长时间连阴雨，并破历史最低纪录；2月15日，出现能见度小于500米的浓雾，且大雾持续时间近4个小时。随后，3月5日出现能见度小于200米的浓雾。持续大雾天气给人们的出行带来不便。

表1

2012—2014年气象资料统计表

年份		2012	2013	2014
温度	年平均气温（℃）	17.4	18.3	18.0
	年极端最高气温（℃）	38.9	41.2	37.2
	出现日期（日/月）	7月4日	8月11日	7月11日

续表1

年份			2012	2013	2014
	年极端最低气温(℃)		-3.5	-5.3	-4.9
	出现日期(日/月)		1月26日	12月28日	1月23日
日照	年日照时数(小时)		1398.9	1622.5	1764.9
	年日照百分率(%)		32	37	40
年平均相对湿度(%)			74	69	69
年平均气压(hPa)			1005.2	1005.8	1005.8
年平均风速(m/s)			2.7	2.6	2.6
主要气象灾害	暴雨天数		8	3	11
	雷暴天数		49	48	
	霾天数		175	196	81
	高温天数		29	53	18
	雾天数		24	10	18
	冰冻天数		15	26	30
	霜	终霜出现日期(日/月)	2月18日	3月3日	3月15日
		初霜出现日期(日/月)	11月27日	11月19日	12月5日
	雪	终雪出现日期(日/月)	2月28日	2月19日	3月6日
		初雪出现日期(日/月)	2月10日	12月17日	—

【水文】 2012年，全区平均降雨量2238.7毫米，比多年平均偏多28.4%，各月雨量分布不均，在非汛期降水量比多年平均偏多5成，雨量主要集中在1—4月份，出现持续阴雨天气，降水量明显偏多。3月上旬，衢江中上游降雨集中，衢州站3月5日出现了春汛洪水，洪峰水位60.71米（警戒水位61.2米），洪峰流量2880立方米/秒。4月28日—29日，衢江区普降大雨，全年衢江流域内最大的一次洪水发生在4月29日，衢州站于4月29日18时18分出现全年最高洪峰水位，超警戒水位（61.2米）的洪水61.80米（85高程，下同），实测最大洪峰流量3810立方米/秒。

2013年，降雨量总体偏少，呈现时间和空间分布不均，全年平均降雨量1314.7毫米，比多年平均偏少23.5%。全年影响衢江区的台风有3个，分别为第7号台风“苏力”、第12号台风“潭美”、第23号台风“菲特”。“苏力”和“潭美”两次台风均对衢江区影响较小，“菲特”台风对衢江区造成一定的影响。4月29—30日，受西南暖湿气流和冷空气共同影响，普降暴雨，局部地区出现大暴雨，29日20时—30日08时雨量为30.7毫米，其中灰坪自动站雨量达到95.6毫米、上方自动站雨量达到94.6毫米。8月18日受低层切变影响，灰坪出现短时暴雨，5小时降雨量达50.2毫米。从10月6日08时至10月8日20时，受2013年第23号热带风暴“菲特”影响，衢江区普降小到中雨，局部大雨。其中主要降水集中在6日08时至7日08时，部分地区出现大暴雨，其中衢江区平均雨量为72.6毫米。7月初至8月中旬末，出现持续高温少雨天气，遭受了近十年来最严重的高温干旱灾害。7月1日至8月14日，全区总雨量25.2毫米，比历史同期偏少90%左右，雨日为12.0天，比历史同期偏少13.6

天。7月以来,全区平均蒸发量已超过200毫米,较常年偏多2成多。呈现降水量历史同期最少、蒸发量最大等特点。因出梅时水库蓄水较好,水利工程在抗旱减灾中发挥重要作用,全区未出现连续大片农田受旱和集中供水困难情况,但各乡镇都遭受不同程度的旱灾,受灾点比较零散。

2014年,降雨量总体偏多,呈现时间和空间分布不均,全年平均降雨量2113.7毫米,比常年平均偏多17.8%。全年影响衢江区的台风有2个,分别为第10号台风"麦德姆"、第16号台风"凤凰"。由于前期降水充沛,水库、山塘蓄水较多,绝大部分水田灌溉供水较充足,只有部分旱地作物出现干旱缺水现象。受第10号台风"麦德姆"影响,7月23日08时至25日10时,衢江区下西坑降水量达到156.8毫米。5月13日20时至14日20时,衢江区山顶村自动站雨量达到110.9毫米。5月16日夜里至17日,受低涡切变影响,衢江区廿里自动站雨量达到88.8毫米。7月28日受雷暴云团影响,大部分地区出现雷阵雨,外焦雨量达到88.7毫米、黄蒙达到82.0毫米。8月18日至19日,受低层切变线影响,普降大到暴雨,衢江区平均雨量达到61.9毫米。

表2

2012—2014年水文资料统计表

年份		2012	2013	2014
降水	年降水总量(mm)	2238.7	1314.7	2113.7
	年降水天数	196	143	185
	一日最大降水量(mm)	81.6	90.7	135.7
	出现日期	4月29日	6月2日	6月27日
	洪峰水位(m)	61.8	60.31	61.51
	洪峰流量(m^3/s)	3810	2180	3800
	出现日期	4月29日	6月28日	6月22日
	警戒水位	超出	未超出	未超出
衢江径流量(m^3)		89.63×10^8	48.1×10^8	66.08×10^8
衢江输沙量(t)		99.2×10^4	29.5×10^4	68.8×10^4
衢江侵蚀模数(t/km^3)		183	54.4	127

【资源】 境内矿产丰富,植被繁盛,生物繁多。区内矿产资源丰富,主要为建材非金属矿产(石灰岩、大理岩、花岗岩、砖瓦用黏土与页岩、建筑用凝灰岩)、能源矿产(石煤、铀)、化工原料矿产(白云岩、耐火黏土)、有色金属矿产(铅、锌)等四大类,其中石灰岩地质资源储量居全省前列。衢北是矿产资源的主要产地,矿产品种主要有石灰石、石煤、方解石、大理石、铅锌等;中部(金衢盆地内)砂石、砖瓦黏土丰富;衢南矿产种类少,主要有铀矿、萤石、建筑石料等。除中核浙江衢州铀业有限公司(七七一矿)所属规模较大外,其余矿产均零星分布,矿点规模较小。

区内有原始次森林76.67公顷,众多的植物资源,构成了较为丰富的植物区系内容,地理成分南北兼有,以南部成分较多,并具有盆地特色。南部山区主要建群树种为甜槠、木荷、青冈等,北部山区主要建群树种有青冈、苦槠、栲树、甜槠、木荷等。种子植物1000多种,其中有国家一级保护树木、癌症克星红豆杉树。竹林面积3.09万公顷，衢江竹炭荣获国家科研进步二等奖。野生中药材103科1000多种，其中国家级一、二类药材8种。

全区有野生动物4大类共140余种，其中两栖类10余种，爬行类30种，哺乳类50种，鸟类80余种。经济价值较高的野生动物有35种，其中兽类31种，禽类4种。列入国家一类保护动物有3种：虎、豹、黑麂；列入国家二类保护动物的有9种：金猫、黑熊、穿山甲、大灵猫、小灵猫、猕猴、豺、水獭、鬣羚。列入国家一类保护动物的鸟类有3种：白颈长尾雉、黄腹角雉、中华秋沙鹅；列入国家二级保护动物的鸟类有4种：白鹇、鸳鸯、雕鸮、鸢；观赏价值较高的鸟类有画眉、相思鸟、喜鹊、八哥、白颈鸦等，均有分布。水产鱼类5目10科50多种，其中有国家一类保护鱼类、珍稀品种娃娃鱼。

（区方志办）

衢江区湖南镇节理石柱景点

中共衢江区委员会

综　述

2012—2014年，中共衢州市衢江区委坚持以科学发展观为指导，贯彻落实中央、省委、市委的决策部署，深入推进“五个衢江”（爱心衢江、创业衢江、实力衢江、绿色衢江、和谐衢江）和“四个一”（一城、一村、一区、一心）建设，坚定不移地护美绿水青山、做大金山银山，努力争创“绿水青山就是金山银山”的衢江样板。3年中，区委团结带领广大干部群众，改革创新、大干项目，全区经济社会各项指标全面完成，2014年，19项可与全市兄弟县（市、区）对比的经济指标，有15项指标增幅位列前三，其中7项第一，特别是财政收入增幅连续两年保持全市第一，总量在全市各县（市、区）排名前移1位。2012—2014年，连续三年被省委、省政府命名为平安区。2013年、2014年连续两年位居全市争先考核第一。

【经济发展】 2012—2014年，积极应对各种不利因素影响和经济下行的压力，把握稳中求进的主基调，同心协力，克难攻坚，保持经济较快发展的良好态势。2014年地区生产总值131.09亿元，是2011年的1.32倍；固定资产投资突破百亿大关达101.95亿元，是2011年的1.75倍；财政总收入突破10亿大关达12.90亿元，其中地方财政收入7.99亿元，分别是2011年的1.78倍和1.69倍；农村居民人均可支配收入13789元，是2011年的1.49倍；实际利用外资达996万美元。其中，地区生产总值、固定资产投资、财政总收入、地方财政收入、工业增加值、第二产业增加值和基础设施项目投资7项指标增幅列全市第一；规模以上工业总产值、规模以上工业利润总额、城镇居民人均可支配收入、实际利用外资和第一产业增加值5项指标增幅列全市第二；农村居民人均可支配收入、社会消费品零售总额和工业投资三项指标增幅列全市第三，实现争先进位目标。

【改革创新】 2012—2014年，面对国家持续释放改革“红利”的重大利好，把对接争取各类改革试点作为重点，深化改革，勇于创新，先后争取国家改革试点6项，省级以上试点25项。农业供给侧改革走在全国前列，先后成功承办全国首次生态循环农业现场会、参加“中国经济发展突破点论坛”并作“农业供给侧改革的衢江实践”主题演讲和经验介绍。自创一批走在前列的先进模式，一户多宅整治的“马蹊”“富里”模式全市推广；莲花“移房上山”、土地整村流转和“三权分离、三金共享”模式为农村综合改革探出新路；创新企业融资机制，建立“九龙仙霞”科技型中小企业债权基金。

【大干项目】 2012—2014年，始终把大干项目、干大项目作为引领推动衢江经济社会跨越发展主抓手，坚持发展工作项目化、项目工作要素化、要素工作指标化、指标工作考核化，从项目谋划到机制创新，再到大项目突破，一年一个重点稳步推进，形成清晰的项目工作思路、完善的项目工作机制和浓厚的项目工作氛围，项目工作考核连续两年排名全市第一。

抓项目谋划 从全民谋划到自主谋划，再到命题谋划和自主谋划相结合，实现重抓数量到量质并举的转变，项目谋划数和转化率始终排名全市前列。

抓机制创新 在全市首创咨询委抓谋划、人大政协抓转化、政府部门抓落地推进的链条式工作机制，以及投资项目化管理制度和项目谋划PK机制，充分发挥考核指挥棒作用，实行招商引资和项目建设考核加分不封顶，固定资产投资增幅始终位居全市前三。

抓大项目突破 一批重大项目建设速度加快，总投资近70亿元的抽水蓄能电站项目用两年时间即完成常规状态下十年的进度，总投资12亿元的中财管道实现当年签约、当年建设、当年投产，总投资6.5亿元的广胜光伏当年引进、当年并网发电，5.1亿元的宏普轮毂当年签约、当年投资超亿元等。

【管理提升】 2012—2014年，以统筹城乡发展为基本方略，加快推进城乡一体和生态环境建设，城乡人居环境改善，城市品位提升。

美丽乡村建设 开展美丽乡村"四级联创"，大力推进"五四三"，铁腕治污、治脏、治乱，"三改一拆"工作成为全市"远学温州、近学衢江"的典型；把乡愁作为践行社会主义核心价值观的重要载体，绘制乡愁地图，编制乡愁记忆库，农村文化礼堂成为乡愁游的重要节点；集聚王澍、石学敏、刘保延等高端要素，扎实推进以千年农夫小镇为核心的南部片区改造，和以针灸为"魂"的大健康产业，着力打造"远可望、近可游、居可养"的"五养归谷"。

提升城市能级 扎实推进城市建设和管理十大专项工作，机场北路、信安中路、市第二人民医院、区第一初中建成投用，东方广场、衢州新农都等一批商业配套项目开业或落地，成功创建国家森林城市，城市形象得到有效提升。

【攻坚破难】 2012—2014年，面对大事难事，以"功成不必在我"的态度，敢于涉险滩，敢啃"硬骨头"。

和谐推进城中村改造 启动谋划十年之久，历经三任书记、四任区长的城中村整体搬迁改造，改造涉及四个行政村，总建筑面积约34.5万平方米。通过推行政策最优惠、安置地段最佳、设计方案最优、配套设施最全、征收服务最贴心的"五最"举措，创新"房票"安置和"选房超市"，至2014年年末，已实施三期，签约率达99.4%，征收房屋面积30.4万平方米，无一例上访或群体性事件发生。创造"以人为本、和谐征收"的"衢江模式"，城中村改造经验被中央党校主办的《学习时报》刊发推介。

着力推进生猪整规 全区生猪年饲养量从281.3万头削减至60万头以内，治出华东地区最好的一级地表水，经第三方瑞士SGS公司的环评检测，乌溪江水源的29项指标均远远优于国家一类水标准；铜山源水库入库水质由劣Ⅴ类提升至近Ⅱ类。

强势推进钙产业整治 关停钙类企业165家，淘汰落后产能100万吨，拆违8.3万平方米，数量是当年整治小化工关停企业的三倍多，没有发生一起群体性事件，区域内PM2.5、PM10浓度同比下降60%以上，实现"牛奶河"变"清水河"、"雪山"变"青山"的华丽转身。

【民生改善】 2012—2014年，从群众最关心的现实问题入手，千方百计解民忧。

公共服务全面提升 突出抓好出行难、饮水难、就学难、看病难、增收难等问题，每年实施十大民生工程。新开通26路、36路、526路等公交车，部分公交班次调整加密；实施农村饮水安全工程，解决15.49万人的饮水安全问题，实现农村饮水安全全覆盖；探索和完善公立医院改革、“先看病后付费一站式支付”、名校托管机制等惠民措施，区乡村三级医疗机构全部实行国家基本药物制度和药品零差价销售；挂牌成立“中华第一针”石学敏院士工作站、市第二人民医院沪杭医疗专家工作站和省民进医卫专家服务站；重视生猪整规后的农民出路问题，推行“猪棚换大棚”“猪棚换菇棚”等转产转业的优惠政策，全区已建成万元田4133.33公顷，占耕地总面积的23%，仅衢北万亩茭白基地通过生态循环模式，可亩产增收5000元。

加快文化强区建设步伐 组建爱心联盟，建成衢州东城尚德乐园，相继涌现“中国好人”“最美村干部”“最美家庭”，衢江“最美”从个体走向群体、由“风景”蔚为“风尚”。承办浙江省第十六届群众文化论坛，全国首部“针灸”题材微电影《神针》入围美丽浙江城市形象微电影大赛前50强，全省首家“国家级摄影创作基地”落户衢江，杨继洲针灸入选第四批国家非遗代表性扩展项目名录，云溪吴氏宗祠升格为国家级文保单位。跻身全省农村文化礼堂建设先进县行列，农家书屋实现行政村全覆盖。

【**社会和谐**】 2012—2014年，围绕“五大安全”，不断深化平安衢江建设。开展“社会管理创新落实年”活动，挂图推进8大体系22个社会管理重点项目，推进“三民工程”标准化建设和“网格化管理、多元化服务”，建立乡村两级社会服务管理中心（站）。坚持超前布局、提前介入、主动出击，城中村改造、生猪整规、钙产业整治等重点工作得到有效保障，君悦东方破产案等重大不稳定因素基本消除。坚持用法治思维、法治方式解决信访突出问题，创新推进平安建设“三份清单”和领导干部“一岗双责”、信访工作“三色”预警、维护稳定“五早”等工作机制，创新建立医患关系沟通交流等机制，平安建设实现“十连冠”“监地视频”帮教对接模式获评2014中国十大社会治理创新奖。

【**党建加强**】 2012—2014年，面对新常态下对干部能力作风的新要求，以党的群众路线教育实践活动为引领，突出提升能力和改进作风两个重点，不断推动基层党建工作创新。推行服务型党组织创建星级管理制度和第一书记“四诊”（“出诊”掌握民意、“坐诊”制定方案、“会诊”破解难题、“复诊”巩固成果）工作法，巩固完善“周一夜学”制度，建立乡镇党代会常任制、党代表任期制和党代表工作室。把教育实践活动与推动加快发展相结合，高标准严要求抓好学习教育、查摆问题、整改落实等环节，并将“奔跑起来追赶跨越”密切联系群众大实践贯穿活动全过程，取得党性观念和宗旨意识明显增强的认识成果、党风政风作风明显改善的实践成果、作风建设刚性约束明显加强的制度成果。把加强队伍建设与提升干部能力相结合，一手抓学习培训，认真学习贯彻十八届三中、四中全会和习近平总书记系列重要讲话等精神，针对不同群体开展多层次、专题性、大规模的干部培训；一手抓结构优化，坚持在项目、破难一线锤炼和考验干部，加大年轻干部培养力度。把夯实基层基础与提升服务功能相结合，深化基层服务型党组织创建，创新“警官任村干部”机制，健全落实党员干部“住乡包村联户”、农村党员先锋指数考评制度，切实抓好后进村整转，加快打造“三民工程”升级版，打通联系服务群众“最后一千米”。坚持党管人才原则，新建院士工作站3家、市级专家工作站8家，区级专家工作站15家，培育创新团队5家，引进国家“千人计划”人才1人、海内外高端人才12人和紧缺急需人才1078人。

【党风廉政建设】 深化党风廉政建设和惩防体系建设，严格贯彻落实中央“八项规定”、省委“六个严禁”和市委24条意见，开展机关干部作风纪律明察暗访专项行动，一批党员干部受到效能责任追究，加大案件查办力度，一批党员干部受到处分；推进以“两项工作”和“三项制度”为重点的“行政效能提升年”活动，行政审批平均提速29.8%。创新实施干部纪实考绩工作制度，加大对不善为、不能为、不作为的“三不”干部处置力度，一批区管干部被调整或诫勉谈话。深入开展“践行群众观，实现开门红”集中行动，全面落实乡镇干部住乡包村联户和生态指导员制度，推动各级党员干部在走进项目、走进村企、走进矛盾中锤炼作风、提升能力。清理村(社区)机构牌子6417块。严格执行公务接待、公务考察等厉行节约管理规定。深入开展专项治理活动，在全区营造风清气正、清正廉明的良好社会氛围。

【工业经济逆势增长】 特种纸、机械装备制造两大主导产业继续保持两位数增长，2014年，实现规上产值80亿元，占比达61.5%，其中特种纸产值达50亿元，夏王、仙鹤税收双双破亿，实现单个企业税收超亿元的零突破；特别是循环经济取得突破，集聚中科院起重设备研发中心、中国制浆造纸研究院、长三角循环经济研究院等一批高端科研平台，衢江经济开发区成为全省首批7家之一的省级园区循环化改造示范试点，培育业胜金属、煌盛铂业、朗坤环保等一批循环经济企业；衢江区先后被评为全省“腾笼换鸟”先进区和全省扩大有效投资先进区，成为全市首个“浙江省清洁能源示范县”。衢江经济开发区动态保持66.67公顷以上的招商熟地储备，衢江—鄞州山海协作产业园管委会和堇信投资开发公司成立运行。完善招商考核机制，不破法规破常规引进投资7.5亿元的五一机械，实现当年洽谈、签约、开工、投产，创造了招商引资“衢江速度”。

【放心农业走在全国前列】 2012—2014年，集聚中国农科院、中科院、浙沪苏农科院等高端科研平台，创成国家现代农业示范区、全国首批农产品质量安全创建试点县、国家生态循环农业示范点和全省首批、全市唯一通过验收的农产品质量安全放心示范县，设立浙江(衢江)农产品电子商务创新发展示范区，成为中央党校报刊社建设全面深化改革县(市、区)观察点，衢江盛世莲花农业观光园成为AAAA级景区，衢江放心农业的知名度和美誉度不断提升。

【全市首个区级党员教育服务中心成立】 2013年，结合新形势党建工作特点，优化整合党建资源配置，建成全市首个区级党员教育服务中心，搭建综合性基层党建工作新平台。中心按照“立足党员、面向群众、服务社会”的要求，为全区党员提供“组织关系接转、党内资料查询、党务工作咨询、党员教育资料服务、党员求助热线服务、特殊群体党员帮困”等六大服务，实现“一个阵地、多种资源、多种用途”的目标要求，开展党务政策咨询、党建理论知识传播、党内相关业务办理、生活困难党员群众帮扶、党员志愿者服务活动、受理反映社情民意和推进区域化党建等工作，把党员教育服务中心办成“党员之家”，为全区党员的学习教育管理创造良好条件。

【中共衢州市衢江区第十二次代表大会】 2012年1月5日，中国共产党衢州市衢江区第十二次代表大会在区会议中心隆重开幕。出席会议代表207人，列席人员70人。会上，朱建华代表中国共产党衢州市衢江区第十一届委员会向大会作《解放思想追赶跨越为建设“五个衢江”而努力奋斗》报告,区纪委《围绕中心忠诚履职为建设“五个衢江”提供坚强政治保证》工作报告以书面形式交流。会议通过关于两个报告的决议。选举产生中共衢州市衢江区第十二届委员会委员35人,候补委员7人,纪委委员19人。在区委第十二届一次全体会议上,选举朱建华、鲍秀英、童炜鑫、余金华、吴剑锋、吾东明、汪樟华、毛胜田、汪群、费里夫、黄忠京11位同志为中共衢州市衢江区第十二届委员会常务委员会委员;选举朱建华为区委书记,鲍秀英、童炜鑫为区委副书记。在区纪委十二届一次会议上选举产生区纪委常委7人,选举吴剑锋为纪委书记,孙良、吴水标为纪委副书记。

【区委十二届二次全体(扩大)会议】 2012年7月30日,中共衢州市衢江区委十二届二次全体(扩大)会议召开。会议主要任务是以科学发展观为指导,深入贯彻落实中央和省、市委有关会议精神,按照区委十一届八次全会建设创业型生态新区和区第十二次党代会建设“五个衢江”的战略要求,研究部署新形势下“深化商贸兴区、提升城市能级、繁荣城乡经济”的总体要求、目标任务和重点举措。区委书记朱建华代表区委常委会作《深化商贸兴区提升城市能级 繁荣城乡经济》的报告。

【区委十二届三次全体(扩大)会议】 2013年2月19日,中共衢州市衢江区委十二届三次全体(扩大)会议暨全区干部大会召开。会议主要任务是,贯彻落实党的十八大、省委十三届二次全会、市委六届三次全会和全市干部大会精神,总结2012年主要工作,部署2013年工作目标任务,转变作风,狠抓落实,努力实现衢江加快发展追赶跨越。区委书记吴江平代表区委常委会作《转变作风 狠抓落实 努力实现衢江加快发展追赶跨越》的报告。

【区委十二届四次全体(扩大)会议】 2013年8月16日,中共衢州市衢江区委十二届三次全体(扩大)会议召开。会议的主要目的是动员全区各级各部门和广大党员群众,牢固树立“城以人为本、民以城为家”理念,围绕吸引人、集聚人、留住人,发挥全体市民集体智慧,共同建设让生活更美好的现代田园城市,使城市与人更亲和、与自然更亲近。区委书记吴江平代表区委常委会作《以人为本 尊重自然 共建让生活更美好的现代田园城市》的报告。

【区十二届二次党代会暨区委十二届五次全体(扩大)会议】 2014年1月16日,中共衢州市衢江区十二届二次党代会暨区委十二届五次全体(扩大)会议召开。会上,吴江平代表中国共产党衢州市衢江区第十二届委员会向大会作《创新机制大干项目 争创衢江绿色发展新优势》的报告。

【区委十二届六次全体(扩大)会议】 2014年8月12日,中共衢州市衢江区委十二届六次全体(扩大)会议召开。会议主要任务是,深入贯彻落实中央农村工作会议、省委十三届五次全会和市委六届六次全会精神,研究部署今后三年发展放心农业的目标任务、重点举措。会上吴江平书记代表区委常委会作《建设八大体系 发展放心农业奋力打造全国农产品质量安全放心区》的报告。

【区委常委会议】 2012—2014年,中共衢州市衢江区委召开常委会议44次,讨论研究主要议题80余项。

区委常委会议一览表

表3

时　间	常委参加人数	主 要 议 题
2012.1.18	10	讨论研究衢江区人大、政府、政协、法院、检察院换届候选人预备人选建议名单
2012.1.20	11	讨论研究区委、区政府年终各项考核 讨论研究《关于在全区开展"加强纪律性、提高执行力、干部连民心、事业向前进"主题教育活动的实施意见》
2012.1.30	9	讨论研究区委、区政府年终各项考核 讨论研究2011年度正职联评方案
2012.1.30	8	讨论研究政府工作报告
2012.2.13	11	讨论研究全区"拉高标杆、追赶跨越"表彰动员大会报告 讨论研究市第六次党代会提案征集相关工作 讨论研究衢江区优秀中国特色社会主义事业建设者评选相关事项
2012.2.21	10	讨论研究区纪委、区委组织部、区委宣传部、区委统战部2012年工作思路 讨论研究政法工作 讨论研究2012年区招商引资总考核办法和一、二、三产招商引资考核办法
2012.3.28	9	讨论研究网络舆情有关问题
2012.4.9	9	讨论研究城中村改造有关事项 讨论研究2013年政府预算编制工作
2012.7.9	9	讨论研究关于加强统一战线工作的实施意见 讨论研究纪委有关案件
2012.7.26	10	讨论研究区委十二届二次全体(扩大)会议报告(讨论稿) 商贸兴区战略的工作机制、实施意见和扶持政策
2012.8.28	7	讨论研究关于进一步加强公务用车公务接待因公出国(境)及会议管理、衢江区巡查工作制度(试行)相关事项 讨论研究"绿色中国行—走进衢江"暨第五届中国绿色宝贝第二届中国玫瑰公主颁奖盛典活动方案
2012.9.17	10	讨论研究关于实施"人才集聚工程"的若干意见 讨论研究有关人事问题
2013.1.4	11	学习传达任泽民同志在全省改进工作作风加强党风廉政建设电视电话会议上的讲话精神
2013.1.9	8	讨论研究政府工作报告
2013.2.6	9	讨论研究区委、区政府年终各项考核 讨论研究有关人事问题
2013.2.7	10	讨论研究区委、区政府综合争先考核 讨论研究2012年度正职联评方案 讨论研究纪委有关案件

续表3

时　间	常委参加人数	主 要 议 题
2013.2.18	10	讨论研究区委十二届三次全体(扩大)会议暨全区干部大会报告和会议方案
2013.3.22	10	讨论研究政法相关工作 讨论研究影响机关工作效能行为责任追究办法 讨论研究"一村一品"实事意见 讨论研究"三改一拆"工作
2013.4.7	11	讨论研究关于进一步加强乡镇(街道、办事处)干部队伍建设的实施意见 讨论研究有关人事问题
2013.4.26	10	讨论研究区级劳动模范和模范集体推荐评选结果和庆"五一"暨劳模表彰大会方案 讨论研究2013年政府预算和政府投资预算
2013.5.2	11	讨论研究乌溪江库区环境综合整治工作 讨论研究关于发展家庭农场的实施意见 讨论研究招商引资工作考核办法
2013.7.29	12	议军 讨论研究纪委有关案件
2013.8.14	10	讨论研究区委十二届四次全体(扩大)会议报告(讨论稿)
2013.9.13	10	讨论研究2013年度区综合争先考核办法 讨论研究有关人事问题
2013.11.19	10	讨论研究衢江区2013年招商引资奖励办法 讨论研究关于加强新形势下党员队伍建设的若干意见 讨论研究纪委有关案件 讨论研究有关人事问题
2013.12.19	10	讨论研究区十二届二次党代会有关事宜 讨论研究有关人事方案
2013.12.31	10	讨论研究政府工作报告 讨论研究区十二届二次党代会暨区委十二届五次全会报告 讨论研究区十二届二次党代会有关事宜 讨论研究有关人事方案
2014.1.3	11	讨论研究区十二届二次党代会有关事宜 讨论研究有关人事方案
2014.1.27	9	讨论研究区委、区政府年终各项考核
2014.1.27	8	讨论研究2013年度区综合考核 讨论研究党的群众路线教育实践活动实事意见、领导小组成员名单 讨论研究2013年度正职联评方案
2014.3.13	9	讨论研究衢江区2014年政府预算编制工作
2014.5.8	9	讨论研究区委常委会党的群众路线教育实践活动征求意见分解落实有关事项
2014.5.29	9	收看浙江卫视《今日聚焦》曝光情况,通报相关情况及初步整治方案

续表3

时　间	常委参加人数	主 要 议 题
2014.5.30	9	讨论研究设立教育教学质量奖有关情况 讨论研究实施农村环境卫生设施及垃圾清运BOT运行模式有关事项 讨论研究有关人事问题
2014.6.18	11	讨论研究衢江区2014年度综合考核工作意见 讨论研究2014年度项目谋划推进工作赋分考核办法和招商引资考核办法 传达上级有关会议精神
2014.7.2	10	传达学习省委副书记王辉忠在市委常委班子专题民主生活会上的讲话精神和省委、市委关于召开常委班子专题民主生活会有关精神 讨论研究衢江区常委班子对照检查材料 观看《吉林长春市农安县委常委班子专题民主生活会》碟片 讨论研究区行政中心办公用房清理整改方案
2014.7.18	11	讨论研究有关人事问题 讨论研究区纪委(监察局)落实"转职能、转方式、转作风"工作要求情况
2014.8.1	9	讨论研究区委十二届六次全体(扩大)会议报告(讨论稿) 讨论研究有关人事问题
2014.7.23	11	区委常委会班子及成员作批评与自我批评 省、市委赴衢江区督导组组长张荣博对区委常委会专题民主生活会情况进行评价 市委副书记、代市长杜世源同志对专题民主生活会给予充分肯定并提出要求 吴江平同志代表区委常委会作表态发言
2014.8.21	12	传达2014年上级政法工作会议精神,讨论研究政法工作有关事项 讨论研究有关人事问题
2014.8.29	12	讨论研究《衢江区纪委监察局监督执纪问责办法(试行)》 讨论研究有关人事问题
2014.10.17	9	学习贯彻全国、省、市党的群众路线教育实践活动总结大会精神,研究我区总结大会准备情况等有关事项
2014.11.26	12	讨论研究《区管领导干部廉政法规知识测试暂行办法》 讨论研究提高离任村主职干部养老补助标准及扩大补助范围的方案 讨论研究《关于落实安全生产党政同责一岗双责齐抓共管意见》(讨论稿) 议军 讨论研究区第十二届三次党代会有关事项 讨论研究有关人事问题
2014.12.18	11	讨论研究区人民政府职能转变和机构改革方案有关事项 讨论研究有关人事问题

(李胜平　傅文杰)

区委办公室工作

【概况】 2012—2014年,衢江区委办公室以科学发展观为指导,围绕区委中心工作,按照"区里作表率、市里争先进、省里创特色"目标,以"参谋有道、协调有方、督查有力、保障有效"为工作重点,持续突破,创先争优,确保区委各项工作扎实开展。

【决策参谋】 围绕区委中心工作、各个时期重点工作、群众关注的热点难点和制约发展瓶颈问题,开展调查研究,掌握基层实情,分析存在问题,撰写理论文章和调研报告,为区委科学决策提供参考。2012—2014年,撰写各类发言材料、汇报材料、理论文章502篇。2012年,在省、市两级刊物上发表理论文章18篇,其中《解放思想 追赶跨越 努力建设"五个衢江"》《坚持人才强区 加快追赶跨越》《深化经济责任审计 服务科学发展大局》等文章在衢州政研等刊物上发表。2013年,《衢江区转作风抓落实的"七个着力点"》《坚持以人为本 保障安全生产》《以人为本 尊重自然 共建让生活更美好的现代田园城市》等多篇理论文章在衢州政研、衢州日报等刊物发表。2014年,《改革创新 大干项目 争创衢江绿色发展新优势》《把握机遇 借势借力 推动发展》《建设八大体系 发展放心农业》等多篇理论文章在衢州政研、衢州通讯等刊物发表,其中《发展放心农业的衢江实践》被评为第三届浙江省公共管理创新案例十佳创新奖。

【队伍建设】 2012—2014年,开展"学习型办公室"创建活动,建立办公室月度交流和年轻干部学习讲课制度,引导干部强化自身学习,做到每一个干部提笔能写,开口能讲,遇事能办。完善办公室内部管理制度和《区委办岗位责任制考核办法》,推行项目工作法和量化工作法,量化科室工作,实行月查、季考制度,推进工作落实;推行工作目标承诺制,要求干部自我加压,提高执行力;落实党风廉政建设责任制,严格遵守上级廉政建设相关规定。

【信息工作】 围绕区委工作中心,以服务党委工作为核心,立足区情实际,加强信息搜集,积极反映社情民意,及时、准确选编报送各类信息,为区委领导掌握情况、科学决策提供依据,为省、市领导及兄弟县(市、区)了解衢江提供信息,为乡镇(街道)、区级各部门相互学习、借鉴经验提供平台。本级特色、亮点工作上报得到省、市领导充分肯定。2012—2014年,区委办向省委办、市委办报送各类信息2008篇,编辑本级《工作动态》300期,处理各类紧急信息480条,其中被省、市委办《浙江信息》《衢州信息》的每日汇报、工作情况交流、转报、工作动态、专报等采用405篇,《衢江区创新驻村"金融指导员"制度 实现"银农双赢"》等多篇信息获省、市领导批示,信息工作质量明显提升。

【服务保障】 2012—2014年,发挥桥梁纽带作用,加强同市委办的纵向对接和区级各单位的横向联系,完善下情上传与上情下传的沟通反馈渠道,确保在重大会议、活动中始终做到联系紧密,协作有力。服务各类大型会议、活动300余场次。在公务接待上做到既体现衢江特色,又突出重点、厉行节约、科学有序,接待上级领导、客商、专家学者等到访人员900余批次,16000余人次,其中省部级领导450人次。后勤保障中把日常保障同重点保障结合起来,把政务保障和事务保障结合起来,严格执行值班值守、文电传输、批示传达、后勤服务等工作,确保区委领导把更多的时间和精力投入到谋大事、抓大事上。

【办文办会】 2012—2014年,按照《党政机关公文处理工作条例》规定和要求,进一步规范公文处理程序。对于上级公文，做到及时登记、传阅、整理、归档，确保不出纰漏；对于办公室起草的公文，认真拟稿、严格审查；对于部门代拟的公文，仔细缮改、规范格式。为确保公文质量，坚持做到由文秘科室率先把关，分管领导严格审核。按照中央、省、市相关文件精神，加强会议统筹管理，控制会议数量、缩短会议时间、提高会议质量。对能采用文件通知、现场协调等方式部署工作的不集中开会，能直接开到基层的会不层层套开，严格控制以区委、区政府名义召开的各类会议及各类纪念、研讨、慰问、表彰会。2014年，牵头制定《关于开展文风会风治理集中行动的工作方案》，切实改进文风会风，有效提升机关效能。共精简会议40个，将38个单独召开的会议、套开成19个会议；精简部门简报4个，将《衢江信息》由原来的7个子刊物缩减到4个。

【督查督办】 2012—2014年，围绕区委区政府的中心工作和重大决策部署，坚持督查落实与目标考核相结合，完善真督查、实考评，以督促考、督考合一的工作机制，推动区委区政府中心工作和重大决策部署的贯彻落实。根据不同阶段的重点工作，及时确定专项督查项目，对重点项目推进、“五水共治”“四边三化”“三改一拆”、生猪整规等工作开展专项督查。根据领导批示要求和督办内容，及时做好批示处理，加大领导批示、交办事项的督办力度，确保领导关注的重点工作件件有回音、事事有着落，促进各项工作的落实。2013年9月，成立区督查考绩委员会，其办公室（简称区督考办）设在区委办。2013年、2014年衢江区在全市综合争先考核中连续两年位居第一。

【参与经济建设】 2012—2014年，坚持招商引资一号工程不动摇，完善招商引资工作和项目谋划工作考核办法，实行分线捆绑考核，抓住机遇与客商广泛接触对接。牵头引进项目6个，新引进项目实际到位资金1.76亿元。谋划项目共30个进入衢江区重点项目库，其中，1个项目获衢江区重大项目谋划PK赛“十佳项目”；2个项目获衢江区重大项目谋划PK赛“双十佳项目”；2个项目获衢江区优秀命题项目。2012年，区委办引进衢州市宏捷机械设备有限公司项目落户衢江区经济开发区；引进衢州市衢江区鑫峰农场项目落户全旺镇；引进赛仑有限公司项目落户衢江经济开发区，该项目协议投资52000万元。2013年，引进巨程钢瓶有限公司落户衢江区经济开发区，该项目协议投资26000万元；引进衢江区民丰大厦项目落户衢江城区。2014年，引进浙江杭开控股集团有限公司项目落户大洲镇坑头畈村、五十埂村，占地面积53.33余公顷，该项目协议投资32000万元。

（傅文杰）

纪 检 监 察

【概况】 2012—2014年，衢江区纪律检查委员会（区监察局）认真贯彻落实上级党委、纪委关于党风廉政建设和反腐败工作的新思路新要求，聚焦主业主责，全面履行党章赋予的职责，为全区经济社会发展提供有力的纪律保障。全区纪检监察组织共受理信访举报1088件次，累计查办违纪违法案件222件，处分党员干部221人，其中党纪处分207人，政纪处分29人，双重处分15人。在受处分人员中，乡科级干部7人；开除党籍86人，开除公职13人，追究刑事责任4人。

【党风廉政建设】 落实党风廉政建设责任制，党委负主体责任，纪委负监督责任。区委主要领导带头履行“第一责任人”职责，区委常委落实“一岗双责”，抓好职责范围内的党风廉政建设。区纪委协助区委建立“两个责任”报告制度，对全区乡镇（街道、办事处）、部门落实“两个责任”情况进行“全覆盖”监督，乡镇（街道、办事处）当面听取率达

100%、部门达79.8%。全区89家单位党委(党组)按时向区委、区纪委作书面报告并接受区纪委委员评议。完善党风廉政建设责任制考核办法,将考核细化为党委履行主体责任8个方面33项、纪委履行监督责任5个方面24项内容。严肃责任追究,对2014年考核不合格的2家单位实行"一票否决",并予以通报。

【监督执纪问责】 健全重点工作一体化大督查机制,围绕区人民医院异地扩建工程、杭新景高速公路、城中村改造安置小区等区委区政府重点工作,牵头开展专项督查5次,解决问题91个,提出意见建议184条,保障一批重大项目建设快速推进。出台《关于严明纪律确保"三改一拆"工作顺利推进的通知》《关于在推进重大项目重点工程建设中切实强化党员干部纪律保障的意见》,先后开展加快水利改革发展、惠农政策落实等监督执纪工作,确保重大决策部署不折不扣得到落实。2014年9月以来,按照纪检监察机关"三转"要求和"监督的再监督、执法的再执法、检查的再检查"的职能定位,全面推行立项监督,并出台《衢江区纪委监察局监督执纪问责办法(试行)》、明确8项监督内容、14种问责情形,规范监督执纪问责工作"标准流程"。

【效能作风建设】 全面贯彻落实中央八项规定精神,制定《衢江区领导班子和领导干部作风状况评价办法(试行)》,出台《区委区政府关于贯彻落实中央政治局改进工作作风密切联系群众八项规定操作细则》,明确改进调查研究等八个方面30项具体要求。加强《党政机关厉行节约反对浪费条例》落实情况的监督检查,抓住元旦、春节、中秋和国庆等关键节点正风肃纪,严肃查处"酒局、牌局"、公款吃喝、公车私用、工作"庸懒散"等问题,大力纠治"四风"。2012—2014年,全区共实名通报违反中央八项规定精神典型案例4起,7人受到党纪政纪处分。牵头推进行政审批制度改革,行政审批平均提速29.8%。2012年5月,全市推进"两项工作"和"三项制度"现场会在衢江区召开,得到时任市委常委、纪委书记杜康的充分肯定。深化"三企工程",帮助企业解决难题539个,被评为省级服务型基层党组织建设百例特色品牌。出台《衢江区影响机关工作效能行为责任追究办法》,创新开展评环境、评部门、评干部、评窗口"四评""百名基层站(所)长群众评"等活动。

【查处违纪违法案件】 2012—2014年,全区纪检监察组织共查办违纪违法案件222件,为国家和集体挽回经济损失119万元。其中影响较大的有:区委宣传部原副部长章某受贿案、区农业和农村工作办公室原副主任徐某某受贿案、衢州三中原副校长余某某受贿案、高家镇财政所原所长杜某某骗取农资补贴案等。坚持依纪依法安全文明办案,增设案件监督管理室,严格落实安全文明办案责任制。注重发挥查办案件的治本功能,公开审理典型案件182起,224名受处分党员接受回访教育,连续11年实现"零申诉"。

【源头预防治理腐败】 制定《衢江区建立健全惩治和预防腐败体系2013—2017年工作要点》,督促各责任单位抓好省委巡视组反馈意见的整改工作。出台《衢州市衢江区党员领导干部廉政谈话实施办法(试行)》《衢州市衢江区区管领导干部廉政法规知识测试暂行办法》,落实任前廉政谈话、述职述德述廉、诫勉谈话、专题民主生活会等制度。创新推行"廉政微课堂"模式,编印《以案论纪30例》《村级换届贿选典型案例》,开通廉政短信宣教平台,推进农家书屋"廉政图书角"建设。推进工程建设领域突出问题专项治理、阳光工程建设深化年等活动。部署开展全区机关事业单位会员卡专项清退工作,全区3281名党政机关干部及事业单位和国有企业中层以上职工做到"零持有"。

【农村基层党风廉政建设】 加强农村集体“三资”监管，制定《衢江区农村集体资金资产资源管理办法(试行)》，强化农村集体“三资”管理情况监督检查，问责处理244人(单位)，其中给予党纪政纪处分12人，全区272个行政村财务实现统一核算程序、统一会计电算化、统一公开时间的“三统一”管理。推进村级便民服务中心规范化建设，建成示范村90个，其中省级示范服务中心12个。开展基层站所(服务窗口)与村级便民服务中心对接工作，实现信息平台建设全覆盖。推进村(居)务监督委员会建设，推行重点村务“点题”监督机制，创建示范村监会43个，其中市级5个。2013年8月，市委常委、纪委书记陈欣赴衢江区专题调研农村基层党风廉政建设。同年12月，省委常委、纪委书记任泽民赴衢江区调研，对村务监督委员会建设工作给予充分肯定。加强对村级组织换届工作和换届纪律执行情况的监督检查，严肃查处大洲镇外焦村、樟潭街道戚家村等一批贿选案件，保障换届工作风清气正。

2013年8月7日，市委常委、纪委书记陈欣(右二)到衢江区调研纪检监察工作

【纪检监察组织建设】 按照纪检监察机关“转职能、转方式、转作风”要求，全面深化纪检监察体制改革，率先在全市完成议事协调机构精简、内设机构调整等工作，取消或不再参与议事协调机构153个；撤并整合4个科室，增设2个纪检监察室；21个乡镇(街道、办事处)纪(工)委书记、24个派驻(出)纪检组长(纪工委书记)全部落实专职专用要求，不分管其他业务工作。加强纪检监察干部队伍建设，先后开展纪检监察干部下基层“三走进”、严守“八项纪律”公开承诺、第二批党的群众路线教育实践等活动，引导广大纪检监察干部带头讲政治、顾大局、守纪律。注重“能力纪检”建设，建立新进干部“一对一”传帮带机制，深入开展“纪检监察大讲台”“读六本书”“星期五课堂”等学习活动。加强乡镇(街道、办事处)纪检组织建设，启动乡镇(街道、办事处)纪检组织规范化建设试点工作。加强纪检干部监督管理，严防“灯下黑”。

(吴素光)

组 织 工 作

【概况】 2012—2014年，区委组织部围绕区委、区政府中心工作大局，加强领导班子、干部和人才队伍建设，全面落实基层党建工作责任制，建立健全党建工作长效机制，确保党的建设各项部署落到实处，为衢江区经济社会发展提供坚强的组织保证和人才支持。至2014年12月，共有党组织665个，中共党员20231名，其中女党员3707名，少数民族党员96名，分别占总数的18.3%、0.5%。区管干部524名，其中，乡镇(街道、办事处)211名，部门313名；正科级干部171名，副科级干部344名，部门党委委员、党组成员、校务会议成员等区管干部9名；党外干部26名，女干部86名，少数民族干部9名。

【干部教育培训】 2012—2014年，区委组织部在区委党校等地举办各类区管领导干部培训班49个班次，培训领导干部4600人次。选送一批领导干部到省委党校、浙江大学、井冈山干部教育培训中心等高等院校和培训基地进行培训，选调市管领导干部参加中共十八大、习近平总书记系列重要讲话精神集中轮训。2012年，举办提高组织工作科学化水平专题研讨班。2013年，围绕区委、区政府提出的“建设现代田园城市”战略目标，针对项目谋划、旅游管理等“知识短板”，举办城市规划、国土保障、城镇建设、项目谋划、旅游发展、招商引资、产业政策七大专题培训班。600名归口单位分管领导和业务骨干到浙江大学、区委党校参加培训。2014年，重点抓好区管领导干部和党员领导干部的群众路线主题教育实践活动。全区724个基层党组织、20231名党员参加。省中青一班（春季）、二班（秋季）47名学员到全旺镇、大洲镇、黄坛口乡开展群众路线教育主题实践活动现场教学。组织开展区管领导干部履职能力提升培训。

【干部监督管理】 强化领导干部监督管理，严格执行重大事件报告制度，落实领导干部报告个人事项，进一步明确报告内容、程序和要求，全区共500名领导干部申报年度个人重大事项报告，深化领导干部经济责任审计工作，对42家单位的75位领导干部进行经济责任审计，查出违规资金6300万元，促进领导干部更自觉地履行好经济职责。加强对出国（境）人员的监督管理。开展违规办理和持有因私出国（境）证件专项治理工作，进一步完善登记备案人员信息库和集中保管因私出国（境）证件工作，并加强对违规办理因私出国（境）证件的、违规持有因私出国（境）证件的七类问题进行核查。加强对选人用人工作的检查。对衢江区2012年以来在履行选人用人工作程序方面、用人资格条件把关方面、执行干部政策和用人导向方面、超职数配备干部方面、干部档案管理情况方面、干部日常监督方面六个方面的情况进行自查，并查找贯彻执行《干部任用条例》过程中存在的问题和不足，进一步加强对干部选拔任用工作的监督，深入整治用人上的不正之风。

【人才队伍建设】 2012—2014年，财政人才经费投入共计3581万元。坚持“党管人才”原则，开展各类人才引培工作，人才总量达到47315人，其中党政人才1376人，企业经营管理人才4130人，专业技术人才20117人（高级专业技术人才586人），技能型和农村实用人才21692人（高技能人才6339人）。入选市级及以上人才典型37人，推荐入选省“151”、市“115”人才工程培养对象17人，列入省、市重点人才工程培养对象100人次。区委重视优秀大学生村干部培养使用，公开招录3批122名高校毕业生到农村任职。

【人才集聚工程】 2012年，区委人才办下发《关于印发贯彻区委区政府〈关于实施人才集聚工程的若干意见〉十六个配套实施办法的通知》。同年，中国纸浆造纸研究院衢州分院落户衢江。2013年，开展第五届拔尖人才评选工作，产生11名区级拔尖人才。2014年，浙江省长三角循环经济技术研究院衢州分院落户衢江。2012—2014年，引进特种纸、装备制造、新兴产业、现代服务业、现代农业等经济发展重点领域急需专业人才604人，引进教育卫生、城市规划等社会发展重点领域急需紧缺专业人才474人，引进海内外高层次人才12人，柔性引进高层次人才47人。创建区级重点创新团队8个，建设区级专家工作站22家，被评为市级院士专家工作站2家，市级专家工作站7家。

【基层组织建设】 2012—2014年，区委组织部实施以出诊、坐诊、会诊、复诊为主要内容的第一书记“四诊”工作法，有效推进后进党组织整改提高、晋位升级。全面开展农村党员“五带头”为主要内容的先锋指数考评管理和以“服务公示、绩效量化”为主要内容的农村无职党员设岗定责等活动。编印下发《先锋—党员队伍建设资料汇编》,出台《关于进一步加强新形势下党员队伍建设的若干意见》《关于进一步加强和改进党员教育管理工作的意见》和《关于做好处置不合格党员工作的意见》等文件,划定不合格党员“15条红线”,加强党员发展教育管理。按照“依法、平稳、有序”的原则,完成21个乡镇(街道、办事处)、村党组织换届工作,对272名村党支部书记进行集中轮训。

2012年9月25—27日 省委常委、组织部部长蔡奇一行到举村乡蹲点调研新形势下加强基层党组织建设的新思路、新举措,并召开基层组织建设年座谈会。

【三民工程标准化建设】 全面推进民情档案、民情沟通、为民办事全程服务的“三民工程”标准化建设,打造基层服务型党组织,所有行政村通过达标验收。加大基层党建工作经费保障,实施“壮村工程”,确保村级组织正常运转。2014年,扎实开展教育实践活动,从严制定活动方案和工作计划,精心组织实施,做到规定内容不落项、自选动作有特色。开展党员干部现代远程教育终端站点分类定级、“百村示范、后进整转”等工作,切实抓好终端站点“建学管用”工作。加大远教广场建设,已建成45个,示范点9个。开办“衢江先锋”党建电视栏目,搭建加强党员教育和党建宣传工作新平台。作为全省试点,深入开展“远教入企”活动,创建25家示范单位。

【党代表工作】 2012—2014年,衢江区作为党代会常任制试点单位,率先在全市全面推行党代会常任制,以党代表工作室为载体,在全区建立党代表工作室22个,党代表个人工作室15个,党代表网络工作室1个,莲花镇党代表工作室荣获省级示范性党代表工作室。2013年,作为省、市、试点,全面推行乡镇党代会年会制和党代表询问质询制度。2014年,作为市级试点在区级层面试行区党代会年会制,在街道层面全面推行街道(办事处)党员代表会议。2013年,作为省、市、区试点,全面推行乡镇党代会年会。

【两新组织全覆盖】 2012年,下发《关于对非公企业“双强争先”重点培育企业党组织实行双重管理的通知》,对浙江仙鹤特种纸业有限公司等18家非公企业党组织实行双重管理。下发《关于选派非公有制企业党建指导员和党建联络员的意见》,向非公企业委派党建指导员(联络员)40名。按属地管理原则,将19家两新党支部分别划归衢江经济开发区党委、樟潭街道和浮石街道党工委管理,理顺隶属关系。在开发区滨港中路、天湖南路、百灵北路建设一条9千米长的“党建大道”。制作一部两新党建宣传片。2013年,下发《衢江区两新组织流动党员双重管理办法(试行)》,加强两新组织流动党员管理。下发《关于进一步完善规范两新组织发展党员工作的意见》,规范两新组织入党申请人的条件等10个方面工作。在区级双管两新党组织开展先锋指数考评工作。充实两新党建指导员队伍,选派50名区级指导员。新建6个两新组织党支部。开展以“自荐直选”为主的两新(新经济组织和新社会组织)党组织集中换届选举工作,选举产生96名党组织书记。举办两新党组织书记十八大精神培训班2期120人次。2014年,推动“两新”组织教育实践活动,开展“党性体检,民主评议”,共评出亚健康党员87名,不健康党员7名。广泛参与“点亮微心愿·共筑中国梦”主题志愿服务活动。

【青春党建展活力】 2013年,建立“青春支部”42个,青年党员活动小组21个,组建200人以上青年服务队10支,开展青春党建活动,办实事60余件。组织全区71家企业与行政村结对投身“五水共治”,54家企业共捐款148.2万元。举办1期“农产品质量安全”培训班,助推“放心农业”。下发《关于在全区深入开展"双网互动"党建带团建工作的实施方案》，划分两新组织网格35个，覆盖非公企业党团组织130个、青年社会组织151个。在仙鹤、万海、圣效等13家两新组织建立远教终端示范站点。按照每个企业至少2000元的标准落实非公党建专项工作经费共30万元。

【党员教育服务中心落成】 2013年11月14日，成立全市首个区级党员教育服务中心。结合新形势党建工作特点，优化整合党建资源配置，投资50多万元，建成并投入使用260多平方米的全市首个区级党员教育服务中心，成功搭建综合性基层党建工作新平台。中心按照"立足党员、面向群众、服务社会"的要求，为全区党员提供"组织关系接转、党内资料查询、党务工作咨询、党员教育资料服务、党员求助热线服务、特殊群体党员帮困"等六大服务，实现"一个阵地、多种资源、多种用途"的目标要求，为全区党员的学习教育管理创造良好的条件。同时，开展党务政策咨询、党建理论知识传播、党内相关业务办理、生活困难党员群众帮扶、党员志愿者服务活动、受理反映社情民意和推进区域化党建等工作，把党员教育服务中心办成"党员之家""群众之家"。

（江海华　何文晨）

党员之家服务中心

宣　传

【概况】 2012—2014年，衢江区委宣传部围绕中心，服务大局，推进宣传思想文化各项工作，为全区经济社会科学发展提供思想保证、精神力量、道德滋养和文化条件。创建全国文明镇1家、省级文明单位9家、市级文明单位16家。2012年，筹措建设资金370余万元，开展"为农家书屋捐书活动"，建成农家书屋272个，实现农家书屋行政村全覆盖。2013年，在《浙江日报》上稿35篇，《衢州日报》上稿145篇，《衢州新闻》发稿554篇，在省卫视和省电台发稿14条，《桥梁》栏目获评衢州市首届新闻工作"华岗奖"名栏目。2014年，各项工作在市级以上报道：纸质媒体用稿537条，电视媒体420余条，其中中央电视台8条。

【理论学习和研究】 2012年，召开学习型党组织建设工作推进会，下发《关于深化学习型党组织建设的意见》。深化"乡土党课"、周一夜校、社区讲堂等学习型载体建设。开展"创学习型党组织、争当学习型干部"理论征文活动，征集文章62篇。2013年，围绕学习贯彻中共十八大精神，编印《学习资料选编》18期，组织理论中心组学习12次。召开全区宣传思想工作会议和全区宣传文化系统专题学习会，学习传达全国和省、市宣传思想工作会议精神。依托区"形势政策兼职宣讲团""创业宣讲团""最美宣讲团""第一书记讲师团""党代表宣传团"等"五团"开展十八大、十八届三中全会精神理论宣讲活动。2014年，推出学习考勤、中心发言、考学述学、学习督查、学习月报、书目推荐、理论调研等10项制度，形成完善的学习机制推进学习。党的群众路线教育实践活动期间，区委中心组成员连续3天封闭式学习，撰写心得体会。以全面深化改革、十八届四中全会精神等为主题举办区委理论中心组学习会16次。每月下发《党委理论学习中心组学习主题提示》。围绕“党的群众路线教育实践活动”“首届世界互联网大会”等12个主题组织编印《学习资料选编》17期，优化学习服务。

【开展主题教育】 2012年，在全区各级党组织开展“吐故纳新破僵化、兴利除弊求奋进”大讨论，组织广大干部群众积极投身“广泛学先进、提升执行力、加强纪律性、事业向前进”主题教育实践活动。年末，区委考察组再赴苏北考察，形成《逆势扬帆、再求突破》调研报告，解放思想大讨论活动形成《2012解放思想在衢江》等理论书刊，对“五个衢江”建设起到助推作用。2013年，召开“加强和改进意识形态领域管理和舆论引导工作”专题学习会，邀请《求是》杂志社副总编黄中平作意识形态领域管理工作专题讲座。制定区委意识形态工作主题传达提纲。下发《关于开展“衢江情·中国梦”为主题的中国特色社会主义宣传教育活动的实施意见》，全面推进中国梦主题教育。召开衢江区“周一夜学”制度的实践与探索理论研讨会。相关做法得到省委宣传部常务副部长胡坚的批示肯定。2014年，认真学习领会习近平总书记系列重要讲话精神，自觉践行中央“八项规定”和总书记“三严三实”要求，开展“奔跑起来 追赶跨越”密切联系群众大讨论大实践活动，形成解放思想、对接政策、五水共治、美丽乡村、招商引资、大干项目、改善民生、和谐衢江等“八个奔跑起来”的思想共识，得到省委赴衢江督导组的肯定。

【推动理论宣传】 2012年，以“最美教师”“最美军嫂”等19名“最美人物”为主体，组建衢江区“最美宣讲团”。以党员副处级以上领导干部为主体，组建“第一书记”宣讲团。按照创业指导组、科技服务组、媒体宣传组和创业示范组的基本构架，拓展形成70人的区创业宣讲团。全市创业宣讲现场观摩活动在衢江举行。区创业宣讲团获省优秀宣讲团队称号。2013年，举办区第三届创业文化周活动暨“仙鹤创业之路”主题宣讲报告会。举行区第四届青年创业项目大赛，在莲花现代农业园区组织第二届“创业之星”现场宣讲。2014年，组织第一书记宣讲团、形势政策兼职讲师团、最美宣讲团、创业宣讲团、“五水共治·法律先行”宣讲进文化礼堂活动。省委宣传部副部长黄明辉到衢江区调研“理论宣讲进文化礼堂”工作并召开衢州片区座谈会。十八届四中全会后，迅速聚焦主题开展理论宣讲得到省部常务副部长胡坚的批示肯定。

【思想道德建设】 2012—2014年，连续开展“最美衢州人十大年度人物”推荐评选及“衢江区十大爱心模范”评选活动，涌现出全国“最美家庭”胡金凤家庭、全国“孝亲敬老之星”蓝微、全国“最美大学生村干部”方月萍等国字号最美人物16人。2012年，广泛开展“我们的价值观”大讨论活动，共有2.3万人次参与学习教育活动，召开各类学习会、座谈会390余次，撰写心得体会文章5730余篇。2014年，组织开展“最美的花，献给最美的您——百名‘最美衢江人’走进玫瑰园”主题活动，推进先进典型影响力，得到省委常委、宣传部部长葛慧君的批示肯定。建成“衢州东城·尚德乐园”，承办全省“最美浙江人”主题宣传活动推进会，省委常委、宣传部部长葛慧君出席会议并表示肯定。下发《关于开展“中国梦想·最美衢江”主题宣传活动的方案》，开展以“中国梦·衢江情”为主题的中国特色社会主义宣传教育活动，弘扬“最美精神”，实现“春泥计划”教育实践基地全覆盖。

【群众性创建活动】 制定《关于深入推进衢江区文明集镇创建工作的实施意见》，培育具有衢江特色的文化精神和文化活动品牌，把集镇建设成为文明和谐的新集镇，廿里镇获评全国文明镇，省级文明镇1家、省级文明村12家，市级文明村镇15家，区级文明单位17家，区级文明乡镇5家，区级文明村(社区)80家。2014年,成立由从事社会公益事业志愿者、最美人物、衢江爱心企业、爱心志愿服务队以及区外爱心协作团队共同组成衢江爱心联盟协会,举行第一次会员代表大会,选举产生首届理事会并通过联盟章程和各项管理制度,现有专业志愿服务队106支,志愿者4000多人,实现乡镇志愿服务队全覆盖。

【主题宣传形式多样】 2012年,围绕中共十八大精神,开展主题宣传,集中展示衢江区中共十六大以来取得的成就,重点开展"三年"活动、"进村入企"大走访活动、重点项目建设"互看互学互比""宜居宜业衢州东区,活力魅力滨江新城"城市形象、"百千万先锋行动""三民工程""三企工程"、重大项目、民生工程、"最美衢江"等主题宣传。开展首届"十大爱心模范"和爱心示范基地评选活动。2013年,围绕"建设田园城市、共建生态家园"主题,重点开展"三改一拆""双清"行动、人才宣传月、"放心食品"、杭新景高速征迁、村级组织换届、"衢江情·中国梦""共建生态家园"等主题宣传。2014年,围绕"一城一村一区一心"建设,开展"五水共治跑起来"志愿服务和"推进五水共治、建设美丽家园"农民运动会等主题活动。在区级媒体开设专栏、专版,组织系列专题报道。

衢江区第三届十大爱心模范颁奖活动

【农村文化阵地建设】 2012年,开展衢江区"十大历史文化名人"评选活动。组织举办杜泽枇杷文化周、衢北重阳节、东岳文化节、大路三月三畲族文化节等群众性文化活动。2013年,全旺镇楼山后村骏惠堂、杜泽镇巽峰塔修复竣工,云溪吴氏宗祠列为国家级文保单位。灰坪千里岗游击区革命旧址被列入省级爱国主义教育基地。建成文化礼堂25家并投入使用。打造边远地区流动"文化加油站",建成35处"廉政图书角"。举办"皇后故里·魅力全旺"摄影美术作品展、莲花九九玫瑰节、杜泽宝山枇杷文化节、"婺剧进校园"、首届电视排舞大赛等文化活动。2014年,建成24家农村文化礼堂。承办浙江省第十六届公共文化论坛,推介衢江区文化礼堂建设的经验。杨继洲针灸入选第四批国家非物质文化遗产代表性名录扩展项目名录,全国首部以针灸为主题的微电影《神针》入选中国国际微电影节和中国金鸡百花电影节学院奖短片大赛,获2014美丽浙江城市形象微电影大赛最佳故事奖。省委宣传部常务副部长胡坚带领"钱塘江抒怀"采风团到衢江区开展采风活动。成功承办全市婺剧进校园现场会。开展"中国梦想 秀美衢江"首届幼儿经典诵读大赛、首届民营文艺表演团体会演、衢江区首届非遗会演、区第二届电视排舞大赛和"中国梦、家乡美"区首届民间艺人才艺大赛等大型群众文化活动。《提线木偶戏》《茶灯戏》《马灯戏》三个省级非遗项目参加第九届浙江省非物质文化遗产节暨2014"浙江好腔调"传统戏剧"浙风越韵"系列展演,均获"浙江好腔调"奖。

【对外宣传工作】 2012年,举办大型系列主题公益活动"绿色中国行——走进衢江"暨第五届中国绿色宝贝、第二届中国玫瑰公主颁奖盛典,中央电视台、人民日报(海外版)、人民网、中国绿色时报、香港卫视、绿色中国网络电视等50多家媒体作报道。编印《魅力衢江》《秀美衢江生态家园》《最衢江》《发展至上 群众至上》《魅力衢江》等书籍、画册,展示衢江绿色生态环境。2013年,《浙江日报》

头版“努力实现开门红”栏目，刊登《衢江农民抱团打响草莓品牌》。系列先进典型童志祥、蓝微、王春雷报道分别在《浙江日报》《衢州日报》刊发，《人民网》《新民网》《和讯网》等网站转载报道。《衢江欢迎您》和《柑橘转型升级出成效衢江区一个橘子卖10元》获2012年度衢州市对外宣传成果“金桂奖”三等奖。区社会矛盾调解中心行业调解工作被央视“焦点访谈”肯定。中央电视台《社会与法》频道专题报道廿里法庭法官帮助15岁男孩寻母抚养纠纷案。 2014年，在浙江日报先后刊出《一拆五统 破旧建新 衢江马蹊村连续五年“零违建”》《一拆五统腾屋换人、梯次安置、衢江创新整治一举多得》等稿件。6月27日，岭洋乡发生重大洪灾，相关报道三上央视、四上浙报，新华网、人民网、中新网、中国网、新浪网、腾讯网等全国知名网络媒体作正面报道，省委宣传部副部长鲍洪俊批示肯定。区法院妥善处理民商事纠纷，相关报道先后在中央电视台播出。全旺板龙走上央视科教频道《文明密码》栏目，“三陶轩古名窑点火开炉”“衢江马灯戏——浙西‘全武行’”陆续在浙江卫视播出。

【打造“最美衢江”品牌】 2012年，在浙江日报“科学发展在浙江”专栏策划“美在心灵、爱涌衢江”全彩专版，展示“最美衢江人”群体形象。《钱江晚报》《浙江在线》新闻网站推出2010年“浙江骄傲”年度人物毛水标专访。人民日报、中央电视台、浙江卫视、钱江晚报以《徐磊——菜场追梦人》为题，报道衢江籍卖菜小伙徐磊的逐梦励志故事。《光明日报》以整版推出《一位乡村小学校长的承诺——记衢州市衢江区下张小学校长马建红》长篇通讯。《衢州日报》转载报道、深度报道“最美衢江”。2013年，以民警徐小宁牺牲在元旦值班夜的先进事迹为契机，第一时间形成《“三情”民警徐小宁》新闻报道在《浙江日报》头版刊发。2014年，举行“百名最美衢江人走进玫瑰园”主题活动，组建爱心联盟，向全区人民发出倡议。活动相关情况在《浙江日报》刊登，省委常委、宣传部部长葛慧君批示肯定。

【助推衢江“放心农业”】 2012年，《浙江衢江：大棚种白金》新闻在中央电视台经济频道《县域经济报道》中播出。2013年，围绕“放心农业”在《浙江日报》上分别以《衢江区：信安碧水润千里》《乌溪江山水如画铜山源返老还童》《记忆中的乡愁》等为题采写刊发五个专版。“五水共治 百城擂台”刊发的专版《衢江区：信安碧水润千里》，得到省委常委、秘书长赵一德的肯定。2014年，新华网、农民日报先后以《浙江衢江“八品官”负总责保障“舌尖上的安全”》《美丽田园走来“放心农业”——浙江省衢州市衢江区打造农产品质量安全放心区见闻》报道衢江区放心农业。与中国新闻摄影学会联合举办“2014形象中国百家媒体聚焦魅力衢江”等主题外宣活动，中国新闻摄影学会会长亲临衢江考察，全省首家“国家级摄影创作基地”落户衢江，全国地市报聚焦报道衢江美丽乡村建设。

【网络管理工作】 2013年，区互联网宣传管理办公室更名为区互联网信息办公室，出台《关于加强和改进互联网管理工作的意见》，健全重点网络舆情24小时值班制度、重点网络舆情联席办公制度，补充完善新闻发言人、网评员考核制度，加强互联网信息管理工作。开展“让网络空间清朗起来——当战士、不当‘绅士’”学习讨论实践活动，开展网上舆论引导工作培训、主题征文、“网军”实战练兵活动等主题活动。开通“衢江发布”政务微博微信网络平台，发布党务、政务类信息160多条。2014年，区网信办获6个县(市、区)中唯一的全市网络舆论引导先进单位称号。

【胡金凤家庭获评全国“最美家庭”】 2014年5月15日，全国妇联在北京举行“最美家庭”揭晓暨五好文明家庭表彰会上，衢江区樟潭街道下埠头村胡金凤家庭获得全国"最美家庭"称号。10月2日，中宣部、全国妇联公开发布10户"全国孝老爱亲最美家庭"的先进事迹，胡金凤家庭名列其中，并派代表赴京参加表彰仪式。胡金凤夫妇育有9个子女，多年来，9个小家庭之间团结互助、尊老爱幼、亲密无间。

（左 健）

统 战

【概况】 2012—2014年，衢江区统一战线工作围绕区委、区政府中心工作，服务大局，发挥优势，取得良好成效。2012年，区委统战部被评为全市统战工作综合考核一等奖，获全省统战工作先进集体。2013年，区委统战部被评为全省统战工作先进集体。2014年，统战工作项目化运作机制受到省政协副主席、省委统战部部长孙文友的批示肯定，被全省推广。

【助推经济发展】 开设"同心·建言"专刊，畅通党外人士建言献策渠道，围绕"五水共治""四个一建设"等重点工作广泛调研，为区委区政府决策提供参考。协同工商联开展衢江籍在外创业人士"四个一"活动和在外创业人士调查，掌握650名在外各领域优秀人才、代表人士。搭建招商新平台，成立衢江杭州商会、衢江上海商会，拓宽招商渠道。积极参与项目"四赛"，衢州莲花释界健康禅文化旅游度假区项目被列入2013年度区"十佳项目梦"。推进"十万浙商进百区"活动，向衢江籍在外人士发布30个"十万浙商进百区"活动项目信息，促进浙(衢)商回归创业。向统战成员发放"五水共治"共建生态家园的倡议书。区工商联开展"百企联百村，合力治污水"，宗教界开展"五水共治，五教同行"活动，各民主党派开展"五水共治"民主监督、主题宣传等活动。2014年，统一战线成员为衢江区"五水共治"捐资250万元。民盟支部为留守儿童、家庭困难的学生和外来务工人员子女举办暑期公益夏令营。民进总支对接省级优质医疗资源，在区妇幼保健院开办"民进浙江省委会医卫专家工作站"。农工党支部、九三学社支社大力开展联农结对活动，深化联农结对活动。

【开展多党合作】 探索党派规范化、制度化建设，建立党外代表人士年度"三述两评"综合评价机制，将评价结果作为党外人士政治、荣誉、社会和实职安排的依据。2013年，民盟衢江支部成立，选举产生第一届领导班子，实现全区6个民主党派基层组织与民主党派市委会的一一对应。推进知联会基层组织建设，2014年在全市率先实现知联会基层组织的全覆盖。探索推进基层协商民主建设，为全市推广积累经验。建立"党外代表人士数据库"和"党外干部数据库"，做好党外代表人士初始入库工作。开展党外后备干部推荐工作，2012—2014年，新提拔使用党外干部8名，有4名党外干部转岗到重要岗位。

【加强队伍建设】 规范内部管理制度，解决统战部班子和党员干部"四风"问题，促进干部作风转变。建立"周记实、月点评、季通报、年综评"的督考机制，推进全区统战工作的落实。2013年完善组织部和统战部联席会议制度，建立宣传部和统

2014年7月，廿里镇统战综合服务中心成立

战部联席会议制度，率先在衢州市成立县级社会主义学院，建立由统战部、党校和民主党派相关负责人组成的社院领导班子。在乡镇(街道、办事处)成立以党(工)委书记任组长的统战工作领导小组和由副书记任组长的民族宗教工作领导小组，实现领导体系全覆盖。在村(社区)配备统战工作联络员和民族宗教信息员，实现统战工作队伍区、乡、村三级全覆盖。推进统战工作进农村、进企业、进社区、进学校、进社团，在条件成熟的地方成立商会、知联分会、协商民主顾问团等统战组织和团体，实现各级各类组织全覆盖。建立乡镇统战综合服务中心，推进乡镇统战工作规范化建设。开展统战工作项目化运作，探索"统战工作项目化、项目工作具体化、具体工作操作化"的新模式。

【出台实施意见】 2012年，围绕新形势对统战工作的新要求，协助区委出台《中共衢州市衢江区委关于加强统一战线工作的实施意见》，系统明确统战部、乡镇(街道、办事处)、区级部门单位等三个层面的统战工作基本职责，形成从制度上纵向到底、横向到边的工作新格局。2013年，区委统战部协助区委出台《关于加强新形势下党外代表人士队伍建设的实施意见》。2014年，区"三改一拆"涉及宗教违法建筑处置经验做法在省委、省政府召开的推进会上作典型发言。

(彭淑娟)

编 制

【概况】 2012年4月，衢江区机构编制委员会办公室与区人力资源和社会保障局合署办公调整为单独设置，区编委办内设综合科(监督检查科)、行政机构编制科(行政管理体制改革科)、事业机构编制科3个职能科室，下辖事业单位登记管理局和实名制管理办公室2个事业单位。

【建立调整机构】 2012年6月，区编委批准原在衢江区实验小学挂牌的启智学校单设，为区教育局下属全额拨款全民事业单位，机构类别为公益一类，校长由实验小学校长兼任。2013年6月，在区委办设立区督查考绩委员会办公室，为区督查考绩委员会的办事机构，挂区委督查室、区政府督查室牌子。2014年10月，筹建乌溪江饮用水源保护管理局(乌溪江国家湿地公园管理局)机构设置。根据衢市编委《关于进一步加强乌溪江饮用水源保护管理有关问题的通知》要求，建立衢州市乌溪江饮用水源保护管理局，为区政府直属全额拨款事业单位，机构规格相当于副县级，机构类别为公益一类。同时，撤销浙江衢州乌溪江国家湿地公园管理处，建立衢州乌溪江国家湿地公园管理局，与衢州市乌溪江饮用水源保护管理局实行"两块牌子，一套班子"。

【整合撤并机构】 2014年2月，整合区工商分局和区食品药监局职责，并划入区质监分局的食品加工环节安全监管职责，于2月28日挂牌成立区市场监督管理局。区市场监督管理局是主管工商行政管理、食品药品监督管理的区政府工作部门，同时承担区食品安全委员会的具体工作，业务上受上级主管部门指导。2014年12月，组建区卫生和计划生育局，整合划入区卫生局的职责、区人口和计划生育局的计划生育管理和服务职责。将区人口和计划生育局的研究拟定人口发展战略、规划及人口政策等职责划入区发展和改革局。同时，整合区级医疗卫生和计划生育服务事业机构，主动与市编委办进行对接，确保改革取得实效。

【编制"一支笔"审批】 2012年，出台《关于规范机关事业单位招录、调配工作人员有关事项的函》，明确机关事业单位公开招聘人员、工作人员调配、编外用工等管理办法，规范了机构编制管理实行"一支笔"审批制度。

【中文域名注册管理】 2012年,全区共注册中文域名409个,注册完成率91%,位列全市前茅。2013年,根据浙编委办《关于做好党政群机关和事业单位专用中文域名注册管理工作有关事项的通知》和市编委办《关于召开事业单位法人年度检验暨专用中文域名注册管理工作会议的通知》,做好全区事业单位网上登记管理和中文域名注册管理工作,通过采取统一注册、集中缴费的方式,全区新注册中文域名16个,注册完成率100%。

【教职工编制动态调整】 会同区教育部门完成《衢江区2013年学校编制调整方案》,调整后全区学校教职工编制总数不变,其中预留一定编制数,根据学校实际发展情况审核使用。

【督查编制执行情况】 2013年8月,区编办与区纪委、区委组织部、区监察局、区人力社保局联合对区卫生系统的机构设置、编制使用、人员配备、条条干预等情况进行督查,督查结果:区卫生系统机构编制政策执行情况总体良好,没有发现严重违反机构编制管理有关规定的情况,但在人员调动、档案管理、编外用工管理等方面仍存在混岗混编、随意调动、借用等问题,对在检查中发现的问题要求限期整改到位。

【机关事业单位招考】 2013年,衢江区完成2期事业单位招考、1期公务员招考的计划核准工作。其中下达事业单位招考用编计划98名,其中区属单位56名,乡镇事业42名;2014年,衢江区共核准用编计划285名,其中行政机关计划用编34名,事业单位计划用编251名。

【事业单位法人年检】 2012年参加年检的单位有118家,涉及变更的有56家,新设立事业单位法人8家,对于脱检的单位,按照相应的补办程序办理。2013年,制订出台《关于认真做好2013年事业单位年度检验工作的通知》,该年度事业单位年检合格的单位有143家,不需参加年检7家,变更登记28次,新设立登记8家。在2013年度年检合格的事业单位进行全面梳理的基础上,确定区疾病预防控制中心、区妇幼保健院、区计划生育指导站、区畜牧兽医局和区质量技术服务中心5家单位作为首批公开试点单位。在此基础上逐步扩大试点范围,最终达到事业单位法人年度报告全面公开。

【事业单位法人培训】 2013年11月,在区委党校举办第一期事业单位法人培训班,全区80余家区级部门下属事业单位、中小学校、区级医院和卫生院等事业单位法定代表人参加培训。2014年9月,采取市编办领导授课,区事登局介绍业务工作的形式,举办第二期事业单位法定代表人培训班,共有85家单位参加培训,对培训考试合格者予以颁发"事业单位法定代表人培训合格证书",作为事业单位年检的必备审验材料。

【推行权力清单制度】 2014年,根据区委、区政府决策部署,衢江区开展职权清理推行权力清单制度工作。区编办会同区纪委、行政服务中心和法制办完成对全区37家部门的权力清单制度梳理,共梳理出部门职权5994项,经审核清理,保留2523项权力清单,比部门上报时减少3471项,于同年10月31日在浙江省政务网上正式公开。12月30日在省政务网上公布责任清单,公布出33家部门主要职责389项、具体工作事项1829项、职责边界25项、编写案例25个、建立事中事后监管制度220项、公共服务事项166项。

【实名制管理工作】 2014年,出台《机构编制实名制管理职责分工和业务协作流程》,健全相关部门间的协调配合机制,明确实名制联席会议成员单位的职责分工和业务协作流程,各部门各司其职、紧密协作，确保实名制管理工作规范运行。

（丁少华　傅佳丽）

党的干部教育

【概况】 衢江区委党校（区社会主义学院）是一所区委实施党员干部和党外干部教育培训工作的职能机构。实行校务委员会领导下的校长负责制，设常务副校长1人，副校长2人，校务委员1人。内设办公室、教务科、行政科三个科室。至2014年年底，党校在职员工11名，临时工5名；本科学历9名，大专2名；副教授2名，讲师2名。2012—2014年，在全市党校系统考核中被评为二等奖。2014年，在全省党校系统考核中被评为工作进步奖。

【干部教育】 2012—2014年，区委党校以立足提高教学质量、提升学员素质能力为培训重点，协调区直相关主办单位抓好培训计划制定、组织施训、学员考核等方面工作。并注重改进培训手段、创新教学方法，逐步实现教学从就理论讲理论向理论和实际相结合的转变，形成“政治理论+区情区策+专业知识”的新的教学模式；创新培训方式，坚持“借人育才”与“借地育才”相结合，依托高校、井冈山异地办班，充分发挥党校主渠道、主阵地的作用。2012年，承办培训班36期，培训干部2182人次。2013年，承办培训班32期，培训干部2176人次。2014年，承办培训班57期，培训干部3919人次。

2012年第十期中青年干部培训班

【科研工作】 坚持科研本土化不动摇，明确科研必须为教学服务、必须为政府决策服务的价值取向，继续加强科研改革创新力度。2012—2014年，党校共申报省级课题立项1个，结题1个；市级课题立项7个，结题6个。发表省、市、区级论文、征文和调研报告11篇，涉及刊物《衢州通讯》《衢州论坛》等，校级简报刊出20期。其中2012年，李勇撰写《村庄规模调整的难点问题与对策》在《新农村》（省级刊物）上发表；《招商引资的先天不足与必然选择》在《华人时刊》（省级刊物）上发表。

【队伍建设】 2012—2014年，以教师队伍为重点，努力建设一支政治强、业务精、作风正的高素质党校教师和干部队伍，共选派教师10人次参加上级党校业务培训、参与教学比武、开展实地调研等途径，进一步提高教师的理论水平和实践经验，丰富知识储备。2013年，蓝兴龙获浙江省视觉艺术大赛书法一等奖。2014年，姜文参加全市党校系统“精品课”评比获三等奖。

【农民大学生培养计划】 2012—2014年，开办5个班级，开设农业经济管理、林业、园艺、技术等专业。共招收学生268名，毕业学生 235名。2012年，衢江区郑建果蔬专业合作社正式成为第四批农民大学生教学实践基地，面向专业为园艺技术、林业技术的参观教学。

【挂牌成立社会主义学院】 2013年5月22日，衢州市衢江区社会主义学院在区委党校举行揭牌仪式，成立衢州市首家县级社会主义学院。区委党校坚持社会主义办学方向，积极探索办学模式和办学规律，进一步提升党外代表人士综合素质和能力。

（廖志军）

老干部管理

【概况】 2012—2014年,衢江区老干部工作坚持以人为本,服务为先的工作宗旨,贯彻落实老干部工作的各项方针政策,各项工作取得新成效。2014年,全区有归属老干部局管理和服务的老干部69人,其中离休干部48人,副处以上退休干部21人;按年龄分,60～69岁9人,70～79岁9人,80～89岁43人,90岁以上8人。48位离休干部中,抗日战争时期5人,解放战争时期43人;机关20人,事业12人,企业16人。

【老干部政治待遇】 2012—2014年,召开老干部形势通报会5次,举办老干部读书班会3次;组织老干部参观考察活动7次;老干部参加区重要会议和重大活动44次;组织老干部集中学习16次;探望生病住院老干部135人次;重阳节开展祝寿活动3次;春节走访慰问老干部232人次,发放慰问金23万元。每年为老干部赠订《浙江老年报》《老年文摘》《共产党员》等报刊。中华人民共和国成立65周年前夕,组织相关单位普遍走访慰问离休干部。

2012年12月14日,老干部读书会

2014年年底,全区有老干部党支部5个,党员92名。2012年,在离退休干部党员中开展"四个一"(读一本好书、做一件好事、提一条合理化建议和作一次调研)活动。2012年,区委组织部、区委老干部局举行纪念干部离退休制度建立30周年暨离退休干部创先争优表彰大会。2012—2014年,举办离退休干部党支部书记培训班3期。

【老干部生活待遇】 离休干部"三个机制"运转正常。2012年,全体离休干部均享受高龄护理补贴,同年10月,区委组织部、老干部局和人力社保局联合下发《关于进一步规范离退休干部有关待遇执行的通知》。2012年,落实老干部健康休养与居家养老两项制度。2014年,提高离休干部护理补贴标准,10月起,增加离退休干部离退休费;同年,提高离休干部公用经费标准(由每人每年600元调整为每人每年2000元),由老干部局统一管理使用,提高离休干部和实职副处以上退休干部健康老人奖奖励标准(从3000元提高到4000元)。2012—2014年,安排老干部体检3次,举行健康讲座12次;为生活困难离休干部或遗孀发放补助金2.4万元;组织老干部健康休养3次;发放老干部居家养老服务券10万元;老干部每年享受"一键通"移动应急呼叫服务。

【老干部活动】 2012—2014年,老干部活动中心活动人数3.3万人次。组织老干部开展调研活动6次。围绕迎庆十八大、现代农业、诗画衢江等活动或主题,举办书画展5次,展出作品265幅,出版《衢江诗词》3辑,编印书画作品集5本。组织老干部开展钓鱼、门球、象棋、乒乓球等比赛21场。开办老干部歌咏班、诗词班和京剧班。2012年,编辑《衢江区离休干部个人综合信息档案》。2013年,发动30多位老干部参加区"勤廉衢江"书画、诗词短信创作比赛;同年11月,区老干部活动中心被省老龄委命名为第一届浙江省"敬老文明号"。2013—2014年,组织老干部开展"走基层、看变化、促发展"活动6次。2014年5月,组织老干部开展建国65周年征文活动。

2012年10月10日,衢州市四县(市、区)老年书画喜迎十八大联展

【出版老干部政策情况资料汇编】 为更好地掌握和贯彻执行十七大以来老干部工作的方针政策,2012年,区委组织部、区委老干部局编印《衢江区贯彻十七大以来老干部政策情况资料汇编》(2007—2012年)。收录区领导讲话9篇,上级政策文件19份,衢江区政策文件20份,会议活动照片21张。

【举办四县(市、区)老年书画联展】 2012年,由区委宣传部主办,区老干部局、区老年书画研究会承办的衢州市四县(市、区)老年书画喜迎十八大联展在区文化馆举行。省老年书画研究会副会长徐加松、荆滨旭,市老年书画研究会会长黄锡南、名誉会长金家福,龙游县、江山市、常山县和衢江区老年书画研究会负责人,区领导童炜鑫、周小平、毛胜田、汪群出席开幕式。展出作品63幅,其中书法类36幅、绘画类27幅。

(胡进春)

机关党建

【概况】 2012—2014年,衢江区直机关党建工作以建设"为民、务实、清廉"机关为目标,把握"服务中心、建设队伍"两大核心任务,以开展党的群众路线教育实践活动为契机,以建设学习型、服务型、创新型、和谐型"四型"机关党组织为载体,加强机关党的思想、组织、作风、反腐倡廉和制度建设,为衢江区经济社会发展提供坚强有力保证。2014年12月,区直机关工委所辖共有总支2个,党支部88个,党员1861名。

【加强思想建设】 2012—2014年,以贯彻衢州市第六次党代会、衢江区第十二次党代会和全区"拉高标杆、追赶跨越"表彰动员大会精神,开展"学雷锋、讲奉献、比业绩"活动。围绕"新形势下如何践行雷锋精神"专题,通过座谈、研讨等形式,引导党员干部进一步加强对雷锋精神的共识,构建共同精神家园。2012年,区直机关党员走访困难群众515人,帮助解决实际问题620个,把党员干部向雷锋同志学习活动体现到为民服务的具体实践中。举办区直属机关、企事业单位支部(总支)书记培训班,学习贯彻区第十二次党代会精神及党的十七届六中全会精神,共有65人参加培训。召开区直机关十八大精神学习会,并与区委组织部、区委宣传部、区交通运输局党委共同举办衢江区"交通杯"学习党的十八大精神知识竞赛活动。产生一等奖5名、二等奖10名、三等奖15名、组织奖3名、纪念奖30名。2012年7月,省首届女子体育节象棋比赛在衢江区圣效大酒店举行,区机关工委选派的代表队在比赛中获"体育彩票杯" 象棋比赛(强县组)团队二等奖。2013年,三星以下机关党组织全部实现晋位升级,"五星级""四星级"党组织达到总数的95%,区直机关党组织全面实施党员星级管理。举办党的十八届三中全会精神学习会,各党支部(总支)书记68人参加,学习贯彻党的十八大精神,夯实机关基层组织基础。

【群众路线教育】 2014年,全区机关党组织深入开展党的群众路线教育实践活动,组织党员干部原原本本“精”读《论群众路线——重要论述摘编》等必读书目,并认真撰写心得、交流体会。分别邀请区级领导、讲师团作《践行群众路线、推动加快发展》《党的十八届三中全会精神》等党课报告110场。开展“三思三观”学习讨论,“奔跑起来、追赶跨越”密切联系群众大讨论,围绕“学习焦裕禄,践行‘三严三实’”开展主题交流发言,对照先进,查找差距。组织区直机关党员观看《焦裕禄》《杨善洲》等影片,接受正面典型和时代先锋的精神感染。组织区直机关党员参观陈列馆、重走红军路、重温入党誓词,向革命烈士纪念碑敬献鲜花,用先烈的镜子,检查对照。依托警示教育基地,组织机关党员到省一监和十里丰监狱接受警示教育,做到警钟长鸣、防微杜渐。举办机关支部书记培训班,重点学习《中国共产党党和国家机关基层组织工作条例》。

【注重组织建设】 2012年,制定《衢州市衢江区直机关基层党组织发展党员工作规程》,规范发展党员工作,开展创先争优先进基层党组织、优秀共产党员评选,评出先进机关基层党组织8个,优秀共产党员147名。2013年,建立机关党员先锋指数考评管理制度,根据党员先锋指数实事积分的结果,划分优秀党员、先锋党员、合格党员、警示党员和不合格党员等五个等次,进行星级管理。优秀党员在先锋党员中产生,结合年度评优工作确定;其中,先锋党员在考评得分90分中产生,人数占15%。90分定为五星级,80~89分的定为四星级,70~79分的定为三星级,60~69分的定为两星级,低于60分的定为一星级,得分归零的不予评定星级。通过党员先锋指数积分管理,95%的党员被确定为四星级,形成机关党员带头学习强素质、带头干事谋发展、带头创新争一流、带头服务比贡献、带头自律树形象的氛围。2013年3月,以省委副秘书长、省直机关工委书记施利民为组长的省调研组到衢江区调研经济社会发展情况,对区机关党组织实行直选的做法予以充分肯定。

【机关党建工作】 2014年,全区机关党组织按照党的群众路线教育实践活动的要求,认真听取意见,查摆问题,开展批评与自我批评。在党员个人深刻剖析,认真撰写对照检查材料的基础上,召开专题组织生活会和“党性体检、民主评议”, 共评出党性不健康1名,亚健康党员3名。结合先锋指数考评,确定警示型党员1名,不合格党员3名,1名党员予以除名。开展党建工作“创品牌”活动,共评出区纪委机关支部“争做廉政卫士”优秀党建品牌5个,以品牌引领推进机关党建工作。2014年9月,区直机关党组织开展集中换届选举工作,选举采取党员直选的方式,选举产生党支部书记74名,副书记5名,支部委员178名,健全机关党组织班子。

【党员作风建设】 2012年,全区机关领导干部深入基层、转变作风、优化服务、提高效能,开展“进村入企”大走访,帮助企业解决实际困难120个。举办“国土杯”“学习贯彻党章,践行群众路线”知识竞赛,按照竞赛评奖办法,产生一等奖5名,二等奖10名,三等奖15名,纪念奖30名,组织奖3名。与区委宣传部、区文联、区林业局联合举办 “林业杯”“衢江情·中国梦”主题征文比赛,以纪念建党92周年。按照比赛评奖办法,产生一等奖2名,二等奖5名,三等奖6名。围绕区委区政府“五水共治”“三改一拆”“大干项目”重点中心工作,组织新党员和入党积极分子开展“一次义务劳动、一次治水宣传、一次专项承诺、一次建议征集”等活动。会同区委宣传部、区委党校,举办“中国梦想·最美衢江”微型党课演讲比赛,产生一等奖1名,二等奖2名,三等奖3名,优胜奖7名。2012—2014年,利用重大节日走访慰问困难党员、老党员120人,共用资金6万元。组织入党积极分子培训班三期,培训人员320人次。共发展党员97名，接转组织关系328人次。每年开展机关满意单位不满意单位评比工作，评选结果在全区干部大会上通报。2014年8月19日，全市机关党建工作交流会在衢江区召开，总结部署机关党建工作，各县(市、区)交流经验。

【党员志愿者服务活动】 2012年，开展“党员志愿者服务日”活动，35名党员志愿者参加。2013年，开展机关党员进社区服务活动，共认领微心愿273件，完成微心愿156件。开展“文明出行，你我责任”主题实践活动，响应区委部署的开展“文明出行我践行，争做最美衢江人”活动，发挥机关党组织的推动作用和机关党员的示范引领作用。2014年，区机关工委举行活动内容有法律法规、农业科技、有关政策的咨询，医疗保健、金融保险、就业指导等涉及民生的系列服务等，服务群众210人次。在衢江区振兴中路举行“践行者”党员志愿者服务队启动仪式，现场有9支服务队提供志愿服务，成立衢江区“践行者”党员志愿者服务总队，各部门成立分队72支。党员进社区活动参与率达100%，各服务队全年开展党员志愿服务176次。开展“点亮微心愿 共筑中国梦”主题活动，在职党员到社区认领微心愿1608个，完成1456个。

(宋凯华)

“践行者”党员志愿者服务队启动仪式

信 访

【概况】 2012—2014年，衢江区信访局围绕区委、区政府中心任务，落实信访工作领导责任制，强化依法信访，加强法制保障，运用法治思维和法治方式化解社会矛盾。2012年被浙江省委、省政府信访工作领导小组、浙江省信访联席会议评为全省“党的十八大期间信访工作先进集体”。2014年，十八届四中全会衢江区实现零进京、到省信访零登记目标，被省信访工作领导小组评为全省党的十八大信访工作先进集体。在省、市信访目标管理责任制考核中连续3年被评为优秀。

【信访调研】 2012—2014年，区信访局注重信访情况和形势分析，编写《衢江信访形势分析》36期，把握各个时期的信访形势，维护全区的稳定状况。对重要时期、重要地域、重点人员中出现的突发性、苗头性、倾向性问题通过筛选、提炼、综合，形成有分析、有建议、有处理意见的文字材料上报，编发《信访信息简报》36期，提前化解社会矛盾。发挥“第二研究室”作用，为完善政策、领导决策、维护稳定建言献策。撰写信访事项受理及矛盾纠纷处理化解的《调研文章》16篇，为解决处理发展中的矛盾和问题起到重要作用，得到上级领导的肯定。2012年2月14日，衢州市委副书记、代

表4

2012—2014年区信访局受理和办理信访件统计表

年份	受理情况							办理情况		
	信访总数	来信(件)			来访(批/人次)			交办数(件)	报结数(件)	报结率(%)
		小计	初信	重信	小计	到区上访	越级上访			
2012	1962	280	174	106	551/1682	323/844	228/838	250	244	97.6
2013	2210	515	325	190	494/1695	281/701	213/994	348	348	100
2014	1703	489	295	194	358/1214	163/469	195/745	397	397	100

市长陈新到衢江区下访接访。同年8月31日，衢州市委副书记、代市长沈仁康到衢江区下访接访。2013年8月1日，副省长毛光烈一行到衢江区开展下访约访活动。

2012年2月14日，衢州市委副书记、代市长陈新(左四)到衢江区下访接访

2013年8月1日，副省长毛光烈(右二)一行到衢江区开展下访约访活动

【督查督办】 2012—2014年，区信访局通过电话、发函、召开会议、实地督办等形式实行里外结合、上下结合开展多项督查，促进“事要解决”，实现维护群众合法权益的目标。区信访局内部建立定期不定期信访工作情况通报制，主动与区委、区政府督查室等就领导批示交办的事项开展联合督查，同时协调配合参与上级领导开展的相关专项督查。重点督查各级各部门对信访工作的组织领导、制度落实、责任制落实、重大案件办理等情况，促进信访问题的及时解决。

【维护信访秩序】 2012—2014年，区信访工作秩序发生变化。新的《信访条例》实施以后，信访总量有所下降，赴省进京上访、非正常上访、越级集体上访减少，信访秩序明显好转，信访人依法合理反映诉求的比例增加，信访总量呈“三下降一好转”趋势。信访部门加大宣传力度，信访工作秩序和信访人的信访行为得到双向规范，并按照中央、省、市的要求开展集中处理信访突出问题及群体性事件工作，化解大量信访积案和疑难案件，及时依法处置少数非正常上访人员，实现处理一件，教育一片的良好效果。加大重点人员的劝返稳控工作，实现“事要解决，人不倒流”的目标，畅通信访渠道，开通信访“绿色通道”、网上信访、信访信息系统。

(张育群)

保 密 工 作

【概况】 2012—2014年，衢江区国家保密局以“落实保密责任，增强保密意识，普及保密知识”为主题，围绕区委、区政府中心任务，强化责任，健全制度，创新举措，扎实工作。组织开展保密知识讲座15次，集中学习27次，参加人数1280人，制作保密宣传展板26块，宣传横幅135条，在党政机关和主要街道进行巡展，增强领导干部、涉密人员、广大公民的保密意识，最大限度消除失密隐患，杜绝失密事件发生。

【多种形式保密宣传活动】 区国家保密局以“增强保密法制观念，让干部群众懂保密、工作人员会保密”为目标，利用报刊、广播电视、展览、张贴宣传画和知识竞赛等形式，对社会各层面进行多方位的保密宣传教育，特别是加强对领导干部和涉密人员的教育培训。2013年，组织全区干部参加省组织的保密知识测试，全区829人参加，合格率达100%。区党校把保密法制教育纳入干部培训计划，开设保密法规及保密基本业务知识讲座和保密技术常识课，提高各级领导干部的保密工作的自觉性和业务水平。每年通过公文交换系统，以《保密简报》的形式，宣传与党政机关工作人员相关的知识、政策、和保密技术手段等方面的知识，共刊出12期，并组织观看保密警示教育片，强化领导干部和涉密人员的责任心和使命感。

【保密监督制度化建设】 根据区人事变动和工作需求，及时调整区委保密委员会领导小组成员、机关部门、乡镇（街道）保密工作领导小组成员和兼职保密员及分管保密工作的领导人员。把保密工作纳入《平安衢江》和综合目标管理考核内容。依据保密法及其实施条例，先后制定《计算机使用安全保密管理规定》《涉密存储载体保密管理规定》《关于纸介质涉密文件使用保密管理规定》《手机使用保密管理办法》等制度。2012年，根据要求和全区涉密人员签订工作责任书，落实到人，把遵守保密纪律列入考核内容。

【开展专项保密检查】 2012—2014年，从有关单位抽调技术人员成立计算机网络保密检查小组，在全区共开展保密检（抽）查活动15次，涉及36个部门和乡镇，专项保密检查2次，对存在问题提出整改意见，确保各单位整改落实，有效发挥经查促教、以查促改、以查促防、以查促管的作用。2012年，开展网络清理检查工作。针对文件制发、计算机网络使用、网络信息发布审查工作情况、社会网站监管情况四个方面进行全方位的自查和检查清理工作。2013年，在全区重点涉密单位安装“三合一”涉密计算机监管软件系统。同年12月，对涉密计算机管理规范检查取得预期效果。2014年，完成全区60多个单位和21个乡镇（街道）从文件起草、文件发放、问题咨询、文件回收、电脑录入、文件上交的全部过程，掌握全区保密事业第一手资料，为全区保密工作进一步深入打下坚实基础。同年，为区行政会议中心专门配置手机屏蔽柜，确保会议不出失密事件，维护国家秘密安全。

（王小玲）

对 台 事 务

【概况】 2012—2014年，衢江区台办贯彻中央对台工作方针政策和上级台办的工作部署，围绕区委、区政府对台工作任务，主动服务经济建设，组织开展对台农业考察和两岸基层交流，帮助台资企业转型升级，协助处理好台资企业的股权、资产重组等工作，加强台联会组织建设，完成会长、副会长的调整充实，增进衢台两地亲情，促进两岸关系和平发展。

【协助台商股权转让 土地回购】 浙江现代宝岛生物科技有限公司坐落在莲花镇现代农业园区台创园内，租赁土地45公顷，总投资3000多万元。因股东多，决策难统一，管理跟不上，受自然灾害影响，经济效益不理想，需进行股权转让。区台办积极配合莲花镇、区农业对外综合开发区(台创园)管委会，协助做好园区资产评估和新入驻业主的接待接洽工作，2012年3月，浙江现代宝岛生物科技有限公司顺利将股权一次性转让给福建商人杨东彪。

衢江经济开发区海力大道，占地面积6.2公顷的台资企业浙江前邦绿住宅系统有限公司，受全球金融危机影响，出口欧美等地的产品订单减少，企业开工不足，加上贷款利息负担重、成本高，企业难以为继。区台办积极与区政府、开发区领导汇报沟通，最后由衢江经济开发区管委会回购该企业土地和地面建筑，减少了台资企业的损失。

【三陶轩落户全旺镇】 台湾著名陶艺大师徐瑞鸿创办的三陶轩古民窑研创基地经过前期周密细致的工作，2014年11月15日在全旺镇正式开炉点火。市长杜世源，副市长陈锦标，区领导吴江平、赖瑞洪、汪群等出席点火仪式。

【推进衢台两地交流合作】 2012—2014年，衢江区单独组团3个共34人赴台湾农业考察。2014年，曾有仙、巫建民两位副区长分别带队衢江区家庭农场业主赴台农业考察培训。区长赖瑞洪主持召开考察团成员座谈会，听取考察团成员赴台考察的感受，提出推进衢江区家庭农场转型升级的对策建议。2013年9月15日，以台湾《时报周刊》副总编辑王圣文为团长的旺旺中时媒体集团一行11人到莲花省级台湾农民创业园等地采风，内容编录“魅力城市·儒雅衢州”，在台湾相关媒体进行宣传报道。2014年6月5日，“衢台邻里节”在黄坛口乡进行结对交流活动。台湾高雄市内门区光兴里、永吉里分别与黄坛口乡茶坪村、黄泥岭村签订合作交流意向协议。市台办主任吾炳才，区委常委、统战部部长秦财华出席活动。

【调整充实区台联会】 2012年7月，区台联会召开全体理事会议，推选衢州中山运输公司董事长吴文法担任会长，原会长严智俊改任副会长，增加浙江中园气体有限公司总经理陈锡渭为副会长，台联会成员由11人增加至13人。通过充实调整，增强台联会的凝聚力，加强了与台湾亲属的联系交流，对促进衢台两地交流互动起到推动作用。

(陆晓明)

新闻工作

【概况】 2012—2014年，衢江区新闻中心围绕区委、区政府中心工作，服务大局，坚持“三贴近”，弘扬主旋律、凝聚正能量，完成各项新闻宣传工作任务。《今日衢江》是由衢江区委、区政府主办，区新闻中心承办的一份工作简报。沿袭2011年12月17日改版后的周二对开大报。报纸版面大、标题活、视野宽、内容重、新闻性、可读性强，为促进全区经济社会发展营造良好的舆论氛围。

【主题宣传活动】 区新闻中心坚持正确舆论导向，践行主流媒体的责任，全面、及时、准确地将区委和区政府的方针政策、发展思路、工作部署宣传到基层，宣传到千家万户，《今日衢江》把“群众路线教育实践活动”“紧抓招商引资、发展特色产业”“提升城市品位、拓展发展空间”“推进五水共治，共建生态家园”“打造放心安全农产品——绿色基地行”“奋力打造全国农产品质量放心区”“强势推进生猪整规、努力建设美丽家园”等10多个栏目作为宣传工作重点。2012年，《衢江新闻网》上线，新闻内容更新，网站改版加强与网民互动。《今日衢江》与《衢江新闻网》同时运行，为宣传衢江、扩大衢江知名度和美誉度作出努力。

【版面内容设置】 为提高媒体的可读性和影响力，区新闻中心以改革为契机，对《今日衢江》与《衢江新闻网》进行统筹安排、科学定位，《今日衢江》借鉴先进模式，大胆创新，践行“突出一版”“办活二版”“丰富三版”“做实四版”的思路设置版面，一版为时政要闻，涉及全区中心工作，主要领导、重要会议，重大的活动的新闻。二版为综合新闻，涉及乡镇各部门的工作动态新闻。三版为民生社会类新闻，涉及教育、卫生、公安、民政、人社、住建等民生方面的新闻。四版是专题新闻，主要是专版和专题新闻。通过改革，媒体质量和水平明显提升。

【内部管理】 2012—2014年，区新闻中心以提升政治素养和职业能力为重点，突出抓好编辑、记者的培训学习，通过“每周一次编前会”“每月一次学习会”的培训方式，有计划有步骤地组织中心全体编辑记者学习各种新理论、新政策和各种业务知识，提高全体编辑记者的政策水平和业务素质。制定出台采编人员考勤登记、记者稿件打分、《岗位责任制》等规章制度，通过以岗定责，用制度来约束，用机制来激励，从而最大限度地调动工作积极性，做到用科学合理的制度来管人、管事、管物。同时，强化安全意识和服务意识，规范流程管理和稿件“三审”制度，提升新闻采编质量，造就一支政治强、业务精、作风正、纪律严的新闻宣传队伍。

【全方位做好“十八大”宣传报道工作】 2012年11月，中国共产党第十八次代表大会在北京召开。区新闻中心注重新闻报道策划。会前，在《今日衢江》上开设《科学发展十年跨越·喜迎十八大“走转改”大型主题采访活动》栏目，通过报道老百姓身边的鲜活事例，展现十年来全区科学发展和追赶跨越的成果。新闻中心全体采编人员深入一线，采访了《住上新楼房，土屋成记忆》《医生上门作随访、农民体检全免费》《大道贯东西 高楼拔地起》等新闻报道。开设《庆祝党的十八大特别报道》专版，专题报道水利、农业以及各个乡镇的特色和亮点。会中，动态报道全区人民收听收看“十八大”盛况。会后，开设《我在基层听宣讲》《学习贯彻十八大，五个衢江新跨越》《十八大精神在基层——走转改大型采访活动》专栏，通过党的十八大精神宣讲团成员或相关专家到基层宣讲之际，刊登宣讲人员或听众的微博、短小精炼的体会文章，深入报道各部门各乡镇（街道、办事处）在重点工作、重点项目建设及企业转型升级方面取得的新成就，通过记者深入企业、社区、乡村一线采访，反映基层党员、干部群众学习贯彻党的十八大精神的新思路。开设专版，刊发重点部门和乡镇（街道、办事处）学习宣传贯彻党的十八大精神情况。

【开设《争做最美衢江人》专栏】 2012年，开设《争做最美衢江人》专栏。刊登文章《衢江籍“最美大学生”感动杭城》，报道太真乡下槽坞村90后大学生徐建龙勇救落水女子事迹；《“绿色中国”褒扬推动“爱心衢江”建设》，报道最美教师陈霞、姜文、江忠红获评2011绿色中国年度焦点人物公益人物奖；短评《让大爱精神永驻衢江》，报道“做最美衢江人——我们的价值观”大讨论活动座谈会讨论发言；专版《48小时生死大营救》，报道以区、乡、村三级干部群众180多人次、方圆10多平方千米的集体搜寻，营救失踪老妇人的感人事迹；专版《壮举谱写大爱赞歌》，报道浮石街道姜家坞52岁橘农邵朝龙遭遇意外，祖孙三代作出捐献器官的大爱之举。通过这些“最美村干部、最美教师、最美军嫂、最美大学生、最美同学、中国好人”等，宣传全区各地好人好事典型。

【开设《改进作风抓落实·推进项目惠民生》专栏】2013年，是全面贯彻落实中共十八大精神开局之年。《今日衢江》开设一系列专栏、专题，报道全区上下"关注作风、关注落实、关注项目、关注民生"中涌现出的先进集体和先进个人。推出专栏"改进作风抓落实·推进项目惠民生——走乡镇看作风"系列报道，重点报道各乡镇干部接"地气"转作风，少说实干，凝心聚力推进项目建设等方面的典型。2月20日，杭新景高速公路上方段征迁工作推进会，成立杭新景征迁工作组，进驻上方镇，进村入户开展工作，兴全区之力推进项目建设。开设"改进作风抓落实·推进项目惠民生——走进杭新景"专栏，及时报道项目推进进度和在征迁安置工作中涌现出的先进人物和感人事迹，为加快项目推进营造浓厚氛围。开设《改进作风抓落实·推进项目惠民生——推进城市建设和管理十大专项工作》专栏，集中报道区委区政府重大项目建设进度。

【开设《走笔开放型田园超市》栏目】 2014年，衢江区积极探索农产品销售新模式，创新开通全省首列家庭农场周末直通车，开展"社区—农场—餐桌"活动，打造"开放型田园超市"，结合电子商务平台和物业配送，将农产品进行"点对点"配送，实现农场"进社区、上餐桌"，开辟一条衢江家庭农场优质、放心农产品产销的新路子。《今日衢江》通过记者实地走访莲花、全旺等各地的田园超市，向读者展示农产品产销实况，打造衢江区"放心农产品"品牌。

（郑育梅）

档 案 管 理

【概况】 2012—2014年，衢江区档案局围绕全区工作大局，切实履行档案事业行政管理和区级档案保管利用双重职能。以创新服务为重点，加大档案信息化、档案文化、档案资源建设力度，推进档案规范化科学管理。至2014年，区档案馆馆藏档案121个全宗，94724卷（件），馆藏资料12526册。三年共接待利用8856人次，调阅档案26513卷次。2012年，衢江区被浙江省档案局评为社会主义新农村建设档案工作示范县，区档案局被评为全市档案系统推进"平安浙江"建设优秀单位、建区十周年先进单位。2013年，区档案馆通过省二级国家综合档案馆认定和省级爱国主义教育示范基地考评验收，被定为浙江省民间档案馆试点单位。2014年，衢江区档案馆顺利通过国家二级综合档案馆测评验收。

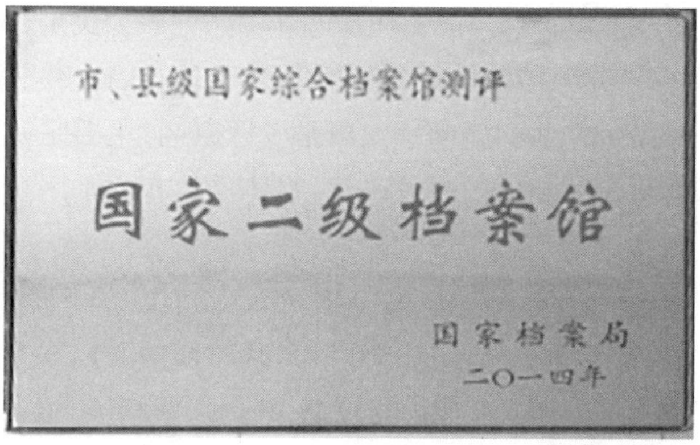

2014年，衢江区档案馆被国家档案局评为国家二级档案馆

【档案业务监督指导】 2012—2014年，区档案局做好全区各部门、乡镇、企业档案业务指导、检查和监管工作。大洲镇档案管理通过省一级认定，被评为社会主义新农村建设档案工作示范乡镇。区财政局、司法局档案管理通过省二级认定。第一次水利普查项目及23省道峡川至320国道段公路改建项目档案通过省级专项验收。与民政局联合下发《衢江区农村五保档案管理办法》，对21个乡镇（街道、办事处）的民政助理员进行现场培训，指导樟潭街道霞飞、临江、霓虹社区档案业务和家庭建档工作。对圣效化学品有限公司公和鑫丰特种纸业股份有限公司等企业进行档案工作指导培训。指导、接收区财政局、水利局、移民办、社保局、统战部、机关事务管理局、团区委等单位档案

进馆，农民安居工程项目档案、乡镇婚姻档案实体全部进馆。2014年11月，全市“五水共治”档案工作现场会在衢江区召开，区档案局指导归档的“五水共治”档案得到领导充分肯定。

【重点项目档案监管】 2012—2014年，对全区重大建设项目档案工作进行跟踪指导，加强监管。建立年度重点建设项目档案登记备份名单，组织人员对重点建设项目衢州市浮石渡至大路章公路工程（市区快速通道项目）、衢江霞飞路以西建成区块道路改造工程、东方综合体档案管理进行检查指导和监管。检查指导浙江新农都、衢江第一初中、区医院异地迁建工程项目建设档案管理工作。对衢江交通投资公司衢州市浮石渡至大路章公路重点工程、衢州利泰公司衢江东方广场重点工程、衢江区城乡建设发展有限公司衢江霞飞路以西建成区块道路改造工程等重点建设项目档案进行安全管理执法检查。

【档案登记备份】 2012年，为有序推进电子文件和数字档案登记备份工作实施，区委、区政府办公室下发《关于开展电子文件和数字登记备份工作的实施意见》，区编办印发《关于区档案局增设内设机构的批复》，同意区档案局增设电子文件和数字档案登记备份中心。充实专业人员力量，选调1名工作人员和1名大学生志愿者。区财政安排档案登记备份专项资金30 万元，用于档案登记备份一期软硬件设备购置及馆藏涉民档案的数字化加工。同年，建立异地备份库，区档案馆的相关目录数据库在衢州市档案馆、温州瑞安市档案馆实行档案异地备份。重点对区社保局、卫生局、环保局等单位的电子公文、文书档案及业务数据进行在线或光盘备份。对区社保局的业务档案进行隔日一备份。全区有80余家单位进行档案登记工作。2012年12月，通过省档案局“平安浙江”档案安全监管考核组对衢江区档案工作电子文件登记备份安全工作考核。

衢江区建设“平安浙江”档案安全监管暨2012年度档案工作目标考核汇报会

【信息化建设】 2012—2014年，区档案局开展馆藏档案数字化加工，推进信息化建设。共计录入条目470077条，扫描总数401345页。完成35个乡镇（含撤并乡镇）的全部婚姻档案2578卷（97193对）和民政局2004—2009年婚姻档案20792件的数字化录入和扫描；完成1982年和2004年的山林承包档案89904件的数字化录入和部分扫描；完成区团委、妇联、总工会、药监局、后溪镇等单位档案数字化录入、扫描。条目信息与档案扫描件在区数字档案管理系统上全部挂接成功，方便单位、个人日常查档利用。

【浙江省民间档案馆试点单位】 2014年，衢江区被定为浙江省民间档案馆试点单位，区档案局将云溪百姓书院作为工作试点。自2013年以来，云溪百姓就被区档案局设为名镇（村）记忆工程的试点，区档案局为书院送去档案柜、档案用品，派人长期蹲点帮助百姓书院李丁富教授整理照片档案和在全国600多个城市的讲课材料，协助书院筹建农耕实物档案馆。新建的农耕实物档案馆收藏古老的“三农”生产、生活用品400余件。书院内设“走遍中国”“走活经济”“走读浙江”和“走进国学”4个读书室，内有藏书2.5万余册。2014年1月，省档案局局长刘芸赴百姓书院考察调研，对百姓书院的档案收藏和服务群众给予充分肯定,同年,百姓书院被评为浙江省第二批乡村记忆示范基地。

2014年1月10日,省档案局局长刘芸(左三)到衢江区民间档案馆——百姓书院考察工作

【征集外交部原副部长徐以新档案】 衢江籍革命前辈徐以新,是著名的二十八个半布尔什维克中的"半个",中华人民共和国成立后长期在外交战线工作,曾任外交部副部长。2014年5月,区档案局会同岭洋乡前往北京徐以新家征集档案资料,征集到徐以新次子陆放捐赠的个人档案500余件,包括徐以新随周恩来总理赴苏联访问的工作札记、个人履历表、证件,他和国家领导人、外国元首合影,他在延安等时期大量的照片、书籍、实物等。档案资料由区公安局派专车专人负责安全押运。档案局组织人员将照片、资料整理归档并全部进行数字化加工。

【创建省二级档案馆暨省级爱国主义教育基地】 2012年,区档案馆被区委、区政府授予爱国主义教育基地和中小学档案教育社会实践基地。2013年,对馆藏5万余卷不规范档案重新整改、排列、编目上架,为每个立档单位建立全宗卷,抢救修复民国档案并拟写卷内目录2万余条。完善档案管理制度,确保馆藏档案的完整与安全。同时,对照《浙江省国家综合档案馆爱国主义教育示范基地创建暂行办法》,提升馆内展厅管理水平,完善展厅参观展览服务设施,组织社会各界人士到馆参观指导。同年12月,区档案馆通过省二级国家综合档案馆认定和省级爱国主义教育示范基地考评验收。

【通过国家二级综合档案馆测评】 2014年12月23日,受国家档案局委托,省档案局副局长丁越飞带领国家档案馆二级综合测评组对区档案馆进行测评验收。测评组听取衢江区创建国二级馆的工作汇报、通过现场查验和审阅材料等方式,经过综合评议,认为区委、区政府重视档案工作,为国家二级档案馆的创建创造有利环境;区档案局(馆)领导、干部职工爱岗敬业,争先创优意识强;以民生档案资源建设为重点,档案基础业务建设有序开展。区档案馆以86分的成绩通过测评。标志着衢江区档案馆工作跨入全国市、县级先进行列。

(姚怡雯)

党史编研

【概况】 2012—2014年,衢江区委党史研究室开展征集、整理区地方党史资料及衢江区现代史、当代史资料、进行党史研究,编写衢江区地方党史和重要党史书刊,做好新时期保护、利用革命遗址工作。运用研究成果,利用重大节日和教育基地,对广大干部群众进行爱国主义、社会主义、集体主义和革命传统教育。

【党史资料征集研究】 2012—2014年,党史研究室开展党史收集整理研究工作,不断挖掘和充实史料,完善丰富衢江革命史。赴江西横峰、开化等地收集闽浙赣省委、浙皖特委、衢遂寿中心县委史料,为灰坪乡《红色千里岗革命纪念馆》收编史料。到杭州征集衢州革命烈士史料,记录92岁高龄烈士遗孀程正迦口述江文焕等衢州六烈士英勇事迹的影像。协助浙江卫视拍摄纪录片《历史的永恒》。赴杭州、江山等地收集江文焕烈士史料，为双桥乡《江文焕烈士故居》布展充实内容。收集整编衢江区红色革命故事材料。

【党史宣传教育活动】 利用纪念日，举办图片展览、开辟报刊专栏，利用党课讲座形式，开展党史宣传教育活动。先后在浙江党史网、《衢州党史》《今日衢江》等网站刊物发表文章20篇。以《红色的记忆——衢县革命史讲座》为专题、用多媒体形式，充分利用群众路线教育实践活动契机，积极开展地方党史宣讲，发挥党史的育人作用。先后到党员干部培训班、机关、乡镇、社区进行宣讲，共进行40场讲座，让更多的人了解衢州地方革命史，接受革命传统教育。

【革命遗址保护利用】 党史研究室开展衢江区革命普查登记工作，登记革命遗址9处。2012年向上级争取到10万元保护经费，用于灰坪乡革命遗址的修建。建立省级爱国主义教育基地、党史教育基地、红色纪念馆3处。推进革命烈士江文焕故居、太真乡衢遂寿中心县委第一区委遗址保护工作，申请遗址列入教育基地。灰坪乡千里岗游击区革命旧址被命名为第八批省级爱国主义教育基地、市级党史教育基地、市级党员干部教育培训基地。为灰坪乡《红色千里岗革命纪念馆》、双桥乡《江文焕故居》、太真乡《红色纪念馆》、区委组织部党员活动中心“历史回眸”板块等挖掘史料、布展设计，让衢江的革命遗址得到保护和利用。

（方桂仙）

老龄工作

【概况】 2012—2014，全区老年人口快速增长，至2014年年底，全区60岁以上人口已达81382人，占人口总数20.27%。其中65岁以上54427人，占人口总数的13.55%；70岁以上34211人，占人口总数的8.52%；80岁以上12524人，占人口总数的3.12%；90岁以上1290人，占人口总数的0.32%；100周岁以上12人。60岁以上的老年人年均以3.5%的速度增长。为适应人口老龄化快速发展的需要，区委、区政府根据人事变动及时调整区老龄工作委员会组成人员。各乡镇（街道、办事处）建立老龄工作委员会。全区有265个行政（社区）成立老年人协会，占行政村（社区）总数的97%。三年共办理“老年人优待证”6145份。

2013年，开展“敬老文明号”创建活动，区老干部活动中心、法律援助中心、区人民医院眼科中心、上方镇敬老院、区社保局、药王山景区等六个窗口单位被省老龄委授予第一届浙江省“敬老文明号”，全区老龄事业健康发展。

【开展为困难老人送光明行动】 2012—2013年，向省老年基金会争取“为困难老人送光明”行动项目，全区21个乡镇（办事处）共上报白内障患者652名，经区人民医院初检，共有108位患者符合手术条件，由省老年基金会委托浙医二院眼科中心在区人民医院为108位困难老人实施了白内障免费复明手术。

【走访慰问百岁老人】 在每年的“敬老月”活动中，区四套班子主要领导都要深入乡村走访慰问百岁老人。2012年，对全区19位百岁老人进行走访慰问，给每位百岁老人发放1000元的慰问金。2013年，对全区23位百岁老人进行走访慰问，给每位百岁老人发放1000元慰问金。2014年，对全区16位百岁老人进行走访慰问，给每位老人发放1000元慰问金。

【开展助老济困送温暖活动】 2012年，对全区120位困难老人进行走访慰问，发给每位老人500元慰问金。2013年，全区共有175名高龄独居困难老人得到救助，共发放救助金21.84万元。

【开展孝文化“进校园”活动】 2012年,区老龄办会同团区委、区教育局、区少工委在区实验小学联合举办“喜迎十八大,弘扬孝文化”衢江区孝故事演讲比赛,来自全区19所小学的34名选手参加比赛。结合“孝悌模范生”的评选,开展“二十佳小孝星”的评选活动,有15位同学被市组委会授予“百佳小孝星”称号。衢江第一初中的蓝微同学被全国敬老爱助老主题教育活动组委会授予“全国孝亲敬老之星”称号。

【基层老年人协会场所标准化建设】 2012—2014年,区老龄办资助灰坪、太真、岭洋等部分欠发达乡镇完成老年活动室建设。为全区271个村制作“老年人协会”和“老年人体育协会”牌子,实现一套班子俩块牌子的目标。

(王明和)

关心下一代工作

【概况】 2012—2014年,衢江区关心下一代工作委员会(简称关工委)得到进一步巩固和加强。2013年1月15日,衢江区委、区政府下发《关于进一步加强关工委工作的意见》,要求各乡镇(街道)、各部门加强关工委工作及组织建设。21个乡镇(街道、办事处)设立了由党委分管领导或班子中其他领导兼任的关工委主任。40个区级部门建立以党委副书记(副局长、纪委书记、纪检组长)为关工委主任的组织机构,有25个区级部门确定一名领导分管关工委工作。

全区272个行政村、4个社区、42所中小学都建立健全关工委组织,实现乡镇(街道)社区、行政村、学校关工委全覆盖。全区共有关工委组织379个,参与工作人员1980人,“五老”(老干部、老专家、老教师、老战士、老模范)工作者1105人。2013年5月,召开全区关心下一代工作表彰大会,表彰19个先进单位和20位先进工作者。2012—2013年,杨超鹏、宋雪光分别被评为浙江省关心下一代工作先进工作者。2014年,王敬国被评为全国关心下一代工作先进工作者、区关工委被评为浙江省关心下一代工作先进集体。

【青少年思想道德教育】 2012—2014年,全区各关工委重点开展中共十八大精神宣传教育。开展以“弘扬雷锋精神、学习最美浙江人,同心共筑中国梦”“学雷锋,心向党,讲品德,见行动”、培育核心价值观、共筑中国梦等主题的社会主义核心价值观教育实践活动。每年在清明节、六一、七一和十一等重要时间节点,乡镇、部门、学校关工委组织青少年祭扫烈士墓、敬献花圈、“重走红军路”,开展革命传统教育。区宣传部、区教育局、区民政局、区团委等单位关工委,相继开展“最美衢江,身边好人”推选、“美德好少年”评选、“百佳小孝星”评比等活动,对青少年起到良好的榜样示范教育作用。

【青少年法制教育】 区关工委各成员单位,开展青少年法制教育。以“法在心中”“送法进校园”等主题活动为载体,建立特殊群体青少年教育、帮助和保护机制,抓好青少年法制教育。 以“关爱明天,普法先行”“法律进校园”等主题教育活动为抓手,聘请中小学法制教育副校长,动员“五老”参与普法宣传教育活动,开展法制教育专题报告160场次,法制专题讲座54场次,受教育15000多人次,尽力做好帮教关爱工作。至2014年,全区组织600多位“五老”帮教失足青少年731位。

【帮扶关爱活动】 区关工委把关心帮助农村贫困儿童、留守儿童、孤残儿童、单亲家庭儿童、网瘾青少年、失足青少年、服刑人员子女、外来务工人员子女等特殊群体作为工作重点,开展帮扶关爱活动,帮助解决他们在成长中遇到的困难和问题。2012—2014年,全区各关工委共接收社会捐赠助学金680万元，资助贫困生3350人次。区关工委及各成员单位相继开展“福彩牵手·点亮梦想”百名残困青少年资助和“福彩牵手·助园大学梦”贫困大学新生专项资助等活动，以“圆梦行动”“彩虹计划”“大学生助学计划”“爱心助学公益”“金秋助学” 等活动为抓手，多渠道筹集资金资助贫困学生。

关心关爱青少年健康成长，以举办家庭教育讲座、发放家庭教育书籍等方法，开展平安幸福活动。注重“留守儿童俱乐部”的管理，招募“爱心妈妈”，邀请老教师参与“五老”家庭教育志愿者队伍，建立留守儿童博爱救助机制等举措，聘请老干部、老教师、老人大代表和政协委员为文化市场义务监督员，配合有关部门监督管理未成年人进网吧和青少年活动场所管理。设立“心理辅导站”和“心理咨询热线”，注重对中小学生开展心理健康教育。乡镇关工委把禁毒宣传教育作为关心青少年的重点工作，做好预防教育工作。

【基层基础工作】 以灰坪和云溪为重点，着力提升灰坪乡红色文化教育基地和云溪乡百姓书院青少年思想文化教育基地。乡镇创建提升一批受青少年欢迎、富有实效的工作品牌，形成一地一品，一镇一特色的工作局面。“孝”文化教育基地，青少年人格成长训练营，主打地方特色。“五老”志愿者，“五老”义务网吧监督队，体现“五老”工作特色。“留守儿童俱乐部”“阳光禁毒会所”爱心助学基金会等凝聚社会合力。这些品牌的创建，有效推动基层工作的发展。各地关工委注重挖掘红色文化、历史文化、乡土文化等资源，建立爱国主义教育、德育教育、帮教关爱、心理健康教育、实践体验等青少年教育活动阵地。特别是以灰坪乡红色文化教育基地、云溪乡百姓书院、衢州东城尚德乐园、廿里杨继洲公园等为代表的一批有特色的青少年教育基地得到提升，全区每年到基地参观学习教育的青少年达8万人次。

（谢世牛）

衢江区人大常委会

综　述

2012—2014年,衢江区人大常委会在任期内切实履行宪法和法律赋予的职能,依法召开区人民代表大会3次、常委会会议22次,听取和审议"一府两院"专项工作报告44个,组织代表视察14次,作出决议决定23项,开展执法检查3次,对7个部门和议案建议办理工作进行专项工作评议,依法任免国家机关工作人员292人次,发挥地方国家权力机关作用,为促进衢江区经济社会持续健康发展做出贡献。2012年,区人大常委会建立重大公共投资项目建设跟踪监督机制,获2012年度全市人大工作创新奖。2013年,区人大常委会出台"五大保障"推进乡镇人大规范化建设,获2013年度全市人大工作创新奖。2014年,区人大常委会参与式推进重大项目谋划工作,获2014年度人大工作创新奖。

2014年3月26日,人大机关路教学习会

区人大常委会遵循坚持党的领导、人民当家做主和依法治国有机统一的要求,自觉将人大工作置于党的领导之下,坚持重大事项向区委请示报告制度。专门就行使重大事项决定权、乡镇人大规范化建设、常委会自身建设等系列重要工作,及时向区委汇报。2012年,区委下发《关于进一步发挥人大常委会讨论决定重大事项职能作用的意见》。2013年,区委转发《衢江区乡镇人大规范化建设暂行办法》。2014年,区委转发《衢江区人大系统密切联系群众工作的若干意见》。将人大工作放在全局中加以谋划和推进,使人大工作能够围绕核心、紧扣中心、顺应民心,确保人大工作坚持正确方向。

【行使重大事项决定权】　2012—2014年,区人大及其常委会围绕区委中心工作,根据宪法、地方组织法、监督法等法律法规,对有关政治、经济、教育、科学、文化、卫生、环境和资源保护、民政、民族等方面的重大事项,作出决议决定23项,保证宪法等法律法规和上级人大及其常委会的决议、决定在本行政区域内的遵守和执行。2012年8月,为贯彻落实区委十二届二次全会关于"商贸兴区"的重大决策,区人大常委会及时作出《关于推进"商贸兴区"战略实施的决议》,为推进"五个衢江"建设打下坚实基础。2013年5月,区人大常委会听取和审议了区政府关于饮用水水源保护相关法律法规执行情况的报告和关于加大乌溪江水资源保护力度议案办理情况的报告，作出《关于加强乌溪江饮用水水源地保护工作的决定》，依法加强衢江区境内乌溪江饮用水水源地的保护工作，保障人民群众饮水安全，促进经济社会可持续发展。2014年6月和9月，区人大常委会分别作出《关于推进“五水共治”共建秀美衢江的决定》和《关于确认衢江区“可游泳河段”的决议》，动员全区人民积极响应省市区委号召，参与“五水共治”工作，推动衢江水环境综合整治。

【行使法律监督权】 2012—2014年，区人大及其常委会按照宪法和法律赋予的监督权，在本行政区域内，对“一府两院”贯彻实施法律法规情况和事关改革发展稳定的重大问题，认真行使监督权。

加强执法检查 区人大常委会专门研究出台《衢江区人民代表大会常务委员会执法检查实施办法》，进一步规范执法检查工作。连续三年对食品安全法律法规实施情况进行执法检查。并与省市人大联动开展食品安全跟踪检查，促进食品安全监管工作常态化。此外，还对残疾人保障法、饮用水水源保护法等法律法规的实施情况进行检查。

推进依法行政 依法对区交通运输局、人口计生局、林业局、综合执法局、农业局、科技局等部门依法行政工作开展专项工作评议，并开展了满意度测评，通过评议，促进各部门依法行政能力提高。专题听取政府关于行政审批工作情况的报告，推动行政审批工作规范化、制度化、公开化。把好规范性文件备案审查关，共接收报送登记备案审查的规范性文件16件。同时，根据省人大统一部署，积极开展查找不适应改革发展法律法规活动，共提交建议210多条，并配合省人大开展好水土保持条例、土地整治条例、社会养老服务促进条例等立法调研，通过程序推动相关法律“立、改、废”工作。

维护司法公正 区人大常委会专门出台《衢江区人大常委会监督司法工作实施办法》，促进司法监督工作更加具体化、规范化和制度化。围绕新修改的刑事诉讼法贯彻实施工作，组织召开新刑事诉讼法贯彻情况座谈会，要求司法部门更新理念，加强协作，不断提升办案能力和水平。采取听取专项工作报告、跟踪监督等手段，连续两年对法院执行工作开展监督，督促区法院加大执行力度，努力破解“执行难”问题，切实维护法律的尊严。在对区人民检察院进行专项工作评议的基础上，开展跟踪监督，推动区检察院整改落实。高度重视社区矫正工作，持续两年开展跟踪监督活动，推动司法部门在全市率先设立了“监督管理、教育矫正、帮困扶助”为一体的社区矫正工作中心，开创社区矫正新局面。2014年，对人民陪审员知识结构等提出具体要求，依法任命30名人民陪审员。

【开展工作监督】 **聚焦规划实施** 2012—2014年，为更好地推进现代田园城市建设，区人大常委会对“十二五”规划纲要实施情况开展中期评估，对各项指标运行情况进行评价，要求政府按照规划要求，进一步强化责任，完善措施，积极应对挑战，确保“十二五”规划各项指标顺利完成。常委会把《中华人民共和国城乡规划法》和《中华人民共和国土地管理法》的实施作为监督工作重点，专题听取和审议政府关于“两规”实施情况的报告，提出要增强决策程序科学性、不同规划协调性、田园城市特色性、推进发展保障性、依法管理严肃性、接受监督自觉性等审议意见，保证现代田园城市建设的决策部署顺利实施。同时，综合运用专题调研、代表视察和专项督查等方式，将“三改一拆”工作督紧督细督实，并抽调人员参与城中村改造工作，推动现代田园城市建设。

监督“五水共治” 2012—2014年，区人大常委会以“五水共治”为着力点，加大对农村水环境综合治理的监督，推进美丽乡村建设。常委会组织代表视察生猪移栏上山工作，开展中小型水库水源保护情况专题调研，探索研究生产发展与环境保护之间的互动关系，改善农村生态环境，推动美丽乡村建设。常委会以省、市、区人大联动执法检查为抓手，通过执法检查、代表视察、听取和审议专项工作报告、专题调研、作出决定等监督手段，打好“治水”组合拳，促使政府开展污染源集中整治行动。并积极向省、市人大常委会提出加大保护力度、落实长效监管机制、健全生态补偿机制等建议，对《浙江省乌溪江环境保护若干规定》提出修改建议，进一步推进乌溪江生态环境保护长效管理机制和各级管理责任制的健全和完善。开展“关心母亲河溪、查找水污染源、恪尽代表职责”代表履职实践活动，共组织代表视察河溪86条，重点水库33个，征集意见建议78条，其中有49条意见建议及时得到落实，有力推动了饮用水水源保护工作。常委会制定了《关于开展“五水共治”监督工作实施方案》，围绕乌溪江库区生猪整规、农业面源污染、农村生活污水治理等工作进行跟踪监督，并对土地开发整理与生态环境保护等方面加大询问工作力度，增强监督实效。对区政府年度预算调整草案进行了审查，批准调增2亿元资金用于“五水共治”。听取和审议了区政府关于制定保护水资源环境长远规划议案办理情况和防洪排涝情况的报告，组织代表对采砂点整治、污水处理厂改造提升工作进行视察。

推动经济转型升级 区人大常委会每年对区上半年工作计划执行情况进行全面调研，并听取和审议区政府关于上半年全区经济社会发展情况和下半年政府工作的报告，提出有针对性的审议意见。围绕“大干项目、干大项目”，常委会深化经济工作的监督，每年对全区招商引资工作情况、重点项目建设情况、政府性投资项目建设情况和资金使用绩效情况、平台建设情况开展监督。积极参与经济建设，超额完成招商引资任务，引进的逸达电工项目被确定为市“互学互看”项目。做好区委交办的项目前期转化跟踪监督工作。充分发挥专题调研对经济建设的推动作用，完成推进城市公交一体化、旅游业发展情况、电子商务发展情况、上方钙产业整治工作等课题的调研，得到区委高度评价。其中连续两年对城市公交问题开展调研，推动了衢通公交有限公司改制，促进城区公交线路优化和班次加密。

区人大常委会高度重视放心农业和农产品质量安全工作，采取专题调研、主任会议听取汇报、专项工作评议等多种监督形式，着力推动放心农业发展。跟踪监督农业“两区”建设，对加快土地流转、推进规模经营、发展一村一品等现代农业发展的政策机制，提出意见建议。听取和讨论区政府关于农产品质量安全检测体系建设情况的报告，提出了针对性的意见建议。并就如何推进全区放心农产品发展工作进行了深化调研，得到区委肯定。同时，把放心农产品作为农业专项工作评议的一项重要内容。督促区政府及相关部门制订了放心农产品发展三年规划，全面开展“六大专项行动”，落实“八大体系”建设。组织代表对病死动物无害化处理中心、全旺高老庄家庭农场、大洲镇检测站和农贸市场、衢老大食品有限公司等进行视察，提出加大食品安全法规宣传，抓好食品生产源头，提升监管工作水平等建议。区政府及相关部门积极落实建议，注重食品安全日常监管，加大惩处力度，努力保障人民群众“舌尖上的安全”。

督促财政规范运行 区人大常委会在每年专题听取和审议财政预算编制、预算执行、预算调整和审计工作报告，审查批准财政决算的同时，积极创新监督形式，深化对财政的监督。加快推进部门预算监督，对区检察院、发改局、文广局、交运局、人口计生局、商务局、林业局、经信局、司法局、住建局、农业局、科技局等部门的预算进行审查。加强财政专项资金的监督，常委会听取和审议了村庄整治和农村公路建设专项资金、涉农专项资金和财政扶持企业专项资金审计调查情况报告，督促政府依法管财、依法用财。2013年，常委会根据十八大的要求，在全市率先实现了全口径预算的监督审查，并在全市率先推行了部门预算公开。2014年，常委会进一步完善政府预算初审机制，推行政府投资项目预算执行情况公开制度。同时，为深入贯彻落实好新预算法，通过区委理论学习中心组学习会和培训会等形式，学习新预算法，切实增强全区各级领导干部预算意识。

着力促进民生改善 区人大常委会在2012年开展学前教育监督的基础上，连续三年将学前教育三年行动计划目标任务完成情况列入年度常委会重点监督计划，每年专门听取和审议区政府关于学前教育三年行动计划完成情况的报告，对照目标任务完成情况，提出系列审议意见。推动区政府制订了《关于加快学前教育改革与发展的若干意见》，促进学前教育均衡发展。常委会专题听取政府关于全区基层卫生院规范化建设情况的报告，提出建议，推动杜泽、高家、莲花等8家乡镇卫生院成功创建省级规范化社区卫生服务中心。组织视察区人民医院异地扩建工程，支持政府加快推进卫生基础设施建设，健全医疗卫生服务网络，满足人民群众不断增长的就医需求。推动农村文化事业发展，组织代表视察“农家书屋”创建和文物保护等工作，并组织20多个代表小组对全区“农家书屋”建设进行跟踪监督，实现“农家书屋”全覆盖，顺利通过市级验收。推动养老服务体系建设。常委会在学习考察外地经验基础上。组织代表对高家镇欧塘村、横路办事处童何村居家养老照料中心和全旺镇、樟潭街道敬老院等运行情况进行视察，提出进一步强化引导、科学规划、规范运行、完善政策，促进养老服务业体系健康发展的视察意见，推动养老产业发展。

【行使人事任免权】 2012—2014年，区人大常委会依照宪法和法律赋予的人事任免权，共任免国家机关工作人员292人次。2012年3月，区十四届人大常委会第1次会议，决定任命陈孝为区人民政府副区长。2012年7月，区十四届人大常委会第4次会议，决定任命石琪琪为区人民政府副区长，决定免去陈孝区人民政府副区长职务。2012年8月，区十四届人大常委会第5次会议，决定任命程顺增为区人民法院副院长、审判委员会委员、审判员。2013年6月，区十四届人大常委会第11次会议，决定接受鲍秀英辞去区人民政府区长职务、何志前辞去区人民政府副区长职务，决定任命赖瑞洪、邓荣海为区人民政府副区长，决定赖瑞洪代理区人民政府区长职务。2013年8月，区十四届人大常委会第12次会议，决定任命周毛毛为区人民政府副区长。2013年12月，区十四届人大常委会第14次会议，决定任命巫建民为区人民政府副区长，决定免去季根寿区人民政府副区长职务。2013年12月，区十四届人大常委第15次会议，决定接受柯兰辞去区十四届人大常委会委员职务。2014年3月，区十四届人大常委会第17次会议，决定接受廖红华、甘小华辞去区十四届人大常委会委员职务。2014年9月，区十四届人大常委会第20次会议，决定任命荣忠光、李永伟为区人民政府副区长，决定免去石琪琪区人民副区长职务。2014年11月，区十四届人大常委会第21次会议，决定免去程顺增区人民法院副院长、审判委员会委员、审判员职务。

2012—2014年，区人大常委会进一步加强被任命人员的监督和管理，坚持实行任前法律知识考试、任前表态发言、任后履职承诺、颁发任命书等制度，探索常委会和政法委联合考察“两院”拟任命人员新机制，增强被任命人员的国家意识、公仆意识和法制意识，保证人事任免工作依法、规范运行。

2014年9月19日,代表制度60周年座谈会

【发挥代表主体作用】 2012—2014年,区人大常委会推进乡镇代表联络站建设,在周家、全旺等6个乡镇(办事处)试点设立代表联络站,并在全旺、廿里召开代表联络站建设现场推进会和经验交流会,推进代表联络站建设。2014年9月,全区21个乡镇(街道、办事处)全面完成联络站建设。至2014年年底,各代表联络站共组织代表开展活动107次,受理群众提出的问题210件次,解决民生问题61个、调处矛盾43件。廿里镇代表联络站建设经验在全市推广。同时,通过完善资料,强化培训,文件信息发送等方式,加大履职服务平台运用力度。出台区人大常委会组成人员联系代表、代表联系选民的办法。坚持常委会组成人员日常走访和分片集中走访联系代表活动制度,向代表通报常委会工作情况,交流代表履职经验。建立代表履职登记,加强和完善代表议案建议办理,代表向选民述职,优秀议案建议、先进代表小组和代表履职积极分子评选等制度,激发代表履职热情。三年来,共表彰先进代表小组19个,代表履职积极分子76人,优秀议案建议23件,议案建议办理先进单位23个。采取多种形式让代表参加常委会组织的各种活动,特别是精心组织近千名人大代表参与到"五水共治""三改一拆""一户多宅"整治、生猪整规等重要行动,有力地推动了相关工作开展。健全人大代表辞职制度,2012—2014年,共接受19名区人大代表辞去职务的请求,补选29名区人大代表,接受5名市人大代表辞去职务的请求,完成9名市人大代表的补选工作。

【督促议案建议办理】 常委会领导坚持领衔督办、政府分管领导牵头办理机制。完善议案建议办理考核办法,促进办理质量提高。每年组织代表对重点议案建议办理情况进行视察,专题听取和审议政府关于人代会议案建议办理情况报告,保证议案建议在规定的期限内得到有效办理。2012—2014年,区人大代表共提出各类议案建议690件,常委会及时议案建议交办会,转交政府及相关部门办理。常委会首次开展议案建议办理专项工作评议,有效提高代表议案建议的面商率、办结率和满意率。常委会把指导乡镇人大工作摆在重要位置。在全旺、莲花进行乡镇人大规范化建设试点的基础上,制定《衢江区乡镇人大规范化建设暂行办法》,全面推进乡镇人大规范化建设。对试点进行扩面,在全区9个乡镇(街道、办事处)开展规范化建设试点工作。在全区范围推行乡镇人大规范化建设,指导乡镇人大规范化建设取得新成效。全旺镇人大规范化建设作为全省6个先进典型之一,在全省人大工作视频交流会议上作经验交流

【区十四届人大一次会议】 衢江区第十四届人民代表大会第一次会议于2012年2月8日至2月12日在衢江区行政中心召开。出席代表216名,列席和特邀人员170名。会议听取、审议和通过各项工作报告并作出相应的决议。会议选举产生区十四届人大常委会组成人员和区长、副区长、法院院长、检察院检察长。耿建新为区人大常委会主任,郑雪龙、张建新、严曦、黄民新、方平、赵瑞慈为副主任,王敏岚等18人为区人大常委会委员;鲍秀英为区人民政府区长,吾东明、袁亚平、何志前、童土善、季根寿、曾有仙为副区长;程品方为区人民法

院院长；吴刚为区人民检察院检察长。会议期间共收到议案、建议、批评和意见240件。

【区十四届人大二次会议】 衢江区第十四届人民代表大会第二次会议于2013年1月15日至1月18日在衢江区行政中心召开。出席代表213名，列席和特邀人员182名。会议听取、审议和通过各项工作报告并作出相应的决议。会议期间共收到议案、建议、批评和意见214件。

【区十四届人大三次会议】 衢江区第十四届人民代表大会第三次会议于2014年1月11日至1月14日在衢江区行政中心召开。出席代表214名，列席和特邀人员198名。会议听取、审议和通过各项工作报告并作出相应的决议。会议选举赖瑞洪为区人民政府区长；李雪霞、谢向阳、王小兵为区十四届人大常委会委员。会议期间共收到议案、建议、批评和意见217件。

【财政预算全市率先实现全口径】 按照中共十八大关于加强政府全口径预决算审查监督的要求，在全市率先实现全口径预算的监督审查，实现了对公共财政预算、政府性基金预算、社保基金预算、政府性融资计划、国有资本经营预算的全方位监督。在全市率先推行了部门预算公开，分别对区检察院、交通运输局、人口计生局、商务局和林业局等五个部门的预算进行审查，并及时将其年度预算在《今日衢江》上公开，接受全社会监督。

【推进“五水共治”】 为推进乌溪江饮用水源保护，2013年常委会以省、市、区人大联动执法检查为抓手，打好“治水”组合拳，组织代表视察乌溪江饮用水水源保护情况，专题审议饮用水水源保护相关法律法规执行情况和关于加大乌溪江水资源保护力度议案办理情况，专门作出关于加强乌溪江饮用水水源保护的决定，发动人大代表参与“关心母亲河溪、查找水污染源、恪尽代表职责”主题活动。建立乌溪江“河长”工作日志制度。专门为乌溪江“河长”下发《河长日志》记事本，发放给各级“河长”，实行“一事一记、一次一记、一周一整理”，并采取多种手段对各级“河长”工作日志是否属实、内容是否完整等进行督查，经验得到了全市推广。强化代表作用。要求各区人大代表小组、乡镇（街道、办事处）人大主席团（工委）和区人大代表结合工作实际，进行一次选民走访、开展一次“献一策”活动、开展一次专题调研、组织一次代表视察、开展一次督查活动、开展一次选民接待。

2014年8月2日，专项工作评议大会

【项目监督常态化】 2012—2014年，以政府性投资项目、招商引资项目落地情况、项目前期转化工作为三大监督抓手，持续监督，推进项目监督工作常态化。推进政府性投资项目监督常态化。做好政府性投资项目计划执行情况的监督，对政府性投资项目进展情况进行专题询问。推进招商引资项目落地情况监督常态化。组织代表对衢江区三年来招商引资项目落地情况进行了视察，听取区政府关于年招商引资项目落地情况的汇报。扎实做好项目前期转化工作。根据区委要求，区人大常委会联系35个前期转化项目。为推进项目前期转化工作，区人大常委会制定《区人大常委会领导联系项目前期转化工作的实施意见》，充分发挥牵头、联系、监督作用，建立“月度汇报、季度通报、半年审议、年度询问”的监督推进机制，不断提高项目前期转化率。2014年，常委会跟踪监督的35个前期项目中，已有8项开工建设，7项完成年度工作目标。

【乡镇人大规范化建设】 制定《衢江区乡镇人大规范化建设暂行办法》，并以区委文件的形式下发，从强化制度建设、规范工作程序、完善台账资料、加强监督职能、发挥代表主体作用、工作经费保障、人大干部配备等入手，推进乡镇人大规范化建设上新台阶。强化乡镇人大考核，根据区委工作中心和区人大常委会年度工作安排，每年都要出台衢江区乡镇(街道、办事处)人大工作考评办法。强化制度建设，建立了乡镇人大重大事项报告制度、常委会参加指导乡镇人大活动制度和乡镇人大定期工作交流制度等。

【人大代表联络站建设】 2012年，区人大常委会为加强代表与选民的沟通联系，密切代表与群众的联系，从有利于代表联系群众、及时了解社情民意出发，在乡镇探索实践代表联系站建设工作，通过先行试点、典型引路、强化指导、完善制度等措施，积极为代表密切联系选民打造平台、提供保障。2014年，实现全区21个乡镇(街道)代表联络站建设全覆盖目标。通过建立和完善相关制度，加强代表与选民的联系，更好地发挥代表作用，切实解决群众的一些实际问题，促进社会的和谐稳定。

(杜青卉　周正明)

衢江区人民政府

综　述

2012—2014年，面对复杂多变的经济环境和艰巨繁重的发展任务，衢江区人民政府把握“稳中求进、转中求好”主基调，依靠全区人民，弘扬实干苦干的工作作风，坚定信心，逆势奋进，经济持续平稳较快发展，社会保持和谐稳定。实现地区生产总值111.91亿元、122.1亿元、131.94亿元，比上年分别增长10.9%、9.2%、9.5%；财政总收入8.45亿元、10.56亿元、12.9亿元，其中公共财政预算收入5.29亿元、6.61亿元、7.99亿元；实现农林牧渔业总产值34.4亿元、35.45亿元、35.54亿元；实现规模工业总产值104.54亿元、117.33亿元、133.78亿元；社会消费品零售总额32.79亿元、37.16亿元、50.09亿元；外贸进出口总额3.4亿美元、4.97亿美元、5.94亿美元。

【工业经济平稳增长】 深化“工业立区”主战略，大力推动产业集群发展。

2012年，新增规上企业16家，全区总数达120家。引进泽潇医用、望湖纸业等特种纸后加工企业4家，丰麒工贸等先进装备制造企业36家。高档特种纸、机械装备制造两大主导产业分别实现产值31.41亿元、17.06亿元；东港热电与上市公司“富春环保”、巨鑫机械与跨国公司“芬兰美卓”、仙鹤特种纸与新加坡“希科资本”成功合作，企业综合竞争力明显增强。

2013年，望湖蓝图纸业建成投产，总投资7.5亿元的五一机械、5.2亿元的芬兰美卓、2.4亿元的金润科技等行业龙头企业相继落户，两大主导产业实现产值62.06亿元，同比增长22.6%。全面实施“四换三名”工程，关停落后产能企业23家，盘活存量用地40公顷，完成工业技改投资12.6亿元；完成“个转企”379家。中国制浆造纸研究院衢州分院、中科院常州中心(衢州)起重设备研发中心挂牌成立；创新设立“九龙仙霞”科技型中小企业集合债权基金。

2014年，特种纸、装备制造两大主导产业支撑明显，实现产值73亿元，夏王、仙鹤税收双双破亿。全区关停落后产能企业60家，盘活存量用地40公顷，实现工业技改投资18.1亿元，增长25.3%，被评为全省“腾笼换鸟”先进区；新增“个转企”177家、规模企业17家，耐佳特车业、民心科技、神光大叶枸在股权交易中心挂牌，志高机械、神舟机器人分别入驻上海自贸区、杭州海创园，“海力”“好梦来”获中国驰名商标。

【有效投资扩大】 全面开展重点项目“互看互学互比”观摩活动，致力于大干项目，扩大有效投资。

2012年，78个区级重点项目完成投资47.8亿元，完成计划的104%。总投资1.2亿元的仙鹿纸制品、1.8亿元的泰隆银行总部等一批优质项目相继落户，衢江—鄞州山海协作产业园列为全省首批9个共建产业园之一。

2013年,90个区级重点项目完成投资57.5亿元,娃哈哈二期、业胜金属二期等重点产业项目投产,衢江—鄞州山海协作产业园管委会和注册资金2亿元的堇信投资开发公司成立运行。

2014年,100个区级重点项目完成投资68.8亿元,引进亿元以上项目42个,其中浙商回归项目19个,到位资金22亿元,动态投资70亿元的衢江抽水蓄能电站项目通过预可研审查,总投资15亿元的衢州新农都完成投资4.5亿元,总投资11.5亿元的红河锌联衢州循环产业园开工建设,总投资5.1亿元的宏普轮毂当年签约、当年投资超亿元。2014年,被评为全省扩大有效投资先进县。

【城市能级提升】 2012年,投入1300多万元,启动中央商务区、滨江景观带、塔底片区三大城市设计,完成中心城区及廿里、上方、大洲集镇控规和城中村改造规划编制,建制镇总规和中心村规划实现全覆盖;投入城市建设资金28.6亿元,市区快速通道乌溪江大桥半幅合拢,总投资超10亿元的衢州首座大型城市综合体——东方广场项目快速推进、5万平方米商场超市主体结顶。

2013年,实施城市建设管理十大专项,25个城建重点项目完成投资21.5亿元,全力推进城中村整体搬迁改造,阳光新屋里小区37幢12.6万平方米安置房结顶。市区快速通道乌溪江大桥主体完工,百灵大桥建成,城东污水处理厂投入试运行。城区新开发地下空间5.1万平方米,新增停车位1580个。总投资1.6亿元的廿里商城主体结顶,6000万元的大洲金宏商贸综合体建成营运。

2014年,开展城市改造建设行动,完成两期征收736户、面积13万平方米,阳光新屋里小区一期交付。加快市政功能配套,打通城市断头路6条,机场北路正式通车,区人民医院新院区建成投用。开展"三改一拆"治污治堵百日攻坚行动,新开通26路、36路、526路公交,新建公共自行车服务网点21个,开发地下空间10万平方米,新增停车位1239个,金山公园启动改造提升,数字城管建成运行。

【美丽乡村建设】 2012年,开展美丽乡村"四级联创",累计完成特扶项目投资5.6亿元,创建市级美丽乡村示范乡镇2个、精品村6个。建成农村联网公路24千米、安保设施61千米,新解决3.23万人饮水安全问题。推进富民壮村强乡镇工程,实施水库移民扶持项目169个,发放来料加工费4.6亿元,实现农家乐经营总收入7385万元。

2013年,启动省级美丽乡村先进县创建,整治村庄49个,建成精品村6个,建成农村联网公路26.5千米、安保设施33千米,建成城乡供水一体化主干管37千米,新解决4.7万人饮水安全问题;168个特扶项目完成投资5.3亿元,发放来料加工费4.8亿元,列入国家大中型水库移民避险解困试点。建成"一村一品"市级特色乡镇1个、优秀村9个,农家乐接待游客187万人次。

2014年,创建美丽乡村景观带5条、示范乡镇6个、精品村19个,完成101个村生活污水治理,创新推行垃圾清运BOT模式,整治赤膊墙4587户183.5万平方米。突出"无违建"三级联创,全区拆除违法建筑115万平方米;实施莲花综合改革试点,推进农村确权赋权、"移房上山"和农村建房审批改革,廿里、莲花荣膺"全国重点镇"。推进国家大中型水库移民避险解困和全省"救急难"工作试点,异地搬迁群众3209人。大力发展"一村一品"、来料加工和民宿经济,发放来料加工费5.1亿元,实现农家乐经营收入1.27亿元。

【现代农业提质增效】 2012年,投入农田水利建设资金8500多万元,莲花现代农业综合区在全市率先通过省级验收。新增市级粮食生产功能区7个、面积666.67公顷;培育新型农业经营主体,新引进老爸果园、好德农业、金禾灵芝等1000万元以上现代农业项目25个,到位资金4.8亿元。新流转土地866.67公顷，新建果蔬基地240公顷、花卉苗木基地286.67公顷，被评为全国农业标准化示范区、全国粮食生产先进区、全国生猪调出大区和浙江玫瑰之乡。

2013年，加快建设农业“两区”，新建粮食功能区933.33公顷，全区粮食总产量达17.9万吨，莲花生态循环农业示范区通过省级验收。实施家庭农场培育计划，创新“金伞”保险等举措，注册家庭农场625家、面积5933.33公顷，衢江家庭农场成为全省样本。流转土地7200公顷，流转率达43.6%，新引进总投资1.8亿元的三易易、1亿元的西莲玫瑰等现代农业项目69个，实到资金7.1亿元，新增设施农业基地70公顷、特色林业基地2133.33公顷、精品渔业基地320公顷。探索食用农产品质量安全追溯制度，建成“一村一品”展示展销中心和农业放心馆，全市率先创建省级农产品质量安全监管示范区。

2014年，推进放心农业工程，成功创建国家现代农业示范区，莲花农业园区被评为省级标杆性现代农业园区，全市首家省级农业高科技园区落户衢江。新引进大浙农业、点明实业等现代农业项目73个，新建粮食生产功能区1000公顷，“万元田”达到3466.67公顷。先后两次组织农场主赴台湾学习培训，实施农业标准化面积1.8万公顷，45家家庭农场实现二维码追溯管理，“吃得放心、吃得开心”的放心农产品品牌逐步打响。

【注重生态保护与创建】 2012年，启动省级生态区创建，完成电镀行业整治，6家企业通过省级清洁生产验收。30个山塘水库实现“清水养鱼”，累计建成生猪生态养殖小区35个。抓好乌溪江国家湿地公园生态修复，全区新增绿地1400公顷，成功创建国家森林城市。建成湖南、灰坪、黄坛口3个国家级生态乡镇。

2013年，投入资金8000多万元，统筹推进乌溪江水资源保护、信安湖流域环境综合整治、“三改一拆”等工作，削减能繁母猪2.6万头、生猪饲养量近50万头，治理河道水渠120千米，54座山塘水库实现洁水养殖；加快省级生态区创建，新增绿化面积1066.67公顷，省级生态乡镇比例达80%。整治提升“印染、造纸、化工、制革”四大行业企业39家、关停4家。

2014年，统筹推进10条重要河道污染治理，拆除养殖用房155万平方米，削减生猪饲养量64.6万头，全面消灭垃圾河、黑臭河，经第三方瑞士SGS公司的环评检测，乌溪江饮用水源29项指标均优于国家一类地表水标准，远优于WHO（世界卫生组织）和EPA（美国环境署）饮用水水质标准，已成为华东地区最好的一级地表水。推进大气污染综合防治，首批59座石灰窑全部关停，整治提升“印染、造纸、化工、制革”四大行业企业40家，淘汰黄标车1200辆。新设立乌溪江饮用水源保护管理局，乌溪江湿地科普宣教园区等项目加快建设。

【社会事业加快发展】 2012年，总投资1.34亿元的区第一初中动工建设，区职业中专被评为省首批改革发展示范学校，新创建标准化学校14所，设立“爱心助学基金”。全面启动区级公立医院综合改革，浙医二院病理联合诊断分中心在衢江人民医院挂牌成立，区妇保院通过二级乙等评审。

2013年，区第一初中建成使用，总投资2.3亿元的区人民医院异地扩建工程一期启用，“中华第一针”石学敏院士工作站、省民进医卫专家服务站挂牌。云溪吴氏宗祠列为国家级文保单位，建成农村文化礼堂25个。出台特殊病种大病再补偿政策，建立职工医疗互助保障机制，区内住院报销比例达75.2%。城乡低保标准提高到480元和332元，实现应保尽保。

2014年，实施富民惠民工程，全区财政民生投入增长13.7%，通浦路菜市场、残疾人康复中心建成投运。设立教育教学质量奖，启动区第二小学新建和区第四小学扩建工程，创建国家级义务教育发展基本均衡区。区人民医院、区中医院分别挂牌衢州市第二人民医院、衢州市针灸医院。

2012—2014年区政府常务会议一览表

表5

序号	召开时间	主要内容
1	2012年7月2日	审议通过《衢江区农村公路养护与管理办法(送审稿)》,听取关于衢州豪信房开信贷危机处理情况汇报,审议通过《衢江区消防十二五规划(送审稿)》
2	2012年7月31日	听取关于衢州豪信房开信贷危机处理情况汇报
3	2012年11月5日	审议通过《衢江区全面推进依法行政工作"十二五"规划(送审稿)》,听取关于东方广场项目限高问题的情况汇报等
4	2013年1月5日	听取关于区城中村改造征收集体土地房屋拆除补偿安置政策汇报、区政府投资项目审计监督办法的汇报
5	2013年3月4日	听取关于浙江五一机械有限公司股权转让的情况汇报等
6	2013年5月13日	听取衢江城区三大城市设计汇报
7	2013年6月3日	听取关于对区机关事业单位部分退休人员发放补贴给予政策倾斜的汇报,研究通过《衢江区畜禽养殖禁养区、限养区、适养区划分方案(送审稿)》《衢江区农村村民建房管理办法(送审稿)》
8	2013年9月16日	审议通过《衢江新城区被征地村留地发展空间政策实施办法(送审稿)》《衢江城区已出让未征收及规划调整土地收回工作方案(送审稿)》
9	2013年11月5日	研究通过《衢江区城中村改造相关政策和工作实施方案(送审稿)》
10	2013年11月25日	审议通过《衢州市衢江区国民经济和社会发展第十二个五年规划纲要中期评估报告(送审稿)》
11	2013年12月23日	审议通过《全旺镇总体规划(送审稿)》等9个乡镇的总体规划
12	2013年12月30日	审议通过《衢江区城乡一体规划、分区规划、美丽乡村总体规划和东部工业新城服务中心规划(送审稿)》
13	2014年3月26日	听取关于全面深化行政审批制度改革工作的情况汇报
14	2014年4月29日	审议通过《衢江区农村生活污水治理总体规划(送审稿)》
15	2014年6月23日	听取关于乡镇兽医诉求问题的情况汇报
16	2014年7月22日	听取关于农村生活垃圾集中收集处理市场化运作BOT模式的情况汇报
17	2014年9月22日	听取关于东方广场项目增建"喜悦真冰场"和"水上世界乐园"的情况汇报
18	2014年11月21日	听取关于区市场监督管理局"三定"方案的情况汇报,审议通过《衢江区西入口和北入口城市设计》等17个重点城乡规划
19	2014年12月22日	听取关于区政府职能转变和机构改革方案的情况汇报,审议通过《衢江区农村村民违法建筑处理工作指导意见(送审稿)》《衢江区农村村民建房审批管理办法(送审稿)》

【区政府常务会议】 2012—2014年,区人民政府召开19次常务会议,通过多项地方规范性文件和政策意见。

【区政府全体会议】 2012—2014年,区人民政府召开3次全体(扩大)会议。

2012年7月30日,召开区十四届政府第一次全体(扩大)会议暨上半年经济形势分析会议,贯彻落实省第十三次党代会、市第六次党代会和区委十二届二次全会精神,回顾总结上半年工作,研判和把握当前经济形势,研究部署下半年工作,进一步提信心、聚合力,敢担当、能作为,确保全面完成全年各项目标任务。

2013年8月16日,召开区十四届政府第二次全体(扩大)会议暨上半年经济形势分析会议,贯彻落实省委十三届三次全会、市委六届四次全会、市政府第五次全体会议和区委十二届四次全会精神,回顾总结上半年工作,分析当前形势,转变作风、创新实干、克难攻坚,确保全面完成各项目标任务。

2014年8月12日,召开区十四届政府第三次全体(扩大)会议暨上半年经济形势分析会议,贯彻落实省、市和区委全会精神,总结上半年工作,分析当前形势,部署下半年重点工作,动员全区上下实干快干、强化执行,确保完成全年各项目标任务,努力实现"全年红"。

【城中村改造全面启动】 2012年,启动沈家、樟树潭、茶园、卢家4个城中村改造工作,计划2017年年底前全面完成改造。2012年4—7月,完成调查摸底工作,4个行政村共有住户1688户,总人口5823人,拆迁面积33.5万平方米。开展拆迁安置政策研究制定工作,出台拆迁安置政策。12月26日,城中村改造首个安置项目——总投资4.6亿元、建筑面积14.3万平方米的新屋里小区一期采用BT模式启动建设。

【东方广场项目开启商贸兴区新里程】 2012年5月28日,东方广场城市综合体项目开建,总投资超10亿元,总建筑面积约22.5万平方米,是浙西地区规模最大、功能最全、单体建筑面积最大的商业业态,开启商贸兴区的新里程。至2014年年底,东方广场项目完成投资3.1亿元,近500个知名品牌签约入驻商场,近20家年销售超亿元的商贸流通企业签约入驻商务楼。

【政府咨询委员会成立】 2012年6月1日,区人民政府咨询委员会正式成立,区政府为24位区外特邀委员和21位区内委员颁发荣誉聘书。区咨询委成立后,发挥党委政府的"参谋部"和"智囊团"作用,谋划调研课题,开展咨询论证,主动服务中心工作。当年完成重点调研课题5个,上报专家建议2篇、委员建议13篇,部分研究成果和建议被纳入2013年政府工作计划。

【双桥农运会模式在全国推广】 2012年9月16—18日,双桥乡在河南省西峡县召开的全国"亿万农民健身活动"先进乡镇经验交流会上,代表浙江省在大会上作典型发言,以"农家门口的'奥运会'"为主题,详细介绍该乡先后举办29届农民运动会,以农民运动会为主平台的双桥模式在增强农民身心健康、促进社会稳定方面的积极作用,以及在农村全面建成小康社会进程中农民体育工作的新思路、新突破和新举措。

【绿色中国行——走进衢江】 2012年9月20日—22日,大型系列主题公益活动"绿色中国行——走进衢江"暨第五届中国绿色宝贝、第二届中国玫瑰公主颁奖盛典活动在衢江举行。原林业部部长徐有芳、国家林业局副局长张永利、中国科学院院士国务院参事唐守正、省政协副主席陈艳华、省林业厅厅长楼国华、省林业厅副厅长杨幼平,衢州市领导沈仁康、居亚平、俞流传、诸葛慧艳、傅根友等出席活动。活动期间,举行大型电视访谈"8+1"对话、生态家园考察、走进玫瑰园等分活动。人民日报、新华社、中央电视台等40家新闻媒体,宣传报道衢江现代农业发展和生态文明建设成果。其中,人民网、绿色中国网络电视等媒体对颁奖晚会进行现场视频直播。

【区第一初中建成投入使用】 2013年9月,区第一初中建成投入使用。该项目总投资1.34亿元,建筑面积47800平方米,办学规模48个教学班,是省、市、区重点项目,于8月25日主体工程通过竣工验收,9月1日正式开学上课。

【衢州农副产品集散中心落户衢江】 2013年10月23日,衢江新城区25号地块土地使用权由浙江新农都实业有限公司竞得,标志着衢州农产品交易中心项目成功落地。该项目占地约24.67公顷,总投资约15亿元,是集蔬菜、果品、水产、副食品、冷链仓储、特色交易、物流加工配送等批发交易以及商务办公、商务酒店、住宅等商贸综合服务为一体的现代化大型农副产品集散中心。

【推进循环经济示范区创建】 2014年8月,衢江经济开发区被列为全省首批开展循环化改造试点园区。根据《衢江经济开发区循环化改造实施方案》,2013—2017年,计划实施项目30个,总投资近60亿元。经专家评审,23个重点项目拟申请省级专项资金支持,涉及投资25亿元。项目的实施,可大量节约水、电等资源,进一步提高园区资源产出率、能源产出率、土地产出率,减少污染排放量,为园区循环化改造相关指标目标的实现做出贡献。

【区人民医院挂牌衢州市第二人民医院】 2014年9月3日,衢州市第二人民医院挂牌仪式在区人民医院举行。副市长马梅芝、浙医二院党委书记陈正英、区委书记吴江平出席并分别致辞。挂牌衢州市第二人民医院是该医院发展史上的里程碑,是医疗卫生机构设置和资源配置"市区一体"的有效实践,推动城市优质医疗资源向基层下沉,为衢江区医疗卫生事业发展开创新格局。

【"监地视频"帮教对接模式获全国"十大社会治理创新"奖】 2014年12月20日,2014第九届中国全面小康论坛颁奖晚会在京举行,衢江区"监地视频"帮教对接模式获"十大社会治理创新"奖。该帮教对接模式以提高犯人的改造质量,降低刑释解教人员再犯罪率为目标,将帮教工作前移,在"刑释解教后回原籍帮教"的基础上新增"在监服刑期间通过网络视频开展亲情帮教、政策帮教"做法,组织罪犯家属与罪犯、地方司法行政工作人员与罪犯之间开展视频通话,达到政策宣传、信息传递、亲情感化的效果,有效解决探监成本高、探监难等现实问题。自2012年6月1日正式实施以来,该区和省乔司监狱联合开展5次监地视频活动,帮教服刑人员42人次。

【获"中国特色生态宜居旅游名区"称号】 2014年12月26日,在四川省成都市举行的"第一届中国气候旅游高峰论坛暨生态旅游宣传推介活动"颁奖盛典上,衢江区凭借"五养"(水养、气养、药养、食养、心养)生态旅游资源,科学的旅游发展思路,实质性的旅游品质提升,获"中国特色生态宜居旅游名区"及"中国健康养生休闲旅游名区"称号。推介活动由中国生态学学会旅游生态专业委员会、中国旅游媒体联盟、中国城市旅游杂志社共同主办,在全国范围内评选出14个典型生态旅游城市。

【机场北路(市区快速通道)建成通车】 2014年12月26日,衢州市机场北路建成通车,在衢江城区、物流区、衢州港区以及衢州市区、衢州机场之间建立快速、便捷的交通网络。该工程(原衢州市浮石渡至大路章公路工程)是省重点项目,总造价2.35亿元,起点位于浮石二桥南侧(市水利局门口),向东延伸经沙湾、周庄、鸡鸣,横穿柯城和衢江两区,上跨乌溪江,终于衢江区宾港北路。该工程采用一级公路标准,双向四车道,设计时速80千米/时,路基宽26米,全长5.63千米(其中新建的乌溪江大桥长862.7米,宽30米)。

(高建林)

区政府办公室工作

【概况】 2012—2014年,区政府办公室围绕全区中心工作,做好办文、办会、办事"三项服务",履行参谋服务、综合协调、督促检查、后勤保障"四项职能",提高参与政务、处理公务、管理事务、搞好服务的能力和水平,为领导服务、为基层服务、为群众服务,发挥办公室的窗口、桥梁和中枢作用。

【公文处理】 2012—2014年,以区政府名义印发文件161件,以政府办公室名义印发文件399件。严把公文拟稿、审核、会签、签发程序关,提高公文撰写质量。按照规定和上级要求对以政府和政府办名义制定的规范性文件进行全面清理,在区政府网上进行公布。对新发布规范性文件按照"统一登记、统一编号、统一公布"的要求,依程序进行立项、审签和公开。

【政务信息】 2012—2014年,区政府办公室7篇政务信息得到省政府领导熊建平、黄旭明、朱从玖等批示肯定,综合排名均居全市前列。2014年,修改完善《区府办2014年信息调研考核办法》,明确各线秘书信息报送任务,加强捕捉、收集、整理各类调研、问题类信息,为领导提供有价值、有分量的决策信息,全方位、全过程为领导科学决策当好参谋助手。

【综合协调】 围绕全区重点工作,加强与相关部门、乡镇沟通协调,确保工作万无一失。多次接待省、市主要领导视察调研和省、市督查组检查"五水共治""三改一拆"、大干项目等重点工作,承办全省农产品质量安全、全省洁水渔业、全市"三改一拆"、全市集镇污水处理等现场会。加强与区委、区人大、区政协班子的沟通协调,促进政府机关有序运转,支持人大开展执法检查和专项评议、起草人大常委会审议报告、参与人大主任会议以及配合代表视察等各类会议和活动。

【政务督查】 坚持把政务督查作为确保政令畅通,推动工作开展和决策落实的重要手段来抓,将领导要求准确转化为交办事项,做到敢于抓工作、谋思路、求结果,提高政府执行力。注重突出督查重点,对重点工作及年初确定的招商引资、十件为民办实事等进行有效督查,保证政令畅通,树立政府威信。注重督办时效,对交由区府办办理的人大代表议案建议和政协提案,认真、及时办理,做到件件有答复。

【产业招商】 按照区委、区政府要求,主动做好招商引资工作。主要领导亲自抓招商,分管领导多形式开展产业招商,做好跟踪服务,注重招商实效。引进浙江琅素实业有限公司、浙江巴斯特网丝有限公司、衢州东安实业有限公司、嘉兴华泰特种混凝土制品有限公司、衢州市衢江区东方广场商贸有限公司、衢州恒旺食品有限公司等12家企业,超额完成区委、区政府下达的招商引资任务。

【建议提案办理】 及时办理人大代表、政协委员建议提案,承办质量得到代表及委员肯定。2012年,办理人大代表议案建议232件,政协委员提案169件,办结率100%。2013年,办理人大代表议案建议211件,政协委员提案170件,办结率100%。2014年,办理人大代表议案建议219件,政协委员提案140件,办结率100%。

(高建林)

突发事件应急管理

【概况】 区政府突发公共事件应急管理办公室(简称区应急办),履行值守应急、预案管理、信息汇总和综合协调职能,发挥区政府应急管理工作的运转枢纽作用,协助区政府领导处置紧急重大事务,协调特别重大和重大突发公共事件的预防预警、应急处置、事件调查、事后评估、信息发布等工作。

【应急预案管理】 2013年,区应急办制订《衢江区自然灾害救助应急预案》和《衢江区通信保障应急预案》。2014年,制订《衢江区大气重污染应急预案》,重新修订《衢江区森林火灾应急预案》和《衢江区地震应急预案》。

【应急演练工作】 2012—2014年,区应急办组织区级应急演练85次(不包括农村、社区、企业组织的应急演练),参与人数7550人次。以安全生产大检查为切入点,以21个乡镇(办事处)和区水利局、区林业局、区安监局等15个行业主管部门为责任主体,从实战要求出发,有序开展应急预案演练。重点组织应对校园安全、小流域山洪、病险山塘水库、地质灾害等自然灾害,火灾、危化品、交通事故等安全生产事故,传染病疫情、动物疫情等公共卫生突发事件以及群体性事件的应急演练,增强广大群众对各类突发事件的防范意识和自我保护能力。

【应急科普宣教】 2012—2014年,全区举办安全讲座7次,举办安全教育宣传培训班12期,发放宣传资料1万余份,举办图片展览20余次。以"平安衢江"建设为载体,以"5·12"全国"防灾减灾日"为契机,组织农业、林业、水利、国土、科技、消防等相关部门开展防灾减灾系列宣传活动,提高广大干部群众安全防范意识和自救能力。贯彻预防为主的方针,推进公共安全知识"进社区、进农村、进企业、进学校"。

【应急信息管理】 强化突发事件信息报送工作,完善应急工作信息员网络,根据阶段性重点工作,向各单位下发"信息报送要点"。加强信息研判,每年两次组织应急联动单位召开综合应急救援工作联席会议。

【应急指挥技术系统】 2012年11月28日,在区公安局设立区应急联动指挥中心。2014年11月,在区应急联动指挥中心建立全市第一个二级指挥调度平台(天翼对讲系统),区应急办、区公安局及19家区应急联动单位配置天翼对讲终端,实现联动指挥中心与联动单位之间的信息互通及应急联动指令的接收、派单、信息反馈。

【应急处置综合能力】 2012年,制定《衢江区突发公共事件应急值守工作制度》,规范"区应急指挥中心突发事件办理流程""区应急指挥中心突发事件现场处置流程",下发至应急联动各单位参照执行。区一级联动部门每年至少组织2次全区性应急拉练、演练,检验综合处置及协调配合能力。

(郑　嵘)

电 子 政 务

【概况】 2012—2014年,电子政务工作主动融入区委区政府的主要工作,按照"主题载体化、工作项目化"要求,加强统筹协调,夯实网络基础,提升应用水平,强化整合共享,推动电子政务转型升级、跨越发展。

【电子政务应用基础设施集约化】 区电子政务数据中心托管全区各级党政机关的各类应用项目3

个，各种应用服务器3台，各级各部门政府信息公开子网站66个，在提高政府财政性资金的使用效率和为各级财政节约运维经费上发挥作用。在加强监管的同时，搞好技术配套服务，发挥“四统一”平台（网络、网站、应用、安全）的功能作用，实现有技术的管理与有管理的技术紧密结合、优势互补。初步实现全区电子政务基础设施共享。

【保障视频会议（应急指挥）系统运行】 进行16次会前全省联调，保障9次全省性视频会议的召开，10次全省应急办指挥系统点名，有效保障省政府常务（扩大）会议等各类全省性视频会议的召开，为全区应急指挥中心的建设打下基础。

【统一电子政务平台运行】 根据全区电子政务应用推进的需要，做好电子政务网络向下级部门和基层单位的延伸接入工作。新增电子政务外网接入单位2家。截至2014年12月，全区电子政务网络接入单位近100家，近3000台工作电脑，区级财政统一支付的网络接入费用近77万元，实现电子政务网络衢江区全覆盖。

（黄　睿）

外事工作

【概况】 2012—2014年，区外事办发挥外事工作优势，服务区委区政府中心工作，实现因公出国（境）管理、利用外来访问人员资源的新突破，做好外事各项工作。2012—2014年分别审核上报因公出国（境）团组19批27人次、10批18人次、9批12人次；分别审核邀请外国人来华邀请函60批98人次、22批29人次、20批29人次。2012年被市外办评为外事工作先进集体。

【主要出访】 2012年8月28日至9月4日，应美国南加州出口贸易委员会的邀请，以常务副区长吾东明为团长的衢江区经贸考察团一行5人，赴美国进行为期8天的考察访问。其间，考察了洛杉矶长滩世界贸易组织、朔荣有机光电科技公司、美国CE International等公司，在加州就建立友好合作事宜进行洽谈、交流。

【主要来访】 2012年3月17日，马来西亚果农协会代表团一行40多人到衢江区现代农业园区进行考察，参观浙江九九红玫瑰科技有限公司的种植基地、标准化生产车间及产品展示厅，并就衢江区发展现代农业问题进行座谈。同年4月22日，俄罗斯全国广播电视公司《我们的电影》摄制组一行10人，到衢江区横路乡拍摄日本731细菌战纪录片，记录遭受侵华日军细菌战的历史事实。

2013年7月10日，日本政府对华援助利民工程无偿援助项目助理大宅卓郎，对2008年向上方镇中心卫生院无偿援助85219美元（人民币604312.12元），用于添具彩色B超机和数字化X光成像系统进行考察、回访。彩色B超机和数字化X光成像系统分别于2008年10月19日、2009年1月12日完成装机投入使用，改善当地的就医条件，至2013年6月，彩超机共检查12727人次，CR系统共检查13762人次。同年9月10日，美国前NBA全明星阵容球员詹姆斯·唐纳森及夫人郑美容女士，清华大学严微渊教授，在衢州三中国际班外教茉莉女士的陪同下，到衢州三中进行访问交流。

2014年6月27日，美国威斯康星大学白水分校助理教授刘艳、麦迪孙分校东亚研究中心副主任理查德·米勒率威斯康星州教育代表团师生一行14人访问衢江区。先后考察区第一小学、区第一初中，走进丰富多彩的社团活动校园文化课堂，分别与区第一初中、第一小学签署建立友好校际关系意向书。同年7月2日，日本驻沪总领馆副领事井上隆颜率日资企业代表团一行6人考察莲花镇宁莲畜牧业有限公司，并对污水生物处理技术、污水深度处理技术等作技术性探讨。

【友好交流】 2014年7月9日，通过Skype视频，区长赖瑞洪与法国波尔多区布莱德市米歇尔度方市长进行对话交谈，赖瑞洪介绍衢江区经济、社会发展的概况，表达与布莱德市结为友好城市的愿望，米歇尔度方市长表示非常愿意与衢江区结为友好交流城市，并就结对后在经贸、科技、农业、文化、教育等领域，深化合作事项作了初步的探讨。

（彭雪芳）

行政服务

【概况】 2012—2014年，区行政服务中心转变工作作风，规范审批行为、简化办事程序、缩短办事时限，提高窗口办事能力和服务水平，办结各类行政审批事项26.35万件。

【审批流程再造和简政放权】 2012年，区发改窗口牵头绘制《政府投资建设项目开工前审批流程图》《企业投资建设项目(核准、备案)开工前审批流程图》，区经信窗口牵头绘制《一般性工业投资项目办理流程图》，并编制《衢州市衢江区投资项目审批流程一本通》，方便区乡中心工作人员学习及服务对象查阅。2013年，出台《衢江区行政审批制度改革实施意见》，建立行政审批会商制度。2014年3月1日开始，实行公司注册资本认缴登记制度，取消注册资本最低限额。改革实施后，新成立公司同比增长80%。同年4月，出台《衢江区行政审批制度改革重点工作安排及任务分工方案》，明确14项重点工作内容、责任部门和完成时间，区府办、区纪委、区审改办抽调人员组成督查小组，当年开展督查3次，刊出审改简报6期。

【行政审批提速提效】 2012年，新增窗口2个，审批事项由原来的411项精简到405项，35项审批事项进行流程再造，承诺时限共减少168天，审批环节减少38个，申报材料减少22份。2014年，推行两个“四证联办”：商事登记“四证(照)联办”，实现“一窗受理一窗发证照”，审批承诺期限由四个工作日压缩成一个工作日；房、地、契、牌“四证联办”，总承诺时限由10个工作日提速为1个工作日。

【便民服务中心建设】 2012年，区行政服务中心与信用社、邮政储蓄等银行对接，在经济强村、中心村及相对偏僻的行政村试行安装助农POS机、建立村级便民服务中心劳动就业信息服务平台，投资70多万元，在40个村安装LED显示屏，由村代办员兼职劳动信息员，定期开展职责、制度、政策、业务培训，发布农副产品供需信息和用工招工信息756条，建成示范村15个，出台规范性制度6个，建立一支由783人组成的代办员队伍，组织业务培训47次，建立AB岗320个，公开服务承诺事项623项，增加便民服务事项16项，累计办结服务事项174528件。2013年，创建示范点16个。2014年，与新建办公场所的行政村积极沟通，推进村级便民服务示范点建设，建成示范村26个。

【浙江政务服务网建设】 2014年12月，浙江政务服务网衢江平台正式运行。全区303项行政许可事项、85项非行政许可事项、518项便民服务事项全部纳入浙江政务服务网衢江平台运行。

【成立中介机构管理服务】 2014年5月，成立衢江区中介机构管理服务中心，有24家中介机构入驻该中心，其中窗口单位3家，挂牌入驻21家，服务内容涉及工商代理、初步设计、环境影响评价等。制定出台《中介信用评价管理办法》《关于加强涉行政审批中介机构管理的指导意见》《关于公布衢江区行政审批中介服务事项办理时限和收费标准的通知》。

（李　娜）

机关事务

【概况】 2012—2014年，衢江区机关事务管理局坚持“科学管理、优质服务、保障有力”的工作方针，探索创新机关后勤管理模式和服务机制，为干部职工营造良好的工作和生活环境。2013年8月，增设1个内设机构“公共机构节能管理科”，人员编制从内部调剂。2012年，区机关事务局被区政府评为消防工作先进单位。2013年，区行政中心被市评为节约型公共机构示范单位。2013年、2014年，区机关事务局被评为衢州市治安安全先进单位。

【基建管理】 2012年，区机关事务局投入1.8万元，在乒乓球活动室设置排水沟解决积水问题。2013年，投资6万元，完成食堂包厢改造工程。投资12万元，完成行政中心10部电梯的大修工程。投资约47万元，完成食堂3楼自助餐厅、3层大包厢的改造工程。投资16万元，分别对会议中心和主楼7个会议室安装手机屏蔽器，完成区行政中心0961和0761会议室独立空调的安装。2014年，投资35万元，完成行政中心防恐硬件设施改造工程，主要对行政服务中心进行围墙隔离，并对东西岗亭进行改造。

【资产管理】 对区行政中心的办公用房实行统一调控、统一管理。发挥国有资产的使用价值。完善公房管理档案资料，对遗失的房产证及时予以补办，明确固定资产的所有权和使用权。对办公设施的更新进行登记造册，确保国有资产不流失。收缴公有住房租金，为保障公房维修积累使用资金。对行政服务中心办公大楼和机关干部宿舍的附属建筑设施进行维修，保障机关干部正常办公和群众办事的需要。加强车辆日常维护保养，及时发现和消除事故隐患。2013—2014年，实现安全行车144万千米无事故记录。

【接待服务】 2012—2014年，以人性化、特色化接待方式，完成每年在衢江区举办的全国性经贸洽谈会、省外宾客来区考察和本省市领导工作调研及约访群众的接待工作。先后接待承办百人以上会议295场次，共服务保障135059人次。机关食堂坚持推行一卡式就餐保障模式，做好早上、中午就餐保障，共保障机关干部职工568227人次用餐。完善《机关后勤工作制度汇编》，使机关后勤工作有章可循，督促干部职工严格执行。抓好食品卫生安全“创先争优”工作，从通过业务培训和抓好管理制度落实入手，提升服务人员的素质。对厨卫设备更新达标，实现区机关食堂创建省“A”级餐饮单位目标。

【安全保卫】 2012—2014年，区行政中心实行区公安分局、市保安服务公司和局保卫科“三位一体”的安全模式，投入60万元资金，完善治安岗亭、消防监控和红外报警系统，形成人防、技防、物防三管齐下的安全防范网络。2013年，投入资金10万元，更换烟感、温感和火灾探测器89个、火灾报警显示屏4个及破损消防水带26卷。2014年，针对人员车辆进出增多的实际，重新办理2000张出入区行政中心车辆通行证，规范区行政中心的车辆管理秩序。与区行政中心各部门签订安全工作目标责任书，为区行政中心的有序运行提供安全保障。共登记来区行政中心办事人员17846人次，劝解群众上访412次、4883人次，未发生重大治安案件。

【节能减排】 2012年，区机关事务局实施能耗的动态管理，节能降耗工作的进展处于全市领先，获得市10万元的节能奖励。2012—2014年，开展节能宣传周活动，印发公共机构节能宣传画1500份，悬挂宣传条幅10幅，开启电子屏幕显示屏100次，做好公共机构节能减排的宣传，提高干部职工对公共机构的节能意识，完善管理制度，落实工作措施，限定空调开启的条件，调整制冷效果，间隔使用照明设施，推行使用高效节能灯具，控制自行配置用电设备，减少非办公时间电梯开启，安装节能设施，加强用水设备维护，杜绝跑、冒、滴、漏，降低水耗。建立公共机构能耗统计台账，了解和掌握全区公共机构能耗状况，全区能耗统计单位数量由原来的98家增加到现在156家，公共机构节能统计更加全面。加强对衢州中专创建节能工作单位的督查指导，推动公共机构节能工作，提高公共机构能源利用效率。

（倪文刚）

人事管理

【概况】 2012—2014年，衢江区人力资源和社会保障局稳步推进人事制度改革、机关事业单位人事招录、人才培养引进、人才平台搭建、人才激励政策等方面工作，为衢江区经济和社会发展提供保障。2014年12月，全区机关单位共有国家公务员（含参公人员）1452人名，全区共有事业单位人员5674人。

【人事制度改革】 2012年，严格落实“区外出题、区外阅卷、考官外聘”三外措施，推进“阳光人事”工程，规范开展公务员及事业单位工作人员工招录作。根据《衢江区事业单位岗位设置管理实施方案》，按照岗位设置方案核准和岗位聘用两步走的流程，组织开展事业单位岗位设置工作。2013年，审核批准51家事业单位岗位设置方案，审核认定41 家事业单位209人首次岗位聘用。充实衢江区列入市公务员考试录用面试考官库，在原有53名考官的基础上，新入库考官34人。2014年，全区256家事业单位完成首次岗位聘用、岗位等级晋升及岗位变动、岗位等级确定工作，核准岗位5474人。

【公务员及事业人员管理】 2012年，组织公开招聘公务员一期55人；公开招聘事业单位工作人员二期46人；公开招聘教师一期68人；公开招聘卫技人员一期55人。完成全区13名军转干部和2名随军家属安置工作。春节期间，为23名家属无工作的企业军转干部发放生活补助费4.6万元。完成全区政府部门公务员个人信息的采集、审核及录入工作，实现公务员信息管理中央、省、市、县（区）四级链接。全区235名优秀公务员获嘉奖，30名公务员记三等功。同年3月，完成全区其他事业单位在职人员基础性绩效工资的审核审批，4月份全部发放到位

2013年，组织公开招考机关公务员一期53人；公开招聘事业单位工作人员二期86人；安置军转干部5名，安置随调军转干部家属1名；安置2011年、2012年符合政府安排工作条件的退役士兵11名。全区2012年度218名优秀公务员获嘉奖，47名公务员记三等功。

2014年，公开招录公务员一期40名；公开招聘事业单位工作人员35名；公开招聘卫技50人、教师46人；安置军转干部7名。区乡镇直属事业单位面向优秀村干部公开招聘工作人员4名，乡镇事业单位面向全区2013年符合政府安排工作退役士官公开招聘工作人员3名。2013年度206名优秀公务员获嘉奖，44名公务员记三等功。

【人才引进培养与交流】 2012年，引进国外智力项目8个，涉及化工、机械等行业，引进德国专家1名（恒顺化工有限公司），申报项目数量和引进专家人次同比有所增加。选拔推荐市“115”人才16名，省“151”人才2名。组团参加规模以上人才交流会2场，组织6家企事业单位参加，提供岗位99

个，选聘大学生村干部30人，组织2011年退役士兵开展就业对接培训工作。实施企业职工岗位技能提升工程。区人力社保局制定《2012年职业培训实施方案》，开展电工电焊、机械、造纸、服装、电子、商贸等紧缺工种的培训，培训2200人。组织仙鹤、夏王、罗伊、海力、民心、志高、罗邦等企业开展技能提升培训15期1340人。

2013年，选聘大学生村干部54人。推荐"151人才工程"第三层次培养人选1名，申报国家级"千人计划"1项、省千人计划2项，组织人才学科组开展下乡服务活动3次。引进教育、卫生、建设、规划等企事业单位紧缺人才68人。上报国外引智项目4项，其中国家级项目2项(恒顺化工的气相氯化制备对称六氯吡啶研究技术、清水瓜果合作社的优质椪柑栽培技术)，省级项目2项(区乡约食用菌专业合作社的珍稀食用菌新品种引进与配套栽培技术研究、民心炭业的竹炭颗粒粉碎过程中防静电燃爆关键技术研究)。组织浙江民心炭业等企业参加第十五届浙洽会、中国国际人才交流大会等各类海外高层次人才招聘会。组织志高机械、星光钻石等九家企业开展企业高技能人才自主评价9场次，培养维修电工等8个职业(工种)高级工203名。开设电工、焊工、中式烹调师、计算机操作员4个紧缺工种的高技能人才培训班，集中培训企业急需高技能人才211人。举办衢江区第二届职工职业技能竞赛，设立竞赛工种10个，报名参赛人员195人。

2014年，选聘大学生村干部35名，其中公开选聘29名，"两项计划"选聘2名，高校应届毕业生"择优选聘"4名。向省推荐有突出贡献中青年专家1名，推荐申报"省151人才"1名，向市选拔推荐"115"人才25名，9人入选，其中二层次2人，三层次7人。申报国外引智项目7项，其中，国家级EO项目4项，省级EO项目1项，省级自聘项目2项。组织区职业中专、龙财管业等企事业单位参加第十六届浙洽会、中国国际人才交流大会等各类海外高层次人才招聘会。开展企业在岗职工技能提升培训890人，推荐高技能人才培训766人，开展企业紧缺工种培训30期，2233人参训。实施职业技能鉴定4301人，鉴定合格3589人。举办衢江区第三届职工职业技能竞赛，设竞赛工种10个(新增美容、美发和客房服务员3个工种)，报名参赛177人。

【专业技术人员管理】 2012年，开展继续教育培训2期，培训人数1243人。组织企业社会化评审会9次，评出各类员级和助理级人员894人。组织事业单位初评会3次，评出初级127人，向市推荐中、高级98人。建立评委专家库，按照规定建立评审组织，选拔优秀人才进入评委会，新建各类评委库3个，入库评委185人，涉及工程、农业、教育等三个系列。建立专技人才信息库，入库4092人，涉及单位282家。建立专业技术资格评审统计制度。

2013年，开展企业社会化评审10次，评出各类专业技术人才921人。开展事业单位初级评审会2次，评出初级19人，向市推荐中级71人，推荐高级55人。

2014年，开展企业社会化职称评审5次，评出各类初级专业技术人员864人。组织农业、教育系列事业单位初级评审会2次，初定事业单位专技人员38人。组织继续教育培训考试三期，1172人参加。

【专家工作站建设】 2012年，全区入选市级专家工作站2家(衢州市衢江区人民医院、浙江志高机械有限公司)。

2013年，开始评选区级专家工作站。评出区级专家工作站6家(衢州市衢江区林业技术推广中心、浙江雁杰建筑模板有限公司、衢州市衢江区职业中专、衢州市衢江区农作物管理站、浙江民心生态科技有限公司、衢州市衢江区妇幼保健院)，市级专家工作站3家(衢州市衢江区林业技术推广中心、浙江雁杰建筑模板有限公司、衢州市衢江区职业中专)。

2014年，评出区级专家工作站10家(浙江福瑞科流控机械有限公司、蕴真阁、浙江九九红玫瑰科技有限公司、衢州安普矿山机械有限公司、衢州现代炭业有限公司、衢州刘家香食品有限公司、衢州净力竹炭科技有限公司、浙江仙鹤特种纸有限公司、浙江圣效化学品有限公司、衢州市第二人民医院),市级专家工作站3家(浙江福瑞科流控机械有限公司、蕴真阁、浙江九九红玫瑰科技有限公司),推荐区级重点企业创业创新团队1家(浙江志高机械有限公司)。

【人才激励政策】 2012年12月,区委、区政府出台《关于实施人才集聚工程的若干意见》,并出台十六个配套实施办法。2013年,开始执行高技能人才激励制度,对在企业紧缺工种一线岗位工作的技师和高级技师,经考核合格的分别给予每人每年4000元和6000元的人才津贴。2014年,出台高技能人才直接认定、民间技师直接认定等办法。

(王　坤)

地方志工作

【概况】 2008年,衢江区地方志办公室(简称区方志办)设在区档案局,人员编制从区档案局内部调剂。2012—2014年,区方志办立足衢江地方志工作实际,强化资政服务,开展《衢江年鉴》编纂工作,做好志书及年鉴资料交流与收藏,征集抢救民间家谱,服务农村文化礼堂。完成《政区大典》衢江卷重大事件、著名人物编撰及《浙江通志·档案卷》全区档案资料的收集、整理、考订和资料长编的编撰工作。

【《衢江年鉴(2001—2011)》出版发行】 2012年10月,《衢江年鉴(2001—2011)》由方志出版社出版发行。该书编纂从2011年5月开始,历时18个月,分资料收集、类目编辑、统稿审稿、领导集体评审、出版社终审核查四个阶段进行。全书以《地方志工作条例》为指导,全面客观地记述2001—2011年全区各个系统、各个乡镇(街道、办事处)各项事业发展情况,着力体现衢江区建区十周年各项工作和经济社会发展的特色和亮点。全书104万字,采用分类编辑法、分类目、分目、条目三个层次;设类目11个,分目204个,条目388个。附文彩页97幅,黑白照片273张,图表195张。内容涉及自然、政治、经济、文化、社会各个领域的历史变迁及精神风貌和人文风情等,资料翔实,是一部具有政府公报性质的综合资料工具书,更是宣传衢江、介绍衢江的名片。

【服务农村文化礼堂】 2012—2014年,为峡川镇东坪村、太真乡千里岗红色文化礼堂建设提供有价值的资料、图片及红军时期的传单、标语等珍贵档案,帮助协调党史办等有关部门查找相关资料。组织人员协助云溪百姓书院建起农耕实物展览馆。指导廿里镇六二村杨继洲纪念馆、全旺镇楼山后村、大洲镇狮子山村等开展农村文化礼堂建设,为农民打造精神家园。

【征集抢救民间家谱】 2012—2014年,开展珍贵档案征集工作。先后征集到退休干部毛枝理捐赠《高峰毛氏宗谱》、邱以祥捐赠的《中华邱氏大宗谱》衢江区分谱及原稿等。开展家族族谱试点工作,将峡川东坪《李氏家谱》接收进馆,并对家谱进行研究。《李氏宗谱》是关于唐高宗李治后裔的。据该谱记载,为避武则天残害李唐宗室弟子,高宗七子李烨远途跋涉,隐居福建古田长汀麻团岭,后移居石屏源又创业于东坪。东坪村山高林密,唐中宗时期建有古官道,古官道有1144个石阶,长约1500米,宽约2米,这条千年古道保存如初,古道两旁,植有"千年古树群",树龄均在800年以上。因《李氏家谱》记载翔实,千年古村落的神秘面纱被揭开,2014年来东坪的游客达7万余人。

(姚怡雯)

政协衢江区委员会

综　述

2012—2014年，政协衢江区委员会围绕区委、区政府中心工作，学习领会中共十八大和十八届三中、四中全会精神，坚持团结和民主两大主题，履行政治协商、民主监督、参政议政职能，在服务大局中助推转型发展，在关注民生中促进社会和谐，在传承创新中发展政协事业，为全区实现经济社会发展做出贡献。2013年，“政协履职为民、委员服务群众”工作创新案例入选全省政协优秀案例。2014年，“积极推进对口协商的实践与探索”被评为全省政协系统十大创新案例。

【协商议政】　2012—2014年，区政协共举行全体会议3次，常委会议16次，主席会议43次，围绕衢江区经济、政治、文化、社会和生态建设等重要问题，党委、政府决策部署的中心工作和人民群众普遍关注的热点问题，积极开展协商议政。十二届一次会议于2012年2月7日—2月11日在区会议中心召开。出席会议委员197人，列席委员76人。会议重点围绕集镇建设、现代农业发展、各类项目推进、基层组织建设，加快“五个衢江”建言献策。十二届二次会议于2013年1月14日—1月17日在区会议中心召开。出席会议委员196人，列席委员72人。会议重点围绕项目推进、乡镇基础设施改善、农民增收致富、美丽乡村建设、加快推进绿色发展、生态富民、科学跨越等议题参政议政、建言献策。18位委员围绕新城区居民服务业发展、生猪移栏上山养殖小区建设、社区矫正工作机制、青年就业创业进程等作大会专题发言。十二届三次会议于2014年1月10日—17日在区会议中心召开。出席会议委员200人，列席委员69人。会议紧扣“一城一村一区一心”“四个一”建设主战协商议政、建言献策。21位委员大会发言，围绕衢江文化旅游业、中小企业发展、生猪减量提质转型发展等方面提出意见建议。衢江区政协以主席会议和常委会议为专题协商议政平台，就全区经济社会文化等诸多方面进行协商议政。先后就“推进森林城市创建”等开展专题协商。通过调研协商，向区

2014年1月10日，中国人民政治协商会议第十二届衢江区委员会第三次会议

委、区政府先后报送《加强三改一拆后续管理工作,实现建房科学规范管理》等一批协商议政成果,得到区委区政府主要领导的批示,很多建议意见被区委、区政府吸收到相关政策文件和操作办法中。

【**民主监督**】 2012—2014年,共编辑《衢江政协》33期,向省市政协报送信息55条。2012年,根据"大走访"活动中了解到的群众意见,及时收集整理《应重视村规模调整后资产融合等遗留问题》等社情民意;结合委员约谈活动,注意收集各界委员对区委、区政府的意见建议,以社情民意的形式报区委、区政府决策参考。2013年,出台《关于进一步加强社情民意信息工作的若干意见》,政协机关落实专人负责信息工作,组建社情民意信息员队伍,邀请市政协有关领导和专家开展业务培训。"加强'三改一拆'后续管理工作,实现建房科学规范管理""关于加强农村建房安全管理的几点建议"等社情民意信息都被区委区政府采纳落实。区政协出台《关于统一委派政协民主监督小组的实施意见》,召开统一委派政协民主监督小组动员会。组成9个民主监督小组,分别由副主席联系,委派到18个重要部门。民主监督小组在工作中,对部门履行职能情况进行监督,促进受派部门依法行政和政风行风建设;并注重倾听部门工作中遇到的困难和问题,帮助呼吁促进问题的解决。2012年,常委会把河道采砂整治工作作为专项民主监督的重要内容,主席和分工联系的副主席全程参与,相关专委会具体负责,在前期充分调研的基础上,协助区政府及相关职能部门"一滩一策"分析对策,提出意见建议,并持续关注、跟踪监督工作进展,督促整治措施落实到位。参与区委重点工作专项督查,区政协2名副主席分别担任区重点工作督查组组长,并选派专委会主任担任区重点工作督查员,深入一线开展督查,推动重点工作落实。

【**调研视察**】 2012—2014年,区政协组织开展40多个专题调研视察,重点围绕"园中村"群众住房改造、新城区人口集聚、工业平台建设等课题开展调研。2012年,常委会就开发区"园中村"群众住房改造问题进行专题调研,区委主要领导在区政协报送的调研报告上作批示,区长办公会专题听取区政协调研组的调研情况报告,研究落实工作举措。《推进土地流转,发展家庭农场》等6篇材料被市政协全体会议和常委会采用。政协主席会议专题协商电子商务培育发展,区委、区政府主要领导多次就有关问题开展调研,推动电子商务产业发展政策的出台和淘宝·衢州馆的开馆运营。组织相关委员视察了休闲观光旅游、特扶项目建设、公安队伍正规化建设、新城区教育"三百工程"、低丘缓坡开发等工作,通过组织委员视察,促进委员知情明政、献计献策,起到互促共进效果。先后围绕城区环境综合整治、农民饮用水工程建设、重点项目建设、禁毒工作和食品药品安全监管工作等热点、难点问题组织委员开展视察。组织衢江区的市政协委员到龙游县跨区域学习考察城中村改造等工作。先后接待新疆乌什县政协、嘉兴秀州区政协等6个兄弟政协到衢江区考察。深入少数民族乡村和宗教活动场所走访相关人士,加强与民族人士、宗教界委员的联系,促进民族团结。2014年,深化团结联谊工作,市政协衢江委员小组与巨化委员小组互动开展"五水共治"跨区域视察。

2012年8月30日,区政协主席赵建新(中)调研低收入农户

【政协提案】 区政协常委会将提案工作作为支持党委、政府中心工作的重要形式，作为表达民意诉求的重要渠道，提案委员会通过政协网站、《今日衢江》等新闻媒体向全社会征集提案线索，经过汇总筛选列出《提案参考目录》。2012—2014年，政协委员个人和参加政协的党派、团体以及政协专门委员会，以提案形式提出书面意见建议523件，经审查立案500件，内容涉及经济、政治、文化、社会和生态建设各个方面。通过提案办理，提案中的许多意见和建议被采纳和落实，使政协提案在实现党政决策的科学化和民主化，促进经济和社会协调发展，改进部门工作等方面发挥作用。

表6

2012—2014年区政协提案一览表

时间	提案数	立案数	分类	办理情况			委员反馈			
				所提意见建议被采纳问题已解决	所提意见建议正解决中或列入计划	因条件所限暂不能解决	满意或基本满意	理解	不满意	反馈率
十二届一次至十二届二次 2012.1—2013.1	183	176	经济建设方面的提案82件，政治建设方面的提案14件，文化建设方面的提案23件，社会建设方面的提案45件，生态建设方面的提案12件	78	66	32	164	—	—	100%
十二届二次至十二届三次 2013.1—2014.1	183	177	经济建设方面的提案65件，社会建设方面的提案55件，文化建设方面的提案18件，政治建设方面的提案20件，生态建设方面的提案19件	84	74	19	176	—	—	100%
十二届三次至十二届四次 2014.1—2015.1	157	146	经济建设方面的提案65件，政治建设方面的提案15件，文化建设方面的提案13件，社会建设方面的提案38件，生态文明建设方面的提案15件	61	65	21	147	—	—	100%

【统一委派民主监督小组】 2013年，贯彻落实中共衢江区委《关于进一步加强人民政协民主监督工作的意见》，出台《关于统一委派政协民主监督小组的实施意见》，召开统一委派政协民主监督小组动员会。组成9个民主监督小组，分别由副主席联系，委派到18个重要部门。各小组及时选好监督主题，制定监督计划，加强与受派部门沟通联系，启动民主监督工作。建立定期汇报交流制度，并在《政协简报》刊发工作动态，推动民主监督小组工作深入开展。

【建立委员履职登记考评机制】 2013年，出台《委员管理暂行办法》，建立健全委员履职登记和考评机制，进一步加强对委员的联络、服务和管理，要求委员每年参加一次有影响的调研活动、撰写一份有质量的提案、反映一则有分量的社情民意、提一条有价值的建议、办一件有意义的实事。广大委员按照“五个一”要求开展履职活动，涌现出一批履职成效突出的优秀委员。

【民主评议提案办理工作】 2013年，出台《民主评议提案办理工作实施意见》，对提案承办单位提案办理情况开展评议，推动提案办理工作制度化、规范化、程序化。2014年，深化民主评议部门提案办理工作，将区国土局、区教育局、区水利局、区发改局等4个提案办理任务较重、热点问题多的部门列为民主评议对象，成立由主席、副主席牵头，相关专委会和提案人组成的民主评议小组，从组织领导、制度建设、办理程序、工作绩效和深化创新等五个方面进行面对面集中评议，推动提案办理工作。

【联动同行 助推五水共治】 2014年，区政协深入推进开展“三级政协联动，万名委员同行，助推五水共治”专项集体民主监督，按照“就地就近就便”的原则，组建16个监督小组，把在衢江的省、市、区政协委员全部派往全区21个乡镇（街道、办事处），重点就治污水、清“三河”、生猪养殖整规等工作开展民主监督。各监督小组累计组织督查、暗访活动50余次，反馈问题120多条。衢江区“五水共治”专项集体民主监督工作得到市政协领导的充分肯定，其做法在市政协简报专刊上刊登。

【“双联双建”群众工作机制】 2014年，探索建立机关联系委员、委员联系群众，岗位建功立业、履职建言献策的“双联双建”群众工作机制。区政协领导根据“八个一”联系制度的要求，定期走访联系企业、联系村、联系户，并对联系产业和项目等开展经常性调研。加强界别联系和服务群众工作，组织各界别委员进企业、进农村、进社区，开展形式多样的科技、教育、卫生、文化、法律服务及扶贫济困活动。

（余雅芬）

政府咨询

【概况】 2012年6月1日，衢江区人民政府咨询委员会（简称区咨询委）成立。聘任特邀委员24人、区内委员21人，根据部门和专业不同分成综合组、经济组、三农组、社会事业组四个专业组。制定出台《衢江区人民政府咨询委员会议事规则》《衢江区人民政府咨询委员会工作规则》和《衢江区人民政府咨询委员会专业组工作若干规定》。区咨询委下设办公室，负责咨询委各项咨询研究工作的组织协调和日常事务。2012—2014年，区咨询委完成调研课题、咨询论证报告20个、委员建议43篇，获区委、区政府主要领导批示47条次。2013被评为衢江区项目工作先进单位。2013—2014年，被评为衢州市决策咨询先进单位。

【课题调研】 2012—2014年，区咨询委组织各类研讨、调研活动52次，完成重大调研课题16个。2012年，围绕山区科学发展、工业产业发展、城市发展等，完成《乌溪江湿地保护与开发试验区研究》《衢江区特种纸产业发展路径及产品延伸发展方向分析》《继续推进通过政府投资公司发行企业债券工作的研究报告》《培植衢江文化元素 提升新区城市品位》等调研课题。2013年，完成《依托两大资源优势、实施双百亿投资计划，努力打造国家级新能源产业基地和国家级水资源综合开发试验区》调研课题，被吸纳到《政府工作报告》中。完成《加快推进衢江区林下经济发展，寻求山区群众增收致富新亮点》《衢江区茶产业发展调研报告》，提出较为完善的实施方案、发展规律和建设对策建议。2014年，完成《加快发展循环经济 抢抓经济新常态下的发展机遇——衢江区循环经济战略落地与路径选择》调研课题，提出衢江区循环经济发展总体思路、原则及目标，谋划出26个总投资133亿元的循环经济发展项目，供领导决策参考。

该课题获衢州市党政系统优秀调研课题三等奖。完成《加快推进转型升级实现衢江经济开发区跨越式可持续发展的若干思考》和《关于衢江区类金融经济发展的若干思考》调研课题，为衢江经济社会发展提供借鉴作用。

【决策咨询】 2012—2014年，区咨询委组织专家委员先后完成5项专题咨询论证工作。组织咨询委员15人次，参与《政府工作报告》及相关专项规划的意见征求。2012年，特邀杭师大区域文化与经济研究院院长周少雄，赴全旺镇实地调研指导现代休闲旅游项目。2013年，通过实地踏勘、问卷调查、民意座谈，完成《以规范促提升 以特色求发展——衢江区流动摊贩治理的调研报告》。区委、区政府根据报告建议进行部署研究，通过政府扶持，社会资金驻入，建成衢江区小商品交易市场，对马路流动摊贩进行合理整治，有效规范市场秩序，提升衢江城市品位。2014年，对建设“东部工业新城服务中心”进行咨询论证，赴衢江经济开发区、区规划局、横路办事处等单位深入调研，从规划、定位、建设时序、运作模式等方面提出具体咨询建议。对“山海协作”工程进行专题论证，召集21个区内部门，进行座谈交流，研究分析山海协作工程实施以来的成效及存在的问题，咨询报告得到市咨询委领导认可。

【项目谋划】 2013—2014年，区咨询委牵头开展全区项目谋划评审，开展政策收集、项目谋划培训、项目谋划督导等工作，通过区重点办初审、区政府分线评审、专家集中评审等环节，评审入库项目1629个，组织评审团专家112人次，开展项目谋划PK大赛2届，评选出“十佳项目梦”20个、“双十佳大项目”40个。一批优秀谋划项目如富里万亩水田项目、农光互补光伏发电项目、全旺高新农业科技园（三易易）项目等已转化为衢江区重点推进实施类项目。区咨询委创新方法，突出实效，开展的项目谋划评审工作得到省、市咨询委和区委、区政府的充分肯定。2014年，作为先进经验在省咨询委简报、《浙江日报》《衢州日报》中刊发交流。

【建言献策】 区咨询委建立“一委员一建议”制度，积极发挥咨询委委员作用。2012—2014年，撰写报送委员建议43期（其中专家建议2期），内容涉及现代农业、新农村建设、土地管理、财政体制、工业转型、休闲旅游、生态建设以及交通、科技、教育、医疗等各个方面。编辑咨询成果集3册，合计50万字数，分“领导讲话”“文件汇编”“课题研究”“委员建议”“咨询简讯”等板块汇编成集。向区委、区政府提出发展思路和决策咨询建议。

【开展项目谋划PK大赛】 2013—2014年，由区咨询委牵头，连续举办两届“衢江梦·发展梦”全区重大项目谋划PK赛，邀请专家评委32人次，参赛项目94个，参赛单位30余个，旁听单位80余个，共评选出“十佳项目梦”20个、“双十佳大项目”40个。PK赛通过谋划团队现场陈述、评委现场提问、参赛团队即兴答辩等环节，根据项目的前瞻性、可行性、必要性和可操作性，以投票方式作出评选出获奖项目。在项目谋划PK赛过程中，达到“互学互看互比”的良好效果。

（傅益伟）

民主党派

民革衢江区支部

【概况】 2012—2014年，民革衢州市衢江区支部围绕区委、区政府中心工作，参政议政、建言献策、民主监督、社会服务和促进祖国和平统一发挥作用。民革衢江区支部被民革省委会评为民革浙江省2007—2012年度先进集体、胡晨被评为先进个人。

【弘扬正能量】 在全体党员中开展坚持和发展中国特色社会主义学习实践活动、“加入民革为什么”“我为民革做什么”主题讨论活动，向荣获“全国五一劳动奖章”的浙江省民革党员娄红梅、汪爱娟学习活动，向浙江“民革骄傲”人物学习活动，开展学习和践行社会主义核心价值体系活动，开展“薪火相传，圆多党合作之梦”学习教育活动。组织开展区委统战部的“同心”思想主题学习教育活动、“共建生态家园”干部走亲连心服务基层行动。

【调研参政履职】 在市“两会”上，民革衢江区支部以民革市委会名义提交提案4件、大会发言材料2篇，舒志涛、洪清华2位民革党员作为市政协委员共提交个人提案19件。在区“两会”上，民革衢江区支部共提交3件团体提案，舒志涛、楼珉、洪清华、胡晨4位民革党员作为区政协委员共提交个人提案19件、大会发言材料9篇。舒志涛提交的《关于尽快启动城中村农户改造的建议》被列为2012年衢江区政府领导领办5件政协提案之一并被评为优秀提案、《关于推进生猪移栏上山养殖小区建设的建议》被列为2013年度优秀提案，《关于推进衢江区生猪减量提质转型发展的思考和建议》被评为2014年度政协优秀大会发言。积极开展调研，撰写发展家庭农场、生猪规范养殖污染整治、民生档案管理等方面调研报告21篇，其中《关于培育发展畜牧业家庭农场的思考和建议》入选2013年民革全省参政议政研讨会材料汇编。

【民主监督】 积极参加区委、区政府、区政协和“两院”召开的事关衢江区大政方针的情况通报会、座谈会、征求意见会、约谈会、区长办公会等会议，根据社情民意提出意见和建议。党员舒志涛、楼珉、曾成山分别聘任为衢江区质量技术监督分局、卫生局，衢江区国土分局、旅游局，衢江区规划局等单位的行风监督员，平时注重收集群众对被聘任单位的意见和建议，支持被聘任单位的行风建设工作。参加区政协开展的助推“五水共治”共建生态家园专项民主监督活动，对“五水共治”工作中存在的困难和问题，提出意见和建议。牵头对衢江区住建局、交通局开展民主监督，带领民主监督小组，对房地产开发和农村公路养护工作进行评议。

【祖统联谊】 学习贯彻纪念《告台湾同胞书》发表

30周年，把握民革中央提出的祖国统一工作"四个转变"的要求，将思想和行动统一到中共中央对台工作的大政方针和整体部署上，提高党员做好祖国统一工作的责任感和使命感。以纪念"辛亥百年"为契机，把握两岸签署经济合作框架协议后的大交流、大合作、大发展局面，丰富交流形式和内涵，为祖国和平统一事业做出新贡献。

【社会服务】 坚持"发挥优势，突出重点，量力而行，持之以恒，务实有效"的原则，在总结经验的基础上，创新思路、突出重点，提升水平、打造品牌，树立服务"三农"的宗旨，面向农村，面向基层，以扶贫帮困，结对助学为重点，创新服务形式，丰富活动内容。做好非公经济界人士的服务工作，鼓励和引导党员中的非公经济界人士做强做优企业，以各种方式服务民众、回报社会，发扬民革的优良传统，倡导支部党员爱岗敬业，在本职岗位上建功立业。

（舒志涛）

民盟衢江支部

【概况】 2013年，民盟衢江支部成立，盟员5名，2014年，发展盟员4名。9名盟员大学本科，中级职称2名、高级职称4名，公务员3人(其中副科级别2人)。担任省人大代表、市人大代表、区政协常委各1人，区政协委员2人。

2013年4月，民盟衢江支部成立，省民盟副主委徐辉(左四)参加成立大会

【参政议政】 2013—2014年，共向省政府提交《关于建立乌溪江库区生态保护专项补偿机制》人大代表建议18件，向市政府提交《关于加快推进学前教育第二轮三年行动计划》人大代表建议5件，向区政府递交《关予衢江区绿化网建设的若干建议》等政协提案5件。支部共有2篇大会发言材料被编入区政协大会发言材料集。在省市级人代会中的发言分别被编入省人代会和市人代会的简报4次。人大代表与政协委员盟员会前做好调研和走访，在会议上提出建议，并在审议政府工作报告和两院报告时发言。盟员代表连续多年建议"推进中小学校塑胶跑道运动场地建设""扎实做好特殊教育工作"，建议得到省政府重视。撰写《关于规范校外培训机构的管理》等社情民意16篇。主委马建红在浙江省第十二届人大二次会议中，作为优秀代表作大会履职述职报告。

【实践活动】 加强支部思想政治建设，开展同心主题实践活动，围绕"加入民盟为什么、历史责任是什么、我为浙江做什么"三大问题，以"奔跑吧，我们的民盟"为抓手，深入践行社会主义核心价值观。主委在民盟浙江省委会开展坚持和发展中国特色社会主义学习实践活动宣讲团中作为省级宣讲团成员，在省级宣讲中现身说法。做好统战社会服务项目，结合民盟界别特色，开展"暑期公益夏令营""助力学校社团"漂流活动。筹划社会服务的实战大平台，使社会服务有场地、经费、人员等保障，传递正能量。

（马建红）

民建衢江区支部

【概况】 民建衢江区支部有会员18人，其中，区机关6人，经济界12人，平均年龄45岁，其中大专以上16人，高级职称4人、中级职称11人。会员中有市政协委员2名，区政协常委3名，区政协委员6

名,市、区人大代表各1名。2013年4月12日,民建衢江区支部举行第四次全体会员大会,选举胡娟霞为民建衢江区第四届支部委员会主委,余延金、陈燕军、毛霞为副主委。2012年,支部被评为民建省级社会服务工作先进集体。2013年,支部获评民建省级先进基层组织。2014年,支部获评省级先进支部称号。会员胡娟霞获评省社区矫正先进个人、省安置帮教先进个人、省司法行政"十大百优人物提名"、市政法系统"百佳干警"并立个人三等功一次,会员徐姿文于2014年7月被浙江省审计厅聘请为审计系统培训师资库特聘教师。

【参政议政】 2012—2014年,支部团体和担任市区两级的人大代表、政协委员的会员在"两会"上提交提案议案28篇,社情民意5篇,政协课题调研材料6篇,会议发言材料9篇,建议意见6篇,参与完成专项民主监督视察活动5次,内容涉及新农村建设、城市建设、水利、交通等。其中,2篇被评为市优秀提案,5件被评为区优秀提案和议案,《衢江竹炭产业文化发展研究思考》《衢江区中小企业如何在困境中生存和发展》等7篇调查报告和社情民意材料先后被选送到市、区两级政协机关。区政协常委会专题听取支部调研课题《以宜居为目标加快田园城市建设》。《探索多种模式助推产业转型升级》被区政协列为重点调研课题,《衢江区城区跨江大桥建设》被列为区重点项目,《加快衢江区非物质文化遗产的传承和保护》被列为重点民主监督议题。会员毛霞发表的《上挂思考》被评为省民建优秀文章。支部会员参与区人大组织的"关于集聚新城区人气"重点课题的调研和报告起草,区政协组织的"商贸兴区""重点项目"课题的调研和报告起草工作。向省、市民建信息刊物等媒体报送信息,"浙江民建网"、《浙江民建杂志》录用信息16篇,省民建系统录用稿件17篇,市民建系统及衢州日报、《衢州通讯》《领导参阅》《衢州信息》等新闻媒体发表15篇。会员余延金被评为市优秀信息员和全区宣传系统先进工作者。

2014年7月31日,省政协副主席陈小平(中)视察海力集团

【社会服务】 支部每年组织会员参与救灾助学、扶贫帮困、造桥修路、服务"三农"等社会服务工作。会员企业家包立根、江海林、姜渭龙联合区内其他三家企业法人出资倡议成立衢江区"好人基金",会员包立根、江海林、姜渭龙各出资2万元用于帮助全区困难家庭。企业家会员浙江龙财塑业有限公司总经理姜渭龙捐资5万元用于全旺镇修建水泥路。会员衢州市民心炭业有限公司总经理包立根多次向社会奉献爱心,助学捐款20万元,包立根还向湖南镇破石村捐款30万元建造通村公路,同时,衢州市民心炭业有限公司还专门制订补助政策,对公司职工子女考上大学分别给予1000至3000元奖励,共计25000元。浙江海立集团公司董事长兼总经理江海林每年安排资金慰问海力敬老院、庙前敬老院、太真敬老院等山区乡镇敬老院,还对太真乡、庙前乡、杜泽镇等山区40多户贫困户以及公司困难职工进行长期帮扶。建立大学生就业创业见习过渡安置基地,帮助5名贫困大学生就业,为3名大学生发放1.3万元帮扶金,会员企业龙财管业、海力集团、民心炭业等企业与12名贫困学生结对帮扶,发放助学金3.7万元。会员李斌为省"关爱基金"捐资1万元。

2012—2014年，民建衢江区支部全体会员共投入各类慈善事业及社会事业发展资金100余万元。组织会员参与衢江区委统战部组织的“民主党派人士为民服务大型系列活动”，民建会员结合自身专业和特长，开展法律咨询，参与大型社会服务活动20人次，组织4名会员参加在新疆举办的“2012中国(新疆)非公经济发展论坛”，受到全国人大常委会副委员长、民建中央主席陈昌智的亲切接见。组织会员参加“2014.广西非公经济论坛”“2014.杭州长三角民营经济发展论坛”等高端会议。建立民建衢江支部“五水共治”服务基地，免费提供“五水共治”技术环保问题12批次，开展“法治护水”活动，组织2次免费法律咨询活动。会员包立根被评为衢州市第五届拔尖人才、市工商联系统校企合作先进个人、“十大”最美民建人，会员企业衢州市民心炭业有限公司被授予全省消费者信得过单位、浙江省品牌文化优秀企业，会员江海林、姜渭龙获“十大”最美民建人提名，会员姜渭龙被评为青年优秀企业家和优秀委员。会员企业浙江海力集团公司产品品牌相继获评“浙江名牌产品”“进入WTO和欧盟市场推荐产品”，“海力”商标、商号分别被认定为“中国驰名商标”“浙江省著名商标”“浙江省知名商号”，海力集团先后被授予“国家级高新技术企业”“浙江省优秀企业”“浙江省诚信企业”“浙江省绿色企业”等称号。

（胡娟霞）

民进衢江总支部

【概况】 2012—2014年，全区总支会员28人，其中担任市政协委员3名，区政协委员9人。民进衢江总支部落实民进市委会的各项工作部署，按照民进中央确定的“有思有行、集智聚力、顺势而为、开拓创新”的指导方针，较好地完成各项目标任务。2012年被民进省委会评为先进集体。2013年在区统战部“同心”主题实践活动中获二等奖。

【加强组织建设】 总支坚持把综合素质好的优秀会员纳入到后备干部队伍人才库中，推荐三名会员参加民进中央社会主义学院学习，选派十多名会员参加省、市社会主义学院的培训。加强自身建设，召开党的群众路线教育专题会，将革命传统教育活动与民进中央的“创先争优”主题活动结合起来，增强参政议政意识、民主监督意识。

【履行参政职能】 总支参与区委、区政府和区政协组织的协商议政活动。加大专题调研工作力度，成立课题组，承担100多项课题。 2013年总支被区政协评为优秀界别活动小组。会员项亚利的调研成果《以乡村休闲旅游为新引擎 推动衢江区旅游赶超发展》得到区委领导的关注。关注社情民意，编写并向有关部门报送相关信息，及时反映群众诉求，共采编和上报各类社情民意信息100篇，其中多篇信息民进中央、市政协、区政协采用。总支严格学习制度，制订工作计划，开展知识竞赛读书会，依托会刊《衢江民进简报》，宣传先进、会员风采系列活动。总支组织民进书画展、会史、《中国民主促进会章程》知识竞赛和民进历史图片巡展进校园等活动。

【社会服务工作】 各会员发挥自身优势，开展社会服务。民进衢江主委蓝建芳多次带领医务人员和会员下乡，到衢江偏远的山区开展义诊和医疗咨询活动，无偿为普通群众提供诊疗服务，在衢江区妇幼保健院设立省级民进医卫专家工作站，促成省级民进医卫专家到妇保院坐诊，定期开展技术帮扶、送医下基层活动。会员饶水杰和支部会员联合衢江、柯城区种粮大户开展送科技下乡活动。企业界的会员邹斌宏、赖敏竑、陈建水等会员多次赈灾募捐。组织会员到杜泽、莲花、黄坛口等地就乡村休闲旅游开展调研、建言献策。第二支部开展“手拉手助学”献爱心活动。总支主委李素明组织会员赴莲花、云溪等乡镇参加共建生态家园行动。总支联合检察院赴衢江区五所中小学开展“呵护孩子成长 健康绿色上网校园行”活动,讲授主题为健康上网的法制课,帮助孩子提高法律和自我保护意识。

(蓝建芳)

2014年6月30日,民进浙江省委会医卫专家工作站成立揭牌仪式

农工党衢江支部

【概况】 2012—2014年,农工党衢江区支部委员会党员33人,其中大专以上学历25人、中级以上职称32人(高级职称15人)。支部被农工党省委会评为2014年度先进基层,连续3年获评市级先进集体。2014年,支部党员中担任区级人大代表2人,区政协委员5人,市政协委员1人,其中担任区十四届人大常委会副主任(兼)1人,区政协十二届常委1人。

【思想建设】 加强支部思想政治建设,开展同心主题和中国特色社会主义学习实践活动。支部获评农工党浙江省委会“树立和践行社会主义核心价值体系先进基层组织”。党员徐水龙、姜华鸣获评农工衢州市委会“树立和践行社会主义核心价值体系先进个人”,党员李吉安、徐水龙分获市委统战部“同心筑梦中国”征文二等奖和优秀奖。党员李吉安申报浙江省社会主义学院2012年度招标课题《民主党派在衢州生态文明建设中的地位和作用》,“民主党派的民主监督是正常监督”等 理论文章分别在《浙江农工》《衢州政协》刊文。

【参政议政】 发挥担任市、区政协委员和人大代表的党员作用,在市区两级政协会议上撰写提案、献言建策,履行参政议政职能。2012—2014年,共提交市区政协提案16个,其中《关于加强我市生活垃圾资源化减量化处置的建议》被列为市政协重点提案。《关于加强对各类违法建设管理的建议》被列为区政协重点提案。撰写《深化医药卫生体制改革,让医改成果更多地惠及群众》《多措并举解企忧,优化环境提信心——衢江区企业现状的思考与建议》等调研文章5篇。3篇调研报告作区政协大会发言。反映社情民意,共撰写《关于加强农村建房安全管理的建议》《关于衢江区桃源尖——绿春湖景区进一步开发的思考与建议》等社情民意14条,其中《关于加强农村建房安全管理的建议》被区政协采纳,得到区委吴江平书记批示,并被市政协采纳上报省政协。

【社会服务】 树立社会服务项目化和品牌化意识,实施区委统战重点项目——“健康同行”社会服务品牌建设,开展健康同行社会服务活动,联合市医卫支部、中医院支部等兄弟支部到社区、樟潭街道至尊敬老院等地开展医疗科技咨询服务,提高党派社会服务影响力。2012—2014年,组织和参与社会服务9次,发放医疗保健和科普科技资料1000份,提供医疗咨询、科普宣讲、科技咨询等社会服务。每年在莲花镇开展中国“国际科学与和平周” 暨联农结对活动。2013年,联合农工党衢州市委会和省市侨联在莲花镇敬老院开展保暖内衣捐赠慰问活动。支部退休党员参加社区各类活动,为社区群众开展保健讲座和医疗咨询服务。支部党员开展“困难学生结对”“慈善一日捐”“五水共治”活动，捐款13000元。

2014年9月29日，敬老院同心健康社会服务

【老党员遗体捐献】 支部包熹老党员2013年9月去世后捐献遗体，成为衢江区红十字会受理的第一例自愿无偿捐献遗体者。组织党员进行事迹整理成文，《党员包廷熹遗体捐献》在《今日衢江》刊登，对老党员的执着奉献精神进行宣传。

（赵瑞慈）

九三学社衢江支社

【概况】 2012—2014年，九三学社衢江支社发展新社员3名。2014年，有社员15名，其中在职12人，退休3人，均为中级或以上职称，占比100%，大专以上学历14人，占比93.5%，担任实职副科2人，区政协委员4名，其中常委1名，市政协委员1名，市人大代表1名。支社获评九三浙江省委会社会服务工作先进集体，连续三年获评九三衢州市先进集体。

【思想建设】 加强支社思想政治建设，开展同心主题实践活动、开展坚持和发展中国特色社会主义学习实践活动，支社于2013—2014年度连续二年获区委统战部同心活动一等奖，社员庄姣雁、郑海锋获评九三衢州市委会“树立和践行社会主义核心价值体系先进个人”，社员庄姣雁、郑海锋分获市委统战部“同心筑梦中国”征文二等奖和优秀奖。社员祝红良获评衢江区第四届十大杰出青年。

【参政议政】 充分发挥担任市、区政协委员和人大代表的党员作用，在市区两级政协会议上积极撰写提案、献言建策，认真履行参政议政职能。2012—2014年，区两会大会发言8篇，作口头发言4篇，提案37篇，其中获优秀提案2篇，优秀大会发言1篇。开展调查研究，调研文章被区委统战部同心建言刊物录用，并多次获区委主要领导的批示，其中就《衢江区发展玫瑰产业的思考》得到前区委书记朱建华的批示，《关于加快库区产业提升，帮助库区农民增收致富的建议》《衢江区发展家庭农场的思考与建议》《关于衢江区发展放心农业的几点思考》等调研报告先后得到了区委吴江平书记、区长赖瑞洪的批示。

【社会服务】 支社围绕区委统战部同心活动要求，实行项目化管理，被区委统战部录用2个，其中《九三服务基地建设》项目获优秀项目。通过项目化管理，支社在衢江区的黄坛口黄泥岭村建立九三服务基地，并已连续三年为该村送科技、送医疗、送温暖等服务活动，累计培训人次200人，义诊100余人，帮助建立黄泥岭村有机蔬菜基地13.33余公顷。2014年通过国家有机认证。支社社员开展“慈善一日捐”“五水共治”等活动，共捐款1万元。

（王美琴）

社会团体

总工会

【概况】 2012—2014年,衢江区总工会突出维护职工合法权益,推进基层工会组织建设,注重改善职工民生,构建和谐劳动关系,工会组织吸引力和凝聚力得到有效提高。2014年,区总工会下属21个乡镇(街道、办事处)工会、6个系统工委(工会)和衢江经济开发区总工会。全区基层工会组织达到787个,工会会员44761人。

【构建和谐劳动关系】 区总工会围绕“平安衢江”建设,依法推动企业普遍开展工资集体协商,促进企业建立职工工资协商共决和正常增长机制。各级工会组织认真履行工会维权职能,加大协调劳动关系力度,构建和谐劳动关系。召开劳动关系三方协商会议,分析研究企业劳资矛盾和解决办法。2014年,全区企业签订集体合同650份 ,区域性集体合同22份,覆盖企业770家、职工18000名,行业性集体合同3份,覆盖企业97 家;企业工资集体协商协议675份,女职工劳动权益专项协议675份。加强企业劳动争议调解工作,建立企业劳动争议调解组织460家,受理劳动争议调解465件,成功调解劳动争议440件,调解成功率94.6%;组织评选劳动关系和谐企业5批,被评为省级劳动关系和谐企业2家、市级27家、区级56家,有效促进劳动关系和谐发展。

【工会组织建设】 2012年建立大洲镇总工会,全区共有5家乡镇(街道)、开发区总工会。“按照广普查、深组建、全覆盖”要求,依法推动企业建立工会组织,重点开展非公有制企业工会组建工作。2013年10月,召开衢州市衢江区工会第十四次代表大会,选举产生衢州市衢江区总工会第十四届委员会委员18名,第十四届经费审查委员会委员5名。进一步加强基层工会建设。2014年,全区基层工会787家,基层联合工会27家,覆盖企业1697家,会员50247名。按照“有机构、有人员、有阵地、有经费、有制度、有活动”建设标准,在全区工会推行“星级管理”模式。通过企业自主申报,区总实地验收考核评选出五星级企业工会7家、四星级企业工会9家、三星级企业工会6家。全区建立职工代表大会的企业657家;企业推行厂务公开制度,保障职工民主管理权力,全区推行厂务公开企业651家。

【劳动技能竞赛】 2012—2014年,区总工会联合区人劳局等部门连续举办三届职工技能大赛。大赛分车工、钳工、维修电工、焊工、餐厅服务等10个专业,经过理论考试和实践操作,各工种涌现出一批优秀技能型人才。在各行各业开展“安康杯”、重点项目工程等多形式劳动竞赛活动。区总工会与区委宣传部在全区联合开展“金锤奖——衢江杰出职工”“银锤奖——衢江优秀职工”评选活动。经过各基层工会推荐，广大职工投票评选，组委会研究，共评选出“金锤奖——衢江杰出职工”10名，“银锤奖——衢江优秀职工”10名，同时利用工会网络平台、《今日衢江》等媒体宣传典型事例，激励广大职工立足岗位做好本职工作。为鼓励职工立足岗位搞小发明小创造，开展“五水共治”、节能降耗等活动 。全区有2000名职工提合理化建议20000条，有9000条合理化建议被采用。浙江都邦药业有限公司邹志苹提出《无烟焊环》建议荣获市级合理化建议金奖，浙江开山铸造有限公司庞敬峰所提《降低砂处理系统和中频炉熔炼系统粉尘的排放量》建议获得市级银奖。

【职工帮扶送爱心】 2012—2014年，区总工会开展“春送岗位、夏送清凉、金秋助学、冬送温暖”共走访慰问困难职工1984人次，发放慰问金(含慰问品价值)161.73万元；为夏季一线职工送清凉2707人次，慰问金80.15万元；金秋助学140人，助学金30.45万元；为肾病患者“爱心透析”补助22人，金额9.9万元；给14家企业400名职工送上年货，价值3.5万元；发放爱心电话卡400份，电话费4万元。2012年指导乡镇建立职工维权帮扶工作站5家，其中一家达到市级标准。2013年开展创建市级先进乡镇(街道)工会职工服务中心活动，樟潭街道总工会职工服务中心被授予市级先进。2014年衢江区全面启动实施职工医疗互助保障工作，帮扶措施由传统“救助型”向现代“普惠型”转变。各级工会组织积极开展职工医疗互助保障工作，全区机关、企事业单位在职职工，凡是参加城镇职工医疗保险，每人每年缴纳50元，当年在城镇职工医疗保险报销之后，剩下符合医疗保险范围的自负部分，起付线上可以按40%～60%比例再予报销。有265家机关、企事业单位参保，参保职工12825人，医疗补助因病住院干部职工219人，补助金额达20.52万元。

【职工文化活动】 2012—2014年，区总工会与巨化集团工会对接，续签《万名职工游农家协议书》。巨化集团公司工会由每年拨出近100万元增加到960万元专项补贴，组织1.6万名职工参加衢江生态游。众多衢江企业组织职工到各农家乐景点活动，既增加农民收入，又促进衢江美丽乡村建设。区总工会与区委宣传部、区文广新局、区体育局、区体育协会等单位联合举办“推进五水共治、共建秀美衢江”职工趣味运动会等比赛；与区委宣传部、区电视台等单位联合举办“衢江石油·中山房开杯”电视排舞大赛；与区委宣传部联合举办“百名最美衢江人游玫瑰园”活动、组织参加“劳动我最美”全国职工微博大赛。2012年，区总工会结合自身特点，加强企业职工书屋建设，培育和建设职工书屋17家，其中省级4家、市级13家。2013年，加强“职工书屋”电子化、网络化建设，创建区级“职工书屋”67家。2014年，在衢江第一初中承办首届衢州市职工乒乓球比赛项目，创建区级“职工书屋”101家。三年来，为14家企业送书5835册，价值13.52万元。

2013年4月24日，衢江区庆“五一”暨劳模表彰大会

【劳模先进评选】 2013年，评选出区级劳动模范20名、模范集体5个，并落实有关劳模待遇。2014年，区总工会童康祥获全国五一劳动奖章；浙江民心炭业有限公司程辉武等3人获评省级劳模；全旺镇楼山后村获评省劳模集体；区人民医院王燕飞

等9人获评市劳动模范、衢江四小获评市模范集体。2012—2014年,有2家企业获评省级先进职工之家、3家企业获评市级先进职工之家;2家企获评省级“工人先锋号”、6家企业获评市级“工人先锋号”称号。

(陈　嘉)

团区委

【概况】 2012—2014年,衢江区各级团组织深入学习贯彻党的十八大精神,围绕区委、区政府中心工作,把握团的根本任务,履行团的基本职能,践行群众路线、夯实基层基础、助力青年成长,各项工作取得良好成效。全区有直属团组织58个,其中派出基层团工委2个、乡镇团委19个、区级单位团组织25个、学校团组织4个、非公企业团组织8个;全区14~35周岁青年11万人、共青团员3.1万人、专职团干部33人。有5个集体获评省级先进团委、团支部、7人被评为省级优秀团干部、团员。2013年6月,高家镇中央徐村大学生村干部蓝莹参加中国共产主义青年团全国第十七次代表大会。

2013年11月15日,召开党建带团建暨“青春党建”工作现场推进会

【基层组织建设】 2012—2014年,团区委全面推进基层“活力团组织”创建工作,不断增强基层团组织的吸引力、凝聚力、服务力和战斗力。围绕直属团组织,开展“学习十八大 青春正能量”“我们的价值观”“解放思想、追赶跨越”青年论坛、团干部“讲团课、展风采”等系列活动320次,服务影响团员青年1万余人次。围绕基层团组织,努力推行“一团一品”,督促指导行政村、青年自组织基层团支部培育特色工作项目,以项目促组织活力。2013年“五四”期间,配合区委组织部在莲花镇省级现代农业园区举行“走青春党建路 圆现代农业梦”衢江区“青春党建”工作启动暨衢江区第二届“创业之星”表彰仪式。推选仙鹤、圣效、民心、娃哈哈、广胜集团5家区内龙头企业为衢江区首批“青春党建”示范点。2014年,围绕服务“两新”组织生产经营发展,设立“团员示范岗”,开展“青春在岗位闪光”“青年岗位能手”评选等活动。

【创新团建模式】 2013—2014年,团区委按照团省委部署,全面推行“网络+网格”“网上+网下”的“双网互动”工作思路。将各基层团组织中244名团干部、77名大学生村干部、100余名青年社会组织负责人列入网格队伍中。全区共划分出青年网格420个,纳入青年社会组织151个,35周岁以下青年2万人;按照组团式服务的要求,先后组成青年专业网格志愿服务队58支、网格青年日常管理服务团队120支,通过网上发布活动、网下组织推动的方式,开展各类网格志愿服务活动。

【希望工程品牌工作】 2012—2014年,团区委不断深化希望工程工作,动员社会各界人士参与到爱心助学中。在已建成希望小学的基础上,成功争取102.5万资金,新增援建高家镇中国黄金希望小学、太真乡巍巍希望小学、岭洋乡真维斯希望小学。深入推进“大学生圆梦助学计划”“彩虹计划”捐资助学活动,争取到省爱心事业发展基金会、省青少年发展基金会、浙江广胜房地产有限公司、贵州茅台酒厂有限责任公司、“浙江精实助学计划”

等各类青少年助学金138万元，资助全区大学生178人，中小学生1538人。

【帮扶青年创业】 2012—2014年，连续举办3届青年创业创新项目大赛，选树和培育优质创业项目36个。建立青年就业创业见习基地20个，提供青年就业见习岗位160个。开展农村青年创业技能培训班100余期，培训人数6000余人次。联系区信用联社、邮储银行、上银村镇银行等金融机构，争取青年创业小额贷款优惠政策，拓宽青年融资渠道，共向创业青年发放小额贷款300笔以上，3500余万元。

【开展志愿服务】 2012—2014年，组织青年志愿者开展“清理河道、清洁乡村”“绿色在你身边、共建生态家园”“放飞微心愿”“新春送温暖”等各类志愿服务活动720次，参与志愿者1万余人次；整合各级团组织资源，组建志愿服务队106家，下设“青春飞YOUNG”、义工家园、“滴水公益”等具有行业、专业特色的志愿服务分队180支，注册志愿者人数累计达8000余人。

【助力电商发展】 2012—2014年，举办电子商务市场销售、产品宣传等内容的专项培训，整合社会各方资源，共开展专题培训65期，培训青年网商3000人余次。广泛宣传推荐衢江优质、丰富的农特产品，选树适合网上销售的农产品，整合各电子商务青年创业团队力量，将金辉电子商务创业园、百特汇电子商务有限公司等列为区电子商务青年创业示范基地，达到资源共享、抱团发展，进而实现辐射带动的目的。

【重点青少年群体服务管理】 2012—2014年，团区委发挥职能作用，加强公安、司法、检察等部门间的信息交流共享，全面启动重点青少年群体帮扶工作。摸清闲散、不良行为、流浪乞讨、服刑在教人员未成年子女、农村留守儿童五类重点青少年群体的分布情况和底数，广泛开展“一对一”“多对一”形式的结对帮扶，结对率均达到60%以上。

【打造衢江东城尚德乐园】 整合衢江区青少年活动中心师资力量，打造青少年思想道德建设校外教育实践基地“东城尚德乐园”。园区于2014年8月建成并投入使用，占地面积360平方米，总投资80万元，是衢州市首个互动式道德体验馆，至2014年年底共开展青少年现场体验活动30期，接待青少年1800余人次。场馆采用先进的科技展示手段，互动式体验场馆分为爱国达人、最美达人、禁毒知识、普法达人、治水达人等项目，让青少年在互动游戏中养成积极的生活态度，成长为美德少年。

（郑卓远）

妇 联

【概况】 2012—2014年，衢江区妇联坚持“一手抓发展、一手抓维权”的工作方针，全面履行妇联基本职能，切实维护妇女儿童合法权益，建设党开展妇女工作的坚强阵地和广大妇女群众信赖热爱的温暖之家，团结引领广大妇女为推动衢江经济社会发展做贡献。2012—2014年，区妇联连续三年被评为衢江区新农村建设工作优秀部门，2012年被评为浙江省妇女维权示范岗，2013年被评为浙江省先进妇女组织，2014年被评为浙江省巾帼建功和“双学双比”活动先进集体。

【深化“双学双比”活动】 2012—2014年，区妇联围绕妇女创业创新行动，深化“双学双比”（“学文化、学技术、比成绩、比贡献”）活动，实施“万名农民素质提升工程”，提高妇女综合素质，大力开发农村妇女人力资源，着力打造保姆、服装缝纫技术蓝领等妇女劳动力品牌,农村妇女"双学双比"竞赛活动向促进效益农业、促进人力资源结构调整与农业产业结构调整互动深化。全区举办各类实用技术培训班172期,培训农村妇女12540人。并根据市场需求调整培训课程,推进劳务输出。组织三次"春风行动",建成"信息+网络+服务"的联络平台,共培训月嫂2684人次,输出1878人,月均工资3500~4000元左右,最高的达12000元/月。"衢江月嫂"知名度和影响力逐步增大,在杭州、温州等地深受欢迎。通过"双学双比"竞赛活动,2012年,衢州天地帽业有限公司郑虹、衢江区高家出口服装厂胡雪梅被评为衢州市"三八红旗手",2013年,浙江仙鹤特种纸业有限公司王敏岚被评为浙江省"三八红旗手"。

2014年第六期"衢江月嫂"培训班开班

【拓展巾帼建功活动】 2012—2014年,区妇联引导和激励各行各业妇女爱岗敬业、优质服务,建功立业。全区涌现出全国"巾帼文明岗"1个、城乡岗位建功先进个人1个,省"巾帼文明岗"6个、"巾帼建功"标兵2人、百名岗位建功标兵1人;开展"五水共治巾帼志愿者"行动,全区共组建志愿者队伍280支,志愿者人数2400人。

【特色家庭创建活动】 2012—2014年,区妇联继续深入实施"家庭文明工程",全面开展争创五美家庭、最美家庭、文明家庭、平安家庭、学习型家庭、绿色家庭活动。举办各类主题鲜明、受家庭欢迎、丰富多彩的系列活动,家庭参与率达95%。2013年创建"五美家庭"6741户,占总农户的5.5%,其中清洁家庭3247户,爱心家庭626户,和睦家庭1143户,创业家庭1097户,美丽家庭625户。评选出区级五美家庭20499户,省级文明家庭、绿色家庭、无毒家庭22个,樟潭街道樟树潭村胡金凤家庭被评为全国最美家庭。

【来料加工转型升级】 区妇联采取"政府推动、组织发动、市场拉动、培训牵动、品牌带动、服务促动"的举措,以人口集聚乡镇和下山脱贫安置新村为重点,把来料加工产业发展与推动村级物业经济发展相结合,与下山脱贫安置和低收入群众奔小康工程同步推进,实现来料加工从分散向集中转移、从家庭向车间转移,从作坊向厂房、从来料向来单来样转变,推进来料加工向基地化、规模化、工厂化发展,加快来料加工转型升级步伐。2012—2014年,全区共建成省特扶来料加工用房36处,培育经纪人538人(其中一级经纪人335人),带动从业人员4.5万人,其中新增1000人,集中加工点389个,其中500平方米以上集中加工点51家,其中新增12个,2014年发放加工费5.09亿元。从业人员人均年增收1.1万元。继续实施来料加工以奖代补、鼓励租用村集体物业用房、乌溪江库区重点扶持等相关政策,激发经纪人的积极性和主动性;对带动能力强、发展潜力好的经纪人在技术培训、市场对接、贴息贷款、资金奖励等方面给予重点扶持,扶强扶大一批"重点经纪人"。全年兑现来料加工以奖代补、妇女创业创新等专项补助资金100万元。

【维权促妇女参政议政】 2013年与区司法局联合成立"衢州市衢江区婚姻家庭纠纷人民调解委员会"。2014年与区民政局联合成立"家暴庇护所",全区21个乡镇(街道、办事处)、3个社区都建立妇女维权站，维护妇女合法权利。“12338”妇女维权热线、“维权合议庭”、妇联干部担任“人民陪审员”，直接参与陪审妇女儿童案件，有效维护妇女儿童的合法权益。认真实施《衢江区妇女发展规划（2011—2015年）》和《衢江区儿童发展规划（2011—2015年）》。2012—2014年，共培训妇联维权干部312人次，受理来信来访66件，结案率98.5%。促进女性参政议政。2013年，区委办、区府办联合下发《关于认真做好2013年村级组织换届选举工作的实施意见》，明确实行女性委员专职专选，妇女进村两委人数达332人，100%的乡镇妇联主席享受副主任科员待遇。配合党委做好女干部培养选拔工作，举办女干部培训班2期。2014年，全区有机关女干部421人，占干部总数的30.6%，其中担任县处级和科级领导职务的女干部分别为2人和85人，占同级干部的比例分别为0.5%、16.4%。区十四届人大女代表占15%，区十二届政协女委员占22%。全区21个乡镇（街道、办事处）党政班子中均有一名以上女领导干部。2014年，区妇联被评为建设“平安衢江”暨社会管理综合治理工作先进集体。

【关爱儿童注重家庭教育】 区妇联争取区领导每年“六一”节走访慰问少年儿童，举办以环保、家庭教育、小公民道德教育为内容的各类主题活动。2012—2014年，共结对贫困儿童827人，捐赠款物135.7万元。留守儿童工作得到全社会关心支持，有99名留守儿童受到结对资助。推进家庭教育工作，办好家长学校。2014年，全区各级各类家长学校260所，评估命名省级以上示范家长学校1所，市级家长学校4所，参加家长学校的成员达成协议5400人次；开展家教理论研究；2014年，联合区教育局、区卫生局启动实施“心系妇儿—家庭教育空中课堂”公益项目，采集录入0～6岁家长信息3135名。

2013年9月26日，区第十四次妇女代表大会召开

【区十四次妇女代表大会】 2013年9月26日—27日，衢江区第十四次妇女代表大会在区会议中心召开，正式代表180名。大会选举赖光娟为区妇联主席，许蓉蓉为副主席，选举出区妇联第十四届执行委员会委员21名。

（徐小辉）

科　协

【概况】 2012—2014年，衢江区科协按照“三服务一加强”的工作要求，坚持服务经济社会发展、提高公众科技素养和推进经济社会发展。2012年实施金桥工程项目1个——“利用废弃泡沫塑料生产新型冷裱发泡材料技术产业化”，被列入省级重点金桥工程项目。全区共命名区级科普示范村66个、科普示范基地95个、科普示范户483户，市级科普示范单位17个，省级科普示范单位5个，新增2家省级科普示范单位（霓虹社区、全旺镇楼山后村），4家市级科普示范单位（莲花镇东湖畈村，全旺镇马蹊村、周家乡双溪村、湖南镇湖南村），衢州现代宝岛生物科技公司、衢江区清水蜜橘精品园、衢江区一加一优质葡萄园3家获2012—2014年衢州市农村科普示范基地称号，衢江区老爸水果专业合作社被评为市级科普教育基地。

【科协独立建制】 2013年,区编委增核区科协行政编制1名,区科协建立党组,独立建制,不再与科技局合署办公,建立乡镇科协组织。2013年12月18日召开衢江区科协八届五次常委会,会议同意张明坤辞去衢州市衢江区科学技术协会第八届委员会主席、常委、委员职务,选举蒋伟为衢州市衢江区科学技术协会第八届委员会委员、常委、主席。2014年9月与区委组织部联合发文公布各乡镇(街道、办事处)、开发区科协主席任职的通知,区科协发文公布各乡镇(街道、办事处)和开发区科协秘书长名单。

【服务经济社会发展】 2012—2014年,衢州民心生态科技有限公司、衢州市衢江区中医院、浙江衢州新农都实业有限公司分别与中国工程院张齐生、石学敏、吴明珠3名院士签订协议,引进院士专家创新团队13人,建立市级院士专家工作站3家,衢州民心生态科技有限公司院士专家工作站为全市首家民营企业院士专家工作站,衢江区中医院院士专家工作站是全省唯一一个中医针灸院士工作站。 2013年开展浙江省"希望之光"活动,共征集到《海水中高吸水树脂单体残留量控制》等企业技术需求9项,来自浙江大学、浙江工业大学和浙江工商大学的6名专家到威龙高分子、九九红玫瑰公司和烛光公司进行现场咨询和指导,为企业解决技术难题。2014年区科协多次帮助衢州琅素实业有限公司与杭州化工研究院进行对接,促进双方开展"绿色环保内墙装饰新材料及配套产品技术开发"项目合作。

【提高全民科学素质】 2012年,区科协制定《全民科学素质计划纲要》实施要点,征集纲要实施工作优秀案例1个,开展全区纲要自查和衢州市公民科学素质抽样调查工作。2014年牵头起草《衢江区政府关于进一步加强全民科学素质建设工作的实施意见》政策性文件,在全市县(市、区)率先出台文件,调整区全民科学素质工作领导小组成员单位和办公室成员,领导小组成员单位由14个增加至21个。 联合区委宣传部等单位,围绕"科学生活 创新圆梦""城镇化与减灾"等主题开展全国科技(科普)活动周活动,发放《食品安全知识》《疾病防御知识》《交通安全知识》《自然灾害避险防御与自救》等科普资料16300份(册)。开展"五水共治"、食品安全、放心农业、营养健康等科普宣传和科普讲座等特色主题活动20个。衢江区家庭农场协会的"衢江放心农业周末直通车"社区进农场活动被评为全国科普日优秀特色活动。科协与区委宣传部、区文广局等部门联合在横路童何村开展科普进文化礼堂暨"科技、文化、卫生"三下乡活动,进行科普展板展示、医疗咨询、科普电影播放、科普文艺演出和科普有奖知识竞答活动。

2012年5月16日,新华社浙江分社等省级新闻媒体对全国科普带头人——龙海蔬菜专业合作社陈建海进行实地采访

【青少年科技科普活动】 2012—2014年,区科协举办第九届、十届、十一届衢江区青少年科技创新大赛,共收到科技创新作品、科技实践活动论文、少儿科学幻想绘画等科技作品699件,评出一等奖49个、二等奖102个、三等奖212个。获第八届、九届、十届衢州市青少年科技创新大赛一等奖12个、二等奖15个、三等奖41个,获第二十六届、二十七

届、二十八届浙江省青少年科技创新大赛一等奖1个、二等奖2个、三等奖8个。2012年在全区组织开展全国食品安全科普知识竞赛活动，并联合奇奇爱科学杂志社在衢江一小、全旺中心小学和云溪中心小学开展食品安全讲座和知识问卷调查，与市科协联合在衢州三中、衢江职业中专等5个学校举办科普志愿者校园行活动。开展流动科技馆——科普大篷车进校园活动，为学生提供互动式科普展品和3D展板，提高青少年科技创新意识和能力。开展以“智慧生活”“五水共治”为主题的第五、六届衢州市青少年科普征文活动，共获一等奖2个、二等奖10个、三等奖24个。

2012年，衢州市科普志愿者校园行巡回讲座在衢州三中举行

【服务科技工作者】 2012—2014年，区科协鼓励农村科普带头人、科普示范基地等单位依托基地开展产业培训，组织申报农函大衢州市分校教学点6个和农函大衢州市分校教师5名。在黄坛口乡摇篮小区新建20米长标准科普画廊1个。加大行政村科普画廊建设投入，新建行政村标准科普画廊47个，委托宁波大众科普公司对科普画廊内容进行定期更新，提高科普画廊的使用率。开展衢江区自然科学优秀论文评选活动，共评选出《黑木耳多糖提取及多糖冲剂制备工艺研究》等优秀论文88篇，其中医疗卫生类62篇、教育理科类18篇、农林类7篇、工业类1篇，共评出一等奖6篇、二等奖20篇、三等奖40篇、优胜奖22篇。组织科技人员参加第七届浙江中西部科技论坛。加强学(协)会的服务管理，走访农技协会，在大洲镇中草药协会基础上，成立衢江区中草药协会，并帮助建立党支部。开展农技协会的统计调查，做好所属学(协)会的年检工作。推荐2013年浙江省优秀科技工作者1名。推荐浙江省第九批农村科技示范户6名。王夏盛被评为省农函大先进工作者。浙江志高机械有限公司蒋丽伟、衢江区林业局何仁华荣获衢州市优秀科技工作者称号。组织8名科技示范户参加省科协、省函大举办的农村科普人才培训和省级优秀农村科技示范户培训。

【“科普惠农兴村”项目】 2012—2014年，衢江区柑橘产销协会会长俞建飞、东丰粮油专业合作社社长杨红卫获全国农村科普带头人称号，衢江区深山生态油茶专业合作社理事长周其明获浙江省农村科普带头人称号，衢江区柑橘产销协会获省级优秀农村专业技术协会称号，衢江区耀飞柑橘专业合作社社长余耀飞和浙江九九红玫瑰科技有限公司总经理获市级农村科普带头人称号。

2014年，中科院老科学家科普演讲团在衢州区开展科普演讲活动

【中科院老科学家科普演讲团活动】 2014年5月，中科院老科学家科普演讲团在衢江区开展科

普演讲活动,演讲团副团长徐德诗等2位老科学家分别在衢江区第一初中、实验中学、实验小学开展《你做好防灾减灾的准备工作了吗》和《神奇的青藏高原》3场科普巡回演讲。

(赵瑞慈)

文　联

【概况】 衢江区文学艺术界联合会(简称区文联)为正科级全额拨款事业单位,归口宣传部管理,主席由宣传部领导兼任。核定事业编制2名,设专职副主席(副科)1名和秘书长(股级)1名。2012—2014年,区文联下属有文学家协会、书法家协会、美术家协会、摄影家协会、音乐舞蹈家协会、葫芦丝联谊会和民间文艺家协会等7个群众文艺社团。共有协会会员394人,其中国家级会员5人、省级会员20人。《乌溪江》刊物每年出2期。

【区书法家协会】 区书法家协会各级会员涵盖公务员、企业职工、个体经营者、农民、教师、离退休人员等。2012—2014年,通过结对、讲座、交流的方式扶持一些书法薄弱学校或者有条件开展书法教育的学校,研讨中小学书法教育理念和方法。联合一小、实验小学、四小、大洲小学、廿里小学、廿里初中、衢州三中等七所学校组成"衢江区书法教育特色群",结合各校书法教育特点,探索小学、初中、高中书法教育的有效衔接,实现书法教育资源共享和书法实践成果共享。先后邀请温州市书协副主席邱朝剑、丽水市书协副主席兼副秘书长陈洪大等专家做讲座指导,提高衢江区会员书法水平。2012年,蓝兴龙、徐月琴、邱伟芬、陈小民入展"陆维钊奖"浙江省第六届中青年书法篆刻展。蓝建清获"诚信稠江"浙江省硬笔书法大赛铜奖。2013年,蓝兴龙、徐月琴、邱伟芬、周小平、徐杰书法作品入展"沙孟海奖"第八届全浙大展。邱伟芬书法作品入展第七届全国新人新作展。蓝建清获"炎黄杯"全国书画大赛金奖。2014年,"美丽浙江、秀水之韵"浙江省书法大展,邱伟芬获银奖。蓝建清"乐山商行杯"全国硬笔书法大赛铜奖。"赵孟頫奖"全国书法大展,朱建华、邱伟芬入展。

【区摄影家协会】 区摄影家协会会员主要集中在媒体记者、个体经营者、教师和离退休人员。2012—2014年,组织会员到开化、岭洋、上方、峡川等地摄影采风活动。摄影协会、文广局和文化馆联合举办"衢江文化遗产摄影作品征集活动",在区文化馆一楼大厅举办衢江区第二届文化遗产摄影作品展,还赴温州开展摄影走亲活动,举办衢江区优秀摄影展览。组织会员参加全区20个重点村文化礼堂图片拍摄工作,将优秀作品推荐衢州市"文化礼堂·精神家园"比赛。

2012年,舒成通的作品《祭孔》在浙江省文物局主办的"公众眼里的最美历史文化名城"摄影比赛中获铜奖,作品《扎带》《工具》入选浙江省第14届摄影艺术展。

【区美术家协会】 区美术家协会会员61人,其中省级会员3人,市级会员15人,主要有公务员、企业职工、个体经营者、农民、教师、离退休人员等。2012—2014年,协会注重会员间艺术交流氛围的营造,采用大规模集中培训和小范围切磋并举的方式,让会员在彼此艺术思维的碰撞和交流中共同提升。为会员们创设开拓艺术思维的空间和平台,先后邀请杭州师范学院美术学院教授、衢州市美术家协会主席、衢州市油画协会主席等专家,指导会员的专业绘画技能,革新绘画理念,让会员们业务得到提升。

【区葫芦丝联谊会】 2012—2014年,区葫芦丝联谊会在机关、乡镇、社区和学校免费举办8期葫芦丝培训班。衢江区各小学、中学老师都在本校开设葫芦丝培训班。全区有上千人学习葫芦丝，葫芦丝音乐成为衢江区的一大亮点。会员陈建胜和姜洲月还在衢州柯城、江山、龙游开办培训班学员近万人。2012年，区葫芦丝联谊会被评为衢江区十佳创业创新青年团队。2013年，优秀学员在“云南省第三届葫芦丝.巴乌邀请赛”中斩获少儿组金奖。2014年，在“中国宝鸡第一届葫芦丝.巴乌全国邀请赛”中斩获少年组金奖1名、少儿组银奖1名。

2012年5月3日，衢江区葫芦丝联谊会被评为 衢江区十佳创业创新青年团队

【区文学家协会】 2012—2014年，区文学家协会围绕“五水共治”工作，以最美人物和幸福之城为基调，坚持文学创作“三贴近”，服务经济建设和地方发展。开展协作交流、组织采风、文化建设、文学创作等活动。配合区委宣传部做好《衢江故事》全国征集、《童谣》《百水赋》以及其他专题文艺创作征集活动。启动全区“五水共治”文学征文竞赛活动，收到征文稿件25篇，评出征文一、二、三等奖6名。配合省委宣传部、省作协开展“钱塘江抒怀”大型创作采风活动，组织会员参与2个采风团的陪同采风和学习交流，出版《乌溪江》文学采风专刊。参与农村文化礼堂建设工作，组织会员帮助相关乡镇收集民间故事及相关文化资料。共收集民间传说和故事72个，为农村文化建设做出贡献。坚守《今日衢江》“乌溪江”文学副刊、《乌溪江》文学期刊、区文学社QQ群三块阵地，为会员们提供展示文学创作平台。会员戴如祥的作品《三兄弟》获2013年“华夏情”全国诗歌散文邀请赛一等奖。

【区音乐舞蹈家协会】 2012—2014年，区音乐舞蹈家协会是区文艺活动的主力军，组织会员和广大音舞爱好者配合衢江区开展送文化下乡、流动大舞台、重大晚会组织策划演出等各项文化活动。参加“最美衢江人”主题文艺活动暨“十大爱心模范”颁奖典礼，组织会员演出歌伴舞、情景歌舞、配乐诗朗诵等节目。策划“推进五水共治、共建秀美衢江”文艺节目，到廿里、樟潭、横路等乡镇街道宣传“推进五水共治、共建秀美衢江”。参加区“水利杯”争创和美之家、共建生态家园庆三八家庭才艺秀活动、区“践行者”党员志愿者服务队启动仪式和区盛世莲花第四届玫瑰节系列活动启动仪式。参加区“最美的花、献给最美的您”——百名“最美衢江人”走进玫瑰园主题活动，表演器乐合奏、戏曲、歌曲等节目。策划大洲镇“杜鹃花”节活动。赴湖南镇参加“区长带你寻找最美衢江水”系列活动。组织会员赴金华、丽水市开展文化走亲活动。组织会员到茶坪村辅导教学拉二胡、吹笛子。组织衢江区“最美衢州”主题歌曲排舞推广培训班，到双桥乡举办排舞辅导培训班。2012年，张晶创作的歌曲《最美金牛村》《水墨村庄》在省首届村歌大赛中分别获词曲银奖、创作铜奖，吴群倩获演唱银奖。2013年，章智俊辅导上方、樟潭镇排舞队在省第八届排舞大赛中分别获银奖、铜奖；2014年，辅导莲花镇五坦村排舞队参加第九届省排舞大赛获银奖，辅导浮石街道徐家坞村排舞队参加省首届农村文化礼堂排舞大赛获银奖。

【区民间文艺家协会】 2014年，区民间文艺家协会成立，会员总数为69名。其中单位会员数22

人，个人会员数47人，省级会员4名，理事18名。组织会员18人到全旺镇三易现代农业、三陶轩古名窑、楼山后村参观，作品15幅。

（祝敏中）

社 科 联

【概况】 2012—2014年，衢江区社会科学界联合会（简称区社科联）围绕中心，服务大局，充分发挥社科联人才优势，结合区情开展社科普及、基地建设、课题申报、理论研讨等工作，取得积极成效。

【社科普及活动】 2012—2014年，区社科联开展“社会科学普及周”活动，邀请《求是》杂志社副总编黄中平作意识形态领域管理工作专题讲座、浙江在线李仁国总编辑作《提升网上舆论引导能力》专题报告，邀请中国作协副主席叶辛作全国文艺座谈会精神辅导、浙江农林大学教授李勤璞到区党校开讲《中国古今社会》专题讲座，邀请全国著名书画家朱惠文作《中国汉字构造及其变迁》主题讲座、著名学者叶廷芳作《建筑与美》专题讲座。深化拓展社科普及载体，打造社科普及平台，巩固提升“社科讲坛”“社科普及周”“创业宣讲团”等工作载体，构建“社科普及周”与示范基地、文化礼堂建设联动新格局，推进社科知识下基层、进社区、到农村，扩大衢江区社科普及工作的覆盖面和影响力。

【社科基地建设】 按照省、市社科联要求，加强衢江区社会科学普及示范基地建设。2012年，命名衢江区实验中学、云溪百姓书院、衢江区人民医院、衢江区职业中专、民心生态科技有限公司、衢江一粒志食品有限公司、衢江区中草药开发研究所、浙江九九红玫瑰科技有限公司、衢州现代宝岛生物有限公司、衢遂寿中心县委第二区委陈列馆等10家单位为首批“衢江区社会科学普及示范基地”。同年，衢江区实验中学、云溪百姓书院被评为全省第四批社会科学普及示范基地，区社科联获省社科联社科普及先进单位称号。2013年，建成杨继洲针灸文化馆，邀请中国工程院院士石学敏、明史专家毛佩琦等一批专家学者到衢江考察，成立“中华第一神针”石学敏院士工作站，为发展健康养生产业和文化旅游产业提供指导。

【社科理论研究】 立足区情，组织开展“美丽乡村建设”“看得见山，望得见水，留得住乡愁的理论探索”等为主题的社科工作调研。2012年，广泛开展“吐故纳新破僵化、兴利除弊求奋进”大讨论，形成《2012解放思想在衢江》理论成果。启动衢江区历史文化名人课题研究，举办4期历史文化名人系列专题讲座，组织开展衢江区“十大历史文化名人”评选活动。2013年，以“提升学习服务能力、建设现代田园城市”为主题，召开衢江区“周一夜学”制度的实践与探索理论研讨会。围绕东方“灰姑娘”明孝贞纯皇后、“中华第一神针”杨继洲、湖南镇节理石柱群地质奇观等10个故事，征集、编创“衢江故事”，展示衢江品牌。编发《社科讲堂》8期，出版《衢江社会科学》杂志6期。同时组织各学会、协会及相关单位开展省社科联研究立项课题、省社科普及规划项目申报立项和市社科联年度重点研究课题立项申报等工作。

（舒伟平）

侨 务

【概况】 2012—2014年，衢江区人民政府侨务办公室（简称区侨办）共有归侨2人，侨眷1109人，港澳同胞眷属531人，华侨929人，外籍华人228人，港澳同胞885人，归国留学人员27人，海外留学人员70人，海外留学人员眷属835人。一批海外“四有”人士——即“政治上有影响，社会上有地位，经济上有实力，专业上有造诣”的侨胞建立数据库。

【联络联谊】 在“浙商之春”活动中，向海外侨胞、港澳同胞及其国内眷属赠寄贺卡、电子邮件100份。走访侨界人士和困难侨眷33人次。先后接待到衢江区考察的美国芝加哥温州同乡会，西班牙巴塞罗那华人商贸总会，衢江籍在港人士乡情联谊会，省侨商会“访侨企送服务队”等海外侨团人士90人次。区侨联三次赴香港，深圳与衢江籍在港人士开展乡情联谊活动。

【参政议政】 维护侨胞利益。5名侨界人大代表、政协委员通过建立民生民意联系卡，参与“五水共治”捐款和专项民主监督，围绕社会关注的热点、难点问题开展调查研究。认真履职、参政议政。共撰写议案、提案16条。政协大会发言材料3篇。区侨联组织侨界人大代表、政协委员活动7次。接待来访涉侨群众100人次，处理海内外来信15件，内容涉及升学就业、权益受侵、困难灾害救助申请等事项，均予答复和妥善处理。区侨联连续三年被评为全市侨联工作先进集体。2014年获全市侨联系统“中国梦·侨联情”演讲比赛最佳组织奖。

【侨务进社区】 根据社区和侨眷分布状况，整合樟潭街道临江、霞飞、霓虹三个社区的侨务资源，集中在霓虹社区开展侨务工作进社区活动。开展侨台界政协委员活动送就业岗位，送音响设备，为社区开展侨务活动提供经费。2012年，区侨办主任兰建夏被浙江省人力资源保障厅、浙江省人民政府侨务办公室授予“全省侨办系统先进工作者”称号。2014年霓虹社区被市侨联命名为《侨界文明公约》践行基地。区侨办主任兰建夏获全省侨办系统先进工作者表彰。

【助学帮困】 2012年，区留联会副会长、浙江广胜集团有限公司副总经理朱胜捐赠15万元给衢州三中，资助在该校就读的贫困生。同时捐款10万元，设立助学资金圆贫困学生大学梦。为33名贫困大学新生发放助学金。2013年，区侨联组织7名区港澳台侨界政协委员赴举村乡茶山村对10户因病致贫和残疾人进行走访慰问，送体育用品、图书。2013年，浙江省侨商会会长廖春荣率省侨商会“访侨企送服务队”赴全旺镇楼山后村考察，并为该镇中心小学操场改建塑胶跑道捐赠资金10万元。

（蓝建夏）

工商联

【概况】 2012—2014年，区工商联发挥党联系非公有制经济的桥梁和纽带作用，促进全区非公有制经济发展。全区工商联企业会员和个人会员共514人，其中非公有制企业会员317人。有16名非公有制经济代表人士担任市政协委员和人大代表，63名非公有制经济代表人士担任区政协委员和人大代表，55名非公有制经济代表人士担任市、区工商联执委、常委、副会长。全区有异地商会2个，乡镇商会5个，社区商会1个，新生代企业家联谊会1个。2013年被授予“市工商联系统参政议政先进奖”；2014年被授予“市工商联系统组织建设先进奖”和“浙江省‘五好’县级工商联”。

【参政议政】 2002—2014年，区工商联会员中的政协委员、人大代表共提交167件提案和议案，其中11 件被评为优秀提案。蓝小珍代表区工商联在政协大会作《加大扶持力度，促进衢江区小微企业健康发展》专题发言、撰写的《扶持小微企业发展刻不容缓》等调研报告，为党委政府提供决策参考。开展首届衢江区优秀中国特色社会主义事业建设者和社会责任贡献奖评选表彰，成立全区非公有制经济人士理想信念教育实践活动领导小组，确定2家企业为理想信念教育实践活动示范点。2013年4月，区委、区政府召开全区加强和改进工商联工作会议,区委书记吴江平、市工商联党组书记周建华到会并讲话。

【评选表彰】 2012年,区工商联主席、浙江仙鹤特种纸有限公司董事长王敏良等10名非公经济人士获评“首届衢江区优秀中国特色社会主义事业建设者”,浙江豪龙建材有限公司等10家企业获评2011年度衢江区社会责任贡献奖,浙江广胜集团有限公司董事长朱志光获个人奖,衢州商品混凝土有限公司等2家企业获机构奖。2013年,对全区非公有制企业负责人和企业管理人才中的党外代表人士进行调查,将37位党外非公经济代表人士列入信息库,推荐区工商联主席、浙江仙鹤特种纸有限公司董事长王敏良为党外县处级后备干部预备人选,推荐衢州君悦佳奥汽车有限公司总经理李和林增补为市工商联第五届执委;推荐江云峰、朱胜等12名比较优秀的新生代企业家为市新生代企业家联谊会副会长和理事人选。

【社会公益事业】 2012—2014年,共有70名会员企业参与捐资助学活动,捐助助学款100万元。开展“同心·送温暖”活动,区工商联界别政协委员及执委走访慰问贫困户165户,发放慰问金和慰问品12.5万元。开展村企结对帮扶活动,2012—2014年,浙江宏成建材有限公司董事长曾绍宏共捐助50万元,帮助鹿角堰村开展村级建设。2012年,上方镇商会与镇政府一起开展“村企结对共建美丽乡村”活动,14家企业与14个行政村结对,为村集体每年增收2万元,结对时间为3年。2013年,上方镇商会会长童志寿捐资15万元,帮助金牛村、鹿角堰村建造村级行政服务中心。2014年,区工商联举行“百企联百村 合力治污水”共建生态家园专项行动,71家会员企业与61个行政村结对,41家会员企业参与捐款,共捐款150万元。同年,高家镇商会举行“五水共治商会接力”奔跑活动,商会捐助10万元“五水共治”基金,29家会员企业与12个行政村进行结对,帮助做好污水治理工作。

【服务民营企业】 2012—2014年,区工商联组织人员开展“浙商之春”走访慰问活动,走访慰问执委企业及在外衢商家属200家。沈家、上方、高家、莲花镇等商会分别与衢江信用联社、浙江泰隆商业银行、上银村镇银行等金融机构开展合作,通过举办银企推介会或座谈会,搭建银企合作服务平台,做好小微企业的金融服务工作,发放“手牵手”“钙兴宝”等贷款3.95亿元。组织企业与政法系统开展联谊活动,与浙西律师事务所联合成立衢州市衢江区工商业联合会法律服务中心,为会员开展法律维权和咨询服务80人次。组织27家执委企业赴义乌开展商贸考察;45家执委企业到衢江石油公司参观,听取浙江大学教授和娃哈哈集团领导的讲课;组织9家执委企业赴西藏考察学习;组织13位执委赴江苏扬州参观考察;组织10位执委企业家开展交流活动;组织25家执委到横路、全旺、高家、莲花等地考察现代农业。

2014年7月30日,省工商联知名企业家衢江行活动

【自身建设】 2013年4月,召开区工商联六届三次执委会,增替补7名执委;12月28日,衢江区首个异地商会——衢江区上海商会成立。2014年1

月，衢江区上方镇商会换届，高家镇商会成立；5月，召开区工商联六届四次执委会，增替补3名执委；10月24日，衢江区杭州商会成立；12月19日，衢江区新生代企业家联谊会成立。

【服务中心工作】 2012—2014年，区工商联引进项目14个，完成招商引资3384万元，谋划37个重大项目，超额完成招商引资及项目谋划工作任务。做好衢江籍在外成功人士信息调查工作，搜集到600名在外成功人士信息，并通过寄一封信和《今日衢江》报纸等形式，宣传推介衢江。区工商联（商会）出资5万元支持联系村建设。举行“百企联百村，合力治污水”共建生态家园专项行动启动仪式，发出“百企联百村 合力治污水”共建生态家园倡议书，安排8对村企代表进行现场签约，通过宣传发动，参与结对的企业71家，结对村61个，41家企业捐助150万元。

【商会联谊会建设】 2013年12月，衢江区首个异地商会—衢江区上海商会成立大会在上海市嘉汇华美达广场大酒店召开，上海柯衔建设发展有限公司总经理柯衔当选会长，会员37名。2014年1月，上方镇商会换届、高家镇商会成立。同年10月，衢江区杭州商会成立。浙江纳德科学仪器有限公司董事长邱耀彰当选会长，蓝城控股有限公司董事长兼总经理徐雄翔当选执行会长，会员 120人。12月，衢江区新生代企业家联谊会成立，浙江广胜集团有限公司副总裁朱胜当选会长，会员75名。

（蓝显念）

残　联

【概况】 2012—2014年，衢江区共有持证残疾人7400人。区残联履行“代表、服务、管理”职能，服务大局、扎实工作。2013年7月3日，召开区残联主席团第六次代表大会，选举产生新一届区残联领导集体：选举区政府副区长石琪琪为主席团主席，区委办副主任周迅 、区府办副主任姜海泉等15人为副主席，陈华松为执行理事会理事长，舒炎康为执行理事会副理事长。

【组织建设】 2012—2014年，建立健全残疾人组织体系，调整和充实乡、村两级残疾人组织，制定乡镇（办事处）残联工作职责、工作制度、理事长职责、专职委员职责等相关制度。2012年9月，在区人力社保局、区财政局等部门的支持下，通过公开招聘的形式，为21个乡镇（办事处）残联配备残疾人专职委员。同年10月，各乡镇（办事处）残联、各村（社区）残协相继完成换届选举工作。2013年3月，出台《衢江区各乡镇残联专职委员管理办法》及《衢江区各乡镇残联专职委员工作考评细则》，加强对新录用的乡镇残疾人专职委员的管理。

【教育与就业】 2012—2014年，区残联做好残疾人教育与职业培训工作。完成184名残疾人及残疾人子女考入大中专（本科）院校助学工作，共发放补助金27.6余万元，举办培训班20期，参加培训的人员达694人。区启智学校扩大规模。促进残疾人就业。先后开发34个村级残疾人公益性岗位和21个乡镇（办事处）残联专职委员公益性岗位。支持浙江华博纸品包装有限公司创办残疾人工疗站（小康·阳光庇护中心），拓宽残疾人就业渠道。利用就业招聘会、公益性岗位开发等形式，帮助残疾人实现就业248人次，有500名残疾人在不同岗位实现就业，其中按比例就业131名。创建省级扶贫基地1个，市级扶贫基地16个，区级扶贫基地30个，基地补助合计约126余万元。新增享受重度残疾人基本生活保障1284人，新增享受重度残疾人托（安）养补助387人。

截至2014年年底，享受重度残疾人基本生活保障的人数达到3350人，占持证重度残疾人96%，基本实现应保尽保，有695名享受重度残疾人托

（安）养补助，有1360名劳动年龄段无固定收入的残疾人得到每月100元的生活津贴补助。完成残疾人危房改造286户。在区财政补助的基础上，区残联再给予帮扶，安排残保金配套发放69.98万元。

【康复与服务】 2012—2014年，区残联协同区属医院及乡镇卫生院设立康复技术指导中心，在全区形成以专业康复医疗机构为骨干，社区为基础，家庭为依托的康复工作模式。示范点建设有效落实，新建省级康复示范站各1家，市级体育示范点2个、文艺示范点1个，为残疾人体育、文化、康复活动开展提供平台。衢江区智障儿童康复特训中心在原有的基础上对软硬件进行全方位改造，改善内部环境和康复项目，多次承担市残联的抢救性儿童康复训练任务。残疾人康复工程各项任务基本完成（三年来完成白内障手术260例，助听器验配160只，助视器验配15只，假肢装配15副）。盲人定向行走10例，0～6周岁人工耳蜗手术4例、儿童抢救性康复训练70人（其中脑瘫训练25人，智障训练32人，孤独症训练4人，聋儿语训14人），精神病住院和门诊医疗救助患者60名，为各类残疾人免费发放辅助器具582件，（其中为84户残疾人家庭进行了无障碍化改造）。

2014年5月16日，衢江区智障儿童康复特训中心被评为“浙江省助残先进集体”

【康复中心建设】 衢江区残疾人康复综合服务中心主要职责是负责对智障、孤独症（自闭症）儿童教育康复和“三瘫一截”等残疾人进行医疗康复、职业康复等康复服务，开展残疾鉴定评估和办证服务、残疾人职业培训和就业服务及辅助器具等服务。2013年，经区编办批复成立衢江区三叶草幼儿园，为区残联下属全额拨款全民事业单位，机构类别为公益一类，核定人员编制6名。2014年，新建衢江区残疾人康复综合服务大楼，投资1000万元，建筑面积3900平方米，列入区政府工作2014年度的10件为民办实事之一，当年底已投入使用，成为残疾人康复训练的主要基地。通过全区事业单位干部招聘考试，残疾人康复综合服务中心招聘两位工作人员，一名特教，一名残疾鉴定医师。

【扶残与助残】 2012—2014年，衢江区开展各项扶残助残活动。每年的“全国助残日”“国际残疾人日”等节日期间，动员社会各界参与到扶残助残活动当中。浮石小学“红领巾助残小队”的事迹被众多媒体报道，小队长方欢在全国少代会上受到习近平总书记的接见。2014年3月在全区开展最美残疾人家庭评选及表彰活动，从重度残疾人家庭中评选出20个最美残疾人家庭进行表彰奖励。同年5月，举行以“关心残障人士，播撒人间真情”为主题的企业捐赠和“微心愿认领”助残公益活动，赠送洗衣机12台、电视机12台。上海福美公益基金，为区智障儿童康复中心筹得善款30余万元用于改善中心的硬件，充备训练器材。

【法治维权】 2013年3月，区残联与区司法局联合成立“法律援助中心”为残疾人提供无偿法律服务，共有34名残疾人得到援助，同时结合区司法局法律援助体系建设，聘请法律顾问，为残疾人提供法律服务。2014年7—9月，区残联配合区人大开展“一法一条例”专项执法检查。执法检查采用座谈会、现场察看等形式，对21个乡镇及相关职能部门进行执法检查并出具执法检查报告。针对报告中提出的问题，区残工委进行梳理，分门别类召集相关职能部门研究对策，制定整改方案。

【基本服务状况和需求专项调查】 2014年12月，开展“全区残疾人基本服务状况和需求专项调查”工作。对全区7400户残疾人家庭调查登记表进行统一录入，安排入户调查专项经费，从个人基本情况、教育、就业、培训、社会保障、康复、文体和社区活动、家庭无障碍设施等八个方面展开调查登记，通过调查，掌握区残疾人生存生活状况与小康程度实现情况。

【各类文体活动】 2014年，双桥、岭洋、周家等乡镇举办残疾人趣味运动会，展示农村残疾人顽强拼搏的精神风貌。每年二期的《衢江残联》彩报定期地发往区内各部门、乡镇及省内各市、县（区）残联，宣传衢江区残疾人工作。同年6月，组队参加衢州市第四届残疾人运动会。组成一个45人的运动员代表队，参加赛跑、乒乓球、象棋、铁饼等十几个项目的比赛，取得7金11银8铜以及19名鼓励奖的好成绩。

2014年6月，杨杰代表浙江队，在千岛湖水上运动基地举办的第九届全国残运会（提前赛）赛艇项目比赛中再次获得男子AS1000M单人双桨冠军和AS500M单人双桨亚军。

（李国华）

红 十 字 会

【概况】 2012—2014年，衢江区红十字会弘扬“人道、博爱、奉献”的红十字精神，遵循国际红十字与红新月运动基本原则，关怀弱势群体，发挥党和政府在人道领域的助手作用，依法推进各项工作。2014年5月，区委、区政府出台《关于进一步加快红十字事业发展的实施意见》，要求全区21个乡镇（街道、办事处）设立红十字会会长、秘书长，73个区级部门设分管红十字工作的领导。同年11月，衢江区红十字会依法召开第三次会员代表大会，137名代表参加会议。大会审议通过第二届理事会工作报告，聘请区委书记吴江平、区长赖瑞洪、区委副书记施维达为区红十字会名誉会长。选举产生新一届理事会，副区长袁亚平当选为第三届理事会会长，杜明朗当选为专职副会长。

2014年11月28日，衢江区红十字会召开第三次会员代表大会

【救护培训】 2012—2014年，区红十字会应急救护普及培训2778人次，救护员培训246人。新增5名省红十字应急救护培训师。2014年，开展“五水共治·五员培训”应急救护培训行动，为全区各行

2014年6月15日，衢江区红十字会“五水共治·五员培训”现场应急救护培训

政村生态指导员、乡镇(街道、办事处)工作人员、乡镇(街道、办事处)应急抢险小分队成员、行政村两委成员、行政村保洁员等五类人员培训应急救护知识,减少和降低治水工作中意外伤害事故的伤亡率,普及知识2338人次。

【救灾救助】 2012—2014年,通过"情暖三衢·红十字博爱送万家"项目,累计救助衢江区困难家庭200户,送去款、物17万元。2012年中秋节,通过"关爱老人·中秋送暖"活动,为上方镇、灰坪乡50户贫困家庭送去25000元的救助金。2013年4月,为四川雅安地震募捐58138.8元,9月定向捐赠湖南镇破石村30万元支持新农村建设。2014年,为衢江区岭洋"6·28"水灾向省红十字会争取到价值55000多元的救灾物资和5万元的救灾专项资金。同年8月,为云南鲁甸地震募捐3500元;11月,定向捐赠高家镇划船塘村20.22万元,支持农民饮用水工程建设。

2014年7月4日,副区长、区红十字会会长袁亚平(左二)慰问岭洋"6·28"水灾受灾村民

【博爱基金建设】 2014年5月7日,多方筹资4.7万元作为启动资金,成立衢江区首个博爱救助基金——双桥乡溪滩村红十字博爱救助基金,基金主要用于救助因突发事故、重大疾病致贫的溪滩村村民。同年11月,第二个博爱救助基金——永和红十字博爱基金成立,基金筹资21万元,分三年救助衢江区贫困在校生和浙江永和制冷股份有限公司的贫困职工。

【红十字青少年工作】 2012年10月,全区39所中心学校全部建立红十字会。2012—2014年衢江区职业中专被评为省红十字示范校,高家初中、杜泽中学、衢江区第一小学、衢江区第四小学被被评为省红十字达标校。高家初中赖继斌、第一小学陈述两位同学被评为红十字十佳青少年。2014年,杜明朗获浙江省红十字青少年工作先进个人称号。

【衢江区首例人体器官、遗体捐献】 2012年9月2日,衢江区实现首例人体器官捐献,浮石街道姜家坞村邵朝龙因意外去世,无偿捐献1个肝脏、2个肾脏、1对眼角膜,成功挽救3人的生命,使2名患者重见光明。2012—2014年衢江区累计人体器官捐献6人,捐献肝脏、肾脏等大器官17个。2013年9月,衢江区完成首例遗体捐献,衢江区人民医院退休医生包廷喜,因病去世后无偿捐献遗体供浙江大学医学研究。

(黄慧远)

法　治

政法委及综治

【概况】 2012—2014年，衢江区政法委运用法治思维和法治方式强化政法工作，推进平安衢江、法治衢江、政法队伍建设，切实维护全区社会大局和谐稳定，全区没有发生影响社会的重大事件，连续三年被省委、省政府命名为“平安区”。2012年，全区共排查矛盾纠纷2889件，调解成功2689件，成功率93.07%。2013年，排查统计流动人口18682人，重点上访人员、吸毒人员等特殊人员3259人。建立健全区级应急救援队伍103支，人数1655人。组织开展应急演练20次，参与人数2000人次，创建市级平安示范乡镇（街道）4个、区级平安示范暨“八无”乡镇（街道、办事处）10个，获省社会管理综合治理先进集体。2014年，从全区重点项目中筛选出12件重大决策进行挂牌稳评，排查各类矛盾纠纷4218件，化解4096件，化解率97.11%，刑释解教人员“监地视频帮教”模式获第九届中国全面小康2014中国十大社会治理创新奖。

【“平安衢江”建设】 2012年，结合“进村入企”大走访活动、“两排查一促进”专项活动，共排查矛盾纠纷4450件，化解4325件，安全隐患排查2700件，化解2375件，前后3次对84件重点信访问题和50件重大社会不稳定隐患进行挂牌督办化解稳控，有效消除社会稳定隐患。针对平安创建的新要求，健全责任体系，坚持“一手拿经济报表、一手拿平安报表”，在区、乡（部门）两级全面落实领导干部“一岗双责”。整合全区力量，推进系列平安和基层平安创建，开展平安建设宣传。2014年，在全省建设“平安浙江”会议暨建设平安浙江10周年纪念大会上，被省委、省政府授予银质“平安鼎”。

平安宣传活动启动仪式

【维护社会稳定】 2012—2014年，做好社会稳定工作，突出做好重要敏感时期维稳安保工作，在全国“两会”、中共十八大、十八届三中、四中全会、“枫桥经验”50周年纪念大会、APEC北京会议期间，较好地完成维稳安保工作任务。做好工作推

应急演练

进过程中舆情监管、矛盾化解、突发事件处置等工作，有效保障“三改一拆”、村级组织换届选举、杭新景高速公路建设、迎宾大道改造、城中村改造、生猪整规、衢江航运等重点工作和重点项目的平稳推进。妥善处置经济领域涉稳问题。依法慎重处理因宏观经济政策紧缩而引发的企业资金链断裂等涉稳问题。在众鑫置业（君悦东方楼盘项目）破产案件中，实行破产保护，引入续建资金保障楼盘建设，维护购房户权益。君悦东方破产案所涉不稳定问题得到基本消除。结合“排查整治、强基促稳”专项活动，扎实开展重症精神病人、刑释解教人员、重点上访人员、社区矫正人员、闲散青少年、吸毒人员等特殊人员的排查，并对重点对象逐一落实服务管理举措。建立健全区级应急救援队伍、乡镇民兵应急小分队、规上企业应急救援队伍、学校应急救援队伍。组织开展校园安全、小流域山洪、安全生产事故、公共卫生事件应急演练，切实增强深化开展“创先争优”“百千万先锋行动”主题实践活动。开展“打盗抢保平安”“清风系列”、打击传销、诈骗等专项行动，全市首推“城乡防控日”活动，扎实开展社会治安重点地区整治工作，强化重点人员管理服务，成功侦破“8·18”案件，信用社前程村支农信息联络员涉嫌非吸一案得以及时平稳处置，有效处置“富豪女率人冲击法庭殴打原告无人敢管”“771矿堆放秦山核电站废料”等网络舆情事件。

【综治基层基础工作】 2012年，在推进“网格化管理、多元化服务”工作中，推行网格化管理全景视频图，与三民工程信息系统有机结合，只要点击电脑鼠标，网格所在位置、农户相关信息一目了然。同年，被省综治委铁路联防工作领导小组评为平安铁路示范区。建立社会服务管理中心（站）规范化示范点。其中横路办事处社会服务管理中心规范化建设获得省市有关领导高度肯定，兄弟县（市、区）多次到实地考察。“网格化管理、组团式服务”工作进一步深化。创新开展“警官任村干部”工作，选派100名民警到100个重点复杂行政村兼任党组织副书记或村委会主任助理，着力强化农村基层平安综治维稳工作。创新推出“监地视频”帮教对接工作，入选“浙江全面小康十大社会管理创新奖”。2014年，探索加强和改进村级治保组织建设，通过村级治保组织卓有成效的工作，有效减少“矛盾出村”，基层稳定压力得到大幅缓解，该工作获得省委常委、公安厅厅长刘力伟的高度肯定。

【规范执法司法】 推进执法规范化建设，切实提高执法司法的能力和水平。2013年，从区法院聘任专职执法督查员1名。组织开展循环交叉案件评查，落实实体处罚变更1件。2014年，深入开展“六五”普法教育宣传，不断加大法制教育宣传力度。加强执法监督工作，建立专职执法督查队伍。加强司法救助工作，强化涉法涉诉信访问题解决。加强数字法庭建设，推进执法司法公开。扎实开展轻微刑事案件快速办理机制试点工作，规范落实宽严相济政策。3年来，全区无因执法司法不公导致的群众上访或不稳定事件发生。

【加强政法队伍建设】 开展“忠诚、为民、公正、廉洁”核心价值观教育主题实践活动，深入开展全区政法系统“学先进、找差距、树形象”专项活动，严格执行“八项规定”和“六个严禁”。2012—2014年，政法队伍中涌现出一批先进典型人物和事迹：“最美政法干警”徐小宁，全国社会管理综合治理先进工作者周家乡党委书记、综治委主任王耀林，区廿里法庭、大洲派出所等被评为全市政法系统“十佳基层政法单位”，15名政法干警被评为全市政法系统“百佳政法干警”。

（胡 萍）

法治政府建设

【概况】 2012—2014年，区政府法制办公室贯彻实施国务院《全面推进依法行政实施纲要》和《关于加强市县政府依法行政的决定》，围绕区委区政府中心工作，推进法治政府建设、强化法制监督、严格履行职责、规范政府行为，加强领导，创新举措，扎实推进政府法制各项工作。

【规范性文件管理】 2012—2014年，区法制办审查各类规范性文件及政策措施（草案）82件，上报区人大及市政府备案行政规范性文件21件，收到区级单位报备行政规范性文件2件。依照《浙江省人民政府关于推行行政规范性文件“三统一”制度的意见》《衢州市人民政府关于推行行政规范性文件“三统一”制度的实施意见》要求，自2013年起，衢江区推行行政规范性文件统一登记、统一编号、统一发布制度（简称“三统一”制度），出台《衢州市衢江区人民政府关于推行行政规范性文件三统一制度的实施意见》《衢州市衢江区人民政府法制办公室关于明确在推行行政规范性文件“三统一”制度中有关问题的通知》。

【行政复议与行政应诉】 2012—2014年，区法制办收到公民、法人和其他组织提出的行政复议申请11件。经审查，不符合受理条件不予受理2件，符合条件依法受理9件，均已结案，其中维持原具体行政行为1件，占总数11.1%；驳回行政复议请求1件，占总数11.1%；经调解后当事人撤回申请7件，占总数的77.8%。办理行政应诉案件3件，均为一审，并依照规定全部由行政机关负责人参与出庭应诉。

【行政执法监督检查】 2012—2014年，组织行政执法案卷评查3次，评查结果进行书面反馈；审查区政府所属部门报送的重大具体行政行为1215起，经审查，未发现重大违法处罚等案件。同时，区法制办规范行政执法证件管理，抓好对执法人员的培训工作，举办培训班三期，为全区166名执法人员进行培训考试和申领发证。对全区372名执法人员进行知识更新培训和考试并换证。同时督促、协助各行政执法部门做好专业法律知识的培训，完善和规范行政执法证件年审、变更、注销等工作程序，建立和完善全区行政执法人员信息档案。

【合同管理工作】 2012—2014年，备案审查各类合同3691份，其中以区政府名义签订合同14件，区级各部门签订合同1778件，各乡镇、办事处签订合同1192件，村级707件。从建立健全合同管理机制、加强合同备案督促检查入手，切实加强全区行政机关合同管理。2013年，出台《衢州市衢江区行政机关合同管理办法》（衢江区政发〔2013〕55号），同年被省法制办确定为全省合同管理试点单位。

【政府法律顾问团工作】 区法制办于2010年年底牵头组建了区政府法律顾问团，成员主要由法制办、司法局、公安局、检察院、法院、律师事务所的11名法律专业人士组成。2012—2014年，多次牵头法律顾问团参与城中村改造政策制定论证、市豪兴房地产开发有限公司信贷危机处理、君悦东方楼盘破产重组、民德纸业破产重组等重大涉法事务的处理。

(应静颖)

公　安

【概况】　2012—2014年,衢州市公安局衢江分局践行民意警务和主动警务两大警务,推动打防管控各项工作,确保衢江社会大局持续稳定。为各级领导提供有价值的决策参考情报30条,对27起涉企、重点项目推进等不稳定群体做到早发现早处置。完成党代会、两会、绿色中国行、高铁施工、高速施工、"三拆一改"、APEC会议、"五水共治"等30次大型安保任务,处置48起非正常死亡案件,排查化解矛盾纠纷8起,专案经营办结率100%,稳控重点管控率100%。全区共立刑事案件3855起,其中侵财类案件2935起,破获各类刑事案件2116起,移送起诉案件691起,起诉人员1234人。三年来,共发生命案12起,破获12起。实现"命案必破"和严打暴力犯罪的工作目标。全局共有4个集体获二等功,9个集体获三等功,20个集体获嘉奖,1个集体获全省优秀公安基层单位;1人获(追记)一等功,1人获二等功,40人获三等功,183人获嘉奖。

2014年8月5日,省委常委、公安厅厅长刘力伟(中)一行到乌溪江派出所调研指导工作

【服务民生　治安整治】　2012—2014年,共受理各类审批事项31858件,已办结30651件。回访群众740名,满意率100%。完成换发二代身份证24635本,办理临时身份证5903本,采集现住地址25044条,加快换发二代证扫尾工作,换证率96%。做好大学生"非转农"工作,办结755人。完成360度地理位置信息采集,新一届村两委、重点村信息系统采集率100%,流动人口管理完善QQ群申报、网上申报。创新推出"老乡工作队",群防群治与公安力量相互补充。开展互联网净网行动,检查网吧138次,对34家违法网吧进行处罚,共打击网络犯罪团伙7个,移送起诉35人、分别是传播淫秽物品案团伙案2个,网络赌博案团伙案4个,网络诈骗案团伙案2人,涉案金额3000万元,成功扣押追缴400万元。分局还将危害群众生命安全健康的"病死猪""瘦肉精""地沟油"等涉及食品犯罪作为主攻方向,先后侦破生产销售伪劣产品案件8起,打击处理45人,捣毁生产经营窝点17个,涉案价值3000万元。

【村警共建　共护平安】　按照"村警共建、共护平安"的思路,推出"百警住百村、警官任村干部"工作,100名民警"一对一"承包100个重点村治安安全责任,分别兼任71个村的党支部副书记和29个村的村委会主任助理。从"联村"到"住村"、从"警官"到"村干部",破获100起案件,化解370起纠纷,清理60处隐患、服务20个项目。以"主动警务"和"实效警务"为引领,牵头开展"清风护选"专项行动,完成全区行政村支委换届选举安保任务。先后出动警力600次、参与安保226次,排查重点隐患村87个,走访重点对象602人,排查涉选矛盾纠纷194起,化解178起,处置涉选警情26起,查处涉选案件10起,治安处罚17人。在100个治安复杂、重点村农村治保会边缘化现状及成因调研分析基础上,牵头开展在横路办事处试点,量化考核机制。全区已有9个乡镇126个行政村开展治保会建设工作。将“五水共治”工作纳入治安中心工作，成立以局长为组长的“河道警长”工作领导小组，挑选34名熟悉村情的民警担任10条重要河道34条河段的“河道警长”，排查各类涉水纠纷41起，化解38起，破获案件7起，打击处理16人。

【健全规范危险物品管理】 2012—2014年，对全区54家涉爆单位、18家涉枪单位进行滚动安全检查，发现隐患及时整改。共收缴废旧炮弹9发，手榴弹16枚，炸药275公斤，雷管1750枚，管制刀具19把。并向市民爆公司提出3G无线监管，请电信公司研发专门的“爆破作业现场无线视频监控系统”和“民爆专用车车载视频监控系统”，实现全程录音录像、无线实时传输、远程网上监控等功能，有效解决监管难题，提升治安管理能力。

【城乡防范监控】 2012—2014年，分局争取资金500万元，完成视频监控系统扩容工程（二期）建设和验收。共出动警力1100人次，发放各类防范资料13000份，清查出租房屋3700家，检查行业场所780家，采集基础信息3200条，登记流动人口82人，现场调解矛盾纠纷142起，帮助群众解决实际困难66人次，与9家公交公司签订安防责任书，对100辆公交车进行安全大检查。在全市创新推出首个“城乡防控日”活动。分局联合工商局、樟潭街道等部门先后二次在主城区开展打击传销“清风一号”“清风二号”集中清查行动。共出动警力180名，清查涉嫌传销窝点53个，遣散参与传销人员385人，8人被追究刑事责任。并对全区精神病人开展3次拉网式排查，一人一档，100%录入系统，实行跟踪管理。与监护人签订责任书103份，22名精神病人被强制收治。对全区在岗的129名校园协警进行岗位业务技能资格培训，并对校园安全隐患排查，校园周边治安环境整治、巡逻防控，法制副校长入校普法等工作常态化。

【打击各类刑事犯罪活动】 2012—2014年，衢江分局共打掉恶势力团伙9个，抓获团伙人员85人。破获毒品犯罪案件20起，移送起诉毒品犯罪嫌疑人55人，缴获冰毒680余克、氯胺酮770克、麻古100余粒。查处吸毒人员148人、强制隔离戒毒20名、社区戒毒23名。打击黄赌的组织者、经营者、获利者，侦破市局督办案件11起，抓获违法犯罪嫌疑人79人，打击处理49人，对3家违规电子游戏室进行处罚。破获黄赌案件16起，收缴赌博机176台，取缔涉黄美容美发店15家。破获各类侵财性案件530起，移送起诉261人，追回赃款赃物价值534.7万元。侦办各类打假案件10起，抓获犯罪嫌疑人39人，特别是破获生产销售假冒“朝阳牌”轮胎一案，涉案金额3000万元。

【侦破“3·08”生产销售伪劣产品案】 2012年3月8日，分局对刑岳俊涉嫌生产销售伪劣产品案立案侦查，抽调精干警力成立“3·08”专案组；4月9日，该案被省厅列为全省挂牌督办，后又被列为公安部督办案件。专案组通过循线追踪、深挖细查等措施，共侦破邢岳俊、王龙、陈子虎、方国平、冯兆明等涉嫌生产、销售伪劣产品案5个；查明的涉案犯罪嫌疑人42名；取缔丽水缙云鼎湖食品有限公司、江山上余镇新龙肉制品厂、龙游湖镇香肠厂、江苏省如皋市肉联厂等制假售假黑工厂5个；捣毁分布于江山、常山、柯城、衢江等地的生产性储存性黑窝点30个，查获病死猪肉850吨，涉案价值3200万元。专案组荣获集体二等功，柴元才荣获个人三等功，受到省市公安机关的表彰。

【侦破“4·18”非法制贩枪支案】 2014年4月18日凌晨，分局民警在巡逻中，抓获一名非法携带气枪的违法嫌疑人雷某。经讯问，雷交代其所持有的气枪是从犯罪嫌疑人吴某手里购买，民警立即对居住在樟潭街道的吴某住处进行搜查，查获气枪2支。经鉴定，该气枪被认定非制式枪支，具有致伤力。后被公安部列为"缉枪治爆"专项行动第三批挂牌督办。分局迅速成立以区委常委、公安局局长黄忠京为组长,分管治安副局长蓝志峰为副组长,治安、网警、巡特警及樟潭所6名精干力量组成的"4·18"专案组。专案组历时5个多月,成功侦破河南籍邓瑞杰非法制贩枪支案,抓获违法犯罪嫌疑人9人,捣毁制枪窝点2个,缴获枪支7支、枪支散件2000件,追缴非法所得20万元。破案后,专案组获评集体二等功,受到省公安厅表彰。

(许为民)

消　防

【概况】 2012—2014年,全区消防安全工作围绕防火监督和灭火救援两大中心任务,贯彻执行《国务院关于加强和改进消防工作的意见》,严格落实消防安全责任制,开展火灾隐患排查整治,推动消防基础设施建设,建立"政府统一领导、部门依法监管、单位全面负责、群众积极参与"的消防工作格局。2012年,区消防大队被评为省级"文明单位"、被市消防支队评为先进大队、被衢江区政府记集体三等功,中队团支部被授予省级"青年文明号"。2013年,区消防大队被省公安厅评为全省唯一消防部队"温暖警营",获评全市消防部队党委班子建设"好班子"、基层建设先进大队、政治工作先进单位、衢州市先进团支部。2014年,中队党支部被省消防总队评为"先进基层党组织"称号,首次被区政府纳入区级机关年度综合考核,大队集体和军政主官同时被区政府记三等功。

【加强消防管理】 2012年7月,《衢江区消防事业发展"十二五"规划》经政府第2次常务会议审议通过并正式下发实施。区综治、消防部门结合"网格化管理、多元化服务"工作,联合下发《关于将消防管理服务纳入"网格化管理、多元化服务"工作的通知》,按照"有政府文件公布、有固定工作人员和办公场所、有规范化管理制度"的原则,全区21个乡镇(办事处)全部挂牌成立消防工作站。全区共划分大网格21个,中网格274个,小网格1500余个,初步实现管理服务网络全覆盖、功能更健全、效能更凸显、群众更满意的消防工作目标。2014年,出台《衢江区消防工作考核办法》。区消防大队对区内103家消防安全重点单位全面实行"一户一档""一企一档"的户籍化管理模式,全面落实各单位消防安全管理人员、消防设施维护保养、消防安全自我评估三项报告备案制度。

【消防队伍建设】 2013年,区政府下发《关于切实加强乡镇(办事处)消防组织和多种形式队伍建设的实施意见》,并召开专题推进会。全区21个乡镇(办事处)成立消防工作站,廿里镇、高家镇完成专职消防队建设并通过市消防支队验收。其他乡镇(办事处)同步建立志愿消防队。2014年9月,牵头举办全区乡镇专职(志愿)消防队比武竞赛活动,提高基层消防队伍的灭火救援实战能力。坚持民意主导警务的理念,开展创人民满意消防队伍活动。同年,出台《便民服务举措》《服务民营经济发展若干规定》《创人民满意消防队伍十五项承诺》《衢江消防大队窗口受理服务制度》等举措。

【火灾隐患整治】 2012—2014年,围绕"什么隐患突出就整治什么问题"的指导思想,先后部署开展"火灾隐患大排查大整治""除火患、保平安""樟潭街道合用场所综合整治""重大火灾隐患集中整治"等专项行动。公安消防大队共检查单位2289家,发现火灾隐患2805处,督促整改火灾隐患2784处。其中,有14家重大火灾隐患单位被列入政府挂牌督办(省级1家,区级13家),均于当年按时完成整改。

【消防宣传教育】 2012—2014年，发展壮大消防志愿组织，先后组建衢州电力、衢州邮政、衢江巾帼、白衣天使等消防志愿服务队，宣传消防安全知识，开展消防安全大排查，社会参与消防工作的氛围日趋浓厚。为加强消防宣传，提高群众消防安全意识，大队建立社会单位消防服务QQ群、手机短信平台，并通过开放消防站、举办消防培训班等方式提升强化消防宣传教育。2013年6月，大队创办《衢江消防》队刊，每月一期，为社会群众了解消防、贴近消防搭建学习和交流平台。2013年7月，开展“生命通道体验”启动仪式，全区110余家消防安全重点单位负责人，今日衢江、衢江电视台等媒体参与活动。

【灭火救援演习】 2012—2014年，全区共发生各类火灾事故285起，直接财产损失461.06万元，死亡5人，受伤1人，无较大以上火灾事故发生。坚持“把火场搬进课堂、把课堂搬入训练场”的练兵理念，对消防大队训练塔进行功能改造提升，紧贴部队灭火救援实战化，狠抓官兵体能技能和实战化训练。2012年8月，区消防大队在沈家油库举行大型石油库灭火实战演习。2014年6月，衢江区政府组织区委宣传部、区应急办、区安委办(安监局)、区公安局、区交通局、区质监局、区消防大队、衢江经济开发区管委会等单位在浙江中园气体有限公司联合举办2014年衢江区危险化学品突发事故处置演习。区消防部门参与东港沙埠粉尘公司仓库火灾扑救、东迹大道危险品车辆事故处置、云溪乡南垄村槽罐车泄漏等事故以及黄坛口乡水门尖4名驴友登山遇险被困等事故处置工作。

2012年3月7日，全市消防部队正规化建设现场会在衢江大队召开。浙江省消防总队总队长冷俐、副总队长邵裕桥、衢州市委常委、公安局局长王建等领导出席会议。衢江消防大队就部队正规化建设在会上作经验交流。

(宋红辉)

交通管理

【概况】 衢州市公安局交通警察支队衢江大队下设综合科、安全秩序中队、事故处理中队3个部门，下辖沈家、廿里、杜泽、上方、大洲、乌溪江6个交警中队，共有民警43人，协警78人。主要担负维护衢江辖区内的道路交通秩序、查纠交通违法行为，预防和处理道路交通事故，开展交通安全宣传等工作。辖区道路总里程1686千米，汽车保有量4.1万辆，汽车驾驶人5万人。衢江交警大队以建设“四有”队伍为目标，严格管理措施，创新内部管理，提升队伍活力，加强队伍建设。2012—2014年，衢江交警大队“3·16事故”专案组、沈家春运服务站、廿里中队荣立集体三等功、集体授嘉奖。

【交通事故处置】 2012—2014年，衢江交警大队辖区连续三年实现事故死亡人数“零增长”。2012年，发生道路交通事故206起，死亡39人，受伤198人，直接经济损失1363380元。2013年，发生道路交通事故200起，死亡39人，受伤184人，直接经济损失1235730元。2014年发生道路交通事故140起，死亡32人，受伤132人，直接经济损失886825元。

【交通违法查处】 2012—2014年，衢江大队连续开展“春运管理”“整治脱保脱检”“禁酒驾”“涉牌涉证整治”“百日攻坚战”“多次违法未处理”“八类严重交通违法”等各类交通安全专项整治，从严查处交通违法行为。以查处影响道路交通安全的突出问题为重点，加大对酒后驾驶、无证驾驶、超速、客车超员、多次违法逾期未处理等严重违法行为的查处。针对辖区酒后驾驶交通违法行为的规律和特点，大队采取“定期定点集中整治”与“不定期流动查处”相结合的查酒驾勤务运行机制,严查酒后驾驶严重交通违法行为。围绕多次违法未查处的问题进行专题部署,采取多种方式开展清理工作,通过查看机动车轨迹、外网搜索、寻找熟人、上门走访等方法提高处罚到位率。开展脱保脱检车辆专项整治,为消除各类交通安全事故隐患,大队在各中队分辖区排查整治的基础上,成立脱保脱检车辆专项整治行动小组,对上路行驶给安全带来隐患的脱保脱检车辆进行严厉查处,对无牌无证机动车上路、故意遮挡、污损号牌、不按规定悬挂机动车号牌等违法行为予以严查,有效治理一批影响道路交通安全的突出问题,辖区内城乡道路的交通秩序得到进一步好转,为预防和减少道路交通事故起到积极作用。

现场查纠交通违法统计表

表7

单位	年度	当场处罚数	强制凭证数	禁酒驾		专项行动	
		累计查获数	累计查获数	酒驾	醉驾	多次违法	脱检脱保
衢江大队	2012年	36394	9061	404	32	4078	838
衢江大队	2013年	36262	10221	396	27	5781	914
衢江大队	2014年	32854	10975	666	75	6734	1151

【隐患排查】 2012—2014年,衢江交警大队共排查和整治道路交通安全隐患307处,新增和更新交通安全设施270处,新增和更新隔离护栏等交通安全防护设施220千米。新增和完善道路标志标线161处,新增和完善灯控路口监控设施19处,增设信号灯3处,更新交通标线8711平方米。

【交通安全宣传】 2012—2014年,衢江交警大队开展"文明交通行动计划",运用各种形式和渠道,开展交通安全宣传教育,确保"电视有影、报纸有文、广播有声、路面有标语横幅"。在国家级、省级、市级、县级媒体录用宣传稿500篇,在各类网络新闻录用1800篇。制作宣传展板170块,宣传资料10万份(册),发送手机提醒短信30万条,形成宣传氛围,提高交通参与者的安全、文明行车意识。

【队伍建设】 2012—2014年,根据市公安局行政审批服务三项制度要求,制订行政审批服务《首问责任制》《便民承诺、限时办结制》《责任追究制》。为方便群众,提高审批效能,对《剧毒化学品公路运输通行证》《道路占用、挖掘许可》《客运车辆登记办法》等流程进行再造,《剧毒化学品公路运输通行证》实行网上审批。同时,制定《大队领导值班制度》《部门领导带班制度》《指挥长制度》《值日警官制度》《大队指纹考勤制度》和《车辆停放制度》,进一步明确大队民警的分工和职责。全面提高自身素质,共有13名民警获个人三等功,18名民警受嘉奖。曾凡获市级春运工作先进个人,吴昊(沈家)获市直机关优秀共产党员,陈云峰获市直机关优秀共产党员。

【道路交通事故调解】 2012—2014年,衢江区道路交通事故人民调解委员会成功调解各类交通事故损害赔偿纠纷1585起,调解成功率达99.2%,涉及金额4000万元。调解委员会注重化解矛盾、维护当事人合法权益、方便事故当事人处理,增强交通安全意识,有效预防和减少涉法涉诉信访案件发生,促进社会和谐稳定。

【交通警卫】 2012—2014年，树立警(保)卫工作无小事的指导思想，高度重视，科学安排，逢警卫工作必先查勘线路，制定具体方案，高标准、严要求，保质保量完成。完成大小警(保)卫工作110多起，无一差错。包括中央领导专列过境交通安全警卫工作，各级领导来区检查、考察，区"两会"安保、高考、中考考点和辖区考生赴考的交通安全保卫工作。在春节和"五一""十一"长假期间，制定详细的节假日期间交通保卫工作方案，全体警力放弃休假，按照大队统一部署，坚守在交通管理第一线，保证辖区内重大节假日期间的交通安全和道路畅通有序。

交警抗冰雪保畅通

【道路交通网格化管理】 深化大队勤务机制改革，职责明确，资源整合、运转高效的中队勤务管理模式，实现农村基层中队管理力量下沉、交通宣传"零距离"、交通管理"全覆盖"的工作目标，根据大队实际，在路面中队推行道路交通网格化管理。根据大队下辖的沈家、杜泽、廿里、大洲、乌溪江、上方6个中队，将衢江辖区内21个乡镇(街道、办事处)、主城区，分成若干个网格区块，实行网格化布警，对区块内的道路交通管理实行定人、定岗、定责。大队6个路面执勤中队中队长为其中队管区内道路交通网格化管理第一责任人，各中队在合理划分"网格"的基础上，每个网格确认1名中队民警为责任人，每个网格由若干名民警、协警组成。

【景区道路交通管理机制】 为提高大队在重大节假日期间保障景区道路交通的应急处置能力，确保辖区道路交通安全、畅通、有序，预防重特大交通事故的发生，保障人民群众生命财产安全和抢险救灾工作顺利进行。

大队制定预案，适用范围：重大节假日等车辆、行人集中，并对道路交通带来极大安全、畅通隐患时，按照程序启动并实施本预案。其工作职责和任务分工：综合科负责信息和协调工作。密切关注景区道路情况，及时收集信息，负责备勤、支援力量的组织及重大节假日景区道路交通管理应急处置后勤保障工作，景点及线路辖区中队负责检查道路及交通情况，及时了解道路堵塞情况，确保景区道路快速恢复通行。事故中队负责重大节假日景区道路交通管理应急处置道路交通事故快速处理工作，指导事故现场的临时勤务安排。负责落实救护车、施救人员和拖车。各中队、警务组负责全面掌握各自辖区道路及交通情况，做好备勤准备工作，保证随时增援。

【重点车辆管理】 大队以"两客一危"(指客运车辆、危化物品运输车辆、学生接送车辆)车辆为重点，会同交通、安监、教育等部门摸清底数，重点监管。对辖区客运企业现有的154辆客运车、30辆校车，危化品运输企业的420辆运输车，做到一车一档、一人一档，人车对应，录入"公安交通管理综合应用平台"的客货运信息管理系统，并保持信息的实时更新。对营运客车等重点车辆实行交通违法行为"零容忍"、重点车辆专管员制度、重点车辆行经线路定期排查制度等六项长效严管措施。建立各项重点车辆安全管理责任制度，与营运企业、危险化学品运输企业以签订安全责任状，督促企业落实交通安全主体责任。

(姜健平)

检 察

【概况】 2012—2014年，衢江区人民检察院共接待和处理群众举报、控告、申诉案件329件次。批准逮捕各类刑事犯罪嫌疑人531 人，立案查办职务犯罪案件26件37人，向人民法院提起公诉1355人。有27个集体和13名个人受到市级、省级和国家级记功表彰，其中，衢江区人民检察院控告申诉科被最高人民检察院评为“全国文明接待室”。公诉科被共青团浙江省委授予“2014年度省级青年文明号”称号。毛颖曦被浙江省人民检察院授予“浙江省社区矫正工作先进个人”。蔡灵勇被浙江省人民检察院授予“全省检察机关电子数据取证业务能手”称号。陶姗姗被浙江省人民检察院授予“全省刑事申诉检察业务标兵”称号。

【运用法治方式服务大局】 贯彻落实市检察院《服务保障全市全面深化改革的若干意见》，主动将检察工作融入全区发展大局，围绕“三改一拆”“五水共治”等中心工作探索服务保障工作机制，坚持运用法治思维和法治方式增强服务大局意识。坚持严厉打击严重暴力犯罪、毒品犯罪和食品安全犯罪，依法批准逮捕生产销售病死猪肉案件犯罪嫌疑人83人，其中批捕涉案金额高达百万余元的衢州市检察院挂牌督办案件邢某某、周某涉嫌生产、销售病死猪肉案，取得良好社会效果和法律效果。以涉嫌非法采矿罪批准逮捕犯罪嫌疑人2件6人；积极开展“环保、金融和知识产权三项检察”，依法提起公诉3件8人；在办理衢江区首例“拒不支付劳动报酬”案件中，为百名农民工成功追回50 万元劳动报酬，保障劳动者的合法权益。准确把握政策法律界限，依法从重从快，全力保障民生民利。推进执法办案方式方法的转变，注重办案的政治效果和社会效果，并结合办案做好化解矛盾工作。坚持运用法治思维和法治方式，成功办理“3·21进京非访案”。推进杭新景高速公路上方段的征迁工作，稳妥处置杭新景高速公路上方段征迁项目引发的群众冲击派出所值班室事件。落实检察长接待日和首办责任制，推行“息诉也是办案”和“解决问题，根除矛盾”的工作理念，健全处理涉检信访的长效机制，落实执法办案风险评估预警机制，全力做好不稳定因素排查清理和息诉稳控工作，将问题解决在首办环节。检察长接待日96次。拓展群众举报平台，开通腾讯QQ和微博，正确引导和妥善处理群众来访。加大举报工作力度，服务和保障村级组织换届选举工作。

【严厉打击刑事犯罪】 推进“平安衢江”建设，切实增强大局意识和责任意识，充分发挥检察职能作用，积极适应修改后刑事诉讼法实施后证据要求更严、办案难度加大的新形势，加强和改进审查批捕、审查起诉工作，依法严厉打击各类刑事犯罪，努力维护社会和谐稳定。结合当前衢江治安形势，将黑恶势力犯罪、严重暴力犯罪、毒品犯罪和多发性侵财犯罪作为打击重点，对社会影响较大的四起凶杀案、“8·18”廿里聚众斗殴案、“10·15”非法采矿案等重大案件提前介入侦查共100次，并引导公安机关正确、全面地收集和固定证据。会同有关部门开展打黑除恶、禁毒禁赌等专项行动。做好“法律六进”工作，开展检校共建活动，选派检察官担任衢江区杜泽中学、衢江区第一小学、周家乡中心学校、后溪镇中心小学等4 所学校的法制副校长，通过法制讲座、法律咨询、法律服务等形式，为7000名在校学生进行法制教育；组织女检察官在周家乡开展妇女维权宣传，倡导学法、守法和用法，进一步营造尊重和保障妇女儿童权益的良好氛围。注重把服务大局的着力点放在依法履职上，对办案中暴露出来的粮食补贴领域职务犯罪窝案等社会问题，及时向党委政府反映。推进涉法涉诉信访工作改革，扎实做好重要时段的安保维稳工作，实现2008年以来连续六年赴省进京涉检“零上访”。

【惩治职务犯罪】 2012—2014年，坚持把依法查办职务犯罪作为正确履行检察职能的重要方面，服务大局、突出重点、确保质量的工作思路。立案查办贪污案4件12人，受贿案13件14人，挪用公款案4件6人，滥用职权、受贿案4件4人，玩忽职守案1件1人。重点围绕涉农惠农、民生民利、工程建设等人民群众关注、反映强烈的热点问题和领域，集中力量查办衢江区委宣传部原副部长章良（副科级）受贿案、江山市公安局原副局长汪坚正（正科级）滥用职权案、十里丰监狱监区原指导员戴小龙（正科级）受贿案、衢江区农业和农村工作办公室原副主任徐利民（正科级）受贿案、衢州市环境保护局环境监测中心站原副站长徐斌（副科级）受贿案、衢州市环境保护局规划与生态处原处长缪向新（正科级）受贿案、衢州市环境保护局绿色产业集聚区分局综合科原科长郎利新（副科级）受贿案、衢州市环境保护局原调研员江云珊（正处级）受贿案、浙江省环保厅执法稽查总队信访调查室江涵（副科级）受贿案、衢州市环境与资源保护局办公室原主任姜承红（正科级）受贿案、衢州市环境保护局衢江分局综合科原科长袁小华（副科级）受贿案、衢江区农业局农机管理站原站长舒畅成（副科级）受贿案、衢江区农业局农机管理站原副站长徐志洪（副科级）受贿案、衢江区民政局方金水（副科级）玩忽职守案等一批科级以上干部犯罪案件。查办高家镇财政所原所长杜云水涉嫌200万元的贪污大案、建设银行衢县支行河西分理处原副主任汪建新挪用公款400万元的特大案件。通过办案，有效打击贪污受贿、渎职等职务犯罪案件。

【预防职务犯罪】 2012—2014年，贯彻标本兼治、从源头上治理腐败的方针，采用案件剖析、警示教育、检察建议等形式，分析发案原因，研究预防对策，着力加强个案预防、行业预防、警示预防等职务犯罪预防工作，与乌溪江水力发电厂就预防职务犯罪签订检企共建协议，实现检察机关专业预防与企业内部系统预防机制的有效对接。推进社会化大预防，利用浙江省十里丰监狱警示教育基地，组织中核浙江衢州铀业有限责任公司中层以上领导干部及重点岗位人员听服刑人员现身说法。加强预防职务犯罪宣传和警示教育活动，先后在区卫生、工商、质监、交警大队、安监、公路段、大洲镇等部门、单位为3300名干部职工开展职务犯罪预防宣讲活动。开展“百场领导干部预防职务犯罪宣讲”和“千场预防职务犯罪宣讲进乡村活动”，现场解答法律问题，发放宣传资料4400份。做到预防职务犯罪“关口前移”，及时准确地做好行贿犯罪档案查询系统的录入工作，共受理行贿犯罪档案查询申请350批次，其中涉及被查询单位539家，被查询个人4936人次。

【法律监督职责】 2012—2014年，依法对侦查机关应当立案而不立案的刑事案件监督立案24件34人，开展危害民生刑事犯罪专项立案监督活动，其中立案监督雷某某涉嫌生产、销售不符合安全标准的食品犯罪一案被省检察院评为专项活动典型案件，并在《检察日报》头版刊登；龚某某涉嫌抢劫罪一案被评为全市优秀立案监督案件；对不应当立案而立案的监督撤案7件16人。对应当逮捕而未提请逮捕决定追捕14人，对应当起诉而未移送起诉的，追诉漏犯19人，漏罪7件。运用检察引导侦查机制，适时介入区内重大案件侦查活动百余次，确保依法快捕快诉。依法提起刑事抗诉3件，获法院改判。在民事诉讼和行政执法活动监督中，提请市检察院抗诉4件，改判3件，其中，胡某某与童某某债权转让纠纷抗诉案被评为“全省检察机关典型民行抗诉案件”。

对民事审判活动、行政执行活动开展监督25

件，办理支持起诉案件3件，加强对生效民事裁判监督2件，启动再审程序改判1件。推进民行申诉案件调处工作，办理的邵某某、徐某与毛某某、德兴市飞龙货运有限公司等道路交通事故损害赔偿纠纷案被省检察院评为2012年度全省检察机关优秀民行申诉调处案件，潘某某与朱某某民间借贷纠纷案、衢江农村信用合作联社与胡某某、詹某某等人借款合同纠纷案被评为2013年度“全省检察机关优秀民行申诉调处案件”。对全区“毒驾”人员驾驶证注销情况进行专项监督，建议交警部门对10名“毒驾”人员作出注销驾驶证处理。开展社区矫正法律监督工作，共发出各类检察建议43件、纠正违法通知书5件。成功办理全市首例财产刑罚执行监督案件。制定《关于加强和规范社区矫正法律监督工作的意见》被省院转发。与区司法局实现社区矫正人员信息管理平台联网，对脱管问题实行动态监督。严厉打击在押人员重新犯罪活动，审查起诉监狱、看守所加刑案件8件8人。相继出台《羁押必要性审查实施办法》《强制医疗执行监督实施办法》，办理羁押必要性审查案件2件10人，同步监督3名强制医疗人员执行案件。

【宽严相济刑事政策】 贯彻宽严相济刑事政策，在依法严厉打击严重刑事犯罪的同时，推行刑事和解、检调对接、不捕不诉案件说理等办案机制，把握法律政策界限，该严则严、当宽则宽、宽严适度，最大限度地化解社会矛盾，对主观恶性较小、犯罪情节轻微的初犯、偶犯、过失犯和未成年犯依法从宽处理，决定不批准逮捕34人，相对不起诉67人。在全市率先开展轻微刑事案件快速办理试点工作取得新进展，探索外来未成年犯罪嫌疑人不捕工作机制。参与刑事案件和解调处，其中，王某某与留某某人身损害赔偿纠纷调处案被评为2014年度全省检察机关优秀民行申诉调处案件，“留某某国家赔偿案”获评“全省优秀刑事申诉案件”，办理全市首例审查逮捕阶段刑事和解不捕案件。联合区公安局在全市率先出台《关于规范逮捕必要性和羁押必要性审查工作的若干意见》，办理全市首例侦查阶段羁押必要性审查案件。

2012年2月22日，杜泽中学法制讲座

（王正明）

法　院

【概况】 2012—2014年，衢江区人民法院履行宪法法律赋予的职责，执行案件13941件，审结执结各类案件14171件。先后被评为省级综合治理执行难先进法院、市级宣传工作先进单位、区级党风廉政建设责任制考核先进单位、区级信访工作先进单位、区级建设平安衢江暨社会管理综合治理工作先进集体，下辖执行庭获评集体二等功、刑庭获评集体三等功等。2014年度，杜泽、廿里两法庭同时被评为省级模范五好法庭。杜泽法庭庭长吴宏斌被评为全国优秀法官，廿里法庭庭长朱贤红被评为全国法院人民法庭工作先进个人。

【刑事审判】 2012—2014年，共受理刑事案件871件1351人，审结864件1312人。坚持惩罚犯罪与保障人权并重，确保刑事司法公正。突出打击重点，保护人民群众生命和财产安全，审结强奸、抢劫、故意伤害等暴力犯罪案件179件203人。审结涉及生产、销售“病死猪肉”的食品安全犯罪案件 23 件70人。妥善处置危害公共安全类案件,审结危险驾驶、交通肇事等案件216件218人。保持反腐高压态势,审结贪污、受贿等职务犯罪24件35人。对具有法定从轻、减轻处罚情节的犯罪分子,依法从宽处理,宣告缓刑 593人。依法保障人权,落实关于被告人不穿囚服出庭受审的相关规定,为130名经济困难、可能被判处三年以上有期徒刑的被告人,通知法律援助律师出庭辩护,“可能判处三年以上辩护率”达100%。依法保障未成年被告人的合法权益,对全部未成年犯均按新刑事诉讼法进行犯罪记录封存。

2012年9月11日,省高院院长齐奇到衢江法院廿里法庭调研工作

【民事审判】 2012—2014年,共受理民商事案件7734件,审结7943件。坚持调判结合与保障当事人诉讼权利并重。对不宜调解及调解不成的,及时依法做出裁判。健全案件繁简分流机制,适用小额诉讼程序和简易程序审结案件6289件,平均审理天数59.87天。审结婚姻、继承纠纷案件1463件,强化教育疏导,增进家庭和睦,其中,“小曾找妈妈”“一笔赔偿款引发的夺子大战”“常回家看看”三起案件制作成的宣传片先后在中央电视台播出,引发广泛关注。审结合同纠纷4332件,涉诉标的总额10.66亿元。审结权属、侵权纠纷及其他

2014年7月25日,省人大代表马建红(右一)首次以人民陪审员身份参加衢江法院庭审

民事纠纷2131件,保障公民人身和财产权利。综合运用法治、市场手段,力促涉困企业平稳过渡。对符合国家产业政策的企业,运用司法重整手段,帮助恢复生机、重返市场。对确无帮扶价值的“僵尸企业”,依法引入破产清算程序。民德纸业、洁能电气、众鑫置业通过破产重整得到重生。建立石油破产财产分配方案获得通过,美丽东城楼盘建设稳步推进。

【行政审判】 2012—2014年,共受理行政诉讼案件43件,审结43件。准确把握《中华人民共和国行政诉讼法》修订新要求,畅通行政诉讼立案渠道。加强司法与行政的良性互动,推动建立一把手出庭应诉制度。充分运用诉前协调、诉调对接等手段,力促行政争议实质性化解。审查行政非诉申请执行案件453件,其中裁定准予执行423件,在保障重点工作顺利推进的同时,依法维护行政相对人的合法权益。

【执行工作】 2012—2014年,共收执行案件4410件,执结4371件。加大对被执行人财产的查控力度,与银行、公安等部门建立信息共享平台,对被执行人财产进行网上“点对点”查控,共查询各类财产信息17296人次。依托公安网上布控系统,建立执行备勤机制,严厉打击规避执行行为,对93名“老赖”实施司法拘留,强力威慑失信被执行人。在最高法院和浙江省联合征信的信息平台上公开

曝光失信黑名单,利用市区人流密集处的LED屏24小时播放“老赖”信息。加大对“老赖”的惩戒力度,使其在申请贷款、招投标、资质认定、市场准入、乘飞机高铁等方面处处受限。通过综合运用“查、控、晒、惩”等组合手段,有效缓解群众反映强烈的“执行难”问题。

【12368司法服务热线】 最高人民法院确定的全国法院系统专用的司法服务热线号码,融联系法官、案件查询、诉讼咨询、信访投诉、意见建议等功能于一体。衢江法院于2014年6月初在全省基层法院中率先开通。

【执行事务接待中心】 为便于群众面对面反映执行问题,衢江法院借鉴立案信访接待模式,于2014年6月在法院接待大厅开辟执行事务接待专区,形成规范化的执行接待窗口,配备专用电脑以及必要的便民设施,由执行人员驻中心接待。

【拍易贷解决司法拍卖付款问题】 2014年,区法院与商业银行合作,专门针对司法拍卖推出的一项按揭贷款业务。司法拍卖成交后,在产权过户手续办理之前,竞买人可将拍卖标的物作为抵押直接向银行申请贷款,以有效解决司法拍卖需一次性付款的问题。

【轻微刑事案件快速办理机制】 2014年,对案情简单、事实清楚、证据确实、充分,且犯罪嫌疑人、被告人认罪的轻微刑事案件,在依照法定程序、确保办案质量的前提下,以衢江区为试点,开展简化工作流程、缩短办案期限工作机制。

(吴　琳)

司法行政

【概况】 2012—2014年,衢江区司法局以服务发展、服务稳定、服务民生为主线,不断提升衢江区司法行政工作水平,衢江司法行政工作受到省司法厅厅长、副厅长、市局领导及区委主要领导的多次批示肯定。衢江区司法局“监地视频”帮教模式获“2014中国十大社会治理创新”奖,黄坛口乡茶坪村2012年获评国家级“民主法治村”等两项全国先进;获评2013—2014年度全省政法系统先进集体。2014年,获评全省司法行政系统依法行政先进集体、中国(浙江)全面小康十大社会治理创新奖、全省社区矫正工作先进集体等16项省级先进荣誉。2012年、2014年获评衢州市司法行政集体三等功。连续三年被评为全市司法行政工作优胜奖、特等奖。

【人民调解】 2012—2014年,完善以乡村司法组织为依托的调解网络,做好社会矛盾纠纷专项排查、纠纷预防调处工作。推进行业性专业性调委会建设,集中受理和专业调解矛盾纠纷,实行“统一受理、归口办理、依法调处、限期办结”的运行方式。2013年5月,在九大行业调委会基础上增加婚姻家庭纠纷人民调解委员会。2014年8月,区司法局与区公安分局“警调衔接”工作机制开展诉调衔接、警调衔接和检调衔接,构建“大调解”格局。突出调解队伍的培养和业务素质培训,精选出基层一线的调解能手65名,组成“和事佬”协会,建立“首席人民调解员库”,专门调解一些专业性强或疑难、复杂的矛盾纠纷。每年组织全区司法所长、司法助理员参加为期3~5天的调解员培训班,开展“人民调解能手”活动与“优秀调解案例”的交流活动,将成功的、有效的方法和经验进行推广应用。已建立人民调解委员会311个,其中乡镇级人民调解委员会21个,村级人民调解委员会272个,社区人民调解委员会3个,行业性专业性人民调解委员会15个,配备人民调解员1301人,其中专职调解员16人。共计排查矛盾纠纷3629次,排查调解各类纠纷13027件，调处成功12736件，调处率100%，调处成功率97.8%。

【律管工作】 2012—2014年，以服务中心为目标，发挥法律服务职能优势，引导律师、法律工作者参与社会管理创新各项工作。组织法律服务人员参与“三改一拆”“五水共治”等十大专项行动法律问题研讨5次，解决法律问题23个。协助区委、区政府参与每月20日“民情调处日”和21日“信访接待日”有关涉法信访工作处理、协调，参与信访接待日活动250人次，处理各类疑难矛盾纠纷326件。开展“法律服务助推民营经济发展”活动，发挥企业法律顾问作用，服务企业，帮助企业解决面临的法律问题，增强企业法律风险防范意识。实现农村法律顾问全覆盖，在全区271个村、3个社区配备法律顾问，为困难群众免费提供法律咨询1613件，化解纠纷67件，帮助修订村（社区）规民约、完善村（社区）务民主公开制度55个，有效减少社会矛盾。强化律师、法律服务工作者诚信建设，健全和完善法律服务工作者诚信执业档案，加大群众信访投诉案件的查处力度。严把法律服务人员年检注册初审关，完善百分制考核制度，每年对全区5家律师事务所、7家法律服务所进行年度注册检查考核。

【法律援助】 推进统筹城乡、条块结合的法律援助基层网络建设，实现“一站式”服务和“半小时”法律援助服务圈。2012年，区司法局和区行政服务中心联合下发《关于将法律援助纳入乡镇（街道）便民服务中心的通知》，在乡镇（街道）设立法律援助接待窗口，在中心村设立法律援助网点。2014年下发《衢江区法律援助经费管理办法》，提高法律援助办案补贴标准。实施法律援助“巾帼工程”“情暖农民工工程”“夕阳红工程”“春苗工程”等活动，做好对妇女、农民工、老年人、未成年人等弱势群体的法律援助工作，对申请支付劳动报酬和工伤赔偿的，开通“绿色通道”，实行简化程序，快速办理。法律援助中心接待来访来电2838人次，办理法律援助案件1195件，其中刑事法律援助案件161件，民事援助案件1034件，挽回经济损失2108万元。

【普法依法治理】 2012—2014年，推进“六五”普法规划的实施。围绕和谐平安衢江建设的新任务，参与沙滩治理、杭长高铁衢江段征地拆迁、衢江航运征地拆迁、杭新景高速公路上方段征地拆迁、“三改一拆”等各类专项法制宣传活动。推进领导干部、公务员、青少年、农村干部群众、企业经营管理人员和职工的法制宣传教育，强化法制宣传教育的针对性，通过法制文艺演出、法制文化长廊、法制漫画、法制讲座等形式，拓展法制宣传教育的多样性。举办各类法制专题讲座、法律咨询、法制宣传日等活动248场次，刊出法制宣传栏1800期，张贴宣传挂图6000张，印发宣传资料13万份，接待群众咨询7000人次。创建全国民主法治1个，省级民主法治村4个。

【社区矫正】 贯彻2012年以来新颁布施行的《社区矫正实施办法》等相关法律法规，在社区矫正

2014年11月10日，市委副书记、政法委书记江汛波到樟潭司法所调研指导社区矫正工作

管理科职能基础上对社区矫正管理职能进行科学划分,成立社区矫正工作中心、社区矫正执法大队、社区矫正监管指挥中心,明确各具体部门的执法职责和权限。运用“浙江省社区矫正管理平台”和“社区矫正安全监管短信警示平台”,做好社区服刑人员的监控管理,实时跟踪考察、警示告知、短信提醒,为辖区内21个司法所配备安装指纹考勤等设备,全面推行社区矫正人员日常报到、集中学习、公益劳动指纹考核管理机制,真实有效记录每个矫正人员接受监管的情况,使社区矫正监管进一步从“人防”向“技防”转变。2012—2014年,共接收社区矫正人员857名,期满解除818名,收监执行28人,提请治安处罚3人,警告处罚65人,进行社区矫正调查评估590人次,有效遏制社区服刑人员脱管漏管和重新犯罪。

【安置帮教】 注重人性化管理,突出抓好刑释解教人员的衔接,帮助解决生活困难。做好对象的衔接,做到转递、报到、登记、建档等手续齐全,程序规范。本着“就地消化,妥善安置,给予出路,保障生活”的原则,通过采取原单位接收安置、推荐就业、鼓励创业、归还责任田(山)、组织劳务输出等形式,为刑释解教人员寻找就业门路,解决生活出路。联系企业建立过渡性安置基地,建过渡性安置基地10家。该区共接收刑释解教人员1259人,建立刑释解教人员名册,落实帮教志愿者,帮教率达100 %,安置率达100%,刑释解教人员重新犯罪率控制在1.5%以内。深化“监地视频”帮教工作,协调有关监狱,为17名表现良好的服刑人员与家属、地方政府部门开展视频通话,宣传政策、传递信息、亲情感化,提高犯人改造质量,为融入社会打下基础。

【司法所建设】 以五星级司法所创建为目标,坚持“统一规划、分步实施、重点突破、整体推进”的工作思路,整合挖掘潜在资源,加大硬件投入,完善软件建设,实行统一机构名称、统一外部标识、统一办公设施、统一文书档案、统一室内布置,落实政法专编人员,规范运行机制,推动司法所规范化、标准化、专业化建设。2013—2014年,上方、廿里、周家司法所创建为五星级规范化司法所。

(郑向东)

军 事

人民武装

【概况】 2012—2014年，衢江区人民武装部贯彻军分区党委决策指示按照“抓大事、干实事、不出事”总体思路和“稳中求进、进中出彩”工作基调，围绕军事斗争准备这条主线，抓住安全稳定这个底线，着力铸军魂、聚焦打胜仗、突出抓作风，较好地完成上级赋予的各项工作任务，全面建设稳中有升。坚持集中辅导和自学相结合，坚持周一、周三夜学夜训制度，学习贯彻中共十八精神，开展“百题调研”活动。撰写《加强民兵情报信息网建设的几点思考》《对大规模作战后勤物资动员征集问题的思考》等4篇研讨文章，被总政建言献策栏目以A级用稿刊发。把干部职工和民兵预备役人员分两个层次、两个阶段集中组织开展“牢记强军目标、献身强军实践”主题教育。同步参加军分区宣讲辅导，以组织生活形式开展“战斗力标准”大讨论，结合民兵整组训练、专武干部集训、民兵连长轮训和征兵工作进行授课，组织专武干部和应征青年参观驻衢空军国防教育基地和衢州市细菌战展览馆。2014年，区国动委被省委、省政府、省军区评为先进县(区)国动委。

【拓展军事斗争准备】 2012—2014年，全面规范首长、作战、通信战备值班制度和营门、武器仓库日常值班秩序，根据《人武部应对武装恐怖袭击应急行动预案》对辖区内二级以上重要目标完善方案预案，组织重要目标防卫分队到下张粮库实地协防演练，配合完成军分区赋予的《重要目标防卫行动组织与实施》教学录像片的拍摄，提高日常战备规范化、信息化、常态化水平。强化业务基本功、信息系统操作使用和基础体能训练，在年终分区军事考核中取得总分第二名。针对民兵队伍有偏训漏训问题，依托党校和工贸学校，有计划分课题组织专武干部、民兵连长、民兵应急连、重要目标防卫分队进行封闭式训练，提高民兵队伍遂行多样化军事任务能力。组织国防动员准备检验评估，编实国防动员“一部九组”战时指挥机构，科学制定预建预编方案。2014年，着眼兵役改革，探索夏秋季征兵工作特点，层层明确征集高学历青年指标，完成兵员征集任务。全面推进民兵工作调整改革。编实建强11支应急队伍，21支支援队伍，11支储备队伍。借助军分区赋予民兵情报信息网建设先行试点优势，在重点单位和各乡镇，组建“获情报知灵敏、快捷、高效”的民兵情报信息力量，投入9.7万元为民兵情况员配发定制手机，作用发挥明显。

【干部作风建设】 按照军分区党委决策部署，开展群众路线教育实践活动，围绕“四风”突出问题抓整改。针对班子成员存在只求民兵武器仓库不出事,其他工作按部就班的心理,开展战斗力标准大讨论。结合战备规范化建设、训练演练工作抓好问题整改。贯彻财经领域"两项整治"要求,对2013年度以来所有经费开支情况进行拉单列表、逐项逐笔清查整治,规范财经管理秩序,制定《人武部食堂管理实施办法》。坚持超面积办公用房整改特事特办,采取调整、隔断的方式,按标准要求整改到位,对群众合理诉求进行整改。根据干部职工反映最多的抓工作搞建设的问题,党委会和党委中心组重新修订《党委工作条例》和《民主集中制读本》等制度,完善党委议事规则,抓好党委、纪委和支部各项组织制度的落实,形成"人按职责干、事按制度办"的良好风气。

【营造党管武装氛围】 组织地方党政领导干部学习国防后备力量建设一系列文件精神。结合参加全市军民定向运动会、依托《今日衢江》刊登军人荣誉榜、依托农村文化礼堂融合军事文化等载体推进大国防教育。在助推地方经济社会发展中发挥作用,于2014年3月9日和新兵入伍前,发动干部职工、民兵预备役人员和入伍新兵开展"清洁家园、整治河道"活动,在参与"五水共治"行动中产生较好的社会影响。2014年4月,召开武装工作会议,组织乡镇党委书记进行党管武装工作述职,研究解决武装工作矛盾问题。同年11月,召开议军会,开展服务退役士兵"四帮一扶持"活动,作为贯彻群众路线要求和征兵工作后续工程。区政府领导先后到人武部现场办公,为人武部新建食堂及落实廉租房资金,协调相关部门争取武装工作经费40万元。紧扣专武干部队伍选拔任用、日常管理和工作运行中的话语权、管控权、指挥权,加强与地方党委政府和组织部及基层党委的常态化沟通,理顺人武部与组织部共同考核、共同酝酿提案程序,共调整使用11人。

2014年3月9日,参与区"五水共治"活动

【推进部队安全发展】 组织开展"条令学习月"和组织暑期、冬季两个"百日安全竞赛"活动。落实安全隐患排查整治,打好安全管理主动仗。坚持每月召开一次党委安全形势分析会,特殊时期专题召开,共召开安全形势分析会16次。大项活动坚持风险评估,确保隐患问题早发现、早解决、不升级。坚持"人防"到"人技联防"转变,定期对车辆进行维护保养,投入20万元对民兵武器仓库"三网"进行升级更新、维护避雷设施、监控设备,开辟安全隔离带。结合安全管理"六个规范"建设,完善《部机关和民兵武器装备仓库正规化管理细则》,按照标准要求抓好集中文印室建设,正规人员请销假、车辆派遣、机关保密办公、营门安全警戒秩序,建立部门领导轮流督导仓库交接班和定期查库制度。坚持问题整改托底,对省军区、军分区和自身检查发现的问题,做到容易解决的问题事不过日,难以解决的问题事不过周,共同维护好安全发展的环境。

【重要目标防卫分队战时实兵演练】 依据军分区《2014年度军事工作指示》,为更好地遂行大规模条件下防卫作战任务,区人武部采取"强化基础、熟悉方案、对接演练"的方法,重点抓好共同训练、专业训练、分队训练等内容的训练,全面提升重要目标防卫能力。2014年4月,区人武部结合区域内重要目标，进行防卫分队战时实兵演练，三支重要目标防卫分队共计114人参加，主要进行警棍盾牌术、捕俘技术、执勤动作、观察与报知、夜间执勤等专业训练和反爆破、防敌小股袭扰、军警民联防等分队训练，历时12天，提高各防卫分队之间的相互协调能力和防卫分队应对突发事件的处突能力，为更好地执行重要目标防卫任务打下坚实基础。

【开展“四帮一扶持”活动】 2014年12月，为实现退役士兵与社会的无缝对接，区委研究决定，在全区开展以帮助强化政治定力、搭建创业平台、促进素质提升、解决特困之忧和加大自主创业政策扶持为载体的“四帮一扶持” 服务退役士兵活动。通过介绍地方经济社会发展状况、就业创业形势政策，以及参观家乡现代农业、请老兵讲述创业经验等活动，使退役士兵对家乡经济形势、创业环境有更全方位的了解。在区人力资源市场，23家优秀企业为退役士兵们量身定制了400个工作岗位，覆盖储备干部、外贸销售、协警、修理师、面点师、流水线操作工等各类工种，月薪在3000元以上，现场共有83名退役士兵签订就业意向书。通过开展的“四帮一扶持”服务退役士兵活动，为退役士兵就业创业提供便利条件。

【民兵情报信息网建设试点】 2014年3月，军分区在衢江区进行民兵情报信息网建设试点。区人武部成立以部长、政委和区政府联系武装工作的副区长为组长的民兵情报信息联络领导小组。人武部设立情报站，区各级对口机关单位和乡镇均成立民兵情报小组，统一配发定制手机，落实每日“零报告”制度，信息员、信息组、信息站每日16时前逐级报告情况；重大社会动态落实“即时报告”制度，底线是“两个不晚于、一个不倒查”，落实情报信息工作月报制度，人武部每月26日前上报辖区当月综合情况；落实定期分析研判制度，各单位要对民兵情报信息一天一汇总、一周一研判。坚持按需发展，注重实践运用，强化效益检验，全面深化民兵情报网规范化建设。

【开展民兵整组工作】 2014年，全区共整组基干民兵队伍32支，其中30周岁以下比例占70%，退伍军人比例占42.3%，党团员占91.2%，专业对口率80%。通过集中开展组织整顿，进一步优化布局结构，理顺体制机制，健全规章制度，完善各项保障，切实打牢后备力量组织基础，推动后备力量建设转型发展。

【兵员征集工作】 为适应2014年国防部征兵办要求各级征兵部门依托“全国征兵网”平台开展兵员征集工作的新形势，区人武部严密组织，精心策划，利用报刊、电视等媒介提前做好政策宣传发动工作，落实“一季征兵，全年准备”的要求，2014年7月，完成直招士官任务，同年8月，完成征集新兵工作，其中大专以上文化程度92人，占征集对象比例45.2%，超额完成上级下达的大学生比例40%的征集任务。

【安全管理常态化】 为加强安全管理常态化建设，夯实安全基础，根据《衢州军分区安全管理“六个规范”建设实施方案》，成立以部长、政委为组长，副部长为副组长，机关各科长为组员的领导小组。下设组织计划、现场指导、项目建设、政工宣传和综合保障5个组。分筹划部署、组织实施、检查验收三个阶段组织实施，按照规范组织体系、制度建设、教育训练、常态活动、基础设施、人文环境六个方面内容，结合分区安全管理实际，全面抓规范，扎实打基础，分类搞建设，创新解难题，提高管理效能。成立文印室，编配文印员，统一添置文印设备，达到“打印文件有登记，销毁文件有纪录”的办公要求。

【召开区委常委议军会议】 2014年10月27日，召开常委议军会议。区委常委、人武部部长王小兵汇报全区武装工作和2015年武装工作任务，提出需要区委解决的问题。区委书记吴江平、区长赖瑞洪分别在会议上讲话，会议研究解决武装工作遇到的困难和问题。

【省军区督导组检查党的群众路线教育】 2014年6月19日，省军区教育实践活动督导组到区人武部检查督导第二批党的群众路线教育实践活动。省军区宣传处一行通过听取汇报、查阅资料、民主测评、座谈了解等形式，了解党的群众路线教育实践活动开展情况，着重对清人清车清房核查、班子成员《个人重要事项报告表》核对、财经“两项整治”检查、党委班子及个人对照检查、机关查摆“四风”等问题进行督查，督导组对区人武部教育实践活动推进有序、工作扎实给予肯定。

【贴近实战练精兵】 2014年，区人武部党委围绕民兵应急力量常态化改进编组方法，分专业分批组织政治教育、军事体能和专业技能训练，实现民兵应急队伍由“数量型”向“质量型”转变、由“零散型”向“体系型”转变。加大与地方有关部门沟通协调，加强在应对重大群体性事件、重大自然灾害、重大安全事故等非战争军事行动中的军民一体、统一指挥和联合行动，确保民兵队伍在关键时刻拉得出、用得上。同年4月15日，区人武部组织民兵应急分队120多人次，进行水上救援、森林扑火、反恐维稳、目标警戒等多个科目训练。从区防汛办、防火办、武警支队等单位聘请专家教员，训练坚持从难、从严进行，有效提高民兵应付处置突发事件的快速反应能力、实战能力和组织指挥能力。

【正规管理见成效】 2012—2014年，区人武部加大对民兵武器仓库安全建设的投入，先后扩建消防池，增设高压水泵，完善避雷、防雷和除静电设施，购置震动报警器、红外感应器等设备设施。安装新的安防系统，对库房、库区和值班室全天候监控，并将录像存档保存，实现对库存弹药和仓库全方位立体化安全防护，使仓库的安全防范水平明显提升。一岗一责量化。人武部将仓库专业岗位区分为4类，依据条令条例、业务规章等，采取量化工作、确立指标的方式，对各岗位人员担负职责任务逐个进行梳理，编印《仓库岗位职责一本通手册》，促进各项规章制度落实。一事一制固化。做到抓一项、成一项、巩固一项，不断在建章立制、依法施管上下功夫，保证各项工作在制度的规范和约束之下运行。先后制定《武器仓库安全管理检查实施办法》《武器仓库正规化管理规定》等规定，完善干部职工等管理细则，使每项工作有章可循。一技一训强化。采取选派送训、岗位自训、骨干带训等多种培训形式，分期分批组织业务骨干、技术能手集训和研讨观摩活动，提升干部职工落实业务规章和操作规程的能力。一险一案细化。坚持把提高应急处突能力作为头等大事。区分防火、防盗、防暴等3大类、14种情况，逐个研究制定应急处置预案，组织学习，定期进行训练演练，确保有情况，迅速出动、果断处置。2014年9月17日，部长王小兵组织仓库主任、仓库保管员学习民兵武器装备仓库管理规定，对武器装备管理中存在的问题进行对照自查，及时纠治存在问题，并对库存物资进行点验，提高正规化管理水平。

【安全保密常抓不懈】 2012—2014年，区人武部通过抓好“四防”，促进安全保密工作落实。保密安全工作，抓好“人防”是关键，坚持每周五开展一次安全保密检查和每月一次保密教育，遇重大节日和临时任务加强教育，树立“心理防”观念。2014年，投入5万元更新仓库的安防设施，为保密室、文印室、值班室换上更加坚固的防盗门、更换高清摄像头，进行全天候的实时监控，“技术防”使任何情况都难逃营区“电子警察”的“眼睛”。通过签订保密和“四反”责任书，明确各级职责。在保密资料和涉密载体的管理上，做到专人保管、专册登记、专柜存放，交接手续清楚。成立安全保密领导小组，采取定期查和突击查、普遍查和重点查、内部查和外部堵相结合的方式，“制度防”堵塞各种漏洞，消除各类隐患。

（何雪峰）

人民防空

【概况】 2012—2014年，衢江区人防办贯彻国家“长期准备、重点建设、平战结合”建设方针，突出“战备、社会、经济”三个效益，统筹安排，抓落实。2012年4月，区人防办（民防局）领导由区住建局局长兼职改为人防办主任专职，人防机构相对独立，并增设区人防（民防）指挥信息保障中心，核定事业编制3名。2013年4月，获批建立区人防办党组，区人防办实现完全独立。连续三年被评为市人防系统优秀单位。2013年，全市人防年度考核排名第一，获评省级人防工作先进单位。

【工程建设】 2012—2014年，区人防办总计审批人防工程易地建设项目102个，收取易地建设费2175万元。区人防工程以民用建筑地下室为主，坚持“以建为主，以收促建”原则。城市规划区、人防重点镇廿里镇。衢江区范围内新建、改建、扩建的民用建筑附建一定面积和抗力等级的人防地下室，确因客观因素无法建设的，由区人防办审批并收取人防工程易地建设费。

2014年10月10日，人防教育基地室内展馆

【指挥通信】 2012—2014年，结合“5·12防灾减灾日”和“九一八事变日”防空防灾警报试鸣工作做好社区及学校的人口应急疏散演练，在霞飞社区、区实验小学、衢州三中共举办疏散演练4次，参加演练人数5000人。2012年6月，完成应急指挥车平台的卫星通信设备升级。同年9月，廿里镇民防应急指挥中心工程建设完成。该中心配备视频会议、3G图传、ECP村级视频会议等系统。2014年6月，衢江区1205工程开工建设，建成后将与省、市人防指挥平台实现互联互通 。区人防办对城区10个人防警报点进行升级，建成人防警报省市区三级无线统控系统。警报器试鸣率、完好率100%，城区及重点镇覆盖率98%。同年年底，建成人防系统短波电台自动收发报系统。

【宣传教育】 2012—2014年，区人防办利用每年的“3·1国际民防日”“5·12防灾减灾日”“九一八事变日”等重要时间节点，组织开展街头宣传活动。在城区振兴路、实验小学、衢州三中及各社区开展巡回宣传，共计发放各类宣传册、资料4300份。在区实验小学、廿里初中、衢州三中等7所中小学开展人防知识教育暨技能演练和人防教育进校园活动。在各街道、社区推进人防知识宣传活动，每个社区落实一块宣传栏作人防知识宣传。2012年，在区委党校开设宣传阵地，将人防知识宣传融入干部党课教育。2014年，衢江区人防教育基地展馆在区第一初中建成。廿里镇、衢江开发区管委会、樟潭街道、浮石街道、横路办事处、霓虹社区、临江社区、霞飞社区建立基层人防工作站，全面开展人防宣传工作。

（叶　翔）

交通运输

【概况】 衢江区交通运输局下属3个事业单位,区交通工程质量安全管理站,区港区建设管理办公室,区公路管理局。区公路局下属一家国有公司,为区振兴公路养护工程有限公司。2012年4月,成立区公路应急抢险中心,与区振兴公路养护工程有限公司实行"两块牌子、一套班子"。2012—2014年,区交通运输局大力发展交通公路事业,强抓公路基础设施建设、公路管养和行业管理,累计完成交通固定资产投资6.18亿元。机场北路(市区快速通道)、百灵大桥等建成通车,迎宾大道完成改造提升,46省道、衢江航运开发、杭新景高速公路衢江段征迁工作有序推进,公共交通发展实现新突破,汽车客运东站项目前期工作启动推进,治堵工作完成每年度目标任务。2012年,获市级创建学习型组织先进单位。三年均获全区综合考核二等奖。

【新建公路及桥梁】 **机场北路(市区快速通道)** 起点位于浮石二桥南侧(市水利局门口),上跨乌溪江,终点在宾港北路,公路全长5.63千米(其中新建的乌溪江大桥长862.7米,桥宽30米),按公路一级标准设计,双向四车道,设计时速80千米/小时,路基宽度20~26米,沥青砼路面,总投资2.35亿元。于2011年7月开工建设,2014年12月24日通过交工验收,2014年12月26日正式通车。

乌溪江大桥 全长862.7米,按公路一级标准设计,桥宽30米,双向四车道,设计速度80千米/小时,总投资约1亿元,是衢州市桥梁建设中跨径最大(单跨80米)的预应力连续箱梁桥梁。该桥是机场北路(市区快速通道)上的重要结构工程,与机场北路同步开工、建设和完工,建成后,成为衢江区连接衢州市区的重要纽带,缩短老城区与衢江区之间的距离。

百灵大桥 起点位于衢江右岸百灵北路与江滨东路交叉口,横跨衢江南叉道,终点与衢江区江心洲方杨村村道相接,桥长384米,按二级城市主干路标准设计,双向两车道,设计时速40千米/小时,路基宽度15米,桥梁宽度14.75米,沥青砼路面,总投资3352万元,于2012年11月6日开工建设,2014年5月6日通过交工验收。

东湖畈村至桥丰村公路工程 起点位于峡十线与云十线交叉口,终点与虎十线相连接,公路全长4.788千米,按二级公路标准设计,设计时速60千米/小时,路基宽度10米,行车道宽度6米,沥青砼路面,投资2200万元。2014年10月开工,2015年10月完工。

【改建(改造)公路】 **迎宾大道改造** 起点位于杭金衢高速公路衢州东互通连接线收费广场处,终点接书院西路与府东街相交红绿灯处，公路全长6.172千米，以绿化及路面拓宽为主实施改造，沥青砼路面，总投资2.35亿元。工程由市公路局负责实施，衢江区负责境内政策处理，2012年11月开工，2013年12月完工。

46省道衢州樟潭至廿里公路衢江段改建 起点位于樟潭街道大路章村，终点与黄衢南高速衢州南互通连接线相连，项目总里程36.5千米，概算投资19.1亿元。衢江境内长20.76千米，按公路一级标准设计，双向四车道，设计速度80千米/小时，路基宽度24.5米，沥青砼路面，衢江区境内设6桥2互通。2014年5月启动征迁工作，2015年7月工程正式启动，工程计划于2017年12月完成。衢江区负责境内政策处理。

X301石安线大洲镇改线工程 起点位于大洲镇上马凉亭，终点位于大洲镇黄巢堰，路线长1.35千米，按三级公路标准设计，设计时速40千米/小时，路基宽度8.5米，行车道宽度7米，沥青砼路面，投资1736万元。2009年10月开工建设，2012年12月完工。

X203衢江区廿里至项家公路廿里镇段改建工程 起点位于廿里镇廿里村，终点位于廿里镇赵宅村，路线全长1.297千米，按二级公路标准设计，设计时速60千米/小时，路基宽度12米，行车道宽度7米，水泥砼路面，投资620万元。2011年10月开工，2013年7月完工。

【公路大中修】 **305省道路面大修工程** 起点位于衢江与建德交界，终点位于葱口村，长1.327千米，设计时速40千米/小时，路基宽8.5米，路面宽7米，沥青砼路面大修，总投资793万元。2012年9月开工，2013年1月通过交工验收。

S315路面大修工程 起点位于柯城交界，终点位于黄衢南路口，对左幅5.127千米的水泥砼路面改为沥青砼路面，投资1866万元。2013年9月开工，2013年12月通过交工验收。

320国道路面大修工程 起点位于衢江平塘，终点位于柯城交界，长9.54千米，沥青砼路面大修，投资4977万元。2014年9月开工，2014年12月通过交工验收。

县道公路大中修工程 2011—2014年，共投入3015万元，对X203廿大线等26条县道计104.14千米进行大中修。

【桥梁改造】 **栗里蓬桥** 桥长55米，宽6米，投资110万元。2011年完成改造。

段家桥 桥长22米，宽8.5米，设计荷载标准为公路Ⅱ级，投资102万元。2012年12月完工。

下茶大桥 桥长74.89米，宽7.5米，投资327万元。2012年完成改造。

紫薇桥 桥长32米，宽4.5米，投资55万元。2014年完成新建。

塘源口桥 桥长62.5米，宽12米，投资652.876元。2012年完成改造。

闹桥3号桥 桥长32.04米，宽9.5米，设计荷载标准公路I级，投资202万元。2013年8月完成改造。

六都杨桥 桥长30米，宽6.5米，投资90万元。2013年完成改造。

官山底桥 桥长30米，宽6.5米，净宽5.5米，投资83万元。2013年完成改造。

灰山桥 桥长29.84米，宽8.0米，设计荷载标准公路Ⅱ级，总投资140万元。2013年11月完成改造。

上山溪大桥 桥长176.1米，宽25米，投资190万元。2013年12月完成加固修复。

东迹大桥 桥长399米，宽22米。左幅原桥19×20米空心板梁桥，改为19×20米预应力砼T梁，设计荷载标准公路I级，投资1315万元，2011年12月完成改造。右幅原桥19×20米空心板梁桥，改为19×20米预应力砼T梁，设计荷载标准公路I级，投资1512万元，2015年1月12日完成改造。该桥改造均由市公路局实施。

华家桥 桥长24米,桥宽8米,投资80万元,2015年2月完成改造。

【农村联网公路建设】 2012—2014年,推进农村联网公路建设,共建设通村联网公路50条, 84.7千米,总投资5039.2万元,涉及17个乡镇(街道)。

【安保设施建设】 2012—2014年,共整治省级事故多发点段3个,投入整治经费346.66万元。农村公路增设临水临崖防护设施(钢质护栏)156.4千米,自发光体设施4千米,投入资金3205.15万元。

【收费站拆除】 **衢江公路收费站(后溪收费点)拆除** 2002年11月经省政府批准成立,隶属于市交通局。收费站位于46省道84K+100的衢江区后溪镇地段,2003年开始对过往46省道衢州至江山段的车辆收取通行费。2012年5月31日24时前停止收费,并拆除收费设施。

樟潭公路收费站计划拆除 1991年7月10日设立,最初名称为东迹大桥征费管理所,隶属于市交通局。1995年2月1日更名为衢龙公路征费管理所。2000年更名为樟潭收费站。1999年,经省政府批准,收费站部分经营权出让给衢州通衢公路经营有限公司,收费期限20年,至2019年2月28日止。2013年,衢州市政府启动提前回购程序,于2014年12月31日签订回购协议。

【公路养护管理】 **"段改局"** 2014年12月,衢江区公路管理段更名为衢江区公路管理局,挂衢江区公路路政管理大队和衢江区公路应急指挥中心牌子。

《衢江区农村公路养护与管理办法》出台 2012年8月6日,经区政府第2次常务会议通过,出台《衢江区农村公路养护与管理办法》,形成"县道县管、乡道乡管、村道村管"的养护管理新格局。

路政管理 2012年—2014年,共办理行政许可案件30起,其中国省道16起,县乡道14起。2013年实施行政审批制度改革,原9项许可项目合并为5项。发现违法案件数902件,查处违法案件数902件,行政处理案件509件,行政处罚案件1件。2014年,完成辖区内所有县乡公路指路标志的新增与更换,累计900块,投入资金178万元。开展高速公路及国省道公路沿线非公路标志专项整治行动,当年共拆除非公路标志628块,其中大型广告(含高炮)249块。

公路应急抢险 2012—2014年,共进行应急演练8次。2012年4月,衢江区公路应急抢险中心成立。同年,参与"4·29"公路应急抢险实战演练,参与区政府防汛防旱指挥部组织的防御黄蒙村小流域山洪灾害演练。2013年,参与市公路管理处组织的杭金衢高速西接线公路路面小修保养作业、市公路管理处组织的东港东干渠架设钢架桥应急实战演练。2014年,参与区政府防汛防旱指挥部组织的防御大洲镇狮子山小流域山洪灾害抢险演练,组织小湖线公路水毁应急抢通演练,在开化金星村参与衢州市人防"五条链"建设检验性演习衢江区疏通道路应急抢修演习。

【公共交通】 **衢州汽车客运东站项目** 位于衢江区30号地块,紧邻东迹大道北侧,文苑路西侧,振兴东路南侧,西与汽车城相邻。车站用地3.75公顷,总建筑面积26927平方米,概算投资为1.66亿元。2014年4月,确定衢州汽车客运东站规划及建筑设计方案。

公共交通发展专项规划 2014年1月完成《衢江区公共交通发展专项规划(2014—2020)》编制工作。

城市公交线路 衢江区境内运行的城市公交线路8条,分别是16路(南湖广场—三中)、26路

2012年4月29日，石呈线发生公路坍塌，公路应急抢险队伍三个昼夜搭设钢架桥抢通公路

（汽车西站—东港服务中心）、309路（二中—衢江行政中心）、308路（二中—樟潭）、36路（斗潭公交总站—三中）、526路（廿里—三中）、588路（沈家—东港环线）、586路（南湖广场—旺村）。

衢江城乡客运站 共7个，分别为廿里客运站、高家客运站、杜泽客运站、莲花客运站、十里丰客运站、小湖南客运站、全旺客运站。

公共自行车 2014年年底，衢江区境内设置公共自行服务网点21个，共投入自行车455辆。

【水运】 **航运开发** 衢江航运开发工程项目建设由衢州市政府统一领导并组织实施，市政府成立工程建设总指挥部，衢江区建立分指挥部。衢江区境内的航道长为24千米。建设包括：塔底船闸，安仁铺电站、船闸及库区防护设施，红船豆淹没区高家镇境内的库区防护设施，航道疏浚、桥梁改造及助航标志安全保障系统，综合服务区。衢江区境内投资额为14.92亿元。2014年年底，完成境内土地征地总面积为185.40公顷，其中农用地100.32公顷，林地0.89公顷、未利用地84.19公顷。征迁工作涉及樟潭、高家、浮石、云溪4个乡镇（街道）共17个行政村。其中，安仁铺枢纽（电站和船闸）工程土地征收涉及高家镇、云溪乡、樟潭街道和浮石街道共10个行政村，征用总面积为103公顷；红船豆库区项目土地征收涉及高家镇7个行政村，征用总面积66.32公顷；塔底船闸项目土地征收涉及浮石街道两个行政村，征用总面积16.09公顷。

渡口设置与撤销 2014年年底，全区现有渡口5个，分别为樟潭街道的樟潭渡口、后溪镇的棠村渡口、廿里镇的山下渡口、岭洋乡的洋口渡口、湖南镇的东仓口渡口。2012年至2014年期间共撤销渡口3个，分别为2013年10月因渡口两岸的道路及汪船头大桥建成，撤销高家镇盈坎渡口；2013年11月因撤渡建桥，撤销后溪镇的坝下渡口；2014年12月因方杨大桥建成通车，撤销樟潭街道方杨渡口。

改善硬件设施 2012—2014年，投入渡埠改造资金共149万元。其中，用于新建、修理及改造渡船资金共 30万元，用于候船停统一标识建设及改造资金共7.9万元。2013年，樟潭街道方杨渡口实施撤渡建桥项目，补助建设资金420万元。

【杭新景高速公路项目建设（衢江段）】 杭新景高速公路项目是国家重点项目，是浙江省高速路网延伸辐射、推进“港航强省”战略的重大项目之一。杭（州）新（安江）景（德镇）高速公路，全长128.506千米。2012年8月，工程建设用地批复。衢州段全长105.053千米，概算投资105.4亿元，其中衢江境内22.855千米，投资19.37亿元，起点位于上方镇金扬村，终点位于太真乡银坑村。衢江区境内设服务区1个，地点位于上方镇金扬村，设上方、太真2个互通出口，两出口分别连接23省道和塔太公路。征迁工作涉及上方、杜泽、太真三个乡镇7个行政村，共征地123.48公顷，拆迁房屋380户11万平方米，迁移各类线杆1978根。衢江段于2012年12月20日开工建设，全线按四车道高速公路标准进行设计，设计速度为100千米/小时，至2014年年底，土地交付完成100%，房屋拆迁完成99%，路基工程完成78%。

（吕燕婷　叶小斌）

铁路建设

【概况】 2012—2014年,衢江区铁路建设项目办公室(简称区铁办),以"铁路建设为社会经济发展服务"为宗旨,抢抓机遇,扎实推进铁路项目建设,共完成杭长高铁项目建设和国家重点工程——衢宁铁路项目的前期规划与设计工作。其中,杭长高铁项目在衢江区全长20.217千米,拆迁总面积13万平方米,拆迁及各项补助资金近3亿元。衢宁铁路全长约366.5千米,工程投资预估算总额307亿元,在衢江区境内为23千米,项目建成后,将推进以城乡交通、平安交通、美丽交通、智慧交通为特色的综合交通建设。

【杭长铁路客运专线】 区铁办根据省政府的督办要求,对杭长铁路衢江段的征迁进行为期2个月的攻坚扫尾战,共拆除涉及影响高铁营运安全房屋8幢,面积3400平方米。协调相关单位部门完成首批樟潭街道高塘石村高铁拆迁安置24户拆迁农户办证工作,一并完成杭长高铁工程临时用地28公顷的复垦工作。做好区铁路资金审计工作的同时与沪昆公司沟通,做好拆迁资金的结算拨付和竣工资料的整理工作 ,收集整理拆迁农户拆迁资料164户,拆迁企业21家,全部整理归档。2014年12月10日,历时五年的建设,杭长高铁正式开通运营。杭长高铁是中国客运专线网的主骨架,是华东地区与中南、西南地区间中长距离客流主通道。随着高铁开通,衢州市地理区位优势更加明显,辐射半径500千米的"2小时经济圈"将带来更多旅游群体。商务与旅游融合发展将带动商贸、餐饮、住宿等生活性服务业发展,服务业的空间布局、项目布局,促进形成高铁通道经济的空间格局。杭长高铁开通,对衢江区是一次历史性机遇,将缩短衢江区与东西部区域间的空间距离,以点带面拉动"1~2小时交通圈"内社会经济的繁荣和发展,带来大量人流、物流、信息流的汇集,以及资金、人员和文化的快速流通,加速扩大信息、技术和资源的传播。对衢江区经济发展产生积极而深远的影响,带来巨大的经济效益和社会效益。

【衢宁铁路】 衢州至宁德铁路(简称"衢宁铁路),位于浙西南和闽东北地区,北起浙江省衢州市,正线全长约366.5千米,工程投资预估算总额307亿元, 铁路等级:国铁Ⅰ级。设计行车速度:160千米/小时。牵引种类:电力。规划运输能力:客车40对/日,货运6000万吨/年。其中衢州市境内88.379千米,在衢江区境内为23千米,沿线经过樟潭街道、高家镇、全旺镇及衢江经济开发区涉15个行政村,需征地83.2公顷,拆迁房屋面积16.4万平方米,涉及企业33家,民房103幢,预计2017年全线通车。项目建成后,将提升"三港"(海港、陆港、空港)、"两枢纽"(杭州、宁波国家级综合交通枢纽)和"一平台"(国家交通运输物流公共信息平台)功能,对改善浙西南闽东北沿线地区交通运输环境,带动沿线矿产、旅游等资源开发,促进浙西南及闽东北部地区经济社会发展具有重要意义。

(胡志刚)

城市建设投资

【概况】 为适应撤县设区建设衢江新城区的需要,衢江区政府于2002年成立国有独资的衢江区城市建设投资有限公司。2003年,成立衢江区城区建设指挥部。2004年,区城投公司并入城区建设指挥部。2007年,撤销衢江区城区建设指挥部,保留区城投公司。2008年,区土地储备中心与区城投公司合署办公。2012年9月,成立衢江区城市招商局,与区城投公司、土地储备中心合署办公。按照"深化商贸兴区、提升城市能级、繁荣城乡经济"目标,找准城市经营工作思路、发展定位,以谋划、实施好城市项目为重点，创新城市土地经营理念，推动城区快速发展。

【重大项目稳步推进】 2014年，区城投公司服务护航，重大项目建设进展顺利。东方广场、衢州新农都、新城区110千伏高压线迁改、衢州光明电子大楼等四个项目是区委区政府明确要求由城投公司负责推进的城市重点项目，力推重点，明确分工，每位班子成员带一个小组负责一个项目。转变观念，对每个项目实行全程跟踪帮办服务，主动进企业找服务，在项目审批阶段，提早告知企业审批流程和需准备的报批资料，不让企业在审批中走弯路、耗时间。1—10月，4个项目固定资产投资完成6.2987亿元，其中东方广场项目超额完成目标任务。

【部门合力强化服务】 城市项目审批程序相对复杂，报批资料多，操作流程各地又存差异，对涉及土地公开出让的城市项目，无论是否本单位招商，在土地成交后，区城投公司主动为业主出谋划策，协调区级部门采取并联审批、信息互通共享等方式，缩短报批时间，督促项目早日开工。衢州新农都项目是省重点项目，投资大，任务重，涉及历史遗留问题多，作为招商引资单位，多次对接项目业主，了解项目推进过程中的困难，帮助解决地块内杆线迁改、坟墓迁移、青苗赔偿处理等问题，为项目建设推进提供服务，该项目全面动工并有序追赶进度计划目标。新城区110千伏高压线迁改项目是区重点项目，由于衢江区范围内之前没有同类项目的实施，在项目推进过程中遇到问题较多，多次协调设计单位、市电力局运维部、省国幅中心等相关部门，推动项目实施各项工作，年内动工完成施工合同的签订，施工总包合同价为1900万元。

【衢州市首座城市综合体东方广场项目】 2011年12月29日，经公开拍卖，衢江新区A-1、B号地块国有建设用地使用权由湖州市浙北大厦有限责任公司竞得，标志着衢州市首座城市综合体东方广场项目正式落地。该项目总建筑面积约22万平方米，项目总投资15亿元，其中大型商场超市的建筑面积35000平方米，电影院放映厅建筑面积1500平方米，酒店建筑面积30000平方米。2012年5月28日，举行东方广场开工典礼暨城市招商项目推介会。东方广场汇集购物、餐饮、休闲、娱乐于一体，广场内设东方商场、中影星美国际影城、浪漫春天自助工场、真冰滑冰场、儿童体验中心等主力店，还有星巴克、必胜客、肯德基三大国际餐饮巨头入驻，更有哥弟、阿玛施等众多知名品牌亮相，满足衢州及周边地区人民“一站式”生活消费需求。

【衢州新农都批发市场落户衢江】 2013年10月23日，经公开拍卖，衢江新城区25号地块土地使用权由浙江新农都实业有限公司竞得，衢州农产品交易中心项目成功落地。该项目占地约24.67公顷，规划地上建筑面积约41万平方米，总投资约15亿元。主要建设内容为蔬菜、果品、水产、副食品、冷链仓储、特色交易、物流加工配送等批发交易以及商务办公、商务酒店、住宅等商贸综合服务。项目建成后，将成为衢州乃至四省边际的农副产品集散中心，销售范围更将辐射浙闽赣徽四省，对于促进衢州商贸流通业发展，提升四省边际中心城市影响力、辐射力具有重要作用。同时，对于规范市区两级农副产品经营市场秩序，集聚人气、提升城市品位具有促进作用。

（洪　霞）

电　力

【概况】 衢江区供电分局，主要承担衢江区域内10千伏及以下的电力生产运行管理和供电营销服务。分局下设办公室、生技(安全)科、政工科、财务组、农电工区、客服分中心、电修班、汽车班等8个本部科室(班组)。衢江供电分局供电区域覆盖19个乡镇、2个街道,514个行政村、3个社区,辖营业区总面积约为1748平方千米,直接服务客户约13.9万户,供电人口约40万人。2013年,因机构调整,衢江区供电局改组为配电设备组。

【优化配网发展】 认真做好项目规划,将项目建设资金向辐射型线路的环网改建倾斜,补强山区供电薄弱区域网架。根据全年项目计划,细化项目安排,实行"挂图"作战。细化工程过程管理,工程现场严把验收关,推行持卡验收方式和设备质量追溯制度,强化基建质量管理,确保工程"零缺陷"投产、及时收集工程项目资料和做好工程竣工决算。

【加强配网建设】 2012年,共安排20千伏及以下配网建设项目17个。重点做好芦大线、廿里双回路、百灵开关站、天湖开关站等工程及市区农村范围低压改造。开展新一轮低电压整治,着手开展廿里镇、高家镇两个中心镇及中心村电网建设改造。以新一轮农村电网改造升级为契机,积极推进新农村电气化建设,年内完成25个新农村电气化村、4个新农村电气化镇的创建工作。

【抓好用电管理】 配合区经委做好有序用电错避峰方案的编制工作。适时召开政府和企业座谈会,通报电力供需形势、有序用电错避峰方案。将节能减排和有序用电有机结合,支持能耗低和效率高的重点企业发展。充分运用科技手段,发挥用电信息采集系统的监控作用,为有序用电工作提供技术支撑。

【提升服务水平】 开展供电服务质量年活动和保障居民用电服务质量专项活动,深入实施供电服务提升工程,全力打造95598光明服务工程,建立优质服务长效机制。深化客户经理制,对接关注业扩流程进度,对500千伏安及以上用户实行领导挂钩联系,提升服务质量和工作效率。开展标准化营业厅建设,继续推行营业窗口标准化礼仪服务,提高优质服务水平。全面推广、推销电费充值卡业务。开展供电营业所客户档案室建设,全面实现高、低压客户档案的智能电子信息化管理。完成5.6万户的用电信息采集系统建设,确保客户覆盖面达到70%以上。

(曹　蕴)

信 息 业

电 信

【概况】 中国电信股份有限公司衢州分公司(以下简称衢州电信)服务衢江区的一线经营单元有衢江分局、杜泽支局、廿里支局和莲花支局,共有员工71名。2013年4月,为贯彻省公司五个融合的"一家人"理念,电信衢州分公司结合强渠强局和市场化推进等重点工作,确定全市7个支局为2013年支局"一家人"创建的标杆单位。通过团队融合、目标(利益)融合、管理融合、渠道融合、文化融合的"五融合"举措落地,务实推进支局"一家人"建设工作。衢江区莲花支局获评"2013年集团模范职工小家"称号。

【无线网络和光网建设】 在无线网络方面,衢州电信为让广大市民可以随时随地免费体验高速无线网络,配合市无线电管理委员会和各级公安机关破获多个诈骗短信群发窝点,保障公民信息安全,维护网络信息安全、稳定。衢江区在C网覆盖方面已建成160个CDMA基站,除偏远山区外,2G/3G信号都已覆盖。同时衢江区已完成298个4G基站建设,乡镇以上及平原农村已基本完成4G覆盖。在有线宽带方面,实现衢江区光宽带覆盖率96%,实现绝大部分地区能实现高速上网的需求。

【呼叫中心业务】 2012年6月,浙江省号码百事通云中心在衢州举办号码百事通中小企业产品推介会,发展讯通简易呼叫中心。针对农村百姓推出"民生365"项目,在衢州市委组织实施的"三民工程"标准化建设中,通过号码百事通"讯通"与民生服务热线及"三民工程"相结合,作为衢州市"民生365"的民情档案管理平台融入信息化建设当中,通过政府下文面向全市108个乡镇进行推广上线。2012年,衢江区21个乡镇都按此模式统一开通。

【"天网"工程】 2013年2月,衢州电信与衢州市公安局合作,启动"天网工程"项目,天网仪器工程中全市新安装"天网"工程814个摄像头,联调12个子系统和3个项目平台,并首次使用云技术部署1800 TB存储阵列。"天网工程"被评为2013年度衢州市十大亮点工程之一,进一步稳固电信在衢州信息化建设中的主力军地位。2013—2014年,完成衢江区天网工程一、二、三期项目。

【云服务平台】 2012—2014年,衢州电信为衢州市及两区政务提供指定云服务器,为政务单位服务器提供服务器租用、维护。政务云平台的建设可以对政府管理和服务职能进行精简、优化、整合,并通过信息化手段在政务云平台上实现各种业务流程办理和职能服务,为政府各级部门提供可靠的基础

IT 服务平台。衢州政务服务网(网上政务大厅)云平台将为市政务服务网、市级机关单位应用系统提供基础设施支撑。云服务平台为衢江区的6家单位提供服务,实现政府办公的精简和优化。

【天翼对讲通信系统】 2014年,衢州电信利用高速、稳定的无线网络,与衢江区应急办指挥中心合作,推出天翼对讲通信系统。天翼对讲在针对突发事件、群体事件、联合执法,重要事件的通报、现场情况信息回传等方面提高政府工作效率、保障社会稳定。天翼对讲覆盖衢江区政府所有一、二级部门,完整覆盖衢江区域,同时又能进行垂直、多层次指挥,在各个应急方面发挥重要作用。

【政务内/外网建设】 2012—2014年,衢州电信为衢江区电子政务内/外网建设维护保障。挑选专业技术人员对衢江区电子政务内外网进行专门管理及维护,确保衢江区电子政务内外网网络稳定和畅通,提升衢江区电子政务信息化水平。

【保密机网络安全】 2014年,衢州电信为衢江区提供保密机业务。电信公司是唯一国家保密局认定政府保密机提供商,采用军方技术网络制式+密钥平台,充分满足政府通信保密需求,为政府提供安全的网络通话环境。

(叶雯雯)

移　动

【概况】 中国移动浙江有限公司衢江分公司(简称衢江移动公司)成立于2012年12月,衢江分公司员工人数78人,下设市场部、政企部、网络部、综合部四个部门,各乡镇设沈家分局、廿里分局、杜泽分局、十里丰分局和上方分局5个分局及5家营业厅、220家社会合作渠道。衢江分公司以客户为中心,以市场为导向,以服务地方经济和社会发展为己任,完成各项工作任务。

【配合五水共治工作】 2012—2014年,衢江移动投身衢江区五水共治与环境治理,发挥自身力量和优势,完成衢江区规模及以上生猪养殖场的监控安装与网络连接,保证衢江在全市率先实现生猪养殖场在线实时监测。全程参与衢江集镇污水处理站环保监测的建设,提供优质的网络服务、清晰的实时画面传输和存储。

【推动乡镇平安建设】 衢江移动配合政府工作,研发平安建设支撑平台。政府相关人员通过移动“综治通”软件,即使远在千里之外也能掌握一线的实时动态,突发事件上报、实时视频传输、精准定位等一系列功能的整合,方便政府远程办公。依托移动在衢江区内丰富的移动基站资源,推出“千里眼”监控业务,山区频发的山体滑坡、危房倒塌、森林火灾、河水泛滥等事件,通过“千里眼”能得到有效预防与治理。

【发挥基础网络优势】 无线网络方面,衢江移动已建成的基站数超1000个。实现城区、高速公路(杭金衢、杭新景)、杭长高铁、国道、主要景区(天脊龙门、紫微山国家森林公园、九龙湖等)2G、4G信号连续覆盖。98%自然村2G信号覆盖,96%自然村可使用移动4G高速上网。2012年起,衢江移动推进光网络建设工作,至2014年年底,衢江移动宽带户籍覆盖数为7.5万户,户籍覆盖率为63.54%。

(王　生)

联　通

【概况】 2012—2014年,中国联合网络通信有限公司衢江区分公司(简称衢江联通),围绕“提速度、调结构、优质量、强支撑、增活力”工作主线,实施宽带装移机“无条件受理”和限时修障公开服务承诺，落实宽带“一日通”承诺制度，实行宽带24小时限时修障服务，申诉率比下降2个百分点。完成衢江区两会和抗击台风重要通信保障任务。主营业务收入比上年增长8.12%，通信服务收入增长6.3%，固定电话和宽带业务收入（不含ICT）增幅12.9%。累计投资900万元，移动网新建WCDMA基站36个、分布系统12套，室分A类楼宇覆盖率98%，3G乡镇设站率100%。接入网新增宽带端口1023个，新增小区接入4个，扩容片区6个。

【自身建设】 按照“小机关、大市场、强支撑”要求进行机构改革，所属机构从6个降至3个，精减人员5人。从市场拓展能力、盈利能力、客户感知能力、综合管理能力等6个方面，总结12类26个管理提升点，全面整改提升。压缩会议和文件数量，严控“三公”经费支出。会议数量比上年下降27%，文件简报减少10.8%，业务招待费、会议费分别比上年降低40.36%和56.44%。

【杭金衢高速数字化改造示范工程】 完成杭金衢及205国道浙江段全部位于衢州市境内，其中衢江段26.32千米。205国道（浙江段）“智慧交通”项目于2013年9月开工，建设内容包括数据中心和车辆超限超载检测系统、情报信息发布系统、视频监视、交通量检测、96266 系统延伸5大系统建设，至12月初项目竣工。该工程在交通运输部考核验收中，名列参评13个省的第二名，被列为全国公路数字化改造示范工程，并获得浙江“最美公路”称号。

【可视化“警务通”平台】 2013年2月，衢江联通与衢江区公安分局合作，承建可视化“警务通”平台。平台融合移动警务和PGIS（警用地理）技术，实现对实有人口、实有单位、实有房屋的可视化、现场化采集，依托海量信息开展基于大人员轨迹、大案件轨迹、大车辆轨迹的比对碰信息化撞等实战应用。至6月底，平台终端已普及衢江区100%的民警，有效提高民警执法办案的效率。衢江联通还与区卫生系统和教育系统加强联通数字化合作。衢江实验小学的校讯通项目平台开通运营。衢江联通遵循“共建、服务、绿色、诚信”的经营理念，扶贫帮困，支持挂靠衢江乡镇，帮助解决实际问题。参与衢江新农村信息化建设。依据品牌战略对VIP客户实施分级服务，针对3G产品和客户兴趣通过俱乐部组织特色服务，回报用户。

（梁凯明）

邮　政

【概况】 中国邮政集团公司衢州市分公司衢江分局（简称衢江分局）员工20人，负责管理樟潭邮政支局和衢江区营业所，下辖高家邮政所、闹桥代办所。秉持“人民邮政为人民”的宗旨，负责所辖范围的邮政生产经营和普遍服务。

【建设信息化村邮站】 2012—2014年，衢江分局建设村邮站45个，其中信息化村邮站25个，服务覆盖 45个行政村，在村邮站基础上叠加农村金融服务额医院门诊预约挂号服务，打造购物不出村、销售不出村、生活不出村、金融不出村、创业不不村的农村综合服务平台。2014年，衢江分局村邮站日均投递报刊、邮件48.6万件，提供便民服务4500笔，提供小额助农服务1.5万笔。

【服务农村电子商务】 根据市公司部署，扎实推进“村邮网购”平台建设，依托邮政在农村丰富的线下渠道，使村民足不出村即可享受到便利实惠的购物体验。抓好现场体验、培训指导，深入各行政村开展15场“村邮网购进农村”现场活动，手把手指导村民通过电脑、手机指导村民进行网购体验。截至2014年12月，衢江分局辖内25个村邮站为村民提供电商产品代购服务，实现代购2475笔，金额17万元。

（程　远）

城乡建设与管理

城 乡 规 划

【概况】 2012—2014年，衢江区城乡规划工作坚持以人为本、可持续发展理念，突出市区一体、城乡统筹战略，按照规划编制重质量、精细管理强服务、引领建设优时序、绿色发展促和谐的总体要求，优化新型城镇化规划服务，联动推进新型工业化和“五个衢江”建设，逐步实现市、区、镇、村“规划统筹、道路同网、信息同享、旅游同线、产业同步、市场同体、环境同治、文化同兴”。三年共完成各类规划编制974项，获得省、市优秀设计奖8项。

【规划编制】 树立和推行科学规划理念，着眼于服务衢江区发展大局，建立科学合理、层次清晰、覆盖城乡的规划体系。按照“走出去、请进来”的发展思路，通过与同济大学规划研究院、浙江大学规划研究院、华东勘察院、中国美院、北京土人景观设计院等高资质设计单位合作，邀请专家讲座、学先进理念、钻课题研究、搞创新交流等方式，提升城乡规划编制的科学性与可实施性。完善城乡规划体系。加强战略规划研究，探索新型城镇化发展方向、营造城乡风貌特色，基本完成分区规划、城乡一体化规划、城区控规、美丽乡村规划、城镇总体规划、乡规划等规划编制。深化城市设计。完成中央商务区、塔底片区、江滨景观带、一湖两岛、城区北入城口和西入城口、樟潭历史文化街区等城市设计，营造衢江新城特色亮点。完善基础设施配套。优化规划布局，完善城市功能，完成城区综合交通规划、城区排水规划、城区道路竖向及综合管线规划等专项规划，为城市治堵、城区排涝、老城更新等基础设施配套完善提供规划支撑。加大城乡统筹力度。完成10个建制镇和3个乡总规及10个建制镇控规编制。结合三改一拆、“五水共治”、美丽乡村先进县创建、美丽宜居示范村建设、古村落保护、农村综合改革以及城乡供水一体化等重点工作，加大规划指导项目实施的力度。

【规划管理】 建立和完善由规划委员会、政府常务会、部门联席会、专家评审会组成的一整套规划评审机制，形成“政府决策、规委审查、部门把关、专家咨询、社会监督”的规划管理机制。建立健全规划编制、项目规划评审动态管理、建设项目设计方案评审、项目实施全程跟踪管理、总图管理与联动工作制度，促进城乡规划管理工作有序开展。审批效能逐步优化。按照“能并不串、能简不繁”的思路，完成审批流程图及窗口办事“一本通”手册，减少内部环节，缩短办结时限。2012—2014年，共办理建设项目选址意见书84件，用地面积约176.24公顷；办理建设用地规划许可证307件，用地面积约199公顷；办理建设工程规划许可证412件，建筑面积约18.29万平方；审批农民建房7854户，建筑面积约221.48万平方米。创新管理理念，建立健全项目批后管理制度，创新管理理念，转变管理职能，为衢江的各类建设项目做好管理。

【规划服务】 按照区委、区政府的统一部署，创新规划服务机制，加强批后管理服务，实现批后管理工作从被动管理到主动服务，服务项目，保障民生，做好区域基础设施、能源、水利、交通、村级公共服务以及城市综合体、城中村改造拆迁安置工程等重点项目的选址论证、方案审查、项目许可等规划服务工作，为项目的建设提供便捷高效的服务。注重村镇规划服务，结合美丽乡村和生态家园建设，通过整合资源、特色挖掘、合力推进等做法，扎实做好农村困难家庭危房改造工作。2012—2014年，共完成4150户农村困难家庭危房改造任务，为全区困难家庭争取上级资金3112.5万元。开展省级美丽宜居示范村的申报和建设指导工作，完成全旺镇楼山后村、湖南镇破石村、云溪乡车塘村、大洲镇狮子山村、全旺镇马蹊村、峡川镇东坪村、举村乡洋坑村等7个美丽宜居示范村申报，争取省级补助资金1259万元。

【基础测绘】 完善基础测绘，为区域内各项建设提供保障。根据《浙江省测绘资质管理实施细则》，加强测绘行业管理，规范测绘市场。注重基础测绘保障，加快推进地理信息的数字化。2012—2014年，共完成地形图测绘约80平方千米。推进测绘资质管理平台应用和测绘资质单位信用信息平台应用管理。宣传《浙江省基础测绘管理办法》，编制发布衢江区地图和区域规划总图，推进"数字衢州"地理框架和"天地图·衢州"平台应用。开展"数字衢江"信息化建设，建立GPS D级控制网点，实现信息同享，融入发展，为衢江区经济社会发展提供测绘技术支持。

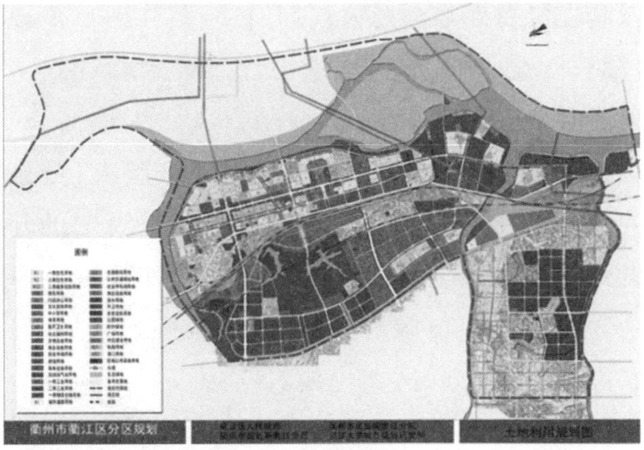

衢江区分区规划土地利用图

【《衢江区分区规划(2011—2020)》】 《衢江区分区规划》于2011年由浙江大学城市规划设计研究所修编完成。规划范围包括5个片区：江北发展片区、衢江新城区、衢江经济开发区、衢州物流园区、东扩发展备用地片区。衢江分区总建设用地总面积34.96平方千米，规划区范围72.081平方千米。规划期限：近期：2011—2015年；远期：2016—2020年。城区性质：衢州东区的中心区，衢江区的中心城区，以衢州现代化制造业、市场业和物流业等生产性服务业为产业特色的滨江宜居新城。

【《衢江区城乡一体化规划(2011—2020)》】 《衢江区城乡一体化规划》于2011年浙江大学城市规划与设计研究院编制完成。规划范围：衢江区整个行政区域范围，面积为1748.9平方千米。规划期限： 2011—2020年，其中，近期为2011—2015年，5年。规划总目标：以创新发展模式、优化城乡空间布局、提升城乡人居环境为目标，将衢江区建设成为衢州中心城区较具活力和竞争力的新型城区，使之发展成为融合良好生态、多元文化艺术、优质生活、现代产业等元素的城乡一体化区域。城乡一体化战略方针：重点发展衢江区中心城区，拉近中心区与周边各乡镇的联系，并择优发展战略重镇。

【《衢江区美丽乡村总体规划》】《衢江区美丽乡村总体规划》于2011年由浙江工业大学建筑规划设计研究院有限公司编制完成。规划简介:衢江区美丽乡村规划整体分为三个层次,分别为战略性的总体规划、以重点发展线为主的建设规划以及落实到具体发展点的村庄规划。整个规划编制以区政府为主,涉及区规划分局、区农办、区国土局、区文化局、区林业局等,协同合作,共同完成衢江区美丽乡村建设。第一层次总体规划:衢江区区域美丽乡村创建工作。第二层次建设规划:主要对总体规划确定的重点发展线进行整体定位、沿线村庄布局、产业发展限定、道路交通整治、建筑风貌引导等,打造各条线的发展主题。第三层次村庄规划:重要节点村规划,包括村域发展规划、新建居民点规划及村庄整治规划,同时提出建设投资估算。打造衢江区美丽乡村建设的亮点、精点,有效地带动全区美丽乡村创建工作。实施情况:2011年以来,衢江区以“千村示范、万村整治”工程为抓手,扎实开展美丽乡村建设,为美丽乡村先进县创建奠定坚实基础。区委、区政府先后制定出台美丽乡村创建、历史文化村保护利用、清洁河道清洁乡村、一村一品、家庭农场、生猪养殖整规等一系列政策性文件,对各项工作进行系统部署,累计投入资金15亿元以上。完成村庄环境整治318个(村规模调整前),建筑物整修粉刷108万平方米,绿化3.2万平方米,村道硬化447千米,新建卫生公厕290个,建成生态污水处理池4.2万立方米、垃圾填埋场169座、垃圾焚饶炉45座,配置垃圾收集车520辆、垃圾箱7316只,完成药黄线、廿项线、石安线、云十线等四条主干道沿线综合整治,初步形成黄坛口—药王山—天脊龙门休闲旅游风光带、廿里—湖南—乌溪江养生度假风光带、云溪—莲花的现代农业观光带和樟潭—全旺—大洲文化生态景观带,村庄环境面貌明显改善。先后创建湖南、黄坛口、全旺、大洲等一批美丽乡村示范乡镇,培育大立村、涧峰村、破石村、黄坛口村等一批省级示范中心村,建成茶坪村、华家村、和美村、洋坑村等一批独具魅力的特色精品村,基本形成具有衢江特色的美丽乡村格局。

【《衢江区村庄布点规划(2010—2020)》】《衢江区村庄布点规划》于2010年由衢州市规划设计院衢江分院编制完成。规划范围:衢江区1748平方千米,共有行政村272个,自然村约有2200个。规划期限:近期,2010—2015年;远期,2016—2020年。村庄体系布局形式:集中式、卫星式、自由式。村庄空间发展策略:(1)市域村庄空间发展策略分区。(2)不同地貌特征区域村庄空间发展策略。(3)特定地区村庄空间发展策略。村庄体系规划:(1)村庄分级,从行政范畴划分,一般城市居民点体系自上而下为中心城市、中心镇、一般镇、中心村、基层村五个层次。(2)村庄分类,在城乡地域划分基础上,依据村庄自身交通区位、资源环境以及发展特征,分为城中村、远期村、远景村、发展村、整合村、萎缩村、搬迁村等7种类型。农村人口发展规划:(1)城镇化水平分析。(2)农村人口规划。村庄布点规划:(1)村庄布点行政策略。(2)村庄布点空间策略。村改居:(1)近期规划,近期村改居共撤并13个行政村。(2)远期规划,远期村改居共撤并10个行政村。镇区:(1)近期规划,规划近期分别在上方镇、峡川镇、杜泽镇、莲花镇、高家镇、全旺镇、大洲镇、廿里镇、湖南镇各设置一镇区,共设置9个镇区。(2)远期规划,增加11个镇区,扩大镇区规模。中心村:(1)近期规划,近期中心村建设共涉及基层村62个。(2)远期规划,将接受中心村直接经济辐射的行政村逐步并入中心村,共有7个。基层村:(1)合理农作半径,规划衢江区域村庄布局以耕地经营管理半径控制在1千米左右、山区林地经营管理半径控制在4千米以内。(2)基层村规划,衢江区271个行政村按其所处位置以不同类型的行政村采取不同的措施进行撤并重组，进行合理的规划布局。村庄布局规划结果：规划近期（2015年），衢江区规划建制镇10个，乡8个，街道2个。其中，村改居13个，中心村37个，基层村196个。规划远期（2020年）衢江区规划集镇与中心村与近期一致。其中村改居23个，基层村186个。

【《衢江区单元控制性详细规划（2010—2020）》】

《衢江区单元控制性详细规划》于2012年由浙大安地建筑规划设计院编制完成。规划范围：单元控规范围东依大排渠道，西临乌溪江，南以浙赣铁路防护绿地为界，北依衢江，总规划面积1008.85公顷。规划以滨港北路、霞飞路、东迹大道为界划分为4个片区单元。1号规划管理单元，位于中心城区西侧，该单元北依衢江，南至东迹大道，西临乌溪江，东以滨港北路为界，规划面积245.16公顷；2号规划管理单元，位于中心城区中部，该单元北依衢江，南至东迹大道，西至滨港北路，东以霞飞路为界，规划面积219.21公顷；3号规划管理单元，位于中心城区东侧，该单元北至衢江，西至霞飞路，东依大排渠道，南以浙赣铁路防护绿地为界，规划面积423.07公顷；4号规划管理单元，位于中心城区南侧，该单元西依乌溪江，南至浙赣铁路防护绿地，北至东迹大道，东临霞飞路，规划面积121.44公顷。规划定位：确定规划区定位为衢江分区中心城区的组成部分、生态和谐的现代生活功能组团。规划结构：“一心、两带、两江、一组团”。“一心”，即以市民广场为核心的中心区，由衢江区行政中心、各局行政办公区、商业金融商务中心、文化综合中心、中小企业总部基地等组成。“两带”，指结合城区片状结构的两条绿化带，由衢江、乌溪江江滨绿地与湿地组成的绿带和浙赣铁路沿线防护林带形成的东西向绿色生态廊道。“两江”，指衢江分区内两个重要的水系——衢江和乌溪江。“一组团”，作为分区发展核心的沿衢江带状展开的衢江中心城组团。交通设施规划：衢江分区规划以城市主干道东迹大道、信安大道、滨港路、百灵路为骨架，形成以方格网为基础，功能明确，分级合理的城市道路网系统。规划道路交通用地47.12公顷，占总建设用地19.22%。

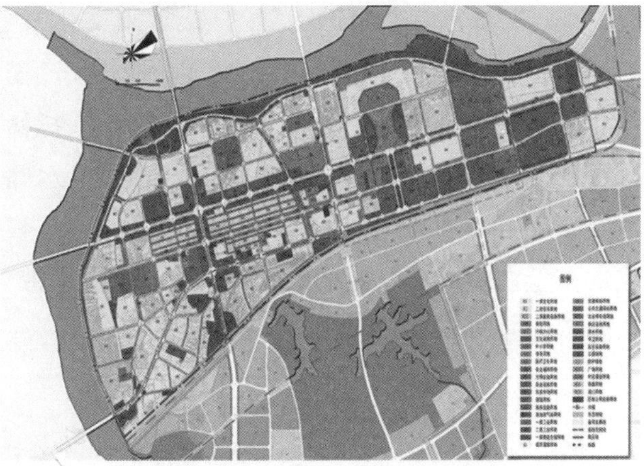

衢江区单元控规区域用地规划图

【《衢江区滨江概念规划、重点地块城市设计及景观带设计》】 《衢江区滨江概念规划、重点地块城市设计及景观带设计》于2012年由雅克设计有限公司编制完成。规划范围：概念规划范围东至208县道，南至衢江南沿江一到两个街区，西至信安湖，北至程家山村，总面积约为18.49平方千米。规划区以衢江为带，形成三大区块，分别为江南区块、江中区块和江北区块。江北区块：衢江岸线以北，依托高速公路互通口区位优势和用地条件，推进跨江发展。江中区块：以三个江中沙洲为主体，形成衢江江心洲休闲度假区。江南区块：衢江岸线以南区块，为衢江区核心区块的组成部分。规划总用地面积1849.36平方千米，其中建设用地面积为1477.98平方千米，占总用地面积的85.43%。规划结构：“一江两带，一心九片”。“一江”即衢江，是整个片区开放空间的核心骨架；“两带”指衢江南北两条绿化景观带；“一心”指以一湖两道为核心的生态乐活岛；“九片”指沿衢江两岸的九个功能片区，分别为创意智慧湾功能片区、夕阳苑功能片区、康体谷功能片区、浪漫园功能片区、游乐湾功能片区、樟潭埠功能片区、政务台功能片区、旅游服务片区和物流港服务片区。交通设施规划:完善江南片区的交通网,通过主干道与江北片区组合,形成三横六纵的交通网。文化旅游规划:以各个功能节点的特色为出发点,塑造各自的节庆空间,分别为信安湖年货展销节、重阳文化节、养生文化节、衢江相亲会、信安湖美食文化节、衢江文化宣传周、国庆文化周、国际涂鸦节,依托樟潭古埠和夕阳苑定期举办龙舟赛,同时形成水路两个层面的旅游交通线路。景观带设计方案:景观带东至白灵北路,西至东迹大桥的沿江绿化带,总面积为28.66平方千米。

江滨景观带城市设计规划总图

【《衢江新城中央商务区城市设计》】 《衢江新城中央商务区城市设计》于2012年由浙江工业大学建筑规划设计研究院有限公司编制完成。设计范围:第一层次,以中央商务区2.2平方千米范围作为主要研究对象的风貌协调区,北至江滨东路,南到东迹大道,东至百灵路,西至霞飞路;第二层次,位于新城核心区内,北至府前路、南至东迹大道、东西分别到规划道路,总用地面积约53.61公顷。衢江新区总体定位:衢江区的行政中心、以衢州现代化制造业、生产服务业、市场业为特色的宜居滨江新城。衢江新区发展定位:根据衢江新区自然环境特征,张扬中心区个性,赋予时代内涵,凸显城市文化底蕴,力图塑造具有活力、高效、绿色、诗化的城市新区形象,体现城市性格。规划结构:“两心一带、两轴五区”。“两心”,即公建核心,景观核心。“一带”,为江滨景观带。“两轴”,即道路景观轴,建筑景观轴。“五区”,即三个居住片区、一个行政办公区和一个商业服务区。城市设计目标:核心区集中规划衢江分区的区域性功能,配合衢江新区中央商务区的建设合理布局市民活动、文化休闲、酒店服务、商贸金融等功能。通过城区优势资源整合,以期实现对衢江新区全面的城市形象和城市品牌的塑造。

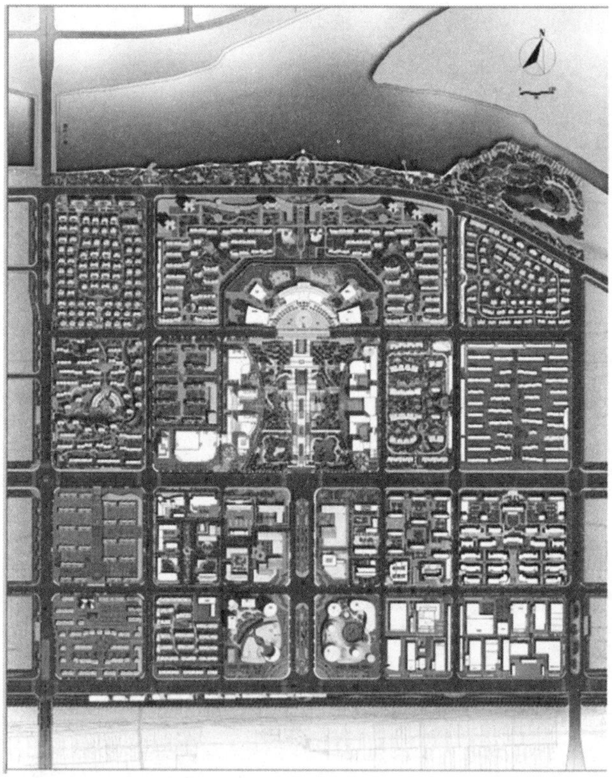

衢江新城中央商务区城市设计总图

(叶金友　杨　宇)

城乡建设

【概况】 2012—2014年,衢江区住建局围绕区委、区政府中心工作,完成每年年度各项目标任务。区城中村改造2012年全面铺开,至2014年年底,城中村改造融资16亿元(其中2014年10.4亿元),破解融资建设难,创历史纪录。城市基础设施投资持续扩大,三年投资年均增长20%以上。全面完成霞飞路以西建成区块污(雨)水管网改造和路面工程。2012年,举办首届房交会。先后获2012年度省住房保障工作先进单位、浙江省城市市容环境卫生工作先进集体、衢州市2010—2012创先争优先进基层党组织、全市安全生产工作先进集体。2014年,获全省保障性安居工程建设实绩突出集体、市局安全生产考核优秀、衢州市2014年度治理城市交通拥堵工作先进集体、衢州市市容环卫先进集体,区级综合考核一等奖、招商引资考核一等奖、区政府通报表彰。

【市政道路建设】 霞飞路以西老城区块实施污(雨)水管网改造工程和路面续建工程,该项目涉及"四横"(振兴西路、商锦路、大桥路、仙岩路)"五巷"(振兴一巷、二巷、三巷、东迹一巷、二巷)"六纵"(梅林路、丹桂路、通江路、通浦路、茶苑路、兴丰路)共15条道路,概算总投资1.2亿元。完成振兴一、二、三巷,仙岩路等4条道路的管网改造和沥青路面浇筑,以上15条道路全部建成,于2014年10月底交付使用。城中村改造区块市政道路工程包括"四纵四横"新建城市道路,"四纵"(通江路、通浦路、茶苑路、开元路)"四横"(信安大道、求知路、康宁路、江滨路),项目概算总投资3.62亿元,2014年计划投资7800万元,开工建设江滨西路、信安中路、茶苑路,建成通浦路、求知路,同时完成信安西路、江滨中路和开元路等项目前期。至2014年年底,江滨西路开工建设,信安中路主车道基本完成。新城区部分支路工程包括东方东路、东方西路、霞飞路北段、江滨东路西段等4条6段道路,总投资2160万元。2014年,计划投资1000万元完成东方东路南段、东方西路南段,并开工建设霞飞路和江滨东路接线。同年年底,东方东路南段、东方西路南段通过竣工验收交付使用。霞飞路与江滨东路接线完成招标工作。仙岩路、航民路改造工程两条道路概算投资1600万元。2014年,投资500万元并开工建设,同年底,完成航民路和仙岩路(檀香山庄段)施工图设计;百灵北路以东区块道路与管线工程包括振兴东路、江滨东路、信安大道等6条道路,道路总长5.87千米,概算总投资10361万元。2014年为争取世行贷款余额,将其中的江滨东路和芳桂北路打捆作为新项目重新报批并获得世行及区政府批准,从世行贷款500万美元。

【完善公共设施】 2012—2014年,担负城区120万平方米的保洁和垃圾清运任务,完成乡镇中转站垃圾清运工作,总计清运处置生活垃圾9万吨,清运建筑垃圾杂草达3万吨。抓好城区垃圾中转站及公厕、垃圾桶、果壳箱的日常维修管理,建立健全中转站、公厕操作规范和管理制度,合理布局沿街垃圾桶、果壳箱的设置。新置垃圾桶880只,果壳箱700只,更新垃圾桶400只,基本满足城区沿街居民垃圾投放需求,城区生活垃圾无害化处理率100%。

【提升园林绿化】 加强公园、道路绿地日常养护管理,推进各项园林绿化工作的有效开展。实施金山公园改造提升工程,该项目计划总投资1500万元,进行景观改造提升,配套建设公厕及管理用房。实施城区已收储未出让地块"荒改绿"工程。分期实施衢江城区现有已收储未出让地块"荒改绿"项目,解决未出让地块脏、乱、差等现象。启动第一批14—2地块和C地块共12.4公顷"荒改绿"工作,计划投资99万元,至2014年年底,14—2地块已完工,形成"五水共治"下沉式草坪景观。投资243万元,完成衢江区道路(信安大道、霞飞路)绿化整治工程,种植灌木3500平方米,桂花50株。完成城区道路时令草花种植,草花面积708平方米,四季更换;完成城东污水处理厂二期地块绿化种植工程,共种植桂花199株;完成霞飞路以西地块道路绿化种植,种植黄山栾树、香樟700株。衢江区中心公园规划总面积23.04公顷,根据设计区块分为A、B、C三个区,其中A区(区政府后花园)6.33公顷,B区(市民公园)9.71公顷,C区(江城大道)7公顷。按照"一次设计、分步实施,先绿化、后功能"建设思路,陆续实施各区块土方、车行道、部分铺装、部分园路、绿化、公厕等大小17项工程,完成投资3600万元。至2012年,按原设计图纸,A区、C区基本建成,B区即原市民公园的叠翠园、绿荫园、百花园以及希望园四个主题公园的绿化种植基本完成。

【助推"五水共治"】 区住建局成立"五水共治"共建生态家园领导小组。利用世行贷款建设投资1.2亿元的衢州市城东污水厂联动试车,结束衢江无城市污水处理厂的历史。以镇级污水处理厂建设改造提升、提标、提质为突破口,图表卡册资料台账全部到位以利督查检查。建设运营并重,污水处理第三方托管。在全市率先实行捆绑委托第三方运行管理的集镇污水处理运维托管新模式,利用第三方公司在"区政府—住建局—建制镇"之间串起集镇污水处理"点、线、面"一体化运维格局。通过建立季度联合督考机制,对污水处理站日常运维进行不定期抽查、暗访,每季度对托管费用进行核实,形成对托管各方"责、权、利"的有效制约,仅2014年上半年就按合同和实际管理情况核减不合格报账约3万元。通过建立托管公司日常运行管理台账制度和政府暗访与投诉机制。

2014年,牵头完成浙江省度污水处理基础设施建设专项资金申报,有13个工程项目符合专项资金的申报要求。编制完成"五水共治"项目库。强化镇级污水处理设施管网建设和运行管理。改造湖南镇污水处理站;提升廿里、大洲、全旺、上方污水处理设施。至年底,全部达到国家一级A的排放标准。抓好集镇管网配套设计建设。同期,污水管网完成70千米;新建雨水管网5千米、提标改造3千米、雨污分流改造5千米;完成新建供水管网5千米,改造18千米。24个集镇村支管网设计图纸均要求村干部全程参与,村两委及村民代表大会通过,设计费与施工图可实施性挂钩。推进城中村改造区块雨水管网和排水箱涵建设,完成茶苑路、排水箱涵等排涝主通道建设,消除易淹易涝片区和严重内涝灾害现象,有效应对20年一遇的暴雨。编制衢江区排水专项规划,至2014年年底完成专项规划初稿。配合市水业集团加强以水质安全为核心的供水运营监管,确保城镇供水安全。通过摆放展板、发放宣传手册、电子流动字幕等形式,向樟潭街道三个社区居民宣传节水知识,增强全民节水意识。2014年8月,全市集镇污水处理现场会在衢江区召开。

【推进城中村改造】 2012年,实施城中村改造工程,计划通过五年时间,对城区规划用地范围内四个城中村分期实施联片改造。区委区政府成立城中村改造指挥部,区长任总指挥,指挥部下设"一办两中心"。8个工作小组深入樟树潭村、茶埠村、卢家村、沈家村完成1597户,面积总计33.5万平方米的农户房调查摸底工作。同年12月,建筑面积14.3万平方米,概算投资4.6亿元的新屋里安置小区一期工程开工建设。城中村改造征收安置全面实施,共拆除房屋13.11万平方米,征收率99.73%,其中第二期仅40天签约率、腾空率、拆除率三个100%。首创"房票"安置,扩宽安置渠道。被征收人可自主在衢江城区范围内列入房地产监管的20家商品房住宅小区选房,区城改办按被征收人享受产权调换的安置面积,发给被征收人相应面积的"房票"。"房票"可用于抵扣购房款,并允许在被征收人之间调剂使用。售房单位凭购房协议、"房票"与区城改办办理"房票"兑现相关业务。"房票"安置办法受到被征收户的欢迎,助推城中村整体改造工作的进度，又消化存量房，得到市委、市政府肯定，相关“房票”经验及做法已在全市范围内推广。首推BT模式，推进安置小区建设。采用BT模式实施阳光新屋里和龙潭嘉苑两个安置小区建设。

2014年8月，龙潭嘉苑小区开工建设。首建“选房超市”，提供一站式便民服务，利用闲置厂房改造1000多平方米的“选房超市”，邀请符合条件的15家本区房产企业和部分房产中介机构入驻，为被征收户选房、安置提供一站式服务。制作阳光新屋里小区和龙潭嘉苑小区的三维动画宣传片。同年，省委书记夏宝龙、省长李强分别视察城中村改造“选房超市”，充分肯定衢江区城中村改造工作。

【房地产业稳步有序】 2012—2014年，全年完成房地产开发面积451.85万平方米，投资38.42亿元，商品房住宅备案5039套，面积54.96万平方米，成交均价5218元/平方米；营业房备案781间，面积5.09万平方米，成交均价11717元/平方米；写字楼备案299间，面积2.47万平方米，成交均价5407元/平方米，酒店备案1幢，0.6万平方米，成交均价4000元/平方米。二手房销售5221套，销售面积62.06万平方米，成交均价3391元/平方米。

【建筑业持续发展】 2012—2014年，完成建筑业总产值156.14亿元，平均增幅17.2%，其中，省外产值完成42.96亿元，增幅10.06%。建筑业结构调整初显成效，基本形成以总承包企业为龙头、专业承包和劳务分包企业为依托的建筑业结构体系。全区有建筑业企业55家，2014年新增建筑业企业4家，其中，2家施工总承包企业，2家专业承包企业。建筑业企业外拓市场势头良好，鼓励本地建筑业企业到其他省市承揽工程。企业有在新疆、青海等地办理备案，承揽工程业务，还有企业在本省诸暨、桐庐、富阳、温州等地承接开拓施工业务。建筑业企业行业管理加强，组织建筑业企业参与市里相关荣誉的推荐评审，有3家企业获2013年衢州市建筑业骨干企业。

【建设工程质量】 2012—2014年，在建工程监督425项，建筑面积445.9万平方米。区住建局将工程质量控制作为工作重点，规范开展各类建筑材料结构试验，定期不定期组织各类质量安全大检查，通过加强日常监管，健全质量统计分析制度，促进质量安全管理工作制度化、规范化。

【城市管理质量】 2014年，率先探索公厕“民办公助”新模式。对城区范围内的公厕及沿街商业服务单位、加油站、宾馆饭店等民办厕所进行调查摸底，探索政府提供财政补助，业主对外免费开放“民办公助”公厕运行新模式，从而有效解决市民如厕难问题。按照城区公共厕所标准要求对外开放，设置公厕标志、标识牌，配备专职保洁人员，添置卫生保洁工具，卫生保洁制度张贴上墙。公厕管理新模式，为政府节约城市基础设施建设的资金投入。

【行政服务效能】 2014年6月，开创“四证联办”审批服务新模式。牵头联系地税、国土和民政三个部门在住建窗口专门设立“房、地、契、牌”四证联办服务专窗，由住建一个窗口对外，负责一次性告知、集中受理、内部流转、缴费确认和统一发证，形成“一窗式”的审批服务新模式。二手房交易、个人类商品房转移登记、夫妻间房产转移登记的办理流程需10个工作日，办事对象要跑4趟以上。实行四证联办后，只需住建一个窗口申办，一次到行政服务中心就可以办好手续、领取证件，办理时间缩短90%。

（毛阳斐）

综合行政执法

【概况】 衢州市综合行政执法局衢江分局成立于2005年8月18日。2013年10月,全市综合行政执法进行新一轮的体制机制改革,衢州市综合行政执法局衢江分局作为衢州市综合行政执法局的派出机构之一,下设办公室、法制科,下辖樟潭、浮石、廿里、高家、上方5个执法大队,人员编制由25名增加到73名。2014年9月,增设乌溪江大队,增核综合执法专项编制4名。2012—2014年,衢江分局,先后获评依法行政、国家卫生城市管理、"三改一拆"专项行动工作先进单位。

【城乡规划执法】 2012—2014年,共办理各类行政处罚案件175件,其中一般程序案件42件,简易程序案件133件,办结率98.28%。实施各类执法行为5000余起,查处城区违法建设行为245起,分别制发《限期整改通知书》《停建通知书》34份和211份。拆除城市规划区内违法建设72起,面积41907平方米。落实《中华人民共和国城乡规划法》和《浙江省城乡规划条例》规定,抓好城乡规划实施中的监督、检查和违法现象的查处工作。重点建立城市规控区范围内"两违"防控制度,完善部门联动机制,确保违法建设"早发现、早注重、早拆除,"依法全面履行综合执法职能。

【市容市貌管理】 2012—2014年,发放各类宣传资料30000余份,劝导和纠正人行道上乱停放车辆行为18700余起,取缔和规范占道经营3890余处,拆除不规范广告(灯箱)2651块(个),清理各类横幅486条,教育纠正人处罚不按规定运输渣土车200余辆。按照创建国家卫生城市"整洁、规范、有序"的要求,围绕"提高城市品位,促进城市和谐发展,塑造衢江城区亮点"的城市管理工作主题,以打造新型城市形象,创造良好城市发展新环境为目标,致力夯实基础,稳步推进,锐意创新,坚持依法行政、文明执法,推进综合行政执法试点工作深入开展。

【依法行政执法】 2012—2014年,依法履行行政执法职责,破解城区管理乱象难题,推进城市管理秩序化,结合食品安全、治堵、治污等工作,在衢江城区建立"朝夕"整治、定期巡查以及不定时检查制度,环境综合整治效果明显。按照"宣传教育、联合整治、常态管理"三个步骤,重点整治振兴中路、振兴西路和府前路,使倚门经营、占道经营、流动经营等现象得到有效遏制。实施城市美容工程,引入市场化清除乱贴乱画运作机制,清除城市"牛皮癣",开展"抛冒滴漏""户外广告"等专项整治,营造整洁优美的城区环境。探索综合执法新运行模式,基层执法大队长进冠名乡镇(街道)党委(党工委)班子,发挥基层执法大队的职能作用,实用综合执法与当地中心工作对接,推动管理向乡镇延伸,实现综合行政执法工作全覆盖。6个大队配合辖区内乡镇(街道)党委(党工委)、政府开展集镇管理,为文明集镇建设提供保障,推进文明集镇建设,所做工作得到乡镇党委、政府充分肯定。

(包蓓丽)

环境保护

【概况】 2012—2014年，衢江区环境保护分局落实市委“打造生态屏障 建设幸福衢州”的要求，抓好“治水”“治气”“减排”等方面工作，全区生态环境质量明显改善。累计投入资金17800万元，用于“三河”治理，落实长效管护河道198千米。共创建国家级生态乡镇7个、省级生态乡镇16个、市区级生态村187个。

【水环境治理】 2012—2014年，以共建生态家园为契机，推进“三河”（黑河、臭河、垃圾河）治理。以乌溪江饮用水源地和信安湖、铜山源流域为整治重点，对流域内的畜禽养殖、灯光诱捕、网箱养殖、玻璃拉丝企业、旅游业、农家乐等进行专项整治。共整治养殖户2155户，拆除猪舍面积189632平方米，拆除猪栏面积84698平方米，减少能繁母猪6163头。拆除灯光诱捕设施97户，18523平方米。拆除网箱养殖76户，6700平方米。关停库区玻璃拉丝企业13 家。对铜山源流域沿线13家企业进行整治，确保区域水质安全。

【大气污染防治】 围绕《衢江区大气污染防治实施计划》，完成“六大行业”（印染、制革、化工、造纸、电镀、铅酸蓄电池）整治，关停13家不符合整治要求的企业（生产车间），完成整治验收企业27家。上方镇石灰钙行业整治不断深化。93座石灰土窑已全部关停到位，71家灰钙企业已关停67家，剩余4家已完成整治提升。制定《衢江区峡川镇工业功能区落实环保要求实施停园整治工作方案》，对园内15家企业，关停4家，责令停止建设1家，停产整改10家。结合化工企业整治提升，重点开展浙江圣效公司、浙江大域实业公司VOCs治理，组织开展涂料行业VOCs排放情况调查，有2家企业按要求配套活性炭吸附装置。浙江豪龙公司已完成水泥窑脱硝设施建设和粉尘治理设施的改造。衢州业盛金属材料有限公司完成3台熔炼炉除尘设施改造。加快督促浙江仙鹤公司开展完成2台35蒸吨/时燃煤链条锅炉和1台35蒸吨流化床燃煤锅炉除尘设施改造。

大气质量检测

【污染减排】 2012—2014年，区环保分局重点抓减排项目，完成减排任务。实施减排项目112个，其中工业项目 36个、农业项目50个、生活项目26个，并以责任书形式分解落实到具体单位和企业。多次召开污水处理设施建设工作推进会，对减排项目开展定期督查，豪龙水泥厂脱硝工程方案已制定，结构调整的5家企业均已关停到位。严格总量替代措施，审批各类建设项目337个，其中环境影响评价报告书25个，环境影响评价报告表108个，环境影响评价登记表120个，现状调查报告5个，环评执行率和“三同时”执行率均为100%。所有新建、改建项目按照总量替代方案对新增污染物实行总量替代，确保增产不增污。建立完善台账管理，做好每个减排项目的支撑材料的收集整理和编制，及时上报污染减排报表、减排形势分析报告。2014年，创新开展排污权有偿使用和交易工作。全年共有浙江宏普轮鼓制造有限公司、浙江海力集团有限公司等30家企业交纳排污权有偿使用费559.64万元。

【基础设施建设】 加快截污纳管工程建设，提升乡镇工业功能区基础设施，2014年，衢江区日处理能力5万吨的城东污水处理厂已投入运行，日处理能力7000吨的沈家经济开发区污水处理厂提标改造工程已完工，上方、廿里、峡川等10个建制镇集中式污水处理设施投入使用。廿里工业区到市高新园区污水管网建设项目已建设完成，大洲工业功能区污水处理基础设施建设项目已开工建设，路基建设，铺设管网，衢江区污水集中处理率有效提升。

衢江区沈家经济开发区污水处理厂

【绿色创建】 2012—2014年，区环保分局以生态教育短信、环保倡议书、环境教育普及课、环保知识竞赛、社区讲座等形式，向群众宣传法律、法规和环保知识。共创省级绿色学校13所、省级绿色家庭17个、省级绿色企业7家、省级绿色社区2个、省级绿色矿山1家、省级绿色饭店1家。与团委、妇联、学校等部门联合，开展文艺演出、通过环保征文、生态运动会、以“6·5”世界环境日为契机，开展“6·5”世界环境日万人签名活动和组织环保志愿者服务日等一系列环保宣传活动，倡导生态低碳方式，发动广大群众参与生态文明建设，提高生态文明宣传普及率。组织1200名青少年开展少儿环保游园活动，发放绿色环保购物袋1500份。组织干部职工和企业代表90人开展衢江区环保法暨排污申报培训会议。共发放环保手册8800册、环保宣传用品6万个，生态文明宣传普及率100%。

【环境执法】 深化执法机制创新，推行执法快速反应、快速处置机制、环境安全隐患定期分析机制、24小时举报受理制度、环保公安联动执法机制等五项制度。健全完善环境应急预案，开展环境应急演练，强化环境动态管理、日常管理、应急管理，维护环境。2012年，共立案查处环境违法企业14家，已下达处罚文书的企业13家，处罚金额80.5万元，个案处罚额度5.7万元。联合工商部门、安监、电力等部门取缔违法建设项目16个。2013年，出动检查人员800人次，检查企业260家次，对浙江圣林机械有限公司等17家企业进行立案查处，处罚额达120万元。2014年，继续坚持“零容忍”执法，对各类环保隐患排查，共出动执法人员

324人次，检查企业135家。定期巡查10次，检查企业109家。先后对21起环境违法行为进行立案查处，立案拟处罚金额180万元，移送公安3起，有效保障本区环境安全。

查封企业

【处理环保信访】 对涉及环保的各类信访纠纷进行妥善化解。2012年，衢江分局受理的环境信访、投诉62件，其中上级交办信访件12件，网上投诉件16件，衢江分局直接受理信访投诉34件。2013年，共接到各类投诉82件，其中上级交办信访件18件，网上投诉件22件，衢江分局直接受理信访投诉42件。2014年，共接到各类投诉93件，其中上级交办信访件19件，网上投诉件28件，衢江分局直接受理信访投诉46件。信访数量同比增加29%、32%、13%，衢江区未发生因环境问题引发大的环境突发事件和群体性事件，信访投诉均按规定时限办结。

（叶 蕾）

五 水 共 治

【概况】 2013年10月，衢江区政府成立"五水共治"共建生态家园办公室（简称治水办），负责开展以治污水、防洪水、排涝水、保供水、抓节水为主要内容的"五水共治"共建生态家园行动。2014年2月，成立衢江区推进"五水共治"共建生态家园工作领导小组，设立区五水共治办公室，抽调人员进行集中办公，下设综合组、信息组、督查组、业务指导三个组。2013—2014年，衢江区治水办围绕"一年治黑臭、两年可游泳、三年成风景"总要求，以治污水为重点，开展农村"双治"、（生猪）养殖整规、"三河"整治、（工业）污染治理等工作。2014年7月16日，省委书记夏宝龙调研指导衢江区"五水共治"工作。同年10月，全区完成黑臭河整治工作，11月，全区11条黑臭河通过市级验收。廿里镇被评为省"五水共治"先进集体，区治水办被评为市"五水共治"先进集体。

2012年7月8日，省督导组督查"五水共治"档案工作

【实施河长制】 出台《关于全面实施"河长制"进一步加强水环境综合治理工作实施意见》，按照"属地管理、各司其职、各负其责"原则，确定区、乡、村三级"河长"411名，10 位区领导分别担任10 条主要河流的"总河长"，实现区内河流"河长"全覆盖。制定《衢江区"河长制"工作手册》，以"河长日志"为抓手，落实区级河长不少于半月一次、乡级河长不少于每旬一次、村级河长不少于每周一次的河长巡河频率，并依托智慧环保平台，给河长配备巡河记录仪，全程记录河长巡河过程，确保河长巡河落实到位。

【乌溪江饮用水源环境综合整治】 2013年，区委、区政府统筹资金4166 万元，启动乌溪江饮用水源环境综合整治。实施生猪"库区禁养"工程，关停生猪养殖场（户）1218户，拆除猪舍（猪栏）面积

衢江区区级河长公示牌

15.6万平方米，削减能繁母猪3351头、处理商品猪36862头。开展库区渔业整治，取缔养鱼网箱390只，面积21700平方米；灯光诱捕446只，面积38100平方米。关停水源地有污染的工业企业，共关停造纸厂5家，玻璃拉丝企业13家，拆除玻璃拉丝机918台。筹措资金200万元，在湖南镇建成全市第一座全动力乡镇生活污水处理站，日处理生活污水300吨。建成库区乡镇9个村的湿地处理工程，所有污水按一级A标准要求达标排放。经第三方瑞士SGS公司的环评检测，乌溪江饮用水源29项指标均优于国家一类水标准，同时也优于WHO（世界卫生组织）和EPA（美国环境署）饮用水的水质标准，成为华东地区最优质的一级地表水。

【铜山源入库水质提升】 2014年4月，成立由区政府主要领导任组长的铜山源流域生猪整规工作领导小组，制定《铜山溪流域禁养区内生猪养殖污染专项整治实施方案》，整合财政资金6000万元用于生猪整规补助，拆除养殖场户4482家，削减能繁母猪10133头、存栏商品猪115248头，拆除养殖设施用房面积37.34万平方米。同年10月，经环保部门抽样水质检测，铜山溪入库水质由原来的Ⅴ类水提升至Ⅱ类、出库水质由劣Ⅴ类提升至Ⅳ类。

【选派生态指导员】 2013年10月，衢江区选派272名生态指导员到联系村开展调查摸底和水环境整治工作，组织和动员广大干部群众推进“五水共治”共建生态家园行动。

【“浙江—衢江今夏千人亲水游”系列活动】 2014年7月30日，“浙江—衢江今夏千人亲水游”系列活动开幕式在上山溪大洲镇横堰段举行。吴江平、赖瑞洪等区领导与300名机关干部、游泳爱好者参加此次活动。

（汪雪俊）

国土资源管理

【概况】 2012—2014年，衢江国土分局围绕区委区政府中心工作，以“保发展、保红线、保民生”为目标，深入开展土地利用规划、耕地保护、土地执法、阳光国土建设、矿产资源管理、地质灾害防治等工作，为全区经济社会稳定和可持续发展提供保障，为全区土地资源开发利用做出贡献。2013年，衢江区被省委、省政府评为全省“百万”造地保障工程建设先进集体。

2012年全区国土资源工作会议

【土地规划管理】 根据国土资源部办公厅《关于浙江省低丘缓坡未利用土地试点工作方案的复函》（国土资厅函〔2011〕1183号）文件，国土资源部正式批准浙江省试点工作方案。2012年，为确保衢江区低丘缓坡综合开发利用试点工作推进，完成樟潭街道、高家镇、廿里镇土地利用总体规划实施评估和规划修改工作。2013年，全面开展土地利用总体规划定期评估工作，主要对全区土地规划执行情况、土地规划与未来发展的适应程度等进行评估，提出结论和相关建议措施。2014年，全面完成永久性基本农田划定和土地利用总体规划修编和调整完善，使调整完善后的规划达到上级下达的各项控制要求，最大限度地满足衢江区经济社会发展的用地需求。

【耕地保护】 建立健全党委领导、政府负责、部门协同、公众参与、上下联动的耕地保护共同责任机制和领导干部耕地保护责任履行情况审计制度，耕地保护责任得到有效落实。完善出台《衢江区表土利用工作实施办法》《衢江区农村村民建房管理办法》等文件，推动土地有序管理和合理利用。认真落实《衢州市耕地保护目标管理责任书》要求，完善区、乡、村三级耕地保护责任制考核内容，层层签订耕地保护目标责任书，健全"一把手"负总责的耕地保护责任制，将耕地保护纳入全区综合争先考核一票否决内容。2012—2014年，全面落实耕地占补平衡，用地报批总面积886.67公顷，其中新增建设用地766.67公顷(含耕地300公顷)，补充耕地与依法批准非农建设占用耕地面积相平衡，补充耕地的数量、质量均达到要求。

【用地保障】 2012—2014年，加强用地报批，全区完成用地报批556.73公顷，保障重点项目要素需求；推进项目征地，严格执行阳光征地拆迁，保障群众合法利益，完成项目征地851.4公顷。组织土地供应，规范土地市场建设，三年共招、拍、挂出让工业、商业、旅游和商品住宅等经营性用地142宗，面积136.55公顷。收缴土地出让金10亿元。

【土地执法】 按照"预防为主，防止和查处相结合的方针"，全面落实动态巡查责任制，将区政府组织的专项督查和各乡镇(街道)巡查制止小分队的自主巡查有机结合，重点对基本农田保护区、城乡接合部、溪滩河流、矿山开采、卫片执法检查遥感疑似违法图斑等区域、部位实行动态巡查，做到全方位、全覆盖。2012—2014年，共组织巡查1万余人次，依法查处土地资源违法案件84件，面积15.35公顷，罚没款268.08万元，拆除74宗，建筑面积4.64万平方米，执法检查违法占用耕地比例每年都保持在个位数，顺利通过验收。加强国土资源政策法规宣传，以文化大篷车、图片展览、登报专版等形式，开展普法宣传活动。2014年，启动"一户多宅"整治工作，按照先易后难、试点先行、逐步推进的原则，开展"无违建村"创建和"一户多宅"整治试点，全年共完成"一户多宅"整治2185宗、30.81万平方米。

【节约集约用地】 严格执行"365"节地行动计划，全面完成国土资源节约集约模范县(市)创建达标活动。2012年，专门开展批而未用土地清理专项行动，对1999年以来全区所有批而未用土地进行梳理清查，逐宗研究处置措施，加大盘活力度，全年共消化批而未用土地176.67公顷，盘活存量土地25.27公顷。2014年，根据《衢州市城镇低效用地再开发工作方案》要求，对全区城镇低效用地进行调查摸底，建立城镇低效用地二次再开发数据库，全区共确认低效用地面积222.13公顷，并逐宗逐地开展处置。

【涉土信访】 全面深化信访工作制度，切实加大对涉土信访的排查和化解力度，提高信访办理的效率和质量，落实初信初访"两见面一到场"制度，推行包案化解，切实做到把问题及时化解在萌芽状态，确保社会和谐稳定。2012—2014年，全区涉土信访总量为396批/624人次，其中重要信访报结率达100%，一般信访报结率95%以上，全面化解省厅交办的涉土信访积案2件，三年来未发生重大群体涉土信访案件。

【阳光国土工程】 2012年起，相继完成阳光征地拆迁、阳光规划、阳光执法和阳光矿政工程建设，公开办事依据、程序、时限、结果、纪律，向群众发放办事指南，接受社会监督，打造公开、公正、高效、便民的"阳光国土工程"。开展简政放权工作，对涉及国土部门所有审批管理事项进行全面梳理调整，压缩审批事项31%，整理编入《衢江区国土资源行政权力事项汇编》，按照"一个窗口对外、一站式服务、一条龙审批"理念，实现土地登记流水线办理，单件办理效率提高50%以上。

【地籍管理】 推进地籍管理信息化建设。2013年，对地籍管理信息系统进行全面改造升级，组织开展衢江区集镇村庄约22平方千米数字地籍调查和衢江城区9平方千米1:500城镇数字地籍调查更新工作。2014年，组织开展历年土地登记档案检查清理，按照清理规范，进行数字化扫描，修改完善数据库，建立土地登记档案历史关联，实现地籍管理信息资源全面整合。

做好年度土地变更调查工作。根据社会发展和经济建设的需要，在第二次土地调查基础上完成。2010—2014年，开展土地利用现状变更调查。2014年，更新土地利用现状基础图件和数据库成果，衢江区区域总面积为174753.44公顷，其中耕地面积为29297.23公顷、园地面积为18025.28公顷、林地面积为100139.55公顷、草地面积为1526.54公顷、城镇村及工矿用地面积为11246.07公顷、交通运输用地面积为2700.70公顷、水域及水利设施用地面积为9463.56公顷、其他土地面积为2354.51公顷。为衢江区因地制宜制订国民经济和社会发展规划提供重要依据。

【地质灾害防治】 衢江区地质环境条件复杂，是全省48个防治崩塌、滑坡、泥石流等地质灾害的重点县(市、区)之一。全区共查明地质灾害隐患点63处。其中滑坡22处，崩塌11处，泥石流27处，地面塌陷3处。地质灾害隐患共威胁1848人生命安全、3596万元财产安全以及农田、道路、水利、电力设施安全。按照"预防为主、避让与治理相结合和全面规划、突出重点"的原则开展地质灾害防治工作。建立区、乡(镇)、村三级地质灾害群测群防体系，落实地质灾害巡查、值班、通报以及地质灾害危险性评估等制度，编制年度地质灾害防治方案和重要地质灾害点防灾预案，开展地质灾害防治知识宣传教育，提高群众的防治意识。2012—2014年，全区累计发放地质灾害防灾明白卡和避险卡12000余张，落实所有地质灾害隐患点的监测责任人和具体监测人员，重要地质灾害危险地段设立警示牌。组织实施黄坛口乡下呈村泥石流等27个地质灾害隐患点应急排险及治理工程，湖南镇埂头村等19个地质灾害(隐患)点搬迁避让工程，对上方镇下坪田村地面塌陷、大洲镇沧州村煤山自然村地面塌陷2处地质灾害防灾工程进行勘查，累计投入防治资金1185.69余万元，其中上级补助资金600余万元，2477人避险搬迁，脱离地质灾害的威胁。

【矿产资源管理】 严格采矿权指标，进一步压缩采矿权数量，由2012年的60家压缩至2014年的50家，控制在省市下达的年度采矿权总量控制指标以内。2012—2014年，规范各项规费的征收，共计征收采矿权出让金1476.79万元；矿产资源补偿费244.14万元；生态环境治理备用金945.70万元。结合生态区建设，开展废弃矿山生态治理，至2014年年末，全区对69个废弃矿井进行生态治理，治理率达100%。全区完成省级绿色矿山建设1个，市级绿色矿山4个，区级绿色矿山10个。

2013年衢江区Ⅱ-Ⅳ级地质灾害隐患点基本情况表

表8

编号	地理位置			灾害类型	稳定性	地质灾害分级	防治建议
	乡(镇、街道)	村	组				
1	上方镇	新京村	姐妹山自然村	滑坡	较差	Ⅱ	市级监测
2	上方镇	金扬村	界头自然村后山	滑坡	较差	Ⅲ	乡级监测
3	上方镇	金扬村	杨家自然村	泥石流	中易发	Ⅲ	乡级监测
4	上方镇	龙祥村	葱山石灰石矿弃渣堆	泥石流	低易发	Ⅳ	乡级监测
5	上方镇	金牛村	下西坑自然村	泥石流	中易发	Ⅲ	乡级监测
6	上方镇	金牛村	寺后山自然村西沟	泥石流	低易发	Ⅳ	乡级监测
7	上方镇	上龙村	毛家山自然村(灯盏坪)	滑坡	较差	Ⅲ	乡级监测
8	上方镇	仙洞村	仰塘自然村	滑坡	差	Ⅱ	应急排险
9	上方镇	金坑村	白坑渔铺自然村蒋治华屋后	滑坡	较差	Ⅳ	乡级监测
10	上方镇	金坑村	白坑塘坞自然村张金宝屋后	滑坡	较差	Ⅳ	避让搬迁
11	上方镇	严村村	洞源自然村	泥石流	低易发	Ⅳ	乡级监测
12	灰坪乡	沙坑村	箬坪山自然村	滑坡	较差	Ⅳ	乡级监测
13	灰坪乡	龙山村	前山自然村邱银松屋前	滑坡	较差	Ⅳ	乡级监测
14	杜泽镇	明果村	姜孟自然村朱为林屋后山坡	崩塌	较差	Ⅳ	乡级监测
15	杜泽镇	白鹤山村	公路侧山坡	崩塌	较差	Ⅳ	避让搬迁
16	杜泽镇	金岗山村	枧头坞自然村	泥石流	中易发	Ⅲ	乡级监测
17	杜泽镇	下溪村	程樟富屋后	崩塌	较差	Ⅳ	乡级监测
18	杜泽镇	金岗山村	余家自然村王正棋屋后	滑坡	差	Ⅱ	避让搬迁
19	峡川镇	大理村	考坑自然村西北山坡	塌陷	较差	Ⅲ	应急排险
20	大洲镇	沧州村	煤山岭自然村	塌陷	较差	Ⅲ	乡级监测
21	大洲镇	狮子山村	傅秀香屋后	滑坡	差	Ⅱ	避让搬迁
22	黄坛口乡	黄泥岭村	桃源自然村	滑坡	较差	Ⅲ	乡级监测
23	黄坛口乡	黄坛口村	(里树源)老槽自然村	滑坡	较差	Ⅳ	避让搬迁
24	黄坛口乡	黄坛口村	(里树源)傅家自然村	泥石流	低易发	Ⅳ	乡级监测
25	黄坛口乡	黄坛口村	(里树源)经堂自然村张雨明屋后	滑坡	差	Ⅱ	避让搬迁
26	黄坛口乡	黄坛口村	(里树源)经堂自然村张雨敬屋侧	滑坡	较差	Ⅳ	乡级监测
27	黄坛口乡	坑口村	裴竹坞口	泥石流	中易发	Ⅳ	乡级监测
28	黄坛口乡	坑口村	枫树底自然村	泥石流	中易发	Ⅲ	乡级监测
29	黄坛口乡	坑口村	凉帽铺村傅卸良屋后	滑坡	较差	Ⅳ	应急排险
30	全旺镇	幸福源村	车坞沟	泥石流	低易发	Ⅳ	乡级监测
31	全旺镇	幸福源村	牛岩自然村	泥石流	中易发	Ⅳ	乡级监测
32	全旺镇	里舍村	斋公铺自然村	泥石流	中易发	Ⅲ	乡级监测
33	全旺镇	红峰村	螺丝坞	泥石流	中易发	Ⅲ	乡级监测

续表8

编号	地理位置			灾害类型	稳定性	地质灾害分级	防治建议
	乡(镇、街道)	村	组				
34	双桥乡	高田村	蛟池坞自然村	泥石流	中易发	Ⅲ	乡级监测
35	双桥乡	溪滩村	黄蒙自然村	泥石流	中易发	Ⅱ	区级监测
36	双桥乡	河口村	杨梅湾自然村	泥石流	中易发	Ⅳ	乡级监测
37	双桥乡	社后蓬村	地坞自然村	泥石流	低易发	Ⅲ	乡级监测
38	双桥乡	社后蓬村	胡村自然村	泥石流	低易发	Ⅲ	乡级监测
39	双桥乡	河口村	半坞自然村	滑坡	差	Ⅱ	避让搬迁
40	太真乡	下槽坞村	黄正渭屋后山坡	滑坡	较差	Ⅳ	乡级监测
41	太真乡	竹埂底村	叶瑞唐屋后山坡	滑坡	较差	Ⅳ	乡级监测
42	太真乡	王家山村	坞里自然村朱华成屋后山坡	崩塌	较差	Ⅳ	乡级监测
43	太真乡	塘坞口村	殿后自然村陶华珊屋后山坡	崩塌	较差	Ⅲ	乡级监测
44	太真乡	银坑村	洞石公路侧山坡	崩塌	较差	Ⅲ	乡级监测
45	太真乡	银坑村	大坟根	崩塌	较差	Ⅲ	乡级监测
46	太真乡	塘坞口村	(陶建发屋后)	泥石流	低易发	Ⅳ	乡级监测
47	太真乡	下槽坞村	下槽坞	泥石流	中易发	Ⅲ	乡级监测
48	太真乡	华坑村	华坑	泥石流	中易发	Ⅲ	乡级监测
49	太真乡	下槽坞村	洞口自然村徐耀金屋后	滑坡	较差	Ⅲ	乡级监测
50	湖南镇	破石村	柴坛自然村公路侧山坡	滑坡	较差	Ⅲ	乡级监测
51	湖南镇	湖南村	叶卫忠屋后	滑坡	差	Ⅱ	避让搬迁
52	湖南镇	破石村	乔麦书自然村	泥石流	中易发	Ⅳ	乡级监测
53	湖南镇	白坞口村	里白坞口自然村	泥石流	中易发	Ⅲ	乡级监测
54	湖南镇	白坞口村	岭外自然村	泥石流	低易发	Ⅳ	乡级监测
55	湖南镇	白坞口村	杨梅塘自然村	滑坡	较差	Ⅳ	乡级监测
56	湖南镇	湖南镇	初级中学西侧山坡	滑坡	较差	Ⅱ	应急排险
57	岭洋乡	抱珠龙村	田铺自然村	滑坡	较差	Ⅳ	乡级监测
58	岭洋乡	鱼山村	外芭蕉巫樟根屋后	崩塌	较差	Ⅳ	避让搬迁
59	举村乡	石便村	兰允芳屋后	滑坡	较差	Ⅳ	避让搬迁

(雷建峰)

土 地 储 备

【概况】 衢江区土地整理中心为区国土局托管的全额拨款事业单位。2012—2014年,衢江区立项土地开发项目164个,立项面积1688.73公顷。完成土地开发入库面积741公顷,新增耕地面积659.69公顷。立项农村土地综合整治项目27个,立项拆旧区面积170.83公顷,复垦区面积156.06公顷。农村土地综合整治项目自立项至完成时间3年。2013—2014年,高标准基本农田建设计划任务7733.33公顷。山区乡镇遭遇洪涝灾害,争取灾毁耕地复垦资金1672.4万元。

【规划编制】 2014年，编制《衢江区土地整治规划(2011—2020年)》以下简称为《规划》。《规划》主要阐明区土地整治战略，确定规划期内土地整治目标任务，明确土地整治重点区域，统筹安排土地整治项目，明确规划实施的保障措施，是规范有序开展土地整治工作的基本依据。

【以奖代补模式】 2012年，首创“以奖代补”土地开发模式。该模式的实施，简化有关程序，减轻政府在政策处理方面的压力，加快土地开发项目进度、解决开发后的后续种植问题，在土地开发工作中发挥积极作用。同年，实行以奖代补项目10个，立项面积155.07公顷。2013年，实行以奖代补项目50个，立项面积538.27公顷。2014年，实行以奖代补项目29个，立项面积228.8公顷。

【旱改水(垦造水田)】 2014年7月，区土地资源开发利用工作领导小组办公室召集区国土局、土地整理中心、农业局、监管办、设计等单位召开土地整治工作会议，调整工作思路，决定将低丘缓坡开发从垦造旱地转到垦造水田(简称“旱改水”)的方向上来。冻结所有在建的土地开发项目，按照垦造水田的要求对所有在建项目(全区共131个，立项面积1400公顷)重点从水源、土质、电力等方面考虑，初步筛选出63个可垦造水田的项目，并根据综合条件将项目分为三类(容易20个，较容易24个，较难19个)。同时，召集本区农业、水利、林业、电力等部门对这63个项目进行实地联合踏勘，经过充分论证，拟定56个项目进行“旱改水”。其中，34个已立项“旱改水”，规划垦造水田面积229.47公顷。22个计划立项“旱改水”，计划实施面积182.87公顷。多次与国土、农业、水利、审计、监管办等相关部门协调垦造水田问题。同年8月6日，区政府组织召开全区土地整治工作专题会议，会议对垦造水田和“旱改水”等问题进行研究讨论，制定垦造水田和“旱改水”政策文件。9月1日，区政府形成《全区土地整治工作专题会议纪要》，为垦造水田和“旱改水” 项目的实施提供依据。

开发前

开发中

开发后 高家镇安仁村红日农场水田垦造图片

【谋划富里农村综合改革试验区项目】 2014年7月，对全区低丘缓坡集中连片、地形较平坦、水源有保障的区域开展重点调查，筛选出廿里、后溪镇位于江山港北岸区域可规划万亩水田垦造工程。富里农村综合改革试验区位于江山港北岸，涉及2个镇6个行政村，即廿里镇富里村、文塘村、石塘背村、里屋村、山下村和后溪镇江滨村(原坝下、新塘底),杭长铁路客运专线、衢常铁路以及批准待建的衢宁铁路等穿越其间,东起廿里镇富里村,南靠江山港,西至京台高速衢州南互通接线,北邻柯城区华墅乡、航埠镇。项目区总面积1232.8公顷,其中,村庄等不适宜开垦面积139.6公顷。可规划垦造水田628.13公顷。可规划提升(“旱改水”和建设高标准农田)面积465.07公顷。区委、区政府成立衢江区富里农村综合改革试验区项目指挥部。开展一系列前期工作,对项目进行详细论证。

(吴根富)

砂石资源

【概况】 衢江区砂石资源管理办公室(简称区砂管办)经市、区编制机构批准,于2014年5月成立,为区政府直属全额拨款全民事业单位,机构类别为公益一类,机构规格为相当于正科级,核定全额拨款全民事业编制9名;核定领导职数2名,其中主任1名,副主任1名。下设综合科、规划建设科、执法协调科。区砂管办受区水利局、区国土分局、区环保分局等部门委托,行使的主要职责为:负责组织开展全区砂石资源调查,编制全区砂石资源保护和开发利用规划及年度计划;负责制定全区砂石资源开发利用监督管理制度,审批砂石资源开发利用项目;负责组织砂石资源开发利用项目出让;负责组织日常巡查,监督管理涉砂企业及其他组织和个人的砂石经营活动;负责牵头组织查处涉砂违法案件和调处涉砂纠纷等。由区水利局、区国土分局、区公安分局、区环保分局、区交通运输局等涉砂资源案件的行政主管部门派驻专职执法人员,负责涉砂资源案件的办理。

【砂石资源管理集中整治】 2014年5月,启动衢江区砂石资源管理集中整治工作,区砂管办在摸排和多部门联合踏勘的基础上,根据《衢江区砂石资源管理集中整治工作方案》精神,执行“分类处置,分步推进”的“一场一策”整治原则,对全区50家涉砂场点按取缔、关停、就地整改、搬迁、“一对一”五种方案开展集中整治。所有河道堤防内制砂场按要求予以关停,取缔或搬迁,实现全区河道堤防内无制砂场的目标。各涉砂场点交纳保证金、签订生产协议,为到期自行关停提供强有力的保障,实现对全区砂场进行有效管理的目标。至2014年年底,共取缔关停29家,整改提升21家,允许5家关停的砂场开展存料限期处置。通过整治,实施涉砂场点污水排放管理,实现全区所有砂场无污水直排的目标。

【打击非法采砂行为】 受巨大经济利益驱使,非法采砂行为时有发生。2014年,区砂管办共接到非法采砂举报93起,除一事多报和与事实不符外,共参与查处非法采砂事件50起,扣押采砂机械26台,收罚没款和保证金11笔,公安立案3起,刑拘9人。通过打击,一些重要地段的非法采砂现象得到有效遏制。

【推进矿制砂工作进程】 2014年年初,启动机制砂选点、布点工作,至年底,已完成26个机制砂点的取样分析,确定7个机制砂矿山作为备选矿点,并从中选出年生产规模为80万吨,服务年限不低于10年的机制砂矿山3家,其中全旺里舍机制砂矿已通过省国土厅方案审批,采矿权价款评估和政策处理等前期工作已完成,采矿权出让实施方案也已制定,可挂牌出让。另2家处于规划论证阶段,计划在衢江区南部和北部各再设一个点。

(周小明)

农业 农村工作

农 业

【概况】 2012—2014年，衢江区农业工作以“两区”（现代农业园区、粮食生产功能区）建设、放心农业、家庭农场培育和生猪产业转型升级为重点，全区农业经济发展态势良好。2012年，衢江区被评为“全国粮食生产先进县”“全国农业标准化示范县”。莲花省级现代农业综合区通过验收。2013年，衢江区被评为“浙江省茶树良种化先进县”，莲花生态循环农业示范区通过省级验收。家庭农场创新发展成为全省样本，《农民日报》《浙江日报》等新闻媒体相继报道，省内外40多个市、县（区）前来考察。2014年，全区农牧业总产值31.73亿元，农牧业增加值17.21亿元，分别比2011年增长5.55%和12.7% 。莲花省级现代农业综合区被省政府授予省级标杆性现代农业园区，全旺生态循环农业示范区通过省级验收，省级农业高科技园区落户衢江。在全省率先建成放心农业发展八大体系。区委书记吴江平在全省农村工作会议上作典型发言，《发展放心农业的衢江实践》成功入围“第三届浙江省公共管理创新案例”十佳。全省农产品质量安全放心示范县创建现场会和长江流域蔬菜经济技术协作交流会暨衢州家庭农场促进对接会在衢江区召开。

【种植业】 **粮油** 2012—2014年，全区粮食播种面积和产量略有下降。2012年，播种面积31201公顷，至2014年下降到25003公顷，总产量从178904吨下降到158112吨。油菜籽面积和产量略有增长，播种面积从5878公顷增加到6217公顷。总产量从9042吨增加到10257吨。全区水稻优质高产主导品种覆盖率95%，主推技术覆盖率85%。2012年，衢江区农作物管理站被省农业厅评为“全省粮油生产技术推广先进单位”。

水果 2014年，全区水果栽培总面积8590公顷，其中柑橘6959公顷。总产量255047吨，其中柑橘164203吨。总产值28179万元。全区设施栽培水果面积357公顷，建成葡萄、猕猴桃、大棚枇杷等新技术新品种示范点7个。水果主栽乡镇（街道）16个，莲花、全旺现代农业园区的水果发展水平较高。“蜜之源”牌蜜橘获浙江省农博会金奖。一加一农业发展（衢州）有限公司“双德”牌夏黑葡萄分别获2012年浙江省优质葡萄评比金奖和2014年浙江省精品水果展销评比金奖。

茶叶 茶园总面积1313公顷，其中采摘茶园面积1125公顷。茶叶总产量1116吨，总产值3326万元。在全区17个初制茶厂中，有10个经过优化改造，有5个规模茶厂通过QS认证。在全旺、岭洋、莲花建成3个区级茶叶标准化生产示范基地,面积133公顷,其中全旺示范基地通过省级农业精品园验收。2013年大坪埂茶业有限公司茶厂被评为“浙江省标准化名茶厂”。2014年,衢江区茶叶有“衢州玉露”“九龙神针”“大雾源”“大坪埂”“溪里香”“凉茶”“帝如丁香”等7个企业品牌。

蔬菜 蔬菜播种面积由2012年10541公顷增加到2014年10787公顷;设施蔬菜面积由2012年420公顷增加到2014年453公顷。水生蔬菜面积由2012年513公顷增加到2014年586公顷。2012年,杜泽镇水生蔬菜示范区建立“一所三中心”,其中产品交易场所1100平方米,贮藏保鲜中心1580立方米,产品检测中心500平方米、良种繁育中心3330平方米,并顺利通过市级验收。陈建海家庭农场的蔬菜集约化育苗中心、新品种展示中心、全球眼系统、二维码可追溯系统、免费周末直通车和田园超市等,被列为2014年10月在衢江区召开的全省农产品质量安全放心示范县创建现场会主要观摩点。2012年,衢江区蔬菜管理办公室被省农业厅评为“全省蔬菜生产技术推广先进单位”。

杜泽水生蔬菜整建制统防统治示范区

食用菌 2012—2014年,食用菌总产量分别为6787吨、6359吨和6819吨,实现总产值分别为5470万元、5546万元和8677万元。主要食用菌品牌有“太真洞”“洋溪源”“巨莲”等。2012年5月,引进浙江金禾生态农业开发有限公司在大洲镇五石埂村试种灵芝6700平方米。2014年在杜泽镇堰坑头村建立“以菇换猪”示范点,利用原猪房改造成菇房面积1175平方米,栽培茶树菇40万袋,为全区生猪产业转型,发展食用菌生产提供示范。

中草药 2014年,全区中药材播种面积495公顷,总产量2408吨。高家镇红日家庭农场,利用1.33公顷樟树林,建成铁皮石斛原生态活树附生栽培技术试验基地。铁皮石斛主要分布在高家、湖南等乡镇;灵芝、西红花主要分布在大洲镇;杜仲主要分布在峡川镇;金线莲、白花蛇舌草主要分布在后溪镇;浙贝母、白术等主要分布在乌溪江库区。

植物保护 2012—2014年,衢江区农作物病虫草鼠发生面积163万公顷次,防治面积 264万公顷次。组织对16个低毒环保型新农药开展防效、安全性和使用技术试验,植保新技术示范推广面积1.6万公顷,绿色防控面积0.62万公顷。2013年,组织开展全区大规模春季农田灭鼠活动,采用“溴敌隆”统一配制毒饵。2014年,组织实施水稻整建制病虫统防统治,当年实施面积1940公顷;杜泽千亩水生蔬菜整建制病虫统防统治基地,被列为全省农产品质量安全放心示范县创建现场会主要观摩点。

【养殖业】 **生猪养殖整规** 2012年,衢江区生猪年饲养量达到281.46万头,其中,能繁母猪9.19万头、年出栏生猪186.08万头,生猪产值164644万元。高家镇溪西生猪“移栏上山”生态养殖小区建成并投入使用。2013年,开展生猪养殖污染整规工作,当年投入财政资金4110.45万元,共治理2119户生猪养殖户,拆除养殖用房面积27.04万平方米。2014年,重点在8条区级以上河道禁养区范围内开展生猪整规和全区生猪养殖整规百日攻坚行动，当年投入财政资金2.64亿元，完成整治生猪养殖场户18580家，共拆除养殖设施用房面积164.92万平方米。全区生猪饲养量下降至197.9万头，能繁母猪下降至4.74万头，年出栏生猪下降至151.4万头，生猪产值下降至148978万元。

生态养殖小区建设　衢江区财政从国家生猪调出大县奖励资金中安排专项资金1000万元，用于支持生猪移栏上山生态养殖小区建设。2012年，高家镇溪西生猪"移栏上山"生态养殖小区建成并投入使用。至2014年年底，共落实11个生猪生态养殖小区项目，其中云溪乡车塘养殖小区、峡川镇李泽养殖小区、全旺镇官山底养殖小区相继开工。

动物疫病防控　2012年，组织开展动物疫病科学防控提升年活动，组织四次全覆盖集中免疫行动。在廿里镇、后溪镇开展"农户报免—乡站分派任务—村防疫员上门服务—农户确认—免疫数据信息上传平台—乡站结算报酬"的动物防疫新机制试点，生猪防疫密度和抗体水平大幅提升。2013年，组织开展动物防疫溯源体系试点县建设工作，启动防疫二维码识读器141台，使用动物防疫二维码耳牌112.4万套，上传生猪防疫信息34.4万头次。2013年8月21日，衢江区动物疫病预防控制和畜产品安全监测中心正式成立。

病死动物无害化处理　2014年7月26日，位于高家镇后方村的衢江区泰华病死动物无害化处理厂投入使用，占地面积1.44公顷，项目总投资2100万元，建成生产加工车间及配套建筑2350平方米，引进"封闭式一体化高温干馏综合处理技术"及成套设备，年可无害化处理病死动物8000吨。至2014年年底，共处理病死动物15万头。病死动物经过无害化处理后变废为宝，成为优质有机肥原料。衢江区畜牧兽医局局长舒志涛于2014年10月26日受邀参加第五届中国兽医大会，典型介绍了衢江区病死动物无害化处理模式。衢江区被农业部确定为病死猪无害化处理长效机制试点县，被省农业厅确定为全省生猪价格指数保险试点县。

【农业"两区"建设】　**现代农业园区**　2012—2014年，区政府相继出台《关于加快推进省级现代农业园区建设的若干政策意见》《关于加快设施农业发展的若干意见》，加大对现代农业园区建设补助力度。建立设施农用地联审联批机制，由区国土、农业等部门对申请建设的设施农用地进行联合踏勘、集中会审、实时签署意见，提高审批效率。金融部门共向现代农业园区授信1500万元，为148家农业主体发放贷款2350万元。莲花省级现代农业综合区和3个主导产业示范区、6个精品园相继通过省级验收，累计建成现代农业园区面积3450公顷。

2013年6月4日，省农业厅厅长史济锡（右一）在衢江区指导现代农业园区建设

粮食生产功能区　2012—2014年，在莲花、高家、全旺、杜泽、云溪、峡川等乡镇建成区级粮食生产功能区45个，面积3037公顷。其中，2012年12个，面积1114公顷。2013年18个，面积910公顷；2014年15个，面积1013公顷。建成市级粮食生产

功能区17个,面积1720公顷,其中,2012年7个,面积690公顷。2013年6个,面积579公顷。2014年4个,面积451公顷。

【农业产业化】 **一村一品** 衢州市"一村一品"领导小组办公室公布衢江区农业产业"一村一品"2012年度最佳村1个(莲花镇五坦村—草莓),优秀村6个(横路清水村—柑橘、黄坛口乡紫微村—樱叶、杜泽镇坎头村—水生蔬菜、湖南镇朝书村—山地蔬菜、杜泽镇宝山村—枇杷、莲花镇犁金园村—麻鸭)。2014年度优秀村1个(周家乡板桥村—枇杷)。

生态循环农业 2014年,在莲花、高家、全旺、杜泽、云溪5个乡镇建立了第一批农药废弃包装物回收点,当年回收农药废弃包装物3.58吨。植保专业合作社、家庭农场和种植大户的废弃包装物回收率95%以上。衢江区被列为全省农药废弃包装物回收处置试点县。全旺生态循环农业示范区、衢州市宁莲畜牧业有限公司和衢江区林氏精品西瓜专业合作社等3家生态循环农业示范企业相继通过省级验收。

休闲观光农业 截至2014年年底,全区建成各类休闲农业观光点186个,年接待游客20万人次,年创收3600万元。以莲花省级现代农业综合区为核心的盛世莲花景区由单一的生产型基地向全产业链有机融合的综合性园区提升。2012—2014年共投入3500万元,重点打造九九红玫瑰园、宝岛农业观光园、老爸果园、红艳草莓采摘园、西莲山庄等五个核心旅游景点,已建成入口景观大道、园区整体绿化、游步道、玫瑰休闲会所等基础设施。2014年,盛世莲花景区通过省级景观质量评估。

农业招商引资 建立衢江区农业招商项目储备库。组织人员对全区荒山、荒地、荒滩等资源进行实地调查,编印《衢江区对外农业招商资料汇编》,开展多种形式的招商活动。2012—2014年,全区共引进农业投资项目240个,实际投资额16.2亿元。其中,2012年80个,4.47亿元;2013年78个,5.56亿元;2014年82个,6.17亿元。

农产品营销 截至2014年年底,全区家庭农场在市区开设直销店10家,在超市开设专柜22个。在全省率先开通家庭农场周末免费直通车。2014年7月17日,副省长黄旭明对区府办上报的信息《打通内循环,激活产业链——衢江区全省首创家庭农场周末免费直通车,打造"开放型田园超市"》上作出批示:"这是一举多得的好事情,其他市县也可借鉴参考。"2014年8月,由衢州百特汇电子商务有限公司运营的淘宝网地方特色交易平台衢州馆正式上线试运行,66家电子商务企业500多个特色名优产品在该平台展示展销,成为衢州本地"互联网+三农"引领者。

【安全农产品】 **八大体系建设** 衢江区以"吃得放心、吃得开心"为目标,发展放心农产品。独创"八大体系"(产地环境生态、农资市场监管、产品检验检测、质量安全溯源、生产经营诚信、农业标准生产、技术服务支撑、多元营销市场),编制省级农产品质量安全放心示范县创建工作方案,实施放心农产品发展三年行动计划,形成区、乡、村三级联动的农产品质量安全监管网络。全区45家生产基地产品实现二维码追溯管理。区级成立农产品质量检验检测中心,全区有8家农贸市场配备农残快速检测室,21个乡镇(街道)全面建成农产品安全快速检测室并对公众免费开放。

农业标准化 衢江区推行农业标准化生产模式图,大力推进蔬菜、生猪、柑橘、茶叶等主导特色农产品生产标准的实施。2012—2014年,衢江区共建成省级农业标准化示范园区6个、区级农业标准化示范基地11个,农业标准化实施面积1.81万公顷,其中"万元田"3466.67公顷。

农产品认证 截至2014年年底,衢江区通过

"三品"认证的农产品70个,其中国家无公害农产品36个、绿色食品13个、有机食品21个。

【土肥与农村能源】 **测土配方施肥** 2014年,全区测土配方施肥技术覆盖村数达到255个,占总行政村数94%,其中全旺、莲花2个镇及88个村实施整建制测土配方施肥模式和工作机制。全区测土配方施肥推广面积达到38000公顷,家庭农场以及农业"两区"实现测土配方施肥全覆盖。

沃土工程项目 2013—2014年,实施商品有机肥推广应用资金补贴项目,共完成推广有机肥22331吨,补贴金额446.62万元;实施沃土工程、有机质提升项目,共招标采购有机肥380吨,配方肥135 吨,冲施肥、生物菌肥、水稻硅肥等81吨,绿肥种子118吨,补贴金额 248.43万元。

标准农田质量提升 2012—2014年,全区被列为标准农田质量提升工程面积2732公顷,其中2012年1000公顷;2013年1132公顷;2014年600公顷。全区实施土地整理项目标准农田质量提升面积139公顷,其中2012年85公顷;2013年38公顷;2014年16公顷。三年共采购用于标准农田质量提升的有机肥11458吨,配方肥4354吨,总金额522万元,其中省财政补助216万元,区财政补助306万元。

农村能源 2012—2014年,全区新建户用沼气996户,容积11952立方米;建成集中供气沼气工程3座,容积1050立方米,供气240户。建成农村生活污水净化沼气工程177处、总容积16483立方米,建成农村沼气乡村服务网点6个,农村能源综合利用示范工程1个,创建清洁能源示范村4个。推广太阳能热水器利用面积1.07万平方米。全区农村清洁能源利用率59.5%。2012年,衢江区能源管理办公室被省农业厅评为"全省能源工作目标考核先进集体"。

【农业执法】 **植物检疫** 2012—2014年,核发各检疫点"植物检疫登记证"25本,柑橘果实调运检疫签证213批次,中药材调运检疫签证225批次;产地检疫橘苗2公顷、繁育无检疫对象柑橘苗木53.52万株,水稻制繁种210公顷,生产无检疫对象种子965.53吨。2013年12月首次发生甘薯小象甲,涉及十里丰、莲花镇的3个行政村,由于防控及时,2014年绝迹。

动物卫生执法 2013年8月21日,成立五个区域性畜牧兽医和动物卫生监督分所。分别为峡川畜牧兽医和动物卫生监督分所(负责上方、灰坪、峡川、莲花区域)、杜泽畜牧兽医和动物卫生监督分所(负责杜泽、周家、双桥、太真区域)、云溪畜牧兽医和动物卫生监督分所(负责云溪、浮石、樟潭、高家区域)、全旺畜牧兽医和动物卫生监督分所(负责大洲、全旺、横路、黄坛口区域)、廿里畜牧兽医和动物卫生监督分所(负责廿里、后溪、湖南、岭洋、举村区域)。主要承担依法实施动物及动物产品检疫许可。负责动物及动物产品的检疫监督管理。负责动物防疫监督执法。参与重大动物疫情的应急处理。负责动物产品安全监管。动物检疫证、章、标志的发放与管理等工作。

畜禽定点屠宰执法 2012—2014年,衢江区畜禽定点屠宰监督检查大队共出动执法次数2786次,检查经营户10763户,取缔私屠滥宰窝点7处(包括联合执法),查处违法案件13起(包括移交和联合执法),处罚违法人员8名,销毁不合格生猪产品13052公斤。城区生猪进点屠宰率达100%。

农机安全监理 2014年年末,全区上道路拖拉机在册数1014台、驾驶员在册数2815人。纯农田作业拖拉机在册数220台、驾驶员在册数223人。2012—2014年,共办理拖拉机号牌、注册登记383台。与公安交警开展路检路查,检查拖拉机7443台/次,查处事故隐患549项。全区共创建省级平安农机示范乡镇(办事处)5个、示范村46个、示范合作社3个。拖拉机、联合收割机检验率分别达到85.7%、95.4%。

农业行政执法 衢江区确定条件成熟的20家农资经营单位（户）作为第一批农资信息化建设试点，从源头上实现对农药、化肥、种子等农资的实时化监管。加强农资市场整治，精心组织“绿剑”春季、夏季、秋季集中执法行动，开展种子市场、肥料市场、农药市场、饲料生产企业及加工场（户）专项检查；开展农产品“三品一标”及生产档案专项检查、商品有机肥专项质量监督抽检，依法及时处理农业举报投诉。2014年，共出动执法人员262人次，检查各类农资生产经营单位（个人）396个次，抽检农业投入品119个批样，查处违规违法行为为24起，其中责令整改4起，立案查处20起。

【农技推广】 **主推技术** 2012—2014年，衢江区农业主推技术主要有水稻轻型栽培（旱育秧、直播、抛秧、机插等）技术、测土配方施肥技术、病虫害绿色防控技术、油菜秋发冬壮高产栽培技术、柑橘“三疏一改”技术、葡萄设施栽培技术、茶叶生态高效集成技术、茶叶清洁化加工技术、蔬菜“微蓄微灌”及肥水一体化技术、蔬菜长季栽培技术、菜稻水旱轮作模式及配套技术、食用菌循环生产技术、畜禽标准化示范养殖场规范创建配套技术、病死畜禽无害化处理技术、园（林）地生态化养禽技术、规模养殖场疫病综合防控技术。

主推品种 2012—2014年，衢江区种植业主推品种：早稻：中早39、中嘉早17、金早47。单季稻：中浙优8号、中浙优1号、甬优9号、甬优15。连作晚稻：岳优9113、早翻早（早稻品种作连作晚稻直播栽培）。油菜：浙油50、浙双72、油研10号、中双11、高油605。春大豆：沪宁95-1，秋大豆：衢鲜5号、六月半。干籽玉米：济单七号。鲜食玉米：京科糯2005。甘薯种植以迷你甘薯为主，主推品种为心香。西瓜种植以大棚栽培为主，主推品种为早佳8424。柑橘主推品种为特早熟温州蜜柑、甜橘柚和杂柑类红美人、春香。小水果主推品种：猕猴桃为红阳猕猴桃、葡萄为夏黑和巨峰、枇杷为临海白枇杷。

农作制度创新 2012—2014年，衢江区推广“菜稻结合、水旱轮作”“全年多茬、高效设施”“立体种养、生态循环”等系列创新模式，涌现出茭白田养鱼养鸭、香菇与稻轮作、幼龄果（林）套种蔬菜、田园立体种养等新型农作模式。全旺省级现代农业综合区内的傅孔明家庭农场，从最早单纯养甲鱼，到稻鳖轮作，再到稻鳖共生，走出了一条“养鳖、稳粮、提质、增效、生态”的现代农业新路，实现了亩产“百斤鳖、千斤粮、万元钱”的目标。莲花镇创建衢州市首个“浙江省创新农作制度重点乡镇”。

服务机制 衢江区巩固提升首席农技推广专家、农技指导员、责任农技员制度，编印“四个十”（十大技术、十大品种、十大模式、十大典型）宣传资料，大力推广先进适用新技术。深入实施基层农技体系建设与改革示范县项目，强化对农技推广岗位责任、绩效考评、知识更新培训等管理，形成长效机制。全面推行“专家—农技人员—科技示范户—辐射带动户”的农业科技进村入户服务模式。通过基层农技体系建设与改革示范县项目实施，三年共建成科技示范场14个，科技示范户1800户。

科技成果 衢江区农业科技成果转化工作取得显著成绩，《浙西南瓜地方品种种质资源创新及其利用研究》，获2012年度衢州科技进步二等奖。《衢豆系列优质高产夏秋大豆新品种选育与推广应用》，获2011—2013年度全国农牧渔业丰收二等奖。《优质甘薯系列品种高产高效栽培技术研究与应用》《鲜食和观赏兼用白辣椒新品种“衢椒1号”的选育和推广》，获2013年度浙江省农业科技进步二等奖和衢州市科技进步三等奖。《水芹栽培关键技术研发及推广应用》，获2013年度浙江省农业丰收三等奖。《出口柑橘综合技术研究与集成应用》，获2013年度浙江省农业丰收二等奖、衢州市科技进步二等奖。《衢江区葡萄设施栽培优质高效生产技术推广应用》，获2013年度浙江省农业丰收三等奖，2014年度衢州市科技进步二等奖。《无性系良种茶叶生态高效集成生产技术推广与应用》，获2014年度浙江省农业丰收三等奖。《浙西地区西瓜日光温室工厂化嫁接育苗技术研究》，获2014年度浙江省农业丰收三等奖。《衢州柑橘转型升级核心技术研发与集成应用》，获2014年度衢州市科技进步一等奖。

【农业信息与培训】 **农业信息** 2012—2014年，农民信箱累计发布"每日一助"702条，群发短信3189.4万人次，反馈3.34万人次，达成成交意向672.69万元。网上专场常年保持摊位数419家，商品数713种。万村联网工程实现行政村规范建站271个，年平均信息更新量6560条。2014年，衢江区农业信息与教育培训中心被评为"浙江省农民信箱工作先进单位"。

教育培训 2012—2014年，全区共举办各类农技培训班180期，参训人数14400人次。举办各类农机技术培训班36期，培训拖拉机驾驶员780人、农机操作手350人。举办家庭农场主培训班8期，参训680人次。举办安全农产品培训班10期，参训1200人次。

【农业机械化】 **农机装备与水平** 截至2014年年底，全区拥有农业机械总动力34.21万千瓦，比2012年增7.9%，全区有大中型(兼用型)拖拉机260台。农用小型拖拉机730台。机引配套农具2417台。冷藏保鲜库14583立方米。2014年，农机作业机械化程度：机耕率79.2 %，机收率68.2%。农机从业人员8350人，建立农机专业合作社7家，农机作业服务队65家，农机维修网点45家。

农机化投入 2012—2014年，全区共购置各类农机具2121台，投入资金总额3624.9万元，其中财政补贴资金1135.7万元。全区实施粮油生产机械化作业面积累计3163.55公顷，投入省补贴资金113.89万元。

【新型经营主体】 **农业龙头企业** 截至2014年年末，衢江区有省级农业龙头企业3家(浙江强顺饲料有限公司、浙江阮氏食品有限公司、浙江九九红玫瑰科技有限公司)，市级农业龙头企业39家，区级农业龙头企业32家。

农民专业合作社 2012—2014年，衢江区在引导和发展农民专业合作社过程中，以家庭承包经营为基础，坚持"民办、民管、民受益"的原则，与地方主导和优势产业有机结合，坚持农民增收的发展主线，规范组织章程、股金设置、工商登记、内部机构、社员管理、民主决策、财务制度、盈余分配。2014年年底，全区各类农民专业合作社1389家。

2013年6月24日，衢江区家庭农场协会成立大会

家庭农场 截至2014年年底，全区发展家庭农场845家，注册资金9.78亿元。形成家庭农场集聚区3个(莲花现代农业园家庭农场集聚区、全旺粮食功能区家庭农场集聚区、杜泽水生蔬菜园家庭农场集聚区)。评出区级优秀家庭农场20个、示范性家庭农场78个，其中8个家庭农场获

省级示范性家庭农场称号;9个家庭农场被评为衢州市示范性家庭农场。衢江区发展家庭农场的机制与体制创新,成为全省样板,2013年,省委副书记王辉忠、省农业厅厅长史济锡到衢江区指导家庭农场建设工作。《农民日报》《中国保险报》《浙江日报》《农村信息报》等多家新闻媒体相继进行报道。2014年,衢江区被农业部列为全国家庭农场发展情况监测县。

【农村经营管理】 **土地流转** 出台《衢江区2012年度农村土地流转实施办法》(区委办发〔2012〕37号),对流转期限5年(含)以上的当年新增土地流转面积,由区财政给予专项工作经费补助。截至2014年年底,全区土地流转面积7606公顷,比2011年增加2200公顷,土地流转率达到45.83%,比2011年提高13.27%。

农村集体“三资”管理 下发《关于印发衢江区农村集体资金资产资源管理办法(试行)的通知》(区委办发〔2012〕148号),明确区乡“三资”(资金、资产、资源)管理机构的各自职责,建立“三资”管理、经营、监督及责任追究的各项制度。2012年8月,区纪委、农业局在廿里镇开展“阳光三资”工程试点,建成具有较高软硬件装备水平的“三资”代理服务中心,为全区开展“三资”规范化管理提供样板。组织开展“三资”清查,到2013年6月底,全区272个行政村的总资产为58883.45万元。2013年,衢江区被浙江省农业厅、财政厅和监察厅认定为浙江省农村集体“三资”管理规范化县。

村级公益事业项目 2012—2014年,全区共实施农村公益事业“一事一议”财政奖补项目320个,总投入22965万元,其中争取省财政奖补资金6168万元。

【农村综合改革】 **农村土地流转经营权登记颁证** 下发《衢江区农村土地流转经营权证登记管理办法》(衢江区政办发〔2013〕65号),全面开展依法申请登记与颁发流转土地经营权证工作。文件明确规定:对同时满足承包期限5年以上、承包面积1.33公顷以上这两个条件的农业生产经营主体(种养大户、家庭农场、农民专业合作社、农业龙头企业等),经主体申请、农业部门审核,由区政府登记颁发农村土地流转经营权证。至2014年年底,全区共颁证37本,登记土地流转面积412公顷。

村经济合作社股份制改革 下发《关于全面开展村经济合作社股份制改革实施意见的通知》(衢江区政办发〔2014〕129号),将村集体资产的所有权和分配权分离,在集体资产明晰的基础上,将村集体经营性净资产的80%进行量化折股到人(户),赋予农民对落实到户的集体资产股份占有、收益、有偿退出及抵押、担保、继承权。成立股份经济合作社,向股东发放股权证书,股东凭证分红得益。建立起“确权到人(户)、权跟人(户)走”的现代农村集体经济产权制度,逐步实现集体产权股份化、收益分配股红化、运行管理规范化、股权交易市场化。到2014年年底,全区有261个行政村启动村经济合作社股份制改革工作,其中219个行政村完成清产核资和人员摸底等基础资料准备工作。

农村土地承包经营权入股 2014年5月,区农业局确定莲花镇莲花、莲东、东湖畈、五坦4个行政村为农村土地承包经营权入股工作试点村。成立村土地股份合作社,试行农户承包地“先入股后流转”“定量不定位”,实行“三权(所有权、承包权、经营权)分离”,使土地承包户获得“三金(租金、股金、薪金)收益”。2014年年底,4个村农户承包土地入股面积105公顷。

【农技推广体系改革】 **区农业局机构改革** 2012年,根据《衢江区人民政府机构改革方案》,区政府印发《衢州市衢江区农业局主要职责、内设机构和人员编制规定的通知》(衢江区政办发〔2012〕93号),规定衢江区农业局为主管全区农业和农村经济发展的区政府工作部门,并划入增加农村能源沼气技术推广与管理和食用菌产业管理职能。区农业局内设4个职能科室,分别为办公室(挂人事科教科牌子)、产业发展科、政策法规科(挂行政审批服务科牌子)、经营管理科(挂区农民负担监督管理办公室牌子)。

局属事业单位改革 2014年年末,衢江区农业局下属事业单位17家,其中,参照公务员管理事业单位2家,为衢江区农业机械管理总站和衢江区农业行政执法大队。全额拨款事业单位14家,为衢江区经济作物管理站、衢江区农作物管理站、衢江区土壤肥料技术推广站、衢江区农业技术推广中心、衢江区农村经济审计总站、衢江区农业信息与教育培训中心、衢江区蔬菜管理办公室、衢江区植物保护检疫站、衢江区畜牧兽医局、衢江区种子管理站、衢江区农产品质量监督检验中心、衢江区农村能源办公室、衢江区动物疫病预防控制和畜产品安全监测中心、衢江区畜禽定点屠宰监督检查大队。自收自支事业单位1家,为衢江区良种场。区农业局下属事业单位在编工作人员76人,其中具有副高级职称17人,中级职称25人,初级职称19人。2012年4月,衢江区农业技术推广中心业务用房启用。

乡镇(街道)农技机构改革 按照“综合设置、分类建设、多功能、一体化”思路,至2014年年末,全区共建成基层农业公共服务中心19个,其中,区域站1个(莲花省级现代农业园区公共服务中心),示范性3个(高家镇、全旺镇、杜泽镇农业公共服务中心),一般性15个(莲花镇、廿里镇、后溪镇、峡川镇、大洲镇、云溪乡、周家乡、上方镇、灰坪乡、太真乡、湖南镇、双桥乡、黄坛口乡、举村乡、岭洋乡农业公共服务中心)。

(程云来 郑利霞)

林 业

【概况】 2012—2014年,衢江区坚持“绿水青山就是金山银山”的发展理念,建设“生态美、百姓富、林业强”的“森林衢江”,林业改革发展保持良好态势。2014年,全区林业生产总值28.71亿元,农村居民林业纯收入11.15亿元,林业收入占农村居民收入的比重为23.98%,林业增收对农村居民收入的贡献率14.85%。通过创建森林城市,城乡绿化水平有较大提升。新城区绿化覆盖达39%,绿地率35.89%。人均占有公共绿地面积13.10平方米。2012年7月,被全国绿化委员会、国家林业局正式命名为“国家森林城市”。衢江区林业局先后被评为浙江省文明单位、省绿化模范单位、省森林旅游先进单位、全省县级林业工作先进集体、全省公益林建设先进单位、市级林业系统平安创建示范单位,被区政府荣记集体三等功一次。局机关党支部被评为全市创先争优先进基层党组织,森林公安局被国家林业局森林公安局荣记集体二等功一次。

【造林绿化】 2012—2014年,围绕“创建森林城市”“提升公益林林分质量”“建设高效林业基地”三个重点,切实抓好造林绿化工作。组织开展“珍贵树种进万村”活动,三年累计无偿向林农赠送浙江楠、紫楠、红豆杉、光皮桦等珍贵树种苗木21万株。完成山地造林、更新1510公顷,平原绿化1435.40公顷,林相改造(补植阔叶树种,发展阔叶林、针阔混交林)784.70公顷。创建绿化示范卫生院、森林校园、绿化示范单位17家,绿化示范村47个,新建改建森林通道91.50千米、森林水岸30千米、农田林网157千米。组织全民义务植树活动,累计参加义务植树36.30万人次,植树111.50万株。实施中央森林抚育补贴试点项目2560公顷。

2012—2014年衢江区造林绿化面积统计表

表9　　　　单位：公顷、万株

年份	人工造林			迹地更新	林相改造	年末实有封山育林	四旁零星植树
	计	用材林	经济林				
2012	187.00	47.00	140.00	346.00	176.50	5244.00	39.00
2013	209.00	57.00	152.00	35.00	374.90	5377.00	36.60
2014	274.40	28.40	246.00	74.00	233.30	5517.00	35.90

【林业科技】 2012—2014年，衢江区林业科技工作注重在推广林业实用技术上下功夫，建设“可看、可学、可推广”高效林业示范基地，提升林业发展后劲。在全区组织开展竹笋覆盖“百亩百万”示范行动，三年累计培育示范户289户，建成竹笋覆盖基地42.30公顷，最高亩收入达到2.70万元。省林业厅于2012年11月在衢江区召开全省毛竹覆盖双百万示范行动推进现场会。衢州市委书记陈新、衢江区委书记吴江平分别作出批示，肯定衢江区“百亩百万”示范行动所取得的成效。建立各类林下经济示范基地(点)10个，面积2133公顷。高家镇红日家庭农场在1.3公顷樟树林中附生栽培铁皮石斛幼苗，成活率90%以上。全旺镇红岩村示范户余正中毛竹覆盖基地金针菇出菇率100%。在民心炭业有限公司建立院士工作站，在雁杰模板有限公司建立专家工作站，以提升衢江区林业企业的产品研发能力。2014年组织浙江农林大学、浙江省森林资源监测中心、浙江自然博物馆等单位专家学者，在千里岗山脉拟建省级自然保护区区域，开展大规模的综合科学考察活动，取得系列研究成果。实施“乌溪江国家湿地公园昆虫生物多样性调查及保护利用研究”项目。编著《衢州乌溪江国家湿地公园昆虫多样性资源》《乌溪江国家湿地公园资源与规划》，两本科技图书分别由中国农业科学技术出版社、浙江科技出版社出版发行。衢江区林业科技推广中心2013年年底竣工，2014年2月7日正式投入使用。

【林业基地建设】 在衢北山区建成省级现代农业综合区，累计投入资金6449万元，其中财政投入1361万元(争取省财政1271万元)。完成高效笋竹基地建设1400公顷，油茶示范区437公顷，茶叶精品园33.33公顷。建成园区主干道、辅干道85千米，灌溉水池6只，配套林业机械60台(套)。综合区林业公共服务中心投入使用。项目惠及衢北5个乡镇7600余名群众，每年增收1154.50万元，人均1519元。在省林业厅组织的绩效评价中，项目综合评分达92.50分，位列全省第一。实施浙江省十县百万亩竹产业效益提升工程，完成配方施肥560公顷，建成中央农业综合开发毛竹生态经营示范基地296.10公顷。完成油茶产业提升项目良种推广示范140.10公顷，先进技术推广和应用59.10公顷，香榧良种推广示范33.33公顷，高效油茶示范园80公顷。建成新京油茶、正中毛竹和刘家香油茶3个省级林业精品园。新建笋竹高效基地333.33公顷，雷竹高效经营示范基地33.33公顷，“一竹三笋”示范基地33.33公顷，油茶高产良种推广示范基地33.33公顷，先进技术推广与应用示范基地66.67公顷。衢州满地银现代农业发展有限公司、衢州枝群油脂有限公司等企业先后建成油用牡丹种植基地153.30公顷。衢州枝群油脂公司同步引进牡丹籽油加工生产线一条。加强竹笋、山茶油等大宗食用林产品生产环节的监管工作，对基地土壤、空气、水源实时进行动态监测，严禁使用高毒农药。三年累计抽检食用林产品15批次，经省林产品质检站安全检测，合格率均为100%。推广食用笋、油茶等特色林产品标准化模式栽培，全区林业标准化生产程度53%。推广以生物防治为主导的无公害防治技术，安装太阳能杀虫灯、光控型杀虫灯54盏，使用白僵菌、林得宝等生物制剂开展无公害防治作业面积989.90公顷。引进毛竹竹腔注射施肥丰产培育新技术，完成“一竹三笋”基地推广应用160公顷。帮助森林食品基地开展有机林产品认证，上方镇新京村油茶森林食品基地、举村乡举村村毛竹笋基地、上方镇立模新村油茶森林食品基地通过省级核查(复认)。

【公益林管护】 坚持建设与管理并重的方针，在实施阔叶林发展工程和森林抚育提质工程，改善公益林林分结构，提高林分质量的基础上，完善公益林管护制度，落实各项管护措施。建成公益林基本管护网格187个，配备护林员187名，有效维护全区生态公益林资源的安全和建设成效。根据省林业生态工程管理中心制定的相关标准，衢江区公益林优质林分达到4.75万公顷。2012—2014年，累计向1.40万农户发放公益林损失性补偿资金4417万元，其中2012年1123万元、2013年1572万元、2014年1722万元。

【林产品宣传推介】 组织林业企业参加浙江笋竹产品“华北行”“齐鲁行”，第七届中国(衢州)华东旅游交易会暨2012浙江森林旅游节，第五、六、七届中国义乌国际森林产品博览会等大型林产品宣传推介活动。在第五届义乌国际森林产品博览会上，有5家企业产品获金奖，6家企业产品获得质产品奖，2家企业产品获首届中国创意林业产品大赛银奖，3家企业产品获优质奖。在第六届中国义乌国际森林产品博览会上，有3家企业产品获金奖，5家企业产品获优质产品奖，4家企业5件产品获创意林业产品大赛优秀奖。在第7届中国义乌森林产品博览会上，该区参展的10家企业中有8家企业的产品获森博会优质奖，占全市获奖数的1/2。现场成交额5万元，达成意向性协议5个。

【林业产业化建设】 2012年，区林业局建立中层副职以上干部联系企业制度，帮助企业申报林业贷款中央财政贴息资金总额4400万元，林业小额贷款申贷总额1500万元。建立科技示范村4个，科技示范户40户，高效林业科技示范点2个，培育科技致富典型2个。2013年，建成区级“一村一品”专业示范乡镇1个，专业示范村13个，市级“一村一品”专业示范村3个。培育家庭林场71家，注册资本达7312万元。建成香榧示范基地33.33公顷，发展食用型玫瑰种植基地66.66公顷，新增花卉苗木面积232公顷，总面积达到1400公顷，实现花卉苗木销售收入6700万元。2012—2014年，新增省级林业龙头企业3家、省级林业休闲观光园1家、市级林业休闲观光园2家、市级林特优质品牌2家。净力竹炭入选浙江省科技型农业企业，其产品获“浙江省高新技术产品”称号。树立绿色生态发展理念，部署开展食用林产品安全大整治百日行动。区内食用林产品生产企业、农民专业合作社参加培训、约谈，签订承诺书完成率达到100%，监管责任到位率100%，生产记录档案建档率100%，突出问题和隐患整治率100%。林业标准化生产程度53%，在省林业厅2次食用林产品质量安全监测中，抽检合格率均为100%。

【林政管理】 2012年，衢江区在全省率先编制林地保护规划，争取到省、市林地定额追加指标241公顷，审核报批征占用林地项目18个，面积286公顷，其中衢江经济开发区低丘缓坡直接开发为建设用地国家试点项目占用林地面积116公顷。森林公安局侦破林业刑事案件42起，移送起诉38

起，逮捕10人，刑事拘留14人，取保候审22人。受理查处林业行政案件12起，行政处罚12人。木材运输巡查大队查处木材运输违法行为27起，查处违法木材87立方米。查处各类林业案件15起，无公路“三乱”行为。行风建设实现零投诉。衢江区作为浙江省2个代表县(区)之一，接受国家林业局对全省保护发展森林资源目标责任制建立和执行情况的核查，综合评分95分，被评定为优秀等级。区防检站成功入选全国首批县级防治示范站。建立健全平安林区创建保障机制。在全区14个山区乡镇创建平安林区的基础上，将莲花、廿里、横路等三个半山区乡镇(办事处)和铜山源水库管理局一并列入“平安林区”创建范围。2013年，衢江区代表衢州市接受省森林消防指挥部的年度考核，森林消防工作得到省考核组的肯定。2012—2014年，核准采伐林木蓄积71172立方米。建立专业森林扑火队2支，配备森林消防高压水泵、风力灭火机等扑火机20台(套)。没有发生重特大森林火灾和人员伤亡事故。推广无公害防治新技术，实施无公害防治作业面积累计1967.3公顷。实施林木种苗检疫面积累计1000公顷。林业有害生物测报准确率99.99%，防治率100%，其中无公害防治率100%，成灾率为0，苗木产地检疫率为100%。衢江区尚未发现松材线虫病疫情。

【集体林权制度改革】 推进林权制度改革，做好农村集体和广大林农流转森林资源的资产评估、信息发布、招标投标、合同完善、林权变更等服务。鼓励林农通过区、乡林权交易服务平台，依法、自愿、规范的流转林木所有权和林地使用权，促进林业生产要素加快向林业经营大户、专业合作组织、龙头企业集聚，盘活森林资源资产。改革林业行政审批制度，2012年，23项林业行政审批事项的承诺承办时限由106天缩减至61天。2013年，林业行政审批事项由23项削减为21项。蓄积150立方米以下的商品林采伐授权乡镇审核，直接报区行政服务中心办理林木采伐许可证。2012—2014年，完成林地流转面积1752.67公顷。评估森林资源资产面积324.27公顷，评估金额809.66万元。新增林权抵押贷款9820万元。完成政策性林木保险5.07万公顷，商业性林木保险558.20公顷。调处山林纠纷31起。为林农提供涉林法律法规、政策咨询服务15起。

【乌溪江国家湿地公园建设试点】 “乌溪江国家湿地公园湿地保护与生态恢复工程”为《全国湿地保护工程“十二五”实施规划》优先安排项目，经项目可研、选址、土地预审、环保审查等。2014年6月18日国家发改委、国家林业局正式批文立项。项目总投资1724万元。完成湿地保护综合管理站、科研站、宣教馆等业务用房的设计和项目前期行政审批。湖南镇白坞口村滩头集体土地7公顷，建设湿地科普宣教中心，完成“湿地科普宣教中心”主干道、干道建设和湿地植被修复等项目的实施。争取国家林业局、省林业厅湿地保护补助资金325万元，实施黄坛口水库库尾湿地植被恢复、九龙湖湿地保护与野生动物栖息地修复、衢江区焦坑伯乐树极小种群保护等项目。提请区政府将原湖南镇政府办公场所土地、房产等资产，通过行政划拨划归乌溪江国家湿地公园管理处，并将原乌溪江林业中心站办公楼进行修缮，解决落实湿地公园管理处日常办公场所问题。编印《独秀风情——乌溪江国家湿地公园书画影集》《乌溪江国家湿地公园资源与规划》获第28届华东地区科技出版社优秀科技图书二等奖。2014年12月24日，衢江区机构编制委员会发文，决定建立乌溪江饮用水源保护管理局，撤销“乌溪江国家湿地公园管理处”。

【创建国家森林城市】 2012年，衢江区围绕市委、市政府创建国家级森林城市工作部署，制定实施方案，实施“十大森林工程”，组织五大系列义务植树活动。制作创森专题宣传片1部，印制创森宣传手册10000本、宣传画册500本，开展生态科普宣传活动4次，向社会各界发放《创建森林城市知识手册》近2万本，设立创建森林城市大型宣传牌6块，灯箱广告60个。建成紫微山国家森林公园生态教育基地，乌溪江国家湿地公园生态文化基地，全旺镇黄毛畈区级义务植树基地。经省级森林城市创建检查组、国家森林城市验收组的检查验收，衢江区森林城市各项指标达到或超过国家森林城市评价标准。新城区绿化覆盖率39%，绿地率35.89%，人均占有公共绿地面积13.1平方米，90%以上市民出门500米内都有休闲绿地，市民对创建森林城市知晓率99.39%、支持率98.62%。2012年7月被正式命名为“国家森林城市”。

【“绿色中国行——走进衢江”大型系列主题公益活动】　2012年9月21日，全国绿化委员会、国家林业局、中国绿化基金会在衢江区联合主办大型系列主题公益活动“绿色中国行——走进衢江”。中共十五、十六届中央委员、中国绿化基金会顾问、原林业部部长徐有芳，中国科学院院士、国务院参事唐守正，国家林业局副局长张永利，省政协副主席陈艳华，市委副书记、代市长沈仁康，浙江省林业厅厅长楼国华，副厅长杨幼平，市人大常委会主任居亚平，市政协主席俞流传，市委常委、宣传部部长诸葛慧艳，市委常委、政法委书记、衢州绿色产业集聚区党工委书记傅根友，区委书记朱建华等出席相关活动。9月22日，在区委书记朱建华、区长鲍秀英陪同下，唐守正、张永利、楼国华、杨幼平，以及到衢江参加大型主题公益活动的国家林业局国有林场和林木种苗工作总站副总站长张周忙等实地考察乌溪江国家湿地公园。

【申报千里岗省级自然保护区】　2014年，衢江区委托浙江省森林资源监测中心、浙江自然博物馆开展春、夏、秋、冬4次野生动植物资源科学考察，初步确定拟建自然保护区规划范围。委托浙江省森林资源监测中心编制省级自然保护区总体规划。

【乌溪江库区首次发现中华秋沙鸭】　2012年12月，乌溪江电厂摄影爱好者钱慧康在乌溪江库区首次拍摄到国家一级保护鸟类中华秋沙鸭。照片传至浙江自然博物馆副馆长、研究员陈水华鉴定得到确认。中华秋沙鸭有着“鸟类中的大熊猫”之称，与华南虎、滇金丝猴、大熊猫齐名，同为中国国宝，属于中国一级重点保护鸟类，是第三纪冰川期后残存下来的物种，距今已有1000万年。中华秋沙鸭属于比扬子鳄还稀少的国际濒危动物。世界自然保护联盟和国际鸟类联合会早已将中华秋沙鸭列入濒危物种和世界濒危鸟类红皮书中。

（林其盛）

水　利

【概况】　2012—2014年，衢江区水利局坚持生态建区、治水兴区的理念，围绕防洪保安、工程建管、五水共治、渔业发展和水(渔)政监管等职能，开展农田水利基本建设。累计投入资金11.39亿元，其中向国家、省、市等上级部门争取补助资金5.9亿元，新建、续建、加固、提升、维修一批投资大、质量优、抗灾能力强的水利基础设施。获评浙江省重点建设立功竞赛先进集体，被省委、省政府授予浙江省文明单位，被省水利厅评为浙江省农村饮用水工程长效管理达标县，全省第三批中央财政小型农田水利重点县绩效考评优秀，全省农田水利标准化建设考核优秀单位，被省海洋与渔业局评为全省县级海洋与渔业工作先进单位，全市县级水行政主管部门工作目标考核特等奖。

【水利规划】　2014年，区水利局先后编制完成《衢江区小型农田水利重点县三年建设方案规划》《衢江区中小河流治理综合整治及水系连通试点规划》《衢江区1万～10万方山塘整治工程规划》《衢州市衢江区芝溪流域综合治理规划》《衢州市衢江区上山溪流域综合治理规划》《衢州市衢江区下山溪流域综合治理规划》《衢州市衢江区邵源溪流域综合治理规划》《衢江区山洪灾害防治县级非工程措施提升工程规划》《衢江区基层防汛防台体系规范化建设规划》《衢江区生态洁水渔业发展规划》《衢江区农田水利建设规划(2010—2020年)》《衢江区农村饮水提质工程规划》。水利规划的编制，对合理指导和安排衢江区水利工程建设，提高防洪减灾能力，优化配置水资源保障格局、改善水生态环境、提升水利管理和服务能力起到积极作用。

【防汛防台抗旱减灾】 区委、区政府重视防汛抗旱减灾工作，成立由26个部门组成的防汛抗旱指挥部，落实各成员单位防汛抗旱防台工作职责，明确区、乡、村三级各级各类防汛责任人，按照预案到村、预警到人的工作要求，编制并逐年完善防汛抗旱防台应急预案，组建应急抢险队伍并每年演练，运用社会化方式，储备各类应急抢险物资。2014年，对原有区级防汛会商系统进行升级改造，健全和完善21个乡镇(街道、办事处)防汛会商系统软硬件建设和工作制度，调整落实120名小流域预警员、102座小(二)型以上水库和476座山塘巡查员及62处地质灾害隐患点监测员，逐年考核履职情况并支付相应的报酬。同年12月，衢江区基层防汛防台体系规范化建设通过省防指考核验收。

2012—2014年，衢江区境内每年都有局部性小流域洪灾，其中较为严重的有:2012年“4·28”洪水，2014年“6·19”和“6·27”洪水。2012年4月28日—29日，衢江区普降大雨，衢江出现超警戒水位(61.2米)的洪水61.8米。12个乡镇(街道)3.8万人次受灾，直接经济损失0.165亿元。2014年6月19日和6月27日，芝溪、铜山溪、邵源溪和洋口溪等小流域山洪暴发，出现近年来最高水位，全区21

十里丰一号水库

个乡镇(街道、办事处)不同程度受灾，特别是岭洋乡受灾最为严重，造成直接经济损失1.18亿元。2013年7月初至8月中旬，衢江区出现持续高温少雨天气，遭受近十年来最严重的高温干旱灾害。全区有1.98公顷农作物受旱，其中1600公顷绝收，有2820公顷水田缺水，3320公顷旱地缺墒，饮水困难人数1.5万人。2014年12月，省水利厅下发《关于衢江区上山溪山洪沟防洪治理工程初步设计的批复》，批复概算投资1099.70万元。该工程位于大洲镇上山溪沿岸，涉及石屏村、外焦村两个行政村18段河道，共整治河道总长3.33千米，加固堤防长2.43千米，新建护岸0.66千米、加固护岸0.24千米;配套建筑物65处，其中新建固河堰坝11处、排水涵管28处、便民洗衣取水埠头26座，拆除阻水机耕桥1座。项目建设任务是为提高实施段的防洪防冲能力，兼改善河道生态环境。对治理范围内防洪能力不足的河段进行新建护岸、对现有护岸不满足防洪要求的河段进行护岸加固。

【水利工程建设】 2012—2014年，建成50年一遇防护标准的樟潭堤防7.04千米。高家、后溪等20年一遇堤防17千米。综合治理芝溪、江山港、铜山源流域28.09千米，总投资4.32亿元。保护人口16.42万人、农田1840公顷。按照省、市“五水共治”要求，分别对3条省级河道，11条县级河道和农村部分沟渠池塘95千米进行治理，总投资3600万元。共加固病险水库20座，其中小(一)型水库

1座，小(二)型水库19座，累计投入除险加固资金9950万元。完成山塘整治工程86座，累计投资资金4338.27万元。共整治山塘107座，堰坝5座。改造灌溉机埠57座，衬砌和新建渠道41.81千米，新增微灌面积766.67公顷，新增改善灌溉面积3466.67公顷，总投资900万元。全区投入资金2704万元对乌引西干渠灌区进行节水配套改造，共完成渠道衬砌14.25千米，加固改造隧洞2座、渡槽9座、暗渠1座、水闸12座、农桥55座，新建1处300平方米的灌区管护设施，灌区灌溉保证率由原来的75%提高到90%，渠系水利用系数0.65。完成塔山至周家、安仁至全旺、西垅至高家、西垅至杜泽、衢江新区至安仁、安仁至全旺等6条主干管建设，新建西垅加压泵站1座，铺设给水管道76.6千米，解决197个村12.8万人的饮用水问题，共投入资金3.79亿元。全区共有73座农村小水电站，总装机容量57560千瓦。三年共发电量为4.93亿千瓦时，未发生重大安全事故。

芝溪峡川段治理工程

【水产渔业发展】 2012—2014年，以现代渔业园区建设为重点，共实施渔业项目49个，争取上级补助资金1393万元，提升水产养殖基地的生产能力和经济效益，申报创建省级现代渔业示范区和特色渔业精品园9个，其中华瀚生态甲鱼特色渔业精品园、衢南生态鳖特色渔业精品园、狮子山生态稻鳖特色渔业精品园等3个精品园通过省级验收。对全区666座山塘水库进行生态治理，全面禁止施肥养鱼，建立示范点25个，实施各项洁水渔业措施塘库238座，渔业水域环境水质状况好转，渔业综合效益提高。共增殖放流各品种夏花1558万尾、冬片175.5万尾，投入资金128万元，有效改善水生生物种群结构，净化水质，恢复生态平衡，促进农民增收。2013—2014年，实施基层渔技推广体系改革与建设项目，培育渔业科技示范户85户、科技示范基地8个，培训渔技人员和水产养殖户800人次。通过主推品种和主推技术与模式联合行动的开展，推广普及水产养殖新品种6个，推广新技术及模式20项。2014年7月，省海洋与渔业执法总队对协会自治管理进行调研，在此基础上形成《内陆地区渔政执法监管与社会参与管理研究》，并将该经验在全省内陆地区推广。

2012—2014年水产养殖情况统计表

表10

年份	水产养殖面积(公顷)	水产品总产量(吨)			渔业经济总产出(万元)	部分名优品种养殖产量(吨)					渔业机械保有量(台套)		休闲渔业产值(万元)
		合计	养殖	捕捞		鲫鱼	鲂鱼	太阳鱼	鲟鱼	甲鱼	增氧机	投饵机	
2012	2255	10442	9689	753	18966	1698	1183	318	160	325	522	428	2171
2013	2234	11255	10445	810	23083	1705	1270	395	390	490	571	462	2990
2014	2233	11830	10975	855	25017	1800	1350	375	450	470	593	485	4420

【水政渔政监管】 2012年,衢江区完成河道采砂制砂专项整规工作,涉及12个乡镇(街道、办事处)70家采砂制砂点。经整规允许完善合同的21家,取缔关停并终止合同的46家,有证超范围开采的3家,共收款项551.4864万元,断电销户9家,移送警方5起,立案查处2起,依法刑拘4人,行政处罚34起,共收罚没款27.4万元。2013年,区水政监察队伍通过省水利厅水政监察"三百六保障"达标县工作验收。2014年3月,关停有证到期砂场14家,验收合格。开展水资源和水土保持等专项执法行动,调处水事纠纷案件58起,水保方案审批25件。创建节水型单位42家,企业3家,灌区1个,建设2个地下水质监测点,安装9套取水实时监控系统。2012—2014年,共出动渔政检查189次,参加检查人员652人次,检查渔船763艘,查处案件15件,没收电捕器具36台(套),收缴罚没款1.21万元,调处渔业水域污染纠纷2起,为养殖户挽回经济损失12.95万元。

【小水电建设生产】 衢江区山溪较多,坡降大、水头高,年降雨量达1700毫米,水资源丰沛,有利水能清洁可再生能源开发,以小水电自建、自管、自用为原则,在市政府优先调度、全额上网、同网同价等优惠政策的扶持下,小水电事业得到了长足发展,截至2014年年底,全区共有73座农村小水电站,总装机容量57560千瓦,2012年发电量为1.94亿千瓦时;2013年发电量为1.37亿千瓦时;2014年发电量为1.62亿千瓦时,小水电站管理运行正常。2012—2014年,未发生重大安全事故。

【乌溪江国家水利风景区总体规划】 乌溪江国家水利风景区是2010年水利部批准的第十批国家水利风景区,位于衢州市衢江区南部山区,主要依托乌溪江下游的湖南镇水库、黄坛口水库两大水库建设。为加强乌溪江国家水利风景区的建设和管理,确保抽水蓄能电站项目顺利实施,2014年1月初委托设计单位编制《乌溪江国家水利风景区总体规划》。在水利部景区办和省水利厅直接指导和支持下,该项目于2014年1月份启动,7月3日完成成果送审稿,并通过省水利厅组织的评审,10月21日通过水利部评审。

(汪洪发)

农业和农村工作

【概况】 中共衢江区委、衢江区人民政府农业和农村工作办公室(简称区农办),承担全区农业和农村工作的政策研究、综合协调、农村综合改革、美丽乡村建设、扶贫开发等职责。2012—2014年,创建石安线、廿项线等美丽乡村精品线路5条,市级美丽乡村示范乡镇6个、精品村19个,美丽集镇示范社区2个,茶坪村、洋坑村、东坪村被评为衢州市最美乡村。在全省率先推行农村生活垃圾清运BOT模式,实现垃圾处理智能化和垃圾收集、清运无缝对接。农家乐接待游客563.2万人次,经营总收入3.05亿元。下山搬迁农户1122户3709人。2014年,被区委、区政府评为年度综合考核先进单位。

【美丽乡村建设】 2012—2014年,区农办制订《关于深入推进美丽乡村"四级联创"活动的实施意见》,以石安线、廿项线、云十线等生态文明景观带为重点,突出抓好有产业、生态、文化特色的重点村整治,串点成线,连线成片,整体推进特色精品村、中心村和整治村项目建设。实施环境整治村99个,全省第二轮村庄整治实现全覆盖。按照"保护古村"+"合理开发"+"开发新村"的模式,实施全旺镇楼山后村、湖南镇破石村、云溪乡车塘村、莲花镇涧峰村等省级历史文化村落保护利用重点村4个,黄坛口乡茶坪村等一般村11个。创建石安线、廿项线等景观带5条,创建市级美丽乡村示范乡镇6个、精品村19个,举村乡洋坑村、黄坛口乡茶坪村、峡川镇东坪村等3个村被评为衢州市最美乡村,构建"点上出景、线上美丽、面上整洁"和特色亮点凸显的田园风光圈格局。2012年全市美丽乡村"四级联创"暨农村住房改造工作现场推进会在衢江区召开。

【农村生活污水治理】 2014年,衢江区全面启动农村生活污水治理,编制《衢州市衢江区农村生活污水治理总体规划》,计划用3年时间,使全区农村生活污水治理行政村覆盖率90%以上,农户受益率70%以上,项目总投资5.8亿元。2014年农村生活污水治理首战告捷,成功入围省级专项补助资金竞争性分配首批县,争取省补助资金1.7亿元,完成农村生活污水治理村101个,受益农户3.34万户,敷设截污管网735千米,安装检查井24830个,新建或改造化粪池10720个,建成终端处理设施366个,农村水环境得到有效改善。

【全省率先推行农村垃圾清运BOT模式】 2012—2013年,衢江区实施农村清洁工程和"清洁乡村"专项行动,突出农户门前"三包"、党员干部分片包干、保洁员专业保洁和垃圾处理设施建设即"3+1"机制建设,农村环境卫生得到改善。累计建设垃圾中转站3座,配备卫生保洁员781名,垃圾车520辆、垃圾筒7316只。2014年,衢江区在全省率先推行农村垃圾清运BOT模式,该模式覆盖全区除樟潭、浮石、廿里外的18个乡镇(街道、办事处),服务范围内的生活垃圾由村统一收集后就近投放到密闭式智能垃圾收集箱,由运营公司负责定期收集并清运到市填埋场处理,实现农村生活垃圾处理智能化服务和垃圾收集、清运无缝对接。全年安装密闭地埋式垃圾收集系统32套,配备垃圾清运车5辆,同年9月启动试运行,清运垃圾3134吨。推进农村生活垃圾源头分类减量,55个村实行生活垃圾源头分类,发放农户垃圾筒2.6万套。

【农村扶贫开发】 2008—2012年实施低收入农户奔小康工程,衢江区五年目标如期实现:全区74%以上的低收入农户("低保"农户除外)家庭人均收入超过4000元;90.6%低收入农户实现非农就业,有劳动力的低收入农户至少有1人实现非农就业或从事特色农业。低保专项资金和物价补贴按区财政收入2.5%列入财政预算,最低生活保障标准提高到3060元,符合条件的低收入农户全面纳入最低生活保障。以"家庭经济困难学生资助扩面"和"贫困大学新生资助"为抓手,实现教育救助低收入农户全覆盖,累计资助15401人次,医疗救助全面覆盖家庭人均收入低于农村"低保"标准1.5倍低收入农户。住房救助全面覆盖低收入农户中的困难群众,累计受益9329户农户。低收入农户人均教育和医疗消费支出占生活消费支出分别达8.08%和9.6%,基本达到农村居民平均水平。2013年,启动低收入农户收入倍增计划(2013—2017年),以全区10.81万低收入农户和170个扶贫重点村为工作对象,促进低收入农户收入水平和生活质量提升。推进产业扶贫、异地脱贫和金融扶贫。

【推进产业扶贫】 2013—2014年,投入产业发展资金2895万元,建设产业项目126个,发展特色产业基地4000余公顷,受益农户2.4万户。推进结对帮扶,继续与杭州市结对,实施帮扶项目30个,到位帮扶资金750万元。先后建设上方立模、金扬,大洲沧南,峡川祝家垄等安置小区,下山搬迁农户1122户3709人。金融扶贫力度加大,累计发放小额贴息贷款5938户10980万元。组建村级资金互助组织试点村13个,入股农户190户,筹集股金300万元。

【一村一品行动】 2012—2014年,制订衢江区"一村一品"三年行动计划,把"一村一品"融入"210"现代农业产业体系,引导各村发展主导特色优势产业。累计创建市级“一村一品”特色乡镇2个,市级“一村一品”行动最佳村6个、优秀村30个,市级“一村一品”十大新品牌2个,市级“一村一品”展示展销中心1个。创新电商运营模式,实行“一村一品”商城招商与阿里巴巴等代理运营商合作的方式,拓展农产品销售渠道。区“一村一品”电商发展代理运营商4家、平台分销商120家,累计实现电商销售额3000万元。2012年、2013年连续两年全市“一村一品”行动现场推进会在衢江区召开,得到市委、市政府充分肯定。

【农家乐发展提升】 探索农旅结合、文创融合、城乡互动的农家乐乡村休闲旅游发展新模式,创建一批精品村(点)、精品线路、精品民宿,打造“五养衢江、九龙归谷”。2012—2014年,全区提升发展农家乐经营户199户,其中三星以上农家乐经营户120户(含四星级经营户8户、五星级经营1户),从业人员1692人。创建省级农家乐精品示范区1个、省级农家乐特色乡镇1个,省级农家乐特色村(点)6个。全区农家乐接待游客563.2万人次,经营总收入达3.05亿元,基本形成山区库区、平原、城郊特色各异,消费层次高中低档次齐全,住宿餐饮休闲业态丰富的农家乐乡村休闲旅游产品体系。全省农家乐业绩考评2012年度获一等奖、2013年度获二等奖、2014年度获优秀奖。

【农民素质提升】 2012—2014年,在全区范围内实施万名农民素质培训工程,共培训农民32172人次,其中农村实用人才9229人次。根据市场需求,把“月嫂”培训作为重点,研究、设计培训课程,借助衢州农民学院仿真实验室,强化实训实操内容培训,培育一批理论知识扎实、动手能力强的月嫂。大部分“月嫂”前往杭州、宁波、上海等地就业,取得较好的经济、社会效益。同时,采取以赛代训方式,举办“快乐农家”擂台赛,通过比赛提高农家乐业主经营管理能力,打响衢江快乐农家品牌。

2014年衢江区第一期计算机(网店创业)培训班

(杜尚刚)

农业综合开发

【概况】 2012—2014年,衢江区农业对外综合开发区围绕申报国家农业综合开发现代农业园区项目和创建AAAA级旅游景区两大核心工作,在运作管理、基础提升、农业生态循环、三产融合发展等方面,为发展现代农业积累经验,提供示范样板。2013年2月,被确立为省级现代农业园区。2014年9月,被确立为省级现代农业园区(综合区)标杆示范区。同年11月,盛世莲花景区通过省旅游局景观资源评审。园区累计完成投资4.3亿元,钢构大棚总面积突破120万平方米,共有22家农业企业入驻园区,流转土地488.53公顷,流转率75%。

【打造“一区六园”】 2012年,着力打造“一区六园”“一区”即建成现代农业园区。“六园”即以园区为依托,打造玫瑰、百合、草莓、葡萄、西瓜、蔬菜六大主导产业园。以浙江九九红玫瑰科技有限公司为代表,发展玫瑰种植基地200公顷。以红艳草莓产销班为代表的草莓采摘园拥有成员60名,种植面积23.2公顷,年产优质草莓500吨,实现产值

800万元，同时带动周边400户农户开展草莓种植，总面积133.33公顷。同年1—7月，衢州现代宝岛生物科技有限公司生产香水百合30万支，同年该公司选送的百合花获评浙江省第三届鲜花展示展销会金奖。一加一农业发展有限公司投资650万元，租赁农户土地13.33公顷，年产葡萄200吨，产值350万元，带动周边105户农户组建莲花镇葡萄产销班种植葡萄50公顷。衢江区林氏精品西瓜专业合作社投资800万元，通过"企业+基地+农户"模式，辐射带动周边农户建立种植基地240公顷。建立以龙海蔬菜专业合作社为核心区的千亩设施蔬菜观摩园，辐射带动周边农户建立种植基地66.67公顷。

【规划修编】 2013年，编制完成盛世莲花现代农业观光园旅游规划，完成衢州农业对外综合开发区总体规划修编，完成核心区控制性详细规划。对园区标示标牌和企业大门改造实行统一规划设计。

【基础设施建设】 2012—2014年，园区农业基础设施建设投入5500万元。其中2012年投资1100万元完成涧峰大排渠、园区排水渠一期、金村垅灌区改造及园区防洪堤等工程后期建设。2013年，投资3000万元完成玫瑰大道取直工程、园区农业公共服务中心、园区排渠工程、喷滴灌项目、红艳草莓合作社道路新建等工程建设，投资50万元完成园区主入口大门建设。2014年，投资1350万元完成游客服务中心主体工程、园区16个景观大门工程、生态公厕、生态停车场、休闲绿道工程、玫瑰大道木栈道、游步道、绿篱、绿化等工程建设。

【农业项目引进】 2012年，引进老爸果园、强荣龟鳖两家企业。总投资3000万元的老爸果园，占地面积14公顷，当年到位资金1600万元，完成果园内苗木种植和10万平方米钢架大棚搭建。总投资8000万元的强荣龟鳖项目，总占地面积80公顷，一期占地面积33.33公顷，年产商品龟鳖1000吨，完成温室大棚搭建。2013年，新引进农业项目2个，协议投资1.5亿元，其中西莲玫瑰庄园项目协议投资1亿元，66.67公顷土地流转和230户农户政策处理结束。已报决策项目1个，计划投资5000万元，由浙江鸿源农业开发有限公司投资5000万元建设喜洋洋羊家乐项目。

【现代园区项目申报】 根据《农业综合开发助推浙江现代农业发展31066行动计划》精神，2014年浙江省计划立项建设4个省级农业综合开发现代园项目，每个设区市可推荐1个项目。园区管委会申报农业综合开发现代园项目，落实编制单位，编制可研报告，走访各企业落实公建项目，争取上级财政资金用于提升园区转型升级。参加项目申报答辩会后，根据答辩会反馈意见和区委、区政府的要求，确定申报2015年国家农业综合开发现代农业园区项目。

【企业服务】 及时落实上级相关政策，每年为园区企业申报产业化项目。建立园区干部联系企业制度。管委会干部每星期走访联系企业不少于3次，每月上报联系工作开展情况。协调解决问题，对企业发展中遇到的问题，及时到场解决。对需要其他部门单位协调解决的，由联系干部负责帮助协调。对条件不具备的及时回复企业并做好解释工作。定期召开园区企业主座谈会。2014年，以开展党的群众路线教育实践活动为契机，组织100人次开展园区环境大整治，对玫瑰大道两侧及周边道路、水渠进行清理。重新修改园区卫生保洁方案，安排专职保洁人员4名、垃圾清运车1辆、垃圾桶50个，确保每天及时把垃圾运送至集镇垃圾站统一处理。

【促农增收】 创新服务模式，实行"一班八统一"服务模式，党员联系种植户，手把手传帮带，先富带后富，抱团闯市场，使农民不失地能就业促增收。

园区内企业每年向农户支付土地流转租金210万元,农民工工资320万元,农民既有租金,又拿薪金,还有股金和佣金,逐步转变成为产业化工人,实现在家门口就业。周边农户在企业带动下,发展西瓜、草莓、葡萄、蔬菜、玫瑰等种植,促进一、二、三产良性互动,休闲采摘游年接待游客10万人次,人均增收超过千元,园区里85%以上是“万元田”。

【宣传营销】 2012年,举办衢江区“玫瑰红五月”活动、“绿色中国行——走进衢江”、莲花镇首届精品瓜果采摘节系列活动。2013年,举办“元宵大游园、春节大采摘”、第三届玫瑰节活动。2014年,举办第四届玫瑰节活动、最美衢江人颁奖典礼、首届职工相亲交友大会、首届亲子瓜果采摘节等活动。创新开通全省首列家庭农场周末免费直通车,通过组织市民参观农场基地、了解放心农产品生产、参加农事体验等系列活动,促进现代农业与休闲观光旅游协调发展,提升园区的知名度。

(邱　俊)

乌引工程

【概况】 衢州市乌溪江引水工程(简称乌引工程)是浙江省“八五”重点农田水利建设工程。乌引工程衢江段总干渠长15.712千米,首接柯城区,下连龙游县,穿越东港街道、横路办事处、全旺镇的10个行政村。干渠进入流量38立方米/秒,输出流量28.9立方米/秒。灌区供水范围包括:东港街道、樟潭街道、横路办事处、高家镇、全旺镇等5个乡镇(街道)3333.33公顷农田,东港水厂、衢江自来水厂。2012—2014年,衢江灌区累计供水1.3亿立方米,其中为衢江自来水厂供水0.35亿立方米。为灌区工业化、城镇化、农业产业化提供水资源支撑和保障。

【工程防汛】 2012—2014年,针对春季雨水偏多,汛前则开展工程设施安全检查,检查排涵、桥梁、渡槽、隧洞等建筑物,发现问题及时登记备案。与管理人员签订防汛责任书,明确职责,强化责任。明确防汛任务,汛期水调办法,落实防汛措施,准备防汛物资,确保发生大、暴雨时工程安全,减少灾害损失。注重水毁工程抢修,检查干渠沿线环境卫生状况与沿线绿化情况,补种苗木。及时处理乱倒、乱排情况。2012年,在衢州市乌引帮助支持下修复与龙游交界的灰山段倒塌侧墙140米。

【供水服务】 2012—2014年,以保障东港、衢江经济开发区工业企业用水为重点,做好供水服务。2012年,工程累计为灌区供水310余天,供水3500万立方米,其中为衢江自来水厂供水1200万立方米。同年11月,市局统一停水15天,管理处与区开发区管委会、水厂共同采取措施,确保水厂原水正常供应。同年,乌引工程向金华市供水1500万立方米,管理处利用干渠大流量供水时机,加大支渠流量,延长供水时间,充分满足灌区用水需要。2013年7月出梅以后,持续高温热浪天气40天,严重影响群众生活、工农业用水,管理处和各管理站深入灌区田间地头了解旱情,加强与衢江自来水厂,各乡(镇)、村的联系,及时掌握各用水单位及农田灌溉的需水。

2012—2014年,管理处根据灌区供水计划,统一调配,夯实责任,明确职责,加强管理,全体管理人员全力以赴投入抗旱供水工作,工程累计为灌区供水1.3亿立方米。供水期间没有发生安全责任事故和因水源问题而产生的水事纠纷,为灌区经济社会发展提供水源保障,充分发挥工程的综合效益。

【工程管理】 2012—2014年,乌引衢江段全线美化、绿化渠道,种植红叶石楠等苗木0.46万株 。抢修大小水毁工程23处,投入维修资金88万元。2012年,开展植树造林活动,绿化、美化渠道。安排种植国外松、竹等苗木2600株。处置一起民工有害气体中毒事件,挽救四位民工的生命。2013年,安排种植红叶石楠等苗木2000株。与市绿色产业聚集区碧桂园项目建设单位协调曹家垄支渠改线问题。项目部投资170万元，完成370米渠道改线工程。结合“四边三化”“双清行动”开展乌引沿线环境整治，处置渠道内动物尸体，清理沿渠垃圾，加强长效管理机制建设。以“三改一拆”行动为契机，加强工程沿线土地管理，配合城中村改造工作。2014年，管理处积极争取资金，11月起将平土段高边坡塌方、贺辂亭倒虹吸上游渠道塌方、诸家节制闸、上山溪倒虹吸退水闸、18#排涵等五处隐患地段全面进行修复维护。

乌引灌区节水续建配套项目第五期工程建设现场

【项目建设】 2012—2014年，实施灌区节水续建配套项目，累计投入水利建设资金942.8万元。2012年，完成总干渠140米和宋塘尹支渠1000米改造，投入资金80万元。2013年，完成曹家垄支渠370米渠道改造，投入资金170万元。同年7月，衢州市乌溪江引水工程管理局编制的《乌溪江引水工程灌区（衢州片）节水续建配套项目第五期工程可行性研究报告》通过省发改委、水利厅组织的审查。2014年3月浙江省水利厅批复项目实施方案。批复总投3014.47万元，建设工期为一年。2014年10月，乌引灌区节水续建配套项目第五期工程衢江区境内的项目开始实施，总投资692.8万元。完成丁塘山支渠渠首段2.1千米和总干渠布袋垄段1.5千米渠道衬砌改造。

【引进农业项目】 2012年，完成500万元农业招商引资任务。成立三个招商引资小组，帮助企业办理手续，解决项目落地碰到的各种困难。引进现代农业项目2个，协议投资1900万元，实际到位资金831万元。2013年，引进衢州市衢江区平和家庭农场项目，协议投资1000万元。2014年，引进衢江区天瑞家庭农场项目，协议投资1000万元。

【推进“五水共治”】 2014年，以排查污水、工程防汛、工业供水、排涵清淤、节水改造为抓手，全力推进“五水共治”。打造“生态乌引”“平安乌引”。排查沿线工业、养殖业污水入渠污染点，提醒有关企业和养殖场不要乱排污水，严禁污水污染乌引干渠水质。同时组织清理渠边垃圾，确保乌引水质安全。抓好工程防汛，组织防汛检查，落实巡查值班制度，确保工程汛期行洪安全。进入汛期以来总干渠整体状况良好，没有发生新的大滑坡、大塌方。保供水，上下协调，科学调度，争取水源，保障衢江经济开发区企业用水需要。排涝水，清理排涵垃圾、淤泥，保证水系畅通，减少农田内涝。投入资金2余万元，对15#、21#排涵淤积进行清淤疏浚。以实施灌区节水改造项目为契机，提高工程水利用系数。实施乌引灌区节水续建配套项目第五期工程，总投资692.8万元，项目于2014年10月份开工。项目主要建设内容是丁塘山支渠渠首段2.1千米进行衬砌改造和总干渠1.5千米渠道进行除险加固。

【水费收缴】 乌引工程灌区农业水费分两部分，其中基本田亩水费由区财政转移支付，年57000元；按方计量水费，由受益乡镇缴纳，年49384元。2013年起，因东港街道办事处无灌溉面积，不再缴纳按方计量水费。工业水费，按0.075元/立方米计，衢江自来水厂年缴水费40万元。

（徐小明）

工业经济

工业管理

【概况】 2012—2014年，衢江区大力实施“工业立区”战略，以招商引资为第一工程，以项目建设为抓手，工业经济提质发展，成为全区经济发展主导力量。工业产值、投资、效益稳健发展，主导、特色、新兴三大产业初具规模，节能减排、淘汰落后、平台开拓三项工作成效明显，企业、创新、品牌三类载体基础扎实，工业发展速度步伐加快。

全区工业总产值从2012年的172.9亿元发展到2014年的210.96亿元。年主营业务收入2000万元以上的规模工业总产值从2012年的101.75亿元发展到2014年的130.11亿元，年均增长13.07%。2014年与2012年比，规模以上企业数量从105家增加到121家，其中亿元以上企业30家，浙江仙鹤特种纸有限公司和浙江夏王纸业有限公司产值突破15亿大关。工业增加值从2012年的42亿发展到2014年的52.21亿元，年均增长14.9%，2014年工业增加值占GDP比重达到39.83%，工业经济增长质量提升，规模企业实现销售收入从2012年83.35亿元发展到2014年的122亿元，年均增长20.8%；规模工业利税总额从2012年8.27亿元发展到2014年的12.09亿元，年均增长20.9%。主导产业支柱作用明显，推动工业经济率先追赶跨越。2014年，高档特种纸、装备制造者业分别实现规模产值45.86亿元、29.64亿元，占规模以上工业总产值58.02%。

【产业结构优化升级】 2012—2014年，衢江区围绕“强企业、扩投入、稳增长、优结构、促转型”工作主线，坚持量质并举，实施“百亿产业”计划，深化产业战略研究，加快培育主导产业，建立产业发展领导小组，完善落实主导产业和龙头骨干企业培育政策，支持技改扩建，制定企业梯队发展意见，实行一企一策。仙鹤18号机、望湖蓝图纸业顺利投产，总投资7.5亿元的五一机械、2.4亿元的金润科技等行业龙头企业相继落户。跨国公司“芬兰美卓”投资5.2亿元在衢江区设立全球第六个铸造基地。加大仙鹤特种纸、夏王纸业、志高机械、美卓矿机等领军型企业培育力度，推进两大主导产业转型提升，加快向“百亿产业”迈进，夏王、仙鹤税收双双破亿。深化“三企工程”开展“进村入企”大走访，建立龙头企业专项服务组强化企业帮扶和服务。东港热电与上市公司“富春环保”、巨鑫机械和跨国公司“芬兰美卓”、仙鹤和新加坡“希科资本”成功合作。加大科技创新扶持力度，中国制浆造纸研究院衢州分院和全市首家民营院士工作站落户衢江区，夏王装饰原纸和志高空压机组被评为“浙江省名牌产品”。鑫丰特种纸、诚远重机、耐佳特车业、民心科技、在浙江股权交易中心挂牌。志高机械、佳成机械空压机列入国家节能惠民工程首批目录。志高机械、神舟机器人分别入驻上海自贸区、杭州海创园,“海力”“好梦来”获评中国驰名商标。

【工业投资增长加快】 2012—2014年,全区累计完成工业投资142.26亿元,年均增长11.8%,其中工业技改投资44.95亿,年均增长22.7%,占工业投资的31.6%。项目推进持续突破,深化重点项目“互看互学”“白皮书”制度,建立投资项目化管理机制,扎实推进项目建设,实行重点项目跟踪服务,进行项目跟踪调查,建立市、区重点工业项目挂图作战计划。

【技术创新体系建设】 2012—2014年,衢江区坚持抓好以企业技术中心为核心的技术创新体系建设,全面落实创新驱动发展战略,构建以市场主导、政府引导、企业主体、院校支撑的技术创新模式。全区共创建市级以上企业技术中心25家,其中省级企业技术中心2家。组织实施省级技术创新项目7个,省级高新技术产品开发项目3个,开发省级新产品7个。2014年浙江威力机械有限公司的大型空压机气缸专用精密数控镗床、VTC8150p、浙江吉天环保科技有限公司的CFF型长袋低压高效除尘器、浙江福瑞科流控机械有限公司的高压高可靠性大口径航油阀等3个产品被认定为浙江省装备制造业重点领域省内首台(套),分别获省政府50万元的奖励,并在产业化方面给予重点支持。首台(套)产品的不断推出,充分显示装备制造企业依靠科技创新,以产品的升级换代促进产业的转型升级,为“衢江制造”向“衢江创造”发展奠定良好的基础。

【完成节能降耗目标】 2014年,全区规模以上工业企业生产累计用电量6.63亿千瓦时,等价能源消费量为38.87万吨标准煤。2012—2014年,全区等价能源消费总量分别增长4.56%、4.51%、6.94%,万元工业增加值能耗分别下降7.3%、7.0%、7.2%,完成市政府下达的节能降耗的目标。全区共完成24家企业省级清洁生产审核,创建省级绿色企业1家。全区有18个项目列入省、市节能与工业循环经济补助资金项目,7个清洁生产项目列入市级清洁生产补助资金项目,共为企业向上争取专项补助资金393万元。

【完善工业扶持政策】 2012年,结合衢江区工业产业培育体系,区委、区政府出台《关于加快培育主导产业和龙头骨干企业促进工业经济跨越发展的若干意见》,工业发展资金由原来的3000万元增加到4000万元,改普惠制为特惠制,重点扶持主导产业、战略性新兴产业和龙头骨干企业的发展。

【推进钙产业整治】 2014年,启动钙产业整治提升工作,区政府出台《关于开展钙产业整治提升工作的意见》《关于石灰土窑整治提升工作的实施意见》《关于印发衢江区轻钙企业环境整治实施方案的通知》。淘汰低、小、散的落后产能与工艺,历史性关停钙类企业150家(石灰土窑75家93座、灰钙67家、轻钙8家),淘汰落后产能100万吨,累计拆除违法厂房、工棚16万平方米,减排粉尘3.2万吨、二氧化硫1020吨、氮化合物1840吨、COD1620吨、氨氮232吨,区域内PM2.5、PM10浓度同比下降60%以上。

【中国制浆造纸研究院衢州分院挂牌】 2013年12月28日,为加快衢江区特种纸产业发展,为特种纸企业提供家门口的技术服务,中国制浆造纸研究院衢州分院在新城区求实路举行揭牌仪式。中国造纸学会、中国制浆造纸研究院、浙江省造纸行业协会、浙江仙鹤特种纸有限公司,以及浙江省、山东省、安徽省、河北省相关企业代表共80多人出席揭牌仪式。

(邵前忠　杨文法　吴育晖　郑建琴　贺思远)

开发区建设

【概况】 2012—2014年,衢江经济开发区以招商引资和产业转型升级为中心,优化环境,强化服务,扎实开展"六大提升行动"。2012—2014年,累计实现工业总产值337.3亿元,其中规上工业产值269亿元。2014年,仙鹤、夏王税收均超亿元,实现衢江区单个企业税收超亿元零的突破。

【平台建设】 2012—2014年,共投入基础设施建设资金5.98亿元,完成土地征用面积354.71公顷,拆迁各类房屋2.5万平方米,埋设各类管网60千米,新安装路灯285套。

2012年,实现东扩一期76.6公顷工业熟地储备,承接10个亿元项目。东扩二期土石方平整工程完成70%,并始对外招商。东扩三期、四期地籍调查基本完成,政策处理全面启动。全年完成土地农转用报批260公顷。

2013年,完成东扩三期的土地征收扫尾工作,新征用地25.92公顷,拆迁各类建筑物近4万平方米(其中农房0.3万平方米、厂房0.5万平方米、生产性用房2万余平方米、违章建筑1.1万平方米)。投入建设资金2.2亿元,完成东扩三期的土地征收,新增熟地180公顷。完成土石方平整796万立方米、埋设各类管网33.5千米、实现道路硬化10.62万平方米、安装路灯149套、架设电力线路11.1千米。完成南山路电力线路改造,建成天湖开关站,完成宾港中路景观改造提升工程新增绿化面积5.3万平方米,完成百灵北路以东片区的道路标志标线工程,修复破损路面1万平方米,安装路灯135套。污水处理厂扩容改造工程基本完成。全年清理垃圾2000吨,通过国家卫生城市复审。衢江—鄞州山海协作产业园管委会成立衢江堇信投资开发有限公司,2亿元注册资金到位。

2014年,启动编制各类规划36项,编制完成7个。完成东拓区块控制性详细规划,建成区控制性详细规划,建成区改造提升专项规划。完成科技创新孵化园概念性规划、宾港中路商务中心(1-09地块)方案设计等一批重点项目前期规划设计。完成农转用土地报批39.86公顷,实现新征用地24.27公顷,其中东扩区域10.33公顷,建成区13.93公顷。开展"清三河"行动,完成投资119万元的东扩二期绿化工程。完成宾港中路绿化提升工程、宾港中路与320国道交界点绿化工程、百灵北路与320国道交界点绿化工程。

【项目引进】 2012年,成立开发区招商局。全年洽谈项目49个(已决策),总投资42.35亿元。亿元以上项目14个,总投资34.7亿元。全年新开工亿元以上项目12个,建成投产项目5个。

2013年,成立招商服务中心,下设四个产业招商局,建立专业招商、全员招商、以商招商等机制。利用衢江—鄞州山海协作产业园这一平台,加强两地合作交流,接洽宁波客商6批50人次。全年新签约项目47个,协议投资57.64亿元,其中亿元以上项目20个,协议投资38.42亿元,占地52.67。东扩区域共签约落户项目27个,协议投资46.6亿元,已供地(拟供地)面积93.33公顷,建成投产项目1个,在建项目12个。引进总投资5.2亿元的"美卓矿机"项目,成为跨国公司"芬兰美卓"在全球设立的第六个铸造基地。

2014年,全年度完成谋划上报项目52个,其中入库项目42个,包括10亿元以上项目15个,5亿元以上项目5个。4个项目进入区"双十佳"项目PK赛,3个项目获优秀项目奖,居全区之首。通过推进专业招商、产业招商,重点突出以商招商,发挥衢江—鄞州山海协作产业园平台等多种形式,全年开发区共签约落地项目9个、总投资20.63亿元、涉及土地出让面积33公顷。开发区共有在建、已签约和在谈的5000万元以上项目38个,其中10亿元以上重大项目6个。在建亿元以上项目有32个(含技改扩建项目)。10亿元以上签约项目2个(中财管道项目和茶饮料项目)。

【产业发展】 2014年,衢江经济开发区共有高新技术企业3家,省级研发中心5个,高端科技人才6人,新增发明专利25件,中国驰名商标、省级著名商标等知名品牌(商标)33个。形成高档特种纸和机械装备制造两大主导产业,是"中国高档特种纸产业基地和矿山装备制造业基地"。高档特种纸产业、机械装备制造业产值占开发区工业总产值的65%。在发展两大主导产业同时,培育发展新兴产业及高新技术产业,形成以都邦药业、娃哈哈饮料、煌盛铂业、永创铝业循环经济等为代表的水资源产业、循环经济产业等领军型企业,为衢江区经济持续增长发挥新的作用。

【成立衢江—鄞州山海协作产业园】 衢江—鄞州山海协作产业园位于衢江经济开发区东扩区域,规划开发面积5.3平方千米(四至范围为东到下山溪、西到上山溪,北临320国道,南至东港三路)。2012年4月10日,衢江区与鄞州区签订共建"山海协作产业园"框架合作协议,2013年7月7日签订正式协议,双方共同出资成立衢江堇信投资开发有限公司,实行实体化运作。

【省级园区循环化改造示范试点】 衢江经济开发区在发展两大主导产业的同时,培育发展高新技术产业、循环经济产业等新兴产业。2014年,衢江经济开发区入围"省级园区循环化改造示范试点",成为全省首批7家试点单位之一,为衢江区打造循环经济示范区打下基础,也为开发区转型升级,争取省级政策、资金支持提供平台。

(朱中忠)

招 商 引 资

【概况】 2012—2014年,衢江区确立招商引资"一号工程"地位不动摇,将招商引资作为经济工作的重点,围绕"大干项目、干大项目"工作主线,抓住谋划、招商、前期、转化、建设等重点环节,强化跟踪服务、难题协调、督促落实,招商引资工作取得明显成效。全区共引进项目792个,其中亿元以上项目109个,累计到位资金达153.69亿元。

2012年,引进项目294个,亿元以上项目32个,到位资金36.81亿元。2013年,引进项目278个,亿元以上项目35个,到位资金55.23亿元。2014年,引进项目220个,亿元以上项目42个,到位资金61.65亿元。项目质量和到位资金呈明显上升趋势。

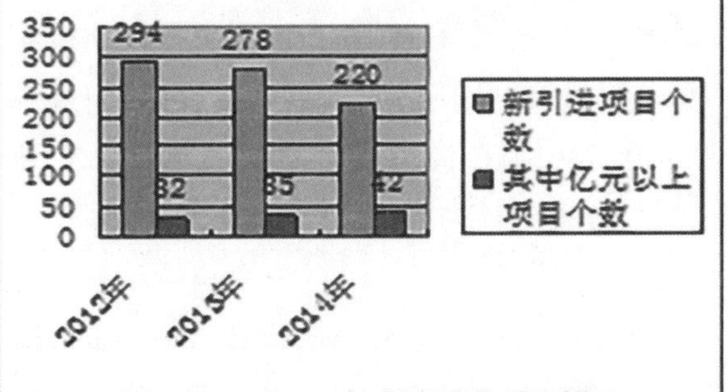

图1 2012-2014年全区引进项目情况

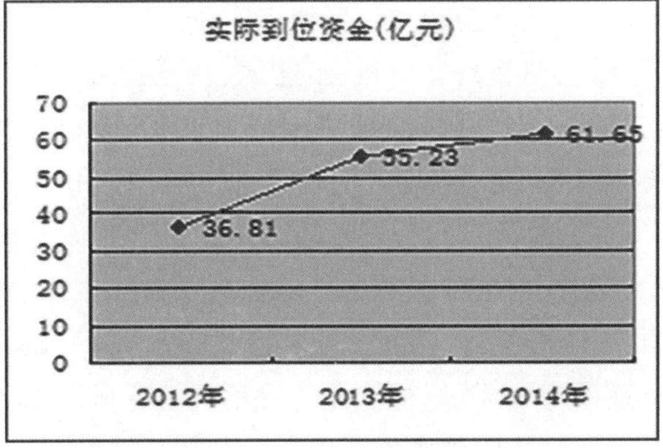

【深化招商理念】 坚持将招商引资工作放在首位,主要领导带头招商,乡镇、部门主动招商,社会各界积极参与招商,全面捕捉大项目信息,建立"一个招商项目、一名区领导、一名领办人、一套班子、一抓到底"的推进机制。加强招商力量,将懂经济、懂法律、会谈判、善协调的专业型、复合型人才充实到招商引资队伍中来,创新招商方式、明确

招商责任、配强招商队伍、优化招商环境，推进全区招商引资工作。

【创新招商机制】 针对不同形式，采取多种招商方式灵活应用，推进招商引资工作。新成立服务业、城市和开发区3个专业招商局，理顺3个产业招商局体制，成立开发区招商服务中心，突出专业化、产业化、定向化招商。强化以商招商，成立衢江上海商会，衢江区杭州商会，充分发挥商会作用。加强长三角、珠三角等重点区域驻点招商，引进国企、央企、省内百强企业、行业标准制定企业和“3+新”产业链项目，注重项目抱团落户。建立招商项目库和信息共享机制，依托优质山水生态资源，加大税源型、品牌型项目招商力度，加大注册资本、实到资金、项目开工考核力度，提高招商实效。

【明确招商重点】 坚持三次产业齐头并进，招大引强，推进招商引资向挑商选资转变。按照“新兴产业规模化、主导产业高端化、传统产业高新化”的要求，大力培育工业“3+新”产业[指高档特种纸、机械装备制造和区域特色产业(钙产品、竹制品、绿色食品)；新材料、新能源、新光源为重点的“三新”新兴产业]，通过深化产业招商，促进集群集约发展，推动产业转型升级，提升工业经济综合实力，总投资10亿元以上的循环经济产业园、万海投资茶饮料等项目签约落地。利用衢江生态、资源、区位等优势，相继引进老爸水果、三易易农业、杭莲设施农业、好德农业等特色高效项目及水云谷等一批休闲观光农业项目。利用新城区、物流园区和重点集镇区位优势，推进商贸服务业招商引资。特别是引进协议引资额10亿元的东方广场项目、协议引资额15.2亿元的新农都项目，加快推进衢江新城区的人气商气的集聚。

【强化招商要素】 2012—2014年，树立“土地活、全盘活”的理念，改变多年来“项目等地”的局面，累计投资1.72亿元，形成熟地180公顷，相应设施功能配套完善。2012年，全区实施征地1400公顷，抓住国家低丘缓坡综合开发利用试点机遇，推进开发区东扩征地。同年与鄞州区签订衢江—鄞州山海协作合作产业园协议，并于2013年获省政府正式命名，衢江—鄞州山海协作产业园规划开发总面积5.3平方千米，注册资金2亿元。截至2014年年底，完成开发面积2.35平方千米，同年，新增熟地面积139.13公顷，实现基础设施投入3.25亿元，固定资产投资18.25亿元，引进项目22个，到位资金15亿元。2014年度衢江—鄞州山海协作产业园获省级山海协作产业园发展情况考核一等奖。

2012年，出台“人才新政32条”，实现国家“千人计划”和海外高层次人才引进实现零突破。2013年，衢江区培养高技能人才656人，引进人才68人，中国制浆造纸研究院衢州分院、中科院常州中心(衢州)起重设备研发中心在衢江区挂牌。2014年，成立新农都院士专家工作站，引进硕士研究生学历和副高以上职称人才25人，使衢江区产学研合作步入良性发展轨道。

【优化招商环境】 开展“三企工程”和外来投资者绿卡活动，定期听取投资者的意见和建议，及时发现和解决存在的问题。编制《衢江区投资项目审批流程一本通》，启动项目审批流程再造，明确各单项的审批要求，对各项审批时限作具体规定，精简审批程序，缩短审批时间。制订完善《衢江区关于加快主导产业和龙头骨干企业培育促进工业经济跨越发展的若干意见》《关于实施商贸兴区战略促进服务业发展的若干意见》《关于浙江衢江经济开发区的若干意见》等一系列招商引资的优惠政策，兑现对投资者的优惠、扶持、鼓励、保护、服务等政策，以诚信赢得客商、以务实赢得发展，全区形成招商引资良好氛围。

(叶云霞　陶　双)

商 贸 经 济

【概况】 衢江区委、区政府提出全面实施“商贸兴区”的发展战略，制定加快构建与先进制造业相配套、与新城区建设相适应、符合城乡居民需求的现代服务业体系的发展目标与相关政策，为衢江商贸服务业的持续、快速、健康发展奠定良好的基础。先后引进和建设以东方广场、港汇广场、万海公馆等为代表的购物中心、大型超市和宾馆酒店，以新农都农副产品电子商务为代表的专业批发市场，以泰隆银行为代表的金融和总部经济行业，以君悦东方、长河绿江南为代表的房地产业，以宝马、奥迪4S店为代表的汽车4S销售集群，形成多元发展的生活性、生产性服务业格局。

2012—2014年，外向型经济积极应对国内生产要素价格上涨、国际经济疲软、汇率变动较大、贸易壁垒增多等不利因素，迎难而上，实现持续健康较快发展。累计实现进出口额143146万美元，年均递增16.28%，其中实现出口96480万美元，年均递增27.94%；实现进口46666万美元，年均递增1.51%。批准设立外商投资企业6家，总投资8701.16万美元，合同利用外资3033万美元，实际利用外资3109万美元，核准境外投资企业1家。2014年度被市贸促会评为贸促服务创新争优活动一等奖。

【商贸业】 2012—2014年，全区第三产业增加值从39.96亿元增至47.33亿元，年均增速8.8%，房地产投资额从9.61亿元增至12.82亿元，年均增速15.5%，社会消费品零售总额从32.64亿元增至50.09亿元，年均增速23.9%。第三、四、五届汽车展销会隆重举行，展会期间，吸引周边地区众多参展商和国内外汽车品牌参展，成交活跃，连续三年销售额创历史新高，年均销售3000万元以上，年均增长7.95%。

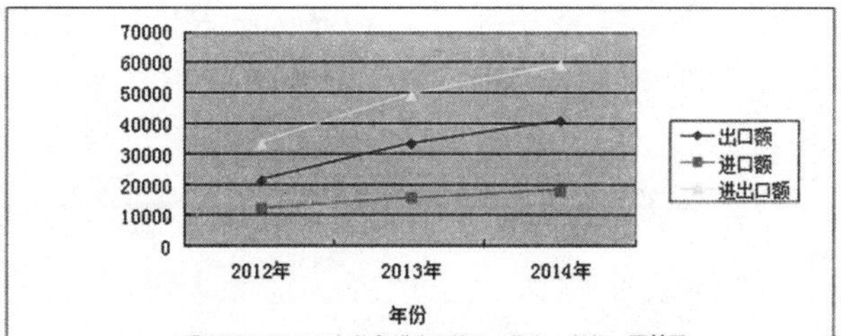

衢江区2012-2014年外贸进出口情况一览表　单位：万美元

【对外贸易】 2012—2014年，全区商务系统围绕“稳增长、调结构、促改革”的工作主线，通过大力宣传扶持政策，提高服务企业质量，提升产品品质和核心竞争力，创建自主品牌，加大对重点出口企业的支持，组织企业参加各类境内外展会，引导企业规避贸易风险，协助企业应对涉外法律就以及鼓励发展跨境电商等有效举措帮助企业开拓国际市场，培育新的增长点，确保全区对外贸易持续稳定健康发展。

进出口额 2012年,全区实现进出口额3.40亿美元。2013年,进出口总额突破4亿美元,实现4.97亿美元,同比增长46.17%。2014年,突破5亿美元,实现5.94亿美元,同比增长19.67%。

外贸主体 2012—2014年,衢江区新增备案登记企业107家,其中外贸流通型企业65家,生产型企业36家,外商投资企业6家,有进出口实绩的企业由109家发展到125家,其中流通型与生产型企业由101家发展到117家,外商投资企业由7家发展到8家。

重点进出口企业 2012年,全区进出口额超百万美元有32家,2014年增至46家,占全区125家有进出口实绩企业的36.8%。进出口额为500-1000万美元企业从2012年的4家增至2014年的7家,1000万美元以上企业从2012年的6家增至2014年12家,其中浙江夏王纸业有限公司进出口额超1.5亿美元,浙江仙鹤特种纸有限公司超8000万美元,衢州市建沃精工机械有限公司等3家企业超2000万美元。2014年,出口额超100万美元的企业有46家,夏王、凯运、建沃等12家出口额超千万美元企业合计出口额为27165.24万美元,占全区出口总额的66.14%,龙头企业出口贡献率进一步增大。

外贸产业结构 衢江区形成以机械装备制造业、特种纸业两大支柱产业为主的产业结构布局。2014年,两大产业出口额分别为7325.8万美元、8798.1万美元,同比各增长28.25%、16.36%,合计占全区出口总额的39.25%,在出口额1000万美元以上的5家生产企业中,两大产业企业各占2家,分别是衢州市建沃精工机械有限公司、浙江尤尼威机械有限公司和浙江夏王纸业有限公司、浙江仙鹤特种纸有限公司。

品牌自主意识增强 2014年,浙江夏王纸业有限公司的品牌“KINGDECOR夏王”获评“浙江省出口名牌”,这是衢江区首个获“浙江出口名牌”的品牌。同年,浙江尤尼威机械有限公司的品牌“UNIV”荣获首批“衢州出口名牌”称号。浙江艾美家居有限公司、浙江潘氏家具有限公司等企业在境外进行马德里商标注册等国际商标注册。

政策扶持资金增加 为鼓励外向型企业发展,国家、省、市、区制定相关外贸政策鼓励企业开拓国际市场步伐,内容包含鼓励企业参加境外展会、发展电子商务、投保出口信用保险、开展境外投资等方面。2012年,衢江区企业共享受到十项外向型扶持政策资金合计779.10万元。2013年,共享受到六项持政策资金合计916.96万元,同比增长17.05%。2014年,共享受到三项持政策资金合计938.31万元,同比增长2.89%。

贸易摩擦案件 随着对外贸易总额快速增长和结构多元化,相应的贸易摩擦案件逐步增加。2014年,衢江区发生第一起反倾销案即浙江彭胜文具有限公司巴西反倾销案,此案在各方努力下于同年应诉成功结案。自2014年年初,衢州市建立各县(市、区)涉外法律纠纷事件报告制度起,至年底衢江区企业遭遇贸易摩擦案件共6起,内容涉及商标权纠纷、反倾销、国际商业诈骗等方面。

开拓国际市场 全区对外贸易合作伙伴从2012年的149个发展到2014年的186个,增长幅度达24.83%。到2014年,衢江区对欧盟、印度、东盟、韩国、拉丁美洲、美国等出口额均超1000万美元,累计达15251.31万美元,占全区出口总额的70.37%。上述各地区成为衢江区前七大贸易伙伴,其中欧盟是最大贸易伙伴。对东盟、拉丁美洲等新兴市场出口不仅金额高,增长势头强劲,同比分别增长548.17%、54.63%,分别高出全区平均增幅494.4、0.86个百分点。

2012—2014年外资指标统计表

表11　　单位:万美元

年份	合同利用外资	实际利用外资
2012	207	37
2013	1522	2076
2014	1304	996
合计	3033	3109

【利用外资】 狠抓利用外资工作,注重扩大规模及利用外资的质量和水平,做好项目储备,参加各类经贸洽谈活动,创新招商方式,围绕衢江区重点产业、优势产业积极开展招商,强化服务意识,提高利用外资能力和水平。

引进外资规模扩增2012—2014年,全区累计批准设立外商投资企业6家,总投资8701.16万美元,合同利用外资3033万美元,实际利用外资3109万美元,其中2013年实际利用外资2076万美元,是衢江区历史上实际利用外资完成最好年份。

龙头产业均有代表性外资企业 2013年7月11日,美卓矿机(衢州)有限公司成立。该公司是由芬兰美卓矿机有限公司并购衢州巨鑫机械有限公司、衢州市驰鑫机械有限公司和衢州路发废旧金属回收有限公司资产后成立的外商独资企业,是“以民引外”的典型案例,对衢江区企业开辟国际市场,加大产品出口,加强自身管理,提升核心竞争力及整体产业水平起到积极作用。衢江区两大龙头产业—特种纸和机械装备制造业均有其代表性外资企业。

对外贸易再上新台阶 引导企业拓展国际市场营销渠道,鼓励条件成熟的企业因地制宜,通过在主要市场开设加盟店、办事处、成立公司等方式自建销售渠道,深入开拓国际市场,揽收流通环节的利润,降低成本,促成自身的发展壮大。2012年,浙江衢州星月神电动车公司在越南投资设立贸易公司,投资总额为300万美元,有22家销售网点建成营业。2014年,衢江区外贸进出口总额实现59448.83万美元,是“十五”期末两倍多,出口实现41075.38万美元,是“十五”期末三倍,进口实现18373.45万美元,是“十五”期末一倍多,对外贸易三项指标均为历史之最,为全区经济发展做出贡献。

【全市首个外资资产并购项目】 2013年7月11日,美卓矿机(衢州)有限公司成立,该公司是由芬兰美卓矿机有限公司并购衢州巨鑫机械有限公司、衢州市驰鑫机械有限公司和衢州路发废旧金属回收有限公司资产后成立的外商独资企业,设计年产2.8万吨各类铸件,是该公司继印度、南非、捷克共和国、巴西和芬兰之后全球第六家铸造件厂。该项目投资总额3亿元人民币,合同外资、实际利用外资1.2亿元人民币,其并购案成为衢州市第一个外资资产并购项目,同时美卓矿机(衢州)有限公司也成为衢江区最大的外商独资企业。

【首件反倾销案应诉成功】 2013年9月,巴西发展工业外贸部外贸秘书处发布第51号通告,将对进口自中国的树脂铅笔启动反倾销调查,浙江彭胜文具有限公司成为涉案企业之一为衢江区企业遭受第一件反倾销案,随后浙江彭胜文具有限公司及其他公司积极应对,并邀请权威律师协助应诉,最终成功应诉。巴西外贸委员会于2013年12月18日发布第77号令,决定终止对进口自中国的树脂铅笔的反倾销调查。浙江彭胜文具有限公司巴西反倾销案胜诉为衢江区企业成功应对反倾销案开创先河。

【“KINGDECOR夏王”获“浙江出口名牌”】 2014年,浙江夏王纸业有限公司的自主品牌“KINGDE-COR夏王”获评“浙江出口名牌”,成为衢江区首个“浙江出口名牌”,为外向型企业创立具有自主知识产权的名牌、传播独树一帜的文化理念、强化产品核心竞争力树立榜样。

(邵前忠　张晓静　柯剑洲)

粮食购销与储备

【概况】 2012—2014年,衢江区粮食局以项目促发展,以粮食大楼处置资金为基础,先后谋划"衢江粮食安全应急保障中心"和"衢江区中心粮库"两大项目。国有粮食企业共签订区内粮食订单36000吨,订单履约率为99.75%。粮食部门共发放粮食预购定金158.4万元,金融部门共发放粮食订单质押贷款941.5万元。区粮食局和区粮食收储公司正式实行政企分开,局机关不再向企业收取管理费。撤销自收自支事业单位衢江区粮食职工学校,建立全额拨款事业单位衢江区粮油交易信息中心,核准编制5人。2012年衢江区被评为全国粮食生产先进县。2013年、2014年区粮食局获市政府粮安考核优秀单位。

【粮食订单】 2012年,向省厅要求将本区的早稻订单指导性计划调减为每年12000吨。衢江东湖粮油合作社第一台粮食烘干机投入使用,实现本区粮食烘干零的突破。在早稻收购中,推行预约收购,预约收购量占总收购量的80%以上。2013年,开始全面推行非现金结算,与市邮政储蓄银行开展合作,在收购过程中全部使用订单粮食管理信息系统,实现所有收购网点的非现金结算。同时,区财政部门将早稻订单奖励资金全部通过农民补贴"一卡(折)通"直接发放到农户。严格执行收购政策,杜绝陈粮、转圈粮、人情粮流入仓库。从订单落实到完成收购,未发生一起投诉和上访事件。2014年,投资9.4万元,添置输送带10条,增强进出仓能力,全区12台除杂机、51条输送带投入使用,基本实现除杂、过磅、入仓的收购机械"一站式"服务。

【粮食储备】 区粮食部门落实储备粮管理办法,确保区级储备粮食8000吨和食用油75吨到位。2012年,完成轮换区级储备早籼谷776.69吨、晚籼谷2000吨、玉米200吨、食用油75吨。提高区级粮油储备包干费用标准,粮食保管费从70元/吨提高到90元/吨,食用油保管费从300元/吨提高到500元/吨,仓房等设施维护费从3万元/年提高到20万元/年。2013年,完成轮换区级储备早籼谷1723.31吨、晚籼谷2000吨、大米100吨、食用油75吨。2014年,区级储备粮油轮换计划为早籼谷3200吨,晚籼谷2000吨,玉米200吨,晚籼米100吨,菜油75吨。落实先期新增区级储备规模3000吨,由区粮食局、区财政局、市农发行联合下达增储计划,品种确定为晚籼谷。执行区级储备粮油轮换计划,区级储备粮轮换工作,由区粮食收储公司按照正规、公开的拍卖程序在粮食交易市场统一进行。为国有粮食收储企业实现收支平衡争取政策支持。

【粮安工程】 2012—2014年,区粮食部门向区政府提交《实施区粮食系统资产重组项目建设方案》,利用原粮食大楼处置收益,建设衢江粮食应急中心项目。2013年7月23日,区政府召开区长办公会,以会议纪要形式同意衢江粮食应急中心项目建设,项目选址杜泽镇下井粮站,面积0.93公顷,总投资2500万元,建筑面积6984平方米,项目建设资金从原区粮食大楼处置收益中支出。2014年8月,衢江粮食应急中心项目土建工程开工。同年12月,衢江区中心粮库项目获得区长办公会议通过,项目选址衢州市综合物流园区,紧邻省储备粮衢州库、市粮食储备库和市粮食批发市场,占地面积8.15公顷,总建筑面积21840平方米,总仓容6.4万吨,总投资13914万元,其中屋顶光伏项目投资1420万元。项目分两期实施:一期新建仓容2.8万吨;二期新建仓容3.6万吨。

【粮食安全应急保障】 区政府成立粮食安全工作

协调小组，由区粮食、农业、水利、国土、财政、发改、统计等7个部门组成，协调小组办公室常设区粮食局，安排专职人员负责粮安办工作，专项工作经费每年10万元，每年由区政府分管副区长召开1～2次专题会议部署粮安工作，做到行政机构稳定，人员经费充足，事业发展支持。区政府每年与各乡镇(街道、办事处)签订粮食安全责任书，考核粮食生产能力、粮食订单完成、粮食应急处置等各项指标。2012年，粮安办做好全区粮食安全应急保障工作，每年修编1次《粮食应急预案操作手册》，组织1次粮食应急预案培训和演练。区粮食局和区物价局在全区设立10个粮油价格监测点，确保信息畅通。2014年，全区共落实粮食行情测报点7个、应急粮食供应点23个、应急加工点5个。

【粮食行业管理】 2012—2014年，区粮食局以创建“星级粮库”为抓手，做好仓储规范化管理工作，安仁粮库和廿里粮库分别被评为省“二星级粮库”“三星级粮库”。实现全区“一符四无”(账和物相符，无虫、无鼠雀、无霉变、无事故)粮仓达100%，确保储备粮油储存安全。推行绿色保粮技术，在廿里粮库部分粮仓中安装空调进行准低温储粮。完成区粮食收储公司下属7家分公司、3家粮油租赁企业共16个库点、160个仓、总仓容65267吨仓库的清查工作。开展涉及可燃爆灰尘安全生产专项检查，会同区公安消防大队等相关专业人员，先后到浙江衢州永立饲料科技有限公司等14家饲料加工、粮食加工企业，对衢州华玲面粉有限公司等12家饲料、粮食加工企业存在不同程度各类的消防安全隐患提出限期整改要求，并向存在消防安全隐患的9家企业发出书面的消防安全生产隐患整改通知书。依法办理《粮食收购许可证》，对全区粮油、饲料工业进行调查，规范行业统计，开展《粮食流通管理条例》宣传。

2014年年底，全区具有粮食收购资格的粮食企业共有11家，大米加工企业6家、面粉加工企业1家、食用油加工企业2家、饲料加工企业6家，其他粮食转化(食品生产)企业1家。全区非国有粮食企业生产消耗原粮共计179789吨，生产消耗食用油料9790吨。

(程　展)

供销合作经济

【概况】 2012—2014年，衢江区供销合作社下辖1个全资企业：衢江区农业生产资料总公司。1个领办企业：浙江百特汇电子商务有限公司。全区供销系统现有农民专业合作社总数45家，农资连锁经营直营店11个，加盟店30个。商品销售总额3.2亿元，同比上涨19.4%。农产品销售额1.8亿元，同比上涨24%。柑橘销售0.8亿元，同比上涨52.3%。项目建设共15个，其中新建项目11个，续建项目4个，完成投资额共9100万元。完成区政府布置的服务业招商引资工作任务3家，规模项目1个，超额完成服务业招商引资工作任务，达到项目8家，规模项目2个，累计投入6000万元。与省农资集团公司对接，经落实计划投资5亿元，注册资金2亿元的兴合小额贷款公司项目。

【举办农产品展示展销会】 2014年8月16日至18日，衢江区组织参加衢州市举办的为期3天的名特优新农产品展示展销暨产销合作签约会。共有30个专业合作社、企业与客商达成合作供货协议。邀请客商56个，签约率为100%，签约额2.51亿元。全区22(实际参展24家)家参展主体实现展销额6.96万元。

【成立农产品经纪人协会和电商公司】 2012年12月，衢江农产品经纪人协会成立，对该区的56名农产品经纪人进行培训，掌握相关知识和技能，通过农产品经纪人职业资格考试考核，取得由人事部、全国供销合作总社颁发的“农产品经纪人职业资格

衢江农产品经纪人协会一届二次会员大会

证书”，成为本区首批有资格证书的农产品经纪人。确定农产品以电子商务为主导，拓宽线下销售渠道的发展方向。2013年6月，注册500万元资金成立百特汇电子商务公司，公司位于衢江区沈家东迹大道12号，租用14间店面计1200平方米作为公司的经营场地。百特汇电子商务有限公司“以农带农——以优质的农特产品，用专业的农业电子商务带动农民致富”为核心理念，发挥衢州本地的农特产品丰富的资源优势，运用衢州百特汇电子商务有限公司的专业优势，依托政府引导，企业主导，通过建立电子商务有限公司，创建农产品电子商务品牌，改变衢江农产品原有的单一经营模式。

衢江农产品经纪人协会电商供销平台落成仪式

【推进淘宝特色中国——衢州馆项目建设】 2014年12月5日，市政府召开扶持重点电子商务相关项目的专题会议，明确衢州馆由衢江供销社牵头创办的衢州百特汇电子商务有限公司承建运营，并由市供销社出具授权函。同年5月20日与淘宝公司签订《淘宝特色中国之衢州馆承包管理协议》，通过淘宝对衢州馆建设的实地论证，并开通打标后台权限。8月18日，淘宝衢州馆上线试运营。上线首日官方网页浏览次数达5000人次。9月28日，淘宝·特色中国—衢州馆在衢州会展中心举行上线开馆仪式。衢江区共有20家专业合作社、家庭农场负责人参展。

【建设农村电子商务发展新模式】 制定《一事一议财政奖补助推美丽乡村建设—衢江区淘宝·特色中国—衢州馆项目实施方案》，建立农村电子商务服务体系。实施建设农村电子商务公共服务平台、全国首家农产品经纪人协会电商供销平台、电子商务人才体系等三大平台，建设主导特色农产品生产和网上销售的标准化体系，构建线上线下有机结合的美丽乡村建设和农特产品展示平台，开创辐射全省乃至全国的农产品电子商务综合服务平台，造美丽乡村建设的新样本。

【农村金融互助体制建设】 2014年11月，成立衢江区畅融果蔬专业合作社农民资金互助会。通过资金互助会建设，开展资金互助会与银行的直接合作对接，并与相关银行达成放大配套互助资金的协作，与浙江华都控股房地产开发集团公司合作的衢江区莲花城乡商贸综合服务中心项目、与浙江新农都实业有限公司合作的农产品交易中心和农产品冷链物流配送中心项目。

【农民专业合作社品牌建设】 2014年，全社创办和领办农民专业合作社40个，以农民专业合作社向品牌化建设为重点。帮助农民专业合作社通过独立注册、联合发展、引进企业品牌等方式推进品牌化建设，通过申报无公害农产品、绿色产品和有机农产品等国家质量认证，有效提升产品价值。衢江区社新领办的专业合作社3家，1家进行产品商标注册（乡村淘品牌），1家产品通过有机农产品国家质量认证（芝溪草莓），品牌化建设取得初步成效。

（邱建辉）

旅 游 业

【概况】 2012—2014年，衢江区旅游局注重提升旅游品牌知名度，增强行业管理服务水平，加快旅游项目建设步伐，发挥旅游业在促进产业转型升级上的积极作用，努力打造首个国家休闲区，取得良好成效。全区旅游业总体呈健康、有序发展趋势。2014年，共接待游客人数465万人次、旅游收入24.95亿元，分别同比增长28.57%、28.8%。旅游项目新增投入10.5亿元，未发生旅游安全责任事故。

表12

2012—2014年衢江区旅游统计表

年份	旅游总人次（万人次）	同比增长（%）	旅游总收入（亿元）	同比增长（%）
2012	278	15.83	15.04	17.5
2013	362	30.22	19.37	30.26
2014	465	28.57	24.95	28.8

【旅游资源】 2012—2014年，根据衢江生态旅游资源现状，按照"生态、休闲、养生、宜居"要求和"保护与开发并重"原则，开展并完成《灰坪千里岗红色（探险）景区总体规划暨一期概念性详细规划》《全旺旅游风情小镇总体规划暨饭甑山旅游开发总体规划》《衢江区岩家山村旅游总体规划及湘思、山公圩自然村风貌整改及重点旅游节点详细规划》《全旺镇镇域规划》《白岩山景区总体规划及重点区块详细规划》《饭甑山旅游景区总体规划》《节理石柱梦幻山谷旅游景区规划》等，开展《乌溪江库区旅游发展规划》等规划的编制，完成灰坪旅游资源普查报告，配合市旅委开展《衢州市.市区旅游总体规划》《衢州市十个重点村落乡村旅游提升方案》（茶坪、东坪）编制。

至2014年12月，境内有国内旅行社1家（天天假期），星级饭店1家（圣效大酒店）。创建国家AAAA级旅游景区2个（天脊龙门景区、药王山景区）。AAA级国家旅游景区1个（紫微星谷景区）。AA级国家旅游景区2个（九龙湖景区、关公山景区）。有省级农家乐特色村（点）11个，市级农家乐特色村（点）23个。农家乐经营户199户，涉及21个乡镇，其中三星级以上农家乐经营户94户，直接从事农家乐乡村游的从业人员1600人。2013年，灰坪乡千里岗游击区革命旧址被浙江省委、省政府列为第八批省级爱国主义教育基地。

【旅游宣传】 2012—2014年，先后编印《衢江旅游服务指南》《衢江区重点景区、农家乐讲解词》《衢江旅游》《五养福地 田园衢江》《诗画衢江》等宣传画册、折页和专刊。摄制《五养福地 田园衢江》等衢江旅游专题片。组织区内旅游企业参加浙江（南京）旅游交易会、中国国内旅游交易会、中国国际旅游商品博览会、华东旅游交易会、浙江（湖南）旅游交易会、衢州旅游（长沙）推介会、衢州旅游（上海）推介会、中国国内旅游交易会、义乌国际旅游商品博览会、第十五届浙洽会暨浙江旅游（宁波）推介会、中国国际旅游交易会、江郎山国际旅游节、赴台旅游交易会、衢州旅游赴各地推介会等各类旅游促销和推介活动，发放旅游宣传资料18.4万份，接受游客咨询16.2万人次。同时，配合人民网、新华网、中新网、《中国旅游报》《江南游报》、浙江电视台、浙江电台、衢州电视台、衢州新闻网、《衢州晚报》等省内外各级知名媒体及FM93浙江交通之声和FM1053衢州之声等平台，做好九九红玫瑰、六春湖杜鹃花、莲花草莓、葡萄、蔬果、杜泽枇杷、东坪红柿、湖南杨梅、漂流以及区内主要景区景点等旅游专题采访以及深入报道工作，开展“五养衢江 九龙归谷”品牌形象宣传工作，提升衢江旅游知名度。2014年，注册衢江旅游微信公众账号(qzqj_tour)，走出衢江区“互联网+旅游”重要一步。

【旅游安全】 2012—2014年，加强和完善旅游投诉与处理机制，健全旅游质监网络，及时处理投诉事件，三年共受理有效旅游服务投诉事件19起，处理率100%。健全安全网络，与20家旅游企业签订旅游安全责任书，与7个重点旅游乡镇签订“十一”黄金周旅游安全生产目标责任书。开展安全生产活动月、旅游安全打非治违专项整治行动、旅游安全隐患大排查大整治等工作，召开旅游企业安全生产工作会议，签订安全责任书，开展安全应急救援培训和演练，进一步加强对旅游企业的安全隐患整改的督促和监管。突出假日旅游，组织开展旅游安全联合执法检查，共下发旅游安全整改通知书41份，提出整改意见251条。三年未发生旅游安全责任事故。2012年，天脊龙门、药王山景区被评为衢州市平安A级景区示范点。

【旅游活动】 2012—2014年，先后举办“巨化万名职工衢江生态游”活动、第七届大路畲族“三月三”文化旅游节、“玫瑰红五月”系列主题活动、第二届衢州宝山枇杷文化旅游节、“美丽莲花、四季欢乐”衢江现代农业园区首届精品瓜果采摘节、举办“绿色中国行——走进衢江”暨第五届中国绿色宝贝第二届中国玫瑰公主颁奖盛典活动、“汉森干红”杯衢江区乡村欢乐游暨第四届东坪登山旅游节、新春景点门票大派送、3期衢江旅游周末大派送（“走进社区 戏游衢江”“爱心义卖温暖人间”“刷招行卡 免费游衢江景区”）“元宵大游园 春节大采摘”“玫瑰红五月”“5·19”中国旅游日“区长带你免费游”“快乐农家”擂台赛（全年18期）、春节百县千景门票大派送、第四届盛世莲花玫瑰节、“5·19”中国旅游日“区长带你寻找最美衢江水”、周末乡村旅游直通车、“相约六春湖 祈福黄丝带”首届杜鹃花节、“寻找最美衢江水”摄影比赛、首届岭洋杨梅节、“快乐农家”擂台赛、杜泽枇杷文化旅游节、盛世莲花瓜果亲子采摘节等活动；多次组织举办“最美衢江水”摄影展活动；组织各类媒体开展“走进最美衢州”全国副刊采风、《江南游报》到衢江采风、新浪网营销负责人到衢江踩线、中华名博走进衢江第二季等活动。加强旅游从业人员队伍建设，推行岗位培训和持证上岗制度，先后组织750人次旅游从业人员参加各类业务培训班。至2014年12月，全区共有旅游直接从业人员5000人。

盛世莲花休闲农业观光园正大门

【乡村旅游】 至2014年12月，全区形成五大类型乡村休闲游。景区型旅游：主要依托天脊龙门、药王山、盛世莲花休闲农业园区、紫微星谷、灰坪红军村、悦龙湾、九龙湖、太真洞等景区景点，在周边的下呈、黄泥岭等村，形成餐饮、住宿、娱乐、土特

天脊龙门

产品商店等旅游服务浓厚氛围，带动周边农民就业和创收。度假型旅游：主要以卧龙山庄、梦龙山庄、茶坪仙人谷、笔架山庄、岭洋渔村等为代表，生态环境优美，吸引大量游客在周末前往休闲度假。体验型旅游：主要是以太阳岛户外拓展训练、莲花蔬果采摘游、塘湖渔家乐垂钓、药王山漂流、幸福源漂流等为代表，游客参与度高，体验性强。文化型旅游：主要以灰坪红色探险、东坪古道古树古村落、大路畲族文化旅游村、板固兰花村等为代表，文化底蕴深厚。科普型旅游：主要是以湖南镇节理石柱、莲花现代农业观光园为代表，游客们不仅能游山玩水，还能在观光游览过程中增长知识、开阔视野。

（彭小丽　胡城苗）

金融工作

【概况】 2009年4月,建立衢江区政府金融工作办公室(区金融服务中心),区金融工作办公室和区金融服务中心合署办公,为区政府直属全额拨款事业单位,核定编制3名。2009—2013年,委托衢江区财政局管理,主任由衢江区财政局领导兼任。区金融办是衢江区政府直属的金融工作部门,以综合指导协调全区金融工作为宗旨,组织全区金融工作的指导、协调和管理服务,指导和服务金融改革创新和银企对接、信用体系建设,负责本区小额贷款公司监管及配合有关部门防范和化解非法集资和金融突发事件。

【小额贷款公司的监管和维护】 区金融办按照“分类监管、扶优限劣、正向激励、规范发展”的导向,把小额贷款公司培育成竞争力强的金融性贷款公司或非存款类放贷组织,使其成为服务衢江区小微企业和“三农”的新型农村金融组织的有机组成部分。为引导小额贷款公司支持“三农”和小微企业发展、建立风险防控机制、增强合规经营能力,根据《浙江省人民政府关于促进小额贷款公司健康发展的若干意见》《浙江省金融业发展专项资金管理办法的通知》精神,2014年度对三家小额贷款公司支农支小的贷款风险补偿金申报情况进行审核报送,使三家小额贷款公司享受风险补偿资金。

【小额贷款公司监管评级】 根据《浙江省小额贷款公司监管评级办法(试行)》要求,区金融办对全区内的三家小额贷款公司进行年度监管评级工作,以非现场监管指标和主监管员评分结果为依据,结合年度审计等信息,对辖区内的三家小额贷款公司在支持小微企业和“三农”绩效、风险防控情况、合规经营情况、配合日常监管情况、特别处罚条款五个方面进行评分。2014年,最终评级结果为A+级1家,A级1家,B级1家,完成对小额贷款公司税收扶持政策兑现工作。

【风险防控专项检查】 根据省金融办《关于开展2014年度小额贷款公司风险防控专项检查的通知》精神,开展对小额贷款公司风险防控专项检查。检查内容包括:小额贷款公司的经营情况;小额贷款公司是否存在账外委托贷款、账外经营及涉嫌非法集资等违法违规情况;大股东或管理层实际控制小额贷款公司,为大股东及关联企业违规贷款或对外提供担保、变相抽逃资本金等情况;小额贷款公司经营业务“支农支小、小额分散”定位偏离情况,贷款集中度情况,贷款金额为500万元以上及贷款期限在6个月以上的客户风险情况,融资来源和比例情况;小额贷款公司高利放贷、违规收费等风险情况。通过对三家小额贷款公司的现场专项检查，使小额贷款公司在风险防范、管理措施、员工培训等方面得到强化和完善。

【金融机构考核】 区金融办制定《衢江区2014年度金融单位支持地方经济发展考核奖励办法》。通过对辖区内金融机构年度工作业绩进行考核，对支持衢江区经济社会发展做出突出贡献的金融机构予以表彰奖励，利用财政性存款在金融机构的分配，引导金融机构加大对全区经济发展的支持力度。2014年年末，金融机构存贷比86.90%，比上年末提高6.35%，同比增加8亿元的贷款，年末贷款增幅比存款增幅高出8.86%。区金融办还做好衢江区政府性融资贷款工作以满足政府投资项目资金需求。2014年，衢江区政府融资平台全年办理政府性贷款授信额度7.63亿元，新增政府性贷款余额5亿元。

【家庭农场贷款保险和农房建设保险补助金】 为加快金融创新，提高农村农户自建房安全和抵御风险能力，提升金融服务衢江区经济社会发展的能力，在遵循"政府引导、市场运作、自主自愿、财政补助"和"农户可承受、财政可承担、实际可操作"的原则下，区金融办和区财政局、区农信联社、人民财产保险公司联合下文，开展家庭农场小额贷款保险和农房建设保险的试点工作。 2014年，参加家庭农场小额贷款保证保险84户，兑现财政补贴32万元，参加农民建房人身保险372户，兑现财政补贴11.7万元。

【推动企业挂牌上市】 至2014年年底，在省股权中心挂牌的企业有4家，着手筹备到新三板挂牌的企业有3家。上市公司最大的特点在于可利用股权进行融资，广泛地吸收社会上的闲散资金，扩大企业规模，增强产品的竞争力和市场占有率。2014年，区金融办走访企业了解基本情况、组织企业外出考察学习和参加市级金融办举办的各项挂牌上市业务培训，推动企业挂牌上市，促进企业直接融资。

（汪澜骐）

财 政 工 作

【概况】 2012—2014年，衢江区财政工作按照"保吃饭、保运转、保民生、保重点"从紧安排的原则和"做大总量、优化结构、深化改革、强化监管"的方针，加强财源培植，强化收入管理，推进财政改革，完善公共财政体系，保障改善民生，全面促进经济社会协调可持续发展。区财政局连续8年被区政府评为"满意单位"。

2012年，全区财政总收入8.45亿元，其中，一般公共预算收入5.29亿元。全区一般公共预算支出15.12亿元。2013年，全区财政总收入10.9亿元，其中，一般公共预算收入6.72亿元。全区一般公共预算支出16.56亿元。2014年，全区财政总收入12.9亿元，其中，一般公共预算收入7.99亿元。全区一般公共预算支出18.28亿元。

2012—2014年，每年财政收支平衡。与2012年相比，全区财政总收入、一般公共预算收入、一般公共预算支出分别增长：52.67%、51.04%、20.9%。

【组织财政收入】 2012—2014年，完成税收收入18.89亿元，占一般公共预算收入的95%。全面实施数字财政，推行非税收入征管系统，逐步规范非税收入管理，严格依法征收，源头控收，以票管收，实现政府非税收入10.17亿元。加强财政收入征管，坚持依法治税，健全协税护税体系，优化财税服务体系和收入结构，健全财政收入预测分析体系，关注重点行业对税收收入的影响。研究新一轮财政体制，加大向上争取资金力度。抢抓各类机遇，争取国家、省、市的支持。建立综合考核体系,强化国、地税部门征管责任。修改完善乡镇、开发区财政体制,调动各乡镇(街道、办事处)、衢江经济开发区发展经济和培植财源、增收节支的工作积极性。清理规范税收优惠政策,整顿税收秩序,堵塞征管漏洞,确保应收尽收。

【服务经济发展】 2012—2014年,衢江区本级财政共兑现企业优惠政策补助1.07亿元,其中服务业财政奖励1667万元,帮助企业获得银行授信17.09亿元。实施"工业立区"战略,通过贴息补助、财税优惠等措施,落实提高增值税和营业税起征点等减轻小微企业税费负担的各项政策,清理规范行政事业性收费项目,减轻企业和社会负担。支持企业技术改造和科技创新,安排专项资金,配合开展石灰窑等专项整治,促进钙产业转型升级,助力衢江企业发展。保障服务业发展壮大,安排文化旅游等服务业发展专项资金,促进旅游、金融、物流等现代服务业发展。每年按照《浙江省政府投资预算管理办法》规定,编制政府投资预算,累计编制政府投资预算项目135 个,安排资金12.42亿元,用于区人民医院迁建、数字电视转换、城中村改造、市区快速通道等重大项目建设资金需求。

2013—2014年,累计兑现文化发展奖补资金256.69万元,农村文化礼堂建设奖补资金573万元。

【保障民生支出】 2012—2014年,坚持民生导向,调整优化支出结构,加大公共服务领域投入。民生支出总计35.42亿元,每年新增财力87%以上用于民生支出。

加大财政"三农"投入 坚持以"农民增收、农业增效、农村增靓"为主线,农业"两区"(粮食生产功能区和现代农业园区)建设为载体。全区公共财政拨付"三农"资金共计30.51亿元。

推进教育强区建设 累计投资1.34亿元新建衢江第一初中,1.11亿元用于新建第二小学和5400万元扩建第四小学。提高小学、初中生均日常公用经费标准分别到610元、810元。设立人均8000元的教育教学质量奖。实施学生交通安全保障工程,累计兑现补助资金321.51万元。扩大中等职业教育免学费政策范围,完善中等职业教育国家助学金制度,累计支付中职学生资助经费1193.59万元。

实施人才强区战略 三年累计兑现人才奖补资金480.08万元。深化医药卫生体系改革,基层医疗卫生机构改革经费累计投入5418万元,基本医疗保障财政补助累计投入2.71亿元,社会养老保险基础养老金,累计投入2.47亿元,发放城乡医疗救助资金1986万元,城乡居民最低生活保障资金9651万元。2013—2014年,退役军人安置费共发放528万元。

【深化财政改革】 深化预算管理改革,建立健全预算编制、执行、监督、绩效管理和信息公开"五位一体"的公共财政运行体制机制。编制衢江区政府公共财政预算、政府性基金预算、社会保险基金预算,2013年首次编制国有资本经营预算,不断建立健全"全口径"政府预算体系。推进预决算信息公开,主动在政府信息公开网上公开政府预决算、"三公"经费预决算以及上级部门预算等信息,自觉接受监督,打造"阳光财政"。

2012年,建立健全绩效管理考核办法,开展17个项目绩效评价,涉评财政资金4027.75万元。2014年,开展预算绩效管理,制定财政支出绩效评价项目计划,涉评财政资金4700万元,逐步健全预算绩效管理制度。落实上级有关增收节支、厉行节约的规定,完善公务支出管理制度和标准体系,修订出台会议、差旅、培训、办公用茶等经费开支管理规定,从严控制"三公经费"支出。

2012年,启动国库集中支付和公务卡制度改革,推进"数字财政"建设,实施金财工程一体化软件。2013年，建成乡镇公共财政服务平台并上线运行，实行乡镇财政资金就地监管。完善政府采购内部审批流程，强化内部监督管理。2012—2014年，全区累计报备政府采购3414宗，累计采购预算金额3.81亿元，合同采购金额约3.39亿元，节约资金约0.42亿元，资金节约率11%。规范财政结转结余资金管理，清理整顿财政专户，盘活财政存量资金。

2014年，在全市率先尝试进行二期财政资金竞争性存放工作。开展地方政府性债务清理甄别，逐步将地方政府存量债务纳入预算管理，至年底，政府性债务余额为22.18亿元，涉及22家债务单位。

【财政监督管理】 2012—2014年，严控“三公经费”支出，切实降低行政运行成本，“三公经费”支出分别为5117.6万元、4331.51万元、3530.5万元。开展教育、“三农”、社保等民生资金使用情况的检查和调研，全面清理地方财政专户及历年的专项结余资金，出台区级财政专项资金管理办法，规范财政专项资金管理。开展财政资金安全管理、“小金库”专项治理工作检查，出台《衢州市衢江区财政性资金收支管理与内部控制制度》，建立健全财政资金管理制度，规范资金拨付流程。开展公务用车清查，加强和规范公务用车配备使用管理，逐年压缩。2014年，对全区71家行政单位和105家事业单位的会计岗位人员开展会计法专项执法检查。

【农业综合开发】 2012—2014年，全区累计实施农业综合开发项目18个，总投资1.22亿元，其中，省以上财政资金9003.9万元，区级配套资金1757.7万元，群众自筹1294万元。2013年度、2014年度分别获评衢州市农发系统项目管理先进单位、高标准农田建设先进单位。积极与省农发办对接沟通，做好衢江区盛世莲花国家农业综合开发现代农业园区试点项目的申报工作。2014年5月，省农发办正式下文确定衢江区盛世莲花农业综合开发项目为2014年省级农业综合开发现代园项目。

2013年10月，省财政厅副厅长兼省农发办主任王广兵(左四)一行考察盛世莲花现代农业园区

土地治理项目，实施内容严格按批复计划建设，执行项目招投标制、监理制、公示制、质监制，围绕项目绩效目标建立相应监控制度。2012年，引进第三方检测机制，使工程建设方在项目监管过程中更科学规范化，并取得良好的成效。2012—2014年，累计实施土地治理项目6个，合计治理面积2733.33公顷，总投资7862万元。产业化项目，择优申报，实施组织管理到位，项目资金严格按照省办财务制度管理办法执行，确保项目产出达到计划目标，并取得良好的社会、经济效益。三年累计实施产业化财政补助项目6个，投资总额1274万元，实施产业化财政贴息项目4个，总额72万元。

【干部队伍建设】 公开招录一批高学历、高素质的年轻干部，指导乡镇财政所长轮岗交流，优化干部队伍结构。2013年，公开选拔录用16名业务能力强、群众满意度高的年轻干部。贯彻落实党的群众路线教育实践活动，针对群众反映强烈以及对照检查中查摆出的制度执行不严等突出问题，开展批评与自我批评，征求意见建议424条。完善年度综合考核、干部请销假等制度，改进作风建设。加强党风廉政建设，履行“一岗双责”，严格遵守中央“八项规定”、省委“六个严禁”等相关规定，厉行节约，反对浪费。2014年，制定区级专项资金、会议费、培训费、差旅费、办公用茶等管理办法，把权力关进制度“笼子”，规范权力运行，确保干部、资金双安全。

（潘晓梦）

国资管理

【概况】 2012年9月，衢江区人民政府国有资产监督管理办公室（简称区国资办）成立，隶属于衢江区财政局，为区政府直属全额拨款全民事业单位（副科级），核定编制5人，内设综合科和产权科两个科室，其中主任1名（高配正科），副主任1名。由区财政局副局长分管国资工作。2014年3月，区政府任命应铁飞为区国资办主任，区国资办正式组建。2014年，区国资办获评衢州市国有资产统计先进单位一等奖，陈珂获全市国有资产统计先进个人。

【国资清查情况】 2014年6月，开展全区行政事业单位、企业国有资产清查工作，通过清查摸清全区国有资产家底基本情况。截至2014年12月底，全区国有房产总面积110.82万平方米，房产原值10.96亿元。国有土地总面积190.28万平方米，土地原值4.58亿元，其中区属国有企业房产总面积15.38万平方米，房产原值2.57亿元，土地总面积67.95万平方米，土地原值4.20亿元。全区共有22家国资公司和国有企业，其中14家是国有投资公司，2家经营性公司，6家为政策性（公益性）公司，涉及交通投资、城市建设、水利水电、广播电视、投融资、公共服务等多个国有经济领域。资产总额68.84亿元、负债总额43.73亿元、净资产25.11亿元，其中区国资公司及子公司资产总额61.99亿元、负债总额41.28亿元、净资产20.71亿元。

【国资监管体制】 2014年6月，启动国资监管体系改革工作，通过国有投资公司股权全部划转、股东变更工作，组建以衢江区国有资产经营有限公司为母公司11家投资公司为子公司的政府性融资平台体系，实行“区国资办—区国资公司—国有企业”三层架构的国资监管体制，区国资公司的日常运作由区国资办负责监管，国资公司、国有企业委托其主管部门负责监管。启动全区领导干部兼职清理工作，对全区22家国资国企董事会、监事会进行调整，使本区的国资国企法人治理结构得到进一步完善。规范国资国企人事任免，区城投公司、区国资公司人事由区政府任免，其他国有投资公司、国有企业相关人事任免由相关主管部门和乡镇提出，区国资办审核任免，区政府备案。

【国资基础管理】 2014年，开展全区行政事业单位、企业国有资产清查工作，启动以规范国有资产处置与招租和国有资金集中管理、统一调剂为重点监管制度的编制工作，通过集体讨论、框架制定、资料搜集、专家论证等对制度文本逐步修改和完善。委托中介机构对全区国有企业财务进行审计，推行财务月报、季报、年报制度，筹建区“资金池”国有资金管控平台，强化全区国有企业财务管理。做好董事、监事选派工作，加强国有独资企业及国有资本参股公司监管，保障区国有资产权益。

【启动市区国资一体化合作】 2014年12月，区委常委会讨论通过衢江区加入市区国资一体化合作，衢州市和本区将本着资源共享、优势互补和共同发展的原则，在国有资产领域建立长期合作机制，每个合作期为三年。

（方志刚）

地 方 税 务

【概况】 衢州市地税局衢江税务分局坐落于宾港北路8号，为正科级单位。下设8个科室，分别为办公室、综合业务科、计会信息科、办税服务一科、办税服务二科、管理一科、管理二科、管理三科，其中办税服务二科设在衢江区行政服务中心内。2014年12月底，分局掌管税源户数为19754户，其中企业5101户，个体14653户。围绕"始于纳税人需求，基于纳税人满意，终于纳税人遵从"的税收服务宗旨，发挥地税职能作用，促进经济转型发展，注重改善社会民生，稳步推进管理改革，各项工作取得明显成效。先后被上级部门评为"全省群众满意基层站所""省级青年文明号""全省基层文明单位"。

【依法组织收入】 2012—2014年，衢江税务分局坚持依法治税，强化税收收入预测分析，健全完善重点税源监控管理机制，深化纳税评估工作，加大信息管税工作力度，推进组织收入工作。2014年，共组织入库各项收入122369万元，其中，税收收入64246万元，非税收入入库58123万元，分别为2012年的1.31倍和1.09倍。

2012—2014年衢州市地税局衢江税务分局组织收入统计表

表13　　　　单位：万元

年份	组织收入合计	其中：税收收入	非税收收入
2012	102350	48858	53492
2013	124003	58294	65710
2014	122369	64246	58123

【税友龙版上线】 《税友龙版》是由浙江省地税局开发的征管信息系统，是推进地税科学征管、依法治税和纳税服务的优质平台，主要涵盖办税服务、税源管理、核算分析、税收法制等操作模块，有效实现对业务处理执行过程全方位的管理监控。分局根据省局、市局的工作部署，制定上线工作方案，统筹安排数据清理、迁移、上传、核对、软件测试等准备工作，细化落实各项具体任务，加强后勤保障，于2012年3月23日，正式上线运行《税友龙版》。标志着衢江区地税迈入科学管理、信息管理和精细化管理的新时代，改善征纳双方信息不平等状况，为纳税人提供更为便捷、高效的办税服务。

2012年3月14日，税友龙版网络与安全应急演练

【营业税改增值税】 2012年12月1日，浙江省在交通运输业和部分现代服务业开展营业税改征增值税改革试点。2014年1月1日，铁路运输和邮政服务业纳入营业税改征增值税试点。同年6月1日，电信业纳入营业税改征增值税试点。分局积极推进营改增相关工作，及时修改、清理税务登记、税种鉴定信息、税收优惠数据等，并做好资料的整理和档案移交工作，确保营改增业务实现有序衔接。

【综合治税】 加强与住建、国土部门协作，落实基建项目"先税后证"措施。与住建局联合印发《关于进一步加强建筑业、房地产业税收征管和房屋权属登记管理的通知》，确保建筑业营业税及时足额入库。2014年，入库建筑环节营业税1.57亿元。加强与国土、财政等部门的沟通协调，建立健全耕占税、契税征管的部门协作机制。密切与土地储备、城市投资等部门的工作联系，对涉企政府补偿资金实行事先税收审核，确保相关税收及时入库。加强与公安机关的信息传递，对经济案件中的涉税事项及时介入控管。深化与法院的涉税事项协作，及时提供涉税资料，确保破产企业的税收安全。抓好国地税个体共管户税收征管，实现共管户定额一致。2014年比对5611户个体工商户定额信息，调整定额3316户次，补征税款15.5万元。创新推行房、地、契、牌和工商、国税、地税、质监"双四证"联办模式，自2014年6月份实施以来累计办理房产过户"四证联办"178户次，受理税务登记"四证联办"297户次。

【税源管理】 坚持"抓大、评中、定小"的税源管理思路。根据不同特点，实行分行业、分规模管理，兼顾税源行业分布均衡，以普查、清理为抓手，注重对制造业，房地产业等支柱企业的税源监管，加大税源监控力度，加强小税种的征收管理，稳步扩大重点税源监控面。2014年，结合分局税收征管实际，纳入重点税源监控企业127户，其中中央级3户，省级25户，地市级99户。大力培育优质税源，服务战略性新兴产业，辖区内3户企业列入市本级优质税源培育对象。定期召开重点税源企业座谈会，交流互换征纳双方意见，与重点企业签订税收遵从合作协议，提高企业纳税遵从度，为实现税源的全面监控夯实基础，增强组织收入调控能力。

【支持浙商创业创新】 2012—2014年，以网络新媒体、报纸、宣传册、12366语音服务中心等媒介为依托，全方位、多角度宣传支持创业创新税收政策，解惑税务难题，创新宣传形式和载体，扩大政策影响力和渗透力，推动创新创业主体用好用足各项优惠政策，优化有利于创新创业的良好环境，营造支持浙商创业创新的氛围。组织开展"走基层、优服务、树形象"活动，以"企业受益、浙商满意"为导向，当好"店小二"，引导分局税务干部深入浙商企业，走访慰问浙商及其在衢亲属，了解企业和个人需求，及时帮助解决存在的问题和困难。同时，在原有"提速增效"改革基础上，推进新一轮的涉税事项审批制度改革，优化非行政许可审批事项，将原有的52项行政许可和非行政许可事项取消4项，调整为内部管理46项，审核环节精简，办税效率提升，切实增强浙商满意度。以"树典型、出经验、讲成效"为导向，通过专题座谈、集中观摩、实地走访等多种形式，组织开展支持浙商创业创新工作交流活动，总结支持浙商创业创新工作经验，交流提炼好做法，挖掘亮点、树立典型，全面推广创新举措，推进支持浙商创业创新工作。

【纳税服务建设】 2012—2014年，扎实推进办税大厅硬件和综合办税系统建设，发挥自助服务终端、MIS-POS刷卡缴税系统等功能，进一步优化、美化纳税服务环境。深入推进"弹性工作制"，办税服务大厅实行早间业务提前办、午间值班不休息、延时服务不打折，方便纳税人办税。推行企业回访制，建立走访企业问题督办机制，由分局班子领导带队，分组走访辖区内重点企业，了解企业生产经营情况，解惑涉税难题。高效推进行政审批流程再造工作，非行政许可保留16项，瘦身比例达88%。落实"同城通办"事项，提升对产业集聚区企业和战略性新兴产业的服务力度，提高信息调研频率，夯实服务企业的基础。以全国纳税人满意度调查活动为契机，结合"便民办税春风行动"研究出台10条便民办税重点举措。有序推进"个转企"及"小升规"重点行动，组成精干力量专门对转型后企业进行涉税指导，有力推进小微企业税收减免工作，落实小型微利企业税收优惠政策，实现应享尽享。贯彻落实上级实施结构性减税和有关规费调整减负等政策，支持企业转型升级和实体经济发展。

【税收宣传】　2012—2014年，组织开展一系列形式新颖、内容丰富的税收宣传活动，营造良好的税收舆论环境和法治环境，推动税收工作向纵深发展。2012年，以“走进乡村、走进企业、走进校园、走进社会”为内容，组织“大篷车税收宣传走进乡村”到廿里、莲花、杜泽、高家、大洲五个重镇及五个重点村庄进行送戏下乡宣传活动，此项宣传活动被省局评为“创优项目”。以衢江第一小学建立的“少年税校”为阵地，组织税务干部到该校讲税课，普及税收常识。举办“童心世界里的税收”主题征文活动，在衢江区19所小学学生中进行征文和评奖。举办税收大讲堂，提供涉税宣传，开展企业走访等系列活动。开展纳税人满意度调查，纳税人满意度达96.1%。2013年，落实“三走进”践行群众观实现开门红集中行动实施方案，每位干部联系一家企业，做到走访企业与税源调查、房土两税比对、税收宣传、纳税服务四项专项工作相结合，共走访企业51家，召开专题座谈会12场次，协调解决问题67个，为企业提供咨询服务452次。2014年，配合浙江经视“阳光行动”拍摄，宣扬地税文化，做大“同心汇聚”品牌。

【自身建设】　以党的群众路线教育实践活动为契机，按照中央八项规定，省委“六个严禁”和市委“八条禁令”的要求，加强机关干部队伍建设。组织干部学习培训，开展政治理论、职业道德、业务知识以及作风纪律教育，组织每月一期专题培训。修订各项内部管理制度，完善《全员岗位目标责任制考核办法》，对全员工作落实情况开展按月督查，按季考核，将考核结果纳入年度绩效管理考评内容。根据岗位职责，对工作职权行使的每个环节查找可能存在的岗位风险点，共查找出包括发票管理、税费征收、纳税评估等存在的48个风险点。实施廉政档案管理制度，收集每位干部职工个人家庭组织、资产投资、个人考核、信访反映等有关信息，实行一人一档，一月一更新。把税务干部廉洁规定、风险点、防控措施、警示教育、廉政格言等内容编印入册，实现人手一本。开展各项争先创优活动，增强队伍的凝聚力。

（沈晓云）

国家税务

【概况】　衢江区国税局坐落在衢州市衢江区东迹大道176号，正科级单位。内设办公室、收入核算科、政策法规科、税源管理一科、税源管理二科、税源管理三科、纳税评估科共7个正股级内设机构。2014年年底，在编干部职工39名。根据分税制财政体制，国税部门负责增值税、消费税、企业所得税、储蓄存款利息个人所得税、车辆购置税等中央税、中央和地方共享税的管理。共管辖纳税人11020户，其中企业3830家、个体工商户7190家，一般纳税人合计1457户。

2012—2014年，衢江区国税局按照“依法征税、应收尽收、坚决不收过头税、坚决防止和制止越权减免税”的组织收入原则，突出重点、创造亮点、稳中求进，以组织税收收入为中心，提升依法治税能力、纳税服务水平和税收征管质量，从严、从实、从新履行好“为国聚财，为民收税”的神圣使命，促进地方经济社会的发展。2012年，被评为衢江区“青年文明号”和“十优创业创新青年团队”。2013年，区国税办税服务厅被评为衢江区“巾帼文明岗”。2014年，区国税办税服务厅被评为衢州市“巾帼文明岗”。

【组织税收收入】　2012—2014年，组织税收收入155764万元，占同期税收总收入的47.5%，组织地方财政收入46090万元，占地方财政收入的

22.44%。2014年,组织入库税收收入6.63亿元,是2011年的2.03倍,其中增值税4.57亿元、企业所得税2.06亿元。

2012—2014年全区国税收入统计表

表14　　单位:万元

年份	税收总收入	国税部门组织的收入	所占比重(%)
2012	84501	39354	46.57%
2013	109071	50150	45.98%
2014	134406	66260	49.30%

2012—2014年国税部门为地方政府提供财力统计表

表15　　单位:万元

年份	地方财政收入	国税部门组织的地方财政收入	所占比重(%)
2012	52910	9356	17.68%
2013	67234	15636	23.26%
2014	85264	21098	24.74%

2012—2014年全区国税主要税种征收情况统计表

表16　　单位:万元

税种 \ 年份	2012	2013	2014
增值税	27640	36665	45678
企业所得税	11707	13478	20580
合计	39347	50144	66258

【减免税收】 2012—2014年,共办理各类退税3.98亿元,其中出口退税1.88亿元、资源综合利用退税2444万元、民政福利企业退税1818万元。在抓好收入同时,国税部门深化实施“衢州国税85条”,全面落实税收优惠政策,发挥税收调节经济和收入分配的稳定器作用,保护税源经济科学可持续发展。

【纳税评估】 2012—2014年,共评估317户,其中查实有问题178户,直接查补税款1445万元,调减亏损额1332万元。确立专项评估和日常评估相结合的工作格局,成立纳税评估集体评审小组,规范和完善纳税评估工作机制。立足评估与辅导相结合的原则,深入企业生产现场,把握各个纳税环节,全面采集涉税信息,为科学测算纳税评估奠定信息基础。

【税源专业化管理】 探索税源专业化管理,推行税收管理员“岗位分级、分事负责”管理。强化重点税源管理,在税源管理三科率先实现基础事项管理和风险事项管理的内分离,细化分类管理,完善工作机制,明确责任落实,提高征管效率和征管质量,实现税收管理由“管人”到“管事”转变。

【简化审批】 2012—2014年,依照国家行政审批制度改革要求,简化审批权限,落实公开行政审批事项。从重点环节突破,狠抓审批提速、执行提效和服务提质,将流转业务审批时间全面缩短60%,由7～15个工作日缩短至2～5个工作日。优化办税流程,采取“一窗式”办税服务模式,取消一批审批、备案项目,前置了部分原先在后台审批的项目,企业在一个窗口即可办理13个类别共计101项涉税业务,提高办税效率。

【纳税服务】 注重提升纳税服务能力,每年开展多种形式的税收宣传月活动。与团区委联合组织“乡村团干税收宣传板报”活动,发放《企业所得税汇算清缴培训资料》和《衢州国税85条》等宣传资料,加强税法宣传力度。举办各类政策培训,对税收政策进行解读。发放《企业所得税汇算清缴培训

2014年3月4日，税收促进就业专场宣传会

资料》和《衢州国税85条》等宣传资料，加强税法宣传力度。着力推进衢江国税网站建设，坚持以纳税人需求为导向，拓宽纳税人需求收集渠道，建立健全纳税人涉税服务需求管理工作机制，推进纳税人涉税服务需求管理工作的科学化、制度化、规范化。

【营业税改征增值税】 2012—2014年，累计征收税款3430万元。2012年12月起，有序推进交通运输业和部分现代服务业原营业税改征增值税工作。2014年1月，铁路运输和邮政服务业纳入改革行列。改革期间做好纳税人的调查确认、初始化信息录入、内外部培训、宣传报道，按照时间节点做好各项工作，重点做好操作培训、零点行动等工作，确保营改增试点工作有序推进，实现营业税改征增值税平稳过渡。至2014年年底，共有营改增企业和个体工商户683家。

【"三走进"活动】 2013年3月，区国税局开展"三走进"活动，由局领导带队，分别走访美丽东城、科盛饲料、峡川镇下叶村，收集村、企、项目存在的困难，及时向区有关部门报告。结合地方党委、政府"千名干部基层结亲"活动要求，开展一对一结对活动，37名干部职工与37户企业结成帮扶对子，开展走访，帮助企业解决存在的困难。

【创建纳税服务品牌】 2014年3月，创建"一窗一品"纳税服务品牌，成立"衢江国税税务广场QQ群"涉税咨询平台，制定"5+X"值班制度、反馈台账制度和风险管理制度。QQ群平均活跃量70%以上，平均每天为纳税人解决咨询问题20余个，企业累计下载各类培训资料、税收政策达4000余次，成为国税部门一个优秀品牌。

【成立纳税人学校】 2014年10月17日，区国税局纳税人学校揭牌成立。通过前期考察，选择浙江海力集团作为学校所在地，并制定纳税人学校规章制度，把纳税人学校打造成税法宣传中心、培训辅导中心和权益保护中心。同年，开办2期企业所得税培训班。

2014年10月20日，衢江国税纳税人学校揭牌成立

（余 航）

衢江农村信用联社

【概况】 2012—2014年，衢州市衢江农村信用合作联社（简称衢江农信联社），围绕普惠金融行动计划，夯基础，拓业务，强管理，各项业务平稳较快发展。2014年年末，共有机构网点42个，其中，营业部1个，信用社10个，分社25个，非全日制网点3个，自助银行3家。在岗员工410人（其中派遣制员工90人）。各项存款余额72.93亿元，比2012年年初增加31.68亿元，增速76.8%，各项贷款54.64亿元，同比增加

24.12亿元,增速79.03%。存贷款余额分别占衢江区各金融机构存贷款总额的56.95%和49.10%。2013年12月31日,衢江农信联社捐赠区教育局50万元助学款,作为新办公大楼落成启用仪式。2014年10月20日,衢江农信联社第四届社员代表大会召开,选举产生第四届联社理事会、监事会。

2012—2014年被浙江省农信联社评为三级行社。2012年,被评为全省农信系统"十强支农支小单位",被授予"衢州市文明单位"称号,在银监会组织的"双百竞赛"活动中获"全国农村金融服务先进单位"称号。2013年,首次获评全省农信系统"十强信用联社"。2013—2014年,获全省农信系统绩效评价第一名。至2014年,衢江农信联社连续十年被衢江区政府授予区长特别奖。

2012—2014年衢江农村信用合作联社存贷款一览表

表17　　　　单位:亿元

年度	各项存款余额	增幅	各项贷款余额	年度增幅	存贷规模
2012	51.27	24.28%	38.01	24.52%	89.28
2013	61.72	20.27%	46.64	22.71%	108.36
2014	72.93	18.16%	54.64	17.14%	127.57

【普惠服务】 随着农村金融市场日益发展,衢江农信联社开始"普惠金融"的探索。农村信用代办站全面撤销后,落实消灭金融服务空白乡镇工程,在灰坪、举村、双桥三处设立非全日制金融服务点,岭洋乡设立岭洋分社。2012年起,在城区、衢化设立学苑、城南、城东、柯山等网点。派出第一批客户经理驻村担任金融指导员,适时提供灵活、贴身式服务,满足农户普惠金融服务需求。2014年6月,与区委组织部对接,选派业务骨干到乡镇、村挂职锻炼。7月,城区县学街设立首个有人值守自助银行。9月,服务点尝试对接"乡村淘",合作培育农村电子商务服务站。在樟潭街道南山底村创建首个便农自助金融服务点,实现农户足不出村,便可办理小额存取、转账。

至2014年年末,衢江农信联社已相继设立城区网点9个,共在辖内创建银行卡助农服务点223个,设立8家自助银行,选派乡镇长(街道办事处主任)助理21人,派驻村金融指导员81名,聘用支农信息联络员164人,构建起"基础金融不出村、综合金融不出镇"的服务体系。2014年,获评全省农信系统普惠金融工作第一名,被授予"普惠金融标兵单位"。

【业务发展】 2012—2014年,对外发售"丰收·信福"人民币理财产品、挂牌销售贵金属、"丰收·喜悦"开放式理财、"贴心存"定期存款产品,为客户投资理财拓宽增收渠道,加入全国银行间同业拆借市场,资金业务迈向多元化、效益化和集约化。

2014年年末,传统POS机总数377台,ATM机总数82台,丰收借记卡发卡量42.83万张,丰收贷记卡总发卡量7560张,电子银行客户量36782户,其中个人网银及手机银行35819户,企业网银963户,主要电子银行笔数替代率50.47%。对外发售理财产品,实现"零"突破,累计发行封闭式理财产品24期,销售金额2.86亿元,开放式理财产品1期,销售金额902万元;完成理财产品兑付21期,兑付客户收益312万元;挂牌销售贵金属业务,发生33笔,金额15.47万元。开展多元合作,畅通支付结算渠道。成为衢江区国库集中支付2家代理银行之一、村集体经济组织资金资产资源管理唯一开户行社，首次与浙江农资集团公司合作，对其下属的子公司——衢州惠多利农资连锁有限公司的9个分公司账户资金采用自动归集、900余家农资连锁店采用移动POS机、助农服务点转账等方式收单。

2014年年末，与区级财政国库集中支付合作单位54家，独家代理的国库集中支付、乡镇国库集中支付、单位公务卡、个人公务卡“一卡通”业务在高家、廿里试点。与社保部门对接，制作和发放全区农村居民社保卡，基本做到农村社保、医保居民全覆盖。开办代收有线电视费、烟草销售款，“交警罚没款”缴费业务，便利居民缴费结算。

【精细管理】 2012—2014年，启用“一信通”信贷客户回访平台，开启短信回访模式。联社中心机房正式投入使用。启用科技运维平台，强化对计算机设备的有效利用和维护。率先全市农信系统试点ATM机循环功能，有效规避现金风险，上线ATM机流水无纸化系统，提高查阅流水信息的效率。优化内部管理，设立账户集中管理中心，配备账户管理员，率先全市农信系统实现全区结算账户开立、变更、撤销集中管理。与衢州安邦护卫公司签订守押服务合同，正式实现社会化押运。筹建成立现金管理中心，管理金库、现金清分、集中加钞ATM机现金业务。辖内31台离行式ATM机、城区网点附行式ATM机实行集中加钞管理，并通过ATM机综合管理系统实时监控，保障自助渠道畅通。提升办贷便捷，投入使用新一代小额信用贷款电子化管理系统。率先衢州农信系统试点贷款利率定价，将利率由手工定价表测算改为系统综合测算，更为客观和精准、更适应利率市场化趋势，上线T+0贷款利率定价业务系统。防控信贷风险，健全管理、激励和追责机制，通过实现担保物权抵贷、建立大额不良贷款清收责任制度、司法淘宝网拍卖不动产拍品、不良贷款外包清收模式，化解不良贷款包袱，提升信贷资产质量。

【支农支小】 坚持“支农支小”服务定位，深耕农村金融市场，提高贷款可获得度、便捷度。2014年年末，推动全区创建省级信用村3个，市级信用镇1个，市级信用村10个，市级信用农户89户；区级信用乡镇2个、信用街道6条，信用村93个，信用户87971户。深化农户小额信用贷款支农品牌效应，促进社会信用体系良性循环。发放丰收小额贷款卡1.61万张，贷款余额4.6亿元，发放丰收创业卡265张，授信4815万元，累计放贷5682万元。农户小额信用贷款达6.04亿元。

2014年5月，衢江农信联社与团区委合作举办衢江区第五届青年创业项目大赛

衢江区政府发文推广惠民工程“阳光信贷”，至2014年年末，“阳光信贷”授信总额达83亿元，惠及农户11.5万户。推动重点产业转型，大力培育家庭农场。2013年7月，由市财政划拨2500万元资金，衢江农信联社予以放大，优先安排1.25亿元家庭农场扶持专项资金，配套建立领导干部联系工作制度，实行贷款优先调查、评定、授信、发放。灵活担保方式，相继推出钢架大棚、农村土地经营权、农业设施抵押贷款，并率先全国推出家庭农场小额贷款保证保险业务(即“金伞贷”)。

至2014年年末，共向468家专业农场授信贷款总额1.52亿元，其中信用贷款授信3068万元，评定AAA级的家庭农场，在授信额度内，贷款利率享受基准利率。累计向715家家庭农场发放贷款2.12亿元。家庭农场保证保险小额贷款授信总额5293万元,惠及全区330户家庭农场,累计放贷174笔,贷款余额3215万元。同时,积极履行社会责任。

2012—2014年,衢江农信联社联系峡川镇李泽村、上方镇金杨村、灰坪乡灰坪村等。理事长宋献礼挂职李泽村第一书记,并派驻专职农村工作指导员、生态指导员。与联系村贫困户结对,通过出谋划策、资金扶持等方式,帮助其树立脱贫信心。捐助6万元帮助李泽村农民饮用水改造、村委办公室办公设施、空调配备,每年农历新年前,走访慰问贫困农户。

【产品创新】 2012—2014年,衢江农信联社紧扣区域经济发展需求,创新推出适销对路的产品和服务。率先全市农信系统试行续贷无缝对接,有效缓解企业解决贷款周转的压力,降低企业融资成本,并相继开办"幸福成长贷"专业市场商户租金贷款、乌溪江库区异地脱贫廿里后山小区购房专项贷款、商铺按揭贷款、股权反担保质押贷款、采矿权抵押贷款、砂权抵押贷款、土地承包经营权抵押贷款、"商贷通"电子商务贷款、"存贷通"创业贷款等,连续三年与团区委合作举办青年创业项目大赛,不断丰富信贷产品与服务,有力支持衢江人民脱贫致富、干事创业。

2012年3月1日,浙江日报等9家媒体聚焦上方镇新京村银行卡助农服务点

【九媒体聚焦衢江农信联社银行卡助农服务】 2012年3月,金融时报浙江记者站、浙江日报、青年时报、浙江电视台、浙江电台、浙江在线、衢州电视台、衢州日报、衢江电视台等9家媒体聚焦衢州市衢江农村信用合作联社在上方镇新京村设立的银行卡助农服务点。该服务点于2011年1月31日在全市农信系统率先设立,同年9月试点开办存款业务,成为浙江省农信系统首个银行卡助农服务存款业务试点,惠利广大农村居民。2012年,"银行卡助农服务工程"的全覆盖被列为衢州市十大民生工程之一。

【成立一级法人首次注册资本变更】 2012年3月28日,衢江农村信用合作联社三届三次社员代表大会召开,58名社员代表一致通过《变更注册资本的方案》,衢江农信联社正式启动成立一级法人以来首次注册资本变更的筹备工作。2013年5月,在完成2005年全部投资股向衢州市工商行政管理局登记注册资金人民币1830.50万元的基础上,增加注册资本人民币1.72亿元,变更注册资金为人民币1.9亿元。

【推广"阳光信贷"】 2012年5月,衢江区政府办公室印发《衢江区"阳光信贷"工作实施方案》,在全区推广"阳光信贷"。同年8月,"阳光信贷"在衢州农信系统全面推广"阳光信贷"支农平台系统成功研发,提升办贷效率。2013年6月,"阳光信贷"工程全面完成基础测评。至2014年年末,"阳光信贷"授信总额达83亿元,惠及农户11.5万户,借力阳光信贷支农平台系统,建立农户信息档案12.95万户,建档面达112.61%,采集客户头像指纹42951户,已发放贷款1.63万户,累计放贷8.15亿元。

【推进普惠金融工程】 2013年9月,衢江区政府转发《衢江农信普惠金融三年行动计划(2013—

2015年)》,成立分管副区长为组长的普惠金融工作领导小组,推进衢江农信普惠金融工程。同年10月,胡仲明副市长一行到衢江调研"普惠金融三年计划"落实工作。2014年6月,中国人民银行金融消费权益保护局局长、中国小额信贷机构联席会秘书长焦瑾璞一行到衢江调研普惠金融,参与调研的有银监会、农业部、国家林业局、国务院扶贫办等相关人员。

【衢江首例担保物权抵贷】 2013年2月,衢江农信联社依据省高院出台的《关于审理实现担保物权案件的意见》,向衢江法院提出实现担保物权的申请,当日审查、当日立案,衢江法院裁定被申请人浙江家洁乐清洁用品有限公司所有的房产、土地使用权担保财产准予采取拍卖、变卖等方式变价,联社对变价后所得款项在贷款本金1750万元及合同约定的利息范围内优先受偿,成为衢江首例实现担保物权案件。全年共通过担保物权抵贷重组回购,处理案件6件,涉案金额3189万元,成功收回案件3笔,金额2350万元。

(方　琪)

中国工商银行衢江支行

【概况】 中国工商银行衢州衢江支行(简称衢江工行),2013年年末,新增存款2.17亿元,其中对公存款新增1.61亿元,储蓄存款新增4794万元,同业存款新增748万元;新增贷款9322万元,其中公司贷款下降1200万元,个人贷款新增1.05亿元;存贷款全面完成市行指标,中间业务收入超额完成必保计划,达到2009万元,同业占比保持第一,人均中间业务收入列全市前列。2014年年末,各项存款余额12.45亿元,同业排名第二;各项贷款余额12.48亿元(不含信托公司融资余额2.45亿元),同业排名第二。人均净利润202.12万元,均位列全市第一。个人有效客户增长率22.56%、个人中高端客户增长率16.55%,均位列全市第一。公司贷款和个人贷款的不良率为零,风险得到有效控制。一级支行经营绩效考评衢江支行位列衢州市第二。

【队伍建设】 2013—2014年,市分行全面推行全员积分制考核,将产品积分制、内控积分制、服务积分制等有机结合起来,不断完善支行绩效考核体系,力求考核公正、公平、公开,减少对员工阶段性任务绩效考核。夯实支行经营基础,关注长远发展规划,准确定位重点发展目标,分析支行业务长短板,注重市场开拓和夯实基础相结合。培养一支会营销、懂营销、精营销的客户经理队伍,提高员工的综合素质。

【加强管理】 加强对员工思想政治教育和日常行为动态管理,通过建立员工谈话、提醒谈话等制度,从谈心沟通中发现员工在工作和生活中存在的问题和心声,及时疏导、分析、解决,夯实廉政预警长效机制。开展员工行为动态日常化管理工作,建立员工行为动态信息档案,详细记录员工工作生活的变化情况,将员工行为动态的排查融入日常的工作中,及时掌握员工思想变化和工作生活遇到的困难并帮助解决。

【业务拓展】 2013年,衢江工行围绕新的经营绩效考核办法,将挖掘机构客户和同业客户的潜力作为业务重点,经过持续攻关和加强细节服务,机构存款和理财业务有较好发展,其中财政性存款较年初新增8200多万元。国资公司新增存款近2700万元,并新开土管局下属账户——衢州市衢江区地产交易中心,新增存款2400多万元。衢江联社累计购买理财产品2.5亿元。2014年,深化"公私联动",全方位推进业务进程。拓展如祥光、众诚、喜盈门等员工人数较多的企业代发工资业务,办理工资卡300多张,进一步夯实个人客户基础。理财经理通过公私联动,发展两位私人银行客户，2014年年末，两位客户个人资产达到2000万元。储蓄存款，支行纯储蓄存款较2014年年初新增3758万元，个人客户总资产较年初新增1.08亿元，增幅达30%。机构存款，由于财政性资金采取招投标方式，社保基金上收市局统一管理，导致机构存款下降近2亿元，继续努力做好机构的维护工作，从会计核算中心、公积金、国土、交通、公安局等其他部门入手，拓展新的存款来源。其中会计核算中心通过帮助其完成招商引资任务，2014年年末，较年初新增存款1000万元；公积金较年初新增300万元；通过维护国土新增土地出让金2000多万元；公安局较年初新增250万元；交投较年初新增近3000万元。新拓展东方广场商贸公司、仙鹤新能源、百特汇电子商务公司、金通公路养护等公存潜力较大的公司客户，公司存款较年初新增3000多万元。

（吕　骁）

中国建设银行衢江支行

【概况】 中国建设银行衢州衢江支行（简称衢江建行），设营业部和客户部，主要业务为向公司类客户和个人类客户提供结算、储蓄、代理、融资服务，利用服务网络及自助设备，根据客户需求，开展代收付、理财、贵金属买卖、代理保险、基金购买、网上银行等金融服务。

【银行业务】 2012—2014年，衢江建行存、贷款明显增长。存款业务：一般性存款余额2012年8.95亿元，2013年10.52亿元，2014年10.35亿元。资产业务：贷款余额2012年 6.55亿元，2013年8.19亿元，2014年12.37亿元。

【支持地方经济】 2012—2014年，衢江建行根据衢江区“十二五”发展规划和区委、区政府要求，积极支持地方经济发展，加强内部管理，提高从业人员素质，提升对外服务水平，增强综合竞争力。实施差别化营销策略，加强客户经理渠道建设，加强银企合作，银政合作，主动与衢江区有关部门沟通，在招商引资及重点项目融资给予支持。企业贷款、个人信贷有长足发展，推出适应客户需要信贷产品，融资办法多样化。针对小企业金融需求特点，采用专业化、标准化、流水线式信贷业务流程，提高服务小企业工作效率，以专业分工方式为中小企业提供创新金融服务。支行积极发展个人信贷业务，通过营销房开楼盘促进个贷业务平稳发展，稳妥发展二手房贷款和汽车分期业务，帮助城乡居民实现买车、购房愿望，支持地方经济，使支行业务得到发展。

【内部监督管理】 衢江建行按照省市分行及银监局、人民银行要求，加强内部精细化管理，严防操作风险、信用风险，做好员工行为排查，将操作风险控制和防范列入日常主要工作。研究业务经营中存在的问题和事故隐患，发现问题限期解决。对营业场所等重点部门开展定期、不定期安全检查。经常组织员工培训，规范员工操作行为，增强遵纪守法自觉性。对新入行员工进行合格操守、规范操作教育与培训，强化新进员工守法合规意识。对网点重要岗位实行人员轮换制度，杜绝风险，促进各项经营业务合规开展。

（蔡　新）

中国银行衢江支行

【概况】 2012—2014年，中国银行股份有限公司浙江省分行衢州市分行衢江支行（简称衢江中行），发挥中国银行“海内外两个市场、本外币两种货币”的优势，明确“根植地方经济求发展，支持地方建设为己任”的经营方针，通过自身投放、省行直贷、海外融资、产品创新等手段，不断拓宽客户融资渠道。衢江中行存、贷明显增长。2014年，存款余额4亿元，较2012年增长9477万元；贷款余额6.52亿元，较2012年增长3.15亿元。

【支持地方经济】 2012—2014年，衢江中行积极支持衢江区政府投资项目，衢江区“低丘缓坡”项目在本行实际投放金额达到1.5亿元。衢江中行与衢州市中小企业担保有限公司、浙江中新力合融资有限公司等担保服务公司携手合作，实际解决衢江区客户困难。衢江中行、衢江区政府、中新力合三方携手推动并促成“九龙仙峡”项目，发放贷款2500万元，支持衢江区中小企业客户数13户。配合区政府工作计划。根据企业要求以及企业贷款中遇到的实际问题，不断创新，推出各类通宝业务，其中工商验资通产品，满足客户增资验资的需求，便利与客户；网络通宝以其快速、便捷、低门槛的特点支持小微企业的发展；税务通宝则根据企业实际纳税额直接发放信用贷款，提高客户纳税积极性和政府税收量。网盛生意宝项目是通过中国银行、中新力合担保公司、网盛生意宝三方合作的一项在线融资服务方案，建立网上提出融资需求，线下实现有效融资的便捷模式。根据行业特殊性，针对造纸行业在各大银行授信难的情况，支持中小企业造纸及纸制品。浙江仙鹤特种纸有限公司，浙江夏王纸业有限公司，衢州市东大特种纸有限公司，浙江琅素实业有限公司，衢州信安纸箱厂等客户衢江中行给予扶持，为衢江打造特色产业助力。

【银企对接】 2012—2014年，衢江中行深入企业送温暖、送祝福、送产品进企业，分别进入浙江尤尼威机械有限公司、浙江琅素实业有限公司等企业，与企业员工密切沟通，了解员工的理财困惑和金融需求，送金融服务进企业。关注衢江区教育、医疗卫生机构的发展和建设，与区内多家学校建立长期有效沟通，为衢江区上方镇、云溪镇新世纪实验中学提供贷款，解决企业发展资金问题，助力衢江区教育事业发展。

（姜巧玲）

中国农业银行衢江支行

【概况】 2012—2014年，中国农业银行股份有限公司衢州衢江支行，坚持“党建为本、发展为先、风控为重”的发展战略，落实增收减支，各项业务保持较好的发展态势。截至2014年年末，各项存款余额19.77亿元，较2012年年末增长2.84亿元，总量四行份额41.75%，连续三年保持四行第一。各项贷款余额13.46亿元，较2012年年末增长6.58亿元，四行份额29.89%，首次跃居四行第一。2014年实现拨备前利润7212万元，拨备后利润7054万元。连续三年获评市级先进单位，2014年被评为省级精神文明单位。

【服务经济社会】 2012—2014年，加大对重点项目建设支持力度，支持衢江区民生工程、重大工业项目建设。支行对接营销项目贷款共计15个，贷款授信额超过25亿元。其中包括人民医院迁建、城乡公司、新农都、正锐农业、神霸矿机、赢湖房开等项目。加大对重点企业支持力度，建立招商引资项目联系人制度，指定客户经理对接开发区新入园企业，为客户全程跟踪一条龙服务，助推企业有序实施项目建设。支行新拓展法人用信客户26户，仅2014年小微企业贷款新增8282万元。加大“三农”服务力度，截至2014年年末，涉农贷款余额7.03亿元。农户大棚抵押贷款由集中在莲花镇推广至全旺镇。2014年，在重点乡镇安装惠农通机具共计43户，便利农户办理金融业务。2012年，支行在衢江区廿里镇完成二级支行设立，并在衢江区政府、振兴中路分别设立离行式自助网点，在莲花镇筹备自助网点，方便客户办理业务，完善支付结算渠道，优化网点服务，扩大区域内影响力。

【清收不良贷款】 2012—2014年,支行不良贷款处置工作由一把手负总责,通过"一户一策",责任落实到人,加大不良贷款清收处置力度,累计化解不良贷款超过1000万元,不良贷款清收处置工作取得重大成效。截至2014年年末,不良贷款余额148万元,其中法人贷款零不良;不良贷款占比0.11%,连续三年远低于全市平均水平,实现不良"双下降"的目标。

【加快网点转型】 2012—2014年,扎实开展"赢在金秋""乡镇网点营销冲击波"等营销活动,细化到经营单位和个人,加强网点员工业务培训和技能训练,熟知产品、提炼营销话术,提高营销成功率。树立"以客户为中心""服务创造价值"的理念,加强对临柜人员文明服务、礼貌待客的教育培训,有效落实规范化服务的各项措施,使员工从思想上、行动上增强文明优质服务的自觉性,促进服务质量的提高,全力打造优质文明服务的窗口形象,进一步提升客户的满意度和忠诚度。

【干部队伍建设】 2012—2014年,坚持公开、公平、公正的干部选拔原则,严格执行民主推荐、公开竞聘、民主测评、组织考察、审计、任前公示、报批报备等干部选拔任用的程序,做到坚持原则不动摇,执行标准不走样,履行程序不变通,遵守纪律不放松。三年提拔中层干部5人,组织开展专业队伍后备人才选拔和客户经理竞聘工作,将品德好、业绩突出、作风正派、学历层次高、群众公认的优秀年轻干部充实到支行部门重要岗位,共计6人进入专业队伍后备人才库,加强后备干部队伍建设。

(徐明非)

中国邮储银行衢江支行

【概况】 2012年12月,中国邮政储蓄银行衢州市衢江支行(简称邮储银行衢江支行)成立,是一个功能齐全的综合性、现代化银行网点,有方便快捷的电子银行、自助设备,实现全方位、立体式的综合服务。按照衢江区"十二五"发展规划和区委、区政府的要求,调整发展战略,实现资源配置优化管理。

【银行业务】 邮储银行衢江支行主要业务范围:公司业务、个人业务、各类信贷业务、各类中间业务。2012—2014年,衢江支行存贷款快速增长。存款业务:2012年2000万元。2013年5000万元。2014年7000万元。大理财业务等中间业务也稳步发展。

【支持地方经济】 2012—2014年,邮储银行衢江支行定位于服务社区、服务中小企业、服务"三农",致力于为客户提供服务。推出品种丰富的贷款项目和高效率的贷款审批流程。对农民贷款提供方便快捷的贷款服务,如农户联保贷款,整村授信贷款,家庭农场特别项目,为衢江农业大区发展注入力量。在总行三农金融事业部成立大背景下,邮储银行衢江支行打造专业化为农服务体系,为农民致富服务。衢江支行还与衢江区大部分二手房中介建立长期的伙伴关系,促成二手房买卖流通,改善大众居住条件。

【普惠金融 普惠万家】 中国邮政储蓄银行坚持把做好普惠金融工程作为长期发展目标。普惠万家贯穿着从产品设计到营销理念。长期以来邮储银行衢江支行一直免收卡工本费,省内异地转账,存取款手续费,卡年费;免收商易通押金,手续费;较其他银行减收小额管理费;减收账户明细查询流水打印费等。对信用农户、种养殖大户、农业龙头企业、专业合作社、家庭农场等群体和养老保险贷款、安居贷款、助学贷款等民生类贷款均有政策倾斜。在三中,工贸学校边上均设有ATM自助设备,方便学生家长使用。

(迟晓霞)

衢江上银村镇银行

【概况】 衢江上银村镇银行成立于2011年，是上海银行主发起设立的一家村镇银行。村镇银行系在农村地区设立的主要为当地农民、农业和农村经济发展提供金融服务的银行业金融机构。衢江上银村镇银行作为独立的企业法人，享有由股东投资形成的全部法人财产权，依法享有民事权利，全部法人财产独立承担民事责任。以安全性、流动性、效益性为经营原则，自主经营，自担风险，自负盈亏，自我约束。坚持以服务“三农”、服务“小微”为立行之本，“立足衢江、支农支小”，坚持“差异化、特色化”发展思路，为衢江区经济和社会发展提供金融服务和支持。

【股权结构】 衢江上银村镇银行注册资金1亿元，其中上海银行出资5100万元，占比51%，其余7家股东单位分别为浙江华海合力科技股份有限公司（出资900万元）、浙江圣效化学品有限公司（出资900万元）、浙江鑫丰特种纸业股份有限公司（出资900万元）、衢州之江化工有限公司（出资700万元）、浙江威龙高分子材料有限公司（出资500万元）、浙江民心生态科技有限公司（出资500万元）、浙江联华锌品有限公司（出资500万元）。

【部门设置】 衢江上银村镇银行的部门设置对公司各项业务开展提供良好保障。截至2014年年末，公司行长室以下设立综合管理部、风险管理部、财务会计部、市场部、营业部。分别负责：综合管理、风险管控、计划财务、市场营销、会计营运。公司设董事会，董事7人，其中董事长1名，外部董事3人；设监事会，监事3人，其中监事长1名，职工监事1名。公司由董事会选举聘任行长1人、副行长（行长助理）2名。公司的股东大会为公司的最高权力机构，董事会执行股东大会的决议，履行其董事会工作职责；公司监事会是公司的监督机构，负责对公司董事、高级管理人员履职情况进行监督、考核、评价等，对股东大会负责。经过四年的发展，衢江上银村镇银行各部门人员配备齐整，其营销团队实力不断提高，后台各部门对营销部门起到良好支持作用，下设2家支行—上方支行、廿里支行。共有员工45名（含劳派人员14人），包括3名高管，工队伍精干、专业、务实。

【业务发展】 截至2012年12月末，衢江上银村镇银行各项存款总额为3.23亿元，比年初增11431万元，增幅为54.79%；各项贷款余额4.18亿元，比年初增9833万元，增幅为31%，存、贷款增幅在衢江区各家银行中位居第一，存贷款额超越开业8年的中行衢江支行；全年实现税前利润1399万元、净利润1199万元，超额完成董事会下达的目标。个人结算账户达1956户，单位结算账户138户；贷款客户达440户，其中农户贷款339户，比年初增加231户。在衢江区存款市场份额为3.39%，较年初提升0.75个百分点；贷款市场份额为5.72%，较年初提升0.63个百分点。

截至2013年12月末，衢江上银村镇银行共计开立存款账户4267户，各项存款余额5.28亿元，较上年增长64%，完成任务的102%；日均存款3.93亿元，完成任务的101%；贷款客户共计609户，各项贷款余额6.02亿元，完成任务的100%，日均贷款5.09亿元，完成任务的98%；存贷比为113.96%，比年初下降15.57个百分点；营业收入2859.24万元，同比增加25.87%；营业支出2843.63万元，同比增加98.08%，其中计提贷款损失准备支出1230万元，比上年增加1112万元；实现净利润822.49万元，完成任务的92%。坚持市场定位，加大对三农和小微企业支持力度。⑴优化客户结构，增加有效投入。各项贷款中对公贷款89户,金额4.34亿元;个人贷款520户,金额1.68亿元;各项贷款中单笔50万元以下户数448户,占总户数的73.56%。信贷资产质量较好,贷款五级分类正常贷款占比为99.17%。为优化客户结构,在退出与20多家存在一定风险隐患的信贷客户合作的同时,新增公司贷款客户20多家,涉及余额9800万元。⑵开展产品创新。以小微企业、农户、个体经营户的信贷需求为抓手,推出农村小型水电站抵押贷款、大型农机具抵押贷款、中长期流动资金贷款等创新产品。⑶助力家庭农场发展。组织市场部客户经理到莲花镇,向家庭农场主授信6000万元信贷资金,在担保方式、贷款金额、贷款利率等方面提供便利和优惠。

截至2014年12月末,衢江上银村镇银行总资产8.24亿元,较年初增长0.45亿元,同比增幅6%,其中各项贷款余额6.73亿元,较年初增长7092万元,同比增幅12%,完成年度计划的93%;总负债6.93亿元,较年初增长0.32亿元,同比增幅5%,其中各项存款日均余额4.84亿元,同比增幅23%,完成年度计划的97%;净资产1.31亿元,较年初增长1268万元,同比增幅11%;实现营业利润1018万元,同比增长1002万元,完成全年计划100%;实现净利润1268万元,同比增长446万元,完成全年计划的75%;不良贷款510.8万元,比年初上升10.80万元。贷款客户697户,比年初增加88户;各项贷款户均96.57万元,比年初下降2.31万元;各项贷款中农户贷款555户,比年初增加89户,农户贷款余额1.39亿元,比年初增加3480.19万元。存贷比为113.07%,比年初下降0.89个百分点。2014年9月,通过与区农办、杜泽镇政府合作,帮助杜泽镇坑头村生猪养殖转型菌菇种植,为5户菌菇种植户发放农户互助会贷款175万元。推出大型农机具、林权、水电站抵押贷款实施细则,为当地三农企业量身定做新产品,如为衢州好德农业开发有限公司发放大棚抵押贷款150万元,为衢州市向荣生态养殖有限公司发放大棚抵押+保证贷款200万元,为浙江万万农业开发有限公司发放林权抵押贷款665万元,并对该公司发放中期流动贷款450万元,为浙江云程建设有限公司水电站抵押贷款800万元等。

【党工团建设】 2012年4月,衢江上银村镇银行工会成立大会暨工会会员第一次全体会议召开,选举产生第一届工会委员会、经费审查委员会、女职工委员会。同年10月,共青团上海银行杭州分行委员会批复同意在衢江上银村镇银行成立第十支部委员会。11月,中共衢江区机关工委同意将中共衢江上银村镇银行党支部划归中共上海银行杭州分行党委管理。12月,衢江上银村镇银行党支部更名为中共上海银行股份有限公司衢江上银村镇银行支部委员会。团支部在上海银行杭州分行首届职工运动会上取得总分第三名。2013年4月,傅家伟获评"衢州市五一劳动奖章"。2014年11月,团支部组织"情同手足"冬季趣味运动会,工会在廿里镇开展"央行支付惠及万户"为主题的宣传活动。

(熊子华)

人保财险衢江支公司

【概况】 2012—2014年,中国人民财产保险股份有限公司衢州市衢江支公司围绕省公司"实施品质战略,建设价值强司"的工作主基调,贯彻落实市公司提出的各项工作要求。2014年,公司累计实现保费收入1.09亿元,利润1452万元。其中车险保费8652.8万元,商业非车险保费1185.9万元,农险保费1073.2万元,税收501万元。各条产品线全面超额完成年初制定的"总保费突破一个亿,非车险突破一千万,农险实现一千万,利润实现一千万"的"四个一"工作目标。

【全省首创“金伞”家庭农场组合保险】 2013年6月，人保财险衢江支公司在全省首创“金伞”家庭农场组合保险。衢江是农业大区，公司将支持当地农业发展作为己任，会同区发改局、区农业局等制定《“金伞”衢江家庭农场组合保险方案》，遵循“政府引导、市场运作、自主自愿、先易后难、协同配合、整乡（镇）推进” 及“农户可承受、财政可承担、实际可操作”等基本原则，推行政策性家庭农场组合保险。在莲花镇举行首批家庭农场组合保险签约仪式。“金伞” 方案中政策性保险主要内容包括，将农村住房、油菜、水稻、能繁母猪、大棚保险与大棚蔬菜保险列入政策性农业保险范围，各级政府财政在保险费上给予补助。同时将家庭农场经营涉及的需求，组合小额家庭财产保险、小额人身意外保险、小额贷款保证保险。切实解决农场主生产经营中遇到的困难，浙江电视台、浙江日报、衢州市电视台等新闻媒体进行报道。

【统保衢江区建房意外险】 农村经济发展，农民生活水平提高，农村建新房越来越多。每年都有意外发生，易产生社会隐患。2014年，人保财险衢江支公司与衢江区政府合作，特意设计《衢江区建房意外险》，保费标准按照6元/平方米（建筑占地面积）收取，其中农户缴费3元/平方米，区财政补助3元/平方米。死亡伤残最高赔20万元，医疗费最高赔2万元。为广大农村建房户提供安全保障，取得良好社会效益。

【全省率先启动生猪价格指数保险】 生猪养殖户既要面对自然风险又要应对市场风险，猪价波动对经营户影响很大，特别是猪价大幅下滑，会造成经营困难。为分担生猪价格下跌的经营风险，人保财险衢江支公司在全省启动生猪价格指数保险。在保险期间内，某批次保险生猪的猪粮比平均值低于约定的5.4:1时，视为保险事故发生，保险人按照保险合同的约定负责赔偿。2014年，衢江区经省政策性农业保险工作协调小组办公室批准，作为全省唯一开展生猪价格指数保险试点县。同年12月，正式开启试点工作。《新华社》《浙江日报》《浙江之声》《浙江卫视》《浙江在线》等10多家省级以上媒体集中报道这一消息，《人民网》《和讯网》等数十家主流网站纷纷转载，取得良好反响。公司共承保生猪4.05万头，收取保费76.5万元，承担风险保障5467.5万元。

【推进环境污染责任保险】 2014年，人保财险衢江支公司以“五水共治”为切入点，与农业局、环保局共同推进环境污染责任保险业务。共同促进农村生态环境治理，效果显著，截至2014年7月，共实现环污险新增保费36万元。

【为学校提供安全保障责任险】 2013年8月，人保财险衢江支公司为衢江区学校提供安全保障，共实现监护人责任险、餐饮场所责任险、教职员工责任险保费共计120余万元。

（伊雪飞）

中国人寿衢江支公司

【概况】 2012—2014年，中国人寿保险股份有限公司衢江支公司（简称中国人寿衢江支公司），按照“稳中求进、转型增效、深化改革、强化管控”的总体要求，发挥大公司主渠道优势和保险经济补偿和社会管理功能，履行人民保险为人民的社会责任，服务社会民生，为衢江经济社会发展提供保险保障，实现社会效益与企业利益共赢。2014年，公司累计实现保费收入1.45亿元，税收161万元。

【队伍建设】 健全机制，强化工作执行力。规范和完善管理机制，深化与湖南长沙保险学院合作，输送10名业务骨干参加高级研修班。鼓励员工参与管理,学会管理,壮大队伍,将业务、队伍、基础管理三位一体同步推进,做大做强,量质并存,自主经营,实现公司、主管和团队三赢。倡导奋发向上、艰苦创业的精神,倡导团队一致、合作共赢,将合作精神融入企业发展的每一个环节。

【回馈社会】 中国人寿保险衢江区支公司作为衢江区唯一的一家国有寿险公司,自成立以来,一直致力于服务经济、服务百姓,得到当地各级政府和百姓的肯定和好评。2012—2014年,为深化保险业改革发展,将农村合作医疗保险推进千家万户,共投保173502份,为广大百姓提供周到、全面、细致的服务,为促进经济和社会健康发展发挥作用。

【驻村服务三农】 建立一支驻村保险服务员队伍,为农民朋友的投保、索赔带来方便,通过发展驻村保险员和建设保险先进村活动,发挥保险的功能和作用,广泛地、直接地向广大农民宣传保险知识和提供保险服务,配合政府建立完善的农村保障体系,以服务新农村建设为宗旨,落实科学发展观,结合中国人寿农村网络建设实际,因地制宜,合理布局,依托政府,共同建设。2012—2014年,农村保险服务员覆盖率分别达30%、40%、60%。

(姚　林)

经济管理与监督

发展与改革

【概况】 2012—2014年，衢江区发展和改革局发挥综合部门作用，强化规划职能，开展重大课题调研，加强统筹协调和改革创新，谋好规划计划，强化“大干项目”，统筹协调服务，组织重大项目储备和实施，推进各项工作落实。2012年，被区政府记集体三等功。2013年，被区委、区政府记特别贡献奖。2014年，获区综合考核一等奖。

【编制年度计划】 2012—2014年，组织编制各年度国民经济和社会发展计划，向人民代表大会报告上年度计划执行情况、本年度计划（草案），经批准后付诸实施。同时每年对全区半年度国民经济和社会发展计划执行情况向区人大常委会报告，及时采取对策措施，确保年度计划的完成。

2012年2月，完成《关于衢州市衢江区2011年国民经济和社会发展计划执行情况与2012年国民经济和社会发展计划草案的报告》，并经区第十四届人民代表大会第一次会议审议通过。完成2012年衢江区国民经济和社会发展计划分解下达工作。

2013年1月，完成《关于衢州市衢江区2012年国民经济和社会发展计划执行情况与2013年国民经济和社会发展计划草案的报告》，并经区第十四届人民代表大会第二次会议审议通过。完成2013年衢江区国民经济和社会发展计划分解下达工作。

2014年1月，完成《关于衢州市衢江区2013年国民经济和社会发展计划执行情况与2014年国民经济和社会发展计划草案的报告》，提出该区2014年经济社会发展主要指标目标任务。经区第十四届人民代表大会第三次会议审议通过后，及时下达2014年衢江区国民经济和社会发展计划。

【重点项目情况】 2012年，全区有8个项目列入省重点项目计划，总投资29.5亿元，年度计划投资4.73亿元，实际完成投资4.6亿元，为年度计划的97.3%。有22个项目列入市级重点建设项目计划，总投资38.07亿元，年度计划投资11.07亿元，实际完成投资25.5亿元，为年度计划的230%。区级重点建设项目78个，总投资162亿元，年度计划投资46.3亿元。实际完成投资50.9亿元，为年度计划的110%。

2013年，全区共有9个项目列入省重点项目计划，总投资35.3亿元，年度计划投资4.88亿元，实际完成投资9.03亿元，为年度计划的185%。有33个项目列入市级重点建设项目计划，总投资92.3亿元，年度计划投资25.6亿元，实际完成投资37.1亿元，为年度计划的144.9%。区级重点建设项目90个，总投资203.9亿元，年度计划投资56.6

亿元。实际完成投资57.6亿元,为年度计划的101.8%。

2014年,全区共有7个项目列入省重点项目计划,总投资41.4亿元,年度计划投资7.38亿元,实际完成投资12.95亿元,为年度计划的175.5%。37个项目列入市重点建设项目计划,总投资135亿元,年度计划投资31.6亿元,实际完成投资41.6亿元,为年度计划的131.6%。区级重点建设项目100个,总投资254亿元,年度计划投资66.4亿元。实际完成投资68.8亿元,为年度计划的103.6%。

【重点项目实施】 2012—2014年,全区实施区级以上重点项目173项,累计完成投资169.3亿元,建成项目73项。浙江逸达电工器材有限公司、浙江开山铸造有限公司、浙江都邦药业股份有限公司、衢州五洲特种纸业有限公司二期建设项目、浙江晶鑫特种纸业有限公司、衢州澎安宇新材料有限公司、衢州市东大特种纸有限公司、浙江仙鹤印刷有限公司(浙江仙鹿纸制品有限公司)、浙江衢州星月神电动车有限公司等重大产业类项目建成投产,浙江五一机械有限公司成功收购。衢州市浮石渡至大路章公路工程建成通车,衢江区第一初级中学、衢江区人民医院异地扩建工程(一期)、城中村改造安置小区(新屋里地块)等重大民生项目建成交付使用。君悦东方、衢州赢湖玫瑰园、长河绿江南、铂金府邸、檀香山庄、世纪星辰等房地产项目有序推进。东方广场、衢港汇广场、浙江新农都衢州批发市场、衢州东州商务大厦、衢州光明电力商务大楼、衢州泰隆金融大厦等重大服务业项目入住新城相继开工建设。天华阳光总装机规模45兆瓦农光互补光伏电站、广胜集团总装机容量46兆瓦农光互补光伏电站、浙江仙鹤分布式光伏发电项目、浙江夏王分布式光伏发电项目等新能源企业进驻衢江区。浙江阿明环保科技有限公司、浙江奥隆新材料有限公司、衢州艾科科技有限公司、浙江金润新材料科技有限公司、衢州正锐农业科技有限公司、浙江宏普轮毂制造有限公司等战略性新兴产业开发区东扩大区块为衢江区产业转型升级打下基础。

2013年3月27日,衢州市重点项目"互看互学"活动"百亿项目"集中开工大会衢江分会场

2012年,全区共谋划入库项目139个,总投资350亿元。2013年,全区共谋划入库项目492个,总投资2508亿元。2014年,全区共谋划入库项目662个,总投资3482亿元。

【重点项目管理】 2012—2014年,为加快重点项目建设和管理,贯彻实施"工业立区、开放兴区、生态建区、特色强区"发展战略。出台《衢江区重大项目前期经费管理暂行办法》《区领导联系重点项目方案》等制度。开展"晒项目 赛项目"主题活动,推进项目建设。全区21个乡镇(街道、办事处)及区级各单位以展板形式晒出年度总投资500万元以上实施类项目,并将项目纳入年度全区重点项目计划或总投资500万元以上非重点项目计划,投资项目支撑率90%,将有效投资增长落实到项目上。区级领导分别挂联区级以上重点建设项目,建立"一个项目、一名领导、一个责任部门、一个方案、一抓到底"的协调推进包干责任制。总投资500万元以上的项目全部实行挂图作战。每年编制项目推进白皮书3册，为区委、区政府推进项目建设提供参考。每年开展2次项目谋划申报工作，创新项目谋划评优活动。开展2届“衢江梦·发展梦”项目谋划PK赛，每年评选出10个“十佳项目梦”、20个“双十佳大项目”。

【重大项目前期工作】 2012年5月，水电水利规划设计总院会同省发改委、能源局对浙江省12个抽水蓄能电站选点规划报告进行审查。衢江区抽水蓄能规划选点报告通过专家评审，成为浙江省抽水蓄能9个站址之一。2013年5月，中国水电顾问集团华东勘测设计研究院本区签订《关于提前启动衢江抽水蓄能电站项目预可行性研究勘测外业部分(第一阶段)工作的协议书》，正式启动项目预可研工作。同年4月，《衢州市衢江区域开发区热电联产规划(2012—2020)》获省发委批复。天然气热电联产项目前期有突破。衢江区正式成为衢州能源有限公司筹建处成员单位和股东。公司主要负责市区范围内管道燃气项目建设和经营，以及其他能源开放业务。

衢江区中学、浙江科玛德机床和浙江逸达电工器材等3个项目新增为省重点建设项目。实现衢江区的产业类项目第一次列入省重点。获得省重点项目省级预留土地指标土42.16公顷。区列入省重点建设名单增加至8个。2012年，衢江区3个项目列省重大工业项目计划，合计总投资16.1亿元。区发改局共争取上级资金项目10个，其中，省公共建设项目6个，到位资金136万元；中央预算内投资项目6个，到位资金945万元。

【招商引资工作】 2012年9月，发改局新引进总投资1.7亿元的浙江锦博机械公司一个工业项目和总投资1500万元的廿里镇诚丰商务楼、总投资1100万元的通衢宾馆两个服务业项目。 2013年9月，42个责任单位上报到位资金10.19亿元，完成年度目标的145.5%；新引进规模项目41个，为年度目标的82%。2014年，除四个在建光伏发电项目外，新引进领储务“浙江川盛设备安装工程有限公司”和“衢州宝能再生物资回收有限公司”两个年新增税收可超百万元的服务业项目。

【服务业发展】 2012—2014年，全区共计完成服务业固定资产投资106.73亿元，年均增速达到38.13%。其中2012年完成投资22.19亿元，增速为20.3%；2013年完成投资37.72亿元，增速为70.0%；2014年完成投资46.82亿元，增速为24.1%。

服务业地税收入持续增长 2012年入库地税2.44亿元，增速12.8%；2013年入库地税2.9亿元，增速19.0%；2014年入库地税3.24亿元，增速11.34%。2014年，全区服务业增加值总量比2011年增加14.27亿元，年均增速10.3%。其中，2012年增加值39.96亿元，增速12.9%；2013年增加值43.68亿元，增速9%；2014年增加值47.33亿元，增速9%。三次产业结构由2011年的17.7:47.3:35.0调整为15.4:48.5:36.1。主要行业实现较快发展。

消费市场持续扩大 2014年，全区实现社会消费品零售总额首次突破50亿元大关，达到50.09亿元，是2011年1.77倍，年均增长14.23%。

旅游市场快速发展 2014年，全区共接待游客近465万，是2011年的1.93倍，年均增速27.67%，实现旅游总收入24.91亿元，是2011年的1.95倍，年均增速27.87%。

房地产市场平稳有序 2014年，房地产业完成投资12.82亿元，是2011年的1.98倍，商品房销售面积达到29.91万平方米，是2011年的4.53倍。交通仓储及邮政业稳健发展，2014年共实现增加值5.06亿元，是2011年的1.21倍，年均增长7.3%。

金融业发展势头良好 至2014年年底，全区各金融机构存款余额126.38亿元，是2011年的1.6倍，年均增速17%，各项贷款余额109.78亿元，是2011年的1.75倍，年均增速20.47%。

服务业重大项目建设取得突破 2012—2014年,共实施建设24个大项目(不含房地产项目),其中,第一初中、区人民医院、浙西汽车4S店集群项目、金辉电子商务园、求实路商业街等11个项目竣工投运,东方广场、新农都批发市场、泰隆银行大厦、港汇广场等项目快速推进。三年来,银湖疗养(养老山庄)、浙西汽车4S店集群、东方广场、港汇广场、新农都衢州批发市场、列入省服务业重大项目计划。

2012年,新引进项目114个,定量到位资金8.07亿元。2013年,新引进项目163个,到位资金17.11亿元。2014年,新引进项目219个,到位资金33.14亿元。先后引进新农都批发市场、泰隆银行大厦、港汇广场、汽车商务广场、金辉、电子商务园、饭甑山旅游景区等一批业态好、带动力强的大项目。

【规范行政审批】 2014年,区发改局以“深化行政审批制度改革”为契机,在服务提速、流程再造、材料简化的基础上,提高工作效率,及时受理办理各项审批事项。共受理政府投资项目审批事项71项,已办理政府投资项目审批事项66项。共受理企业投资备案项目69个,办结企业投资备案项目69个。全年在区行政服务中心网站上公示政府投资重大项目8个,及时在衢江区工程建设领域项目信息公开专栏上录入审批项目信息,共录入审批项目信息63条。实行企业投资项目代办制。推行企业投资项目审批延伸服务制。审批窗口在全区“评环境、评部门、评干部、评窗口”活动中,全区22个窗口单位排名第一。开展部门行政权力事项梳理。共梳理出本局企业投资项目核准、外商投资项目核准、基本建设工程初步设计审批等6项行政许可事项。梳理出政府投资项目审批、经济适用房建设投资计划审批、行政事业性收费标准审批、工程建设不招标、招标范围和招标方式核准等4项非行政许可事项,不执行政府指导价、政府定价的处罚、经营者不执行法定的价格干预措施、紧急措施处罚、价格串通处罚、违反明码标价规定处罚、不按规定公开收费项目、范围和收费标准处罚等25项行政处罚事项。

【推进铁路建设】 2012年,拆迁工作进展顺利。杭长客专衢江段全长20.217千米,共需拆迁民房164户,面积60138平方米,已拆132户,面积47095平方米,完成80.5%。应拆迁企业21家,面积73480平方米,已完成拆迁20家,面积70412平方米,完成95.82%。杭长铁路4.51公顷补征地工作全面完成。全线共7个迁建点,高家镇两个迁建点全面完成,其余迁建点建设顺利推进。

2013年6月底,该区境内全长20.217千米杭长客专段铁路主线内总面积13万平方米征迁工作完成,主线已经全面施工。及时配合省市相关部门启动衢宁铁路和九景衢铁路建设前期工作。

2014年,市政府召开九景衢铁路建设动员大会后,区铁办多次召集相关单位、部门对九景衢铁路征用区域现场踏勘,完成边界确认,摸清征地拆迁详细数据,7月30日完成交地工作,成为全市第一个完成征地任务的区县,被评为九景衢铁路征地拆迁工作全省先进单位。同年11月,杭长客专完成联调联试开展试通车。做好杭长客专拆迁安置户的房产证办证工作、“四电房屋”用地征用工作、竣工资料整理及资金结算等系列工作,其中全市率先完成新衢州牵引变1.33公顷征地。做好衢宁铁路前期工作。与铁四院进行沟通、对接,完成社会稳定风险评估、环境影响评估、沿线路、桥、涵等的清理、摸底、确认工作,与沿线所在乡镇联系,实地踏勘,结合衢宁铁路建设致衢州铁路东站新建机务折返段等新情况,促成铁路南侧开发区大排渠一并列入铁路工程建设。

【抽水蓄能电站项目】 衢江区抽水蓄能电站项目选址在黄坛口乡境内,电站初拟装机容量120万千瓦，项目静态总投资54亿元，动态总投资68亿元。该项目建成后年发电20.1亿千瓦时，电力产品年销售收入可达10亿元，年创税超1亿元。项目前期工作由区发改局承担，与北京中国水规总院、浙江省能源局、华东勘测设计院等单位密切对接联系。2012年6月列入“2011—2020年浙江省抽水蓄能电站选点规划报告”编制范围。作为“推六备三”的备选项目通过浙江省选点规划。2013年，争取领导重视支持，与国家发改委、国家能源局、北京中国水规总院的对接联系，项目进入国家规划。2013年4月，国家能源局国能新能〔2013〕167号《关于浙江省抽水蓄能电站选点规划的批复》文件，将衢江站作为浙江省2020年新建抽水蓄能电站5个推荐站点之一，列入国家选点规划。2013年5月，衢江区与国家水电顾问集团华东勘测设计研究院签订《提前开展项目预可研协议书》，提前启动项目预可研工作。当年年底完成项目预可研主方案设计。2014年7月，项目业主国网新源控股公司委托华东水利水电勘测设计研究院全面完成衢江抽水蓄能电站预可研报告。

【光伏发电项目】 2013年3月，省发改委对本区总投资5亿元的45兆瓦光伏发电项目出具项目联系单(路条)。为加快项目推进，5月9日专门赴天华阳光控股公司与董事长苏维利对接协商项目建设计划。与天华阳光和金西园签订三方合作协议，而且还拓展与天华阳光的战略合作领域。6月6日，天华阳光集团中国公司总裁李晓君一行到衢江区考察，签订《衢江区太阳能开发利用战略性合作协议》。该项目电力接入设计方案和环评报告已完成，与十里丰农场签订土地租赁协议，年内通过核准并开工建设。同年5月27日，省发改委对衢江区46兆瓦光伏发电项目出具项目联系单(路条)。该项目由浙江广胜集团有限公司投资，项目选址廿里镇，建设规模为46兆瓦光伏电站，总投资5亿元。该项目编制电力接入方案。

【示范创建活动】 争取到全省生猪价格指数保险，生猪保险与无害化处理联动机制和园区循环化改造三项示范试点。根据衢江区“五水共治”“生猪整规”工作实际，协同区保险公司探索生猪价格指数保险。2014年，与省农险协调办联系沟通，多次会同市、区人保财险公司向省发改委汇报，争取在衢江区建立生猪价格指数保险试点，经对接汇报和现场考察，同年10月9日，浙农险办〔2014〕15号文件同意在本区开展生猪价格指数保险试点，这是全省唯一的生猪价格指数保险试点，试点工作在同年11月底前正式启动。争取到全市唯一的省级园区循环化改造试点。2013年年底，《浙江省园区循环化改造推进工作方案》出台，衢江经济开发区园区循环化改造实施方案通过省发改委、省财政厅组织的专家评审。在全省11个地级市共有26家参评的工业园区(开发区)中争创成功，成为全省七个示范试点园区之一。同年，园区共获项目补助2160万元。争取全省生猪保险与无害化处理联动机制试点。省政策性农业保险工作协调小组办公室2014年12月下发批文，同意衢江区开展生猪保险与无害化处理联动试点，是唯一获批的县(市、区)。

(徐菊珍　徐林木　郑静方　张玮瑶)

安全生产监督管理

【概况】 2012—2014年，衢江区安全生产监督管理局严格责任落实，强化安全监管，推进专项整治，加大安全宣教，不断加大安全生产基层基础保障，安全生产形势总体稳定。2012年，全区发生各类安全生产事故218起、死亡43人、直接经济损失246.6万元，同比分别下降1.4%、下降4.4%、下降13.5%。2013年，发生各类安全生产事故203起、死亡42人、直接经济损失207.6万元，同比分别下降2.9%、持平、下降13.6%。2014年，发生各类安全生产事故144起、死亡38人，直接经济损失

89.7万元,同比分别下降29.1%、9.5%、56.8%。

【安全生产责任制】 2012—2014年,根据市政府下达的年度安全生产各类事故控制指标,全区分部门、分行业制定个性化责任书,分解落实责任,严格考核督查。完善警示约谈、行政问责和安委会成员单位的职责分工等机制,安全责任体系日趋完善。各乡镇和区直部门分别与所属各基层单位及生产经营企业签订安全生产责任书,形成"一级抓一级,一级对一级负责,层层抓落实"的安全生产责任体系。

【安全生产执法】 严肃查处生产经营单位的"三非"(非法生产、非法经营、非法建设)、"三违"(违章指挥、违章作业、违反劳动纪律)等违法行为,采取关闭取缔、停产停业整顿和经济处罚等执法措施,树立安全生产执法工作的权威性和威慑力。按照"四不放过"原则,查处生产安全责任事故,做到"发生一起,处理一起",真正起到事故的警戒作用。2012年,共立案查处事故案件4起,治理非法违法行为12起,群众举报22起。2013年,立案查处非法违法行为案件7起,组织调查事故3起,调查处理举报件9起。2014年,办理案件8件,受理举报投诉7起。

【安全生产教育】 2012—2014年,共培训矿山企业负责人96人次,矿山安全管理人员300人次,矿山职工615人次。危化企业负责人109人次,危化企业安全管理人员110人次。烟花爆竹经营户560家;其他企业负责人650人次,安全管理人员1000人次。正确引导社会舆论,以电视、报纸、电台等为主开展宣传,运用户外广告、LED广告屏、悬挂横幅、张贴标语等平台方式,开展安全生产公益宣传和"安全生产月"活动动态报道。在衢江经济开发区管委会门口的LED广告屏全天候滚动播出安全生产月公益广告片,在《今日衢江》报上开设安全生产月活动专栏。全区共计悬挂各类安全生产月活动横幅1050余条、张贴宣传画2160张。张贴宣传标语4500条,出黑板报66期,组织开展安全生产知识展板120次。购置《人命关天》事故警示碟片,分发到开发区和有关乡镇开展事故警示教育周。开展全员安全培训,重点组织好生产经营单位负责人、安全管理人员和乡镇安监员的培训工作。

【安全生产标准化】 2012—2014年,全区的非煤矿山及危险化学品生产企业全部实现国家三级达标,规模以上工贸行业企业实现90%以上三级达标,小微企业安全生产规范化建设全面展开。在全区工矿商贸行业开展企业标准化建设工作,区政府出台企业创建安全生产标准化的鼓励扶持政策和工作方案,把企业创建安全生产标准化工作列入区政府对乡镇、部门的年度安全生产目标考核指标,采取有力措施切实推进企业开展安全生产标准化创建工作,提升企业本质安全和管理水平。

【"打非治违"专项行动】 2012年4月,在全区,以矿山、道路和水上交通、建筑施工、消防、危险化学品、烟花爆竹、民用爆炸物品等行业领域为重点,严厉打击非法违法生产经营建设行为,坚决治理纠正违规违章行为。全区共成立危险化学品、道路交通、建设工程、消防领域等6个专项行动联合执法工作组,明确了牵头部门和责任单位,做到既有分工又有协作。自开展专项行动以来,全区共计出动检查组244个,出动检查执法人员3585人次,检查各类企业2806家次。排查各类安全隐患1842处,督促整改安全隐患1785处。打击非法违法、治理纠正违规违章行为541起,其中责令停产、停业、停止建设13家次(其中消防领域关停7家,非煤矿山2家,危化品领域4家),关闭非法违法企业10家(非法冶炼1家、锡箔加工1家、非法炼油1家、塑料粒子加工4家,饰品加工1家,机械1家,胶水1家),责令改正、限期整改、停止违法行为440起,实施行政处罚金额55.8万元,实施行政拘留3人(消防领域)。

【重大事故隐患挂牌督办】 2012—2014年,全区共有各类省、市、区政府挂牌督办重大安全隐患84处,所有挂牌督办重大安全隐患均在规定期限内完成整改。开展安全生产事故隐患排查整改活动,对排查出的隐患进行研究分析,列出全区重大安全事故隐患。对重大安全事故隐患进行挂牌整改,明确整改责任单位、督查单位、整改要求及完成期限。要求各乡镇、有关部门、相关企业引起重视,落实各项整改措施和责任,确保按时整改到位。

【道路交通较大事故】 2014年1月4日8时20分许,浮石街道十三里路段(老305省道),一辆教练车和一辆中巴车发生碰撞,事故造成教练车内3人死亡1人受伤,以及中巴车内7人受伤。区安监局接到事故报告后,立即赶赴事故现场,协调公安、交通、卫生等部门实施救援,并组织看望慰问安抚受伤人员,全力配合市政府事故调查组查明事故原因,认定事故责任,做好事故善后工作。

(杜慧红)

统　计

【概况】 2012—2014年,衢江区统计局坚持把服务发展作为统计工作的着力点,抓好统计分析和监测预警工作,提供统计信息、分析和调研报告。全区统计工作根据"着力提升统计能力、统计数据质量和政府统计公信力"要求,深化统计改革,强化统计服务和基础建设,依法组织统计调查,促进统计事业持续健康发展。共编印《衢江区国民经济主要统计指标》大小折本各36期、《衢江统计分析》141期。区统计局先后获评省级畜禽监测调查优胜奖、二等奖、第三次经济普查先进集体和市级统计先进集体。

2014年1月20日,副区长童土善(右二)一行到上方镇检查经济普查工作

【服务发展】 2012—2014年,区统计局编印《衢江统计年鉴》3期、《经济普查简报》4期、《衢江区服务业统计资料》12期。《衢江区2010年人口普查资料(1~4)》发布全区人口基础数据信息。向区委、区政府和市统计局报送统计政务信息、数据信息330条。每年向区"两会"提供图文结合《数说衢江》统计资料,供代表、委员参考。组织开展统计调查研究工作,撰写《衢江区特种纸、机械装备制造业两大主导产业发展优劣比较分析》《发展现代农业调查与思考》《家在东区——对衢江区房地产业发展的调查与思考》等有参考价值的统计调研报告20篇,其中8篇获得区领导批示。2篇被区政府《政策研究》刊登。6篇在县(市、区)优秀统计分析评比中获奖。

【统计调查】 2012—2014年,依法组织开展对农业、规模以上工业产值、能源、科技、固定资产投资、房地产、建筑业、企业景气、企业效益、限额以上贸易、规模以上服务业统计等调查,按月、按季、按年做好统计报表数据的网上直报工作。组织开展规模以下工业、限额以下服务业、贸易抽样调查和城乡一体化住户调查。组织开展5‰人口变动、劳动力和"平安浙江"调查等工作。开展工业生产者价格、重要商品购进、销售与库存、衢江区企业发展情况、省政府为企业民办十方面实事问卷、小微企业、粮食生产功能区、小微企业“小升规”、战略性新兴产业等调查工作。依法组织开展扶贫、粮食生产、畜禽、生猪、产粮大县野外核实、妇女儿童、人才状况等统计监测调查工作。

【统计法制】 坚持统计普法和执法两手抓，采取以会普法、上街普法、网络普法、短信普法、宣传车流动普法等形式，宣传统计法律法规，营造依法统计氛围。围绕提高数据质量，组织开展统计稽查工作，查处各类统计违法行为。2012—2014年，共稽查机关企事业单位110家，给予行政警告45家，警告并罚款2家。稳步推进依法统计信用企业建设，评选依法统计信用企业4家。聘任常年法律顾问1人。

【统计方法制度改革】 推进统计方法制度改革，不断适应发展新要求。2012年，按照全省城乡一体化改革暨分市县住户调查要求及《浙江住户收支与生活状况调查方案》，完成城乡住户一体化统计调查改革工作。2013年，完成“企业一套表”方法制度改革，全区规模以上工业企业、建筑业、限上批发和零售业、住宿和餐饮业、房地产开发经营业及部分第三产业的统计调查实行网上报数、审核、验收、汇总和上报数据。

【完善统计工作制度】 2012年，区政府出台《关于进一步加强服务业统计工作意见》，成立分管副区长任组长的服务业统计工作协调小组，完善服务统计工作体系。建立由区府办、统计、编办、工商、税务、民政、质监等部门组成的基本单位名录库建设联席会议制度。2013年，建立由区府办、区统计局、发改局等20个部门组成的全区国民经济核算部门联席会议制度，负责全区国民经济核算工作的总体部署和组织协调等工作。

【统计基础建设】 2012年，成立衢江区普查中心。提高基层统计人员业务能力，开展业务培训28次，培训600人次。其中，统计继续教育1次，培训统计人员192人次。组织统计从业人员资格和技术职称考试，全区累计170人参加统计从业资格证考试。42人报名初、中级统计职称考试。局机关面向社会公开招考行政事业干部3人，选调1人。在局事业干部中聘任高级统计师1名。录用乡镇统计员4人，选调开发区统计员1人。乡镇统计员1位被省统计局招考录用。

2014年，制定并实施《衢江区统计基层基础规范化建设实施方案》，推进全区统计基层基础规范化建设创建活动，完成樟潭街道、廿里镇、高家镇、衢江经济开发区4家单位的试点工作。各试点单位基本实现规范化建设要求，即有一个分管领导、有一个专门统计机构、有一支精干统计队伍、有一套统计专用自动化设备、有一套真实的统计原始记录、有一本准确的统计台账的“六有”。统计机构和人员职责上墙、工作制度上墙、资料管理制度上“三上墙”。

2014年8月28日，区第三次全国经济普查办公室工作人员在经济普查中

【第三次经济普查】 2013年，全区开展第三次经济普查工作。此次普查全区共配备普查指导员286名、普查员386名。普查登记各类单位5073家，其中法人4764家，产业单位309家；普查登记个体工商户18864户，其中有证个体9680户，无证个体9184

户。撰写业务技术文章10篇。其中1篇被省经普网采用。在国家、省、市经普网和《今日衢江》刊登普查人员先进事迹材料7篇，宣传和弘扬基层普查人的风采风貌，其中，《一生坚守》一文被国家经普网采用。分两次落实基层普查人员补贴51.53万元。

（赖宋玉）

审　计

【概况】 2012—2014年，衢江区审计局共完成审计和审计调查项目69个，通过审计查出主要问题金额96648万元。其中，违规金额256万元，管理不规范金额96297万元，损失浪费金额95万元。向纪检监察机关和有关部门移送案件3起，移送处理人员5人。提出审计建议149条，被采纳的建议65条，促进被审计单位建立健全各项制度35项。提交审计专题、综合性报告和信息简报198篇，被采用、批示124篇，其中，被省部级以上媒体采用6篇，向社会公告审计结果69篇。2013年、2014年获评全市审计系统考核一等奖，2014年获评全省审计系统先进集体。

【预算执行审计】 2012—2014年，区审计局对全区15个政府工作部门预算执行情况开展审计，连续3年，财政“同级审”审计报告得到区人大常委会好评。通过审计，区委、区政府及时采纳审计提出的意见及建议，出台《关于进一步加强公务用车公务接待因公出国(境)及会议管理的通知》《衢江区农村公路养护管理办法》《衢江区社会主义新农村建设考核办法》等文件。把审计监督与人大监督需求有效结合起来，将全部政府性资金纳入审计监督，组织开展预算执行情况、财政存量资金以及财政专项资金审计。审计工作报告集中反映体制机制性问题，为党委政府决策和人大监督提供参考依据。

【政府投资项目审计】 2012—2014年，区审计局共完成政府投资建设项目审计924个，送审造价总金额87505万元，审定造价金额82203万元，核减造价金额5302万元。加强对政府重大投资项目建设和管理情况的审计监督，对《衢江区政府投资项目审计监督办法》进行修订和完善，同时为规范50万元以下政府投资项目的审计监督，出台《衢江区50万元以下政府投资项目造价审计管理办法》，并开展50万元以下政府投资项目抽查复核，做到投资审计的全覆盖，同时，整合人力资源，在审计业务岗位人员安排上，通过吸收社会中介机构和专业技术人员，加强投资审计力量，使政府投资建设项目审计工作的效率和质量得到提升。

【经济责任审计】 2012—2014年，对40名乡镇(街道、办事处)及部门主要领导实施经济责任审计，促进领导干部守法守规守纪尽责，为党委及组织部门管理和使用干部提供参考依据。加强衢江区领导干部经济责任审计工作，先后拟定《衢江区领导干部离任经济责任事项交接制度》《衢江区经济责任审计分类管理办法》《衢江区经济责任审计工作联席会议制度的实施意见》等规章制度，形成一套较为完整的经济责任审计工作规范体系。2014年，首次召开区管领导干部经济责任审计工作会议。多形式宣传《党政主要领导干部和国有

2014年5月30日，省审计厅厅长徐宇宁(中)到衢江区审计局调研

企业领导人员经济责任审计规定实施细则》,为开展经济责任审计打下基础。

【民生项目审计监督】 2012—2014年,重点开展社会保障资金、"五水共治"资金和涉农资金等专项审计调查。通过对重点民生项目和资金的审计,掌握专项资金筹集、管理与使用情况,重点项目推进情况,长效机制建立和落实情况,促进专项资金管理水平和使用效益的提高。针对审计中发现的问题,移送案件线索1条,查处违法所得,促进惠民资金管理的规范,推动全区重点工作落实。

2013年召开衢江区审计工作会议

【审计基础加强】 2012—2014年,首次赴南京审计学院招聘审计专业人员2名,公务员考试录用3名,事业人员录用5名,充实审计专业人员力量。2013年,召开全区审计工作会议,与各乡镇(办事处)党政主要领导和区级相关部门主要负责人签订《领导干部经济责任告知承诺书》。报送省审计厅4个AO运用实例,2个获省厅优秀奖,2个运用奖,其中1个项目被审计署评为运用奖。在衢州市审计机关范围内率先完成政府投资审计管理系统建设,完成审计会商视频系统建设,启动财政资金联网审计平台建设,以信息化推进"智慧审计"建设。制定完善审计业务会议、审计项目计划管理、审计结果公告、审计项目限时办结等10多项制度办法,形成具有衢江特色的审计质量控制规范体系。2014年,新增法规科、政府投资审计中心和内部审计指导中心3个内设机构,经济责任审计室升格为副科级的经济责任审计局。增加人员编制5个,增加2个副科级领导岗位(总审计师、副科级经责局局长),优化审计内部环境。

(周　渝)

物 价 管 理

【概况】 2012—2014年,衢江区物价工作以规范价格行为和减轻企业负担为主线,加强市场价格监管,维护市场价格秩序和社会稳定。通过行政审批制度改革及行政事业性收费项目清理,取消各类收费项目320项,降低收费标准76项,减轻企业和社会负担2.4亿元。降低700个品种的药品价格,降幅最高40%以上,每年为患者减负约8500万元。在各类价格监督检查中,受理群众举报30起,查处价格违法案件12起,实现经济制裁9万元,上缴财政罚没款11万元。2012年,被省物价局评为全省价格鉴证工作先进集体,区价格认证中心被国家发展改革委评为全国先进价格认证机构。2013年,被省物价局评为全省价格系统政务信息工作先进单位、全省收费验审工作先进集体。

【价格调控】 2012年1月,衢江区CPI涨幅出现回落,同比上涨2.0%,比上月回落0.2个百分点。2013年,基本维持"低通胀"态势。居民消费价格总水平温和上扬,CPI同比指数整体呈现前低后高、年末回落的走势。全年CPI居民消费价格总水平累计上涨2.6%,高出全省平均0.3个百分点,与全国平均持平。经测算,全年累计上涨的2.6%中新涨价因素为2.3个百分点,翘尾因素影响为0.3个百分点,新涨价因素占比为88.46%。同年,衢江区CPI累计上涨2.6%。在经历2012年和2013年2.4%、2.6%的低涨幅之后，衢江区CPI指数在2014年继续低位运行，全年CPI总水平累计上涨2.5%，分别高出全省平均和全国平均0.4和0.5个百分点。

【价格管理】 2012年，公布当年新增医疗服务项目和完善医疗服务价格。调整衢江区人民医院普通病房床位费标准。下发《关于实施衢江区区级公立医院医药价格调整方案的通知》，按照医药费用"总量控制、结构调整"的总原则，破除"以药养医"机制，区级公立医院所有药品（中药饮片除外）实行零差价销售，同时适当提高手术费、治疗费、护理费、诊查费、床位费等医疗服务收费。调整医疗服务收费。调整药王山景区票价。规定订单内早稻不分粒型收购定价。

2013年，调整衢江区妇幼保健院普通病房床位费，核定高家中心卫生院重新装修普通病房床位费标准。核定天脊龙门景区滑索项目游乐收费。核批衢江区有线电视配套设施建设费（建设预埋费）标准。

2014年，调整衢江区非居民生活污水处理费标准和部分用户供水价格。简化规范城市供水及污水处理费分类执行范围。调整现行非居民生活污水处理费标准和部分用户供水价格。完善按污水浓度（COD值）分档收取污水处理费的办法。对医药、化工、造纸、化纤、印染、制革、冶炼等行业中的高污染工业企业，继续实行按监测到的COD值分档收取污水处理费。核定区人民医院新院区普通病房床位费标准。核定横路卫生院重新装修普通病房床位费标准。

【收费管理】 2012—2014年，重点抓好涉企收费监管、培训办班收费管理等工作，实行并完善涉企收费公示制，减轻企业和社会负担。控制收费项目，控制行政事业单位组织开展的强制办班培训收费。及时发放、变更、注销收费许可证，全区共发放（核发）收费许可证112本，对行政事业性收费实行验审，累计验审收费项目622项，验审收费金额4.8亿元。及时纠正、制止和查处各种乱收费行为。通过年审发现违规收费行为4起，移交检查处理案件3起，查处违纪金额124万元，清退违规收费19.78万元。规范本区幼儿园收费行为，调整公办幼儿园收费标准，区属公办幼儿园各等级收费标准。重新核定衢州三中公寓住宿费标准。重新核定衢江区大洲中学学生公寓住宿费标准。调整衢江区职业中专学费收费标准。开征衢江区初始排污权有偿使用费。

从2012年8月15日至2014年8月14日起，降低部分涉企服务收费。共涉及气象服务、测绘、环评、房地产交易等机构的6项服务性收费，其基准收费标准均按省物价局规定的标准降低30%。公布降低后的土地价格评估服务收费标准。调整规范人防工程易地建设费。与区财政局联合下发关于开展2012—2014年度行政事业性收费验审工作的通知，对所有行政事业性收费项目和标准重新审核并在政府网站公布。

【市场价格监管】 2012—2014年，组织开展餐饮住宿、旅游行业为重点的市场价格行为专项整治。加强重点时段市场价格监管，针对元旦、春节、"五一""十一"节日期间是探亲旅游高峰，商品集中消费旺季的实际，以群众生活必需品、交通运输、停车收费、游览景点门票等重要商品和服务价格为重点，突出超市商场、农贸市场、农村集市、停车场、风景区等重点对象，依法严肃查处不执行政府定价、政府指导价的行为，经营者之间串通或通过行业协会串通涨价行为，利用虚假标价或误导性价格手段的价格欺诈行为。加强市场价格异动监管，及时应对食盐抢购、H7N9禽流感疫情等引发的市场价格波动。维护市场秩序，保护消费者的合法权益。

【价格监督】 加强价格举报工作,解决民生价格诉求。完善工作制度建设,探索价格监督方式,按照法定程序办理价格举报案件,坚持接报必出、处理准确、反馈及时的原则,及时查处车辆事故施救、旅游景点、教育收费、医疗服务收费以及电商网购投诉等,退还消费者2万元,实现经济制裁14万元。开展面向政府投资项目和小微企业的价格服务活动。做好政府投资项目中的价格服务工作。针对当前小微企业发展面临的困难,开展“价格服务进小微企业”活动,找准企业需求,服务企业,为企业排忧解难。

【价格监测】 2012—2014年,加强对粮、油、肉、菜等农副产品,钢材、水泥、石油、煤炭、农资等生产资料,以及与群众生活密切相关的生活必需品和重要公用、公益事业价格的监测。分析研究资源性价格改革及国际市场变化对价格总水平的影响,分析预测主要农副产品和重要工农业生产、生活资料的价格走势及对经济的影响,配合做好粮食安全考核工作,建立粮价监测点3个,配备专业价格监测预警人员2名。做好日常监测预警工作。根据粮食不同购销环节价格,实行每月15、30日的定期报告制度。推进县级公立医院综合改革。推进村卫生室实施基本药物制度。加强对政府关注、群众关心的热点、难点、焦点价格问题进行监测分析,提出建议,保持市场物价基本稳定。

【价格收费专项检查】 2012—2014年,对该区的16家单位的涉农涉企价格和收费执行情况开展专项检查。重点检查国土系统、城建系统、民政系统、工商系统以及公安系统和涉及企业和小微企业的行政事业性收费和经营服务性价格政策执行情况,确保农民减负政策和涉企清费减负政策的贯彻落实。开展医疗服务收费和药品价格检查。治理教育乱收费。开展成品油价格执行情况跟踪检查。开展商品房销售明码标价专项检查。帮助企业做好商品销售明码标价各项工作。对不符合商品房明码标价的企业,要求立即整改。开展涉企收费专项检查。开展清费减负政策落实情况专项督查。重点督查国土系统、城建系统、环保系统以及公安系统的清费减负政策落实情况。2012年,对全区商业银行的服务价格明码标价情况进行巡查。专项检查坚持监督检查与政策宣传相结合。提高价格法制意识,指导和帮助落实明码标价工作。

【建立价格调节基金】 2012年,会同财政等部门,建立价格调节基金,实行专款专用。把现行的困难群众基本生活价格补贴、粮食安全风险资金等专项资金,“打包”整合为区级价格调节基金。据区财政、民政提供数据为350万元。价格调节基金的使用主要采取补贴、补助和贴息等三种支出方式,使用范围主要有对因执行政府依法采取的临时价格干预措施、紧急措施受到损失的生产者、经营者,给予适当补助。为平抑基本生活必需品价格异常波动而受到损失的生产者、经营者给予适当价格补贴、贷款贴息。对受基本生活必需品价格大幅上涨或政府提高价格影响而导致基本生活困难群众给予临时价格补贴。对基本生活必需品市场供需严重失衡,价格持续出现大幅波动,需政府实施调控的情况下,对生产、流通、储备等环节给予扶持性补贴、补助或贷款贴息。为调控价格、稳定市场或加强市场监测、发布、提高价格调控监管能力需要,经批准使用的其他情形。

【价格认证】 2012—2014年,共受理各类价格鉴定(评估)业务645起(其中公、检、法机关委托鉴定案件567起),鉴定(评估)标的额1.69亿元。做好公安机关委托的被盗、被毁等各类涉案财物价格鉴定工作,为司法机关定罪量刑和行政执法部门公正执法提供具有法律效力的价格依据。开展和拓宽价格评估新领域，参与和配合做好国家、省、市、区重点工程涉及的征地拆迁补偿评估工作，做好“杭长客专”“杭新景高速”（衢江段）工程涉及的拆迁资产评估、“二条管线” 工程、“开发区东扩”“城中村改造”等项目涉及的拆迁资产评估工作，推进重点项目建设。

（陈　新　罗美娟）

质量技术监督

【概况】 衢江区质量技术监督分局（衢州市质量技术监督局衢江区分局）发挥质量管理、质量监督的职能优势，确保食品、特种设备和产品质量三大安全。2012—2014年 ，执行监管工作流程图，减少内部流转环节，将工作时限从原来的“收到办理申请5日内办理完毕”提升到“只要符合条件，做到即报即办”。共完成对30家新办企业取证工作，对85家到期年审的企业开展年度审查工作。2013年，被浙江省全面推进依法行政工作领导小组命名为浙江省依法行政示范单位、区分局支部被省质监局评为优秀基层党建示范点 。2014年，获评全省物品编码工作信息采集先进单位、市质量技术监督局优秀单位、区安全生产先进部门一等奖，特种设备分类分级创新经验和做法在全省推广。连续三年获评“全市质监系统工作目标责任制考核优秀单位”。

【标准体系建设】 邀请省标院专家现场考察衢江区美丽乡村建设，结合省地方标准《美丽乡村建设规范》的要求开始标准导入工作，举办《美丽乡村建设规范》标准宣贯会。完成省级农业标准化示范项目草莓标准化生产推广示范。2014年，获省农业标准化推广实施项目“以奖代补”专项经费16万元。完成区级农业标准化示范项目5个，经费10万元。通过项目组织实施，形成公司＋基地＋农户，基地＋品种引进＋试种＋应用推广新技术、新农药、新设备＋总结出标准化蔬菜栽培技术＋培训＋推广，技术部门＋企业＋合作社＋农户等多种新型实施农业标准化模式，利用农村经济组织为标准实施载体，开展农业标准化，推广农业科技进步。

【计量管理】 2012—2014年 ，实施衢江区农村集贸市场强制检定计量器具免费检定，累计检定各类衡器1272台，免收检定费用19080元。实施乡镇卫生院医疗卫生计量器具免费检定，累计检定X光机、心电图仪、血压计、B超、天平等医用计量器具630台，免受检定费用89400元。开展国际计量日宣传服务活动，接受现场咨询200人次，免费检修人体秤20余台，血压计60台。开展民生计量惠百姓专项活动，以人身健康和切身利益事项为抓手，发挥质监部门技术优势，服务三农。

【质量安全管理】 开展全区规上企业主导产品质量基础信息调查。开展分类分级监察工作。制定出台特种设备安全分类分级实施意见。召开专题会议，推动企业落实安全主体责任。根据事故的影响程度进行分类。采用标准化达标打分的办法，将特种设备使用单位分为4个级别。在综合评定上，根据固有风险与动态风险的组合，将特种设备使用单位分为甲乙丙丁四个等级。对特种设备使用单位进行风险管理。与全区所有食品、工业产品生产许可证获证企业签订质量安全诚信承诺书。由乡镇质监员动态监管。将全区工业产品生产许可证获证企业的质量信息档案全部录入“衢州市质量监系统质量安全监管平台软件”，并按“监管平台软件”的要求和程序开展巡查监管，登记入库。明确辖区内三个基层站所的区域产品质量安全监管巡查工作，出台日常巡查和现场检查办法。在管理上实施上挂下派制度，三个站所都有质监员在分局上挂配合科室工作1月以上。稽查科明确专人负责规范后处理工作。2014年8月1日零时,食品生产环节安全监管职能划转到区市场监管局。

2012—2014年衢江区获浙江省名牌产品企业一览表

表18

序号	企业名称	名牌产品	首次获评时间
1	浙江志高机械有限公司	空压机组	2012年新评
2	浙江夏王纸业有限公司	装饰原纸	2012年新评
3	衢州市衢江区一品红果业有限公司	椪柑	2013年复评
4	浙江阮氏食品有限公司	酱鸭	2013年复评
5	衢州烛光有机食品有限公司	有机米线	2013年复评
6	浙江强顺饲料有限公司	配合饲料	2013年复评
7	浙江海力集团有限公司	电力紧固件系列	2014年复评
8	衢州民心炭业有限公司	竹炭系列	2014年复评
9	衢州现代炭业有限公司	竹炭系列	2014年复评

注:工业产品4个,农业5个(含复评)

2012—2014年衢江区获衢州市名牌产品企业一览表

表19

序号	企业名称	名牌产品	首次获评时间
1	浙江潘氏家具有限公司	家具	2012年新评
2	衢州市龙财塑业有限公司	塑料管材、管件	2012年新评
3	浙江罗伊服饰有限公司	服装	2012年新评
4	衢州市衢江区朝得家具厂	家具	2012年新评
5	浙江志高机械有限公司	钻车	2012年复评
6	浙江海力集团有限公司	电力线路紧固件产品系列	2012年复评
7	衢州市衢程饲料有限公司	猪用配合饲料	2012年复评
8	衢州美安普矿山机械有限公司	破碎机系列	2013年新评
9	衢州天盛化学品有限公司	食品包装膜	2013年新评
10	好梦来家纺有限公司	床上用品	2013年新评
11	浙江宏成建材有限公司	建筑防水材料	2013年新评
12	衢州市恒通茶机有限公司	茶叶加工设备	2013年新评

续表19

序号	企业名称	名牌产品	首次获评时间
13	浙江联华锌品有限公司	氧化锌	2013年新评
14	浙江飞虎水泥有限公司	水泥	2013年新评
15	浙江晶鑫特种纸有限公司	美纹纸	2013年新评
16	浙江豪龙建材有限公司	普通水泥	2013年复评
17	衢州现代炭业有限公司	竹炭系列	2013年复评
18	浙江鑫丰特种纸业股份有限公司	育果袋纸	2013年复评
19	浙江琅素实业有限公司	壁纸	2014年新评
20	浙江民心生态科技有限公司	竹炭系列保健品	2014年复评
21	浙江仙鹤特种纸有限公司	特种纸系列	2014年复评
22	浙江强顺饲料有限公司	饲料	2014年复评
23	浙江志高机械有限公司	空压机、凿岩机	2014年复评
24	衢州净力竹炭科技有限公司	竹炭系列	2014年复评
25	浙江夏王纸业有限公司	装饰原纸	2014年复评

注:农业产品7个,工业产品8个

【专项整治行动】 2012—2014年,对肉制品、食用油、黄酒等重点领域企业开展专项检查,共出动执法人员1024人次,检查食品生产加工企业和食品加工小作坊456家次,下发责令整改通知书100份,查处违法案件41件,涉案货值21.4万元,下达罚没款到位43.8万元。对涉及人身健康安全的质量问题严格执法。如对某山茶油公司质量违法案件除行政处罚之外,还按相关规定注销衢州市名牌称号,对某油脂公司移送司法机关追究刑事责任。

【食品安全行动】 2012年,重点围绕6个100%工作目标及负责牵头的三个专项整治任务,开展生产环节食品安全大整治百日行动。出动执法人员126人次,检查十大类重点产品企业66家(次),下发送整改通知书19份,整改到位19家,专项抽查食品16个批次。查处食品案件7起。开展食品生产加工环节分类分级监管工作。加大监督抽查工作力度,强化证前审查和证后监管工作,落实许可证年度审查各项要求,做好隐患排查治理,突出重点产品开展邻苯二甲酸酯类物质排查,开展获证的含乳制品企业使用新西南浓缩乳清蛋白粉的排查。以黄酒、食用植物油为重点,加大执法力度,开展食品安全保障行动,规范肉制品行业的生产加工行为,确保地产肉制品质量安全。

【特种设备安全监管】 2012—2014年,共办理特种设备安装告知711台次、办理起重机械使用证378台次、办理锅炉使用登记证59办理压力容器注册登记648台次、小型锅炉房核准15次。辖区内有特种使用单位640家,在用特种设备3009台,电梯406部、起重机械980台、厂(场)内机动车辆221台、锅炉186台、压力容器1215台、大型游乐设施1台。未发生特种设备安全事故,无人员伤亡和财产损失,安全态势基本平稳。

【部门协作安全监管】 设立乡镇质监员,负责对各辖区内的特种设备使用环节中"三落实、两有证、一检验"情况巡查。对特种设备和其他安全类产品的信息变动情况进行收集、汇总、上报和更新。在有工业企业的村设立协管员,发现有特种设备数量增减情况及时报告乡镇质监员。企业设立安全员(特种设备管理员)。推动政府主导,加强基层"三员队伍"建设,实现"特种设备数据库"共享,抓好监检、部门、局站、乡镇、科室五个联动。构建"政府统一领导、乡镇(街道)日常监管、行业安全管理、质监依法监察、企业全面负责、社会监督支持"的特种设备大监管工作机制。被省局作为基层特种设备安全监察的典型经验进行交流推广。

【开展"打非治违"行动】 2012—2014年,共出动执法人员597人次,检查特种设备使用单位309家次,检查设备858台,发现隐患74处,均完成整改,下达指令16份,查办案件4起。确定排查重点:无证制造、安装、使用及超期未检的设备,事故发生率相对较多的起重机械,主要安全附件失效,安全监察、检验检测发现存在安全隐患的设备。把液化气体充装单位、农村小锅炉、特种设备使用较多的单位和衢江区全面检查单位及重点监控设备作为打非治违的重点。

【特种设备安全培训】 2012—2014年,共组织乡镇质监员,企业负责人、村居协管员等培训14次,培训人员800人次,宣传特种设备安全管理知识、新《中华人民共和国特种设备安全法》及相关法律法规,多次邀请市特检中心的专家到场授课。编印《特种设备安装、维修、改造指南》,发给到质监窗口办理代码证的企业。与安监局、旅游局等部门开展联合检查,共参与联合检查12次,检查单位31家次,参加事故演练3次。每季通报一次隐患排查治理情况。

【维护消费者权益】 畅通举报投诉渠道,重点在服务的态度和接待人员的业务水平上做文章,在咨询回复工作中,遵守投诉举报受理规则,做到有问必答,对于无法回答的其他职能部门的问题,做到提供该部门的咨询方式。受理举报投诉106起,全部得到妥善处理。以专项执法为契机严厉打击违法行为。共开展包括"蓝剑系列"等62个专项,出动638人次对涉及的185家企业开展专项检查,对农资、建材、食品等重点产品生产企业进行检查,共抽取样品132个批次,立案75起,罚款90.1万元,维护消费者权益。

(吴　芳)

食品药品监督管理

【概况】 2012年9月,取消衢州市食品药品监督管理局衢江分局垂直管理体制,设立衢州市衢江区食品药品监督管理局,划入原区卫生局承担的餐饮服务食品安全监督管理和保健食品、化妆品卫生监督管理职责任,内设办公室、食品安全综合协调科、餐饮服务监管科、保健食品化妆品监管科、药品医疗器械监管科共5个职能科室;设立衢江区食品药品稽查大队和衢江区食品药品检验所,挂衢江区不良反应监测中心牌子。

2013年4月,衢江区编委发文,调整区食品安全委员会组成人员,组成单位增至30个。区食安办调整为常设机构,明确编制及人员。

2014年2月,区食品药品监督管理局和市工商行政管理局衢江分局进行机构整合,组建区市场监督管理局(挂工商、食药、食品安全委员会办公室牌子)。同年3月,成立由食品药品检验所、区粮油中心化验室组成的食品药品检验检测中心,并划入区质量技术监督检测中心承担的食品安全检验检测职能。组建上方、杜泽、莲花、大洲、廿里、乌溪江、高家、开发区、直属等9个基层市场监管所。同年7月，原由衢州市质量技术监督局衢江区分局承担的生产加工环节食品安全监管职能全面移交区市场监管局。

2014年2月28日，衢江区市场监督管理局挂牌成立

【食品综合协调】 2012—2014年，衢江区未发生Ⅳ级（含Ⅳ级）以上食品安全事故，无“红色警告”等级的区域性、行业性食品质量问题。

2012年，区食安委出台《衢江区食品安全工作联席会议制度》，建立一月一例会工作机制和10+X会议制度，召开联席会议5次。实行食品安全网格化管理，落实村居食品安全协管机制，建立区、乡镇（办事处）、村（社区）三级管理网络，以村、学校为单元把全区分为360个网格，每个网格落实1～2人负责食品安全排查监管，全区共有食品安全监管员382名，11人聘为浙江省食品安全群众监督员。

2013年9月，全区开展食品安全“强网清源”集中行动，各职能部门和乡镇（办事处）围绕“四个整治重点”和“八个一”行动要求，深入开展各类专项整治活动。

2014年1月起，区食安办联合区农业局、水利局和林业局发布家庭农场食用农产品放心指数。同年7月，完成食品安全基层责任网络建设，21个乡镇（街道、办事处）全部建立食品安全委员会及其办公室，272个行政村及4个社区聘食品安全协管员，食品安全基层责任网络覆盖到每个行政村。

【药品监管】 2012年，区食品药品监督管理局将助推医药产业发展作为中心工作，依托南孔中药、汉方药业等本地企业，推进中药材种植，带动种植户增收致富，打造“南孔”中药饮片品牌，“汉方”贵重药材品牌，壮大江南益寿堂医药零售连锁总部经济，扶持综合性药品批发企业发展。4月起，配合国家、省、市局开展紧急查处“毒胶囊”事件，要求所有药品批发、零售企业、医疗机构立即暂停销售、使用并上报涉嫌铬超标问题药品的购进、销售情况，排查出辖区内销售、使用9家药品生产企业生产的胶囊剂药品67个品种，305个批次，涉及国家局公布的8个药品生产企业，26个供货单位，购进数量43133盒，库存数量为24645.6盒。同年5月，与区药学会、南孔中药、汉方药业联合编制《衢江区中药材种植指南》，筛选、收录12种适合衢江区种植的中药，向各乡镇（街道、办事处）发放1000余册，为广大种植户提供种植选择。严格药品零售企业准入退出机制，严格药品从业人员资格审查和驻店药师制度，加强药品从业人员监管，实行药学技术人员约谈制度。制订《衢江区药品零售企业规范管理记分管理办法》，对药品零售企业实行记分管理，增强企业自律意识。在全区21个乡镇（街道、办事处）开展药品安全示范乡镇创建工作。

2013年，拓展医药产业，在区内推广中药材种植，年底，衢江区共有中药材种植164.2公顷，主要种植品种有铁皮石斛、浙贝母、灵芝。利用衢州“胡柚果”被冒充药材枳实、枳壳的契机，多次与省食药局注册处、省药品检验研究院、市药品检验所等机构对接胡柚入药项目，委托南孔中药检验相关数据，该项目作为浙江省2015版中药炮制规范修订的申报项目上报省食药局。

2014年年底，衢江区有83家零售药店、4家批发企业、1家连锁总部、4家生产企业，行业产值从无到近4亿，整个医药行业实现质的飞跃。以南孔中药为企业品牌的衢江区中药发展规划初具规模，实现行业品种和流程全覆盖。

【餐饮监管】 2012—2014年，通过建立健全食品安全监督体系，开展餐饮服务食品安全示范创建和餐饮服务食品安全监督量化分级，共组织餐饮安全知识培训9期，出动执法人员近万人次，联合取缔餐饮单位1家，查处案件3起，罚款23300元，出具责令整改通知书1200余份。

2012年，衢江区共有各类餐饮单位775家(其中大型餐馆3家，中型餐馆18家，小型餐馆628家，学校食堂46家，工地食堂3家，机关企事业单位食堂16家，小吃店54家，快餐店3家，饮品店4家)。

2014年，开展省级餐饮服务食品安全“321示范工程”示范创建培育工作，全区共创建省级餐饮示范单位12家，省级餐饮示范街(村)1条。

2014年年底，衢江区共有持有效餐饮服务许可证餐饮服务单位834家，其中，大型餐馆4家、中型餐馆31家、小型餐馆612家、快餐店20家、小吃店36家、饮品店10家、学校含托幼机构食堂73家、机关企事业单位食堂36家、集体用餐配送单位1家、现场制作面包糕饼10家、现场制售卤味烤禽1家。

（祝飘枫）

工商行政管理

【概况】 衢州市工商行政管理局衢江分局围绕区委、区政府“一城一村一区一心”目标建设及省、市上级部门重点工作，突出强化市场监管职能，有效发挥市场监管职能。2012—2014年，全区工商系统共查处各类经济违法案件706件，案值1447万元。2012年，获评省级打击传销工作成绩突出集体、党风(行风)廉政建设责任制考核优秀单位、区先进基层党组织。2013年，获评省依法行政示范单位、市级卫生先进单位、区招商引资工作先进单位。2014年，获评区城市环境整治专项工作暨国家卫生城市复审工作先进集体。

【机构改革】 2013年12月，省人民政府办公厅下发文件(浙政办发〔2013〕148号)，取消现行工商省级以下垂直管理，调整为地方政府分级管理。为进一步转变政府职能，强化食品药品监管，保障人民群众的饮食用药安全，按照精简、统一、效能的原则，衢江区市场监管局于2014年2月28日正式挂牌成立。区食品药品监督管理局、市工商行政管理局衢江分局机构进行整合，组建区市场监督管理局(挂工商、食药、食品安全委员会办公室牌子)；成立由食品药品检验所、区粮油中心化验室组成的食品药品检验检测中心，并划入区质量技术监督检测中心承担的食品安全检验检测职能；组建上方、杜泽、莲花、大洲、廿里、乌溪江、高家、开发区、直属等9个基层市场监管所。

2014年7月，原由衢州市质量技术监督局衢江区分局承担的生产加工环节食品安全监管职能全面移交区市场监管局。

【市场主体登记】 2012年，全区共有内资企业226家；私营企业1654家，注册资本(金)98.82亿元；农民专业合作社1215家；个体工商户8557户，注册资本(金)5.51亿元。

2013年，实行商事制度改革，注册资本实缴制改为认缴制，企业登记住所放宽，先照后证等政策推行，私营经济得到快速发展。全区共有内资企业240家；私营企业2369家，注册资本(金)114.99亿元；个体工商户10092户，注册资本(金)9.52亿元。共发展家庭农场583家，注册资本(金)5.97亿元。鼓励个体工商户转型升级，通过“思想疏通、政策变通、登记畅通、回访互通”的四通政策，推进“个转企”工作有序进行，共发展“个转企”293户，注册资本(金)2.15亿元。

2014年，全区共有内资企业254家，注册资金24.16亿元；私营企业3015家，注册资本(金)164.08亿元；外资企业31家(不含分支机构)，注册资本3.64亿元；农民专业合作社1392家，农民专业合作社联合社1家，出资总额18.25亿元；个体工商户11703户，注册资本(金)14.09亿元；家庭农场859家，注册资本(金)9.69亿元；“个转企”470户，注册资本(金)5.07亿元，公司制企业达36.17%；知名商号5家，包括“圣效”“民心”“海力”“江南益寿堂”“雁杰”。

2013年4月，区市场监管局工作人员紧急清查问题奶粉

2012—2014年衢江区内资企业发展一览表

表20　　　　单位：万元

年度	新发展户数	总数			国有企业		集体企业		股份合作企业		公司		外商投资企业		集团		其他企业	
		总户数	与上年同比	注册资金	户数	注册资金	户数	注册资金	户数	注册资金	户数	注册资金	户数	注册资金	户数	注册资金	户数	注册资金
2012	11	226	5.1%	190545	38	36651	18	3892	36	27649	39	103300	7	10000	0	0	34	102023
2013	14	240	6.2%	226575	41	56651	18	1033	37	20683	81	113017	9	10800	1	4180	53	20211
2014	14	254	5.8%	241638	41	56651	21	1054	37	20683	86	125017	10	13800	1	4180	58	20253

2012—2014年衢江区私营企业情况一览表

表21

年度	户数	与上年同比	注册资金(万元)	其中		
				第一产业(户)	第二产业(户)	第三产业(户)
2012	1654	13.8%	988272	269	455	930
2013	2369	43.2%	1149903	385	962	1022
2014	3014	27.2%	1640806	491	1100	1423

表22

2012—2014年衢江区个体工商户情况一览表

年度	户数	同比增长(%)	注册资金（万元）	同比增长(%)	从业人员	同比增长(%)
2012	8557	15.6	55126	28.6	21387	1.95
2013	10092	17.9	95205	72.7	23082	5.96
2014	11702	15.6	140805	47.9	24972	8.19

表23

2012—2014年衢江区家庭农场情况一览表

年度	户数	注册资（万元）	公司制企业（户）	注册资金（万元）	个人独资企业（户）	注册资金（万元）	个人体工商户（户）	注册资金（万元）
2012	0	0	0	0	0	0	0	0
2013	583	59715	0	0	305	41601	278	18114
2014	859	96936	31	6163	376	56682	483	40254

【市场建设】 2012—2014年，围绕各级党委政府决策部署，落实农贸市场改造提升和各项创建任务，全面促进衢江农贸市场建设工作。至2014年年底，衢江区共改造提升、新建农贸（批发）市场11家次，惠及人口20余万人，其中2家完成省二星级农贸市场创建、5家通过省文明示范农贸市场创建、创建1家省放心农贸市场，落实各项财政奖励补助专项资金1650万元。

表24

2012—2014年衢江区市场建设一览表

年份	新改建市场数	新／改建市场名称	总投资额（万元）	市场创建情况	财政补助、奖励（万元）
2012	3	衢江区杜泽综合农贸市场	491.2	省文明示范农贸市场	215
		衢江区廿里农贸市场	454.84	省文明示范农贸市场	215
		衢江区上方农贸市场	199.55	省二星级农贸市场	124.72
2013	4	衢江区金宏农贸市场	1120	省文明示范农贸市场、省放心农贸市场	240
		衢江区下张农贸市场	1200	省文明示范农贸市场	215
		衢江区芝坑桥农贸市场	1200	省文明示范农贸市场	215
		衢江区天翔农贸市场	66.66	完成提升改造	20

续表24

年份	新改建市场数	新／改建市场名称	总投资额（万元）	市场创建情况	财政补助、奖励（万元）
2014	4	衢江区通浦路菜市场	2300	2014年年底开业	400
		衢江区廿里农贸市场	20	省二星级农贸市场	5
		衢江区高家商业中心	4000	2014年完成投资2000万元	—
		浙江新农都衢州批发市场(一期)	152000	2014年完成投资35000万元	—

【流通领域食品安全监管】 2012—2014年，开展节日市场检查、专项排查等行动，共出动执法人员3231人次，查处不合格食品超400公斤，罚款26.84万元；督促70余家电子监管用户及时上传台账数据，累计上传台账1316537条，其中进货台账1072015条，销货台账244522条，上传使用率为100%。2012年，开展流通领域食品安全"三个一"活动，引导经营者自觉规范开展食品经营活动，牵头召开衢江区食品流通行业信用协会成立大会，搭建食品行业自律平台。2013年起，推进食品安全电子化管理示范单位创建活动，实现对辖区内批发主体的动态化、常态化监管。

【打击传销活动】 2012—2014年，全区工商系统共组织打击传销集中行动8批次，捣毁传销窝点58处，遣返参与传销人员386人次，8人被追究刑事责任。2013年，全区开展"无传销区"创建活动。2014年，经省打传办考核，衢江区被认定为全省首批"无传销县(市、区)"，全区非法传销活动得到根本遏制。

【打假治劣】 2012—2014年，先后开展日用百货、农资、家用电器、建材、汽车配件等领域打假治劣专项行动65次，查处制售假冒伪劣案件78件。其中，2012年查获假冒电饭锅35只、假冒食用盐2988公斤、假冒鸡精83公斤；2013年查获劣质轮胎面胶28.27吨、假冒汽车轮胎24只、假冒石膏板3600平方米；2014年查获假冒面巾纸400箱，各类假冒伪劣物品案值达25万余元。生产销售假冒伪劣行为得到进一步遏制。

【无照经营专项整治】 2012—2014年，根据"教育引导和查处取缔相结合"原则，疏堵结合、惩教并举，依法履行监管职责，以涉危、涉污等严重危害社会公共秩序和人民群众生命财产安全的重点行业领域为工作重点，全面清理整治无证无照经营行为。共清理排查无证无照经营2624户，引导办照1278户，依法取缔388户。按照"谁审批、谁监管、谁主管、谁监管"的原则，对涉及审批的865户抄函告给相关职能审批部门。共立案查处无证无照案件506件，其中罚款万元以上大案80件。

【不正当竞争行为查处】 2012—2014年，重点开展贿赂治理、反垄断反限制竞争、商业秘密保护等专项整治，共查处不正当竞争案件34起。其中，2014年查获一起侵犯衢江区某机械有限公司商业秘密案，有效保护企业合法权益。

【商标品牌建设】 2012—2014年，组织商标法律法规学习宣传，全区共举办各类培训15期，引导经济主体注册商标。全区共申请注册各类商标1074件，其中涉农商标236件。培育省市著名商标，全区共申报中国驰名商标2只，浙江省著名商标5只，衢州市著名商标15只。2014年3月24日，浙江省工商行政管理局发文《关于公布2013年国家工商总局认定我省驰名商标名单的通知》（浙工商标〔2014〕6号）："经国家工商行政管理总局商标局2013年12月27日批复，衢江区好梦来家纺有限公司、浙江海力集团有限公司的商标在查处违法案件程序中被认定为驰名商标"。

表25

2012—2014年衢江区申报认定中国驰名商标一览表

企业名称	商标	使用商品	认定日期
好梦来家纺有限公司	好梦来	24类：被子、床单、枕套	2013.12.27
浙江海力集团有限公司	海力及图	6类：金属螺母、垫片、金属螺栓	2013.12.27

表26

2012—2014年衢江区申报认定浙江省著名商标一览表

企业名称	商标	使用商品	认定日期
浙江民心生态科技股份有限公司	炭之语	27类：席；地垫；地毯	2013.1.1
浙江东源实业有限公司	十里丰	31类：鲜水果、新鲜蔬菜、植物	2013.1.1
衢州市衢江区石油有限公司	衢江石油	4类：汽油、柴油、燃料	2014.1.1
衢州市衢江区林氏精品西瓜专业合作社	饭甑山	31类：鲜水果、新鲜蔬菜、活动物	2014.1.1
衢州市衢江区红艳草莓专业合作社（商标注册人徐六泉）	芝溪	31类/鲜水果，新鲜草莓、新鲜蔬菜等	2015.1.1

表27

2012—2014年衢江区申报认定衢州市著名商标一览表

企业名称	商标	使用商品	认定日期
衢江区龙海蔬菜专业合作社	慎之然	31类：新鲜蔬菜、鲜水果、活动物	2013.1
浙江广胜集团有限公司	浙衢广胜	37类：建筑、工厂建设、道路铺设	2013.1
衢州市衢江区清水瓜果专业合作社	蜜之源	31类：鲜水果、活动物	2013.1
衢州市衢江区长寿面条厂	浪来福	30类：挂面、面条、面粉制品	2014.1
好梦来家纺有限公司	生态	24类：被子、床单、枕套	2014.1
衢州市东氩漆业有限公司	爱美者	2类：油漆、涂料、稀释剂	2014.1
衢州市华篁农业开发有限公司	华之篁	31类：新鲜蔬菜、鲜水果、活动物	2014.1
浙江琅素实业有限公司	琅素	16类：壁纸、木浆纸、印刷纸	2015.1
衢州市衢江区耀飞柑橘专业合作社	香泉红	31类：柑橘、鲜水果、蔬菜	2015.1

续表27

企业名称	商标	使用商品	认定日期
衢州市衢江区兴莲果蔬专业合作社	兴莲	31类：鲜水果、新鲜蔬菜、西瓜	2015.1
衢州天盛化学品有限公司	多盛福	16类：包装用塑料膜、塑料泡沫包装用品（包装用）、保鲜膜	2015.1
衢州市原点食品有限公司	原点	29类：蛋、速冻方便菜肴、食物蛋白	2015.1
衢州老朋友家纺有限公司	老朋友	24类：家具遮盖物、纺织品或塑料帘	2015.1
浙江五一机械有限公司	双鸽	7类：起重机、起重葫芦、卷扬机	2015.1
衢州市衢江区华晨水果专业合作社	琼露	31类：新鲜蔬菜、鲜水果等	2015.1

【广告合同管理】 2012—2014年，规范格式合同，组织守重单位认定，重点对商品房销售合同、汽车销售合同及动产抵押合同进行审查备案登记，共备案各类格式合同21份，动产抵押登记360份，向省工商局推荐认定AAA级守重单位4家，向衢州市工商局推荐认定AA级守重单位29家。重点实施对媒体广告的日常监测，每月发布一期媒介广告监测报告，强化对户外广告、媒体广告以及网络广告的监管，对未经登记擅自发布户外广告和利用网络进行虚假宣传的违法行为依据相关法律法规进行严格查处。共登记各类户外广告213家次，立案查处各类违法广告案件47件。

表28　**2012—2014年衢江区认定为浙江省AAA级守合同重信用企业一览表**

企业名称	地址	负责人	认定日期
衢州市河圣水力自控翻板门有限公司	衢州市衢江区春苑西路24号	周石海	2012.10.10
浙江凌宇环境建设有限公司	衢州市衢江区浮石街道王家村168号	童林祥	2013.9.24
一加一农业发展（衢州）有限公司	浙江省衢江区莲花镇	李迎春	2014.9.4
衢州市衢江石油有限公司	衢州市衢江区宾港北路179号	沈华	2014.9.4

【消费者权益保护】 2012—2014年，推进消费者维权体系建设工作，改善衢江区消费环境，完善维权保护执法网络，扩大消费需求，适应新型消费维权。查处侵害消费者权益案件，开展“打假维权”等专项行动30多起，出动执法人员283人次，受理消费者各类申诉举报，受理消费投诉214件，直接为消费者挽回经济损失41.7万元。开展流通领域商品（非食药类）检测5次，抽检商品56个批次，不合格31批次，处以罚款6.6万元。共建消费维权服务站17家，首家12315消费纠纷快速处理绿色通道企业通过验收。区消保委持续推进维护消费者权益体系建设，强化消费者权益保护工作，加强消费者权益保护宣传教育，开展“3·15”活动，及时受理消费者投诉举报，加强对消保委分会的指导，发挥消费者组织在维护消费者权益中的社会监督作用。

至2014年年末，在全区21所中小学、2家企业及3家农家乐设立“消费教育学校”，成立莲花小学消费教育基地,成立5支拥有55人的消费维权义工队伍,4个消保委分会,21个乡镇消费维权监督站,271个村消费者维权监督点,完善消费者权益保护体系网络建设。三年共举办《中华人民共和国消费者权益保护法》宣传培训班30次,发放宣传资料10000余册,发出消费警示95条,受理消费者咨询3200人次,受理消费者投诉71起,直接为消费者挽回经济损失52万元。

(祝飘枫)

公共资源监督管理

【概况】 2012—2014年,衢江区公共资源市场化配置监督管理办公室(简称区监管办),注重健全招投标监管制度,加强公共资源市场化配置监管力度,推进电子信息化建设,全区公共资源市场化配置工作取得新成效。

2012年,全区完成公共资源交易754宗,交易金额9.86亿元,通过政府投资项目评审和公开招投标,节约财政资金1.9亿元。

2013年,全区完成公共资源交易905宗,交易金额13.96亿元,通过政府投资项目评审和公开招投标,节约财政资金2.73亿元。获衢州市公共资源市场化配置工作综合工作先进奖。

2014年,全区完成公共资源交易740宗,交易金额8.81亿元,通过政府投资项目评审和公开招投标,节约财政资金2.95亿元。

【健全招投标监管制度】 2012年,出台《关于加强公共资源交易管理的补充意见》,加强乡镇公共资源交易平台规范化建设,并对重点乡镇50万元以下、一般乡镇30万元以下的工程招标审批权限予以下放,对10万元以下的取消备案,统一纳入各乡镇公共资源交易中心交易。放权后,小额工程招投标审批时间由原来平均5天缩短至3天。出台《关于推进政府投资工程建设项目招投标提速提质提效的实施意见》,提高项目公开招标限额,将设计以及与工程建设有关服务的采购提高至50万元(含);开发区、工业功能区等场地平整、基础设施建设等施工项目提高至100万元(含),严格政府投资项目发包程序。

2013年,出台《衢江区村级工程村民建工作操作规则(试行)》,积极探索建立"村级工程村民建"工作机制,预算规模在30万元(含)以下技术含量不高、不涉及结构安全的小额村级工程,经审批可按"村级工程村民建"模式实施。该工作机制取消项目招标环节,自建收益归村集体,有效节约成本,缩短时间,杜绝项目腐败,得到市肯定及推广。同年9月,下发《关于严格衢江区公共资源交易评标专家评审费支付的通知》,严格规范评审委员会组成和评审费支付程序,明确评审费支付主体、支付方式、支付标准。

2014年,制定《衢江区政府投资工程建设项目承包商公选入围管理办法(试行)》,按照房建、市政、水利等10大名录设立A/B/C三个承包商资质组别,并建立企业黑名单库。首批共有120家企业进入承包商公选入围名录。制定出台《衢江区公共资源交易平台招标代理机构考核管理办法(试行)》,对进入区内的代理机构承接业务、守法诚信等情况进行核查通报和督促整改。

【公共资源交易进场项目】 2013年,区监管办进一步规范区本级国有资产统一进区公共资源交易中心交易,集中进场交易的公共资源项目拓展至35项,学校后勤社会化、国有资产处置、国资交易拍卖机构选择等项目陆续纳入平台交易,市场化配置率达64%。

【公共资源交易信息化建设】 2012年,区监管办参与全市"十二五"公共资源交易监管信息化建设,加强对招投标重点环节的网络化管理和电子化监督的探索。

2013年，对评标室进行扩容和技术改造，于10月底启动工程建设项目电子评标系统，房建和市政类政府投资项目首先纳入电子评标系统管理。

2014年，继续加大招投标科技监管投入，评标室指纹识别系统投入使用；评标现场安装网络化视频监控系统，评标过程实现网络直播。同年12月，准备“衢江区公共资源交易监管网”开发工作。

【公共资源市场化配置监管】 查处公共资源交易违法违规行为是区监管办一项重要工作职责。2012年，共受理投诉举报5起，对2家投标企业处以区内不良行为公告，2家投标企业列入区级诚信黑名单，暂停2家投标企业进入区内开展业务，4家投标企业被取消中标资格。

2013年，共查处15家公司在4个不同项目上的围标串标行为，给予不良行为公告；对5名评标专家违规行为进行通报，取消评标资格；对2家招标代理机构下发整改通知书，对其中1家代理机构处以暂停衢江区业务15天处罚的决定。

2014年，共接到招投标投诉8起，查处4家投标企业和1家招标单位，4家企业给予不良行为公告，其中2家公司被列入不良诚信黑名单库；1家招标采购单位被责令整改；共下发处理意见书6份，取消2名中标候选人资格；对2名评标专家进行现场警告。

【服务重大项目推进】 2013年，联合行业行政主管部门，对全区27个在建或竣工的500万元以上政府投资建设工程项目开展标后监管专项检查工作，及时发现问题，督促整改落实，保障项目推进。2014年，按照“奔跑吧衢江”总体要求，对区重大项目招投标工作推行亲情化、贴心化服务，提前介入标前咨询，优先审查备案，优先进场交易，服务项目提速。对全区农村污水处理项目进行重点监管，约谈项目入围企业2家，助力项目推进。

【监管队伍建设】 2012年，区监管办整理编撰《衢江区公共资源市场化配置工作资料汇编》，发放给乡镇和部门使用，对全区招投标工作起到宣传、学习和指导作用。2013年，组织举办全区公共资源管理培训班，全区21个乡镇公共资源交易中心主任及业务人员共计40余人参加培训，乡镇公共资源交易管理能力得到增强。2014年，开展党的群众路线教育实践活动，对活动中收集的36条问题及时进行整改。集中开展廉政警示教育，重点学习招投标领域反腐倡廉相关内容，完善内部考核管理，坚持“严问效、严问廉、严问责”，不断加强干部队伍拒腐防变能力。2013年年底，区委同意建立区监管办党组，组织号召力和凝聚力进一步增强。

（吴　敏）

2013年，衢江区公共资源交易管理培训会议

政府投资项目管理

【概况】 衢江区政府投资项目评审中心自2010年5月成立以来，立足全区政府投资项目前期把关的目标，发挥专业优势，规范制度，提质提效，完成各项工作任务，促进全区工程项目建设健康发展。

2012年，评审中心完成全区政府投资项目概、预算审核项目1238个，送审价22.40亿元，审定价21.17亿元，净核减额1.23亿元，净核减率5.48%。其中，预算审核项目1214个，送审价11.90亿元，审定价11.03亿元,净核减额8775万元,净核减率7.37%;概算审核项目24个,送审价10.50亿元,审定价10.15亿元,净核减额3508万元,净核减率3.34%。

2013年,评审中心完成全区政府投资项目概、预算审核项目1189个,送审价23.44亿元,审定价21.89亿元,净核减额1.55亿元,净核减率6.60%。其中,预算审核项目1173个,送审价16.23亿元,审定价14.97亿元,核减额1.26亿元,核减率7.76%;概算审核项目16个,送审价7.21亿元,审定价6.92亿元,核减额2882万元,核减率4%。送审数量、送审价、审定价与上年同期相比基本持平。

2014年,评审中心完成政府投资项目概、预算审核项目1950个(非基建类1839个、基建类111个),送审价32.34亿元,审定价29.31亿元,净核减额3.03亿元,净核减率9.36%。其中,预算审核项目1916个,送审价17.35亿元,审定价15.11亿元,净核减额2.24亿元,净核减率12.90%;概算审核项目34个,送审价15亿元,审定价14.21亿元,净核减额7901万元,净核减率5.27%。涉及"五水共治"项目579个5.21亿元,净核减率13.23%,计6890万元。送审量、送审价、审定价和净核减额较上年分别增长了64%、38%、34%和95.7%。

2012—2014年,累计送审项目4299个,累计送审金额77.44亿元,累计审定金额71.68亿元,累计净核减金额5.76亿元,净核减率为7.43%。2014年比2012年送审项目数量增长57%;送审金额增长44%,数目为9.94亿元;净核减金额是原来的2.5倍。

【拓宽评审业务】 2012年,按区政府要求将政府投资项目全部纳入预算(概算)审核,做好前期把关控制。这种实现政府投资项目概算、预算全覆盖的做法在全市范围是首创。评审中心先后公开选聘5名兼职协审员,加强管理,落实责任,建立相应的考核制度。实行公开承诺限期办结服务,在规定工作时间内出具评审报告,做到送审受理一次性告知,对资料报送、登记、交接、统计等具体工作落实到位。

【规范工作程序】 做到"四先四后",即:先登记审查后受理评审,对送审资料是否符合要求进行审查,该补的补,明确责任;先评审后招标,按区政府要求将政府投资项目全部纳入预算(概算)审核,做好前期把关控制;先审核后采购,将10万元以上的工程建设相关的采购项目列入先评审再进行政府采购。先审查后变更,在重点做好项目事前监管的基础上,按规定做好项目事中设计变更的审查管理,对相关隐蔽工程,派人到现场实地踏看。

【提高评审水平】 2014年,衢江区启动101个行政村的生活污水收集管网以及终端处理工程,在全面推进农村生活污水治理的工作中,评审中心为发挥项目前期的把关作用,通过择优选择协审单位,提早介入,规范项目预算编制,抓示范审核项目,以点带面等方式提高工作效绩,配合相关部门乡镇,及时、准确地完成送审工程。评审中心注重业务培训,二名干部取得高级工程师职称资格,发挥评审的专业岗位优势,提高评审水平。

(张　旭)

教育 体育 科技 文化

教 育

【概况】 2012—2014年，衢江区教育局以“努力办好人民满意的教育”为目标，以“义务教育标准化学校”和“义务教育发展基本均衡区”创建为主抓手，深化“质量兴教、安全立教、规范治教、队伍强教”的办教理念，实践学前教育普及化、义务教育均衡化、高中教育品牌化、职业教育社会化、特殊教育规范化的“五化”目标，推进教育现代化发展。全区创建省标准化学校23所，标准化率65.79%；创建省教育强乡镇15个，市教育强乡镇16个，创建率达84%；省示范性学校 15 所，市级名校8所。

2014年，基础教育主要指标达到省“普九”要求，小学入学率达100%，小学毕业生升初中比例达100%，初中毕业生升高中比例为99%，6~15周岁“三残”儿童少年入学率、学前三年入园率分别达到100%和96.5%。通过省级、国家级义务教育发展基本均衡区的评估认定。

【教育资源】 农村中小学布局调整基本完成，农村薄弱学校的改造步伐加快。2012年8月，完成校舍安全工程，全区实际安排项目128个，完成总投资7120万元，加固改造（含拆建、迁建、新建）中小学校舍面积5.63万平方米。

2012年，全区有乡镇中心小学及以上学校共39所，其中中心小学19所（含民办小学1所），初中13所（含民办初中1所），九年一贯制学校3所，普高3所，职高1所，启智学校1所，完小5所。

2013年9月，衢江区第一初中建成投入使用。2014年9月，举行衢江区第二小学开工奠基仪式。同年，区第四小学扩建项目可行性研究报告得到正式批复。

2014年，全区共有在校生39032人，其中小学21245人，初中10330人，普高4906人，职高2519人，特殊教育32人。幼儿园91所（其中公办幼儿园6所），集体办幼儿园2所，民办幼儿园83所，在园幼儿11942人。教育系统在职公办教师2687人，其中高中547人，初中839人，小学1275人，幼儿园26人。

衢江区中小学幼儿园第六届艺术节

【教育管理】 2012年，区教育局提出“质量兴教、安全立教、规范治教、队伍强教”的办教理念，以优质、均衡为目标，实施素质教育，提升教育教学质量；深化教育管理改革，将全区7个共同体组织优化重组为5个，创新实施一系列措施，推进区域教育均衡可持续发展，为基本实现教育现代化奠定基础。

2013年9月，完成国家基础教育质量监测工作，扫盲教育工作在省教育厅调研中得到充分肯定，《依托基地学校加强共同体建设》项目获衢州市首届教育创新奖。

2014年，建立义务教育国家质量监测体系，开展轻负高质改革试点工作。区政府出台《无证幼儿园整治方案》，由区政府牵头，以“属地管理、分类整治、疏堵结合、安全有序”为原则，规范学前教育办学行为。根据各幼儿园办园的实际情况及乡镇(街道)幼儿园统一规划，确定为“规划新建、整改审批、规划改造、关停取缔”四类。

【教师队伍】 2012年，全面启动教师专业发展培训工作，按照“每5年为一周期，每位教师完成360学时培训任务”的目标，制定实施细则，继续推行山区库区教师定向招聘。

2013年，突破教师招聘模式，首次招聘紧缺学科高层次优秀教育人才、引进区外优秀教育人才、录用教育部6所直属示范院校免费师范生、招聘幼儿园男教师，首次赴浙师大招聘师范类应届毕业生。多渠道完成区地处中教师调配工作，完成云溪初中教师的分流。全区中小学校编外用工已基本实现劳务派遣。

2014年，出台《衢江区教师支教工作的若干意见》，对支教对象、考核等做出明确规定。城区学校教师的选调按照“公开报名、统一考试、定向录用”的原则，首次实行按学校和岗位定向报名、定向录用的方式选调。根据市政府专题会议精神，2014年衢江区开始实施中小学教师质量考核奖，按每人8000元的标准发放奖金，经费由财政负担。至年末，全区在职教师2687人，其中高级职称教师400人，中级职称教师1301人。全国优秀教师4人、全国五一劳动奖章获得者1人，省特级教师2人、省“课改之星”1人，省、市“教坛新秀”25人，市名师14人，市115人才第二层次1人，第三层次人选17人，市级以上学科带头人25人，市百优教研组长22人、市百优班主任50人，区拔尖人才3名、区名校长3人、区名师19人。

【教育成果】 教育工作重点逐步向质量提高与内涵建设转移，以特色化教学为平台，培育个性化校园文化，实施“一校一品”战略，涌现出衢州三中的质量管理、区实验中学的孝文化、区一小“品质教育 幸福人生”的人文理念等一批独具个性的文化品牌学校。2014年11月，举办全市婺剧进校园现场会，依托“婺剧进校园”推进素质教育工作。以“轻负担、高质量”为重点，以“教学精细化管理”为抓手的教学模式改革，促进教学质量提升。推进国家和省市《中长期教育改革与发展规划纲要(2010—2020年)》的实施，以落实全面的教育质量为工作核心，组织开展质量监测，提高教学与管理质量。优化育人模式，开展“小班化”教学试点工作，深化高中课程改革，提高教育质量和办学水平。

高考成绩稳步提升。2014年高考，全区第一批上线337人，其中文理科上线232人，首次突破200人大关。区职业中专168人高考，167人上线，其中上本科线34人。

【教育规划】 加快推进新城区教育“三百工程”(即通过近三到五年的建设，使新城区的高中、初中、小学的规模分别超过100个班级，使城区的优质教育惠及面达到50%以上)，突出城区学前教育发展，加强优质资源群建设，着力打造完备、优质的城区15年基础教育体系。以教育均衡化县(区)

和标准化学校创建为契机，加强农村学校建设，提高农村学校的硬件设施和师资力量，改善农村学校的办学条件，推进教育均衡发展。引导学校把工作重点从规模扩张转移到内涵发展上来，转移到质量提升上来，推动办学理念、管理理念的升级，启动衢江教育“12345工程”，即：培养10名名校长，创建20所名校，培育30名名师，培养400名骨干教师和500名星级学生。

【幼儿教育】 2012年，莲花镇中心幼儿园投入使用。该园民间资金投资1200万元，占地面积6700平方米，可容纳15个班级，成为衢江区乡镇中心幼儿园中办园规模最大、硬件设施最齐全的农村幼儿园。

2013年，由衢州市绿色产业集聚区花费1200万元从个人手中回购衢州市东港幼儿园，正式移交教育局，成为衢江区第六所公办幼儿园。

2014年年末，全区有幼儿园148所，其中公办独立法人幼儿园6所，小学集体办3所，民办139所，民办幼儿园成为衢江区学前教育的主要办学力量。除灰坪乡、岭洋乡等山区、库区外，有乡镇中心幼儿园19所。全区在园幼儿数为11539人，学前三年入园率为95.6%。有省二级幼儿园11所，三级幼儿园29所，到2014年等级幼儿园覆盖面为54%。有教职工907人，专任教师558人，其中持有教师资格证为330人。

2014年，衢江区学前教育的发展坚持以“普及”和“规范”为目标，本着“边发展、边规范”的总体工作思路，逐步形成“政府主导、属地管理、部门指导”的学前教育体制。通过第一轮三年行动计划的实行，学前教育呈现出较快的发展势头，多元投入、公办和民办共同发展的格局逐渐形成，全区学前教育的普及率、办学条件和办学质量明显提高。

【义务教育】 2012年，全区有小学25所、500个班级，在校生20841人，入学率100%；初中16所（含九年一贯制3所）、班级239个，在校生10203人，入学率100%。杜泽中学、横路初级中学被评为浙江省绿色学校，莲花镇中心小学被命名为浙江省第五批体育特色学校（举重），大洲镇中心小学被命名为浙江省第四批艺术教育特色学校（书法）。

2012年5月31日，区委副书记、区长鲍秀英（右二）一行看望慰问少年儿童

2013年，全区有小学25所、510个班级，在校生20812人，入学率100%；初中16所（含九年一贯制3所）、班级237个，在校生10243人，入学率100%。云溪乡中心小学获省级校园足球先进集体，并作为浙江省农村学校校园足球先进典型参加省校园足球文化交流活动。

2014年，撤并横路清水小学、大洲镇五十埂小学、廿里镇塘湖小学等3所小学。全区有小学22所、505个班级，在校生21245人，入学率100%；初中16所（含九年一贯制3所）、班级242个，在校生10330人，入学率100%。湖南镇中心小学、后溪镇初级中学被评为浙江省绿色学校。

【普通高中教育】 2014年，衢江区有省重点普通高中衢州市第三中学及省A级普通高中杜泽中学、大洲中学三所普通高中，114个班级，在校学生数4906人，教职工438人，高中毕业率和巩固率达到100%。

2012年,杜泽中学获"浙江省课外阅读先进集体"称号,赵阳老师获浙江省高中历史课堂教学比赛第一名;大洲中学所有班级统一安装电子白板设备。

2013年,杜泽中学获"衢州市首批浙江省青少年校园足球定点学校""浙江省红十字达标学校"等荣誉;大洲中学学生公寓统一安装空调和供热设备。

2014年,衢州三中被评为"浙江省节约型公共机构示范单位",衢州三中风荷文学社获全国中小学校园文学社年会社刊百佳奖。杜泽中学获"2012—2014年度衢州市教育系统工会工作先进集体"称号,该校在浙江省第六届中学生乒乓球联赛中获衢州赛区高中组男子乒乓球团体冠军。

【职业教育和成人教育】 2012—2014年,各乡镇、社区成人文化技术学校开展各类文化培训。完成各类培训10000多人次,其中家政培训6000人次。2013—2014年,完成扫盲15331人,超额完成扫盲任务。

2012年,区职业中专被省教育厅、省财政厅确定为浙江省首批中等职业教育改革发展示范建设学校,所设立的竹炭工艺专业被评为浙江省特色专业,教科研课题被立项为国家级专项课题。

2013年,区职业中专被浙江省教育厅评为浙江省一级中等职业学校。

2014年,区职业中专获全国中学生跆拳道锦标赛"体育道德风尚奖"。

【民办教育】 鼓励社会力量办学,促进民办教育健康发展。2014年,全区义务教育阶段民办学校有衢州新世纪外国语学校和仙岩路小学。

衢州新世纪外国语学校是一所寄宿制初中民办学校。该校创办于2001年秋季,原址在上方镇立模村,名为衢江区上方新世纪实验中学,2014年秋季搬迁至原云溪初中校址,更名为衢州新世纪外国语学校。2014年有教学班8个,学生320名,教职工35人。

仙岩路小学是一所全日制民办小学,位于衢江区仙岩路10号,创办于2012年,学校占地面积1.33公顷,2014年有教学班5个,学生255人,教职工21人。

【美德好少年——蓝微】 区第一初中九(4)班学生蓝微,出生在衢江区举村乡翁源村。5岁时,爸爸因车祸去世,妈妈因胸椎摔断瘫痪,蓝微用她稚嫩的双肩承担起照顾瘫痪妈妈的责任,成为妈妈的精神支柱。蓝薇的事迹感动很多人,相继获得浙江省励志成才中小学生、浙江省美德好少年、"最美衢州人"提名奖、最美衢江人、衢江区第二届爱心模范等称号。

【红领巾爱心助残小队】 浮石小学爱心助残小队成立于1993年10月。从第一任队长方智静,到现在第八任队长方欢,已有200多位队员。他们每天放学均要轮流照顾一级残疾的方贵增,陪她聊天、游戏、教她认字,做一些力所能及的家务。周末或节假日,队员们会在方贵增的小屋聚集,为她讲故事、唱歌、吹葫芦丝等。二十几年,爱心接力一直没有中断。2014年,红领巾爱心助残小队获"最美浙江人·美德好少年"、浙江省四星级雏鹰奖章、省委宣传部"浙江好人榜"7月榜单和衢州市美德好少年、衢江区十大爱心道德模范特别奖。团队事迹先后被《浙江日报》《浙江教育报》等媒体专题报道。

【衢江区第一初中启用】 2013年9月,衢江区第一初中正式启用。学校位于衢江新城信安大道777号,占地6公顷,总投资1.34亿元,设计规模48个班级,是衢江区义务教育阶段规模最大的公办初中。学校有行政楼、教学楼、实验楼、学生公寓楼、学生餐厅、体育馆等建筑设施。教学楼内所有

衢江区第一初级中学(黄 卿 摄)

教室均安装有最新的电子白板教学设备,学校建有教育教学信息资源库,实现校园无线网络全覆盖。实验楼内有多功能报告厅。图书阅览室藏书8万余册。体育馆内有室内篮球场,羽毛球场,乒乓球室,舞蹈房,健美操教室,室外建有300米标准塑胶跑道的田径场,足球场,排球场,乒乓球场,篮球场等体育锻炼场地。学校有教职工100人,其中衢州市名校长1人,市名师2人,市教学能手1人;衢江区名师1人,高级教师19人,中高级教师比例占专任教师的59%,教师专业学历研究生以上占5.3%,本科以上占96%。

【衢州三中】 浙江省衢州第三中学属省重点中学,创办于1971年。原址在距衢州城区10千米的闹桥村刘傅山,原名为"衢县五七中学"。1981年5月学校改称"衢州第三中学"。1990年9月,迁入衢州市荷花东路152号。2005年在衢江新区开始兴建新校园,2007年8月学校完成整体搬迁。新校园位于衢江新城信安大道1号,占地面积16.87公顷,建筑面积7.9万平方米。学校有图书馆、艺术楼、实验室、电脑房、陈列室、心理咨询室、广播室、标准运动场、各类配套教室、活动室,教室均配有电子白板和计算机网络终端。2014年9月,学校有60个高中班,2545名学生,其中高一805人,高二825人,高三915人,教职工253名,专任教师227名,其中高级教师84名,一级教师79名。

2012年,衢州三中高考第一批上线人数达224人,其中文科51人(位居全市第二),理科131人,体育和艺术类42人。2013年,高考第一批共上线249人,其中文理科上线178人,在生源质量远不如市直学校的情况下,文理科第一批上线人数市区排名第二;体育和艺术类上线71人。2014年,高考第一批上线人数达253人,其中文理科上线195人,体育和艺术类58人。

2012年,衢州三中运动员文嘉仪获全国健美操冠军赛女单冠军。2013年,运动员姜康怡、祝晨露全国健美操联赛获混双冠军。2014年,衢州三中培养5名(全省8名)健美操国家级健将。周孟佳、李琪、程可珺、吴静、杨嘉龙等运动员代表国家队参加第十三届世界健美操锦标赛和世界健美操冠军赛两项国际赛事,取得三个冠军和两个季军的好成绩。邱文秦、文嘉仪、姜康怡、梅中盛、王静、王琴等优秀毕业生,是全国各大高校健美操队的主力队员。

2014年10月,在全国中小学校园文学社第十八届年会上,衢州三中风荷文学社被中国教育学会授予"全国中小学校园文学社第十八届年会社刊百佳奖",校长沈信民被评为"全国中小学校园文学社第十八届年会优秀校长",老师王土仙被评为"2014年全国中小学校园文学社第十八届年会社刊主编百佳奖",王守平、夏玲香、郑琼霞被评为"全国校园文学社团百佳指导教师"。

2012—2014年,学校有30多名教师在市级以上教学比武中获奖,有1位教师被评为市学科带头人,2位教师被评为衢州市名师。30位教师被市级以上教育部门奖励,有20多门课程被评为市级精品课程。教师论文及课题获市级以上奖励160多篇,论文发表180多篇。2012年,学校获评国家"语言文字规范化示范校""衢州市教和研先进集体"。2014年,学校获评省"节约型公共机构示范单位"。

【衢江区职业中专】 **高考成绩再创新高** 2012年,区职业中专高考成绩再创新高。全省职校考生前50名占5人,前100名占15人,其中12人高考成绩超录取分数线200分。获全国“文明风采”竞赛组织奖和省复赛优秀组织奖,并获全国一等奖2项,二等奖10项,三等奖10项;获省一等奖5项,二等奖7项,三等奖101项。

2013年,区职业中专高考成绩,全省职校考生前50名占1人,前100名占19人,电子和计算机两个专业100%上线。区职业中专获全国“文明风采”竞赛卓越组织奖和省复赛优秀组织奖。获全国一等奖2项,二等奖11项,三等奖10项;获省一等奖6项,二等奖20项,三等奖69项。

2014年,区职业中专129人高考,123人上线,上线率达95.3%,高出全省职校考生23个百分点,其中机械等3个专业考生100%上线。

获奖项目 2012年,区职业中专郑艳秋、袁巧儿、熊余波、琚芳琪、唐嘉靖合作完成的《土礼土奇土特长——衢州土特产淘宝网店创业计划》获浙江省第四届中等职业学校学生创新创业大赛一等奖。同年5月,王英、曾善群、郑丽娟、江小明合作发明的《模具专业教具——迷你仿真冲床》在浙江省首届中等职业学校教师创新大赛中获二等奖、在第8届衢州市青少年科技创新大赛中获科技辅导员创新成果一等奖。

2013年,在浙江省第五届中等职业学校学生创新创业大赛中,该校赖赟发明的《苗木修剪机万向支架》、周超丹、袁巧儿、徐蜓蜓、方梦霞合作完成的《“早上好”早餐外卖店创业计划》双双获二等奖;赖赟发明的《迷你铣床》获三等奖。在浙江省中等职业学校学生“生命与安全”动漫制作大赛中,王淳、许诺制作的《关爱儿童》和何婉婷、戈琳琳制作的《生命不是游戏》双双获一等奖。在浙江省中等职业学校学生“我身边的正能量”摄影与微电影大赛中,徐云欣制作的《工余时刻》、徐丹妮制作的《最美教师——向幸福出发》获一等奖;谢涛涛制作的《城市风景》和程洋洋制作的《如果爱》分获二等奖。

2014年,区职业中专再获全国“文明风采”竞赛卓越组织奖和省复赛优秀组织奖。获全国二等奖2项,三等奖2项;获省一等奖3项,二等奖2项,三等奖6项。在浙江省第八届电子商务大赛中获“优秀组织奖”,创业创新精英赛中郑杨子、范丹萍、叶丹妮,凭借《衢州土特产专营店“绿野鲜踪”土特产》项目获二等奖。同时,3人均破格获得中国电子商务师职业资格。

2014年,苗木修剪机万向支架获浙江省创新发明大赛二等奖

开展社会培训 2012年,衢江区职业中专与浙江省十里丰监狱一监区合作,开展服刑人员“双证制”培训,开设成人初中和成人高中班,培训班开设园艺、计算机、电工电子等专业,学校每周派出老师前往十里丰监狱为服刑人员上课。学校还为培训学员设立“学分银行”,建立培训档案,学员总学分达到80学分,经审核发给国家承认的成人职业教育毕业证书和劳动人事部门颁发的职业技能中级证书。

2013年,培训规模扩大,人数增加到2000多人。

2014年5月,衢江区首期残联专职委员培训班开班,来自全区各乡镇(街道)的残疾人联合会委员20多人参加培训。

教科研课题被立项为国家级专项课题 在中央电教馆和教育部基础教育资源中心组织的全国教育信息技术研究“十二五”规划课题评审中,区职业中专程文渭等教师组织申报的研究课题《中职网上学习与考试平台的构建与实践研究》通过专家组评审，被立项为全国教育信息技术研究“十二五”规划2012年度专项课题。

获全国体育道德风尚奖 2014年，在中国中学生跆拳道锦标赛中，区职业中专获“全国体育道德风尚奖”。2013级(3+2)平面设计专业学生叶泽靖德，获高水平组高中68公斤级男子个人比赛第二名。

（徐 理）

体 育

【概况】 2012—2014年，衢江区全面实施《体育法》《全民健身条例》《全民健身计划》，竞技体育、群众体育和体育设施建设得到发展。衢江籍运动员胡邦达获第九届世界运动会健美操1金、第十二届健美操世界锦标赛2金1银1铜、全国健美操锦标赛1金。衢江一小徐辰仪2014年健美操世界杯比赛夺金。衢江籍运动员杨杰获第九届全国残运会1金1银。下张第一幼儿园全国健身秧歌大赛夺冠。衢江区获评全国群众体育先进单位，“双桥农运会”经验在全国推广。峡川、杜泽、周家、樟潭、浮石、高家、廿里、岭洋、举村获省体育强镇(乡)。陈建武获评省级群众体育先进个人。江忠红获评首届“最美浙江体育人”。承办省首届女子体育节2项赛事和2014年全省全民健身片区活动。

【竞技体育】 2014年，省第十五届运动会衢江区获金牌4.2枚、铜牌2枚，积分75.2分。创建省级体育特色学校1所[莲花乡镇中心小学(举重)]、省级首批青少年校园足球定点学校3所(杜泽中学、衢州市东港学校、云溪乡中心小学)、市级阳光体育后备人才基地2所[云溪乡中心小学(足球)、衢江区第一小学(田径、篮球)]。云溪小学男子足球队获全国青少年校园足球冠军赛二等奖、省第4届校园足球联赛第三名和省ZSFL校园足球联赛总决赛一等奖。衢州三中文嘉仪获2012年全国健美操冠军赛暨联赛总决赛一级组女单冠军。衢州三中健美操运动员王琴、王静获评市级优秀运动员，受到衢州市政府通报表彰。云溪乡中心小学获评衢州市业余训练先进单位。余胜秋、柳晚生、胡雪明获评衢州市业余训练先进工作者。

【群众体育】 2012—2014年，举办三届全区干部职工乒乓球比赛。双桥乡参加全国亿万农民健身活动先进乡镇经验交流会，“双桥农运会模式”在全国推广。衢江区代表团获浙江省首届女子体育节强县代表团总团体一等奖、最佳组织奖和体育道德风尚奖。承办省女子体育节健身球操和象棋比赛，获优秀赛区奖。承办2014年全省全民健身“种文化”片区活动。组队参加2014年全国健身秧歌大赛并夺冠，参加全省青少年户外体育活动营地展示活动团体获总分一等奖。开展“五水共治”系列主题健身活动(“推进五水共治·共建秀美衢江”衢江区首届全民健身趣味运动会、“助力五水共治·倡导绿色出行”衢江区首届自行车环保行)。

全区120个村获评省级新农村小康体育村。浮石街道东升社区获评省级城市体育达标社区。区体育局、区总工会、双桥乡政府、东港学校、樟潭街道霓虹社区、区老年体协、大洲镇政府、浮石街

道航东村被评为市级群众体育先进单位。

【体育设施建设】 2012—2014年,共建成乡镇体育活动中心9个、国民体质监测站9个,累计分送标准水泥篮球架247个、灯光篮球场设备41套、乒乓球桌769副、健身路径3374件,总投入618万元,每个省体育强镇(乡)年人均体育活动经费逐年增长。全区建成拆装式游泳池项目2个。"水月湾户外体育运动基地项目"列入省级体育产业库。衢江区公共体育馆新建项目完成可行性研究报告。

【胡邦达获健美操世锦赛和世界运动会冠军】 胡邦达,男,1993年出生于衢江区浮石街道塔底村,2008年9月入选国家健美操队。2012年6月,与队友合作,获第十二届健美操世界锦标赛2金1银1铜。2013年8月4日,第九届世界运动会在哥伦比亚卡利,胡邦达在健美操五人操项目中,与队友合作获得金牌。2014年6月18日,胡邦达获健美操全国锦标赛成年组冠军。同年11月,胡邦达获第四届健美操亚锦赛单人冠军。

【杨杰获全国第九届残运会1金1银】 2012年12月4日,衢江区政府为第八届全国残疾人运动会赛艇冠军衢江籍运动员杨杰颁发奖金8万元。2013年1月21日,杨杰获评"最美衢州人"首届十大年度人物。2014年6月21日,第九届全国残疾人运动会AS级男子双桨赛艇比赛,杨杰获得LTA级单人双桨赛艇1000米金牌和500米银牌,继第八届残运会赛艇项目首金后再次获得全国残运会金牌。

【承办省全民健身浙西片区"种文化"活动】 2014年9月11—12日,浙江省全民健身浙西片"种文化"活动在衢州太阳岛青少年户外体育活动营地举行,共有来自全省的39支代表队、420名运动员参加射箭、铿锵脚板、击鼓颠球、蜈蚣竞走、水上高尔夫等5个集体大项。该活动由省委宣传部、省体育局、省总工会主办,衢州市体育局、衢江区委宣传部、衢江区体育局承办。

【江忠红入选浙江省"首届最美体育人"】 2014年10月18日,衢江区第四小学体育老师江忠红入选浙江省首届"最美体育人",参加浙江省群众体育先进表彰大会,受到李强等省领导的接见。

【衢江籍运动员获第十五届省运会4.2枚金牌】 第十五届省运会衢江籍运动员获4.2枚金牌、积分75.2分,其中林宇杰获得13岁组跳高和三项全能2金,邵立彦获得15~16岁组100米金牌,徐土金、邵丹丹等运动员分获足球男子乙组第3名和女子乙组第4名(计1.2枚金牌)。

(赖新华)

广播电视

【概况】 2012—2014年,衢江区广播电视台电视新闻栏目《衢江新闻》共播出节目964期,发稿8900余条。2012年,区广播电视台被浙江省广播电影电视局评为"全省直播卫星公共服务建设先进单位"。小地卫整治先进经验在全市推广。广告收入首次突破年净创收300万元。2013年,首次尝试创作广播剧《爱,让生命延续》。至2014年12月,完成衢江区9.7万户有线数字电视整体转换。落实全区21个乡镇271个行政村512个自然村应急广播接收终端定点踏勘工作和34个乡镇机房IP网络设备。完成上方、杜泽、廿里、乌溪江4个中心站12个乡镇、141个行政村农村应急广播系统建设。

【栏目建设】 2012年,《两区新闻》共播出156期,同年3月,开播《和谐校园》《和美衢江》和每周一档的自办栏目《生活万花筒》等节目,展现衢江校园风采,展示衢江人文风貌。

2013年，推出《建设五个衢江》《衢江情·中国梦》《合力推进三改一拆　促进美丽乡村建设》《平安衢江》《文明出行我践行·争做最美衢江人》等20多个反映衢江区建设“五个衢江”的科学实践栏目，电视栏目《农民致富报道》《健康之友》《星火科技》《发现档案》播出40余期。

2014年，广播栏目《农民之友》播出48期，电视《衢江新闻》栏目中相继开设《创新驱动 转型升级》《最美衢江人》《放心农业看衢江》《喜迎农业“两会”》等27个栏目，播出节目292期；采编播出《和美校园》30余期，播发稿件300多条；《和美衢江》20余期，播发稿件200余条。

【非法地卫专项整治】 2012年7月26日，区委、区政府组织召开非法地卫专项整治工作会议。区广播电视台会同文广、公安、工商等职能部门依法对违规使用小卫星等进行专项治理工作，收缴小卫星设备4350套，并全部转换成有线数字电视终端，经验做法在全市安全播出与卫星地面接收设施专项整治工作会议上推广。被省广电局评为“全省直播卫星公共服务建设先进单位”。

【广播电视信息传输中心大楼投入使用】 2012年1月9日，区广播电视信息传输中心主体工程结顶。3月23日，区广播电视信息传输中心主体工程验收。2013年1月28日，区广播电视信息传输中心大楼正式投入使用，大楼建筑用地1000平方米，建筑面积3600平方米，层高4层，项目总投资930万元。2014年6月19日，区广播信息传输中心子项目——食堂完成搬迁，正式投入使用。

【华数多功能机房落地服务“三务公开”信息化平台】 2013年5月，华数多功能机房的落地，为区广播电视台视频点播、宽带业务的开展打下基础，解决了省纪委信息公开平台创建的技术问题。2013年7月底，衢江区华数云宽带和互动双向业务试点工作在廿里镇展开。2014年4月底，区广播电视台投入80余万元资金建成“三务公开”信息化平台，实现衢江区信息直接电视显示。

【区首届电视排舞大赛】 2013年8月28日，推出衢江区首届电视排舞大赛，吸引全区102支队伍1000多人参赛，遍及15个乡镇（街道、办事处），90多个村（社区），现场观众达1万多人，更有企、事业单位代表队参加，整个赛事历时2个多月。大洲镇后祝村、高家镇高家村、星月神电动车代表队获得金奖，樟潭街道霓虹社区代表队、区国土局代表队、上方镇仙峰队代表队等6支代表队获得银奖，樟潭街道乌溪桥村代表队等6支代表队获得铜奖。

【对农节目《新衢风》开播】 2014年5月31日，区广播电视台对原来的《桥梁》节目进行改版，推出全新的对农节目《新衢风》，传递政策信息、报道致富典型、倾听百姓心声音、领略乡村风情成为该栏目的主旨，设有“新衢消息树、一周气象及农事、美丽乡村行、生财有道、你拍我播、我说两句”等子栏目。

【虚拟演播室升级改造】 2014年5月底，完成140余万元造价的虚拟演播室升级改造，同时新建两个录音室。进一步提高广播电视节目播出的安全与质量。

（吴春霞）

科 学 技 术

【概况】 2013年11月，衢江区科学技术局（科协）更名为衢江区科学技术局，中共衢江区科学技术局（科协）党组更名为中共衢江区科学技术局党组。2012—2014年，区科技局以科学发展观为指导,着力构建区域创新体系,加速科技成果转化,推进科技金融改革,提升衢江区综合竞争力。衢江区获2012年全省市县党政领导科技进步目标责任制考核优秀单位,2014年,全省网上技术市场工作先进县(市区)。2013—2014年,衢江区科技局获市科技特派员工作先进单位。

2013年7月25日,省科技厅厅长周国锋(右三)到衢江考察工作

【科技宣传教育】 2012—2014年,区科学技术局持续开展宣传培训。每年5月举办全国科技(科普)活动周、每年9月的第三个周日开展全国科普日活动,宣传科普知识和科技政策。共举办科普讲座12场次、图板展览62板次,印发科普书刊、资料1.15万份(册),直接受教育或受服务的群众达1.3万人次。每年5月12日,开展全国"防灾减灾日"科普宣传活动,宣传防灾减灾科普知识和法律法规活动,分发书籍、画册等资料共计9300余份。

2012年5月,联合区教育局、团区委组织中小学生参加省防震减灾知识竞赛活动。2013年4月,举办企业专利申请知识讲座。2014年4月,举办知识产权培训班。同年11月,区政府出台新修订的《衢江区地震应急预案》。三年间,开展地震预防、地震监测站的协调管理和建设工程地震安全性评价的监督管理工作。开展防震减灾宣传,建立防震减灾三网一员、应急救援队、矿山救援队、应急车辆、救援医疗人员、应急物资装备、避难场所、救灾资金、应急预案等内容数据库。每年联合区教育局在衢江区中小学校开展应急避险大演练活动,参演师生共35000人。

【科技网络】 2012—2014年,建设科技队伍网络,配备科技副区长,21个乡镇(街道、办事处)科委配备科技副乡镇长(副主任);21个乡镇(街道、办事处)配备科技特派员,其中省级18人、市级9人、区级3人。完善科技信息网络。建有衢江科技网、浙江网上技术市场衢江分市场、浙江科技信箱衢江分站、信息公开、阳光工程等科技信息网络服务平台,及时发布相关信息,方便群众办事查阅。2013年,完成衢江科技网的政府域名申请、党政机关网站的开办审核、资格复核和网站标识加挂工作。

2014年年末,浙江科技信箱衢江分站单位会员293家、个人会员1748人;全区有高新技术企业21家,其中国家级7家(浙江海力集团有限公司、浙江志高机械有限公司、浙江福瑞科流控机械有限公司、浙江尤尼威机械有限公司、衢州美安普矿山机械有限公司、浙江圣效化学品有限公司、浙江焕发车业有限公司)、市级14家;科技型中小企业37家,其中省级31家、市级6家;专利示范企业23家,其中省级3家、市级20家;省级农业科技企业14家;市级创新型企业12家;市重点企业研究院1家;高新(工程)技术研发中心13家,其中省级4家、市级9家;省级区域科技创新服务中心1家;省农业科技型企业研发中心4家;引进大院名校共建创新载体5家,其中省级2家、市级3家。

【科研机构】 2013—2014年,开展科技类中介清理整顿工作,对衢江区开展专利代理、科技咨询、科技成果转让、新产品评估等科技类业务服务的中介机构进行备案登记,10家科技中介机构的业务信息和价格信息录入到衢州市中介机构信用信息管理平台数据库。2013年，衢江区中草药开发研究所的中草药基地被评为衢江区科技示范基地。同年4月，区科技局成立科技类民办非企业流动党支部，开展党员活动和发展新党员工作。2014年8月，衢江科技大市场列入省科技厅第一批科技大市场建设工作试点。

至2014年年末，区科技类民办非企业共4家（衢江区中草药开发研究所、衢州柴云良中医药肝病研究所、衢江区柳丰物流技术研究所、衢州竹炭新材料研发中心）。

【科技投入和计划】 2012—2014年，组织申报各级各类科技计划项目257项，其中国家级12项、省级173项、市级72项；获各级各类科技计划项目立项196项，其中国家级7项、省级140项、市级49项，项目涉及高档特种纸、装备制造、电子、竹炭、农产品加工等主导产业。获上级科技扶持资金1753万元，区本级科技投入1.03亿元。

【科技奖励】 2012—2014年，衢江区获市级科技进步奖5次。

表29

2012—2014年获市级科技进步奖项目一览

获奖项目	获奖单位	获奖等级	获奖年度
水质净化用生物质炭	浙江民心生态科技有限公司	三等奖	2012
LS 2" BRL46Y-Y 平衡式旋塞阀	浙江福瑞科流控机械有限公司	三等奖	2013
600吨每时产能级大型单缸液压圆锥破碎机	衢州美安普矿山机械有限公司	三等奖	2013
纳米改性炭素材坐垫	衢州现代炭业有限公司	三等奖	2014
富氮低氧绿色智能气调储粮研究	浙江衢州省级粮食储备库	三等奖	2014

【技术市场】 2012—2014年，区科技局组织企业参加各类科企合作洽谈会、技术交流会、高交会、科博会、成果发布会、专题科技论坛、网上技术市场活动周等科技合作活动28批次，参会企业72家次，参加交流人数104人次。组织参加中国·衢州工业科企合作洽谈会（简称“科工会”）及网上科工会，征集发布企业技术难题和技术需求121项，企业与高校院所签订技术合作合同26项，合同成交金额2600万元。组织9家企业参加省技术成果竞价（拍卖）会，拍得科技成果4项，拍卖成交金额540万元，其中2014年浙江吉天环保科技有限公司拍得杭州电子科技大学的科技成果1项，金额300万元。

2014年5月，浙江神舟机器人科技有限公司与浙江工业大学信息工程学院签订“机器人研发中心”协议，合作金额300万元，重点开展机器人结构设计及控制系统开发。至年末，中国浙江网上技术市场衢江区分市场企业会员416家。

2012—2014年，帮助企业发布技术难题和技术需求信息118项，投入研发资金7130万元，签订技术合同47项，合同金额5190万元，为企业寻找全国的科技资源和提高企业技术创新能力创造条件。

【专利工作】 2012—2014年，全区累计专利申请总量1212项（其中发明专利138项、实用新型专利862项、外观设计专利212项），累计授权总量860项（其中发明专利45项、实用新型专利634项、外观设计专利181项）。2014年年末，全区省级专利示范企业2家、市级专利示范企业20家。2012年，衢州净力竹炭有限公司列入省级专利示范企业。2013年,浙江民心生态科技有限公司列入省级专利示范企业。

【启动科技型中小企业债权基金“九龙仙霞”项目】 2013年1月,为推进科技金融改革,缓解科技型中小企业融资难问题,增强企业创新发展动力,区政府与浙江中新力合股份有限公司、中国银行衢州市分行三方合作,启动实施该项目。2013—2014年,通过信用贷款发放资金总额5000万元。2013年6月,该项目经验得到沈仁康市长、胡仲明副市长的重要批示,同年12月,市科技局发文全市推广。

【创建衢江省级农业高科技园区】 2013年10月,按照“试验、示范、孵化”的总体思路,衢江区启动园区创建工作,区科技部门多次与省科技厅对接汇报,编制完成园区三年实施方案。2014年7月,园区创建方案通过省科技厅组织专家组的考察论证;同年9月,省科技厅下达关于同意创建园区的批复。园区总面积8000公顷,分为核心区、示范区、辐射区三个区块,核心区位于全旺镇,面积400公顷,布局科技创新创业园、产业示范园、种子种苗中心,形成“两园一中心”格局。

【实施科技富民强县专项行动计划】 2014年11月,区政府承担的实施科技富民强县专项行动计划——“衢州椪柑产业提升科技示范及推广”后续项目通过省级验收。该项目2010年12月,通过验收并获得50万元奖励资金作为该项目后续实施经费,年限2011年3月—2013年3月。2014年4月,开始实施该计划省级项目“衢江区蔬菜产业质效提升技术集成示范与推广”。

【衢江区获“省网上技术市场先进县(市区)”】 2014年,全区征集发布企业技术难题或技术需求信息项目52项,签订技术合作协议21项,技术交易金额2590.70万元,分别比上年增长40.54%,31.25%,21.29%;联合共建创新载体14家;组织企业参加省科技成果竞价(拍卖)会,拍得科技成果2项成交金额400万元;省网上技术市场活动周现场签约项目1项,合同金额100万元。

(徐秀忠)

公共文化

【概况】 衢江区文化广电新闻出版局(简称区文广新局),主管文化文物、广播电视、新闻出版工作。2012—2014年,实施文化建设“四大工程”(文化阵地建设工程、文化活动工程、文化研究和保护工程、文化人才工程)有成效。非物质文化遗产普查、农家书屋建设、文化“百千万”工程(每年送戏120场、送电影3800场、送图书1.8万册以上)等工作得到省厅表彰。城乡文化基础设施建设得到改善,公共文化服务网络逐步完善,文化人才队伍不断壮大,群众文化活动广泛开展,文化建设基础更加扎实。

【群众文化活动】 2012—2014年,区文广新局发挥区文化馆、基层文化站的作用,全区群众文化活动呈现区、乡、村三级联动的种文化机制,推动群众文化工作发展。配合中心工作,组织策划开展“学习雷锋、爱心衢江、女性风采”庆三八歌咏大赛、“颂扬雷锋精神,争做杰出职工五一颂”文艺晚会、“最美衢江人”主题文艺活动暨“十大爱心模范”颁奖典礼、玫瑰节系列活动、“绿色中国行——走进衢江”颁奖盛典文艺晚会、庆“三八”家庭才艺秀、武警第九中队“八一”建军节庆典活动、区总工会第七届“金锤奖”表彰仪式等一系列大型主题文化活动,举办“推进五水共治 共建秀美衢江”文化礼堂巡演、安全生产月文艺巡演等92场文艺活动。

以弘扬传统文化为抓手,举办幼儿经典诵读

大赛、民营文艺表演团体会演、文化遗产摄影作品展、教育实践活动图片展、电视排舞大赛和民间艺人才艺大赛等大型群众文化活动。立足衢江实际，发掘和弘扬衢江特色文化，组织开展“皇后故里·魅力全旺”摄影美术作品展、“美丽东城杯”兰花展、“三月三”杜鹃花节、杜泽宝山枇杷文化节、文化遗产保护成果图片展、“唱经典红歌·游红色灰坪”红歌大赛、杜泽镇重阳文化节、岭洋乡杨梅节等特色文化活动，实现每个乡镇(街道、办事处)每年至少一台戏，推动农村群众文化建设，丰富群众文化生活。

区文广新局组织参加全省首届村歌大赛，选送的作品《最美金牛村》获省文化厅表演银奖、创作银奖；参加省文化馆首届“未来之星”少儿书画大赛获银奖；参加市电信杯“校园婺剧展演赛”获银奖；莲花五坦村排舞队、浮石徐家坞排舞队、上方村排舞队分别在市第二届排舞大赛中获一金二银；莲花五坦村排舞队参加省第八届排舞大赛获中年组银奖；民间艺人胡静参加全省民营文艺团体戏曲大赛表演获银奖。

【公共文化阵地建设】 做好乡镇文化站、送戏、送书、文化低保、优秀业余团队、综合文化站设备配备六大项目包装工作。拥有村文化室和1支以上文体队伍行政村比例达80.8%。依托行政村现有的办公场所、村级文化活动室等公共活动设施，筹措农家书屋建设资金370余万元，建成农家书屋272个，实现农家书屋行政村全覆盖。

2013—2014年，建成90处“廉政图书角”，逐步实现全区农家书屋“廉政图书角”全覆盖。通过评选优秀农家书屋管理员，推进农家书屋建设。做好文化资源挖掘利用，完成全区文化资源普查工作。延伸基层群众文化服务触角，打造边远地区流动“文化加油站”，运用“流动文化馆”“流动图书馆”“流动舞台车”等流动服务平台，面向偏远山区、特殊群体开展流动“文化加油站”工作。

2012—2014年，共组织送戏483场、送书5.6万余册、送电影11400余场、送讲座展览17期、开展各县区文化走亲18次。区公共图书馆对外开放，现有藏书1.6万余册。

【文艺培训】 2012—2014年，累计组织培训2200余人次。实施社会文化团体“孵化器”工程，提供政策咨询、业务培训、智力扶持等服务。依托婺剧(戏剧)促进会平台，开展婺剧(戏剧)进校园、进基层活动，在峡川、云溪等地建立婺剧培训基地，推动衢江区职业中专舞蹈、戏剧、葫芦丝兴趣班建设。利用学校、特色文化乡村等主体优势，开展文化干部“六个一”活动。利用学校、特色文化乡村等主体优势，在区文化馆、浮石小学、南方艺术幼儿园、区实验中学、黄坛口乡茶坪村等多个乡镇及学校开办免费授课，内容涵盖排舞、葫芦丝、婺剧、萨克斯、竹笛、书法、美术、钢琴、声乐等十余个艺术门类，发掘大批联系社区(村)的文艺爱好者、民间艺人和非物质文化遗产等文化资源，培育众多“乡土艺术家”。

【文物保护】 衢江区文物资源丰富，共有43处文物保护单位，其中，国家级1处，省级9处，市县级33处。全区已登录文物点1313处，主要有祠堂、庙宇、墓葬、民居、桥梁、古井、近现代民族工业旧址、革命文物等。

2012—2014年，区文广局开展文物普查、国家级文保单位名录申报、对文保单位的修缮和文保员队伍建设工作。2012年，完成第三次全国文物普查工作。2013—2014年，阶段性推进第一次全国可移动文物普查，成立衢江区可移动文物普查工作领导小组，做好文物普查政策宣传，共调查国有单位168个，反馈有文物的单位4个，阶段完成率100%。定期召开全区文物保护、文化遗产保护工作会议，每年与文保员签订目标责任书，开展文物安全与行政执法、文物遗产培训班等专业培训，提高文物管理人员的专业技能。

2013年,云溪乡吴氏宗祠作为古建筑,被公布为衢江区第一个国家级文物保护单位。完成对黄甲山塔、巽峰塔、骏惠堂等专项经费申报工作,争取专项经费130万元。启动4个省级文保单位修缮工程和2处古建筑异地保护工作。

2013年,区委书记吴江平(中)调研吴氏宗祠

至2014年12月,全旺镇楼山后村骏惠堂修缮工程基本完工;云溪乡黄甲山塔修缮工程方案设计结构安全评估和监测工作初步完成;樟潭街道天后宫、峡川镇李氏大宗祠保护维修工程设计方案已通过省文物局审查,进入施工设计阶段;太真乡吴东洋古民居迁建完工、吴正立古民居进入迁建施工阶段。巽峰塔修复工程顺利开工。

2014年,成立区文化遗产保护志愿队,提升文物安全防范能力。开展文物保护单位"四有"工作,划定文物保护范围和建设控制地带,完成树立保护界桩和保护标志碑工程招标交易工作,建立记录档案,建立健全保护机构。

【非物质文化遗产保护】 衢江区现有省级非物质文化遗产名录9项,市级非物质文化遗产名录32项,区级非物质文化遗产名录70项。

2013年,全旺镇(全旺板龙)被列入浙江省春节传统节日传承基地,次年10月亮相中央电视台科教频道《文明密码》栏目。

2014年,完成衢江区非遗馆初步规划、设计等工作。文化遗产日活动期间,《茶灯戏》《马灯戏》参加"浙江好腔调"系列演出,分别获浙江好腔调奖。启动并完成浙江省传统戏剧之乡申报工作,举村乡洋坑村因《茶灯戏》获评浙江省首批传统戏剧特色村。同年11月,举办衢江区首届非物质文化遗产展示展演系列活动,通过音乐,舞蹈、快板、现场制作等多种形式展示,把衢江区优秀非遗项目呈现给广大群众。

【行政审批】 区文广新局开展审批核验,营造良好文化市场创业环境。深化行政审批制度改革,简化审批流程,健全行政审批服务体系,完成权力清单梳理和网上运行工作,规范审批程序,通过网上平台向社会公示办事规程,对证照不齐、不全、不具备经营资质的场所和单位坚决不予审批,对违法经营、不遵守文化市场管理各项政策规定的经营户终止行政许可。驻行政服务中心窗口连续36个月被评为五星级窗口,行政许可办结率100%,群众满意率100%。

【广电新闻出版】 加强广播电视安全播出,开展"一省一网"整合、广播电视安全播出检查和广播电视安全播出"反插播"演练工作。开展地面卫星接收设施专项综合整治工作,多次协同工商、公安等单位,严厉打击非法销售、安装、使用卫星电视广播地面接收设施的专项行动。2012—2014年,已拆数占协议数的100%。

实施农村电影放映工程。农村电影放映工程是加强农村文化建设、满足广大农村人民群众精神文化需求的一项重要文化惠民工程。2012—2014年,区百姓电影有限公司完成衢江区送电影下乡工作,年平均送电影下乡3800场,累计放送电影11400场次,收益群体达150万人次。完成新闻出版经营单位的年度核验工作151家。

【文化市场执法检查】 做好文化场所经营单位、文保单位(点)的日常巡查,加强元旦春节、“两考”等特殊节日巡查力度,开展“扫黄打非”、反盗版行动、交叉执法专项行动,参与区各部门做好联合执法和消防安全专项检查行动。坚持把重点行业、重点场所、重点内容、重点时段放在突出位置,切实整顿规范文化市场秩序。重点抓好网吧接纳未成年人、黑网吧、游艺游戏室、小音像(图书)店销售非法出版物、农村物资交流会非法演艺市场的查处。以校园周边为重点,加强“十一”期间、乡镇交流会等重要节点的娱乐场所巡查,开展文化市场环境等整治行动,提高各娱乐经营场所业主的文明守法经营意识。

2012—2014年,累计出动执法人员704人次,检查各类场所715家,处罚违规单位26家,罚款22000元。三年中未发生因文化市场管理问题引发的社会治安事件。

【文化产业发展】 2012—2014年,开展文化产业发展扶持政策的申报审核工作,累计兑现24家文化企业资金补助共162.43万元,扶持文化企业健康发展,增强经营业主兴办文化企业的积极性。共组织16家企业参加义乌文博会,树立衢江区文化产业企业形象,拓宽品牌宣传渠道。推进文化名市和文化“四大工程”建设,依托文化资源优势,制定发展规划,出台帮扶政策,推进文化事业和文化产业同步发展。以服务企业为核心,深化实施三企工程,每月定期走访企业。

【吴氏宗祠入选“国保”单位】 2013年3月,国务院核定公布第七批全国重点文物保护单位1943处。云溪乡车塘村吴氏宗祠作为古建筑名列其中,这是衢江区第一个国家级文物保护单位。吴氏宗祠,位于云溪乡车塘村,始建于明景泰年间,重建于嘉靖十一年(1532)。宗祠整个院落占地面积约2100平方米,建筑面积1432平方米,该建筑布局严谨,保存完整,木构件雕饰题材与技法充分体现典型的明代建筑风格,为省内不多见,有较高的历史、艺术、科学价值。对研究古代建筑,特别是金衢地区的明代宗祠建筑,提供典型的实物资料。

【雷文伟家庭获评首届全国“书香之家”】 2014年4月,在首届全国“书香之家”评选活动中,雷文伟家庭被国家新闻出版广电总局授予首届全国“书香之家”称号。雷文伟数十年在根艺、摄影、书画、文学创作等方面有所专攻,家庭拥有藏书7000余册,各类杂志2000多册。家庭成员在市级以上报刊采用照片450余幅,发表新闻、文学作品共120多篇。曾获评省、市学习型家庭、“市十佳文艺工作者”“市首届根艺之家”。

(徐昕彝)

卫生　计生

人口控制

【概况】 2012—2014年,衢江区人口计生工作以稳定低生育水平,统筹解决人口问题为目标,以提高优质服务水平为重点,以宣传、服务、利益导向为抓手,转变观念,探索工作新机制,全区人口计生工作保持健康稳定的发展势头。2012年,全区出生人口3792人,出生婴儿性别比为103。计划生育率为93.25%。2013年,全区出生人口3505人,出生婴儿性别比为106.8。计划生育率为90.76%。2014年,全区出生人口4239人,出生婴儿性别比为104.75。计划生育率为89.57%。三年内无行政侵权行为导致恶性案件和重大突发性事件发生。

【计划生育优质服务】 以建成一批"可听、可看、可学"的示范点为目标,把"双示范"创建和生育文化园建设、乡镇(办事处)计生服务站标准化建设等工作有机结合起来,以点带面,以创促建,加强基层工作队伍、阵地和网络建设。扎实推进衢江区"双示范"创建工作。2012年,大洲镇沧南村、杜泽镇明果村、高家镇中央徐村、莲花镇涧峰村被评为衢州市人口计生基层群众自治示范村(居)。

【计划生育依法行政】 规范行政执法行为和行政执法案卷,提高依法行政水平。严格规范执法程序,做到执法主体、执法依据、执法行为、执法程序、执法文书五规范。2012年,征收社会抚养费1101.41万元。2013年,征收社会抚养费1418.63万元。2014年,征收社会抚养费1951.92万元。行政许可是规范行政执法行为的重要举措,在征收社会扶养费、再生育审批和奖扶特扶案卷管理上,严格按照上级要求,做到一事一档、一人一档。2013年,顺利通过省市案卷评查。严厉打击"两非"行为,强化宣传教育、深化利益导向等途径,综合治理出生人口性别比偏高等问题。

【基层基础工作】 2012—2014年,通过召开干部例会、组织培训等方式,提高基层干部和计生干部的思想素质和工作水平。组织举办局机关干部、全区各乡镇(街道)计生专干、计生服务站人员专题培训班16次,500多名干部参训,组织全区计生干部参加省人口计生委举办的基层计生干部素质提升培训班。同时,不定期派局机关干部到乡镇(街道)进行业务指导授课;利用每月干部例会,以会代训,增强干部的责任意识、国策意识、服务意识和创新意识。2013年,在区委党校举办区乡两级全体计生干部培训班。

【流动人口计生服务管理】 将流动人口管理工作纳入人口计生工作目标责任制进行考核,与公安、工商等17个部门签订流动人口计划生育管理责任书。实行企业法定代表人计划生育负责制。建立党员干部、协会会员联系户制度。健全企业计生工作例会制度和计生工作奖励制度。重点在育龄人群集居的企业确定计生服务员，负责企业内育龄妇女的计划生育管理服务工作。同时将其纳入村级计生服务员管理体系，做到同管理、同培训、同奖励。2012年流入已婚育龄妇女登记管理率达93%以上。

【计划生育利益导向】 2012年，全区累计核定奖扶对象2194名。特扶对象154名，发放奖特扶资金183万元。2013年，累计核定奖扶人数为3274名。特扶人数为202名，并发症43名。2014年，全区累计核定奖扶对象3954人、特扶对象238人，发放奖特扶资金550多万元。

2012—2014年，对计生贫困户、双农独女户及独生子女死亡伤残家庭实施经济救助，全区共发放计生公益金39万余元。继续发挥计生协会作用，做好生育关怀。向省计生协会申报"生育关怀"项目，争取无偿援助项目资金8万元，争取省马寅初人口基金会与上方、灰坪、举村的学校中小学生进行结对，共发放助学金7.7万元。

【优生两免工作】 加强舆论宣传、硬件设施、全程服务等方面工作，区、乡两级组织开展制作宣传画、大幅标语、免费发放计生药具、免费义诊等活动。2012年免费婚前医学检查率95.04 %，免费孕前优生检测率为93.04%。2013年免费婚前医学检查率为96.41%，免费孕前优生检测率为98.06%。2014年，开展"单独两孩"再生育政策情况调查和宣传倡导工作，审批"单独两孩"为370例。免费婚前医学检查率为97.66%，免费孕前优生检测率为98.90%，

（吴 昉）

卫 生

【概况】 2012—2014年，衢江区卫生工作围绕"保基本、强基础、建机制"这一主线，持续深化医药卫生体制改革，推进医疗卫生事业科学发展，保障全区人民群众身体健康。截至2014年12月，全区共有医疗卫生机构339家，其中区级医疗卫生单位7家、中心卫生院6家、社区卫生服务中心1家、乡镇卫生院14家，村卫生室245家，社区卫生服务站15家，社会医疗机构11家，个体诊所（门诊部）40家。全系统共有在岗职工1101人（区级医疗卫生单位688人、乡镇卫生院413人；正式工859人、临时工242人）。其中，高级职称69人，中级职称260人。另有离退休人员374人。

2014年12月30日，正式撤销区卫生局、区人口计生局，组建成立衢江区卫生和计划生育局，各项机构整合工作有序推进。2012—2014年，卫生系统获省级以上先进集体11项、先进个人16项。

2014年12月30日，衢江区卫生计生机构整合工作会议

【医药卫生体制改革】 2012年12月1日起，在乡镇卫生院继续实施基本药物零差价销售的基础上，全区279家村卫生室（社区卫生服务站）全部实施基本药物零差价销售。12月31日零时起，区人民医院、区妇保院正式启动区级公立医院综合改革，实行基本药物零差率销售，实现区、乡、村三级

医疗机构国家基本药物制度零差率销售全覆盖，群众看病药费支出大幅度降低。3月6日起，全区公立医疗机构推行“先看病后付费”“先住院后付费”等便民服务措施，有效简化就诊流程，节省群众就诊时间，改善医患关系。

2013年起，在全市率先推行区、乡、村三级医疗机构医疗责任保险，共计报结医疗纠纷33起，赔付金额83.13万元，有效分散医疗风险，促进医患纠纷化解，被评为2013年度全市卫生管理创新奖。

2014年12月，区政府下发《关于促进民营医疗机构发展的实施意见》，有一家民营精神病专科医院获准设置，计划床位40张，实现民营医院床位零突破。作为分级诊疗制度省级试点区，为启动省级分级诊疗试点打下坚实基础。

2013年3月7日，省卫生厅副厅长马伟杭（左二）到区人民医院老院区调研指导

【健全医疗卫生服务体系】 2012年，区妇保院扩建、改造工程投入使用，9月份顺利通过二级乙等妇保院评审。同年5月，在樟潭中心卫生院基础上成立区中医院（筹），增设针灸推拿科、中医内科、中医骨伤科、中医妇科等中医特色科室。

2013年12月28日，省、市、区重点工程衢江区人民医院新院区门诊正式启用，工程按照三级综合性医院标准进行规划，一期工程建筑面积37745平方米，床位300张，总投资1.78亿元。同年，启动实施区中医院改造提升工程。

2014年7月7日，浙江中医药大学衢江区中医院社会实践基地揭牌仪式

2014年，建立浙江中医药大学社会实践基地，并挂牌衢州市针灸医院（筹）。杨继洲针灸入选第四批国家非物质文化遗产代表性名录扩展项目名录。全国首部以针灸为主题的微电影《神针》获得2014美丽浙江城市形象微电影大赛最佳故事奖。

2014年4月，区人民医院主体搬迁至新院区，实行“一院两址”运行模式，新购西门子1.5T核磁共振、飞利浦16排CT等先进医疗设备投入使用，并挂牌衢州市第二人民医院和浙医二院衢州国际体检保健中心。杜泽、高家、莲花等8家卫生院创建省级规范化乡镇卫生院。新建岭洋、双桥乡、峡川卫生院门诊综合楼竣工并投入使用。杜泽、高家、大洲中心卫生院创建省级甲等乡镇卫生院，上方、乌溪江、莲花卫生院创建省级乙等乡镇卫生院。杜泽、大洲和上方中心卫生院3家单位创建省级卫生监督协管示范点。

【管理运行机制】 2014年，完善绩效工资制度，卫生院从“核定收支、差额补助”的补助模式改变为“定项补助、包干使用”资金补助模式，在全市率先推出《衢江区基层医疗卫生事业单位绩效工资分配实施意见（试行）》，新设立绩效考核奖、缺编补助，并将基础性绩效与奖励性绩效工资比例调整为3:7，使绩效工资、年终绩效考核奖向关键岗位、一线岗位倾斜。修改完善基本公共卫生服务考核办法，联合财政局出台基本公共卫生服务项目补助资金管理办法和基本公共卫生服务项目绩效考核实施办法，提高公共卫生在年度卫生综合目标考核所占比重，最高权重达70%，做到基本公共卫生工作考核结果与经费补助、与单位评优评先、与职工工资待遇直接挂钩。

【公共卫生服务】 组织开展医疗机构、公共场所卫生、饮用水卫生、学校卫生等卫生监督综合执法。2012年2件卫生行政处罚案件被评为全市"十大优秀案件"。2013年，组织开展3次"校园卫生安全健康行动"，对全区43所中、小学校进行卫生专项检查，建立学校卫生QQ群的创新做法被《健康报》刊登报道；一件非法行医处罚案件被评为全市6个卫生行政处罚示范案卷之一。2014年，在全市率先创新建立由政府牵头、多部门参与的打击非法行医专项行动联动长效机制。探索农村公共卫生服务新路子，利用手机移动信息平台，强化慢性病随访管理和健康宣教。

实施"三百"工程，开展百场健康宣讲进基层活动、实施百名医生访万户活动、实施百项卫生服务送基层活动，开展健康宣讲125场、送服务活动105次，受益群众4万余人次。2014年，完成卫生院责任医生签约32350人，为40538名60岁以上老年人进行健康体检，体检率72.81%。实施"母婴健康工程"和"妇女健康促进工程"，孕产妇死亡率继续控制为零，免费婚检率达到95%以上，婴儿死亡率控制在6.62‰，完成妇女"两癌"筛查。血防工作保持"三无"成果，钉螺面积压缩83%，艾滋病、结核病、H7N9禽流感等重点疾病防控措施得到进一步落实。

【人才队伍建设】 2012—2014年，全区通过面向社会公开招聘、到医学院校直接招聘专业技术人员191人，省级基层定向培养农村社区医生70名。2013年，开展区级名医专家评选活动，评选出区级名医9人、名中医1人、专家5人；2名医生被评为市级名医。选派区人民医院眼科蓝建文、符建云2人为第八批援疆人才。加强人才培养，有49人晋升高级职称，其中正高7人，副高42人，146人晋升中级职称。

推行卫生人才和优质医疗资源"双下沉"，共有17名区级医院专家下派支援乡镇卫生院一年，通过采取专家门诊、查房、传帮带等方式，帮助基层医疗机构提升管理水平和服务能力。建设专家工作站，签订并申报专家工作站8家，其中复旦大学医学院博士生导师、主任医师夏景林专家工作站获批区级专家工作站。

【对外协作工作】 区人民医院与浙医二院对口协作不断深化。2012年，浙医二院—美国加州大学洛杉矶分校（UCLA）病理联合诊断衢州分中心在衢江区成立，浙医二院累计派出8批次26名专家常驻衢江分院，周末专家388人次到院坐诊，共诊疗服务患者2万余人次。区妇保院挂牌成立省民进医卫专家服务站，省妇保医院、儿童医院专家定期帮扶指导，省级妇幼保健专家100余人次来院坐诊，举办学术讲座32场，服务患者2100余人次。2013年11月，区中医院挂牌成立"中华第一针"石学敏院士工作站，确定为第三批市级院士工作站，成为全省唯一一个中医针灸院士工作站。

【疾病预防控制】 2012—2014年，全区基础免疫疫苗全程合格接种率达95%以上，血防工作继续保持"三无"成果，每年钉螺面积压缩率超过省、市70%要求，共免费救治晚血病人68名；艾滋病、结核病等重点疾病防控措施得到进一步落实。2012年，在全市率先建立慢病防治中心，进一步规范慢性病管理。实施浙江省结核病控制项目和全球基金第五轮耐多药结核病防治项目。区人民医院取得职业健康体检机构资质。2013年，区卫生局启动全民健康生活方式行动,11家卫生院开展慢性病社区综合防治规范化乡镇建设。区人民医院达到职业健康体检机构规范化建设。按照“有力、有序、有度”的防控方针,加强部门协作,做好人感染H7N9禽流感防控工作。2014年2月,通过消除疟疾考核验收,岭洋、灰坪等5家卫生院成功创建省级规范化预防接种门诊。

【妇幼保健工作】 2012年,全区妇女“两癌”(宫颈癌和乳腺癌)筛查全面铺开,全年妇女病普查达53459人。同年9月17日,区妇幼保健院二级乙等医院评审(初评)顺利通过。2013年6月,区妇幼保健院挂牌正式成立“民进浙江省委会医卫专家工作站”,由浙江省儿童医院、浙江省妇产科医院民进医卫专家定期来院坐诊、讲课、开展技术帮扶、课题帮扶等送医下基层活动。同年10月,在全区范围内开展新生儿疾病免费筛查项目(新生儿甲状腺功能低下、苯丙酮尿症、半乳糖血症、先天性肾上腺皮质增生症和听力筛查)。2013年,区妇幼保健院通过省级平安医院创建,获评国家级爱婴医院。2014年1月1日起,全区启用新版《出生医学证明》,区妇幼保健院添置脑干诱发电位筛查仪等医疗设备,进一步提高妇幼服务能力。全年住院分娩补助2415人,农村妇女叶酸增补2167人,“两癌”筛查3442例,新生儿疾病筛查2395人,筛查率99.13%,新生儿听力筛查2400人,筛查率99.17%。至2014年年底,全区实现连续8年孕产妇零死亡。

【医疗安全质量】 发挥质控小组的作用,对全区各级各类医疗机构定期开展医疗质量检查。落实分级诊疗和医疗质量核心制度,加强医务人员“三基三严”训练,提高医务人员整体素质和医疗水平。区人民医院在浙医二院护理专家的指导下,推进优质护理示范工程,获批省医药卫生科技项目2个,省住院医师规范化培训基地7个,省级重点学科1个,申报市级科研项目3项。

【爱国卫生运动】 履行卫生部门创卫工作职责,全面分解各项国家卫生城市迎检复评工作任务,加强工作督查和通报。2014年1月3日,获得全国爱卫会发文确认。探索创新城区公厕管理模式,对城区20座公厕实行民办公助促常态管理,有效推进城市环境综合整治专项工作,完成农贸市场的改造、振兴中路的规范提升工程。助推五水共治、三改一拆,开展卫生创建工作,樟潭街道、廿里镇成功创建市级卫生强乡镇(街道),新创建省级无烟单位2家、市级无烟单位15家,新创建省级卫生村6个,省级卫生单位6个、市级卫生乡镇4个,市级卫生单位8个,市级卫生村18个。樟潭街道霞飞社区、区疾控中心、衢州三中分别创建成为健康社区、健康单位、健康食堂。杜泽中学成功创建省健康促进学校。完成1200座中央农村改厕项目。

【党建和卫生行风建设】 在全区卫生系统开展学习雷锋月活动,促进卫生行风转变。2012年7月,区纪委开展“百名基层站(所)长群众评”活动,全区评出的十名“群众满意基层站(所)长”中卫生系统有2名。2014年,在全系统开展党的群众路线教育实践活动,列出学习清单、走亲清单、整改清单、奔跑清单等四张“清单”,做到与问题查摆、问题整改、工作推进、建章立制四个“相结合”,实现学习内容、意见听取,党课教育、走亲连心四个“全覆盖”。完成170项行政许可和其他行政权力事项梳理上报,推进权力运行公开透明。建立巡视督查制度等长效机制,开展全面巡查3次,个别督查25次,对15家存在问题的单位在本系统进行通报。用法治思维和法治方式化解矛盾,促进三起重点疑难信访案件的有效化解。

(余慧斌　吴　昉)

衢州市第二人民医院

（衢江区人民医院）

【概况】 2012—2014年，衢州市第二人民医院（衢江区人民医院）已发展成为一家集医疗、急救、教学、科研、保健于一体的全民所有制二级甲等综合性医院，是衢州市、柯城区、衢江区城镇医保，工伤、生育保险定点医疗机构，衢州市交通事故、高速公路交通事故抢救定点医院。医院坚持一切以病人为中心，以提高医疗服务质量为核心，开展“优质护理服务”“阳光用药工程”“平安医院”等医疗服务活动，实现医院管理、业务、医疗、科研、教学等各项事业全面发展。

2014年11月19日，衢州市第二人民医院召开党员大会

【二甲医院创建】 2012年，衢江区人民医院被省卫计委评为浙江省二级甲等综合医院。医院共有职工488人，其中中高级职称163人；设有内、外、妇、儿、骨伤、脑外、眼科、口腔、耳鼻喉、重症监护室、血液净化中心等11个病区320张床位。2014年，医院综合服务实力明显提升，设床位556张，职工752人，其中中高级职称205人，拥有本部、分部两大院区，“一院两址”全面运行。

医院本部位于衢州市东城区，按照三级综合性医院标准设计，拥有十一层的住院楼，四层的门、急诊及系列检查的医技楼，五层的后勤楼和大型高压氧舱楼。环境优美，设施一流，门诊采用分区二次候诊方式，设有自动扶梯、商场超市、食堂，配有专业的营养师，可以满足日门诊2000人次以上患者就诊。

医院分部　位于衢州市区坊门街（原红会医院），环境整洁，古色古香。设有眼科、耳鼻咽喉科、口腔科病区，妇产科、儿科病区，综合内科病区，综合外科病区及各门诊科室。

【业务指标】 2012年，医院业务总收入1.26亿元，门急诊人次234544人，出院病人数12313人，平均住院日9.02天，床位使用率96.36%。2013年，医院业务收入14666.71万元，门急诊人次257184人，出院病人数13464人，平均住院日8.04天，床位使用率91.27%（按335张计算，2012年按288张计算）。2014年，医院业务收入20193.69万元，门急诊人次337436人，出院病人数15666人，平均住院日8.03天；床位使用率97.6%。

【新院区投入使用】 2013年12月28日，省、市、区重点惠民工程，按三级乙等综合性医院标准规划，占地6.67余公顷，设计700张床位，一期投资2.5亿元的浙医二院衢州分院异地扩建工程全部竣工，

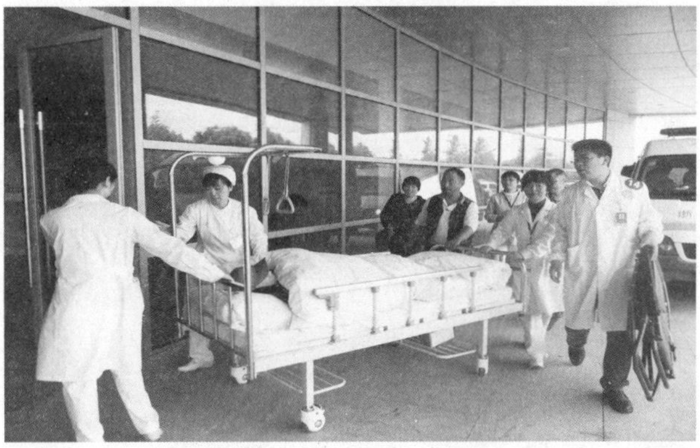

2014年4月30日，区医院医护人员将病人从老院区护送至新院区

新院区门诊正式启用。2014年4月21日,为了当地百姓尽快享受到新院区舒适的医疗环境和先进的医疗设备,在保障病人安全、降低搬迁对医疗业务影响前提下,制订周密、安全的搬迁计划,如期启动新、老院区主体搬迁工作。同年5月21日,分6批次进行的医院主体搬迁工作完成,新院区投入使用,一院两址模式全面运行。

【公立医院改革】 根据《浙江省县级公立医院综合改革试点指导意见的通知》要求,按照"群众得实惠、医院得发展、政府得民心"的总体原则,医院前期加强行政管理、医药价格调整测算、绩效工资方案、控制均次费用、政策宣传等工作,共发放宣传资料1000张,制作宣传栏13块,提高知晓率。财务科和医保办对4360项医疗服务价格进行调整核对,做好和社保、物价部门的沟通对接。药剂科组织3名业务骨干对医院所有在用(中药饮片除外)的800多种药品实行零差率销售价格进行调价、核对。信息科加强和系统开发商程序员沟通,反复探讨实施方案。经各方面充分准备,2012年12月31日零时,正式启动新医改,实施基本药物制度、药品零差价、先看病后付费模式等优惠政策,多措并举减轻百姓看病就医负担。

【信息设备】 2012年,医院建立官方网站,开设新闻中心、医护团队、院务公开、科研教学、医院文化等模块。浙医二院提供一套病理远程设备,包括远程显微镜及远程采集软件,能够实时的传递、查看病理切片,快速了解病人情况、确定病人诊断。完成与浙医二院远程预约平台更新,此后可以根据平台跟浙医二院进行远程预约挂号、双项转诊等操作,方便病人看大病难的问题。同年,被评为省第三批"示范数字化档案室"。

2013年,医院本部院区按照标准机房的要求,建立涵盖独立机房、监控区、UPS间及七氟丙烷气体保护区的现代化机房。

2014年,为提高疾病诊断准确率,安装了价值千万元的西门子1.5T超导型磁共振成像仪。MRI拥有安全可靠、无X线辐射、图像精细清晰等优点,是医学影像学的高端核心技术,设备的投入使用,切实提高医疗服务水平。

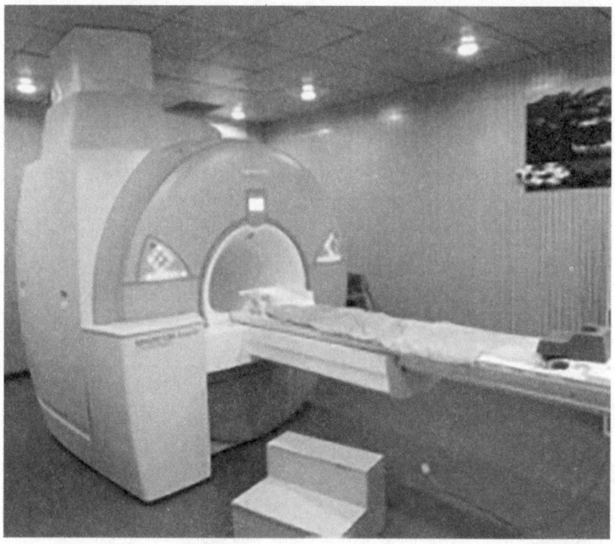

2014年,引进安装价值千万元的西门子1.5T超导型磁共振成像仪

【科研教学】 2012年,共发表论文32篇,其中获第十届衢州市卫生系统自然科学优秀论文奖6篇。获批浙江省医药卫生一般研究计划(B类)2项(消化内科和呼吸内科);获批衢州市科技计划3项;获批衢州市继续医学教育项目8项,并全部成功举办,共计826人参加培训。获批省住院医师规范化培训基地计7个学科,开展新模式住院医师规范化培训工作,共有16名学员在各学科基地培训,有3名学员外送。选拔2人参加浙江大学研究生课程班的学习。16人通过高级职称评审。

2013年,共发表论文46篇,获市卫生系统自然科学优秀论文奖6篇,获区自然科学优秀论文17篇。获批市级及以上继教项目5项并已成功举办。医院急救学科获批省基层卫生适宜技术示范基地;神经内科获批为市重点学科,消化内科获批为市重点建设学科。

2014年，通过省第二批县级医学龙头学科(神经内科)建设验收；获批省医药卫生科技计划项目一般研究计划B类1项；获批市级继续医学教育项目6项，举办4个项目学习班。

【专科建设】 2014年，根据创建三级综合性医院的整体规划，对临床科室进行二级分科，加快临床专科建设，提高医疗专业水平，满足医院长远发展需求。医院设有一级临床专科15个，二级临床专科14个，其中，坊门街分部设置4个病区9个临床科室(妇产科、小儿科、内分泌科、综合外科、眼科、耳鼻咽喉科、口腔科、呼吸组、心血管组)；本部设置6个病区16个临床科室(神经内科、神经外科、心血管内科、呼吸内科、消化内科、肾内科、骨一科、骨二科、骨三科、普外肛肠外科、泌尿疝气外科、普外肿瘤外科、普外胸外疝气外科、重症医学科、急诊科)，6个设施中心(血透中心、体检中心、静脉配置中心、内镜中心、病理中心、消毒供应中心)。

【获浙医二院携手共赢奖】 2012年，衢江区人民医院获浙医二院携手共赢奖。自2010年与浙医二院建立紧密协作关系以来，在浙医二院的帮扶下，医院学科建设逐步规范，各部门规章制度亦逐渐完善。在专家的言传身教中，医护人员的综合素质、业务水平及服务能力明显提高，为医院的持续快速发展构筑牢固基础。为深化与浙医二院的合作，双方就合作事宜多次进行商谈，为同质化目标提出切合实际的工作规划。

2012—2014年，浙医二院累计向医院派出七批次26位常驻专家和195人次周末专家，已诊疗患者1.5万人次，远程会诊1034人次，直接预约浙二专家门诊和住院118人，通过转诊“直通车”平台转浙二住院共83人，远程教育系统共转播课程233场，总计6927次参加全年课程。

2013年10月29日，对口支援工作检查得到国家卫计委专家组一致好评。2014年12月26日，为巩固、扩大与浙医二院的合作成效，树立未病先防的健康理念，构筑“早发现、早预防、早治疗”三级医疗预防网络，切实保障人民群众身体健康，浙医二院衢州国际体检保健中心挂牌成立。助推衢州地区中高端体检业务更好更快地发展，让百姓在家门口享受到省级医院高品质的体检服务。

【挂牌衢州市第二人民医院】 2014年9月3日，经衢州市政府批准，区人民医院增挂牌为衢州市第二人民医院。医院拥有临床、医技科室33个，其中神经内科为浙江省县域龙头学科，眼科、消化内科为市级重点学科，建立市级专家工作站；新引进西门子1.5T核磁共振、飞利浦16排CT机等先进设备；建有数字化手术室、静脉配置中心、消毒供应中心、病理中心、内镜中心等现代化的配套设施；建立“美国UCLA—浙医二院—衢州分院—社区卫生服务机构”四级远程服务网络；开通远程会诊、双向转诊、病理联合诊断平台。同年9月，衢州市第二人民医院党委成立。

(陈文团)

社会事务与管理

民 政 工 作

【概况】 2012—2014年，衢江区民政局坚持以人为本、为民解困、为民服务的核心理念，完善社会救助体系、加快养老服务体系建设，使基本民生保障水平有效提升；完善城乡社区治理机制，加快社会组织发展，提升基层社会管理水平；提高双拥优抚安置水平、开展行政区划调整、深化殡葬改革、依法规范婚姻登记等优化基础社会服务功能，为保障困难群众的基本生活、维护社会稳定、促进社会和谐，民政事业得到新发展，促进全区经济发展和社会和谐稳定。2012年，获评全国民政系统信访工作先进集体。

2012年9月11日，省民政厅厅长尚清（右二）走访云溪

【基层民主自治建设】 截至2012年，全区272个村全部达到省“村务公开民主管理”规范化建设标准。2014年，为进一步理顺村（社区）工作关系，减轻农村工作负担，提高群众工作能力，全区开展村（社区）事务准入工作，共清理牌子、标牌6417块，其中机构牌子2176块、标识标牌4241块，减少比例46.1%。对全区在村（社区）开展的事务性工作实行统一审核，规范准入，使村（社区）的民主自治更趋规范化制度化。

表30

2012—2014年享受最低生活保障对象情况表

年度	人数（人）		补助标准（元/月·人）		年发放资金（万元）	物价补贴（万元）	其他补贴（万元）
	城镇	农村	城镇	农村			
2012	171	12331	424	255	2014.4064	125.3200	396.3200
2013	173	11429	480	332	2382.7085	74.8898	396.5806
2014	156	11317	540	389	2487.3330	116.6978	174.5360

【社会福利及社会救助体系】 2014年，全区城乡低保对象有6988户11473人，占全区总人口的2.82%，基本解决困难群众生活问题，补助金全面实行社会化发放，落实低保标准自然增长机制，实现应保尽保、应退尽退、应补尽补的工作目标。

2013年1月30日，区委书记吴江平(左一)春节走访慰问廿里困难群众

2012—2014年，共救助困难群众 6915 人，发放医疗救助资金 2197.8 万元(2012年 1801人501.07万元，2013年2336人806.82万元，2014年2778人889.91万元)。

2012—2014年，全区共有养老机构21家，其中19家乡镇敬老院，2家民办养老院，占地面积7公顷，建筑面积26336平方米，床位数2430张。集中供养五保、"三无"人员558人，农村五保集中供养率96%，城镇"三无"集中供养率100%。供养标准全年每人达到6160元。2012年开始对"星光老年之家"进行升级，至2014年年底，全区共建成城乡社区居家养老服务照料中心150家，计划于2017年实现城乡社区居家养老服务照料中心全覆盖，逐步形成完善的城乡老年福利基础设施。到2014年年底，共有67名低保、五保老人享受失能失智补贴，居家安养42人，享受每人每年6000元，机构托养25人，享受每人每年15000元；59名困境儿童享受每人每月420元的基本生活补助。

向上级争取救灾款物，做好春荒、冬寒及突发性灾情的救灾工作，保障灾民、特困户、五保户的基本生活，维护灾区社会稳定。

2012—2014年全区灾害救助统计表

表31 单位：万人、间、万元、公顷

年度	成灾人口	成灾面积	倒塌房屋	直接经济损失	其中：农业损失	支出自然灾害生活补助资金总数	救助人数	临时转移安置灾民人数
2012	18.99	2532	268	6760	1300	283.2	3.5	0.6055
2013	7.22	10133	7	11493	8353.05	125	1.36	0.14
2014	19.2462	3065	46	11766	2596	418.1	0.1431	0.1316

2012—2014年福利企业情况表

表32

年份	单位数(家)	安置职工(人)	残疾职工(人)	工业产值(万元)	销售额(万元)
2012	4	259	114	5893	5895
2013	4	231	98	5494	5411
2014	1	114	47	2004	2004

【民间组织管理】 依法、规范登记新成立的社会组织，严格把关材料审核和现场调查，确保登记工作不出差错。对公益慈善类、社区服务类、科技类、商会类的社会组织实行直接登记；对注册资金降低登记门槛；除特殊情况外，取消验资环节等以提高行政效率。

2012—2014年社会组织情况表

表33　　单位：家

年度	社会团体	民办非企业单位
2012	49	24
2013	52	37
2014	60	82

【优抚安置双拥工作】 优抚安置和双拥工作始终坚持“以兵为本、为兵解困、为兵服务”原则，突出狠抓“退役士兵安置、优抚对象抚恤、双拥模范创建及保障涉军平稳”四大重点，深化政策研究、不断规范操作流程、重视方法创新、强化工作协调，各项工作取得良好成效。其中安置工作中，探索退役士兵职业技能培训工作的新路子，逐步形成“政府主导、民政牵头、部门配合、订单培训、充分就业”的工作机制，特别是2012年，针对2011年度冬季退役士兵中符合培训条件的161人，采取“订单式”培训，百分百实现就业，这一做法得到副省长陈加元的肯定。

2012—2014年各类优抚对象人员统计表

表34　　单位：人

年度	总数	残疾军人	三属				在乡老复员军人	带病回乡退伍军人	两参人员	60周岁以上农村籍退役士兵老年生活补助
			小计	烈属	因公牺牲遗属	病故军人遗属				
2012	1345	184	38	8	13	17	268	242	251	362
2013	3478	190	37	9	9	19	238	262	300	2451
2014	3688	195	35	9	7	19	212	274	391	2581

2012—2014年冬季各类退伍安置对象人员统计表

表35　　单位：人

年度	义务兵		冬季退伍军人	符合安排工作的退役士兵	备注
	合计	其中高学历			
2012	196	21	178	5	
2013	198	52	164	11	三个三等功 一个二等功
2014	199	91	152	6	十一个三等功

【社会事务】 自1999年4月推行殡葬改革以来，全区遗体火化率一直保持在100%。2012年，全区建成村级新型生态墓园示范点6个。2013年，全区建成村级新型生态墓园示范点8个。2014年，全区建成村级新型生态墓园示范点7个；基本实现乡乡有示范点。通过建设山区、田区、城郊、城中、联建等多类型村级新型生态墓园示范点，扩大影响与辐射。

【慈善事业】 衢江区慈善总会于2005年12月26日成立，现有团体会员106个，个人会员5人。慈善总会成立以来，始终把募集工作作为第一要务，发动社会力量做好募集工作，坚持开展每年一次的“慈善一日捐”活动。

2012—2014年，慈善总会共募集善款480.40万元。依靠社会力量，开展扶贫济困、安老助孤、帮残助医、支教助学、赈灾等方面发挥作用。2014年年底，总共支出救助资金411.29万元，直接救助困难群众达3355人次。其中资助困难家庭大学新生100人；资助困难家庭高龄独居老年人312人次；资助低保户、残疾户、特困户1681人；困难家庭大病救助112人；支援四川芦山地震灾区4.85万元。

2012—2014年，争取省、市慈善项目救助，其中助学项目支出92.08万元，资助困难家庭大学新生90人、资助贫困孤儿上学156人次；助困项目支出16万元，资助困难群众220人；“福彩儿童大病救助”项目支出28万元，为衢江区13名儿童患白血病、恶性肿瘤、先天性心脏病的特困家庭救助。

表36

2012—2014年慈善总会募集善款表

年份	善款数(万元)	备注
2012	198.96	其中：机关、企事业单位捐款63.66万元、个人捐款67.68万元、定向捐款67.62万元。
2013	145.12	其中：机关、企事业单位捐款56.82万元、个人捐款35.95万元、定向捐款52.35万元。
2014	136.32	其中：机关、企事业单位捐款44.44万元、个人捐款36.38万元、定向捐款55.50万元。
合计	480.40	—

表37

2012—2014年慈善总会社会救助统计表

年份	善款数(万元)	备 注
2012	131.87	其中：助学支出15万元、助困支出(低保户、残疾户及特困户)46.10万元、助医支出0.7万元、定向助学、助困支出40.57万元、定向其他公益项目29.50万元。
2013	165.01	其中：助学支出19万元、助老支出21.48万元、助困支出(低保户、残疾户及特困户)31.73万元、助医支出31.45万元、定向助学、助困支出37.50万元、定向四川芦山地震灾区4.85万元、定向其他公益项目19万元。
2014	114.41	其中：助学支出16万元、助老支出17.76万元、助困支出(低保户、残疾户及特困户)30.45万元、助医支出22.70万元、定向助学、助困支出12.50万元、定向其他公益项目15万元。
合计	411.29	—

【地名管理】 2013年,完成浙江省第三轮行政区域界线联检工作。衢江界线总长308.58千米,其中:市级行政区域界线2条124.9千米,分别为杭衢线衢江—淳安、衢江—建德段58.5千米、衢丽线衢江—遂昌段62.4千米;县级行政区域界线4条183.68千米,分别为柯衢线106.26千米、江衢线59.26千米、衢常线3.44千米、衢龙线14.58千米。

【村民委员会换届选举】 2013年8—12月,全区21个乡镇(办事处)共272个村(不含东港街道8个村),除樟潭街道3个村延缓选举外,共有259个村完成换届选举工作。全区共登记选民297698人,参加选举268654人,推选村民代表12105名,其中妇女代表4091名。选举产生村委会成员796名,其中村委会主任262名(女主任3名)。

【6·20、6·28抗洪救灾】 2014年6月20日、6月28日,全区普降大到暴雨,有多个乡镇不同程度出现灾情,受灾人口19.24万人,紧急转移安置人口1316人;农作物成灾面积3065公顷;直接经济损失11766万元。给人民群众的生产生活造成严重影响。灾害发生后,区民政局迅速启动应急预案,采取有力措施,全力做好抗灾救灾工作。灾情发生后,筹集储备棉被20床、大米3200千克、蜡烛50盒、方便面100盒、饼干10箱以及各种生活必需品,确保受灾群众有饭吃、有衣穿、有房住,不挨饿、不受冻。及时配合乡镇政府对住房倒塌和损坏的农户(无处居住)采取投亲靠友的方式,进行分散安置,下拨救灾款418.1万元,解决受灾群众的基本生活。岭洋乡白岩村、岗头村灾情最为严重,为加强灾后自救,针对岭洋乡,区民政局实施帮扶政策:下拨救灾款18万元,对10名受灾人员从7月份起按每人每月332元(低保最高标准)发放生活费,发放期限为1年,对农田被毁的农户,开展冬春救助。

2012年6月,衢江区防御小流域山洪灾害抢险演习

【婚姻登记】 2013年12月,区婚姻登记处搬迁至衢州市区浮石路106号,占地面积约270平方米。设有候登大厅、结婚登记大厅、颁证厅、离婚登记室、婚姻家庭辅导室、档案室等区域,配有20座候登座椅、8座填表座椅、9台打印机、5台计算机、4套身份证阅读器、1台叫号机、1台传真机、多功能一体机和粉碎机各1台。婚姻登记处各单元还安装视频监控系统,配备服务咨询电话并对外公开。

2014年7月,区婚姻登记处向民政部递交"AAA级婚姻登记机关等级评定申报材料"。

表38

2012—2014年婚姻登记情况表

年度	结婚登记(对)	离婚登记(对)	补发登记(对)	出具无婚姻记录证明(份)
2012	3356	675	731	2449
2013	3366	814	1120	4176
2014	3695	941	993	4778

【衢江滴水公益传递爱心正能量】 衢江区滴水公益服务中心于2005年成立，其前身为衢州市滴水公益小卫卫义工队，是衢州市示范性品牌社会组织。创始人黄卫系勇斗三名持刀歹徒获评“衢州市见义勇为积极分子”。其宗旨是弘扬大爱，以点滴之水，汇聚成河，扶贫帮困。用义工们默默无闻、无私奉献的精神，感化更多的人参与公益。滴水公益组织开展“困难学生帮扶公益项目”“彩虹盒子助学项目”、贫困学生帮扶、残疾人帮扶、关爱夕阳、社区服务等公益活动。

2012—2014年，共组织开展公益服务1500人次，服务时间2900小时，帮助困难家庭159户。2014年，滴水公益彩虹盒子助学项目在深圳慈善展会上获创意奖、助学短片《莫色阿支莫》获中国公益映像节“十佳公益短片”和“摄影奖”。

衢江区滴水公益服务心

（占晟晏）

社 会 保 障

【概况】 2012—2014年，衢江区人力资源和社会保障局按照“稳住存量，扩大增量”的总体思路，推进“五费合征”工作，依法扩大社保覆盖面，做到应保尽保、应收尽收，增强社保基金的支付能力。完善医疗保险政策，探索和深化政保合作，开展城乡医保在大病补充保险合作，减轻城乡居民的医药费用负担，促进社保服务高效、规范有序。调整各项医疗保险的筹资水平和待遇水平，完善各项医疗保险制度的报销政策，减轻城乡居民的医药负担。规范社会保险定点医疗机构、零售药店的服务管理，促进良性竞争。做好省、市养老保障相关政策的实施工作，严把政策关、审批关。推进社会保险基金阳光监管工作，强化监管网络建设，使监管常态化，增强监督有效性。

2013年7月22日，区社保局工作人员接待前来咨询和办理参保的群众

【社保扩面工作】 2012年，企业职工基本养老保险新增参保4476人，职工基本医疗保险新增3399人，工伤保险新增1192人，失业保险新增845人，生育保险新增1830人。

2013年，全区新增养老保险参保8861人，新增基本医疗保险参保3766人，新增失业保险参保1520人，新增工伤保险参保1376人，新增生育保险参保2363人，全区社会保障卡持卡人数19.57万人。

2014年，全区新增养老保险参保5149人，新增职工医疗保险参保3981人，新增失业保险参保2426人，新增工伤保险参保1043人，新增生育保险参保2387人，社会保障卡持卡人数24.8万人。

【养老保险】 2012年，全区城乡居民社会养老保险参保总人数19.6万人，参保率达97.3%，60周岁以上符合条件的城乡居民养老保险待遇发放率100%。同年，遵照浙人社发〔2011〕221、222、223号3个文件精神，审定未参保集体企业退休人员及其他相关人员基本养老保障等遗留问题6499人；审核调整乡村医生、民办教师、代课教师等部分社会养老保险参保人员待遇2486人；受理精简退职人员生活困难补助申请175人。

【医疗保险】 2012年，全区城乡居民医疗保险参保总人数30.40万人，参保率95%，人均筹资水平370元，区内报销比例70%。实施特殊病种门诊联网结算新办法。出台衢江区城乡居民“健康体检放心工程”，建立衢江区健康体检信息系统，与各体检医院实时联网。同年11月，区政府与中国人寿衢州分公司签订《衢江区城乡居民医疗保险合作框架协议》，构建城乡居民基本养老、基本医疗和大病保险等三位一体的城乡居民保险保障体系。

2012年11月9日，区政府、中国人寿衢州分公司、区人力社保局三方代表在政保合作签约仪式上签字

2013年，全区城乡医保人均筹资标准440元，较2012年提高70元，其中个人缴费部分提升30元，政府补助部分提升40元。统筹区域政策范围内住院补偿率为75.6%，最高支付限额从8万元提高到15万元，门诊综合补偿率29.45%。同年2月，率先在全市实现城乡医保省级医疗机构间双向转诊实时结算。

2014年，全区城乡居民基本医疗保险参保人数30.52万人，参保率97.3%，人均筹资标准510元，其中个人部分由150元提高至180元，财政补助部分由290元提高至330元。

【被征地农民基本生活保障】 2012年，全区被征地农民基本生活保障新增参保2221人，全部实现即征即保。2013年，被征地农民基本生活保障新增参保8958人，全部实现即征即保。2014年，被征地农民基本生活保险新增参保2443人，全部实现即征即保。

【基金监管工作】 2014年，严格执行基金监管内控评估、内部稽核等制度，落实衢州市社会保险“两定”单位管理办法，使监管重点由“事后”向“事中”转变。集中开展基金征缴、医保基金反欺诈“亮剑”行动，开展“两定”机构实地考核检查。按照“地税收、财政管、社保支”的运行模式，与财政、税务、银行等单位配合，管好社保基金，保证每笔基金及时入账、转存及支付。

（王明智）

劳动就业

【概况】 2012—2014年，衢江区人力资源和社会保障局围绕现代田园城市的发展定位，在拓宽就业服务思路、加大就业创业工作力度、实现更高质量就业、构建和谐劳动关系等方面做出努力，重点调处君悦东方、美丽东城、中铁九局、赢湖玫瑰园、莲花九九红玫瑰园等重大群体性欠薪案件，维护衢江区和谐稳定发展。

【就业创业工作】 2012年，全区新增城镇就业821人，城镇失业人员实现再就业417人，引导帮助农村劳动力就业6429人，城镇登记失业率3.65%。举办劳务交流会15场次，设摊企业467家次，提供岗位6133个，帮助企业招工4483人次，有效缓解企业“招工难”问题。新建大学生见习基地1个，开发大学生公益性岗位15个，安排大学生参加见习15人。开办创业培训班25期，累计培训学员1226人，实现成功创业610人。引导群众创办实体366个。为促进创业型城市建设，打造振兴街为和谐创业街，带动就业470人。

2013年，衢江区小微企业创业培训班

2013年，全区新增城镇就业人数1156人，城镇失业人员实现再就业523人，其中帮助就业困难人员就业176人。引导帮助农村劳动力就业6518人，城镇登记失业率3.21%。公益性岗位进村率73%。组织“春季人力资源交流大会”“劳务招聘夜市”“乌溪江库区农民转移就业专场招聘会”“大学生就业专场招聘会”等系列特色招聘活动20场，设摊企业693家次，提供岗位21965个，成功就业4461人。建立首个区级大学生创业园和九九红玫瑰产业基地、香榧基地等4个大学生创业见习基地。同年，在全市率先开展小微企业创业培训两期，190名学员参加。举办月嫂培训一期，60人参加。开办现代农业规模种养殖创业培训班1期，58人参加。开办“家庭农场”创业创新培训班4期，430人参加。

2014年，新增城镇就业2294人，城镇失业人员实现再就业704人，就业困难人员再就业229人，城镇登记失业率3.12%，公益性岗位进村达标率100%。开发大学生就业见习岗位10个。开展“春季人力资源交流大会”“企业招工服务月”“送岗位下乡”“劳务招聘夜市”“大学生就业专场招聘会”“退伍军人及家属专场招聘会”等特色招聘活动20场次，参会企业538家，提供岗位21909个，实现就业3954人。同时，开通就业110求职热线，举办各类创业就业培训共计13期。

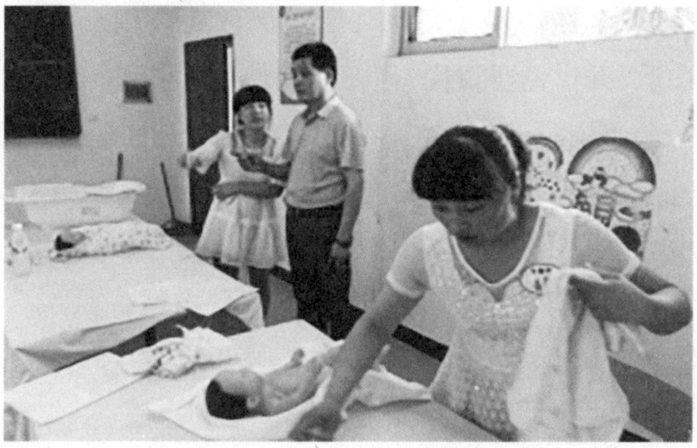
2014年，第三届技能大赛育婴员赛场

【和谐劳动关系构建】 2012年，依法受理、处理劳动违法举报投诉案件164起，涉案人数1942人，涉案金额3204.27万余元，结案率100%。受理劳动争议仲裁案件167起（同比增长30%），结案率98%。全区小微企业劳动合同签订率达92%。

2013年，依法受理劳动违法举报投诉案件207 起，涉案人数1198人，涉案金额2457.07万余元。受理劳动争议案件160起，为劳动者挽回损失共计968万余元。依法受理工伤认定申请420件，作出工伤认定决定书434件，并推行工伤认定简易程序。全区规模以上企业劳动争议调解组织，组建率达到100%。组织开展“双爱”活动，并开通“双爱”活动政务微博。

2014年，受理各类举报投诉案件337起，涉及人数2075人，涉案金额2596.35万元。受理劳动争议案件172起，为465名劳动者挽回损失1337万余元。依法作出工伤认定404件，办理劳动能力鉴定5批136人次。在全区建立和谐劳动关系工作领导小组和劳动关系和谐指数评价体系建设工作领导小组,在122家规上企业中组建劳动争议调解组织,组建率达到100%。同时,持续推进"双爱"活动,"双爱"活动覆盖率达到85%。

(王　坤)

住房公积金管理

【概况】 2012—2014年,衢江区住房公积金管理秉承"重建更要重用,创新驱动使用"的理念,不断扩大使用面、优化使用结构、简化办事手续、严格风险防控,最大限度地发挥住房公积金制度作用。全区累计归集住房公积金3.69亿元、提取2.73亿元、发放贷款1.83亿元、实现增值收益0.23亿元。2012年通过"衢州市文明单位"和"浙江省巾帼文明岗"复评。

【公积金归集】 2012—2014年,新增公积金缴存单位68家2376人。2012年归集1.1亿元,2013年归集1.23亿元,2014年归集1.36亿元。建制住房公积金缴存单位392家8721人。根据政策调整职工住房公积金缴存基数和缴存额。通过到企业、开座谈会宣传政策,借助社保、银行、统计业务平台用发函催建等形式,开展公积金扩面工作。

【公积金支取】 2012—2014年,全区累计支取公积金2.73亿元。2012年支取0.88亿元,2013年支取0.92亿元,2014年支取0.93亿元。2012年,通过与银行协商推出二手房组合贷款工作,体现住房公积金使用的公平性。放宽住房公积金使用面,针对无自有住房职工租房居住的房租、支付住房物业费、职工本人或家属因大病生活严重困难等情况的可以支取相应额度住房公积金。对1223名职工的住房补贴在进行审核的基础上,发放补贴847万元。2014年,开始实行公积金按月冲抵还贷业务,当年办理330户。

【公积金收支】 2012—2014年,累计业务收入0.44亿元,其中2012年业务收入0.15亿元,2013年业务收入0.14亿元,2014年业务收入0.15亿元。确保住房公积金所有者的合法权益,支付住房公积金缴存人员利息0.19 亿元。增值收益0.23亿元。发挥增值收益支持保障房建设的作用,住房公积金增值收益中用于经济适用房、公租房、廉租房等保障房建设资金361万元,累计为691万元。住房公积金资产优良率达100%。通过提高存贷比及对闲置资金科学合理安排,确保住房公积金保值增值。

【公积金贷款】 2012—2014年,全区累计支持813户职工解决住房问题,公积金贷款购房面积8.7万平方米。共计发放公积金贷款1.83亿元,其中2012年发放贷款193户0.44亿元,2013年发放贷款367户0.8亿元,2014年发放贷款253户0.59亿元。

(詹招仙　余越信)

民族宗教

【概况】 2012—2014年,衢江区民族宗教事务局(以下简称民宗局)贯彻落实党和国家的民族宗教政策,以和谐寺观教堂创建为抓手,注重促进和谐维护稳定。2012年,全区11处宗教活动场所被评选为"和谐寺观教堂",东岳山禅寺和明果寺获得浙江省创建"和谐寺观教堂"活动先进场所。2013年,东岳山禅寺被评选为"第二届全国创建和谐寺观教堂先进集体",大乘寺被评为省级四星级宗教活动场所,大洲镇外焦村被评选为"省民族团结进步小康村",区民宗局获得衢州市民宗系统综合考核先进单位。2014年,湖南镇破石村获评全国民族团结进步模范集体。区民宗局获评市民宗系统综合考核先进单位。

2014年8月5日，省委统战部常务副部长金长征（右二）到大洲镇外焦村调研少数民族村寨建设

【增收帮扶】 2012—2014年，区民宗局举办民族村项目谋划及种养植培训班共6期，帮助民族集聚区谋划项目，争取国家、省级少数民族发展项目补助资金305万元。项目涉及民族村生产生活、基础设施建设、特色村寨建设、少数民族文化发展等方面。

2012，省委常委、组织部部长蔡奇到洋坑民族村走村庄看发展，进农家访民情。2013年，省民宗委副主任陈智慧一行赴大洲镇外焦村调研大路特色村寨建设情况。舟山市委常委、市委统战部部长忻海平一行赴衢江区少数民族村实地调研，落实结对帮扶工作。2014年，省民宗委副主任倪忠扬到衢江区调研，开展"大走访，大调研"活动。

【民族工作进社区】 2012年，樟潭街道霓虹社区与区就业局举办"劳务招聘夜市"活动，为38位少数民族群众牵线搭桥解决就业。少数民族学生的就学率达到100%。樟潭街道霓虹社区被评为市民族工作进社区先进集体。2014年省委统战部副部长、省民宗委主任冯志礼到衢江区调研民族工作。

【弘扬民族文化】 2012年，大洲镇外焦村举办第七届"三月三"畲族旅游文化节。中央电视台"远方的家"栏目组对外焦村进行专访。2013年"永利杯"民族知识竞赛，获"优秀组织奖"。参加省民宗委、省教育厅主办"中华民族一家亲、同心共筑中国梦"征文竞赛。2014年，大洲镇外焦村成功举办第一届"杜鹃花节"。举村乡洋坑村举办"喝山节"，被省市电视台播出。同年8月，省委夏宝龙书记观看洋坑村的少数民族文化表演。大洲镇外焦村被列入"十二五"时期全国少数民族特色村寨保护与发展名录。外焦村、洋坑村、破石村3个民族村列入衢江区10个古村落保护计划之列，其中破石村、洋坑村分别列入省首批和第四批古村落保护目录。

【和谐寺观教堂创建】 宗教界和宗教活动场所坚持爱国爱教，自觉抵御邪教渗透，确保政治安全。依法开展宗教活动，非通常宗教活动进行报备，严格管理跨区传教，建立重大活动安全工作应急预案，确保宗教活动安全。全区有16处宗教活动场所被评选为省级和谐寺观教堂创建达标场所，4个场所获得国家级、省级先进场所。2013年，区民宗局重新规范宗教活动场所登记编号，为61个场所重新换发登记新证，并录入浙江省宗教信息管理系统。同年，区民宗局被评选为市级无邪教创建先进单位。

【五水共治　五教同行】 2014年，区宗教界在东岳山禅寺开展"五水共治、五教同行"（五教：佛教、道教、伊斯兰教、天主教、基督教）合力共建秀美衢江活动。向各宗教活动场所及信教群众发出倡议书，与宗教活动场所所在村、民族村、贫困村结对，捐资捐物。7月29日，台州市民宗局调研员杨岳富、台州市佛教协会秘书长金立东一行，就"五水共治 五教同行"帮扶项目工作进行考察，台州市佛教协会为峡川镇大桥村实施污水处理项目捐助资金20万元。参与七个民族村五水共治、环境整治、美丽乡村建设，捐款95295

元。举村乡石便村(民族村)获得市宗教界捐资款12万元。

【三改一拆】 2014年，区民宗局对“三改一拆”涉及宗教场所违章建筑按照“一例一方案”“一周一分析”“一月一强推”的要求，做好涉及宗教违法建筑处置工作，从沟通、引导、策划、管控四个方面入手，22处涉及宗教场所违章建筑的场所全部整改到位，基督教标志物34处全部整改完成。省委统战部副部长、省民宗委主任冯志礼于10月11日到区调研民宗工作，给予充分肯定。衢江区涉及“三改一拆”宗教违法建筑处置工作通过省“三改一拆”宗教违法建筑处置工作检查验收。

(余国良)

移民管理

【概况】 衢江区辖区内有乌溪江、黄坛口、铜山源等三座大中型水库，接收安置部分新安江水库、周公畈水库移民。经省核定，全区大中型水库移民人口共计33004人，约占全区总人口的9%，其中直补移民 21446人，项目扶持人口11558人，涉及区内外36座大中型水库。有小型水库97座，移民3055人。村规模调整后，全区21个乡镇(街道)271个行政村中有230个水库移民项目扶持村。

移民喜领直补资金

2012—2014年，共发放水库移民直补资金4900万元，实施水库移民后期扶持项目505个，涉及各类扶持资金8165.86万元。衢江区水库移民管理办公室围绕促进移民增收这一目标，尊重民意，强化管理，注重实效，落实政策，水库移民生产生活条件得到明显改善。

【物业经济平台】 区移民办以建来料加工房为切入点，采取“筑巢引凤”的方式，发展村级物业经济，扩大来料加工规模，变资金为资产，推动来料加工由分散向集中、家庭向车间、农房向厂房转变。

2013年，在移民办的帮扶下云溪乡思源村立项建造700平方米的物业用房，建成之后就被经纪人租用，租赁期三年，年租金4.2万元，本村、邻村的50多名妇女在该点从事电器装配，人均月收入3000多元，最高的4000多元。为有效整合资金，发挥资金集聚效益，区移民办在充分尊重各村意愿的基础上，整合多个村后扶资金，打造水库移民创业一条街，探索移民村抱团发展新模式。创业一条街一期店面购置已经完成，举村、岭洋、湖南三个乡镇14个移民村在全国重点镇廿里购买15间店面，共667.1平方米，涉及扶持资金416.7万元。下一步移民创业一条街还将吸引其他乡镇购买物业，同时引进来料加工、农产品深加工企业，形成移民异地创业、异地发展的集聚区。

2012—2014年，区移民办共投入资金1438.5万元，为19个乡镇58个移民(安置)村建造村级物业经济用房或者配套设施，为移民村增加租金收入500万元，进一步壮大村集体经济。

【技能培训平台】 区移民办按照实际、实用、实效的思路，结合库区产业结构调整和移民的实际需求，开展政府买单式移民就业技能培训、实用技术培训和来料加工培训。2013—2014年，共举办计算机、电工电焊、缝纫机等实用技术培训班200余期，受训人员超过6000人次。改变来料加工从业人员技术落后的局面，为来料加工业转型升级提供技术和劳动力支撑，提高移民就业能力和致富能力。

截至2014年年底，库区和安置区从事来料加工的经纪人60名，从业人员4368人，发放加工费9426.9万元，从事来料加工行业的水库移民人均年增收1.7万元。

【现代农业平台】 衢江区是农业大区，也是劳动力大区，有发展现代农业的先天优势。2013年，全区注册家庭农场625家，实现土地流转7200公顷，新增设施农业基地70公顷，农业产值13.66亿元。区移民办在此基础上形成“专业合作社+农户+园区”的发展模式，以在各乡镇“打造一个园区”“落实两套制度”的方式，以点带面，辐射整体水库移民增收致富。依托莲花、全旺、周家等省级现代农业综合区，通过立项帮扶村集体建设现代农业设施，打造水库移民生态农业创业园，引进公司（专业合作社）运营，村集体通过土地流转建设现代农业设施转包、租赁等形式获益，移民通过土地流转、务工增加收入。

厅市合作共建浙江水库移民创业精品示范基地

2013年，利用200万元创业致富资金帮扶周家乡周家村建设园区道路、钢架大棚、喷灌系统等农业生产基础设施，周家乡周家村经济合作社在此基础上投资1700多万元建设无公害大棚蔬菜生产基地、精品生态枇杷园示范基地和生态畜禽、水产养殖示范基地，一期投资基本完成，开始投产，每年可吸纳50名农村劳动力在园区内务工，周家村每年还可从专业合作社获得7.2万元租金收入。

【水利部移民开发局调研衢江水库移民工作】 2013年12月10日至12日，水利部水库移民开发局副局长刘冬顺一行到衢江区调研水库移民工作。刘冬顺对衢江水库移民工作表示充分肯定：“衢江区委、区政府高度重视水库移民工作，在完善移民村基础设施建设、解决库区移民生产生活困难、帮助库区移民增收致富等方面做了大量工作，成效明显；在移民生产开发扶持上大胆创新和探索，为国家出台和制定移民生产开发项目管理办法提供了很好的有价值的素材和经验，树立了样板，值得各地借鉴学习”。

水利部移民开发局副局长刘冬顺（右三）、省移民办主任廖卷清（右二）、副市长毛建民（左三）等领导调研水库移民工作

（徐道炜）

乡镇　街道

上 方 镇

【概况】 上方镇位于衢州北部，距市区50千米，辖区东北与杭州建德市、淳安县接壤，居于千里岗山脉中部。全镇总面积158.5平方千米，辖14个行政村，216个自然村，302个村民小组，8519户，2.9万人。交通便捷，正在建设的杭新景高速公路穿镇而过，留有服务区和互通口。建成通车后上方镇到杭州仅161千米，将融入长三角四小时经济圈，区位优势凸显。2014年，全镇完成GDP9.7亿元，同比增长10.7%；完成地方财政收入2584万元，同比增长39%；完成固定资产投资6.3亿元，同比增长26%；实现农民人均纯收入1.5万元，同比增长12%；实现规上企业产值9201万元，规上利润317万元。

2012—2013年，在市、区各项争先创优中，获25项先进集体，包括全市百个乡镇分类争先三等奖、区综合争先第四名等奖项。2014年，在市、区各类争先考核中，获评24项先进集体，包括全区综合争先三等奖等奖项。

【干部作风建设】 2014年，坚持"围绕经济抓党建、抓好党建促发展"工作思路，开展党的群众路线教育实践活动，坚持以制度管人管事，推行干部管理"四项制度"。落实廉政建设责任制，推进"一岗双责"落实，加强镇、村干部廉政教育。坚持班子成员带头，严格执行"八项规定"和"六个严禁"以及廉政建设的各项规定和要求。强化制度执行，坚持"三重一大"事项民主决策，从严控制经费支出，"三公经费"严格控制在限额指标内，其中，2014年，公务接待费比上年度下降15%。深化村务公开，实行村级非生产性支出限额管理，完善农村集体"三资"管理。抓好创先争优、村级换届、三民工程等重点工作。2013年，完成村两委换届工作，严格把关两委带头人审核，将能带领党员群众，服务群众的好干部选出来，使村两委战斗力明显提升。

【平安建设】 2012—2014年，共调处矛盾纠纷1000余起，调处率100%，成功率98%。2012年，坚持"依法治镇"，抓"四民主，三公开"落实，推行"五步工作法"，实行法律顾问全覆盖，开展"六五"普法，推进基层民主法制建设，建成"省级民主法治村"1个。抓好综治及司法所建设，建立领导信访接待日制度，坚持隐患排查、重大信息专报制度，强化五类重点人员监管，建立治调"智库"，宣传"平安建设"，加强规范化建设。

2012—2013年，获区人民调解工作一等奖。2013年，获区"党的十八大安全保障工作和社区矫正基层组织队伍建设年"先进集体，上方司法所被评为"浙江省五星级规范化司法所"。2014年，获区依法行政工作先进单位、区人民调解工作二等奖。

【工业转型】 深化“工业立镇”战略，推进企业转型升级。2012—2013年，引导推进宏纳纳米科技、五星钙业、银河钙业等10多家企业进行技改升级，实现产品档次提升，产值翻番。2014年，实施钙产业整治提升，编制《上方镇碳酸钙产业发展实施规划》，制定《关于钙产业整治提升工作意见》《关于石灰土窑整治提升工作实施意见》《关于轻钙企业环境整治实施方案》等文件，明确整治提升工作目标。2014年6月，全镇93座石灰土窑全部签订关停协议，其中第一批59座于同年9月底关停，超额完成区下达任务，推进钙产业整治提升工作全面开展。

2012—2014年上方镇工业发展情况统计表

表39　　单位：万元

年份	企业家数	总产值	税收	规上企业			工业功能区企业		
				家数	产值	税收	家数	产值	税收
2012	252	149300	1905	1	3012	188	92	60200	665
2013	252	164400	1923	3	6970	139	93	73400	802
2014	259	179800	3230	3	9201	369	94	87200	1115

2012—2014年全镇主要经济统计表

表40　　单位：万元

年份	地方生产总值(GDP)	地方财政总收入	全社会固定资产投资(工业)	农民人均收入(农经数)	工业总产值	农业总产值
2012	89000	1510	37500	1.15	149300	8105
2013	93000	1990	51000	1.29	164400	8636
2014	97000	1405	15465	0.97	179800	9115

【农业增收】 2012—2014年，调整农业产业结构和经营方式，引导农民多种经营，发展效益农业。采取加快土地流转措施和连片承包方式，促使耕地种植向农业规模化、特色化发展。坚持“一村一品”特色，发展特色农业：玳堰村的油用牡丹，上龙村的青钱柳，金扬村的白茶、生态茄子，新京村的小黄瓜、高山蔬菜等，种植规模超过20公顷。加强水利设施建设，投入资金300余万元，推广滴灌设施。3个66.67公顷作物种植计划(高山蔬菜66.67公顷，瓜果66.667公顷，油茶低改66.667公顷)持续落实。2014年，全镇实现农业总产值10571万元。比2012年增长10%，农民人均收入比2012年增长25%。

【三改一拆】 强化措施，责任到人，依照“先拆一批再整治一批”的方式，推进“三改一拆”工作。2013年，共拆除各类违法建筑244宗，面积51735.44平方米。2014年，因地制宜，创新举措，将“三改一拆”与农村土地综合整治、石灰土窑工棚拆除、“一户多宅”整治、生猪整规等相结合，共拆除各类违法建筑252宗，面积47379平方米，完成区政府下达任务数的165%。

【土地综合整治】 树立“土地活则全盘活”的理念，创新思路，坚持“六个结合”，推进农村土地综合整治工作。2012年，落实农村土地综合整治项目3个，总面积36.27公顷，拆旧区完成房屋拆除107户，建新区完成下山脱贫安置157户607人。2013年9月5日，全区土地资源开发利用暨三改一拆工作现场会在上方镇召开。

【集镇整治】 开展集镇主干道整治工作，加强日常监管，制订方案，分期推进。2013年，主抓交通秩序管理，建立视频抓拍系统，与交警联网，整治车辆违章停放，由“人管”改为“机治”，明显缓解交通拥堵问题。2014年，对占道搭棚、乱拉乱挂、占道经营、流动摊贩及占道停车等进行集中规范。共拆除占道固定棚架、移动遮阳棚100余个，割除破旧遮阳布、横幅200余幅(条)，规范占道经营132处，取缔流动摊贩46个，劝离严重占道停车56起，集镇面貌不断改观。

【开展“五水共治”】 2014年，开展“五水共治”工作，建立三级河长制，一把手任镇级总河长，班子成员任二级河长，支部书记任村级河长，明确职责，纳入考核，落实措施。开展黑河、臭河、垃圾河清理行动，清理疏浚芝溪河道18千米，清除河道及两岸垃圾170余吨，清运芝溪金牛段废渣5万余立方米，建立长效监管机制，加强河道巡查，在芝溪重点区域设立视频监控探头，变“人管”为“机控”，实施全天候监管，全面完成“三河”消除任务。配强卫生保洁队伍，配足卫生保洁用具，实行“月月清”考核，做好农村保洁工作。全年镇、村两级共投入“双清”工作经费500多万元。设立曝光台，定期曝光各村存在的问题并责令整改。推行“户集、村收、区处理”垃圾管理机制，已有6个村纳入BOT模式试运，镇村面貌、河道卫生大为改观。

【基础设施建设】 2012年，投资200余万元，建成1000余平方米的现代群众活动中心。实施集镇排污设施建设，铺设雨污分流管道。投资200余万元实施农贸城改造提升工程。2013年，实施集镇排污排水处理二期工程，完成支线管网地埋等。实施朝阳路硬化，500米地下管网、电力地埋等。集中物流管理，建立物流市场。2014年，完成集镇污水收集处理工程A、B标段，污水处理厂正常运行。按期完成仙洞村、上方村、立模新村三个村的生活污水处理项目，受益农户共2368户，实现“农户四水接入、截污管网通畅、排放水质达标”的基本要求。

2012—2014年，继续完成立模新村(大埂洲小区)建设，共投资6000多万元完成5—11号公寓房、12号公租房、1—56号店面房及小区道路、排水排污、自来水、高压、低压电等建设。小区总规划用地面积6.96公顷，其中，安置用地(国有行政划拨)面积4.18公顷，安置房总建筑面积49366平方米，可安置422户农户，出让用地面积2.76公顷，规划商住用房118间、排屋26套。

【社会各项事业】 2012—2014年，社会保障体系逐步完善，参加全镇城乡居民医疗保险的参保率达到95%级以上。完成农村住房政策性住房保险参保工作，全镇共8082户参保，参保率达95%。完成城乡居民养老保险参保工作，全镇已参保10410人，已享受5760人，参保率85%。完成低保户申报和核查工作。完成危旧房救助工作，共发放资金600余万元，面积达1万余平方米。完成失地农民保险1177人，其中转城镇职工养老保险432人。

医疗服务水平逐年上升 有中心卫生院1所，紧密型一体化社区卫生服务站1所，村卫生室

14家。镇卫生院先后获评省中心集镇示范卫生院、省卫生先进单位、省乙等乡镇卫生院。居民电子档案系统累计建档7618户，规范化建档人数21810人。完成60岁以上城乡居民健康体检10000人次，中小学生健康体检3000人次。

学校教育呈现良性发展 全镇有初中1所，中心小学1所，完全小学1所，幼儿园7所。2014年，上方初中通过省标准化学校验收。校女子羽毛球队在区第30届中小学运动会中获15～16岁团体第一名。学校被评为市禁毒先进学校。上方中心幼儿园于2013年完成省二级幼儿园等级复评与验收，获区中小学（幼儿园）第五、六届艺术节幼儿专场一等奖。2014年，全区唯一的一家私立初中上方新世纪学校搬迁至云溪。

文明创建成效明显 上方镇继续保留市级文明乡镇称号，金牛村文明理事会被列为省文明创建优秀案例，胡祥海获“浙江好人”、谢春花获市十佳优秀女性、曾志炎获市慈善之星、吴春香获市最美婆媳。2012—2014年，毛水标、曾志炎、谢春花、薛海香、胡祥海、徐早英、方婷婷分别获区第一至三届区爱心模范提名奖。

2014年6月14日，最美广电文艺走亲——走进衢江区上方镇

文化事业全区领先 2013—2014年，龙祥村、金牛村和鹿角堰村、上方村、新京村等5村总投资180余万元创建农村文化礼堂。全镇共有20余个民间文艺团队，共计300余成员，开展全镇性各项文艺活动（赛事）20余次，全镇14个村实现农家书屋全覆盖。镇排舞队参加省万人排舞大赛，获银奖两次，马有龙被评为省级民间艺人，龙祥村被评为市十佳基层文化示范点，龙祥村、金牛村创省级星级农家书屋。

【杭新景高速公路上方段建设】 杭新景高速衢江段全长22.926千米，其中上方段全长约12千米，涉及金扬、玳堰、金坑三个行政村，涉及标段为第四、第五标段。2012年起，启动杭新景高速上方段征迁工作。共征收土地81.27公顷，拆迁房屋251户、69970平方米、986人。完成7个地块合计6.9公顷的安置小区建设以及“大小三改”等基础设施配套，涉及项目38个，总投资3300万元，安置人口190户、568人。调处土地权属、山林界线等各类矛盾纠纷200余起，解决“三改问题”、安置配套建设等问题50余个。在杭新景项目建设中，上方镇克难攻坚，完成全线征迁任务，预计2016年年底全线通车。建成后上方北接长三角，西连江西，车程均在1.5小时左右。

【乡镇微信政务平台“上方聚焦”运营】 2014年11月，政府公众微信号“上方聚焦”正式运营，当月阅读量实现破千，次月实现破万，是南方周末数据中心全国政务微信排行榜中唯一的乡镇微信政务平台，最高至第549名。用户总数3800人，占上方智能手机用户一半。平台以“智慧政府，微服务，零距离”为宗旨，紧扣党政中心，运用网络语言推送党政信息、上方动态、风土人情，着力传递正能量，维护和营造良好公共关系。除每日推送外，还创造性建立“小郭服务”“老蓝茶室”“五水共治通报”“攻坚快报”等一批子品牌。

表41

2014年上方镇各行政村基本情况一览表

村名	支书	主任	村民小组（个）	户数（户）	人口数（人）	党员数（人）	劳动力（人）	外出劳动力（人）	耕地面积（公顷）	园地面积（公顷）	林地面积（公顷）	农民人均纯收入（元）
新京村	徐小洪	徐兴林	41	980	3203	102	1993	749	1084	1200	21882	13057
严村村	邱云山	吕世民	30	727	2381	72	1340	716	773	163	18878	13201
金扬村	林增荣	徐冬牛	29	729	2479	73	1480	830	1278	75	12713	14379
金坑村		徐炎伟	19	700	2373	83	1487	532	860	44	17674	14698
玳堰村	张志泉	郑晓军	17	615	1935	54	1145	677	899	188	4044	15305
鹿角堰村	胡锡炎	谢小青	16	480	1414	56	960	182	709	42	6372	14762
上方村	余春发	徐建清	27	869	2926	99	1876	560	1080	128	8874	15176
上龙村	曾雪康	袁建平	21	543	1908	71	1250	528	1010	300	13200	15527
郑家新村	廖建红	袁金坤	7	262	857	38	512	133	122	17	16118	15967
仙洞村	卢世法	廖建良	15	438	1458	60	967	286	560	315	25344	14888
金牛村	谢春花	邹有土	24	618	2141	96	1392	78	870	200	22255	15780
立模新村	方显松	刘红伟	24	633	2054	95	1246	356	1319	133	7133	15069
依岙新村	祝瑞炎	黄海云	8	261	840	45	670	200	540	200	10000	15168
龙祥村	邱国才	龚德华	23	759	2531	72	1653	377	1354	212	24882	17693

（谢红琴　林晨辉　方云虎）

灰坪乡

【概况】 灰坪乡地处衢州北部山区千里岗山脉腹地，距衢州市区58千米，乡域总面积52.56平方千米。东邻上方镇，南连杜泽镇、太真乡，西、北与淳安县接壤。全乡下辖龙山、灰坪、沙坑、白塔新村、上坪田村等5个行政村，44个自然村，共1233户4315人。乡政府驻地为龙山村下龙坪自然村1号。灰坪乡为全国环境优美乡。2013年，境内的千里岗游击区革命旧址被列为第八批省级爱国主义教育基地。2014年，实现地区生产总值5856万元。比2012年增长27%；全社会固定资产投资9600万元，比2012年增长178%；财政税收252.3万元，比2012年增长44%；农民人均收入10362元，比2012年增长35%。

【生态农业】 灰坪乡属山区乡镇，主导产业为林业，主要农产品为竹材、木材、竹笋、茶叶、油茶、蚕桑、吊瓜等，粮食作物为玉米、番薯等旱粮作物。2012年起，坚持突出农民增收主题，加大支农惠农力度，加快传统产业升级，促进农业增效、农民增收。全乡培育毛竹丰产林33.33公顷、精品茶园13.33公顷、吊瓜13.33公顷、桑蚕12公顷。组建毛竹、茶叶、吊瓜、桑蚕四大农业专业合作社。创立“千里岗”农特产品品牌，主要销售笋干、茶叶、吊瓜子等农特产品，年产5吨。“大雾源”有机茶品牌，年产茶叶28吨。黄茅尖土特产品牌，生产销售吊瓜子、冬笋共计30吨。

2012年，推进林下复合经济产业，推广实施中药材种植项目，全年共安排资金23万元，引进中药材黄精及白芨苗12万株，种植面积共6.67公顷。发展养殖业，以龙山村为主的竹林养鸡基地，年产土鸡10000羽。

2013年，实施吊瓜品种改良20公顷，启动灰坪村20公顷精品茶园建设，促进农民增收。

2014年，全乡山林面积4205公顷，林木蓄积量28万立方米，其中杉木1533公顷，杉木储蓄量12万立方米。毛竹林地面积2000公顷，立竹量455万支。耕地面积145.1公顷，农业总产值3000万元。

【土地综合整治】 2012—2013年，全乡涉及龙山、白塔新村、灰坪、沙坑等4个行政村共8.30公顷土地进行综合整治，面积达83007.84平方米，通过省、市、区国土部门抽样验收。开展“三改一拆”工作，完成46宗、面积7637平方米的行动拆除任务。2014年，建设竹林基地主干道1800米、辅助道4000米、灌溉水池2个、防火瞭望台1处。全乡5个行政村全部划入生猪养殖禁养区，全面开展实施生猪整规工作，同年年底，通过“无猪乡”创建验收。

【工业经济】 2012年，全乡有各类企业45家，总投资4200万元。实现工业总产值2800万元，利润总额642万元，项目侧重于山区资源的利用和开发，其中水电站2家（仙峰水电站装机容量1580千瓦，杜家田一级电站装机容量1260千瓦）；方解石矿4家；毛竹加工企业33家；重钙厂1家以及衢州市正康特产有限公司、千里岗土特产品有限公司、灰坪乡黄茅尖土特产有限公司等。

【基层组织建设】 2012—2014年，全乡发展党员10名。深化乡村干部“周一夜学”制度，推行“纪实考绩”工作制度，采取收看远程教育平台、班子成员授课、聘请专家讲课等方式，组织党员干部学习党的方针路线政策。以“三民工程”（建立民情档案、定期沟通民情、为民办事全程服务）建设、“民情沟通日”“无职党员设岗定责”“党员结对帮扶”活动等载体,狠抓党员干部的作风建设,促进干部、党员勤政、廉政。

2014年,灰坪乡党委下辖乡机关支部、各行政村支部等6个基层党支部,正式党员216名,预备党员8名。乡党委政府把加强自身建设、乡村干部管理作为基层组织建设工作的重点,制定《干部绩效年终考核管理办法》《村主职干部岗位目标责任制年度考核办法》,层层签订党风廉政建设责任状。规定党委委员每月至少2次到基层支部检查指导工作。党委每年至少4次专题讨论分析党建工作情况。

【社会治安】 2012—2014年,注重社会综治与平安建设,加强人民调解工作,结合“民情沟通日”“网格化管理”和“五早”工作,加大矛盾排查调处力度,注重抓苗头、倾向性的事件,真正做到“小事不出村、大事不出乡”。全乡六类刑事案件(扰乱秩序案;强迫妇女卖淫案;引诱、容留妇女卖淫案;利用迷信骗财害人案;走私制作贩卖传播淫秽物品案 、赌博案)得到有效控制,无越级上访,社会总体保持稳定。

【基础设施建设】 灰坪乡交通主干道为县道上田线(上方—田里)、桐君路、沙坑线等5条县乡级道路。2012年,在市、区两级结对单位的帮扶下,完成康庄道路12条,总长50千米,总投资900万元;建造林区道路24条,总长38千米,总投资420万元;安装路灯280盏,总投资60万元;建造公共厕所4座。2013年,实施完成上田线灰坪乡段2.2千米大中修工程。2014年,上坪田村实施农村生活污水处理工程。有线电视终端入户率100%;程控电话装机入户率100%;移动通讯塔13座。

【社会各项事业】 2013年,落实城乡居民养老保险和医疗保险政策,居民参加医疗保险参保率达96%以上,养老保险参保率达100%。完成农村危旧房改造120户,帮助困难群众解决住房问题。有敬老院1所,集中供养五保户对象23人。人均年供养费6000元。

2014年,投资40万元,重新翻修乡政府办公大楼和宿舍。全乡普及儿童防疫、妇女防疫、疾病预防“三防”。殡葬入公墓率100%。通过省、市、区各级结对单位的帮扶和全体乡干部、群众的努力,低收入农户的人均收入超过4500元。全乡最低生活保障户59户278人,发放低保补助金28.9872万元。

【开发红色旅游】 灰坪乡是个革命老区乡,境内有着光荣的革命历史和传统,20世纪30年代,南方红军抗日先遣队曾在此留下战斗足迹。2008年,建成中共衢遂寿中心县委第二区委陈列馆。乡党委、政府利用“山林好、历史红”的资源优势,组织引导开发红色旅游项目。

2012年,完成杜家田至上坪田1.5千米红军路(游步道)项目。

2013年,修复1.5千米当年红军用来运送粮食的红军路,新建高19.36米的千里岗革命烈士纪念碑,占地0.13公顷的纪念广场。对中共衢遂寿中心县委第二区委陈列馆进行重新定位,命名为红色千里岗革命陈列馆,举办“唱中国梦想,游红色灰坪”歌曲大赛,重新制作《红色灰坪》宣传片,编制《灰坪旅游指南》《灰坪的传说》故事集等,在衢江政务网、衢州旅游网站上增设灰坪乡旅游景点介绍,扩大灰坪的知名度。

2014年年末,全乡共有农家乐经营户12家,宾馆2家,可同时接待800人就餐,容纳120人住宿。全乡年创旅游收入237万元,带动280人就业。

【第八批省级爱国主义教育基地】 灰坪乡位于衢北大山深处，千里岗山脉跨越境内。第二次国内革命战争时期，方志敏领导的红十军及北上抗日先遣队在这片土地上留下光辉的足迹——中共衢遂寿中心县委第二区委旧址、陈列馆、红军墓、红军松、红军战壕等。中共衢遂寿中心县委第二区委旧址被衢州市委命名为第四批爱国主义教育基地。红色灰坪爱国主义教育基地在上级党委、政府和有关部门的支持下，不断完善设施建设，加大宣传推荐力度，充分发掘文化内涵，先后举办各类主题教育活动近百次，接待游客30万余人。2013年，千里岗游击区革命旧址被列为第八批省级爱国主义教育基地。

【千里岗旅游风景区】 位于灰坪乡境内，距市区58千米，2007年被国家环境保护总局评为全国环境优美乡，有独特的区位优势，与千岛湖山水相依。旅游资源极为丰富：有华东第一天坑、华东第一90° 角攀岩基地、群溶洞，适宜探险和打造影视基地。有近百平方千米的千里岗原始次森林、千年红豆杉群。全乡森林覆盖率达98%，空气负氧离子每立方厘米含量在8000以上。全乡平均海拔在600米以上，是养生度假的胜地。有"浙江五台山"之称的灰坪村，在海拔600米以上的地方有约200公顷被群山环绕的平原，有近2666.67公顷的竹海，适宜打造休闲及观光农业。

【华东第一天坑】 灰坪（洞青）天坑位于灰坪乡灰坪村粟铺自然村西北侧，属喀斯特地貌，由石炭纪黄龙组和船山组碳酸盐岩组成，是天然的岩溶塌陷。天坑平面上呈近椭圆状分布，东西长约260米，南北长约180米，面积约42160.2平方米，总容积达152.01万立方米。坑底海拔高程480.48米，坑口最大高程594.0米，天坑东、西、北侧岩壁陡峭，东侧岩壁最大垂直高差约60米，西侧岩壁最大垂直高差约68米，北侧岩壁最大垂直高差约65米。经浙江省第三地质大队历时9个月的全面勘察、评估和比较，灰坪（洞青）天坑不论是从容积上还是垂直高差上，在华东地区都是第一位的。2014年6月9日，浙江省第三地质大队正式发函（浙三地发〔2014〕7号）论证灰坪（洞青）天坑是"华东第一天坑"。

灰坪原始森林

【浙江红军村】 上坪田村位于灰坪乡西北部，属于典型的山区生态村。全村总面积16.72平方千米，耕地面积16.87公顷，山林面积1213.33公顷。全村人口189户，656人，6个村民小组。1990年8月，衢县县委、县政府在上坪田村建立"中共衢遂寿中心县委第二区委旧址"纪念碑。2012年来，依托千里岗省级农业现代综合区建设平台，通过以奖代补、加大基础设施建设等方式，加大对竹产业的扶持，建立竹林提升示范基地33.33公顷，吊瓜示范基地10公顷，有机茶示范基地13.33公顷，村民的经济水平明显提高。2012年，上坪田村农民人均纯收入达7260元。2012—2014年，完成26座露天厕所"3+2"卫生改造，新建公厕2座。实现村庄的绿化、亮化、美化，提升村庄整体品位。投入资金8万元，新增路灯40盏。对上田线公路硬化，村内主干道硬化率达100%。

表42

2014年灰坪乡各行政村基本情况一览表

村名	支书	主任	村民小组(个)	户数(户)	人口数(人)	党员数(人)	劳动力(人)	外出劳动力(人)	耕地面积(公顷)	林地面积(公顷)	农民人均纯收入(元)
龙山村	袁康政	邱成建	10	302	1228	69	870	680	29.53	821.53	10532
沙坑村	曾纪珊	黄立洪	8	246	849	48	546	310	16.93	1189.93	10168
灰坪村	邓文泉	徐雪华	8	275	940	27	570	400	26.07	378.00	9806
白塔新村	邵春松	龚宗华	8	221	739	38	619	414	28.27	940.13	10962
上坪田村	李银章	朱俊开	6	189	656	30	386	312	16.87	1213.33	10342

（余国才）

峡川镇

【概况】 峡川镇地处衢州市东北部，距市区直线距离23.5千米，东连龙游县，西交杜泽镇，北界上方镇和建德市，南接莲花镇。2014年，全镇有11个行政村，总户数4943户，总人口15694人。全镇实现工农业总产值47292万元，比2012年增长18.87%。其中，工业总产值29083万元，比2012年增长21%；农业总产值18209万元，比2012年增长15.6%。农民人均收入12408元，比2012年增长34.26%。全镇有基层党支部18个，党员604名。2012—2014年，获评"平安衢江"暨社会管理综合治理工作二等奖、检监察工作二等奖、安全生产工作二等奖、计划生育工作二等奖、综合考核三等奖。

【现代农业】 培育新型农业经营主体，以点带面，推进现代农业蓬勃发展。2012年，在优化提升粮食、油茶、毛竹、生猪等四大传统农业的基础上，强化农业招商引资，引进农业龙头企业，衢州市农德惠肥业科技有限公司落地工业园区，总投资3200万元。2013年，引进衢江区荣福中草药基地项目，协议投资1200万元，占地面积66.67公顷。2014年，引进农业项目3个，分别是投资1800万元的李泽村移栏上山项目、投资3800万元的韶山休闲农业观光园和投资600万元的衢州市衢江区精品油茶基地。以305省道、峡十线公路为重点进行现代农业和家庭农场布点规划。

2012—2014年，共发展家庭农场19家，种植各类蔬果、中草药、山茶油133.33多公顷，逐步推进现代农业规模化。打造放心农产品，2013年挂牌成立农业公共服务中心，建立2个家庭农场快速检测站，建成农产品质量监管监测站1处，配备残留农药速测仪等设备，免费对外开放，放心农产发展态势良好。

【工业经济】 坚持招商引资"一号工程"不动摇，创新和完善招商方式，开展全员招商、以商招商、以情招商，着力引进大项目。2012年，引进衢州市晨诚纺织助剂有限公司项目，总投资2900万元。2013年，引进协议投资5600万元的衢州众望建材厂。2014年，引进衢州市恒亚工贸有限公司，投资3500万元，已投入生产。深化"三企"工程，全面开展"三走进"活动，建立龙头企业、项目专项服务组，为企业排忧解难，为项目解除障碍，开通"绿色通道"。2014年，协助宏泰纤维、新亚化工、力士达、宏成等企业做好技改工作，完成工业技改投入1200万元。对全镇停产、关停以及入园后未投产企业进行全面摸底，帮助企业以出租、转让等形式进行"腾笼换鸟"，盘活土地1.67公顷。规模工业总产值2.4亿元，比2012年增长50%。

【生态环境】 2013年，启动"双清"专项行动，新增垃圾箱260个、垃圾车10辆、村垃圾收集点29处，配备保洁员26名。2014年，全面开展"五水共治"共建生态家园建设，推行"河长制"，完善保洁机制，把"五水共治"纳入村规民约，与农户签订"门前三包"责任书，形成长效管理机制。启动芝溪流域5个村及山区片3个村的生猪禁养工作，完成生猪整规农户855户，削减存栏母猪1264头，拆除养殖用房21182平方米，拆除栏舍31645平方米，人居环境明显改善。实施芝溪防洪堤峡川段治理工程，该项目集防洪、交通、休闲、观光为一体，工程位于芝溪两岸，自峡川镇与上方镇交界处起至五丰山头小溪处止，全长约6千米，主要涉及失母湾、峡口、大桥、后山、下叶等5个行政村，工程总投资2800万元，通过生态堤防、休闲景观等建设，有效改善生态环境。

【社会事业】 开展体育强镇创建、文化大礼堂建设工作。2013年，先后投入40万元用于篮球场、健身路径、羽毛球场等基础设施建设。组织举办第一届农民运动会,激发群众参与体育活动的积极性。加强文化队伍建设。2014年,全镇有1个业余剧团、1个腰鼓队、3支坐唱班,全年下乡演出300余场。加强最低生活保障、“五保”集中供养、低收入农户等农村基层保障制度建设。

2013年,投资200万元完成养老服务中心建设并投入使用。2014年,全镇享受最低生活保障366户631人,五保集中供养24人,发放最低生活保障资金122万元。城乡居民医疗保险和城乡居民养老金的覆盖率均达到95%。坚持“五早”工作机制,发挥镇人民调解委员会、村治调委员会、和谐促进员三级力量,加大矛盾、安全隐患排查力度,及时化解矛盾,消除隐患。

2012—2014年,共排查调处各类矛盾纠纷300起,调处率100%。全面开展“平安峡川”建设,组织干部进村入户宣传防火、防盗、防溺水等安全防范知识,发放宣传资料、倡议书等共4000份,确保社会和谐稳定。

【党建工作】 2012—2014年,加强党员队伍建设,共发展党员32名,抓好不合格党员处置工作,强化党建责任,为各项工作扎实落实提供保障。2013年,完成村党支部换届选举工作,经过选举产生10名支部书记29名委员。把一批政治素质好、双带能力强、办事公道、廉洁奉公的党员群众选进村级领导班子,为各项工作的开展提供组织保证。扎实开展党的群众路线教育实践活动。按照“照镜子、正衣冠、洗洗澡、治治病”的总要求,认真抓好学习、查摆、整改各环节工作,整改突出问题61个。充分发挥第一书记、各帮扶单位的职能优势,争取资金200多万元,实施项目4个,村党组织凝聚力、战斗力进一步提高。

【东坪村被评为浙江省休闲旅游观光村】 境内有以“古道、古树、古民居,红枫、红柿、红辣椒”闻名遐迩的东坪村。有山崖巨石、千年古树群、唐朝古道,茂林修竹,青山秀水,生态环境优美,旅游资源丰富。经6年开发,建成农家乐接待中心、古民居展示中心、文化礼堂、休闲广场等设施,东坪农家乐经营户有14户。2012—2014年,共投资570万元,依托东坪独特的自然、文化资源,通过规划设计,完善设施,深入挖掘等措施,打造东坪农家乐特色村。投资建设东坪主次两个停车场,广场舞台、文化长廊、改造厕所、修建天池、保护古道、打造主入口景观,提升景区环境。对通景公路乌石坂村段进行拓宽、破板公路修复,增设错车道,提高景区通行能力。对村情村史、乡风民俗、宗族沿袭、美丽家园等内容进行整编,重点突出大唐李氏文化,打造衢江一流的文化礼堂。举办两届“东坪登山节”活动。

2012年,东坪村被评为浙江省休闲旅游观光村。2014年,东坪村被评为衢州市最美乡村,年接待游客6.5万人次,实现旅游年收入260万元。同年,建立“衢州东坪旅游网”,为衢江区乡镇第一家专业的旅游网站,开通“衢州东坪旅游”微信公众号。

表43

2014年峡川镇各行政村基本情况一览表

村名	支书	主任	村民小组（个）	户数（户）	人口数（人）	党员数（人）	劳动力（人）	外出劳动力（人）	耕地面积（公顷）	山地面积（公顷）	林地面积（公顷）	农民专业合作社数（个）	村集体经济收入（万元）
峡口	姚渭成	姚志斌	14	756	2364	81	1423	532	67.47	250.73	250.73	6	41.8
大桥	余建华	—	8	390	1290	55	770	195	41.73	78.67	78.67	1	18.5
下叶	叶正福	叶小龙	14	723	2305	68	1449	289	92.6	349.33	328.07	11	84.58
珠坞	冯玉祥	邵建浩	4	217	711	15	426	132	24.13	220.4	219.8	2	19.7
失母湾	毛正良	陈雪龙	5	237	741	29	382	165	16.87	631.06	346.46	4	29.28
后山	胡雪宏	—	12	555	1747	35	1045	442	58.2	310.2	330.2	2	20
李泽	洪建清	李洪鹤	8	593	1779	59	1241	460	68.73	547.6	358.8	7	23.94
大理	邱荣祥	刘信根	11	543	1748	52	1055	446	57.4	1199.2	1184.27	4	24.47
乌石坂	黄志城	李胜华	6	289	992	17	558	155	15.73	520.67	399.54	1	78.63
东坪	朱玉象	徐雪中	7	312	1009	53	578	262	27.33	660.2	466.07	2	42.45
高岭	徐卸漫	徐志贤	8	328	1008	20	580	320	27.67	691.53	691.53	1	19.19

（金　莹）

杜泽镇

【概况】 杜泽镇位于衢州市东北部,距衢州市区19.5千米,东连峡川、莲花,西接周家、双桥、太真,南邻云溪,北靠灰坪、上方,305省道自东北向西南穿境而过,交通条件优越。境内最主要河流铜山溪穿镇而过,水库铜山源水库坝址在杜泽镇以上1千米。总面积105平方千米,辖24个行政村。2014年年末,辖区总户数10109户, 30720人,其中非农业人口1154人,流动人口2684人,出生人口328人,计划生育率88.11%。全镇实现工农业总产值5.2325亿元,比2012年增长10.4%。其中:工业总产值2.4162 亿元,比2012年增长11.4%;农业总产值2.8163亿元,比2012年增长9.6%。农民人均收入13487元,比2012年增长31.04%。实现地区生产总值75293万元,同比增长11.1%。固定资产投资17456万元,同比增长18.7%。完成地方财政总收入718万元。

2012年,获市建设平安衢江暨社会管理综合治理工作先进集体。2013年,被命名为浙江省体育强镇,杜泽镇和明果村被评为省级文明镇和文明村,下方村被评为市级文明村,全市百个乡镇分类争先考核中获三等奖,镇党委被评为农村基层组织建设工作三等奖。2014年,衢江区综合考核先进单位三等奖。

【工业招商】 营造"大干项目,干大项目"氛围,对全镇项目实行挂图作战,以现代农业招商、休闲旅游招商和服务业招商为重点,实行"一个班子,一套人马,一个目标"的方式,分工抓落实。截至2014年,蛋鸡生态养殖项目,实际到位资金1415余万元,养殖用房主体已基本完工。投资1.07亿元的大浙农业有限公司香榧种植基地项目,实际到位资金3200万元,种植香榧精品苗20公顷。投资1188万元的蔡氏家庭农场小水果项目,实际到位资金800万元,完成钢构连栋大棚搭建。总投资700万元的衢北养老服务中心完成主体工程建设。杭新景高速通风口政策项目,前期征地和高压杆迁移工作全部完成。太真—上方100千伏输电线路杜泽范围内政策处理基本完成。开展项目谋划工作,年谋划项目41个,入区项目库22个,其中杜泽老街历史文化街区保护开发项目被评为区双十佳项目。

【农业经济】 全镇有耕地1350.13公顷,人均0.04公顷。粮食生产以水稻、小麦、豆类、油菜为主。山林8000公顷,用材林236公顷,毛竹2784公顷,油茶282公顷等。有柑橘398.6余公顷,年产橘8220吨。枇杷213.33公顷,年产枇杷3200吨,宝山枇杷历史悠久,誉享八方。加强放心农业示范区建设,以监管农产品入手,建成农产品质量安全监管检测站,配备专职人员负责检测,率先建立乡镇一级农产品质量安全监管信息网,对全镇散户进行规范管理,建立一村一档。开展17个村的农民饮用水建设,现有8个村完成工程项目招投标,3个村完成表前管建设。

【环境整治】 推进生猪整治工作,至2014年年底,开展两轮生猪整治行动,共涉及养殖户3993户,需削减生猪10.99万头,能繁母猪10726头,需拆除养殖面积约444747平方米,基本整治到位。开展明果村等12个村生活污水治理工程。全面完成"清三河",取缔铜山溪上游3家污染严重的非法加工作坊,关停3家活性炭企业,2家轻污染企业停产整治。率先在全区制作出河道污染点分布图,根据治污图,推行"河长制",明确责任河长及整治时间,实行挂图作战。共清理垃圾河51千米,治理黑臭河累计长度15.1千米,清理垃圾300余吨,清淤1.2万方,封堵排污口116个,凿平河床面积5万平方米,生石灰投放200余包。开展广告牌专项整治,拆除违法广告290块。

开展赤膊墙整治，共整治户数农户203户，面积78936平方米。科学处理农村垃圾，以明果村为试点，创新以“三三制”模式做好生猪整规拆后垃圾清理及复垦复绿工作，避免二次污染。

以集镇为试点，探索实施农村生活垃圾收集清运处理BOT模式。实施“双清”影像督查工作机制，对卫生死角，进行拍照、曝光，限期整改，对整改不力的行政村，实施问责。2014年，共督查37次，发现问题518处，已整改509处。

表44

2012—2014年全镇主要经济统计表

年份	地方生产总值（GDP）（亿元）	地方财政总收入（万元）	全社会固定资产投资（工业）（万元）	农民人均收入（元）	工业总产值（亿元）	农业总产值（亿元）
2012年	6.78	510	11390	10292	2.17	2.57
2013年	7.14	695	14170	11251	2.28	2.68
2014年	7.5293	718	17456	13487	2.4162	2.8163

【党建工作】 杜泽镇有33个基层党支部，其中：农村党支部24个，非公有制经济组织党支部3个，机关和事业单位党支部6个，党员1289名。2012—2014年，开展党的群众路线教育实践等活动。镇党委、政府按照“一岗双责”要求，完善党风廉政建设责任制的考核办法，推行“村级工程村民建”机制。执行住夜值班制度，每位干部每周住镇不少于2个晚上，开展“夜学”“夜访”“夜办”“夜谈”等工作。坚持每周一晚上集中学习制度，学习知识或汇报工作，建立机关干部18项管理制度，推行镇机关干部日常行为全程纪实制度、镇机关干部工作实绩月公示制度、村情月报制度，对镇村干部的日常工作和实绩进行跟踪，实行“一周一汇报、一月一公示、一季一评比、一年一考核”的“四个一”机制，开展“项目工作之星”“群众工作之星”和“学习之星”评选活动，年终考核进行加分奖励。开展党员先锋指数管理考评工作，加强党组织建设和提升党员先进性，通过细化考评标准、规范考评机制、强化结果运用，共评出警示型党员5名，不合格党员1名。开展1次党性体检活动，评出亚健康党员13名，不健康党员2名。对警示或亚健康进行教育谈话，对不合格党员予以除名，不健康党员限期整改。推进“五访”机制，做到矛盾纠纷发现早、报告早、介入早、控制早、化解早。抓好平安建设工作，提高平安“三率”。

2014年，全镇共发生民间纠纷544起，调处成功525件，调解率达100%，成功率达96.5%，其中镇综治工作中心受理联合会诊的疑难纠纷12件，调处成功10件，调解率达100%，成功率达83.3%，基本实现“小事不出村，矛盾不上交”的目标。

【基础设施建设】 2012—2014年，坚持规划先行，投入150万元为集镇建设进行详细规划编制，集镇的总体规划和详细规划已经编制完成并通过专家论证、评审，完善集镇功能布局。完成集镇土地出让，四期联建房已建成三期，总建筑面积5000多平方米，第四期在建设中。

围绕“一溪一街一网一塔一广场”开展集镇基础设施建设。“一溪”即铜山溪，总投资3000余万元的铜山溪河道整治，总长1.8千米铜山溪东西道路建设和污水管道埋设已基本完成，结合集镇污水管网建设将污水管道纳入总管。“一街”即集镇古街,完成集镇古街规划设计。"一网"集镇电网改造,与电力部门做好对接,正在制定施工方案。"一塔"即建于清康熙二十九年的杜泽古镇标志性建筑巽峰塔,总投资150万元的巽峰塔主体修复工程于2013年完成并通过验收。"一广场"即投资150万元(占地1600余平方米)的集镇村民休闲广场建设,已完成建设工程量的95%。

推进集镇连片环境综合整治,制定完善集镇五个村卫生分片包干制度、农户(店铺)门前屋后"三包" 等责任制。依法规范集镇秩序,加大巡查管理力度。对集镇流动摊贩进行整治,消除占道经营现象,改善集镇秩序。建立集镇卫生秩序监察队和集镇管理志愿者小分队,加强对集镇居民不良生活习惯监督。

【社会事业】 2012—2014年,以"三改一拆"和"五水共治"为主题送戏下乡,每年5月和10月,分别举办第二、三、四届衢州宝山枇杷文化节和第三、四、五届重阳节文化节活动,组织配合开展杜泽点排舞大赛及民间艺人才艺大赛活动。建成白水村、明果村文化礼堂。

人口和计划生育工作深入推进。落实镇村干部"月月清"和"一票否决"考核制度,实现社会抚养费征收突破200万元。强化对流动人口的管理和服务,严格控制计划外生育,稳定低生育水平。社会保障体系逐步健全。

落实农村养老保险收缴工作和农村住房政策性住房保险工作,参保率达到100%。衢北养老服务中心已基本完成并投入使用。全镇2014年年底有低保对象780人,发放低保资金1556448元。

深化"五访"工作机制,重视抓好平安建设工作,平安"三率"逐步提高。全年实现"小事不出村,镇矛盾不上交"的目标。杜泽老街历史文化街区保护开发项目被评为区双十佳项目。万亩水生蔬菜基地和农业公共服务中心被确定为全省放心农业现场会观摩点。

【杜泽镇被命名为浙江省文明镇】 杜泽镇是座历史文化积淀深厚的千年古镇。有始建于清朝康熙年间的巽峰塔、明代朱熹后裔祠堂,有建于唐朝时期的明果禅寺、杜泽十八厅、集镇老街、白鹤庵等古迹,通过自力更生艰苦奋斗建成的"红旗渠"——库容1.71亿立方米的铜山源水库,建有省级现代特色万亩水生蔬菜示范园省级粮食功能区,建有千里岗万亩高效竹林庙前示范园区和的万亩宝山枇杷精品园。杜泽镇将促进经济社会发展和统筹城乡一体化相结合,通过创建"春泥计划"基地、开展公民道德教育实践活动、举办衢州宝山枇杷文化周活动和杜泽重阳文化节暨农民"种文化"擂台赛活动以及"文化大篷车"送戏下乡活动等,促进农村文化繁荣,形成一种人文、和谐、文明的衢北重镇新形象。2013年1月,杜泽镇被省文明办命名为浙江省文明镇。

【明果村被评为浙江省文明示范村】 明果村在农村基层组织建设、经济建设、民主管理、环境建设、文明建设、公共事业建设等方面成绩突出。投资17万元建成占地200平方米的老年活动中心,配备多媒体教学设备,建立明果寺传统文化春泥计划实践基地、农家书屋。2012年,投资30万元建起社区卫生服务中心,改善村民的就医条件。投资17万元改建村老年文化活动中心,使老年人有活动场所。为改善梭铺自然村的交通环境,投资30万元拓宽并硬化村道2500平方米。投资100万元完成农民饮用水工程建设,改村民饮水条件。投资60万元新建村级综合便民服务中心,提升村两委服务群众的环境和水平。为增加集体经济收入,投资100万元建设明果山庄,促进当地农家乐等休闲观光旅游业的发展。该村先后被评为省级兴林富民示范村、市级生态示范村、市级文明单位结对先进村、市级文明村等荣誉称号。2013年1月,杜泽镇明果村被省文明办评为浙江省文明村。

表 45

2014年度杜泽镇村级基本情况一览表

村名	支书	主任	村民小组(个)	户数(户)	人口数(人)	党员数(人)	劳动力(人)	外出劳动力(人)	耕地面积(公顷)	林地面积(公顷)	园地面积(公顷)	家庭农场数(个)
杜一村	徐志雄	朱桂寅	11	415	1324	61	824	250	58.60	200.00	26.00	3
杜二村	周水林	周水林	11	388	1211	38	695	409	50.47	120.67	12.93	1
杜三村	朱上游	杜金明	9	378	1210	43	778	278	44.47	82.60	8.00	2
杜四村	刘加假	刘加假	13	477	1378	39	569	247	51.93	125.67	10.00	7
杜五村	杜荣海	徐国华	8	280	847	26	529	146	33.87	20.00	4.73	3
宝山村	徐衡奇	徐有良	11	486	1502	44	1015	775	54.93	19.73	23.00	2
坎头村	童锦祥	祝石梁	6	285	955	29	605	287	47.07	24.67	25.07	3
潜灵村	完良洪	陈明景	10	530	1575	42	1010	468	73.60	—	5.00	2
上六村	舒志福	舒建刚	6	352	1050	30	630	210	59.67	—	66.67	—
白水村	杨春南	舒小飞	8	465	1287	35	770	390	99.67	—	—	7
荷花塘沿村	郑建峰	张志龙	14	822	2346	68	1265	515	151.47	—	22.27	—
下余村	吴云华	余红星	10	608	1748	60	1102	385	124.27	—	—	1
下方村	方雪富	舒良平	12	634	1902	51	1210	458	108.47	2.00	24.00	1
桥王村	余建军	吴延福	7	478	1408	34	885	212	70.80	—	3.47	1
西庄村	周兆炎	杨水标	7	442	1257	53	744	426	60.33	—	5.87	1

续表45

村名	支书	主任	村民小组（个）	户数（户）	人口数（人）	党员数（人）	劳动力（人）	外出劳动力（人）	耕地面积（公顷）	林地面积（公顷）	园地面积（公顷）	家庭农场数（个）
章家村	舒土泉	童水泉	8	312	1058	28	680	84	52.40	—	3.07	2
堰坑头村	徐史慧	徐樟树土	8	280	895	13	555	164	37.07	—	20.33	2
文林村	朱雪祥	吴志庭	11	481	1448	47	938	376	52.00	23.33	96.67	5
下溪村	俞建岳	王金洪	11	525	1745	59	1148	248	66.13	588.33	—	1
白鹤山村	王建刚	王长富	6	218	669	17	403	186	8.67	493.20	9.53	5
明果村	郑银富	邹远华	12	361	1143	63	700	500	21.40	1170.33	—	—
庙前村	杨银福	李世良	8	212	651	36	398	253	7.60	486.47	30.53	—
金岗山村	刘小古	刘杨兴	14	429	1324	77	732	459	10.60	874.27	—	—
黄金岗村	江雪山	金恒山	8	251	787	40	510	330	4.67	501.53	—	—
合计	—	—	229	10109	30720	1033	18695	8056	1350.13	4732.80	397.13	49

（杜　珍）

莲 花 镇

【概况】 莲花镇位于衢州市东北部，距市区18.5千米，东邻十里丰农场、龙游县，南连高家镇，西南与云溪交界，西北与峡川、杜泽接壤，总面积73.18平方千米，总人口34759人，下辖23个行政村，218个村民小组。耕地面积2482.1公顷，山林面积1938.70公顷。2014年，地区国民生产总值72245万元，实现固定资产投资49760万元，实现限额以上工业投资14300万元；地方财政收入完成673万元，农民人均收入13852元。莲花镇党委下属34个党支部，有党员1361名。

2012年，莲花镇被评为省级党代表工作室示范乡镇，市级民政工作先进单位和市级药品安全示范乡镇，镇党委被评为市级学习型基层党组织。

2013年，获评第九批省级生态乡镇、浙江玫瑰之乡、省小康型老年体育乡镇、省级一事一议项目示范乡镇等称号，在全市百个乡镇(街道)综合争先考核中获评复合型乡镇一等奖。

2014年，获评全国重点镇、国家级生态乡镇、市级卫生乡镇、市文明乡镇、市美丽乡村示范镇，镇党委被评为市级学习型党组织先进单位，现代农业园区被列为全市唯一的省级标杆性农业园区。

【基础设施建设】 完成三改一拆工作任务，共拆除违法建筑178宗，面积53688平方米。五水共治工作推行“河长制”，将芝溪和铜山源沿线11个村纳入生态治水考核范围，2014年安排30万元财政资金用于河道专项治理。对主要出水口节点实施重点改造，投资50万元在犁金园村实施6.67公顷湿地处理和1000平方米氧化塘项目。经过整治，全镇基本消灭垃圾河，芝溪、铜山溪水质得到根本改善，交接断面水质抽查合格率达到60%。

2013年，完成外黄村、黄营村、东湖畈村两个村级文化礼堂创建。2014年，完成涧峰村文化礼堂建设。各村文化礼堂按本村特色而建，累计开展各类文化活动356场，直接参与群众1500多人次，丰富群众的精神文化生活。

【发展现代农业】 2012年，新引进现代农业项目9个，协议总投资3.8亿元。

2013年，新引进现代农业项目8个，协议投资3.2亿元，接纳部门项目13个，协议投资2.2亿元。在农业园区原有10平方千米的基础上，向古楼底畈、东湖畈、赵庄畈方向扩容至30平方千米，并划分为花卉苗木区、精品瓜果区、渔业精品区和优质稻示范区4个区块(666.67公顷花卉苗木区，666.67公顷精品瓜果区，333.33公顷渔业精品区，1333.33公顷优质稻示范区)。加大主体培育，将现代农业园区提升为家庭农场集聚区，共发展家庭农场188家，注册资金5850万元，经营面积达1066.67公顷，成为全区样本。现代农业园区通过“三区”(省级现代农业综合区、省级台湾农民创业园、省级生态循环农业示范区)验收。坚持农旅结合、一产和三产融合发展的理念，以盛世莲花现代农业园区“AAAA”级创建为契机，整合力量推进游客接待中心、游步道、停车场、公厕等基础设施建设。以发展放心农业为主线，引导农业主体建立和实施农产品质量安全追溯制度，创建放心农产品品牌。陈建海、樊土寿等4家家庭农场运用二维码建立农产品质量追溯制度，实现农产品生产记录、产品流向、质量安全可追踪。

至2014年，已有3个无公害农产品商标，2个绿色食品商标。在全省率先发布食用农产品放心指数，省级农产品质量安全放心示范县创建工作初见成效。

【建设生态农业】 2013年，开展“双清”专项行动，建立保洁队伍24支，新配备保洁员81名，垃圾清运员34名,新增垃圾车46辆、垃圾桶986只,新建垃圾池306个,清理垃圾280余吨,清洁河道20余千米。镇级垃圾填埋场启动使用,14个村级垃圾填埋场完成建设。2014年,新增保洁员80名,垃圾车26辆,垃圾桶460只,垃圾池200个,建设村级垃圾填埋点17个,启用总投资50余万元新建垃圾填埋场。对接垃圾处理BOT模式,将周边村垃圾集中至大的行政村后统一外运,实现减量化处理。

2013年,先后两次在15个村开展生猪整规,整治生猪养殖户3280户,拆除养殖用房26.6万平方米,削减能繁母猪13995头,削减生猪养殖15.3万头。五坦、杜山沿分别整出可建设用地1500平方米和3000平方米。2014年,组织开展生猪整规专项整治行动2次,整治养殖户3280户,减少生猪存栏数77566头,减少能繁母猪13995头,拆除养殖用房面积266188平方米。

发展循环农业,宁莲畜牧业有限公司引进全省首套规模最大的沼液浓缩处理设备。葆丰生态农业开发有限公司建成全省第一家秸秆有机肥加工厂。园区内稻鱼共养、鸡菜套养、蓝莓与牛(羊)混养等模式得到广泛利用和推广。林氏精品西瓜专业合作社被认定为省级生态循环农业示范企业,莲花现代农业园区被确定为省级生态循环农业示范区。

莲花省级现代农业综合区

【基层组织建设】 2012—2014年,先后开展"基层组织建设年""党员先锋指数考评""百千万先锋行动""三民工程标准化建设""党的群众路线教育"等党建活动,建立健全便民服务机构,推行"一线工作法",落实限时办结制、全程代办制和服务承诺制,形成覆盖全镇的服务网络,为群众代办事项4300件。

2013年,完成村级组织换届选举工作,通过换届产生村两委干部131人。村支部换届中,22个村采用"自荐公推直选"办法,1个村采用"两推一选"办法,党员参选率92%,选出新一届支委班子70人,支部书记23名,连任17名,连任率74%;平均年龄47.43岁,女委员3人,村干部2名;高中以上文化33人,占47%。村委会换届全部采用"自荐直选"办法,选民参选率92.5%,选出村委班子61名;平均年龄45岁,主任22名,连任14名,连任率64%;书记、主任"一肩挑"1名,党员委员48名,占79%;高中以上文化12名,占20%;女委员22名,占36%。15名村级后备干部进入到村两委队伍。选举期间,组织全镇23个行政村共138位竞选自荐人到青莲村廉政教育基地——赵抃墓前接受廉政教育。

【创建复合型乡镇】 莲花镇以领跑全市复合型乡镇为目标,统筹做好集镇规划、基础设施建设、公共服务等民生工程。2012年,总投资1200万元的集镇中心幼儿园项目主体工程结顶,于次年9月开始招生。总投资500万元的集镇污水处理厂基本完工,主体工程和主管道通过验收。同年,按照美丽乡村四级联创要求,完成8个整治村和1个中心村的创建工作,东湖畈村完成荷花池塘砌坎,赤膊房粉刷,低矮房屋拆和仿古农耕文化展示厅建设。安排危旧房改造220户,2014年年底全部动工,完成14个"一事一议"项目建设,23个村农家书屋实现全覆盖,落实低保户773户,计1311人。

2013年，完成花卉街和莲花小区的前期征地、报批和规划设计，推进农民饮用水工程，完成第一批7个村的村内管网招标和4个村的农户捐资收缴工作。

2014年，实施交通路长制试点，为全镇50条主要道路和村级道路分别明确一级、二级路长和村级联络员。完成3个村的农民饮用水工程，10个村农村生活污水处理工程进入扫尾，完成7个村176户农户赤膊墙整治。完成12个村村级办公场所整改。实施工"移房上山"试点工作，结合土地综合整治、"一户多宅"整治、生猪整规，将东湖畈村位于田畈中央的4个自然村搬迁至山丰自然村山坡地上，重新修编村庄规划，改变"有新房无新村"的旧貌。至2014年年末，拆除民房80幢12000平方米。一期1公顷土地全部平整完毕。

【获评国家级生态乡镇】 2014年，莲花镇被环境保护部评为"国家级生态乡镇"，这是莲花镇继全国重点镇后再次获得的第二项国家级荣誉。创建过程中，莲花镇以五水共治、生猪整规、农村生活污水治理、黑臭河整治、赤膊墙整治等工作为重点，不断营造良好的人居环境和生态环境，让"生态莲花"实至名归。

【举办玫瑰红五月系列活动】 至2014年，每年5月上旬，九九红玫瑰园均举办"浪漫玫瑰、激情五月"——衢江区玫瑰红五月活动，共成功举办四届。通过节庆活动，不断提升文化品位，使之成为集休闲观光、婚庆派对、影视拍摄、科普教育于一体的立体式文化休闲观光园。

【首届精品瓜果采摘节】 2012年8月2日，举办首届精品瓜果采摘节。该次采摘节持续三个月，陈建海家庭农场、老爸果园、一加一葡萄园等家庭农场先后推出葡萄、西瓜、火龙果、红心猕猴桃等精品瓜果供游客品尝采摘，共计吸引游客数千人，创造经济效益的同时提升盛世莲花的知名度和美誉度。

2012年8月2日，衢江现代农业园区首届精品瓜果采摘节启动仪式

【"股田制"改革试点】 在全区率先开展土地整村流转"定量不定位"试点。选取莲花、莲东、犁金园3个村作为首批试点，成立村土地股份合作社，实行三权(所有权、承包权、经营权)分离，使农民获得"三金"(租金、股金、薪金)收入。村集体成立土地股份合作社，负责土地流进流出、承包合同签订、股金分配等事宜。农户或村民小组以0.07公顷地一股入股合作社，保底价为每年250千克稻谷。村土地股份合作社获得的土地实际面积超出承包面积部分和整理后溢出面积租金收入、竞标发包的溢价收入除预留40%作为保底基金外，其余60%进行年底股份分红。以红艳草莓产销班为例，有农户107户，草莓种植面积33.33余公顷，亩均净收益2万元。

2013年，产销班年产值1000万元，实现利润20万元。最多的成员以1.07公顷土地入股产销班，年终仅股金收入12032元。至2014年年底，莲花村全部完成土地整村流转任务，流转土地68.67公顷，东湖畈大岩头流转46.67公顷，莲东村流转60.27公顷，犁金园村流转31.33公顷。

表46

2014年莲花镇各行政村基本情况一览表

村名	村支部书记	村民主任	党员人数(名)	村民小组数(个)	户数(户)	人数(人)	耕地面积(公顷)	山林面积(公顷)	劳动力人数(人)	外出劳动力人数(人)	村经济总收入(元)	人均收入(元)
莲花村	王立基	王立斌	40	8	464	1322	74.2	—	830	220	359300	6191
莲东村	郑银标	徐文荣	82	11	630	1925	99.3	—	1229	542	288300	6938
犁金园	吴金有	吕春生	55	11	575	1887	108.5	—	1552	450	211000	6549
西山下	周金水	徐志龙	39	17	534	1768	120.3	12.5	903	328	303300	5863
耿山村	林祖福	王文明	40	12	427	1366	71.2	66.8	888	417	224800	5980
杜山沿	杜保忠	叶信红	37	10	480	1523	74.1	57.9	935	135	210400	6397
五坦村	颜水标		38	12	381	1280	91.1	7.6	804	247	234300	5843
涧峰村	赖永龙	詹伟胜	69	7	848	2696	179.7	54.2	1472	430	2820900	6139
华垅村	舒汉汉	颜建林	34	13	358	1214	106.3	10.7	659	357	188500	5778
月山村	王招海	胡华龙	45	11	477	1606	92.0	79.1	1030	233	388300	6570
东湖畈	张延根	杜金祥	94	14	805	2780	160.7	96.7	1490	430	159100	5943
清莲村	许伟平	周建华	37	4	300	939	49.9	107.5	500	238	147800	6473
山外村	杨建光	项雪林	24	4	198	735	40.7	2.3	414	199	55000	5864
上余村	周志明	余礼忠	22	3	246	752	42.0	18.1	464	240	335600	6084
外黄村	程水木	饶红良	50	12	625	2054	93.1	48	1365	208	324600	6474

续表46

村名	村支部书记	村民主任	党员人数（名）	村民小组数（个）	户数（户）	人数（人）	耕地面积（公顷）	山林面积（公顷）	劳动力人数（人）	外出劳动力人数（人）	村经济总收入（元）	人均收入（元）
桥东村	唐青山	俞双红	48	9	528	1587	95.9	208.7	1142	252	109800	5769
缸窑头	仇红方	叶林根	32	9	378	1238	41.4	162.4	733	220	120300	6003
里黄村	柳华龙	姜根土	60	12	497	1630	86.2	157.4	960	317	489500	6325
毛桐山	李锡根	张有福	29	12	370	1280	63.5	181.5	1080	440	283600	6332
大路口	黄土生		36	10	430	1396	66.4	312.4	860	338	312100	6382
桥丰村	林志华	徐拥军	27	4	320	986	52.0	56.3	638	126	61000	6556
朱杨村	杨丰	杨金良	44	7	306	1125	591.0	124.3	725	297	256700	6482
黄营村	黄　虎	黄春明	55	6	509	1670	82.6	174.3	1095	360	122400	5858
合　计	—	—	1037	218	10686	34759	2482.1	1938.7	21768	7024	8006600	—
全镇农调人均收入		13852元	—	固定资产总额		49760万元	—	GDP	72245万元	—	—	—

（王　瑜）

太真乡

【概况】 太真乡位于衢城北部，距衢州市36千米。辖区东邻杜泽镇，南接双桥乡，西与七里乡及常山县、淳安县交界，北临灰坪乡。总面积50.26平方千米，辖6个行政村，43个自然村，94个村民小组，总户数1975户，6253人。全乡有林地4674.8公顷，公益林2710公顷，有竹林2000公顷。耕地43.4公顷。2012年，全社会固定资产投入完成3810万元，农村居民人均收入8965元，财政税收完成170万元。2013年，全社会固定资产投入完成4180万元，农村居民人均收入9750万元，财政税收完成255万元。2014年，全社会固定资产投入完成550万元，比上年增长31.6%，农村居民人均收入10600万元，比上年增长8.7%，财政税收完成564.96万元，比上年增长121.6%

【项目建设】 2012年，乡政府重视重点项目建设和招商引资工作，整合各类资源，排出5类重点工作，25子项目分解目标，明确责任领导和责任人，实施项目建设有建塘坞口村茶业加工用房；竹埂底村油茶加工用房完成土地、图纸设计等工作；完成下槽坞村办公楼的修建；银坑村500平方米食用菌库房的建设；王家山村养老服务中心主体工程。实施华坑村通村公路延伸工程、华坑村与下槽坞村以污水处理、卫生改厕为主要内容的村庄整治工作。启动下山异地脱贫农户安置点建设。落实农业项目投资主体和农业项目基地建设 。服务业招商一个，投资2000万元。完成竹埂底油茶专业合作社修建。规划油茶基地建设面积13.33公顷，机器设备购置、油茶包装等总投资300万元。衢江太真矿业公司注册完成1500万元。农村居民人均收入增幅至6480元，同比增长10%。

至2013年，实现财政税收入87.3128万元，其中国税5.41万元，地税81.9028万元。2014年，全乡组建6个招商工作组，开展对外招商，合力服务招商项目。达成协议投资项目4个，完成投资额1260万元。同年，全乡完成重点服务业2000万元，农业500万元以上项目2个。

【现代农业】 2012年，开展低收入农户特色村产业扶持。抓好现代农业招商项目。注册成立竹埂底油茶专业合作社，流转土地6.67公顷，发展新品种油茶种植33.33公顷。投资35万元建成银坑村食用菌库房500平方米。实施产业提升工程，完成竹埂底、下槽坞两个村的现代农业示范园区建设，实施千里岗主导产业示范区毛竹提升工程，实施基地示范户的奖补政策，修建林区作业道5千米，发放竹林专用肥12吨，实施建造3千米竹林作业道，投资6万余元资金。引导农民继续发展山地蔬菜，加大山地蔬菜技术指导，落实高山蔬菜土地流转种植5.33公顷。分解落实全乡土地流转10公顷，完成8公顷。

2013年，完成2条林区道路建设和竹埂底油茶加工用房建设。完成竹埂底村的毛竹基地建设(建基地33.33公顷，培育示范户10户)、下槽坞村来料加工发展(新发展来料加工一级经纪人1名，帮助经纪人转型升级、扩大规模、培训加工队伍)、塘坞口村的茶叶基地(培育茶叶新品种基地13.33公顷、茶叶低产改造33.33公顷、新增茶叶加工机械20台、建茶叶专业合作社)。

2014年12月，投资1000万元、总面积13.33公顷的衢江区渭兴家庭农场建成，经营范围主要是红豆杉苗、猕猴桃、油菜等品种。

【土地综合整治】 2012年，落实危房改造160户，其中新建130户，改建30户，结合乡村环境综合整治工作，加大集镇保洁，各村“脏、乱、差”的现象得到有效遏制，完成乡政府所在地实施垃圾焚烧炉及配套设施建设工作，完成6个行政村的农家屋创建工作。开展塘坞口村体育小康村建设。

2013年，全乡6个村开展农村土地综合整治，任务8.4公顷。成立土地综合整治工作领导小组和实施小组，完成土地综合整治农户调查摸底工作，对整治自然村的旧宅拆迁户、旧宅结构、拆迁面积、拆迁补偿标准等内容做好公开公示及到户签订协议。在原有设施基础上，从河道保洁建设等方面着手，加大农村生活垃圾收集处置工作力度，完成创建工作相关内容的调研、设计、预算。预算总投资90万元。成立乡、村两级联动的工作小组，经调查摸底本乡共有11户农户存在非法的“一户多宅”情况。加强对违章建筑的整治和监督巡查，完善巡查发现、及时拆除的快速反应机制，建立“回头看”机制。

【整治生猪养殖】 2014年，编制完成太真乡铜山溪流域重点污染点分布图。学习龙游贺田模式，垃圾规范收集，做好全乡垃圾集中处理、焚烧工作。开展清洁家园集中行动两次，共有173名党员干部、村民代表参加，清洁垃圾卫生死角16处。把王家山村焚烧炉及配套设施建设、塘坞口修建公厕及堤坝等列入项目年度计划，每家每户发放一只垃圾桶，累计发出1900只。乡政府与6个村签订五水共治责任书，与全乡1920户农户签订门前三包责任书，制定完善各村《村规民约》，张贴一封致全体村民的公开信，形成“五水共治、人人有责”的良好氛围。根据《衢江区铜山溪流域生猪养殖污染专项整治实施方案》，同年5月，全面实施生猪养殖污染专项整治，范围覆盖全乡6个行政村所有自然村。

全乡共整治生猪养殖户375户，完成98.9%，削减能繁母猪228头，完成99.1%，削减存栏生猪3377头，完成96%，拆除生猪养殖用房6700.45平方米，完成99.1%，拆除猪栏8681.93平方米，完成95.5%。

【平安建设】 落实信访稳定工作责任制，争创四无乡镇。落实定期排查、开展矛盾纠纷排查调处活动。2012年，全乡共接待受理纠纷53件，调解率100%，调解成功53件，调解成功率达100%。加大对重点信访对象的稳控工作，有效控制越级上访和集体上访事件的发生。重视安全生产工作，加强督察，开展安全生产排查8次，查处整改一般隐患2起，重点加强对矿山安全专项治理。完善乡村应急救援预案等工作，制定安全生产的各项工作制度、机制，与各村、企业签订安全生产责任书。落实防汛抗灾森林防火等工作，完善各项应急预案，成立应急小分队，加大宣传力度，提高干群灾害防范意识及应急处理能力。

2013年，全乡共接待受理纠纷57 件，调解57件，调解率100%，调解成功57件，调解成功率100%。

2014年，全乡共接待受理纠纷49件，调解49件，调解率100%，调解成功49件，调节成功率100%。加大对重点信访对象的稳控工作，有效控制越级上访和集体上访事件的发生。

【干部队伍建设】 2012年，健全完善乡机关各项工作机制，推进机关效能建设，增强干部纪律观念，建立乡干部12项工作制度。重点抓好乡干部进村访民情制度、干部一线全程服务代理制度、首问责任制、责任追究制,转变干部作风。干部主动走进农村,走入农户,变群众上访为干部下访,全乡干部走访群众1910户,召开各类座谈会20场次,收集意见建议106条,为困难群众及村级发展提供有效性建议32条。

2013年,遵循“严管理、重关爱、看实绩”九字方针,强化干部管理,提升机关效能建设,推进高速公路征迁工作。有三名干部在杭新景高速公路征迁专项工作中受到区委、区政府的表彰。

【高速公路征迁】 2012年,做好高速公路征迁工作。境内杭新景高速公路征迁涉及三个村征迁任务,征用土地34.17公顷,拆除房屋112幢。召开各类会议28次,宣传发动42次,发放各类宣传资料500份。至9月底,各村基本按照工作计划按时推进,完成三个村征地红线内房屋调查摸底和征用土地丈量工作,土地补偿款发放428户,完成率95.3%。

2013年 ,杭新景高速公路征迁工作,完成38.67公顷征地任务,涉及农户449户,发放征地款1800万元。应拆除房屋114幢,签订房屋拆除协议104幢,腾空90幢,拆除房屋87幢。辖区6个安置点,有4个基础设施到位,2个安置点完成征求农户户型、基础代建意见,并报规划部门设计。搬迁坟墓140穴,迁移各类通信线杆214根,电力线杆迁移378根。各标段进展情况:六标西岙岭隧道进入全面施工阶段。七标段施工场地基本实现无障碍施工,桥墩开始浇筑中。八标段挖桩机、大型拌和站、挖掘机全面施工,杭新景高速公路在建中。

【民生事业】 2012年,围绕美丽乡村建设目标,突出机制创新,完善配套设施和加大公共事业投入。完成乡敬老院改建项目,投入资金80万元,完成王家山地居家养老服务中心建设。2014年5月9日,衢江区全民趣味运动会太真赛区选拔赛暨“凌宇杯”太真乡第二届农民运动会,在太真乡小学举行,有70余名运动员参加比赛。

2014年,完成竹埂底村美丽乡村续建项目。投入资金60万元,建设竹埂底中心村文化广场,安装路灯,建造廊桥,种植绿化苗木等。完成王家山村塘头湾村区道路建设前期工作,项目预算68万元。加强养老、医疗、低保等社会保障体系建设,做到应保尽保,完成对全乡居民最低生活保障线人员摸底调查工作。宣传单独二胎政策及二胎准生证办理流程,统计境内符合新政策户数并调查生育意愿,抓好育龄妇女和流动人口的管理、服务工作。

表47

2014年太真乡各行政村基本情况一览表

村名	村支部书记	村民主任	党员人数（名）	村民小组数（个）	户数（户）	人数（人）	耕地面积（公顷）	山林面积（公顷）	劳动力人数（人）	外出劳动力人数（人）	村经济总收入（元）	人均收入（元）
华坑	张雪康	吴小王	29	10	204	752	1.87	595	440	356	40500	10400
塘坞口	陶志方	王仁富	30	14	260	890	5.3	644	550	315	155000	10560
竹埂底	童渭林	童林祥	68	17	398	1238	11.8	603	751	443	88295	10750
银坑村	吴益明	张存山	30	15	320	976	10.1	1410	520	356	194400	10700
下槽坞	刘根炎	杜海良	67	16	395	1199	12.6	830	690	396	118500	10690
王家山	黄水渭	王荣祥	70	22	398	1198	1.73	881	1705	597	96020	10500
合　计	—	—	294	94	1975	6253	41.53	4963	4656	2463	692715	63600
全乡农调人均收入		元	10600	固定资产总额		万元	—	GDP	万元	—	—	—

（吴雪渭）

双桥乡

【概况】 双桥乡位于衢州北部，铜山源水库源头。南距衢城26千米，东和东北与杜泽镇为界，西和西北与九华乡、七里乡、太真乡相邻，南依周家乡。总面积42平方千米，建成区面积0.857平方千米，耕地面积56.16公顷，山林面积3310.33公顷。乡政府驻地双桥村，全乡共有6个行政村，1314户，4091人，党员233人。辖40个自然村，43个村民小组。2012—2014年，农村经济总收入从1712万元增加至1823万元，人均收入从3515元增加至9445元。2013年，双桥乡被环境保护部评为“国家级生态乡镇”。

【基层组织建设】 2013年，双桥乡开展“三亮”活动，即通过亮身份、亮制度、亮业绩，统一佩戴个人信息牌卡，发放驻村干部连心服务卡，公示进村入户走访情况，公开“三无村”创建成果等，明确干部职责，促使乡机关干部深入农村、联系群众、转变作风出实效。完成全乡6个行政村的村级组织换届选举工作，产生新一届村党组织书记6名(女2名)和支部委员10名(女3名)，新一届村党支部班子平均年龄48岁；产生村委会主任6人，委员12人，其中村民委员会主任连任达到33.3%，村民委员会委员连任达到75%，其中女性7名，新进班子人员 9人，新一届村民委员会班子平均年龄46.4岁，较上届下降5.3岁；6名村党支部书记和6名支部委员通过合法程序依法当选经济合作社长和村监会主任。

2014年，双桥乡党委下辖8个党支部，共有党员240名。开展“党员先锋指数考评”“三民工程标准化建设”“党的群众路线教育”“大抓基层组织年建设”等党建活动，健全完善党委工作机制、廉政建设规定、重大事项请示汇报和党委会议决策制度。

【平安建设】 落实维护稳定工作领导责任制，执行平安建设重大案件责任追究制和一票否决制。实行班子成员联系村、包案调处、民情恳谈制度，深化矛盾纠纷调解机制，发挥村级治调委员会和乡调解委员会二级纠纷调解机构，做好社情民情的分析、研判、办理，形成经常性排查、阶段性督查、敏感期稳控的工作格局，把不稳定因素排查调处作为经常性、基础性工作来抓。有效开展矛盾纠纷排查化解。不断完善各类应急预案，正确处理发展中出现的问题，加强对安全生产、公共安全和食品药品安全的防范，做到信息灵、反应快、措施有力。绘制500张平安宣传墙画，以生动形象的方式强化平安建设宣传工作。做好防火、防汛、防疫工作，增强人民群众的安全感，维护社会稳定。

【创新农业】 2012—2014年，鼓励农民发展效益农业，探索新的农业经济增长点，重点抓好猕猴桃基地建设、良种茶油基地道路建设、放心农产品检测等。在双桥村建立11.33公顷猕猴桃基地。在溪滩村建立良种茶油基地道路1千米。制定促农产业转型发展实施意见，提供资金政策扶持，对连片种植中草药0.67公顷以上的给予每亩400元的补助。对连片种植特种产业1.33公顷以上的给予每亩500元的补助，对连片种植小水果3.33公顷以上的给予每亩300元的补助，鼓励农户生猪禁养后发展效益农业。推进8家家庭农场的发展工作，重点推进2家区级规范家庭农场，确保家庭农场率先实现“吃得放心”目标。

引进培植适合双桥乡发展的农产品加工企业，发展“企业+农户”型的订单生产，新开发小笋干、野菜干等特色农产品，配备多种专门检测仪器设备，把每周一定为检测日，免费向农户开放，为农户检测，提升山茶油、粉干等农产品的质量，扩规模，上档次，实现农业增效、农民增收。加强农业信息化建设，抓好以农技110、农民信箱建设为核心的信息化推广应用工作，设立农民信箱信息员2名，定期发布农业信息，拓宽农民信息收集渠道。

【全方位招商】 推进招商引资工作，实施“多路并举，全方位招商，无缝隙帮办”。2012年，在农业招商上投入400万元续建双桥珍稀苗木基地，投入600万元新建红心猕猴桃基地。在工业招商上新引进一家中外合资企业即富星和宝黏胶工业有限公司，投资额1.2亿元，落实工业用地1.67公顷。2013年，在农业招商上引进一家投资额800万元的农产品加工厂。在工业招商上引进一家预计投资额2700万元的新型铝合金门窗项目，做好投资6000万元的富星和宝续建项目。2014年，在工业招商上引进一家投资额2700万元的装饰工程公司。在服务业招商上引进一家建筑劳务资源公司。

【美丽乡村建设】 2012年，坚持把改善民生作为政府工作的立脚点和出发点，在社后蓬村投资40万元修建200米长的防洪坝和400米长的农业灌溉渠道。在双桥村投入13万元实施污水集中处理项目。在河口村投资28万元修建1051米长的林区道路。在溪滩村投资70万元修建300米长防洪堤和450米长农业灌溉渠道。在溪滩和河口村分别投资69万元和40万元新建一栋办公楼。完成高田村主道路基建设1320米。埋设管道2000米。拆除不卫生厕所10户。

2013年，投入125万元用于民生工程建设。新建完工总投资47万元，建筑面积612平方米的山峰村社区综合服务中心。投资12万元实施双桥村长1100米的村庄道路硬化和500米的林区道路建设。投资7万元实施溪滩村黄蒙长1200米的林区道路建设。投资14万余元实施山峰村长2000米的山茶油道路建设。投资42万元实施河口村黄坛坞2300米的林区道路建设。投资3万元对乡敬老院进行修缮。

2014年，投入40万元浆砌社后蓬村渠道450米。实施河口村河堤绿化美化300米。“三改一拆”共拆除占地面积30617平方米，建筑面积36287平方米。推进土地综合整治项目，听取群众对安置区选址、基础设施和公共设施建设等工作意见，全程接受群众监督。与农户签订拆除腾退协议36份，拆除房屋36户。强化“一户多宅”工作力度，治理“一户多宅”47宗。推进以村道硬化、污水治理、卫生改厕、垃圾处理、村庄绿化等为重点的村庄环境整治，推进“美丽乡村”建设。

【便民工作】 2012年，坚持把方便群众作为政府工作的立脚点和出发点，在社后蓬村投资40万元修建200米长的防洪坝和400米长的农业灌溉渠道。在双桥村投入13万元实施污水集中处理项目。在河口村投资28万元修建1051米长的林区道路。在溪滩村投资70万元修建300米长防洪堤和450米长农业灌溉渠道。在溪滩和河口村分别投资69万元和40万元新建一栋便民服务中心。完成高田村主道路基建设 1320米。埋设管道2000米。拆除不卫生厕所10户。

2013年，投入125万元用于便民工程建设。新建完工总投资47万元，建筑面积612平方米的山峰村社区综合便民服务中心。投资12万元实施双桥村长1100米的村庄道路硬化和500米的林区道路建设。投资7万元实施溪滩村黄蒙长1200米的林区道路建设。投资14万余元实施山峰村长2000米的山茶油道路建设。投资42万元实施河口村黄坛坞2300米的林区道路建设。投资3万元对乡敬老院进行修缮。

2014年，投入40万元浆砌社后蓬村渠道450米。实施河口村河堤绿化美化300米。

【民生工程】 2012—2014年，共组织举办各类培训班12期，参加培训1680人次，发放各类技术资料2000余份，6次组织乡村干部到外地学习取经。

2014年，全乡共110人列为最低生活保障对象，区、乡两级财政配套23余万元资金。低保家庭子女全部得到免费入学，五保老人14人，做到集中供养。医疗卫生一体化管理规范，“看病难”的问题得到缓解。新型农村合作医疗参保率达到97%，城乡居民社会养老保险参保率达75%。广播电视事业步入正轨，数字电视实现全覆盖。执行人口与计划生育法规，计生率保持在95%以上。发展来料加工点6家，从业人员达120余人，主要从事钩织、小饰品、鞋面等品种加工，共发放来料加工费达210余万元。6个村共1314户农户建立民情档案，6个村设立便民服务点，配备12名代办员、30名协办员，负责受理群众的各类代办事项。加快构建公共文化服务体系，宣传地方特色和历史文化，通过组织“送戏进村”公益演出、组建排舞队、开展“烈士精神”传承、“农家书屋”等活动，丰富和活跃农村群众文化生活，完成上级政府交办的民生实事，让基层百姓共享文化成果。

【体育之乡】 2012年9月，双桥乡在全国“亿万农民健身活动”先进乡镇经验交流会上，代表浙江省在大会上作典型发言，双桥农运会模式在全国推广。2012—2014年，双桥乡举办第29届、第30届农民运动会及第7届残疾人运动会，运动会成员由来自6个行政村324名农民代表及残疾人代表组成，保留农民运动会拔河比赛项目及残疾人运动会中国象棋项目，新创男、女二人三足跑(50米)、男女搭配齐心协力(面对面夹粉干，50米)、女子踢毽子、男子负重跑(双手各提20斤沙包，50米折返)、投海洋球等项目，进一步弘扬双桥乡全民体育运动的文化精神，充分展现了体育强乡的风采。

【获评国家级生态乡】 2013年，双桥乡获评国家级生态乡。2014年，为进一步改善全乡生态环境，全面开展五水共治工作。建立健全河道保洁制度，对村级保洁员进行重新筛选，新增保洁员8名。实施村庄与河道整体保洁，提升垃圾清运频率。建立乡村两级河长负责制，对每条河道实行分段监控，分段考核，在黑河、臭河、垃圾河河段内树立河长负责制度的告知牌。实行一个月两次督查，对脏乱差的点进行拍照，并在乡曝光台进行曝光。推进生猪整规工作，整治养殖户727户，拆除养殖用房面积25121.55平方米，拆除栏舍20022.8平方米，出售母猪743头和商品猪12007头，实现“无猪乡”目标。推进生活污水治理，6个行政村做好生活污水治理。

至2014年年底，全乡6个村已开挖土方量16080立方米，化粪池改造完成169户，检查井安装1183个，资金累计投入236万元。聘请三家环保设计公司，对7家粉干加工企业污染整治进行设计，并已完工。推进“清三河”工作进度，累计治理黑臭河0.2千米，封堵排污口10个，清淤方量0.9万立方米，资金投入10万元。

【双桥粉干厂被评为“浙江老字号”】 2012年，双桥粉干厂被评为“浙江老字号”。双桥乡是“粉干之乡”，制作粉干的历史已经有百余年，从纯手工的传统粉干到特色配方制作的合成粉干应有尽有，一根根粉干从原料到浸泡再到粉碎搅拌、压条、蒸熟、出条、蒸煮、烘干最后到成品，凝聚了一代代双桥人的勤劳与智慧。除了“粉干”双桥还有“笋干”和“鱼干”，以新鲜竹笋为原料，通过去壳切根修整、高温蒸煮、清水浸漂、压榨成型处理、烘干、整形包装等多道工序精制而成的“笋干”和精心制作的“鱼干”现已在江浙、上海一带销售火热，成为走亲访友的最佳礼品。

表48

2014年双桥乡各行政村基本情况一览表

村名	总户数	总人口	劳动力		耕地面积(公顷)		山地面积(公顷)	粮食总产量(吨)	柑橘总产量(吨)	生猪饲养量(头)	农村经济总收入(万元)	农民人均收入(元)	村级集体经济收入(万元)
			合计	其中外出	合计	其中水田							
合计	1356	4038	2047	1018	56.16	48.59	3816.20	770	1045	33986	1799	4212	30.58
双桥	224	755	388	205	11.20	10.27	820.00	183.8	234	7780	348	4170	10.80
社后蓬	185	585	295	115	7.37	6.32	503.20	113.1	185	5176	256	4081	3.26
溪滩	292	842	425	200	20.92	18.69	638.40	217	269	6896	403	4241	4.26
山峰	201	668	359	219	5.42	4.75	452.27	103.5	161	6418	290	4015	3.89
河口	267	815	438	206	3.70	2.87	640.13	85.3	196	6285	340	4182	5.36
高田	98	271	142	73	7.56	5.69	256.33	67.8	—	1431	162	4581	3.01
居民区	89	102	—	—	—	—	—	—	—	—	—	—	—
林场园区	—	—	—	—	—	—	505.87	—	—	—	—	—	—

（乐　君）

周家乡

【概况】 周家乡位于衢江区北面,属丘陵地区,离市区20千米,塔太线贯穿其中。2014年,全乡总户数5009户,15251人,11个行政村,102个村民小组。全乡区域面积39平方千米,其中耕地面积657.33公顷,林地面积2870.67公顷,水域面积43.67公顷。农村村级集体经济总收入349.6万元,农民人均收入13042元。柑橘种植面积399.73公顷,产量7770吨。枇杷种植面积144.20公顷,产量1956吨。粮食作物播种面积1471.8公顷,产量7938.10吨。2012年,被评为市社会治安综合治理先进集体。2013年,被评为市平安建设暨综治维稳工作先进集体。

【经济发展】 2012年,衢州正浩照明有限公司落户周家三源村,协议投资2500万元,计划当年投资1200万元,已到位资金1480多万,超额完成投资计划。2014年,新引进项目1个,继建项目1个。其中,新引进生态农业开发项目周家乡四季精品水果园,意向投资5000万元,现已投资3350万元,实现枇杷、水晶杨梅、草莓、猕猴桃、樱桃、不知火等四季水果品种在周家落户。继建周家乡移民生态农业创业园建设项目,同年新增投资500万元,在种植大棚蔬菜的基础上,新种植草莓3.33公顷。同年末,全乡实现地区生产总值23143万元,同比增长11%。固定资产投资8829万元同比增长42%。农民人均收入达13042元,同比增长10%。完成地方财政总收入147万元,同比增长21%。

【基础设施建设】 2012—2014年,抓好“五水共治”工作,通过宣传发动,推进生猪整规、环境污染整治等工作,破解邵源溪“清三河”、农村“双治”、农民饮用水安全等各个难题。2014年,共清理垃圾36670吨,清除淤泥3.5万立方米,全面实行河道日常保洁市场化管理,在邵源溪三源村河段建设长度约150米的景观河段,基本完成“清三河”任务。完成周家、宋家、龙园、三源等4个村的生猪整规工作。基本完成周家、宋家、龙园等3个村的农村生活污水治理项目。全年共拆除违法建筑194宗,30043平方米。农村土地开发及综合整治工作扎实推进,农村环境卫生整治持续推进,生活垃圾实现“户集、村收、区运”的目标。2012年,招标13个项目,中标金额169.832万元。2013年,招标11个项目,中标金额98.8987万元。2014年,招标20个项目,中标金额344.2595万元。

【平安建设】 2012—2013年,以平安周家建设为目标,化解各类矛盾纠纷,创新社会服务管理。严格按照“预测走在预防前,预防走在排查前,排查走在激化前”的方针,狠抓风险评估机制。2014年,对村治调组织进行全面整顿,重新确定30名村治调会成员,实行治调工作月检、季奖、年评的积分考核机制,有效解决村级治调人员的薪酬问题。投资30万元,坚持高起点定位,对现有办公区域重新进行规划设计和装修,对各类业务台账进行整理归档,成功创建“五星级”司法所。全乡12起非正常死亡事件得到妥善化解,206件各类矛盾纠纷得到调处,调处成功率99%,实现全年无矛盾纠纷上交、无重大刑事案件和安全事件发生、无去省进京上访、无群体性事件发生等“八无乡镇”建设目标。

【文化建设】 2013年,全乡11个行政村全部建有农家书屋,各个农家书屋配备书柜,报刊架、阅览桌椅及1500册以上图书,11个村建造健身路径、篮球场等。同年6月,举办周家乡首届农民运动会。参加全省举办的文化体育节和浙江省首届女子体育节,取得较好成绩。龙园、宋家、上岗头、板桥等村组织开展排舞表演、婺剧表演、腰鼓队表演,三源村还开展篮球比赛,农民群众主动参与活动，促进村风民风好转。三源、龙园、板桥等村的“春泥计划”得到上级部门肯定。

2014年，乡中心学校创建省级标准化建设学校通过省级验收。新建三源村、龙园村农村文化大礼堂各1处。举办第三届农民运动会暨第二届残疾人运动会。选送优秀节目参加衢江区排舞大赛、民间艺人才艺大赛，获得二等奖和银奖等成绩。文物保护工作取得突破性进展，叶氏宗祠、相对村方氏私己厅被列为市级文保单位。丰村丰氏宗祠、上岗头汪氏花厅等6处被列为区级文保点，叶氏宗祠投资100万元，修缮工程已完工。龙园村三源村建立文化礼堂，并通过省级验收。实现农家书屋村村全覆盖。

【水利建设】 2014年，继续实施农民饮用水工程，共实施11个自然村，涉及7207个人口，其中，分散式3个村：后堆、川坑、漈源；城市管网延伸8个村：后溪塘、井头根、上姜、上岗头、宋家、相对、裴家、宅基，总投资780万元。主干管全部铺设到位，各村地形图测量完成，各村按照1200元/表的标准收缴费用。山塘水库整治计划实施1座水库、5座山塘，包括大坝加固、涵管铺设等工程。

邵源水库

【社会保障】 2012年，创建宋家、三源、龙园充分就业村，对村劳动力资源进行动态管理，建立相关台账，帮助就业人员实现就业。全乡新增养老保险参保92人次。做好城乡居民养老保险代扣代缴及资料核对工作，及时发放新增领取人员养老金专用存折，办理城乡居民养老保险一次性支付待遇手续。按时完成城乡居民医疗保险收费工作，参合率96.5%。对前来报销、咨询城乡医保有关问题的农民实行“全程无偿代理制”，同时加强档案管理，对参保人员报销申请单、结算表等相关资料装订成册，报销情况及时在乡村公开栏中公示。

2013年，实施“万名农民素质工程”，按照“政府买单、企业下单、农民选单”的要求组织开展就业技能培训，取得良好效果。开展农业技术培训，包括生猪饲养培训，柑橘管理培训等，培训合格率98%，发证率98%。在培训过程中严把质量关，确保参培人员真正学到技术、本领。通过各种劳动技能的培训，提高农民素质，增加劳动收入。

2014年，医疗保险参保率96%，严格落实各项救助保障政策，救助各类保障对象501人，社会保障体系逐步健全。

表49

2014年周家乡各行政村基本情况一览表

村名	村支部书记	村民主任	党员人数(名)	村民小组数(个)	户数(户)	人数(人)	耕地面积(公顷)	山林面积(公顷)	劳动力人数(人)	外出劳动力人数(人)	村经济总收入(元)	人均收入(元)
周家村	周玉祥	周小龙	46	11	498	1566	86.00	124.13	968	474	144630	15127
宋家村	宋宏良	宋建洪	49	10	488	1516	56.27	114.13	921	453	520200	15037
诚后村	余卸化	舒庆力	60	11	540	1658	66.07	500.00	1033	508	333000	14931
板桥村	陈国富	叶樟世	28	6	390	1170	34.27	342.27	718	348	278000	14351
川坑村	舒丰宝		19	4	278	920	37.73	132.07	574	277	385000	14563
双溪村	尹光明	郑炳良	32	9	412	1136	62.60	60.67	667	480	119500	14758
相对村	方显明	方建武	21	4	260	845	40.13	148.00	514	246	60000	14960
丰上清村	丰云龙	舒塘洞	48	12	632	2030	87.13	300.53	1276	627	254900	14431
上岗头村	汪增富	王建清	45	16	705	2096	91.87	116.47	1299	639	980000	15008
三源村	郑达沅	郑达飞	62	13	480	1388	62.33	828.47	855	421	286900	14395
龙园村	徐松仙	方荣海	37	6	326	926	32.93	206.33	548	272	133100	14658
合计	—	—	—	—	—	—	—	—	—	—	—	—
全乡农调人均收入		14351元	—	固定资产总额		8829万元	—	GDP	23143万元	—	—	—

（郑璐超）

云 溪 乡

【概况】 云溪乡位于衢州城北,距市区10千米,总面积45平方千米。耕地面积1378.86公顷。辖区东临高家镇、莲花镇,南濒衢江,西接浮石街道、柯城区万田乡,北与杜泽镇、周家乡接壤。23省道穿乡而过,境内设有杭金衢高速公路衢州东出口处,具有较好的地理区位优势。全乡辖17个行政村,196个村民小组,总人口26795人。

2012—2014年,云溪乡党委、政府围绕“强基础、谋发展、优环境”的工作思路,抓好“五水共治”、铜山溪、邵源溪生猪整规、农业招商、土地开发管理、三改一拆、一户多宅整治等工作,各项工作稳步推进。2014年,全乡工农业总产值11.5亿元,比2012年增长19.29%。其中,工业总产值7.56亿元,比2012年增长23.61%;农业总产值3.94亿元,比2012年增长11.78 %;农民人均纯收入12825元,比2012年增长34.62%。

【基层党建】 云溪乡党委下辖22个党支部,党员1122人。云溪乡党委深入开展党的群众路线教育实践活动,注重“农村党员先锋指数考评”、普通党员设岗定责,落实“四级联学”“住夜值班”等制度要求,开展“夜学”“夜访”“夜议”“夜谈”,进一步提升党员干部能力。2012年,云溪乡社会管理服务中心大楼落成并投入使用。

2013年,完成村两委换届工作,其中有4名大学生村干部通过选举进入村两委班子,新班子结构优化、素质提升。《乡镇社会服务管理中心规范化建设》获2013年衢江区“十大社会管理创新奖”三等奖。深化“三民工程”标准化建设,落实 “民情沟通日”“网格化管理”“五早”工作机制,阳光运作招投标工作,实施党务、村务、财务公开,强化村民代表会议制度,建立云溪乡人大代表联络站并规范运行,扩大和提高村民群众的知情权、参与权、决策权、监督权等民主权利。全市“三项制度”现场会在云溪乡召开。

2014年,共调处各类矛盾纠纷161件,调处成功率达96.9%;化解信访积案3起,化解率100%;做到“小事不出村、大事不出乡”,实现社会和谐稳定。

【农业经济】 2012—2014年,引进衢州市锦桥名茶基地、塔山农业幸福园、明云淡水养殖有限公司、文友苗木场、胜兰农业开发基地等6个现代农业项目。协议总投资1.718亿元,共发展各类家庭农场49家,农民专业合作社24家。2012年,完成思源、希望新村2个市级森林城市精品村创建,清源、胡山、西垅3个区级示范村的创建工作。

2014年,投资5万元建成农产品质量检测中心,完成306批次农产品质量检测,推进放心农业发展。在17个行政村开展“五水共治”,落实“河长制”,建立“门前三包”、河道保洁等长效管理制度,建立完善“五水共治”志愿服务日制度、“河长制”“塘主制”等四项制度,建立健全“2+3+17”的网格管理责任体系,即2个集镇乡村合力抓、3条主干道乡政府负责抓、17个村由村主抓乡协抓,促进“五水共治”工作落实。在14个行政村启动生猪养殖整规工作,完成4327户,整治率达98.7%,拆除养殖用房14.514万平方米,猪栏22.53万平方米,削减母猪9187头,商品猪101945头,完成车塘村13.33公顷的生猪移栏上山一期项目,有效减少村庄养殖污染,村容村貌得到改观。完成农村经济合作社的股份制改革,农业农村工作取得明显成效。

【工业与招商】 2014年,云溪乡有各类工业企业107家,从业人员1744人,工业总产值5.05亿元。来料加工有各类经纪人35名,其中一级经纪人24名,涉及工艺品、机械加工、浴花、拉链、服装等20

多个品种，年发放加工费2208.4万元，带动1500名妇女就业，累计发放加工费1830.67万元。2013年，飞雅手袋厂新厂房建成投产，总投资1800万元，年发放加工费800万元，总部搬至希望新村，给周边乡村带来集聚效应。

2012—2014年，完成百姓家院、塔太饭店等3家品牌农家乐的提升工程，新发展胜兰农庄等5家农家乐项目。完成云溪木材市场改建提升工程，新引进衢州市帮农丰农资有限公司、云溪商贸大厦项目等3个服务业招商项目，协议总投资1.82亿元。投资7000万元的云溪商贸大厦、投资8000万元的帮农丰项目正在施工，招商引资工作取得较好成效。

【基础设施建设】 2012—2014年，完成西垅、陶山底、石岗、方家、胡山、章戴街、枫树塘、下余坞等14个自然村农民饮用水的建设任务并验收合格，完成思源、清源、西垅、滨江、希望新村等11个村的污水处理示范村创建工作。

2012年，完成蒋村姜家垅水库"千库保安"工程及孟姜村西山大塘、锦桥村山塘整治工程。完成101.13公顷废弃园地开发任务。2013年，完成石角山畈31.73公顷标准农田质量提升项目，实施车塘、竹蓬头等5个村的村庄整治工作。完成危房改造任务45户。完成"双清"整治，为17个村配置垃圾清运三轮车36辆，采购垃圾箱1700只，配备保洁员55名，垃圾池(收集房)53个，垃圾填埋场15个，改善群众生产、生活环境。

2014年，完成开塘水库除险加固工程、山头舒节水灌溉工程。完成山塘水库治理26处、规范承包合同22家、签订不施肥养鱼承诺书41处、签订水产品质量安全承诺书22处、水产养殖塘生态化改造工程5.33公顷、稻鱼共生减排工程33.33公顷。完成勃垅、富西、棠陵邵3个村废弃园地开发项目46.67公顷。完成云溪村健身公园配套设施建设、车塘至玳塘路段排污等移民项目8个。拆除广告牌157块。完成赤膊墙整治8个村、334户、14.46万平方米。

【社会事业】 2012年，农村数字电视工程在17个村37个自然村全面铺开。17个村建成农家"文化书屋"，建成车塘、云溪2处文化礼堂。义工家园、信安讲堂等平台规范化运作。新建省级标准化云溪乡计划生育服务站，探索流动人口管理新模式，开展"阳光计生行动"。

2013年，车塘村吴氏宗祠被列为全国第七批文物保护单位。省级文保单位黄甲山塔修复工程完成。乡计生服务站被评为衢州市人口和计划生育依法行政示范单位。

2014年，整合原有的云溪初中校舍，新世纪外国语学校开始招生并投入使用。完成乡养老服务中心建设，建成村级居家养老照料中心8个，养老服务业得到发展。云溪村李丁富、滨江村程佳丽获评衢江区十大爱心模范称号。富西村民间小戏《车马灯》作为省级非物质文化遗产参加省文化厅举办的"浙江好腔调——浙风越韵"传统戏曲系列展演活动并被拍成微电影，农民精神文化生活日益丰富。云溪乡有1所初中、1所小学、17家幼儿园。享受新型农村合作医疗保险报销 22087人次，属报销范围内金额929.97万元，实际报销金额490.36万元。发放各类救济救灾物资10.69万元，医疗救助11.8万元。发放低保费用86.76万元，基本实现应保尽保。计划生育率91.7%，社会抚养费征收率78.7%，立案率60%。

表 50

2014 年云溪乡各村基本情况一览表

村 名	行政区域面积(平方千米)	村民小组数(个)	户数(户)	人口数(个)	劳动力数(个)	耕地面积(公顷)	党员数
云溪村	5.51	25	1130	3510	2030	335.67	101
孟姜村	2.03	8	342	1042	759	46.67	42
滨江村	3.06	11	605	1866	1115	109.20	62
清源村	3.19	12	536	1831	1228	121.53	66
车塘村	5.56	23	1089	3143	1890	353.33	133
富西村	4.12	18	639	1959	1196	341.47	68
勃垅村	4.33	14	596	1906	1090	212.20	75
蒋村村	3.36	10	472	1572	1023	157.87	54
锦桥村	2.96	13	495	1480	845	161.67	32
世和村	2.54	10	513	1489	1042	124.13	74
胡山村	1.87	9	338	1130	710	79.33	52
章戴街村	1.64	8	365	1071	679	64.27	44
西垅村	1.13	8	290	985	582	114.53	31
棠陵邵村	2.32	12	315	1045	615	114.20	44
竹蓬头村	1.28	7	300	965	580	75.40	19
希望新村	0.88	6	510	1321	812	56.87	31
思源村	0.42	2	172	480	322	10.00	17
合 计	46.2	196	8707	26795	16518	2478.33	945

（刘 迎 方 峰）

浮石街道

【概况】 浮石街道地处衢州市北郊，东北与云溪乡为邻，南与衢江区政府和柯城区信安街道隔江相望，西北与柯城区万田乡交界。市迎宾(景观)大道穿越全境。街道土地总面积24.1平方千米，现有耕地面积606公顷，总人口4211户，12565人。

2014年，街道工农业总产值4.22亿元，其中，农业产值3.06亿元，比2012年增长16.5%。工业产值2.05亿元，比2012年增长138%，全社会固定资产投入1.39亿元，比2012年增长106.7%。农民人均收入12959元，比2012年增长129.9%。2014年，被省教育厅评为教育强乡镇。

【基层组织建设】 2012年，浮石街道创建街道便民服务大厅开展便民服务、开展民情沟通日活动和社会平安网格化管理及“双连”活动，打造“三民工程”升级版。强化村民代表会议制度，提高村民群众的知情权、参与权、决策权、监督权等民主权利。

2013年，村级组织换届选举，村级支部书记和村委会主任基本报酬实现率100%，“村务公开，民主管理规范化建设”达标率98%，创建村级便民服务中心10个，其中徐家坞村被列为市级便民服务中心示范村。

2014年，党委下辖支部17个，党员630人。10个农村党支部中五星级支部3个，四星级支部4个，三星级支部3个。强化村务和财务公开制度，推行“五步工作法”，探索、改进新农村建设工作方法和思路，使党群干群关系得到改善，群众满意度逐年提高。

【农业经济】 2012—2014年，稳定“橘、菜、猪”三大农业支柱产业。其中2014年柑橘收入1660万元，最高收入的2012年2512万元；2014年蔬菜收入1291万元，最高收入2013年2110万元。建立杨家、十三里、窑里3个区柑橘出口基地20公顷。发展城郊特色农业，特色农业总产值占农业总产值17%。

2014年，农业总收入稳中有升，种植业收入4430万元，比上年6.39亿元减少438.6万元。生猪养殖业收入3018万元，比上年2234.7万元增加738.3万元，养殖业收入增长超出种植业减收。有各类专业合作社13家。涌现出一批种养大户，其中柑橘年产量40吨以上的有10户。蔬菜年产量五吨以上的有18户。窑里村草莓基地，塔石塘、窑里城郊蔬菜基地，浮石农场柑橘苗木基地20公顷。姜家坞、十三里村香樟、桂花等园林苗木6.6公顷。形成城郊特色农业。

【工业经济】 2012—2014年，引进千万元以上项目6个。累计实现工业产值3.22亿元。强化招商引资“一号工程”地位，引进各类项目68个，工业投入3.6亿元。2014年，街道有企业39家，其中规模企业有衢州坤力塑料厂、衢江区长久印刷厂、浙江华鑫拉链有限公司、衢州晶日超硬磨具有限公司4家。

【第三产业】 2012—2014年，发挥城郊优势，发展第三产业。全街道从事人力三轮车、各类修理业、经商开店、办饮食餐馆、做钟点工等商饮服务业、建筑运输业人员逐年增多。三产从业人数从2012年547人年增加到2014年1864人，增长291.6%。2012年，投资3589万元的浮石果品蔬菜综合市场动工开建。2014年，街道第三产业GDP总值6245万元，比2012年增长251.1%。来料加工经纪人36人，参加来料加工人数达1601人，加工费收入总数1587万元。累计加工费收入5328.9万元，仅此一项街道人均增收1500元。举办家政、缝纫、电子加工、厨师、保安等19类培训班46次，参加人数3676次，累计实现劳动力转移5587人次。

【基础设施建设】 2012—2014年,结合“五城联动”“五水共治”活动,加大硬件设施建设,投入270万元,购置垃圾清运车37辆,垃圾桶400只,配备卫生保洁员33名,建成垃圾中转站,垃圾池和垃圾堆放场121个。拆除露天粪坑、棚厕248个。整治村覆盖率85%。

2012年,十三里、窑里村、上岩头各自然村的自来水入户工程去年实施,十三里自然村完成主管网埋设。共筹集1680万元资金用于农民饮用水工程,城市集中供水覆盖农村人口4012人。

2014年,完成村庄整治村1个,新增硬化村庄主次干道1.5千米,新建公共厕所一座、垃圾收集放1座、卫生改厕110户,采用玻璃钢成品化粪池加湿地处理模式,建设污水处理净化池92个,航东、徐家坞村建起农民健身广场,获市级卫生村,省级新农村建设示范点。全面完成高速公路大小三改配套工程,完成农村电网改造和有线电视村村通工程。投资76万元,完成长塘垅、后垅小二型水库等塘库加固,沿江6个村机埠改造及王家、十三里等地埋管改造等水利设施建设。投入728万元,完成原21个村22个项目康庄工程建设,完成景观大道旁8个村的外墙整治。投入112万元,各村建成村两委办公用房,7个村建成村文化活动室。

【社会各项事业】 2012—2014年,5所小学完成合班并校的任务,入学率和巩固率分别达100%和99.7%。新型合作医疗参合率达到92.2%,街道卫生院每年为村民健康义务体检;有线电视光纤全覆盖。

2012年,实施文化金走廊工程。2013年,通过省东海明珠工程验收。开展“十大感动浮石人物”评选活动。2014年,开展“十佳好婆婆好媳妇”评选活动,促进街道精神文明建设。10个行政村建成文明村数5个,其中徐家坞被市政府评为市级文明村,开展“春泥计划”活动出村数6个,在建达标乡镇综合文化站1个,广泛开展文化体育活动,送文艺演出和电影下村,创建小康体育村2个,村村通宽带网。

【服务重点项目】 2012—2014年,街道为国家和省、市各类建设项目,完成土地交付无障碍施工政策处理。完成宾港北路沿线改造提升项目、航运开发项目、两站气压站建设项目、迎宾大道建设项目的征迁工作,完成浮石二桥、民航大道、徐家坞城中村、浮石花苑、春江花园、衢州花园、市人民医院分院、市监管四所(原看守所)、公交公司停车场、23省道改造、景观大道、西气东输建设、十里丰城市自来水网工程等一批国家和城市建设项目220公顷土地征用任务。

【深化三民工程】 街道以“建立民情档案、定期民情沟通、为民办事全程服务”为主要内容,努力推进农村社会和谐稳定。全街道10个行政村已经建成58个网格,网格化管理率达100%。完善4032户纸质版和电子版民情档案信息,10个民情档案室按照“四有一员”全部配备到位,对配备的10个民情档案信息管理员进行业务培训,实现民情档案动态管理。每月10日街村联动、每月20区街联动的民情沟通活动程序规范,内容丰富,成效明显。全街道共建有1个街道便民服务大厅、10个村便民服务代办点,11个便民服务网络硬件设施、人员配备到位,服务程序规范,服务功能和服务水平得到较大提升。2013年,完成4个村的达标创建工作,实现达标村创建全覆盖。

2014年浮石街道各行政村基本情况一览表

表51

村名	村支部书记	村民主任	党员人数(名)	村民小组数(个)	户数(户)	人数(人)	耕地面积(公顷)	山林面积(公顷)	劳动力人数(人)	外出劳动力人数(人)	村经济总收入(元)	人均收入(元)
浮东村	张卸刚	张林荣	59	15	498	1609	118.00	—	523	267	13343	13405
塔底村	徐根良	张小林	62	11	588	1558	67.27	—	963	339	8328	13517
窑里村	徐建忠	胡雪渭	46	6	254	818	40.67	—	506	105	24045	13638
徐家坞村	徐光良	徐富荣	47	10	498	1220	41.47	—	823	540	106791	13659
航东村	吴土洪	徐建华	39	8	355	880	29.33	—	609	188	14261	12714
塔石塘村	吴小利	吴银耀	28	8	270	711	38.93	—	247	126	24005	12409
姜家坞村	邵小帅	—	58	8	381	531	44.2	—	831	353	15307	5843
方家村	方忠宝	方富祥	53	9	307	921	34.73	—	411	61	24191	12579
元桥村	吴云刚	邵明海	40	13	386	1228	73.40	—	748	253	0	12562
浮石村	李红良	王建	82	16	503	1681	92.93	—	852	171	175889	13544
合计	—	—	514	104	4040	11157	580.93	—	6513	2403	406160	—
全街道农调人均收入:14399元			—	固定资产总额:24548万元			—	GDP:28149万元		—	—	—

(郑新民　吴璐岐)

樟 潭 街 道

【概况】 樟潭街道位于衢江区政府所在地，古时木行、商贸兴盛，沿江百舸争流素有“小上海”美称。距市区11千米，东与高家镇、龙游县毗邻，南与横路乡、东港街道接壤，西至市区、北沿衢江，浙赣闽铁路，省道、国道公路贯穿境内，交通便捷。全街道总面积49.38平方千米，下辖18个行政村，3个社区，其中，农业人口21993人，非农业人口37124人。辖域内有区级机关、医院、职校、三中、初中、实验小学、事业单位、社团16家。

2012—2014年，实现生产总值1.45亿元，固定资产投入2.5亿元，农民人均可支配收入15353元；个私经济发展916家，个体工商户1423家。2012年，获衢江区综合争先一等奖，“争先创优”集体三等功。2013年，获评第三届全省“人民满意的公务员集体”、省级生态街道、衢州市百个乡镇(街道)分类争先考核经济型(街道)三等奖、衢江区综合争先二等奖。2014年，获衢江区综合争优一等奖。

【基层组织建设】 2012—2014年，街道党工委注重加强38个基层党支部组织建设，每年组织集中学习12次，强化各支部的政治理论学习。评出党员干部工作之星、群众服务之星12名。

2013年，街道完成农村党员先锋指数考评，改进农村党员队伍的纯洁性。把党员从业情况划分为任职党员、普通党员和流动党员三大类进行民主评议。建立民情档案，做好走访、问题排查、民情调研工作。全街道18个行政村、三个社区共建网上民情档案9850户，走访群众1586人次，排查矛盾纠纷41起，调处成功39起；做好党员发展工作。街道按照三个50%，即高中文化程度50%、致富能手占50%、35周岁以下青年占50%的要求，确保新发展党员的质量与素质。

三年中，街道确定入党积极分子75名，吸收预备党员43名，转正党员66名；加强党员管理，关心困难党员和患有疾病党员生活；以“治难转后”为切入点，针对戚家后进村的问题，查找原因，落实措施，提高该村党支部凝聚力。

【重点项目推进】 2012—2014年，街道办事处每年均承担20余个重点项目建设，其中包括国家、省、市、区重点项目，共征地333.33公顷，拆迁面积达22万余平方米。如衢江开发区东扩二期征地43.33公顷，搬迁坟墓106穴，实施工程无障碍施工。拆除樟潭富利莱建材有限公司房屋14000平方米，解决东扩一期历史遗留问题。杭长客运专线征迁工程，拆除金仙岩村民房65户，总面积30205平方米。为杭长高铁高塘石段实施保护性施工。安仁铺枢纽电站项目，征用缪家村集体土地24.47公顷搬迁坟墓120穴。市区快速通道重点项目建设，征用土地0.73公顷，丈量、清场全部结束。

启动城中村改造，通过调查摸底，沈家、茶埠、樟树潭、卢家4个村2656户，2003幢房屋，全部登

浙江新农都衢州批发市场项目开工仪式

记在册。新城区土地征用区定24号地块4.47公顷、28号地块14.67公顷、30号地块5.33公顷,涉及前程村、方杨村、南山底三村总面积24.47公顷,涉及农户139户,全部结束。物流园区地块征用,市烟草大楼征地4公顷,电子商务项目6公顷,拆除房屋1户,丈量农户土地13户10公顷,农贸城征地工作全面完成,完成率100%。

【党风廉政建设】 2012—2014年,街道党工委、纪工委加强领导,强化责任,建立机关干部岗位目标责任考核制度。健全效能投诉制度,定期或不定期组织检查、调查、暗访监督活动。全面落实财务公开、政务公开、党务公开制度,涉密事项例外,一切党务、政务、财务向群众公开。

2012年,党工委与下属基层党组织签订党风廉政建设责任书,利用多种载体进行教育活动,为街道服务经济和社会发展提供政治和纪律保证。2013年,党政干部成员按照"一岗双责"的要求,对分管部门、联系村的党风廉政建设担负起的政治责任、领导责任,把廉政建设重点延伸到村、社区。2014年,开展诫勉谈话14人次,提醒教育4人,纪律抽查20次,组织学习会上2名干部上台作检讨,处理违纪党员17名,其中开除党籍13名,留党察看4名。

【城乡统筹发展】 2012—2014年,街道新增农地流转300.2公顷、无公害农产品基地142.2公顷、设施农业2.55公顷。培训农村"两创"人才15人。提升美丽乡村建设,街道与乌溪桥村共投入资金134万元,实施道路硬化1200米,绿化3000平方米,信安河治理砌坎100米,面积300平方米,使乌溪桥村成为市级美丽乡村精品村。

2012年,街道按照城乡统筹布局,加强新农村、服务型社区建设力度,完成18个村、3个社区的便民服务中心建设。推进村务规范化管理,形成较为完善的议事、做事、监督一套机制,采用公平、公正、公开的招投标运作,对本街道城郊、城中村项目建设规范化起到积极推动作用。

城中村改造茶埠村拆围

2013—2014年,全街道完成城乡居民养老保障和医保收费工作,收费率达96.3%。实施城郊城中村违章建筑查处拆除行动,共拆除违章建筑119宗,65381.3平方米,违章建筑75处。2014年,信安湖治理工作,大安村、平杨村、梨园村、下张村、戚家村、沈家村完成比例90.14%。

【民生保障】 2012年,街道低保工作做到应保尽保,全年享受低保493人,为重度残疾7人,发放保障金7.4万元,帮助解决住房困难户57户118人。街道共有优抚对象166人,发放优抚金82.9万元,最低生活保障288户,586人,发放低保金106.8万元。残疾人家庭社会管理实名登记户442人。

2013年,街道按照省人力资源和社会保障厅文件精神,为72名复退军人、残疾军人办理养老保险。为纳入衢江区总体规划建设用地,6个被征地村的农民办理职工基本养老保险,参保率达93.4%。关注城中村失地农民再就业问题,及时掌握农民工信息,指导3个社区开展就业培训。

2014年,共向困难群众发放救济款10.7万元,发放城镇最低生活保障金25户共12.5万元。

【计划生育】 2012—2014年，街道和社区（村）有计生干部26名，实行计生工作每周点评制和重大事宜及时处理制，共征收社会抚养费460万元。2012年，在第十四个“5·29”计生协会会员活动日，街道计生协会举办“关注人口、幸福家庭”的文艺表演、知识竞答。2013年，街村（社区）共举办计生培训班15期，参加培训2784人次。随访育龄妇女2513人次，发放宣传册5643份，避孕药具16908盒。通过信息、QQ群、微博等形式宣传计生科普知识，年度信息量4352条。街道投入资金10万元，为计生工作信息化服务增添硬件设施。

【社会文化事业】 2012—2014年，街道为丰富群众文化生活，组织居民、村民开展广场舞、排舞、腰鼓、艺术表演，送电影下乡120场，送戏下乡演出24场，建立农家书屋、民工图书室共21所。街道共有广场舞活动场地8处，篮球场7个，乒乓球台21台，健身公园4处，举办文体活动培训班12期，参训人员1300人次，文体团队8支，组唱班、表演队10支。开展创建特色文化村、村级文化礼堂，增加硬件配套设施，街道12个村、3个社区办起文化活动室、文化广场。临江、霞飞、霓虹3个社区、前程村被评为省级文化示范社区和文化示范村，沈家、戚家、平杨3个村被评为市级“特色文化村”。街道有12个活动室被评为区级先进文化活动室。2013年，前程村建起文化礼堂、篮球场、图书室，配套藏书万册。2014年，沈家村投入资金120万元创建文化礼堂。

【创建各具特色的新型社区】 2012—2014年，街道根据临江、霞飞、霓虹3个社区不同特点，着力打造“特色文化精品社区，幸福居家社区和惠民服务型新型社区”。临江社区是村居并存的混合型社区，为打造特色文化精品，提前规划布局办公用房700平方米，内设文化娱乐室、排练厅等一站式的市民活动中心。社区组织6支文体活动队伍，每周集训一次。临江社区被评为全国综合减灾示范社区、浙江省文化示范社区、浙江省老龄工作规范化社区等先进。霞飞社区是典型的城镇型社区，为让拆迁农户幸福居家适应安置后生产生活，在衢江花园小区成立小区业主委员会，使安置农户实现互助自治。社区增设健身器材、文娱广场，累计接待社区居民、外来人员3万人次。启动关爱特困户、空巢老人、残疾人员及留守儿童服务，为困难群众、困难党员及留守儿童发放慰问金、粮、油、衣服棉被等生活用品。

2013年，霞飞社区获评浙江省“和谐示范社区”、衢州市“文明社区”。霓虹社区是衢江新城区经济、文化最繁华的中心社区。社区集住居民4786户、13415人口。为创建惠民服务型社区，建立社区“志愿者服务队”，分批结对走访困难户、残疾人、孤寡老人12批次。举办“创业劳务招聘夜市”，全年8期招聘会，提供就业岗位11750个，达成意向就业1384人。社区投入资金217万元，建起居家养老服务站。成立“义工家园”，组织9支义工服务队。

2014年，成立“老年照料中心”，聘用专职人员，为老年人提供帮助。同年10月，浙江省民宗委党组书记冯志礼来社区调研工作得到充分肯定。

2014年樟潭街道各行政村、社区基本情况一览表

表52

村名	书记	主任	自然村数	村民小组数	农户数	人口数	区域面积(平方千米)	耕面积(公顷)		果园面积(公顷)		劳动力(人)	外出务工(人)
								水田	旱地	柑橘	其他		
沈家村	叶雪良	叶建玲	6	5	598	1587	3.4	—	—	—	—	856	400
茶埠村	程林建	朱云昌	6	14	590	1422	2.86	—	8.1	—	—	916	291
樟树潭	王叶明	许金伟	4	12	606	1358	1.9	—	14	1.67	—	863	450
卢家村	祝国建	杜云华	3	9	397	966	1.4	—	5	—	—	202	420
金仙岩	郑忠华	钱荣富	2	10	375	1102	3.5	13.32	40.3	7.67	0.26	671	332
南山底	诸梅根	方正春	3	12	506	1460	3.9	91.33	57.3	6.67	1.8	850	405
缪家村	余献忠	杨　宏	5	15	644	1938	3.8	103.33	103.7	58.8	—	1220	373
方杨村	徐其康	—	4	10	451	1180	2.8	2.33	30.33	10.67	—	765	275
前程村	方革庆	潘勤峰	5	12	632	1768	3.5	63.66	80.32	30.67	3.06	1087	650
大安村	郑渭良	曾明明	5	13	462	1652	2.4	120.99	138.33	73.3	40	984	372
平杨村	方平忠	周明土	3	12	360	1135	3.3	90.66	117.33	2.67	37	669	377
梨园村	戴益品	徐世发	4	6	288	748	1.06	—	8.33	8.67	—	504	312
乌溪桥	陈雪祥	王武惠	1	4	252	673	1.5	10.33	35.6	15.67	—	521	235
戚家村	戚雪荣	戚光彩	4	13	639	1607	1.9	89	127	13.3	—	1050	250
下张村	张金良	项庆茂	4	6	237	546	2.86	—	5.33	0.33	—	340	160
徐尚村	—	孙根富	3	4	317	816	5	3	6.66	5.33	—	528	220
周村村	李小根	徐卫平	3	8	273	801	1.9	—	33.33	6.46	—	529	245
芝坑桥	邓荣祥	陈国淮	6	11	437	1234	2.4	—	33.33	8	—	756	202
临江社区	余亚萍	徐　军	—	6	4864	13571	—	—	—	—	—	—	—
霞飞社区	汪可敬	郑方超	—	17	3134	10138	—	—	—	—	—	—	—
霓虹社区	郑雪忠	胡俊芬	—	8	4786	13415	—	—	—	—	—	—	—

(林玉祥)

东港街道

【概况】 东港街道地处衢州市东南部,紧邻衢江新区,东至上山溪,南至柯城工业园区,北至320国道,西至乌溪江,总面积26.45平方千米,总人口6935人,流动人口1.3万余人,交通便捷,距市区只需10分钟的路程。是衢州绿色产业集聚区东港新城核心区块,衢州市主要的工业区,是一个以工业为主导,兼顾衢州市山水城市特色,市政设施完善,环境优美,生态良好的新兴现代化城市综合区。

东港街道全景

2005年2月2日,根据衢江区政府《关于同意成立东港街道办事处并实行委托管理的批复》精神,区编委下发《关于设立衢江区东港街道办事处的通知》,东港街道挂牌运作。东港街道办事处为衢江区政府派出机构,委托衢州市经济开发区管理委员会管理。下辖8个行政村,由原下张乡闸桥、诸家、姜庄、后垅张、潘家垅5个行政村和原横路乡旺村、横路后、野鸭垅3个行政村组成。

2012年,衢州市委、市政府将衢州绿色产业集聚区、国家级衢州经济技术开发区、衢州国家高新技术产业园区、衢州综合物流园区"四区合一"。同年10月,衢州绿色产业集聚区正式挂牌运行,东港街道变更为衢州绿色产业集聚区管理。街道办事处内设4个职能科室:党政综合办公室、经济发展办公室、社会事业发展办公室,社会事务综合治理办公室,核定行政编制15名。下设2家事业机构:农业技术综合服务中心,核定编制4名,社会事业服务中心核定编制6名。

【基层组织建设】 2012—2014年,街道党工委注重制度建设和思想建设并举,开展"争先创优"和群众路线教育活动,推进"三民工程"标准化建设,夯实农村基层党组织建设。深入开展基层党支部"争先创优"活动,从"领导班子""党员干部队伍建设""工作机制""新农村建设""民主制度"为主要内容夯实基层基础。通过谈心统一村主职干部的思想并明确征迁等重点工作任务。严格党员发展程序、建立学习培训制度。落实村"两委"联席会议制度、村民代表大会制度、党员群众议事日制度、党务村务公开制度,规范党务村务工作。开展"平安村"创建活动,推进"进村入企"大走访活动,走访农户1671户,收集意见建议及时整改。

推进"三民工程"标准化建设,抓好8个行政村的标准化建设,在配齐配足电脑、电话、资料柜等硬件设施的基础上,切实做到民情档案动态收集管理,民情沟通定时、定人、定事,便民服务全面、快速、到位。建成5个村级便民活动中心,3个便民活动工作站,共受理和办结各类事项1422件,承诺时间内办结率100%,满意率100%。

开展党的群众路线教育实践活动,出台《东港街道深入开展党的群众路线教育实践活动的实施方案》,把改进作风的成效落实到基层组织。街道先后组织党员干部就"奔跑起来吧,我的衢州""如何当好'店小二'、服务企业主体、查找服务企业方面的差距,加快集聚区发展""群众路线大家谈"深入开展讨论。

【服务开发区和重点项目推进】 2012—2014年,街道办事处始终把"低丘缓坡"征地项目和土方平整项目作为阶段工作的重中之重,投入大量人力精力持续不断的协调推进征迁工作。共牵头与涉及低丘缓坡征地工作的5个行政村签订集体土地征收协议9份,协议面积886.67余公顷。衢绍园四、七、八、九区块需平整面积为90公顷,总挖方量为1998277立方米,已完成1888782立方米,占总进度94.5%;一、二区块需平整面积为95.33公顷,已完成73.33公顷,总挖方量为2343516立方米,已完成1940000立方米,占总进度82.7%;南拓区(一片区)八、十、十一区块需平整面积为115.13公顷,已完成41.33公顷,总挖方量为3587787立方米,已完成1305000立方米,占总进度36.4%。东港公墓建设完成80%,迁入坟墓200余穴。

【幸福乡村建设】 街道办事处开展"提升园区环境 共建生态家园"行动,深入推进"幸福乡村"创建。2012—2013年,街、村两级共投入220余万元,先后完成横路后新村配套及亮化工程,横路后村与东港二路连接线及挡土墙建设工程、闹桥乌龙沟取直工程、后垅张村路灯整改工程、姜庄村公墓维修扩建工程、姜庄服务区道路硬化、排水工程,诸家村拆迁安置地排污改造工程,长花垅水库山塘整治工程、潘家垅村排水排污一期工程和诸家村道路硬化、排水、排污工程。制定卫生整治和长效保洁方案,全街道共有保洁员14名,垃圾清运车13辆。开展了乌溪江、乌垅沟、上山溪等河流的河道清洁行动。驻村干部协同区生态指导员按照"4321"的内容要求进入各村开展调查,共走访农户320余户,召开村两委会、党员代表会20多次,通过"听、看、访"等方式发现街道各行政村存在的不足。

【创建平安东港】 2012—2014年,以创建"平安东港"为平台,重点抓好街道综治工作中心、司法所的建设,先后成立"平安村""民主法制村""无邪教村"创建领导小组,组建充实村级巡逻队、义务消防队,完善各类应急预案及实施意见,编印《东港街道社会治安综合治理系列材料》下发到村,形成领导重视、机制健全、分工明确、办事高效的工作格局。结合征地拆迁等重点工作的推进做好现场纠纷和土地款分配矛盾的调处,实行源头管控、网格化管理,切实做到充分发挥党员干部的作用,高效推进工作。开展12次矛盾纠纷集中排查,排查各类矛盾纠纷98起,调处成功94起,调处成功率95.9%,接待群众直接来访20次,回复信访函件64件。

【五水共治东港模式】 2014年,东港街道因地制宜,结合街道实际积极探索,围绕"人员招聘、监督检查、科学保障、责任落实、宣传发动"的核心思想,创造性地建立"街道直接管理保洁员"的新思路和新模式,实现保洁人员专业化、保洁质量有保证的良性循环,在河道保洁工作上走出一条新路,摸索出一套行之有效的"东港模式",被评为浙江省治水美镇"管水护水"10强荣誉。

落实各级"河长"第一责任,成立街道水生态环境管理领导小组和河长制办公室,明确街、村两级河长以及街道联村干部为各所辖村河段段长。下发河长日志,定期检查记录情况,实现街、村两级河长层层抓落实,形成治水合力。成立以街道治水办为主的卫生保洁检查小组,每月两次由街道领导带队,不定期对八个行政村和辖区6条河道11个河段进行检查,对所有村和河道进行卫生排名,将河道村庄保洁工作列入街村干部考核,保洁员考核奖金与保洁排名挂钩。

全街道共投劳动力1800余人次、机械挖掘机100小时,拖拉机24台清理垃圾、杂草420吨。集中对河道清淤15.8千米,完成乌溪江闹桥村下游段河道、乌龙溪、大垅排渠、杨梅岗排渠清淤工作。在乌龙溪东港三路桥底等三处安装钢制拦网,集中收集河道漂浮垃圾,确保对垃圾有效清理。沿乌溪江闹桥村下游段公路安装70余米绿篱拦网,防止在河滩倾倒建筑垃圾。

【无违建街创建】 2013—2014年，东港街道以城中村改造为契机，实施“无违建”街道创建活动，完善违建巡查和处置机制，结合实际，以被征地块范围内的违建、“四边”典型违建及一户多宅等三类违建为重点开展拆违工作，共拆除典型“两违”建筑共362宗，面积125029.57平方米，其中2014年结合生猪禁养工作，共处理能繁母猪430头，生猪6168头，腾空养殖用房、设施25864平方米。要求巡查队员在工作中“一人、一案、一档”，对每一处拆除前和拆除后进行照片对比，全程拍摄和登记，做好台账进行归档管理，整理出完整的台账备案资料，注重台账的质量，并由专人负责管理。

【社会各项事业】 2012—2014年，东港街道抓民生、强服务，推动社会事业全面发展。人口与计划生育工作责任制，计划生育率达91%，综合节育措施落实率达92%。开展计生专项整治活动，明确街村干部岗位职责，加大对历年来违反计划生育政策对象的处罚力度，共处理计划外生育案件33例，征收社会扶养费138.8362万元。落实失地农民基本生活保障政策的人员4995人，办理就业困难人员社保补贴316人。

2014年，参加新农合参保人数达3407人，参保率达91%，发放定补、低保金30.988万余元；医疗救助11.86万余元，为106名参加城乡基本医疗保险的残疾人申报办理大病医疗保险。

2014年东港街道行政村情况一览表

表53

村名	党支书	党员数	村民小组数	村主任	农户数（户）	人口数（人）	耕地面积（公顷）	人均年收入
闹桥村	胡弟古	43	7	胡弟古	460	1250	121.27	18356
后垅张	朱银龙	13	1	张光良	92	267	0	16683
姜庄村	姜水洪	18	2	姜成良	110	308	57.28	17642
诸家村	熊清良	22	2	留渭泉	146	492	0	16368
潘家垅	徐子龙	32	4	徐子龙	201	548	35.45	17035
横路后	胡茂松	30	7	何光明	275	837	0	18730
旺村村	叶国胜	40	13	叶小泉	516	1506	166	16871
野鸭垅		51	12	童志刚	668	1893	270.21	15934

（杨佳盛）

高家镇

【概况】 高家镇位于衢州东部，东与龙游县接壤，距市区18千米，距龙游县城13千米。浙赣铁路复线、320国道、杭金衢高速公路、衢江航道及杭长客运专线穿镇而过。实际辖区总面积65平方千米，24个行政村，247个村民小组，11210户，36331人。2014年全镇实现地区总产值6.43亿元，增幅12.81%；实现财政总收入904万元，增幅17.83%；完成固定资产投资3.2亿元，增幅43.82%；完成限额以上工业投资1.9亿元；完成工业、农业、服务业招商引资到位资金4.04亿元；规模工业企业总产值3亿元；农民人均纯收入13218元，同比增长11%；人口自然增长率控制在计划指标之内。

2012—2014年，连续三年获评区综合考核先进单位三等奖。2014年,获评全市百个乡镇(街道)分类争先考核经济型二类镇三等奖、区综合考核乡镇三等奖、现代农业招商二等奖、安全生产工作考核二等奖、人民调解工作考核二等奖。

【项目引进】 坚持招商引资"一号工程"不动摇,2012年,招商引资到位资金8000万元。引进华金红心猕猴桃基地、溪西生态循环农业示范园、高家铁皮石斛种植基地现代农业项目3个。

2013年,引进工业项目4个,协议总投资4.1亿元,分别是:协议投资2.2亿元的自动化装备及行走部件项目;协议投资1.2亿元的年产120万套汽车液压装置支撑件及25万套新型工业缝纫机机体生产线建设项目;协议投资2000万元、年产2000吨的高端环保工业涂料项目和协议投资5000万元、年产3万樘高档智能防盗门生产线项目。引进农业项目2个,分别是投资5000万元、占地16.67公顷的水云谷铁皮石斛种植基地;投资1000万元、占地20公顷的衢南中华鳖精品园项目。

2014年,衢州华昊机械建设项目总投资1.2亿元,实际到位7500万元;科盛饲料二期拓展项目总投资5000万元,实际到位2500万元。弗兰克新能源项目总投资5300万元,实际到位2800万元。衢州铭辉能源科技公司40兆瓦光伏发电建设项目总投资5亿元,实际到位5500万元。衢州天华能源公司45兆瓦光伏发电建设项目总投资6.2亿元,实际到位1亿元。高家集镇商贸中心项目总投资1.2亿元,实际到位6200万元。泰华动物无害化处理厂总投资2100万元,实际到位2100万元。衢州佳苑生态畜业养殖有限公司奶牛养殖项目总投资1.06亿元,实际到位2000万元。衢州市静草芦生态农业开发有限公司水果蔬菜项目总投资2000万元,实际到位500万元。衢江区安形家庭农场绿化苗木项目总投资1300万元,实际到位1300万元。

【农业转型升级】 促进传统农业向现代农业加快转变,推动农业转型升级,共减少柑橘种植面积66.67公顷,形成柑橘产业转型提质的倒逼机制。新建安仁畈高标准农田666.67公顷,开辟以樱桃、猕猴桃、草莓等水果和蔬菜大棚为主的农业经济新增长点。促进露天农业向设施农业加快转变,提高农业科技含量、土地产出率和农业效益。促进低端农业向高端农业加快转变,引导优势企业与优质项目相结合。培育家庭农场,助推农业转型,把发展家庭农场作为2014年新农村建设工作的重点,新注册家庭农场61家,其中专业水稻种植24家、水果13家、蔬菜7家、禽畜养殖6家、花卉苗木6家、水产养殖3家、食用菌1家、综合型1家,合计占地面积800公顷。

【基础设施建设】 2012—2014年,杭长客运专线项目征迁、西气东输项目借地工作完工。衢江航运安仁铺水利枢纽(船闸)工程确保无障碍施工;完成安仁铺服务区新征地0.67公顷;欧塘坝加固工程通过验收;衢江干堤三期加固工程施工完成。天然气南网工程、中石化成品油管道、衢江航运开发工程所涉及借地、征地政策补偿款发放到户,其中天然气南网工程是全区率先第一个交地施工的乡镇。安仁畈高标准农田示范工程项目建设正在加快实施中。总投资3860万元的农村饮水安全工程项目全面完成地形图测量,受益人口3.6万人。总投资91.9万元,总容积8.2万立方米,集雨面积0.499平方千米,涉及湖仁村、划船塘村和高湖村的南山垅等3座山塘加固除险工程,完成并通过验收。

【推进"五水共治"】 确立"清三河"行动工作目标,在黑河、臭河、垃圾河河段内竖立标志牌,标明责任河长及整治时限,开展河面垃圾和岸边垃圾清理,清扫垃圾50吨,封堵排污口20个,清淤4.4万立方米,整治长度3千米。确保河道垃圾"日产日清”，有专人负责，有专项资金保证。敦促砂石厂整治再规范。严禁一切非法采砂和违规排放污水活动。建立规范禁采区、限采区和可采区；进一步加大治理力度，强化联合执法，对盗采、偷采以及非法采砂和制砂点污水乱排放的行为予以严厉打击。总投资993.11万元的农村生活污水处理项目，2014年共涉及高家、洪家、黄甲楼、郑家垅头、高湖、湖仁等9个村，涉及农户3833户，已全面完工。推进农村生活垃圾集中收集处理及无害化处理工作，极大改善农村环境面貌。建立健全长效管理机制，进一步落实和完善保洁的责任主体，做到专人负责、经费保障和设施配套。

【三改一拆】 加强土地巡查，严控在建、新建违法建筑，做到即查即拆，保证违法建筑零增长。开展“一户多宅”整治活动，创建“无违建乡镇”，切实做好“宣”“查”“拆”“巡”四项工作，制定具体的创建方案。开展生猪整规行动，共整治生猪养殖场(户)1929户，消减存栏生猪49056头，其中能繁母猪3332头，商品猪45724头，拆除面积总计161164.11平方米。实施低丘缓坡开发，2012年度立项22.07公顷、5个开发地块进场施工。

【集镇建设】 2012年，投资48万元的菜场支路改造工程和投资10万元的中心小学门口道路硬化工程已完成并投入使用。镇污水处理厂已完成设备安装调试，污水处理支管网建设将竣工。投资50万元，完成集镇道路破板维修、清洁工作和集镇沿街遮阳雨篷整治，有力提升镇容镇貌。

2013年，总长度1.89千米、宽度24米的墩煌西路改造工程竣工验收；投资71.68万元、总长3千米的污水收集支管网工程已全面完工；镇污水处理厂3月底开始运行。占地0.62公顷、总投资1500万元的集镇菜市场迁建工程现完成项目招商工作。

2014年，集镇大桥路主干道改造提升工程启动建设，投资1.2亿元的高家集镇商贸中心项目进入实施阶段。

【美丽乡村建设】 2012年，完成高家、枫树底、新安、四山和坎高5个村的整治任务。实施道路硬化、污水处理、卫生改厕、绿化、垃圾处理五大项目，完成道路绿化5500米，污水管道建设15000米，污水处理池500立方米，新增绿化面积6000平方米。培育中央徐、后方、郑家垅头等9个“绿化示范村”，总面积5万平方米。建成新安、划船塘、四山等12个村的20千米农田林网。上溪村“移栏上山”生猪养殖小区积极尝试“村社联建、以股托养、配额流转、循环利用”新模式，破解“规模小、分散式、密度高、污染重”的发展困局，提高生态规模化养殖水平，改善农民居住环境，促进养殖户增收致富。推行垃圾“户集、村运、镇处理”运作模式，制定考核办法加强督促检查力度，定期对各行政村开展检查，及时公布结果，不断健全长效保洁机制，年终考核继续保持全区前茅。抓好农村困难家庭危房改造工作，2012年全面完成212户救助对象的危房改造任务。

【民生事业】 2012年，镇财政配套19.58万元，543户，696人享受最低生活保障，在应保尽保的基础上实现动态管理。推进新型农村合作医疗、政策性农村住房保险、城乡居民社会养老保险及农民健康工程等工作。全镇计划生育立案率93.94%，当年政策兑现率80.57%，计划内生育率91.6%，应透环妇检率100%。成功举办以“弘扬杨炯文化·擦亮衢江‘金名片’”为主题的“杨炯文化节”。做好统战大团结工作，稳妥有序做好宗教管理工作，建立和完善宗教事务管理网络，落实镇村两级工作责任制，及时掌握宗教活动信息情况。做好冬季征兵工作，完成上级下达的征兵任务，全镇共有21位适龄青年参军入伍。

【安全生产】 2012—2014年,以“打非治违”专项行动和“安全生产月”活动为契机,狠抓安全生产责任落实,深化安全隐患排查治理,强化重点行业领域安全监管,先后完成责任书签订、一企一档的建立、节假日专项整治等行动。围绕“巩固市级食品安全示范乡镇,争创市级药品安全示范乡镇”这一工作思路,协助区质监局关停安仁村地下春笋加工厂1家;组织开展修正药业等9家药品生产企业的胶囊剂药品和铬超标胶囊的专项检查2次,杜绝上述药品在本镇境内流通。

【基层组织建设】 2012年,以“基层组织建设年”活动为抓手,加强村级班子建设,打造一支高素质的基层党员干部队伍,促进农村工作稳步开展。加强基层民主建设。建立和完善党建例会制度、理论学习制度、工作纪律及考核制度。建立健全镇村两级干部考核激励约束机制与农村基层组织建设各项制度。坚持党务公开,完善民主管理制度,将村务公开、“民情沟通日”制度列入镇机关干部考核内容。坚持重大事项“五步工作法”与重大村务民主决策制度。对全镇33个党支部实行分类指导定标准,明确晋级方向。加强基层组织阵地建设。新建科盛饲料有限公司支部,使有条件单独建立党支部的两新组织都建立起支部,实现两新组织全覆盖。在阮氏食品厂支部建立党员活动室,创建市区党代表工作室和中央徐村胡秀德个人党代表工作室。全镇共发展入党积极分子45人,预备党员 30人,正式党员36人。

2014年,开展路线教育,转变工作作风。利用周一夜学组织召开教育实践活动专题会议,认真学习习近平总书记一系列重要讲话精神,观看《焦裕禄》等教育影片,开展党的群众路线大讲坛、大讨论等一系列广大党员干部喜闻乐见的活动。开展走亲连心入基层活动,要求每位党员深入农村,实地走访联系村所有农户,开展“群众意见及时传达,群众问题及时解决”的“两及时”活动,畅听民意民声。聚焦“四风”查摆问题。通过自己找、群众提、互相帮、上级点,认真查找“四风”突出问题。

【举办杨炯文化节】 2012 年7月19日,由衢江区委宣传部、高家镇政府、区文广局主办,市非遗保护中心、市新闻工作者协会、区文联协办的2012杨炯文化节,在高家镇盈川举行。

1300多年前,武则天执政的如意元年(692年)农历四月廿二,“初唐四杰”之一杨炯到达盈川任首任县令。相传,杨炯到任后爱民如子,恪尽职守。每年农历六月初一,必到附近村庄巡视,深得百姓拥戴。公元695年,适逢罕见大旱,田地庄稼枯焦,百姓求神拜佛,杨炯心急如焚。当年农历七月初九,杨炯仰天长叹,“吾无力救盈川百姓于水火,枉哉焉!”遂为求甘霖,纵身跳入盈川潭,以身殉天。顷刻,电闪雷鸣,暴雨如注,旱情解除。武则天得知杨炯为民祈雨捐躯解除旱情,御笔亲书“其死可悯,其志可嘉”。敕封杨炯为城隍神,敕建城隍庙,永享四季祭祀。当地百姓为了祈求丰衣足食,四季平安,每年的农历六月初一,都要举行“杨炯出巡”祭祀仪式。这一仪式在2007年6月入选浙江省第二批非物质文化遗产代表作名录。

这次活动主题“弘扬杨炯文化,擦亮衢江‘金名片”。内容包括:“杨炯出巡”祭祀仪式。由60人组成的祭祀队伍按杨炯原先出巡线路顺序,起始站为盈川村杨炯祠,经山外村、桂花村、大田畈村等16个村28个祭祀站点。国家、省、市、区相关领导和专家参观杨炯祠及相关文物点,进行杨炯诗词题词、书法活动。观看高家镇欧塘村婺剧团自编自导自演的新编婺剧《杨炯断案》。同时,举办杨炯文化传承与保护论坛,中央民族大学教授、国家非遗专家委员会委员祁庆富,就如何弘扬盈川城隍信俗文化提出建议,为申报国家级非遗代表性项目打下基础。

表54

2014年高家镇各行政村基本情况一览表

村名	村支部书记	村民主任	党员人数（名）	村民小组数（个）	户数（户）	人数（人）	耕地面积（公顷）	柑橘面积（公顷）	柑橘产量（吨）	村域面积（公顷）	村经济总收入（元）	人均收入（元）
高家村	高林昌	姜宗根	70	14	727	2244	114.93	430	760	247.08	349137	7455
郑家垅头村	江永春		59	12	531	1830	83.33	400	850	233.64	16000	7381
西村村	汪松方	裴兴冲	35	10	392	1298	76.00	420	669	184.57	23000	7801
航墩村	陈锡松	王林春	46	8	445	1480	85.27	700	1020	324.37	13000	8423
陈宅村	黄建斌	徐康祥	50	10	401	1388	87.67	720	870	154.29	148290	7090
林家村	缪小渭	黄清泉	38	9	470	1560	74.53	510	1060	550.68	46536	6949
松旺村	方久红	方立丰	64	15	652	2271	128.73	765	1110	268.43	24529	7343
后方村	祝红明	叶利平	59	8	374	1230	67.00	630	970	243.88	279235	7653
枫树底村	姜惜才	柴建青	57	10	551	1745	72.13	800	940	266.65	252269	6735
上溪村	储雪祥	陈雪峰	31	6	265	997	33.20	360	720	128.48	57200	7380
四山村	胡海泉	柳忠云	56	11	420	1270	83.60	500	650	245.70	49191	6618
段家村	俞忠华	石根贵	53	8	355	994	97.93	680	1150	235.10	31116	7395
高湖村	黄坚强	毛渭木	65	10	532	1738	112.33	750	600	342.10	274900	7238
中央徐村	胡秀德	韩荣建	80	21	826	2666	105.8	630	730	537.67	16014	7121
安仁村	叶银康	徐国良	83	13	474	1663	92.27	850	1440	539.22	62508	7092
洪家村	洪云龙	洪忠	43	6	415	1240	87.53	550	1030	177.53	355000	7424
黄甲楼村	叶土良	王素珍	34	5	342	1079	48.13	180	360	168.42	554244	7005
新安村	廖昌裕	廖国斌	15	1	134	351	14.13	0	0	46.67	29747	8590
盈川村	崔云山	徐雪松	32	6	310	965	43.20	240	280	173.80	27876	6993

续表54

村名	村支部书记	村民主任	党员人数（名）	村民小组数（个）	户数（户）	人数（人）	耕地面积（公顷）	柑橘面积（公顷）	柑橘产量（吨）	村域面积（公顷）	村经济总收入（元）	人均收入（元）
湖仁村	汪水荣	陈旭康	24	8	310	1038	11.20	550	770	223.32	234311	7255
坎高村	刘水良	胡新丰	56	11	560	1696	131.93	500	980	212.54	79430	6813
欧塘村	江雪清	孙建飞	71	19	711	2606	144.27	750	1120	302.08	131418	7225
划船塘村	撒国元	童土发	62	19	657	1904	123.87	800	1340	664.97	65719	6588
斋堂村	郑水龙	余明红	31	7	356	1078	58.33	250	840	166.37	66125	7533
合　计			1214	247	11210	36331	1977.31	12965	20259	6637.56	3186795	—
全镇农调人均收入		14300元	—	固定资产总额		24536万元	—	GDP	54497万元	—	—	—

（刘文霞　章　翠）

全 旺 镇

【概况】 全旺镇素有“皇后故里、状元之乡”美誉。距市区23千米，地处衢南半山区，总面积98.93平方千米，东西宽14.34千米，南北长16.5千米，东北与高家镇、龙游县毗邻，西南与横路乡、大洲镇接壤，下辖15个行政村，总人口数6755户，23013人。有耕地1475公顷，其中水田1173公顷、旱地302公顷。土地12873公顷，立木蓄积量11.61万立方米，竹林1895公顷。全旺交通便利，石安线、芳全线穿境而过，18路、532路公交车直达市区。

2014年，实现地区生产总值3.779亿元，年均增长5.667%；地方财政收入336万元，年均增长28.1%；固定资产投入21393万元，年均增长23.9%；农民人均收入14463元，年均增长40.7%。个私经济快速发展，旅游服务业发展投资增幅在40%，经济占比连年提升。人口自然增长率控制在5‰以内。获全市百个乡镇分类争先考核一等奖，衢江区综合争先二等奖。

【农业转型】 2012年，全旺省级现代农业综合园区成立镇现代综合园区服务中心，引进1000万元以上现代休闲农业规模项目8个，协议总投资达到4亿元；省级粮食功能区投资497.5万元，建成“五化”综合服务中心，实现“五节”目标，每亩节本80元，推动早稻机插面积由原来的53.33公顷扩展到266.67多公顷。建立镇级农产品检测中心，配备专业人员，免费为家庭农场检测农产品，协助高老庄、叶青等家庭农场建立农产品快速检测室。

2014年，共规范提升家庭农场5家，建成农产品快速检测室13个，全年共抽检蔬菜、水果等样品300个，合格率100%。镇政府结合各村特色，把发展一村一品作为调整产业结构，以镇抓重点村，村抓示范户，规范化培育，产业化发展的方式，重点打造具有特色的一村一品。同年底，里舍村被评为全市一村一品最佳村，尹家村的甲鱼养殖、楼山后村的历史文化古村落被评为全市一村一品优秀村。建立省级农业高科技园区。经市、区科技部门现场考察和调研，全旺镇取得全市唯一的省级农业高科技园区创建资格，三易易生态有限公司成为省农高园的创建主体。

三易易省级农业高科技园区

【环境整治】 2012—2014年，先后组织8次环境卫生整治行动，对全镇5条45千米长的河道进行全面的清理，境内河道水质得到明显改善，建立完善“河长制”和镇人大月督查机制。向市区水利部门争取全市推广洁水渔业试点工作，制订山塘水库生态治理“三年”行动计划，力争列入饮用水备用水源的红岩水库和尖峰山水库的水质标准达到Ⅱ类，其他89座山塘水库的水质标准达到Ⅲ类。华瀚鳖业养殖基地尾水湿地处理系统成为全省示范点。

围绕“新违建零发生，老违建尽快清”的防违控违拆违总体要求，结合“三改一拆”“一户多宅”整治、“美丽乡村”建设等重点工作，全力推进“无违建”乡镇创建工作。马蹊村以“三改一拆”专项行动为契机,注重“拆、改、用”相结合,有效整合利用农村闲置宅基地,解决农民无地建房难题。全镇共完成13个村的生猪整规工作,关停生猪养殖户355户,削减能繁母猪1201头、商品猪11602头,拆除养殖用房31986平方米,拆除栏舍6313.7平方米,基本实现村庄内、水库边、河道边等禁养区全面禁养,空气质量和人居环境明显改善,成功创建“国家级生态乡镇”金名片。2014年,“马蹊”模式被省、市、区总结推广。

【文化旅游】 充分发挥全旺生态文化优势,深度挖掘省级文保点两弓塘古窑址文化,成功引进由台湾陶艺大师徐瑞鸿投资的全旺陶谷三陶轩古名窑研创基地项目。 2012年,楼山后省级历史文化古村落保护利用项目启动,重新修编《全旺文化通览》和《全旺民间故事集》,饭甑山旅游景区开发项目签约。2014年,饭甑山旅游开发项目正式开工,一期近3000米的游步道栈道工程基础建设完工,游客可登栈道上饭甑山。

【民生保障】 2012—2014年,共投资1.5亿元,实施水利、交通等各类民生项目136个。完成水田开发26.67公顷、旱改水33.33公顷和农村土地综合整治1.20公顷,完成方家坞水库“千库保安”项目及世家垅、立坞垅等7座山塘整治项目,实施柴公岗畈、官塘畈、岩头畈灌区工程,建成投入使用文化礼堂2个。全镇“农家书屋”实现全覆盖,在15个村设立12个一类村邮站、3个三类村邮站,村级便民服务中心全面规范提升。全镇农村养老保险累计15013人,新型合作医疗保险参保人数14844人,实现96%的参保率。2014年,全镇低保户数399户,共计577人;发放重度残疾人基本生活保障金200人。重视安全生产工作,建立农产品质量监测站(室)13个,加强食品药品和放心消费安全监管,保障人民群众生命健康安全,各项民生事业得到新发展。

【基层党建】 2014年,全面开展以“五带头”为主要内容的先锋指数考评管理活动,开展党员之星评选,共评出先锋党员32名。加强党员教育和管理,做好发展对象和警示型党员的谈心谈话及帮教工作,严肃处置不合格党员。严格执行党员发展计划、申请人预审制度、入党申请书镇村两地存放、“三推一定”确定发展培养对象、三次公示等五项制度,严把标准,严控总量,坚持全面落实党风廉政建设责任制,抓好党风廉政建设。进一步健全完善教育、制度、监督并重的预防体系,从源头上防止和克服违法违纪现象。加强机关内部制度建设,严肃财经纪律,形成靠制度管人管事的有效机制,推行以《服务告知卡》《便民联系卡》《安全警示卡》《行政村亲情本》和短信平台为核心的“三卡一本一平台”制度。建立全市首家镇级民情档案信息管理中心、镇行政服务中心和现代农业园区服务中心。设立民生服务热线,规范服务程序,实行为民办事全程代办制度。

【平安建设】 2012—2014年,发挥每周二的镇“民情调处日”和每月20日的区“民情沟通日”作用,化解群众各类矛盾纠纷、信访事项380多起,为“平安全旺”建设打下扎实的基础。召开重点信访听证会8次,化解信访问题8件,无重复访。2014年,规范综治例会制度,明确每一阶段的工作任务,进行“月月清”考核,通过考核制度鼓励工作人员从纠纷找上门解决,转化为上门解决纠纷,做到奖勤罚惰。全镇建成以司法所为枢纽,以村治保会为基础,以村调解小组为补充的调解网格。镇村两级调委会共受理各类民间纠纷193件，调解193件，调解成功186件，调解率和成功率分别为100%和96%，有效化解不稳定因素。

【楼山后省级历史文化古村落保护】 2012年，楼山后省级历史文化古村落保护利用项目启动。2014年，底楼山后村骏惠堂（明孝贞纯皇后厅，俗称娘娘厅）修复、文昌阁、古戏台复建项目、外立面改造、景观工程等主体工程基本完工，三线地埋、污水处理、仙泉溪改造等项目正有序推进，规划改造的楼山后古村落美景雏形初显。

明孝贞纯皇后故里—楼山后村

【中央电视台拍摄全旺板龙】 2014年8月4日，中央电视台科技频道《文明密码》栏目组记者一行5人到全旺镇实地采访，拍摄省级非物质文化遗产——全旺板龙，采访全旺“全旺板龙”非遗传承人黄基康，探究全旺民风民俗。该节目于同年中秋节期间播出。

【台湾三陶轩古名窑研创基地落户全旺】 2014年，成功引进由台湾陶艺大师徐瑞鸿投资的全旺陶谷三陶轩古名窑研创基地项目，并于同年11月15日点火，代市长杜世源亲临仪式现场。该项目从考察洽谈到落地仅用6个月时间，项目引进创造“全旺速度”。由普利兹克建筑奖得主、中国美院建筑艺术学院院长王澍亲自设计的全旺陶谷“大师村”也在有序推进。

表55

2014年全旺镇各行政村基本情况一览表

村名	书记	主任	自然村数	村民小组数	农户数	人口数	区域面积（平方千米）	耕地面积（公顷）		果园面积（公顷）		劳动力（人）	外出劳动力（人）
								水田	旱地	柑橘	林地		
全旺村	钟晓波	曹美松	2	26	841	2570	4.7	130	34	48	287	1608	291
楼山后	王恭朝	王水龙	2	15	523	1683	3.1	77	17	25	167	1196	268
官塘村	凌齐富	杨贞才	2	17	376	1104	3.2	74	14	20	156	792	301
马蹊村	袁岳武	王世良	2	8	381	1183	3.4	71	26	34	127	720	163
红岩村	李瑞林	金德万	12	14	338	1143	9.1	57	10	29	732	820	305
幸福源	巫荣良	张林渭	8	18	433	1522	13.6	14	1	1	1224	1017	302
黄毛畈	留斌	程耀根	11	10	310	1010	8.7	96	22	26	696	680	283
柴公岗	黄水琴	张鹏飞	6	19	461	1438	5.6	72	7	48	369	1049	260
贺辂亭	汪友勤	汪新建	2	7	415	1340	4.5	61	81	187	240	1016	248
岩头村	郑伟	周立新	11	27	680	2520	5.5	109	42	59	295	2030	310
虹桥村	甘全洪	郑中浩	21	23	628	2139	7.3	141	3	60	475	1430	337
虹峰村	徐德松	徐礼明	14	11	285	930	8.1	60	7	10	659	465	150
里舍村	范小良	傅梅元	28	24	561	1798	13.7	70	10	29	1147	1180	450
官山底	屠刚良	毛雪波	8	12	343	1092	2.8	47	11	23	154	689	282
尹家村	杨松福	徐荆根	4	17	607	1720	4.8	94	16	235	233	1160	400

（方 峰）

大洲镇

【概况】 大洲镇位于衢州城东南部，东邻龙游县，南接遂昌县，西与柯城区毗邻，北与横路办事处、全旺镇和市、区经济开发区相交。总面积145平方千米，耕地面积633.3公顷，山林面积12866.7公顷，其中灌木林地1000公顷，毛竹面积5200公顷，森林覆盖率达82%，用材林6000公顷，是省首批毛竹之乡。全镇辖10个行政村127个自然村，总人口17422人，是一个工农商林粮橘生态旅游于一体的中心城镇。

大洲镇集镇全貌

2012年，获衢州市委创先争优先进集体、衢江区委、区政府综合考核先进单位，招商引资工作一等奖。2013年，大洲镇被评为省体育强镇，被评为全国人力资源社会保障系统优质服务窗口。2014年，大洲镇被授予衢州市文明乡镇称号，国内生产总值6.03亿元，农民人均总收入11247.5元。

【经济发展】 大洲镇扩大产业规模，优化经济构，增加综合竞争力。2012年，工业功能区东拓6.67公顷土地征用，完成3公顷，土方回填48万方。迁移园内高压杆线10根，搬迁两家小厂，落实浙江开山集团缸套有限公司项目建设，完成业胜二期项目和业胜余热发电项目，投资2.5亿元的开山二期项目主体厂房完工，投入生产。完成投资1亿元的业胜二期项目深加工生产线。投资1300万元的狮子山村稻鳖生态园区建成并投入生产。同年，投资1000万元的坑头畈村灵芝种植基地试种成功。桐子源畈现代农业生态休闲观光园项目列入省级现代农业园区。

2013年，投资1.1亿元的浙江开山缸套有限公司(开山三期)开始生产。投资3500万元的星宇科技项目实现试生产。投资6500万元，用地面积4346平方米，总建筑面积11698平方米的金宏农贸市场综合大楼建成并投入使用。同年，金宏农贸市场被评为省级放心农产品消费市场。狮子山村傅孔明家庭农场产品获得农业部无公害农产品认证。2014年，傅孔明家庭农场被评为省级首批规范性家庭农场和市级示范性家庭农场。

【环境整治】 2012—2014年，落实“五水共治”工作任务，制作河长制责任分解图，上山溪流域重点污染分布图，建立镇村两级河长制，竖立标志牌，实行定期巡查，不定期抽查制度，以照片、文字等形式巡查记录并存档，健全河道保洁和水环境治理长效机制。

2013年，以构建“美丽大洲”为重点，扎实开展“双清”行动，组织发动镇干部，村两委，党员，村民组长及镇属部门干部职工3000人次，参与集中整治行动。开展“洁净家园，大家一起行动”主题活动，组织人员进行暗访，对清洁工作不到位现象进行拍照，制作幻灯片，进行通报、曝光，落实专人负责，确保“双清”活动常抓不懈。建立镇与村签订“双清”活动责任书，村与农户签订门前三包责任书。同时，对镇域范围内的7条主要河道开展集中整治活动，投入3台挖机，80人次，清理垃圾700吨。

2014年,启动农村生活污水治理工程,发放垃圾桶,对垃圾定点投放,及时清理。同年7月,在沧州村河道上,举办全区"今夏到衢江游泳"活动。

【生猪整规】 2013年,大洲镇开展生猪整规活动,制定实施方案,实行每日通报,隔日汇报和每周例会制度,健全督查考评制度,共拆除猪舍21592.015平方米,出售能繁母猪850头,生猪7615头,率先在全区创建"无生猪养殖乡镇"。2014年,开展"无违建"乡镇创建,拆除违章建筑36274.8平方米,生猪整规工作被区委、区政府通报表彰。

【集镇建设】 2012—2013年,加快基础设施建设,提升集镇品位,完成集镇防洪坝项目建设,沧清路延伸工程建设。集镇污水管网改造提升工程建设完成。对集镇自来水进水管网进行改造。安装樟大线至工业园区的路灯及红绿灯。老国土所,老菜市场地块回收并重新布局项目。东岳小区和沧南小区的一期工程完成建设。石安线、大杨线的赤膊墙粉刷完成95%,并对沿线进行绿化。

【平安创建】 2012—2014年,大洲镇共受理信访169件,调解成功167件,未出现群体性上访或越级上访事件。2012年,召开信访听证会6次,解决信访问题6件。2013年,规范综治列会制度,实行"月月清"考核,被评为市级平安乡镇,获市安全生产先进单位。

2014年,开展"平安宣传"大走访活动,举办"走村入户心连心,共建平安促和谐"为主题的文艺活动,发放平安宣传一次性茶杯27万只,《倡议书》5000份,签订《平安家庭承诺书》6000份,对矛盾纠纷和不安定因素进行排查化解,获衢江区社会综合治理和安全生产工作一等奖。东岳山禅寺被国家民宗局评为全国第二届"和谐寺观教堂"创建先进单位。

【民生事业】 围绕"一山一水一路一桥",推进集镇基础设施建设。2012年,发放各类农业补助资金825.4万元,生态公益林补偿资金104.1万元。开展困难群众医疗救助24人次,救助金额10万元。办理临时困难救助17次,救助金额5.3万元。东岳大桥及连接线工程2012年10月竣工通车。同年,实现农家书屋和村邮站全覆盖,村级便民服务中心规范提升,农村养老保险和新型合作医疗实现95%的参保率。建立农产品检测室,对农产品进行免费检测,加强食品药品的安全监管。

2013年,对石安线、大杨线沿线的东岳、沧南小区、狮子山、外焦、五石埂村,以村道硬化、污水处理、卫生改厕、垃圾处理、村庄绿化为重点进行综合整治。投资185万的狮子山精品村通过市级验收。五石埂村社区服务中心建成投入使用。同年,投资100万元兴建大洲镇篮球、门球、羽毛球、乒乓球等场馆,东岳山——白岩寺AAAA级景区开始实施,获市美丽乡村示范镇。

2014年,外焦村大路畲族接待中心建成。外焦村特色村寨项目被列入全国少数民族特色村寨保护和发展名录。狮子山村、外焦村获市级"一村一品"优秀村。沧州村排舞队在省级首届文化礼堂乡村排舞大赛上获银奖。

【举办东岳文化节和首届杜鹃花节】 2012—2014年,大洲镇把发展文化旅游业作为新的经济增长点,挖掘省市级"非遗"和畲族风情文化,打造特色品牌文化游。以国家级先进寺观教堂——东岳山禅寺和万亩杜鹃花基地为重点区域,举办东岳文化节和杜鹃花节活动。东岳文化节自2013年10月下旬(农历九月十八,即东岳山庙会)开始举办,共7天。由镇政府主办,东岳山禅寺管委会协办,有文艺表演,登山、拔河等文体活动。2014年5月1日,举办首届杜鹃花节,以观光绿春湖、桃源尖万亩杜鹃花为主。结合大路畲族风情文化旅游节,共半个月,有文体活动、登山比赛、摄影比赛等活动,吸引市内外万人到该地旅游观赏万亩杜鹃花,促进第三产业发展。

【"今夏到衢江亲水游"活动在大洲启动】 2014年7月30日,区委、区政府在大洲镇举行"今夏到衢江亲水游"活动。衢江区四套班子领导、乡镇河长、机关干部和游泳爱好者360人相聚大洲上山溪天然大泳池,亲水乐水,一展泳姿。开展"亲水"活动,是对"五水共治"成果和优良环境的一次展示,让全民共享好水福利,倡导全社会共同呵护生态家园,共建秀美衢江。

【全国人力资源社会保障系统优质服务窗口】 2012—2014年,大洲镇开展人力资源社会保障等针对性培训22次,转移农村劳动力2864人次,化解辖区内工伤和劳资纠纷11起,涉及金额130万元。2014年,医保应保人数11189人,参保人数10036人,参保率达到90%以上。人力资源社会保障系统服务窗口设置AB岗,无论何时都有人办事。2013年,被评为全国人力资源社会保障系统优质服务窗口。

大洲竹林

【外焦村被列入全国少数民族特色村寨保护和发展名录】 2012—2014年,大洲镇外焦村共投资620万元建设外焦村旅游接待中心、停车场等,着力把外焦畲族文化旅游村建成以观光旅游、休闲度假为主,集水上娱乐、科考探险、农业观光、地貌欣赏、商务会议为一体的多功能文化旅游村。外焦村突出少数民族文化传承,以保护性、合理性开发为原则,以"火山湿地、古代山寨、畲族风情"旅游发展为定位,以"畲族文化旅游""畲族旅游产品"开发带动区域经济发展。每年农历三月初三,村里都在畲族文化广场举办盛大的"三月三"畲族文化旅游节,共举办八届大路三月三畲族文化旅游节。2014年,外焦村被列入全国少数民族特色村寨保护和发展名录。

2014年大洲镇各行政村基本情况表

表56

村名	支书	主任	村民小组(个)	农户数(户)	人口(人)	党员(人)	劳动力(人)	外出劳动力(人)	耕地面积(公顷)	山林面积(公顷)	柑橘面积(公顷)	柑橘产量(吨)	村级经济收入(万元)	村总支出(万元)	人均收入(元)
东岳	祝贤富	李吉平	21	724	2403	68	1622	1536	110.4	454	302	265	52	45	12313.3
沧州	谢雪山	董坤文	19	719	1965	73	1415	1397	102.9	349	300	250	38	30	12851.2
狮子山	严谓丰	傅孔明	8	317	1062	41	672	663	79.7	450.9	83.3	3050	16.8	15.3	11052.5
深龙	廖建平	王有仁	12	333	951	43	657	616	2.7	1257.1	0	0	7	5	10568.1
沧南	廖天才	赖金生	20	524	1369	59	989	933	43.7	940.8	27.1	156	18.9	18.2	10894.2
后祝	毛长青	钟小芳	9	350	1057	37	727	626	52.1	304.8	6.5	295	8.2	7.6	10332.6
坑头畈	郑国平	周宏仙	10	332	1113	33	746	703	70.2	62	1.5	50	9.3	8.8	11346.8
五石埂	徐水木	彭荣根	15	521	1454	57	998	938	98	621.6	5	152	10.2	10.1	12033.4
外焦	张云岩	徐增耀	28	546	1840	80	1331	1305	16.2	2742.9	0.06	2	8	7.9	10385.6
石屏	傅梅英	何炎金	18	515	1466	55	1040	997	27.4	3198.1	0	0	31	30.2	10697.3
合计			160	5044	14531	546	10177	9714	603.3	10381.2	725.46	4220	199.4	178.1	11247.5

（汪利英　姜胜铁）

横路办事处

【概况】 横路办事处位于衢州市衢江区东南部，总面积43.32平方千米，下辖横路村、毛家村、贺邵溪村、清水村、童何村、下山溪村、东方村等7个行政村、48个自然村、150个村民小组，5318户、15213人。辖区内水资源丰富，东有下山溪，域内全长6千米；西有上山溪，域内全长7千米；省重点水利项目——乌引东干渠贯穿全境。交通便捷。距离市区15千米，距衢江新区8千米，属于典型的城郊型乡镇。

2014年11月25日，省委宣传部副部长胡坚(前排中)调研童何村美丽乡村建设

【工业经济】 2012—2014年，横路办事处完成市、区两级开发区800公顷的土地征收任务，推动东部工业新城服务中心建设。有工业企业16家，以砖瓦建材、机械制造为主要特色产业，其中规上企业3家，列入区重点实施项目5个，总投资7.4亿。2014年，办事处固定资产投资2.66亿元，限额工业投资2.15亿元，规上工业总产值1.69亿元，农村居民人均纯收入13426元。浙江五一机械有限公司落户横路，公司拥有锻造生产线、工装生产数控机床、全自动的链条编、焊、校机组、微机控制的热处理设备、装配流水线及成套的涂装流水线等。

【现代农业】 2012—2014年，办事处创建精品农业基地4个，培育和发展现代化家庭农场32家，建立标准的农产品快速检测室，注册品牌8个，“蜜之源”“香泉红”牌蜜橘均获得过中国农产品博览会金奖，被评为衢州市著名商标，以蜜之源、梓园、秋芳3个标准化家庭农场为重点，培育家庭农场。蜜之源家庭农场淘宝网专营店正式开业，属衢州市第一家家庭农场网上专营店。投资1500万元，建成200公顷童何现代农业园区和11公顷连体大棚。新建西方章波尔山羊基地、黄岩堰蔬菜基地、宋塘尹大棚西瓜基地、西陇口鲁西黄牛基地和清水瓜果精品基地，西方章高效油茶示范园4公顷，清水村高效油茶示范园12公顷，范家樱叶生产基地8公顷，白西坑、胡家油菜基地30公顷，园艺场20公顷高效蔬菜基地。2013年，办事处收储黄岩堰住宅新村三期土地7公顷。引进“衢州毓瑞置业有限公司、清霞休闲园区、西方章渔家乐”休闲农家乐。

【环境整治】 2012—2014年，办事处建立“河长制”，乡镇交界断面水质监测合格。在东方村、童何村启动农村生活污水治理工程，总投资210万元，新增受益农户1117户，覆盖率达80%。

【文化事业】 数字电视通自然村率100%，通户率96%，有线电视改装数字电视率95%。建成7家村小店图书室，建立流动图书室，在全办事处定期流动展阅，共新增图书1200册，送文艺演出到农村8场，电影下乡106场。东方村成立龙灯队、马灯队和2支农民乐队，成为特色文化村。童何村被评为衢江区美丽乡村精品村。

【基层组织】 坚持以“围绕中心抓党建、抓好党建促发展”的思路,突出重点,构建基层党建良好的工作格局。严格党内政治生活,建立健全基层党组织各项制度,定期开展村党支部星级评定及“三会一课”定期督查考核。对各村党支部党员发展工作进行严格把关,全面推进基层党建工作责任清单制度。把“网格化管理、组团式服务”融入大抓基层组织建设年活动当中,党工委将村企联袂共建作为基层党建项目。2012年,办事处7个行政村中有五星级党支部5个、四星级党支部2个,各村都有村级办公场所,有效地体现加强基层执政能力建设的要求,为办事处各项事业的发展和构建和谐社会提供保障。

2012—2014年,全办事处村集体经济收入总量分别为671231元、1809218元、2567516元。其中,有4个村集体经济收入突破30万元,占57%;10万元以下的村只有1个,占14%。全办事处村级集体经济可支配收入超过180万元。村集体所有者权益不断壮大。7个行政村全部实行村级会计委托代理制。全办事处村集体经济所有者权益总量分别为6034058元、6875689元、7886321元。经过资产清查,共盘盈固定资产822586.14元。减轻村集体历史债务负担,提高村集体经济实力。

2014年7月。浙江五一机械有限公司四期厂房扩建涉及童何村26户4.93公顷土地。浙江五一机械有限公司党支部与童何村党支部相互协调,积极配合,童何村党支部负责协调村企关系、化解纠纷,做好项目征地的相关政策处理。五一机械有限公司为当地村民提供充分的就业平台,营造村企之间和谐稳定的发展环境,走出党建与发展互促共赢新路子。

浙江五一机械有限公司党支部成立揭牌仪式

【社会事业】 2012—2014年,办事处共投资1200万元,完成粟里蓬大桥、过溪畈大桥接线工程,彻底解决道路中断、隔溪望路交通突出问题。新建清水村到野鸭垅,下墅村村内道路,清水村村内道路,全旺至宋塘尹千米,共计5.6千米,完成防洪洪堤460米,三角塘整治,泉水塘水库排灌渠道800米,新增调频广播56个,完成童何村农村综合服务中心504平方米,贺邵溪村来料加工房500平方米,清水村柑橘加工仓储设施用房扩建工程3000平方米,童何村物业用房500平方米,完成农村危旧房改造,187户,病险水库除险加固1座。开展劳务输出,共有外出务工人员4305人,占全办事处劳动力7907的54.4%,其中新增有组织输出268人,劳务收入达7800万元。办事处五保对象29人,集中供养25人,分散供养4人,集中供养率达98.9%。纳入低保户311户,526人,发放低保金836736元。办事处与各村签订殡改责任书,每村建有生态公墓,火化率达到100%,入墓率达100%,三沿五区坟墓整治率达100%。

2012年,标准化新建公墓4个,总投资达360万元。完成小流域洪灾应急预案编制与村防火、防汛签订责任书。建成横路办事处土地流转中心网站,推进“浙江百万农民信箱工程”,注册用户896人，启用896人，启用率100%。发送农业技术信息126条，重大疫情防控知识13次、农产品供求信息280条、公共信息18条。建立横路村、童何村、东方村三个村的农技110农民信息推广应用示范村。组建40人组成的应急小分队，建立动物疫情台账制度，办事处财政建立每年5万元的动物防疫专户，免疫率达100%。

【实行三级矛盾纠纷调解机制】 建立“调解超市”，实行三级矛盾纠纷调解机制，一级调解由村级治调组调处，实行每成功调处一例奖励50元的政策，二级调解由联系村领导牵头，驻村干部、村主职干部参与调处，三级调解由办事处综治办牵头，司法、国土、规划、水利等相关人员参与调解。2014年8月5日，省委常委、公安厅厅长刘力伟视察办事处村级治调组织建设。12月9日，浙江省信访局官方微博推广横路办事处加强和改进村级治保组织建设的做法。

【接待新疆实习生　增进民族友谊】 2013年12月，办事处承接对口城市新疆阿克苏地区乌什县高校毕业生实习工作，办事处团委具体负责新疆学员的日常实习培训和接待工作。发动团员青年与新疆学员一对一相互关心和帮助，组织观摩童何村文化大礼堂，赴致富带头青年企业家俞建飞的“蜜之源”家庭农场柑橘基地考察，观看新疆难以种植的水果柑橘精品种植；参观招商引资规模工业企业，宣传政府政策举措，推介衢江。通过采用学、观、考的模式，让新疆实习生了解衢江的文化，全面提高综合素质。注重思想道德建设，励志情感的培养，选取优秀的青年励志教育片《中国合伙人》播放，专门汇编整理一套资料，包括群众接待制度、窗口业务知识，使新疆实习生汉语水平不断提高，增进汉族、维吾尔族之间的民族友谊。

【浙江五一机械有限公司落户横路】 2013年7月，经改制后正式落户横路办事处童何村，隶属于大洲工业功能区地块。浙江五一机械有限公司是中国最大的手动(手拉、手扳)葫芦生产基地，拥有固定资产18646万元，占地55公顷，建筑面积12.8万平方米，员工900余人，专业技术人员290余人(其中具有中高级专业技术职称人员70余人)，有专职检验员70余人，内审员40余人。公司拥有锻造生产线、工装生产数控机床、全自动的链条编、焊、校机组、微机控制的热处理设备、装配流水线及成套的涂装流水线等，具有年产35万台手动葫芦和5000吨锻钢件的生产能力。是国内手动葫芦行业首家通过ISO 9000认证的企业。公司生产的系列手拉葫芦曾先后获评国家“金质奖”“浙江名牌”等荣誉。

表57

2014年横路办事处各行政村基本情况一览表

村名	村支部书记	村民主任	党员人数（名）	村民小组数(个)	户数（户）	人数（人）	耕地面积（公顷）	山林面积（公顷）	劳动力人数（人）	外出劳动力人数(人)	村经济总收入(元)	人均可支配收入(元)
毛家	刘建耀	何耀峰	43	17	620	1636	385	175	1059	60	110000	14551
横路	罗红云	杨林富	68	22	824	2019	436	204	1234	50	145000	14650
清水	柴红忠	张雪平	106	15	1049	2920	335	0	1869	132	480000	14600
下山溪	郑迎庆	章雪飞	63	19	586	1713	603	0	1189	89	235000	14300
贺邵溪	傅诚	郑文立	83	25	840	2339	760	0	1549	94	365000	14600
童何	吴建平	曾连生	87	24	895	2152	553	0	1240	88	150000	14655
东方	刘雪花	王利明	90	28	959	2642	736	391	1738	76	80000	14400

（叶炳斌　张晨晨）

黄坛口乡

【概况】 黄坛口乡位于衢州市衢江区南部，乌溪江东岸，距市区17千米，是乌溪江饮用水源保护区域。辖区东邻大洲镇，南倚举村乡，西接湖南镇，北枕柯城区石室乡。全乡总面积146.5平方千米，下辖7个行政村，139个自然村，3109户，总人口9067人。2012—2014年，黄坛口乡立足于生态优势，实施“生态立乡、旅游兴乡、特色强乡”战略，有步骤地开展一系列生态建设工作。2012年，获评国家级生态乡镇。2013年，茶坪村评为全国民主法治村。2014年，被评为“省级平安农机示范乡镇”。

【党建促法治】 2012—2014年，全乡共有正式党员438人，预备党员2人，新发展党员18人，有10个党支部。通过开展“四换三心、走亲连心”深入农户听意见找问题、二次征求意见、领导班子自查等措施，共征集到意见建议349条，441条次，其中“四风”意见建议281条，351条次。完善规章制度，强化机关干部日常管理，建立健全督查考核机制。2014年全年专题组织乡机关干部学习法律知识40次，组织法律宣传教育9次，组织村干部专题学习法律11次，开展法律专题宣传教育活动8次。

2012年7月20日，黄坛口村待转业军人毛磊勇救同村困在水中吴爱清祖孙三人，获得衢江区十大爱心模范提名奖。2013年，茶坪村评为全国民主法治村、紫薇村评为市级民主法治村。2014年被评为“市级无传销乡镇”。

【农业经济】 黄坛口乡是个纯山区乡镇，山多田少。2014年，全乡共有耕地194.33公顷，其中水田162.27公顷，主要农产品除粮、豆、薯类外，以瓜果、高山蔬菜、茶叶、樱叶和食用菌栽培为主；共有林业用地1.38万公顷，其中有林地1.37万公顷，灌木林52公顷；马尾松966.33公顷（纯林711.53公顷、混交林185.27公顷），国外松185.27公顷，森林覆盖率93.7%。生态公益林7106.67公顷，经济林1080公顷，其中，板栗849.20公顷、杨梅17.27公顷、椪柑160.47公顷、柿子9.33公顷、茶叶35.87公顷、橘2.27公顷、油茶3.4公顷等。毛竹2866.67公顷，是全市主要的毛竹、杉木产地之一。养殖业有药王乌鸡、七彩山鸡、乳鸽、鹅、波尔山羊等。

2013—2014年，转变农业发展方向，共发展家庭农场20个。主要种植食用菌种、高山蔬菜、中药材。茶坪村、坑口村红心猕猴桃种植基地10公顷、汉都村油菜基地20公顷，以黄泥岭、茶坪为主的26.67公顷高山蔬菜基地；以紫薇、黄坛口为主的53.33公顷樱叶生产基地；以汉都、黄坛口为主的92万袋食用菌种植基地；以茶坪、坑口、下呈、黄泥岭等村为主的3740公顷毛竹丰产林基地。2014年，黄坛口乡4个村被评为“平安农机示范村”，2个村被评为“市级卫生村”，3个村被评为“市级森林村庄”。

【工业经济】 2014年，全乡有工业企业12家，职工人数65人，总产值5479万元，销售收入5249万元，实现利润1260万元，上缴税金329万元。2014年，全乡实现工业总产值6693万元。

【社会事业】 黄坛口乡摇篮脱贫小区，占地4.90公顷，规划104户，保留5户，实际安置上坡进林农户99户，惠及人口400多人。通过编制规划、报批土地、明确安置政策、制定实施意见、实施工程预算、招投标、推进项目征地拆迁工作。小区一期建房户63户。小区饮用水管网铺设、道路建设、绿化等小区配套工程完工，2014年，摇篮小区二期开工建设。黄坛口乡现有完小一所——黄坛口乡中心小学，公办幼儿园一所，隶属于黄坛口乡中心小学。学校占地面积3396平方米，建筑面积2067

黄坛口乡辖区内主要工业企业基本情况一览表

表58　　　　单位:万元

企业名称	法人代表	主要产品名称	产值	实交税金
衢州丰源水力发电有限公司	钟兴华	水力发电	4084	497
衢江区汉都口电站	吴学德	水力发电	20	1
衢江区长丰电站	吴水土	水力发电	25	1
衢江区紫薇山电站	王雨生	水力发电	30	1
衢江区飞龙电站	练美仙	水力发电	40	2
衢江区金峰电站	汪珍仙	水力发电	30	1
衢江区坑口水电有限公司	陈莲英	水力发电	25	1
衢江区科龙水电站	张卸根	水力发电	130	4
衢江区永生樱叶加工厂	龚祥宝	樱叶加工	160	9
衢江区万樱樱叶加工厂	曾水洪	樱叶加工	70	2
衢江区大岛樱叶加工厂	徐前	樱叶加工	400	30
衢江区景山樱叶加工厂	曾津	樱叶加工	420	30

平方米,共有6个班,教师21名,义务教育阶段学生199名。小学阶段义务教育入学率、巩固率均达100%。全乡拥有卫生院(黄坛口乡社区卫生服务中心)一所,村级卫生服务站2个,2014年,全乡新农合参保人数5865人,参保率99.86%。共有有线电视用户2017户。全乡有敬老院一所,落实"五保"户集中供养政策,共供养孤寡老人23名,贯彻执行农村低保户生活补助政策。

【新农村建设】 2012年,黄坛口乡开展市级美丽乡村示范乡镇创建工作。将黄坛口、紫薇、茶坪3个村纳入市级美丽乡村特色精品村的创建计划中,投入资金300万元,重点抓好药王山沿线的村庄整治工作。提升药王线,统一设计具有山水、产业、文化特色的广告宣传牌,设计村口景观标志,拆除露天厕所,实施沿线建筑物整修粉刷、墙体绘画、洁化绿化。

黄坛口茶坪村

开展"五水共治"工作,确保出境水质达标,实现河道"岸洁、水清、河畅、景美"目标。绘制《黄坛口乡"五水共治"作战图》,分村制定环境整治方案,明确各村治水的重点。突出"农村双治"和项目谋划。通过落实垃圾收集处理设施布局,在全乡各村全面实行生活垃圾"户集—村收—乡运"的清理模式,落实28名保洁员负责做好日常的保洁工作。深入开展“三河整治”工作，动员社会力量参与垃圾清理，投入机械清理费用15万，清理河道垃圾1000吨。对接清运公司，将黄坛口、紫薇、坑口三个村的沿线、沿库垃圾由清运公司统一进行外运处理。停止使用乡境内牛头湾垃圾焚烧炉，为下步引进BOT垃圾收集清运模式打基础。实施农村环境连片整治项目，先后建成集中式污水处理设施14处，分散式污水处理设施45处，改变污水乱排现象。

全乡启动农村生活污水治理重点工程，7个村污水治理通过项目实施，使辖区内农户生活污水治理覆盖率达80%以上。同时，积极谋划“五水共治”项目33个，以污水治理和景观提升为重点，总投入约2000万元，现已对接列入计划12个，全面实施后将改善本乡的水景观，使村村达到市生态示范村标准。茶坪村获“衢州市十佳最美乡村”称号。

【旅游经济】 黄坛口乡以生态旅游为宗旨，不断提升片区建设的旅游资源品质。2014年，推进完成大小项目40项，完成休闲健身游步道3条，合计5000米；完成茶坪农业观光园建设；完成三个景区行政村“洁化、亮化、美化”的村庄三化建设；完成主要景点范围内的生态公厕以及停车场建设；完成景区涉域行政村（黄泥岭村、紫薇村、茶坪村）沿线墙体美化工程；完成茶坪绿化精品村建设项目；完成仙人谷景观提升、景观小品建设；古村落古建筑维修建设；完成农家乐游客接待中心建设；完成村庄环境整治建设，投资4000万元。

2012年，黄坛口乡农家乐是村民增收致富的新渠道，有129家农家乐，其中四星级以上4家，三星级以上49家，二星级以上62家；全乡农家乐新增投资325万元，全乡境内农家乐总投资以达7088万元，接待餐位数4880个，床位832个，接待农家乐游客共计22.68万人次，经营收入876.5万元（含农家乐游玩项目、景区游玩费用等），游客购入收入达61.3万元；全乡已经有1/3的农家乐经营户加入衢江区农家乐协会。

2014年，黄坛口乡农家乐新增3家三星级，1家五星级，1家市级特色点、1家省级特色点。“紫微星谷”通过AAA级景区评选。

【营造美丽乡村风光带】 2013年，全乡境内开展乌溪江饮用水源保护专项整治工作，生猪养殖整治涉及生猪养殖户108户146宗，拆除生猪生产设施用房14306平方米，关停面积3851平方米，削减能繁母猪427头削减生猪4786头。网箱养殖整治拆除17户3200平方米；拆除灯光诱捕3户224平方米。两项工作全面完成，在衢江区率先实现无猪乡的创建工作。黄坛口乡以国家级AAAA景区药王山为依托，对通景公路沿线棚铺、厕所进行整治，对沿线民居、节点地标实施风貌改造，鼓励农户及市区婚纱摄影楼流转山地种植向日葵、百荷等观赏植物，营造出山绿、水清、景美的美丽乡村风光带。黄坛口村创建省级美丽乡村示范中心村，茶坪村为市级乡村旅游示范村，茶坪村入选衢州市首届最美乡村之一。

2014年，紫微星谷风景旅游区通过省旅游局质量评审组验收，创建国家“AAA”级风景区。南方红豆杉获“十大树王”称号，下呈村获“十大最美森林”称号。

表59

2014年黄坛口乡各行政村基本情况一览表

村名	村民小组	农户数(户籍)	人口数	农村经济总收入万元	村级集体收入万元	毛竹面积(公顷)	板栗(公顷)	柑橘(公顷)	樱树(公顷)	人均收入(元)	总面积	其中:耕地面积	其中:林地面积	自然村	村域面积(平方千米)	建成区面积
合计	87	2948	8956	9156.87	58.5365	4107.74	383.67	77.33	48.33	5252	202935.85	2915.85	200020	139	146.5	3.51
下呈村	6	268	738	377.71	3.4371	700.00	23.87	1.33	0	5485	22861.1	170.1	22691	11	16.34	0.39
汉都村	7	269	718	205.98	6.4500	187.47	107.33	0	0	4965	8412.5	365.5	8047	6	6.69	0.3
坑口村	13	479	1452	390.06	5.8236	1026.67	98.33	30.87	0	5475	35239.25	544.25	34695	20	26.21	0.62
黄坛口村	25	923	2811	6654.81	28.8982	755.60	132.80	34.47	10.13	5218	53532	1117	52415	44	38.12	1.02
紫薇村	16	453	1499	811.96	6.0207	408.53	13.33	6.67	33.87	5005	37551	319	37232	34	27.41	0.58
茶坪村	10	278	866	381.87	4.8818	602.80	3.33	4.00	1.00	5656	21566	176	21390	11	14.99	0.31
黄泥岭村	10	278	872	334.48	3.0251	426.67	4.67	0	3.33	5050	23774	224	23550	13	16.81	0.29

(葛　荟)

廿 里 镇

【概况】 廿里镇位于衢州市南郊，距市区10千米，东临巨化集团公司，乌溪江、江山江夹镇穿流，浙赣铁路复线、46省道穿镇而过，镇南有京台(黄衢南)高速公路互通接口。素称“衢南重镇”。总面积62.56平方千米，22个行政村，总人口 10927户、3.38万人。

2014年，实现地方财政收入3420万元，实现国民生产总值13.64亿元，完成固定资产投资9.15亿元，工业投入完成7.82亿元，工业总产值首次突破30亿元。获全国重点镇、全国文明镇等荣誉，杨继洲针灸入选国家非物质文化遗产。

【基层组织建设】 廿里镇党委下辖36个支部，1343名党员。2012年，廿里镇坚持抓好组织建设，完善《镇党委重大事项议事制度》和《镇党政班子联席会议议事制度》，保证党委决策民主化、科学化，并提高党员素质，同时，落实“村两委联协办公”、村级财务党务“三公开”等一批村务运行规章制度。

2013年，开展“三村创建”工作，深化“民情沟通日”制度，发挥农村党员干部与和谐志愿者作用，推动“治安联防、矛盾联调、问题联治、事件联处和平安联创”。开展“基层走亲”活动，共发放便民联系卡1.2万张，成功创建省“五星级”司法所。完成全镇21个村的村级组织换届选举工作，选举产生村党支部、村民委员会、村务监督委员会和村经济合作社等四个村级组织。

2014年，在党员和党组织中开展党的群众路线教育实践活动，镇班子18条整改意见全部整改完成，22个村“三多”全部清理到位；开展“三民工程”标准化建设，制定全程代办制，镇建便民服务中心，村设便民服务点。加强非公有制企业党建工作，扩大党建覆盖面。

【新农村建设】 2012年，廿里镇启动7个村的村庄整治工作。投资800万元，实施新村“旧村改造”项目，提升农村居住环境；开展衢州市饮用水水源黄山村取水口工程项目，开通杨家突、上宇(川前)、里珠(杨家坎头)等村自来水入户；根据“五水共治”工作要求，明确治水先治污，治污先治猪的治水方案，启动信安湖沿线村庄的生猪整规工作，关停、转产农民传统生猪养殖产业。

2013年，投资2300万元，开展乌引西干渠渠道加固工程，提升农田灌溉能力；继续推进城乡一体化建设，开通马卜吴(都刘、盈头)、佘塘头、富里等村自来水入户工程。

2014年，投资8000万元，全面关停镇域范围村庄内的生猪养殖产业，实施移栏上山集中管理，实现达标排放；推进农村生活污水治理项目、农村赤膊墙整治工作，逐步提升农村居住环境；开展江山港川前段和楼里段生态型防洪坝建设，提升排洪、护岸能力。

【工业经济】 2012年，廿里工业功能区被列为首批省级小企业创业示范基地，园区规划总面积3.07平方千米，现已建成1.47平方千米。按照“统一规划、分步实施、滚动推进”的原则，投资3亿多元用于园区基础建设。“三横八纵”路网框架已经成形，水、电、路、通信、天然气、污水管网和熟地实现“六通一平”。

2014年，园区建设围绕 “空间扩大化、面貌景区化、产业高新化”的目标，进一步完善功能，提升品位，着手启动盈头路的前期设计工作，推进威龙路东延伸、南辅路、朝德路、污水收集管网及泵站建设，推进生态化改造提升。园区入驻企业81家，规上企业21家，亿元企业4家。企业产值突破30亿元，利税约6000万元，其中规上企业产值14.86亿元占全镇工业总产值的49%以上，形成以精细化工、塑料制品、机械装备、新能源等主导产业，产业规模集聚初步显现。

2014年,廿里工业功能区一角

【社会事业】 2012—2014年,全镇共投资120万在11个行政村修建居家养老服务中心,改善农村居家养老环境。2012年,廿里后山脱贫小区(和美村)交付使用,新增人口2300人。2013年,为丰富村民精神文化生活,认真践行省委、省政府建设文化礼堂为民办实事的工作方针,廿里镇投资45万元新建六二村文化礼堂。

2014年7月廿里镇中心卫生院收回承包经营权,并投资230万元用于装修、购置医疗器械及办公用品,现有房屋使用面积2400平方米。投资100万新建塘底村、上宇村、里珠村三个文化礼堂,投资1600万元在六都杨村新建杨继洲公园。发展来料加工业,培育一级经纪人33人,二级经纪人170人。发放来料加工费7995.6万元,带动农村劳动力3427人实现家门口就业。

【集镇商贸】 2012—2014年,集镇常住人口从12000人增加到16000人,个体工商户从980家到2000家。投资2800万元完成集镇道路白改黑工程,投资1700万元完成继洲路建设工程,投资400万元完成育才街建设工程,投资1000万元完成杨继洲公园建设工程,投资400万元完成城镇门户改造工程,投资300万元完成廿里集镇大排渠建设工程。

2013年,按照科学规划,适度超前原则,根据发展实际,逐步完善镇总体规划、集镇5.08平方千米控制性详细规划、中心村规划,使全镇初步形成与城市总体规划、土地利用规划相协调的村镇规划体系,同时投入100万元,完成项家坝片区城市总体规划方案,投入30万元完成集镇排水专项规划。投资300万元,以“四路三街”为重点,科学区分街路功能,建成市民休闲建设景观大道。裕丰大酒店完工,该项目总投资1.2亿元,占地2公顷,提升集镇品味。2014年,成立镇综合执法大队,强化集镇管理,规划停车位1000个。

【实施“腾屋换人、梯次安置”】 2013年,廿里镇富里村探索出“腾屋换人、梯次安置”的“富里模式”,将困难户的旧房和有能力建房户已建的房屋统一由村集体收储,旧房拆除复垦,已建的房屋用于统一安置困难户,有能力建房户到新的迁建点重新建房。实施“腾屋换人、梯次安置”,盘活存量宅基地,有效解决农民无地、无指标建房难题。2014年,安排迁建用地0.47公顷,新增耕地面积4.47公顷。

【廖文岳木柄加工获国家专利证书】 2014年度“最美衢州·身边好人”候选人廖文岳是廿里镇廿里村的一名老木匠,为降低劳动量,提高劳动效率,他经过反复的探索试验,先后发明三代木柄圆杆机。2014年8月,廖文岳获得关于木柄加工的两份国家知识产权局认定的“实用新型专利证书”。《衢州晚报》及网站报道后,国内各大网站媒体纷纷转载。同年,央视派出3名记者进入廖文岳的木材加工厂进行为期6天的拍摄。该节目春节期间在中央电视台科教频道《我爱发明》栏目播出。

【廿里镇被评为全国重点镇】 廿里镇是浙江省首批中心镇、省产业聚集示范镇,辐射人口9.5万人,集镇人口1.5万人,注册个体工商户1200余家,为衢南商贸集散中心。2012年,地区生产总值占全区的10%,地方财政收入占全区3.5%。镇工业园区面积3.07平方千米,投入资金5000多万元开展工业园区内的基础设施建设。先后引进投资亿元以上冰尔、昊和电气、威龙高分子、宏泰玻璃等大企业。入园企业65家,其中年产值2000万元以上规上企业17家,亿元企业4家,园区工业企业产值突破23亿元,利税5400万元。投资2800多万元,率先在全市实施集镇道路路面"白改黑"及管网配套工程。引进总投资1.4亿元的廿里商城项目,用地2.02公顷。引进总投资1亿元的融金广场项目,建筑面积32000平方米。投资600万元的集镇自来水项目已建成并供水。投资300多万元建成集镇污水处理厂并投入运行。投资1600万元建设占地面积2075平方米的廿里农贸市场建成投入使用。投资1000多万元扩建廿里小学。投资1200万元,建设占地0.8公顷的浙西水产品批发交易中心。先后对适宜的山地进行低丘缓坡开发,到2013年全镇已开发低丘缓坡面积520公顷。引进1家企业,流转66.67多公顷低丘缓坡项目开发土地,投资发展现代农业。

2014年,廿里镇被建设部、发改委、民政部、国土资源部、农业部、科技部评为全国重点镇。

2014年廿里镇规模工业企业情况一览表

表60　　　　单位:万元

企业名称	工业总产值(当年价)	工业销售额	出口交货值	资产合计	利税总额
浙江圣效化学品有限公司	31000	27064	12521	29509	361
浙江百斯特化工有限公司	2431	2413	0	1769	75
衢州市展飞塑料有限公司	2994	2994	0	1002	68
衢州市迈德电子有限公司	6011	6011	0	3803	603
浙江冰尔新型制冷剂有限公司	6020	5852	4171	7524	60
浙江衢州博蓝装饰材料有限公司	2344	2343	0	1694	83
衢州市得意居家私有限公司	8442	8133	0	1495	990
浙江国宇塑业有限公司	22366	22438	0	8785	558
浙江康承包装科技有限公司	4396	4379	0	8660	431
衢州鑫盛塑业有限公司	7012	5909	0	901	478
浙江特塑龙化工设备有限公司	3086	3086	0	1588	263
浙江衢程饲料有限公司	10333	10305	0	3373	23
浙江衢州四海锅炉有限公司	3436	3436	0	5543	43
衢州市大成纺织品有限公司	2919	2780	0	2199	109
衢州市三叁泡塑包装有限公司	4272	4059	0	1729	135
浙江威龙高分子材料有限公司	10516	8887	35	7053	211
衢州清达试剂有限公司	10579	10579	0	1752	891
衢州市瑞龙塑胶制品有限公司	2813	2758	0	1699	35

表61

2014年廿里镇各行政村基本情况一览表

村名	支书	主任	村民小组（个）	农户数（户）	人口（人）	党员（人）	劳动力（人）	外出劳动力(人)	耕地面积（公顷）		山林面积（公顷）	柑橘面积（公顷）	柑橘产量（吨）	村级经济收入（万元）
									水田	旱地				
廿里	叶剑明	过建华	8	582	1603	56	1045	706	86.6	1.6	3.9	8.3	761	210.43
佘塘头	魏卸良	李乌果	6	341	1221	30	709	332	112.4	—	2.7	23.5	827	10.88
杨家突	汪利平	姜三土	6	490	1580	54	966	556	97.1	0.5	4.6	39.1	1389	4.94
六一	杨宇良	杨水良	6	291	908	33	482	162	53.9	0.9	2.1	27.2	965	14.36
六二	胡建平	杨昭生	7	306	1056	34	590	232	85.4	9.5	1.4	32.7	942	72.95
马卜吴	—	吴宪根	13	894	2608	81	1680	1036	119	6.5	57.6	68.0	2353	33.68
上宇	吴峰峰	黄建民	9	491	1535	71	970	447	86.5	0.4	15.2	24.5	1516	40.43
里珠	姜法奎	郑建明	9	510	1608	59	942	439	86.5	0.4	0.8	21.9	1746	33.88
文塘	徐志华	徐金德	10	378	1320	31	918	384	59.4	7.42	90.8	41.0	1431	26.02
石塘背	吴海四	吴雨福	6	300	1026	30	576	287	50.9	10.8	115.7	30.5	1329	8.49
富里	严柳昌	廖银良	8	267	977	28	681	190	36.8	8.73	78.3	20.8	1304	36.15
山下	周水土	王樟福	4	281	848	32	650	291	42	9	133.7	7.4	1088	51.13
里屋	吴雨水	吴文炳	7	326	1074	25	673	299	44.2	7.5	70.5	23.3	594	16.21
鱼头塘	洪良珍	周平平	8	441	1305	48	848	435	80.9	6.8	12.4	31.7	1609	27.25

续表61

村名	支书	主任	村民小组（个）	农户数（户）	人口（人）	党员（人）	劳动力（人）	外出劳动力(人)	耕地面积（公顷）		山林面积（公顷）	柑橘面积（公顷）	柑橘产量（吨）	村级经济收入（万元）
									水田	旱地				
塘底	吴六耀	彭钿芳	11	610	1766	73	1080	481	147	10.8	80.3	24.1	1269	34.38
塘湖	祝兴	郑江江	15	721	2071	58	1274	563	79.2	12.5	651.5	53.2	1888	23.22
彭家	彭六古	杨利明	10	554	1575	63	930	250	84	8.7	197.5	18.7	1143	18.15
黄山	童建军	姜趁良	18	498	1625	54	1154	443	46	4.6	844.1	42.2	2018	18.9
赤柯山	郑三土	叶志洪	12	780	2505	73	1463	762	145	7.9	137.9	109.7	3217	27.13
通衢村	谢建忠	蓝祖成	1	449	1349	33	525	463	—	—	—	—	—	22.36
白马新村	王志忠	吕向东	2	632	1862	76	1057	986	—	—	—	—	—	21.86
和美村	赖明德	—	1	785	2363	25	1453	1302	—	—	—	—	—	12.69

（郑孝霞）

后溪镇

【概况】 后溪镇位于衢州市衢江区西南部，东接廿里镇，西邻江山市，距离衢城20千米，交通便捷，商贸活跃，素有"水陆码头之称"。全镇总面积64.5平方千米，辖15个行政村，农村人口25227人。2014年，全镇生产总值4.6亿元，同比增长10.6%；固定资产投资2.72亿元；农民人均收入14336元，同比增长11.3%；地方财政收入1048.5万元，同比增长98.66%。2012年，获评浙江省生态乡镇。2014年，获得全区综合考核三等奖。

【基层组织建设】 镇党委下辖22个党支部。党委坚持把抓基层党建作为总揽工作全局的首要任务。贯彻落实党的群众路线教育实践活动，强力推进村级便民服务中心建设全覆盖。2014年，下棠村、赤山口村共投资120万元，新建1000平方米的便民服务中心主体工程完工；东华村、青塘村立项开工；后溪村结合文化礼堂创建工作，新建容纳150人的大会议室；结合体育强乡镇创建工作，下棠村、前百村、江滨村、东华村、庭前村等6个村共投入40万元新建文体活动场地，面积达4800平方米，安装健身路径、篮球架、乒乓球台等活动设施173件。

坚持执行镇干部住夜、"周一夜学"、纪实考绩、住镇包村联户等制度。注重加强对纪律、作风、效能方面督查。镇干部实地走访农户7020户，发放便民服务卡6600张，走访率达98%，真正做到"走村不漏户，户户见干部"。建立代办事项登记管理制度。东华村、山塘村、江滨村、上棠村、坝底村、大川村、青塘村等7个村的"三民工程"标准化建设顺利通过验收。开展"平安乡镇"和"民主法治村"创建活动，做好社会管理服务中心平台规范化建设。落实村级组织聘请"法律顾问"机制，以法促管，维护稳定的农村环境，矛盾调解率98%。2012年，获评衢州市信访先进单位。2014年，获评全区信访工作一等奖。

【农业经济】 2012年，开展低丘缓坡开发工作，实施并验收通过面积40.47公顷。深化实施"万亩无公害柑橘精品园"建设，完成柑橘疏树疏枝466.67公顷，品种改良20公顷。全镇种植大棚蔬菜6.67公顷、中药材33.33公顷、瓜果20公顷、发展食用菌125万袋。新引进现代农业项目4个：衢州市一粒志生态农业观光园项目，衢州万年青特色种养基地项目，旭阳甲鱼专业合作社和高档精制大米生产项目。

2013年，开展农村土地综合整治8.13公顷，实施低丘缓坡开发40公顷，储备33.33公顷。深化实施"万亩无公害柑橘精品园"建设，种植大棚蔬菜10.67公顷、中药材34.67公顷、瓜果14.67公顷、发展食用菌200万袋，推进家庭农场建设。2014年，全镇耕地面积1338.8公顷，林地面积3651.8公顷，发展中草药种植，依托中草药合作社，以基地加农户的经营模式，鼓励和引导农户种植蛇舌草、鱼腥草等中草药。

2014年，全镇中草药种植面积达60公顷，带动周边农户500户，年产值达1000万元。发展放心农业，鼓励兴办家庭农场，支持和帮助农民专业合作社、农业公司向上对接项目、实用机械开发，重点培育前百村规模甲鱼养殖基地、青塘村百亩莲藕基地、大川片万亩无公害柑橘精品园、窑里村无公害水果种植园、棠村畈大棚蔬菜种植等"一村一品"产业，带动农户致富。引导鼓励农村闲散劳动力从事来料加工，积极帮助和扶持来料加工经纪人拓市场、扩规模、促转型。下棠、青塘两个来料加工专业村，来料加工经纪人20人，年发放来料加工费约600万元。投资1000万元种植茶树菇的锐轩家庭农场建设基本完成。

【工业经济】 2012年，完成工业投资1.2亿元，同比增长31%，完成规模工业企业2家。引进工业项目4个，协议总投资3.1亿元。2013年，规模以上工业实现生产总值6500万元，新引进并决策工业项目2个，总投资额3.2亿元，其中亿元项目2个。

2013年，在建项目有3个，衢州一粒志生态农业观光园已开始基础配套设施建设，衢州子路现代农业开发有限公司开工建设，黑牛养殖项目顺利投产。获得全区招商引资工作二等奖。新谋划并入区级项目库的有衢州现代物流（仓储）园区、衢州悦龙湾休闲旅游度假区、衢州子路现代农业园区、衢州恒隆矿业有限公司等项目8个，总投资15亿元。

2014年，新引进招商项目3个，盘活原闲置的浙江亨吉得食品和浙江亨吉得电器两家企业，引进投资亿元的浙江点明实业有限公司。

【基础设施】 2012年，完成大川、山塘、东华、庭前等4个村的村庄整治工程。完成后塘、赵塘、仙塘、炭坞、梅家塘等5个“千库保安”工程、完成5千米后溪防洪堤加固工程。后溪公铁立交工程完成道路拓宽亮化和竣工验收，5月份交付使用并顺利通车。年处理能力5000吨的集镇污水处理厂通过竣工验收。

2013年，全长5千米，总投资3739万元的后溪镇防洪堤加固工程完工，后溪江滨大道已硬化。

2014年，投入资金完善农村基础设施建设，共完成廿项线沿线村庄的赤膊墙整治，后溪村文化礼堂建设，后溪村和庭前村的农村生活污水集中处理工程，棠村畈道路维修，下棠村村内道路硬化、渠道建设，坝底柑橘基地道路，前百村村级物业经济用房、甲鱼基地道路硬化，江滨村村庄道路硬化，山塘村的道路和池塘建设，青塘村移民项目道路硬化，庭前村美丽乡村提升工程，菖蒲垄村水利渠道和道路，赤山口村的渠道和道路，张村林区道路，东华村机耕路，富竹坞、仙塘水库建设。

【社会事业】 2012年，深化农民素质培训，举办各类实用技术和技能培训班，提升农民增收水平。加强和改进民政工作，扶贫和低保两项政策对接，“五保”集中供养率85%，实施医疗救助53人，发放救助金24万元，开展“助残扶贫工程”，加强残疾人就业培训促进残疾人就业、创业。

2013年，全镇发放低保金30万元，“五保”供养率达到100%。及时救助8户住房困难群众。同年，收缴社会抚养费45万元。扎实推进文化礼堂建设，深化和巩固教育强镇建设，推进义务教育标准化学校创建。

2014年，全镇共纳入农村低保484户762人，重度残疾150户187人，“五保”供养率100%，共发放低保金92.21万元、重度残疾补助87.1万元。同年，全镇农村合作医疗保险参保人数为16210人，参保率达到96.1%，有72人申请大病救助，补偿救助金28万元，新型农村合作医疗全年赔付843.38万元。完善村级卫生服务网络，疫病防控进一步加强，农民健康体检和妇女“两癌”筛查有序开展。全镇计生率达92.25%，获得全区人口与计划生育工作三等奖。为部队输送双合格兵源11人。6个村共投入40万元新建文体活动场地，面积达4800平方米，安装健身设施173件。

【生态环境建设】 2012—2014年，对境内的江山江、白马溪、乌兰溪三条河道落实“河长制”，通过集中清运，常态保洁，动态巡查，完成清除垃圾河的目标任务。全面禁止河道采砂，乡镇交界水断面监测点水质合格率从年初的两次检查不合格，通过采取一系列集中整治，全部合格。主动与隔壁乡镇对接，与江山市水利部门对接，共同向上争取，和平堰的修复工程项目已排上议事日程。组织力量以定期或抽查方式检查村级卫生和河道保洁情况,同时制定完善考核办法,每月对村级清洁乡村工作进行排名,加大考核奖惩力度。

2013年,启动江山江流域6个行政村生猪综合整治,生猪养殖整治224户,完成100%;拆除养殖用房面积18732平方米,完成100%;关停猪舍猪栏面积6001平方米,完成100%;削减能繁母猪699头,出售存栏生猪9992头,江山江流域沿河500米内养殖设施用房全部得到拆除或者关停,率先完成信安湖流域生猪综合整治工作。

2014年,启动白马溪生猪养殖专项整治工作,完成生猪整治专项工作。对白马溪流域涉及的379户生猪养殖户,开展生猪禁养、养殖用房及附属设施的拆除和关停;禁养母猪718头、生猪9251头;拆除养殖用房26085平方米,关停猪栏8219平方米;补偿资金500余万元。开展乌兰溪流域生猪整规工作,共削减养殖户数169户,削减商品猪存栏5910头,削减母猪存栏415头,拆除养殖用房面积22866.5平方米,完成禁养区生猪整规工作任务。

【银湖山庄休闲旅游项目】 2012年,银湖养老(休闲)山庄项目的主体工程开工建设,一期首批260套养老公寓销售113套。2013年,银湖山庄新投入9500万元,一期首批1.67公顷10幢养老公寓楼全部结顶,260套养老公寓基本销售完毕,项目南主干道路建设完成并通车,第二批6.53公顷房屋开挖建设中,推进道路、自来水厂等配套设施建设。2014年,银湖山庄完成投资1.2亿元,一期1.67公顷10幢建筑面积2.1万平方米老年公寓交付使用,二期5.67公顷30幢建筑面积11万平方米老年公寓正在建设,自来水厂等项目基础设施配套基本完成。

银湖山庄一角

【悦龙湾生态农业观光园】 项目建设地点位于后溪镇后溪村撑口自然村,项目建设单位为一粒志生态农业科技有限公司,项目总投资6300万元,总面积约146.67公顷。项目集科研、种植、养殖、旅游休闲为一体,建立以立体种植和立体养殖为主的高效生态科技示范园区,立足生态园山清水秀、绿色环保的特点,充分利用生态景观,形成"可览、可游、可居"的环境景观和集"自然—生产—休闲—养生"于一体的景观综合体。2014年,项目累计完成投资3000万元,园区内有机果蔬基地、生态养殖基地、综合楼、接待服务中心完成,采摘基地、农作体验乡村创作(培训)基地及绿化等配套设施开工建设。

悦龙湾生态农业观光园全景图

表62

2014年后溪镇各行政村基本情况一览表

村名	支书	主任	村民小组（个）	农户数（户）	人口（人）	党员（人）	劳动力（人）	外出劳动力	耕地面积（公顷）	山林面积（公顷）	村级经济收入（万元）
后溪	郑丽松	郑国标	14	830	2830	103	1532	590	128.2	307.2	46.2732
东华	郑全华	詹声飞	17	808	2523	81	1708	589	125.7	697.3	14.7326
赤山口	李华林	叶惠舟	3	396	1270	52	687	363	68.9	207.9	16.9036
山塘	郑定土	黄国良	10	427	1230	24	779	372	66.1	55.5	13.2707
菖蒲垅	郑金宝	叶建龙	10	550	1805	51	980	280	102.7	90.3	18.9316
坝底	郑彩良	吕雪根	6	400	1220	40	760	410	88.7	0	1.1447
泉井边	吕世水	吕建华	9	750	2120	70	1220	499	100.4	0	4.8004
上棠	周耀根	吾晓峰	12	408	1378	39	731	291	81.1	0	0.6746
下棠	方水良	叶贤祥	7	371	1175	35	630	220	75.1	0	4.8674
前百	吾雨根	陈五土	10	488	1521	58	868	153	92.7	0	24.2477
江滨	陈智光	童小刚	14	559	1643	44	950	500	55.1	174	92.8404
大川	叶建国	姜金关	16	655	2020	64	1090	405	115.5	1086.5	26.1058
张村	—	郑建	10	430	1265	39	680	210	66.1	267.5	3.6185
庭前	吴美香	谢金生	11	370	1213	45	582	241	67.1	385.7	6.0491
青塘	童剑锋	余雨青	20	616	2014	43	1028	560	105.6	379.9	3.4841

（柴　莹）

湖南镇

【概况】 湖南镇位于乌溪江中游,距市区34千米,属山区库区乡镇。镇域面积137.08平方千米,辖9个行政村,147个自然村,172个村民小组,总户数4034户,总人口10950人。土地总面积1.37万公顷,其中林业用地占11979.60公顷,耕地面积占373.07公顷。主要经济作物有板栗、生姜、茶叶、柑橘等。全镇森林覆盖率逐年提高,绿视率90%。2014年,湖南镇地区生产总值3.08亿元,农民人均收入12603元,镇级财政收入336万元,全社会固定资产投资1.4亿元。

【基层组织建设】 湖南镇党委下辖党支部16个,其中五星级支部2个,四星级4个,三星级3个。2014年,共新增预备党员6名,预备转正式党员3名。加强干部教育学习,走村入户,融入群众,转变干部作风,以提升"干群熟悉度、经济受益度、财务透明度、村务知晓度、村民参与度"五个度建设,促进干部进村组、察民情、解民忧。开展"无污染河"村创建、"无违建"村创建、"无违计"村创建、"无违规生猪养殖村"创建、"无信访安全隐患"村"五村联创"活动,激发广大干部工作热情。制定出台《村级非生产性开支管理制度》等八项制度,开展"五水共治""无违建"村创建等"十大行动",以专项行动抓落实,取得较好的效果。

【提升农业经济】 2012—2014年,湖南镇党委政府重视农村产业转型发展,将调整产业结构促进农民增收作为政府工作重中之重,通过引导农民提升传统产业,培育特色产业,加快产业结构调整,力促农民增收致富。2014年,全镇已建成各类特色产业基地12个,面积达180公顷,扩大食用菌工厂化栽培60万袋,转移库区歇业劳动力再就业600人。引导朝书、蛟垄、山尖岙等村农户连片种植高山蔬菜,发展高山蔬菜基地化种植面积173.33公顷。在破石、埂头等村万亩毛竹主产区引进推广"一竹三笋"栽培模式并延长产业链扩大竹制品加工,助推竹林增效竹农增收。在华家、破石等村推广工厂化生产、反季节栽培等食用菌高效生产栽培技术,扩大食用菌栽培厂房600平方米,引进茶树菇、袖珍菇、猴头菇等食用菌新品种栽培60万袋,吸纳100名养殖歇业妇女菇房再就业,月收入2000元。

【培育特色产业】 培育发展特色产业,建成猕猴桃、葡萄、山桅花、中药材、灵芝、油茶、香榧、铁皮石斛等各类特色种植基地180公顷,以基地效应辐射带动农村产业转型升级。加强与科研企业合作,探索发展林下经济,综合利用镇丰富的板栗资源,依附板栗树干栽培铁皮石斛项目试点,深度开发板栗豆腐制品,提高板栗产品附加值。引导妇女发展庭院经济,湘思村妇女利用家中闲置的养猪棚从事铁皮石斛家庭栽培,年收入4万元,推广铁皮石斛家庭式栽培农户6户,华家、破石等村扩大食用菌种植规模和品种,引进茶树菇、袖珍菇、猴头菇等食用菌品种栽培,吸纳100名养殖歇业妇女菇房再就业,推行"基地+农户"生产经营。

【保障民生事业】 2014年,共救助农村低保对象605人,发放农村低保金115万元,发放五保户生活补助金9.6万元。落实医疗救助56户67人,发放救助金26.7万元。发放困难群众临时生活救济及慰问款8.47万元,安排棉被27床发放到各村用于慰问特困群众。投入现金20205元用于受6.20洪灾影响的35户52间民房灾后修复工作。

【加强集镇建设】 2014年,投资73万元,铺设管网6226米,其中主管道4316米、支管道1910米,改造农户化粪池425个,安装检查井267个,新增纳管农户242户。投资156万元,对集镇污水站进行提标改造,服务人口4000人,采用高效澄清池+过滤器+超滤膜系统处理工艺，将污水站日处理量300吨提高到400吨。启动集镇沿街商铺店面改造提升、集镇沿街景观墙建设项目以及湖南镇中心小学扩建项目，改善湖南集镇整体风貌。

【环境综合整治】 2013年，为配合乌溪江环境污染综合整治工作，湖南镇在9个行政村全面开展生猪禁养整治。

2014年，共整治生猪养殖户1076户，处置能繁母猪2652头、存栏生猪22843头，拆除生猪养殖设施用房面积92364.31平方米。全镇实施农村生活污水治理项目，总投资783.6998万元，涉及全镇136个自然村，覆盖农户3886户，受益人口达11052人。共完成农村生活污水管道铺设109520米，安装检查井1255个，农户化粪池改造3245户，联户处理1394户，建造污水集中处理终端池23个。投资237.6293万元对集镇排污管道、污水处理站等污水处理系统进行提标改造，生活垃圾按照"户投放、村收集、区处理"模式进行源头分类处理，确保污水处理站出水达到一级A标准。境内7条主要河道全面建立"河长制"，制定"清三河"专项行动实施方案，投入资金16万元，清理河道46千米，清理各类垃圾30余吨。湘思、破石、朝书、白坞口等沿江村庄共出动打捞船只12船次，对乌溪江江面及沿岸进行拉网式清理，全面消灭境内所有垃圾河。

【自然景观独特 人文底蕴深厚】 湖南镇山清水秀，空气清新，年平均气温15.50C，无霜期248天，平均年降水量1800～1900毫米。海拔最高点875米，最低点103米，森林覆盖率高，绿视率达90%以上，负氧离子含量极高，生态环境优美。湖南镇具有独特的自然景观和淳朴的民风，人文底蕴深厚。乌溪江上游为当时号称"亚洲第一高坝"的湖南镇大坝，下游是"浙江第一颗明珠"黄坛口电站，辖区内九龙湖两岸茂林修竹，郁郁葱葱，沿湖有湘思亲水园、叠石山、古廊桥、文昌阁、破石四景、破石古村落、仙霞山庄、节理石柱等多处优美景点，破石村被列为浙江省第二批（2014年度）历史文化村落保护利用重点村。湖南镇汇聚多种动植物，其中木本植物达220多种，野生动物有40多种，娃娃鱼、鲥鱼、鳜鱼、鲶鱼、石斑鱼，为浙西特有，弥为珍贵。

【农家乐发展加快 旅游线路多样】 以"住农家屋，吃农家饭，干农家活，享农家了"的特色，集生态乡村休闲观光为一体农家乐快速发展。湖南镇水路交通便利，为农家乐的发展提供得天独厚的自然条件优势。2014年，有农家乐有26家，共计床位300张，可同时接待游客1000余人。省级特色村：湖南镇湘思村；新增五星级经营户、省级特色点：笔架山庄。

旅游线路多样：亲水观光路线：游客可从黄坛口水库出发，坐船游历月亮岛—太阳岛—湘思岛，观赏沿途风景。采摘观光路线：游客可以赴万亩水栀子观光基地和杨梅基地进行采摘游。科普旅游路线：境内广阔的湿地和大面积的节理石柱群具有极高的科学研究和观赏价值。文化体验路线：游客可组成古廊桥—文昌阁—余氏祠堂—破石古村落—笔架山庄一日游路线，体验建筑文化和孝文化。

【破石村被国务院授予全国民族团结进步模范集体】 破石村位于湖南镇东南部，有889户，2918人，有畲族、布依族、彝族等少数民族，少数民族人口535人。2012—2014年，村委会把民族团结作为维护社会稳定、促进经济发展的重要工作来抓。每年举办畲族"三月三"文化节和"九月九"重阳节的孝文化节活动，表演丰富的少数民族特色节目，让村民自娱自乐，年年有新内容、新成效。2013年，416位村民参加"永利杯"浙江省民族知识竞赛，9人获奖。全村少数民族群众与汉族群众幸福生活共享，经济发展共进，和谐共处同乐。2014年9月，国务院授予破石村全国民族团结进步模范集体称号。

（祝红梅）

表63

2014年度湖南镇各行政村基本情况一览表

村名	支部书记	村民主任	党员数(人)	村民小组数(个)	村民代表数(人)	户数(户)	人口(人)	劳力(人)	外出劳力(人)	面积(公顷)				
										耕地	园地	林地	水面	其他
埂头村	汪金妹	张鹏展	49	26	50	523	1540	1020	433	53	41	1236	—	94
破石村	余金山	余良阁	115	42	54	1058	2867	1985	625	75	28	3572	80	140
湖南村	余高峰	祝燕青	77	19	53	592	1465	937	215	29	5	1519	133	57
华家村	祝建平	郑金方	15	4	30	115	332	203	108	9	6	766	—	8
山尖岙村	祝樟树	毛贵昌	23	10	10	215	536	360	156	25	19	717	—	33
朝书村	吴云峰	郑春阳	46	18	42	407	1229	815	315	56	60	1003	13	55
白坞口村	姜根耀	陈利正	78	19	51	547	1535	953	341	45	33	1276	37	101
蛟垄村	温泉洪	郑耀倪	33	25	40	365	918	596	240	55	49	1019	3	92
岩家山村	黄召龙	程建华	25	9	39	212	528	370	171	26	14	872	100	92

(吴德祥)

岭洋乡

【概况】 岭洋乡位于衢州市区南部,距市区62千米,位于乌溪江库区内,东与举村乡相连,南与丽水市遂昌县接壤,西与江山市毗邻,北靠湖南镇。全乡总面积155.96平方千米。2014年年底,下辖11个行政村,74个自然村,123个村民小组2230户,人口5537人。

2014年,全年现实国民生产总值6921万元,财政收入100万元。获"国家级生态乡镇""衢州市无传销乡镇""区级文明乡镇"等称号。岗头村古树群被评为"浙江最美古树群"。

【基层组织建设】 2014年,全乡共有党支部13个,党员343人。乡党委抓好自身建设,党委中心组建立学习制度。注重加强党支部建设,强化政治思想工作,坚持农村党支部"三会一课"制度。建立岭洋乡外出党员服务站,完善党员管理。做好人民代表提案的落实工作,代表提案20件全部得到落实解决。对乡政府的财政执行情况以及村务财务进行检查,对涉农补贴的发放情况进行监督。做好乡政府、村民会的换届工作。制定平安创建工作方案。坚持贯彻预防为主的原则,开展各类矛盾、纠纷的排查处理,发放《平安衢江建设倡议书》2200份,发放和张贴《警钟》宣传资料180份。

2014年,全年共排查化解各类矛盾纠纷40起,成功调处40起,调处成功率100%。开展依法治乡活动。通过各种方式大力宣传法律法规知识。发放《农村法律知识读本》2200册。实现辖区内各类治安案件及重大事故零发生。全面完成文明乡镇创建工作。完成鱼山村、岭头村、赖家村、溪东村、洋口村等6个

【农村经济】 全乡耕地面积172.4公顷,人均0.03公顷。山林总面积1.32万公顷,以生态公益林为主,其中阔叶林10078.6公顷,竹林1584公顷,板栗190公顷,茶叶224.33公顷(其中名优茶基地66.67余公顷),油茶957.47公顷,柑橘82.67公顷,生态公益林9568.87公顷。特产有茶叶、板栗、苦丁茶、笋干、野菜系列、茶油、鱼干,吊瓜等。建设高效笋竹林基地100公顷、改造低产竹林340公顷。打造山栀花种植示范基地,引进优质山栀花幼苗15万株,新增种植面积33.33公顷。

全乡有11村1025户农户种植油茶,年产茶油175吨。扶持种粮大户,给予粮油补贴。全乡组建茶叶、油茶、毛竹等专业经济合作社8个,有效地促进林区经济发展。建立健全护林组织12个,严厉打击乱砍滥伐行为。乡村两级建立防火机构,有效地保护生态环境。推进山林的合理流转,改造低产竹林53.33公顷,建设高效笋竹林基地20公顷,加快毛竹产业化进程。发展来料加工业。引进浙江铭翔公司联合创建抱珠龙村来料加工创业基地。完成3.33公顷农村土地综合整治工作,总投资80万元的赖家村、上珠坂村、岗头村饮用水工程项目开工建设并完成。引进红五环公司创建科技研发基地。

【社会事业】 2014年,全乡低保农有102户,年低保金达41.6万元。岭洋乡敬老院有19位"五保"老人,集中供养达到90%。有1958户4450人参加新型农村合作医疗,参保率为91%。有2356人参加养老保险,参保率为61%。举办保安、保姆、电脑、缝纫、种菜、毛竹低改、茶叶种植和加工、油茶低改等培训班40期,培训农民2800人,有1800人外出打工。绿化公路两旁1000米,达到"绿化、洁化、硬化、亮化"的总体要求。

开展五水共治,建设秀美乡村。全面推进生猪养殖、灯光诱捕网箱养殖、玻璃拉丝厂整治工作,安排专项资金167万元,实施乌溪江环境综合整治。其中生猪养殖整治投入资金110万元,整治生猪养殖44户,消减母猪119头、生猪1100头,拆除猪舍5244.7平方米,关停猪栏866平方米。网箱

整治投入资金20万元，整治灯光诱捕网箱43户，拆除73个灯光诱捕网箱，面积7686平方米，整治网箱养鱼22户，拆除网箱66个15406平方，拆除27360平方拉网1个。投入资金37万元，关停2家玻璃拉丝企业，通过标本兼治的办法堵住污染源头，库区水环境质量明显提升。

建立外出党员群众服务站、爱心服务大超市、社会矛盾纠纷调处中心和计生服务中心示范点，对乡行政服务中心和村级社会管理服务综合中心进行全面改造提升。举办岭洋乡第二届农民运动会暨衢江区首届全民健身趣味运动会开场赛。开展低保、拥军、助残活动。完成全乡低保核查工作，发放最低生活保障金12万元；为全乡89名退伍军人发放优抚金16万元。完成敬老院及残疾人家庭的无障碍改造工作。全面完成抱珠龙村、赖家村、溪东村、大日坂村居家养老服务中心建设。

【基础设施建设】 2012—2014年，投资240万元实施污水处理和村庄整治工程，抓好溪东村、抱珠龙村、鱼山村农村环境连片综合整治项目实施。总投资1372万元，组织实施7个标段的低丘缓坡开发项目，建设总规模为28.67公顷，整治后新增耕地25.33公顷。大力开展农村土地综合整治，拆除房屋127幢，面积15.33公顷，完成土地整理7.67公顷。投资400万元，硬化通村公路15千米。投资40万元，粉刷外墙4万平方米。投资71万元，建造村级文化礼堂2个。投资180万元，新建3个村的村级办公楼。投资260万元，农村饮水安全提升改造11个村，全乡人人享有清洁水饮用。投资300万元，实施有线电视数字化改造2000户。完成岭头村生活污水处理工程，铺设集污管3730米，建设厌氧池71.4立方米，湿地污水处理系统91.96立方米。大力实施河道疏浚和防洪堤建设工程，柳家村、上珠坂村、白岩村、岗头村4个防洪堤工程立项实施，总投资200万元。

【下山脱贫】 成立下山出库异地脱贫工作领导小组，切实加强全乡库区困难群众异地脱贫工程建设工作，尊重农户意愿，充分调动积极性，帮助农户解决下山脱贫难题。2012—2014年，落实搬迁安置农户61户171人。主要以分散安置为主。抓好后期扶持，认真跟踪做好下山出库群众劳动力的培训、子女入学、社会保障等后续服务工作。

【生态休闲旅游】 岭洋渔村位于乌溪江坝区，以“品大坝鱼头、观节理石柱、游湿地公园、探华东高坝”为主题，围绕基础设施建设、环境整治、垃圾无害化处理、农家乐经营户“三改”、从业人员素质培训等方面对岭洋渔村进行全面提升，建设乌溪江库区文化展示中心、停车场、公共厕所、中型会议室及篮球场等，组建农家乐协会构建长效管理机制，突出库区观光、人文和湿地公园文化宣传，引导游客体验清清湖水、天然氧吧。岭洋渔村发展农家乐经营户9户，一次性可接待750人同时就餐和30人住宿。2014年，全年共接待游客12万人次，年经营收入136万元。

岭洋乡2012—2014年农业产业基本情况表

表64

年份	传统产业			特色产业			新兴产业			
	毛竹(万根)	茶叶(公顷)	油茶(公顷)	食用菌(万袋)	蔬菜(公顷)以生姜为主	蔬菜(公顷)以四季豆为主	生态鸡(只)	羊(头)	黄牛(头)	黄精(公顷)
2012	300	200	933.33	300	4.00	1.33	78900	90	340	无
2013	305	231	933.33	200	8.00	6.67	89070	99	390	无
2014	310	251	955.07	50	5.33	10.00	92000	115	419	3.33

2014年岭洋乡各行政村基本情况一览表

表65

村名	支书	主任	村民小组(个)	农户数(户)	人口(人)	党员(人)	劳动力(人)	耕地面积(公顷)	山林面积(公顷)	毛竹(公顷)	茶叶(公顷)	油茶(公顷)	生态公益林(公顷)	人均收入(元)	村级经济收入(万元)
抱珠龙	徐利群	刘林生	20	333	846	46	498	29.53	823.87	196.33	38.40	131.67	743.87	7615	4.7
洋口	黄智勇	朱土根	10	145	398	24	276	20.00	1453.33	44.67	7.33	11.87	1113.33	9650	3.2
大日坂	廖关云	程水美	9	191	401	32	321	14.53	1373.07	119.00	23.87	108.67	905.27	9620	4.9
岗头	廖全新	廖义成	12	175	433	25	341	7.67	1662.07	100.00	27.40	49.67	1135.07	9545	1.8
白岩	胡赟	郑樟眉	5	135	418	16	324	11.27	948.00	15.33	6.87	90.53	625.33	9622	6.5
鱼山	柴建	柴胜	16	372	794	34	487	36.33	839.40	25.33	23.33	16.00	6275.40	9630	3.5
上珠坂	卢三土	卢开国	6	148	368	18	287	7.07	702.47	50.00	6.00	0.67	567.00	9670	1.9
柳家	柳水根	柳建强	6	146	319	16	265	8.67	578.67	126.67	5.33	2.67	436.27	9705	1.7
赖家	邱小勇	陈寿仓	14	291	731	21	467	20.80	1491.87	557.07	25.00	70.20	1054.27	9679	2.95
溪东	杨柳根	曾慧飞	13	212	630	46	436	22.20	500.00	73.33	23.33	13.33	380.00	9625	3
岭头	邱文良	余云良	6	88	304	17	202	4.67	793.33	166.67	6.67	66.67	625.33	9625	3

（朱燕燕）

举 村 乡

【概况】 举村乡位于衢州市区南部，距城60千米，乌溪江库区内，东南靠遂昌县，西南连岭洋乡、湖南镇，北与黄坛口、大洲接壤，总面积79.08平方千米。2014年有7个行政村40个自然村，村民小组54个，总户数1273户，总人口2927人。全乡有耕地130.93公顷，林地7480.20公顷，其中，毛竹2827.67公顷，人均0.97公顷，生态公益林5870.33公顷(2015年扩面后)，2014年“浙江好腔调”传统戏剧系列表演，举村乡选送的提线木偶红《金兰义》获得“浙江好腔调”奖。

【基层组织建设】 2012年，举村乡党委启动“三民工程”标准化建设，建立民情档案，定期沟通民情，为民办事全程服务，推动服务型基层党组织建设。倒排后进基层党组织，全面推行“第一书记”工作法，集中精力抓支部，实现后进党组织整转和干部队伍素质提升。

2013年，在全乡农村党员中开展“五带头”为主要内容的先锋指数考评，将农村党员划分为任职党员、普通党员、流动党员，对党员进行先锋指数定期公开考评，选出优秀党员、先锋党员、合格党员、警示党员和不合格党员五个等次，改进农村党员队伍教育管理。

2014年，乡党委开展“三走进”“走村不漏户、户户见干部”“联系不漏户、党群心贴心”活动，密切干群关系。开展党的群众路线教育活动，以“为民、务实、清廉”为主题，突出作风建设，着力解决“四风”问题。乡党委、政府运用“五步工作法”(动议、审议、报审、民决、告知)和“民情沟通日”民主工作机制措施考核督查，村级重大项目、重要事项和大额财务支出要求召开村民代表会议，听民意，集民智，接受党员群众监督。

2012—2014年，共排查矛盾纠纷102起，调处100起起。实现“群访零进区、矛盾纠纷零上交、火灾等事故零发生”。

【生态农业】 2012年，突出农民增收，主抓毛竹提升和洋坑、西坑、下东坑自然村的茶园改造。以“合作社+农户”的模式发展有机优质稻谷种植13.33公顷。引进衢州万果农业开发有限公司，种植香榧43.33公顷。

2013年，培育“畲乡野茶”品牌，扩大山地蔬菜种植规模8.67公顷。万果农业开发有限公司完成3000万元投资，引进舒畅家庭农场中草药种植项目，完成20公顷中草药种植及厂房、办公场所晒场道路等建设。

举村乡翁源村香米基地

2014年，全乡新种植水栀子26.67公顷，培育水栀子苗100万株，种植黄金茶6.67公顷，扩种杜仲、厚朴、复盘子、黄精等中草药33.33公顷，基本形成洋坑村香榧、黄金茶、石便村油茶、翁源村生态香米，龙头坑村中草药、举村村和西坑村水栀子为主的“一村一品”农业特色产业格局。

表66

2012—2014年举村乡农业产业基本情况一览表

年份	传统产业			特色产业		
	毛竹(万根)	茶叶(公顷)	柑橘(公顷)	生态香米(公顷)	香榧(公顷)	中草药(公顷)
2012	150	139	37	13.33	43.33	0
2013	160	139	37	8.67	56.66	20
2014	150	139	37	5.27	70	33.33

【工业经济】 2012—2014年,举村乡通过招商引资,引进衢州龙达工艺品有限公司、衢州沃华汽车车身有限公司、衢州永航机械有限公司和衢州巨杉生物制品有限公司4家工业企业,引进资金2亿元。

2012年,全乡实现工业总产值500万元,工业增加值为863万元。2013年,实现工业总产值700万元,工业增加值为1030万元,同比增长19.3%。2014年,工业增加值为1115万元,同比增长17%。

【社会事业】 2012年,举村校区有教职员工12名,支教教师5名,在校学生62人。全乡计划生育率95.6%。向38名困难群众发放医疗救助308万元。

2013年,投入7万元完善乡中心幼儿园硬件设施,入园儿童12人。洋坑、龙头坑、茶山农民饮用水工程实现全覆盖。洋坑—杨梅岙公路改造工程通过竣工验收。完成7个村的村邮站和农家书屋建设,完成洋坑上槽道路硬化0.75千米,游步道建设3千米,完成举村和石便安置点的配套设施建设,完成洋坑养老服务中心建设。

2014年,乡敬老院安置五保老人16名。全乡享受农村最低生活保障农户97户170人,发放最低生活保障352752元。计划生育率93.33 %,实施“母婴健康工程”,加强孕产妇管理。程控电话、有线电视和广播、移动通讯覆盖全乡。境内文化资源丰富,有古建筑、红军标语、古桥等固定文物41处,民间民俗文化繁荣,有竹编织、木偶戏、山歌对唱、茶灯戏、婺剧、喝山节等,茶灯戏和喝山节被列入省级非物质文化遗产名录。全乡共有2447人参加农村社会养老保险,参保率96.91%。

【新农村建设】 2012—2014年,全乡共实施污水处理农户223户,卫生改厕农户225户,新建公共卫生厕所4座,置办垃圾箱 2500个,垃圾清运车11辆,共安装路灯150盏。对西坑村赤膊墙进行整治,共粉刷民房3200平方米。全乡实现电话、广播、电视村村通,完成自来水工程,确保农户喝上放心水。公路硬化总里程5.3千米,开通4 条6.3千米林区道路。完成电网、电信及有线电视等线路改造工程,排污管网,景观道路及村内游步道等项目建设,龙头坑、西坑、洋坑、举村等村公路沿线开展绿化工作,翁源、茶山、洋坑等中心村和主干道编竹篱笆,增种绿化苗木,邀请民间绘画大师在各村醒目位置的墙上绘制具有举村乡特色的人文、产业图案。

全乡境内公路沿线实施绿化、美化、洁化、亮化工程,举村村、翁源村、龙头坑三个村实施中心村整治。2012年,完成农村危旧房改造70户156人,17户实施宅基地整理,共拆除房屋120户,完成低丘缓坡开发3.33公顷。

2013年,全乡完成危旧房改造25户52人,开展土地综合整治工作,建成石便、翁源、龙头坑迁建点3个。完成西坑、茶山、洋坑26.67公顷低丘缓坡开发,完成4990平方米的“三改一拆”任务,创建无违建乡镇,共拆除旧棚铺、一户多宅违章建筑113处,2685平方米,洋坑养老服务中心完成基础建设,洋坑村、翁源村、茶山村三个村居家养老照料中心完成建设。推进翁源历史文化村项目建设,完成《举村乡翁源村总体规划》,按照“书画翁源、田园农家、康体养生、休闲娱乐”的旅游规划方位,共拆除翁源村12处旧棚铺,完成电网、电信及有线电视等线路改造工程,排污管网及景观道路建设工程、部分房屋修缮,在洋坑、翁源建成文化礼堂,购置垃圾桶277个,建成垃圾收集点23个,清除各类垃圾15吨,共拆除猪栏2395平方米,关停猪栏570.79平方米,能繁母猪削减87头,生猪削减880头,拆除库面灯光诱捕网箱9113平方米。

2014年,完成龙头坑村文化礼堂建设,下茶大桥建设。

【木偶戏被列为省级非物质文化遗产】 2013年,木偶戏被列为省级非物质文化遗产。洋坑村木偶戏盛传于清朝顺治年间,有200多年历史。木偶戏是由演员在幕后操纵木制玩偶进行表演的

举村乡洋坑村木偶戏

戏剧形式,历史悠久,在中国古代又称傀儡戏。木偶戏的“演员”是双重的,真正当众演出的是“木偶”,木偶造型既是由人雕绘成的戏剧角色,又是为人所操纵的戏具。由偶头、笼腹、四肢、提线和勾牌组成,高约两尺。偶头以樟、椴或柳木雕成,内设机关,五官表情丰富;竹制胸腹,手有文、武之分,舞枪弄棒,笔走龙蛇,把盏挥扇,妙趣横生;脚分赤、靴、旦3种,勾牌与关节间有长约3尺的提线。木偶戏在衢江区举村乡洋坑村有传承,洋坑村木偶戏有《文武八仙》《百寿图》《香山挂图》《体操科场》《永乐观灯》《六郎点将》《机房赦子》《秦琼游四门》《哪吒下山》《刘秀过潼关》《平贵回窑》《百岁坊》等代表作品,主要剧目为《三国戏》《水浒戏》。

表67

2014年举村乡各行政村基本情况一览表

村名	支书	主任	村民小组（个）	农户数（户）	人口（人）	党员（人）	劳动力（人）	外出劳动力（人）	耕地面积		山林面积（公顷）	柑橘面积（公顷）	柑橘产量（吨）	村级经济收入（万元）	村总支出（万元）	人均收入（元）
									水田（公顷）	旱地（公顷）						
举 村	雷德香	翁竹明	8	175	554	29	330	160	13.07	1.30	1192.40	0.59	127	4.9	7.6	5600
茶 山	卢献文	蓝全珍	6	191	393	30	245	117	8.33	1.73	1640.87	16.00	152	56.7	8.5	6500
龙头坑	温作群	张文华	9	161	353	25	210	85	16.00	1.87	727.33	0.43	9	14	5.1	4600
翁 源	曾小峰	王俊云	10	304	710	23	460	260	32.13	2.90	1108.27	0.67	81	3.9	14.8	4610
石 便	蓝允芳	罗贤斌	9	178	338	23	195	97	23.87	2.07	527.40	0.22	11	3.1	7.2	4600
西 坑	蓝云水	涂志明	4	75	151	9	105	65	5.60	0.40	796.13	0.09	5	3.2	8.6	4800
洋 坑	蓝祖文	朱明伟	8	183	434	21	258	105	20.33	1.33	1056.60	0	0	6.6	11.5	5245

（曾 伟）

省、市驻衢江单位

浙江省第一监狱

【概况】 浙江省第一监狱(简称省一监)位于衢州市衢江区东港街道闹桥村,占地面积4.67公顷,现有民警600余人,押犯规模在4000人,是一所主要关押原判刑期十年以上的重型犯监狱。监狱严格履行对罪犯关押改造职责,创新管理教育手段,已连续20年无罪犯脱逃,实现监狱持续安全稳定,确保一方平安。2012—2014年,省一监树立安全稳定首位意识,统筹推进刑罚执行、教育改造、信息化建设、队伍建设和民生工程建设,各项工作稳中有进,为全面建成智能化现代文明监狱奠定坚实基础。

2013年,省一监被浙江省司法厅记"集体二等功"。2014年,在全国监狱戒毒系统教育质量年活动中表现突出,被司法部通报表彰,民警姜丽萍、徐雄雁被司法部通报表彰。姜丽萍、余君被司法部授予"全国监狱系统心理矫治工作能手"。警卫督查队被授予浙江省"省级示范青年文明号"。

【监狱执法规范化】 落实直接管理制度,创新管理模式,推行罪犯现场网格化管理模式,实行民警现场管理划岗位定区域分职责,建成直接管理长效机制。在限制减刑罪犯管理上积极创新。根据限减犯的特点,及时转变行刑理念,探索限减犯管理模式,受到浙江省司法厅肯定,协助省局制定全省监狱系统首部《限减犯管理办法》。建立罪犯数字档案库,对罪犯疾病、严重违规等关键证据强化保全管理。建成监狱数字法庭,全面完成减刑、假释办案软件的安装、培训与使用工作,做到执法办案全程留痕。做好安全生产工作,实现安全生产"五无"目标。全面外撤围墙内女民警,强化信访、保密、舆情管理工作,全年未发生重大社会影响的舆情事件。

【罪犯病情诊治处置】 改建罪犯医院,扩大监内医院场地,扩展医院收容诊治能力。新建罪犯网上医院与远程诊疗系统,提升信息化建设水平。推进监地合作医疗转型升级,成立衢州中医医院省一监分院,罪犯医院工作正式纳入衢州中医医院医疗管理体系。对全监罪犯进行体检,举办病犯家属亲情帮教会,制定《罪犯重大疾病联合告知制度》,建立病情告之书制度,与驻监检察室、地方司法部门一道,强化病重(危)罪犯的管理,有效推进医疗执法安全。

【创新教育改造科学化模式】 每年推出一个罪犯主题教育核心价值改造观,围绕主题开展形式多样、内容丰富的教育活动,收到良好的教育改造效果。2012年,推出的"认罪悔罪、明理诚信、感恩自律、担责守法”核心价值改造价值观被全省推广。推进“411”工程建设。即以“一台(启迪电视台)一网(启迪网)、一刊(心理导刊)一地(心理矫治基地)、一会(心理运动会)一节(动漫文化艺术节)、一师(女心理咨询师)一团(女警讲师团)”,通过多层架构,多点结合,多面辅助,有效构建出多维教育模式,实现教育形式多样化、教育对象全面化、教育收效成果化。启迪电视台、启迪网在全省监狱系统予以推广,《心理导刊》被省监狱管理局定为省级刊物。

2013年,全国监狱系统开展教育质量年活动成效明显。省第一监狱教育改造成果被司法部简报转载,并参加司法部教育质量年推进会交流。创新罪犯文化技术教育模式,与社会院校联合举办服刑人员“双证制”教育班,累计800名罪犯通过“双证制”教育拿到“双文凭”。司法部简报转发监狱“双证制”教育工作做法,并承办司法部“双证制”教育工作现场会。推进监区文化“五项工程”建设。加强服刑人员心理咨询与矫治工作,邀请司法部首席团体辅导导师卢祖琴和中国焦点解决研究中心行政总监沈宣元等老师到监狱督导和培训,组织编写省局重大课题《监狱团体辅导操作手册》,服刑人员心理咨询与矫治工作科学化水平不断提高。认真贯彻《“5+1+1”教育改造模式工作规定》,完善二级办学体系,开展“和谐监区、和美家园”主题教育活动,承办全省教育质量年活动推进会,举办第三届心理运动会暨教育改造成果展。

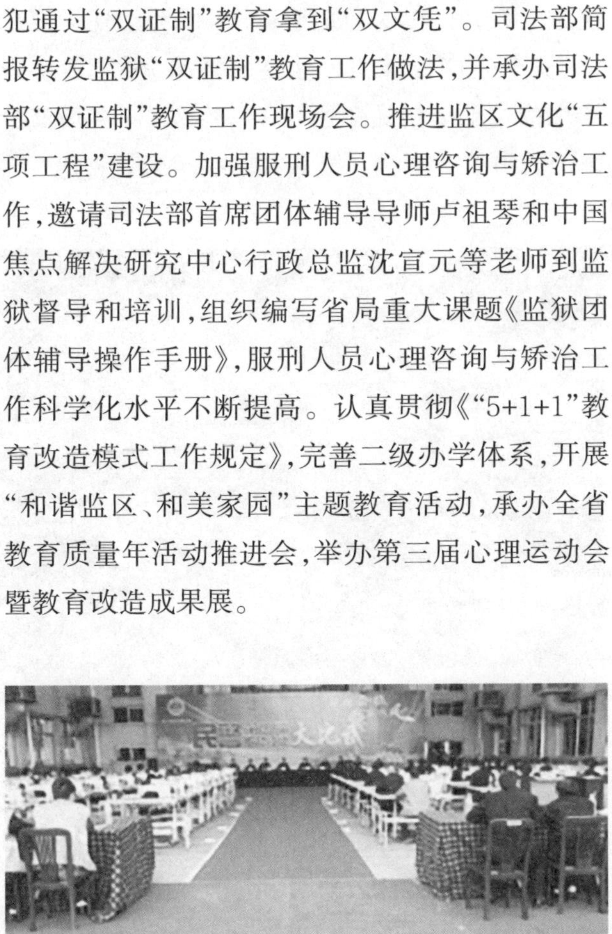

2013年民警服装技能大比武

【产业结构转型】 贯彻省司法厅省监狱管理局党委产业结构调整一系列指示精神,按照积极、稳妥、有序的原则,扎实做好产业结构调整工作。2012年12月,监狱全面退出机械劳动项目,转产劳务加工的产业结构调整阶段性目标。强化劳动改造管理,推进安全生产标准化创建和“7S”管理,细化罪犯劳动改造效果考核评估标准,提高罪犯劳动报酬,劳动报酬的激励作用得到有效发挥。2013年,推进产业结构调整,完成股权交割、资金划拨、对接帮扶三大任务,实现监狱党委提出的“活体转让”目标,被省司法厅授予“二等功”。

2013年3月12日,浙江五一机械有限公司股权交割仪式

【推进民生事业发展】 强化民生建设工程,推进食堂改造、行政(生活)区环境整治,提高民警职工工作和生活环境质量。对厂区道路、厂房、蒸汽管道、绿化进行重新规划布局调整。新建和维修监狱民警备勤用房,实现“拎包入住”的要求。新建标准职工运动场、篮球馆、网球场、警体馆、职工停车位。实施道路“白改黑”改造,对行政区域、备勤小区、劳动改造区域环境进行改造,完成雨污分离改造,污水管网与绿色产业集聚区污水处理厂对接。完成“一人一桌一椅一电脑”配置工作。

【民警队伍建设】 探索副调研员等退居二线领导同志的使用途径,成立监狱决策咨询团,得到省局领导的肯定。开展支部书记上“三台”(讲台、演讲台、舞台)活动,推动领导干部自我成长。开展党员干部进社区、进老区、进贫困地区“三进”活动,提升党员干部的宗旨意识和革命传统意识。培育警营文化品牌,成立民警职工文化社团,开展评选“最美一监人”活动,激发民警队伍的凝聚力和向心力。推进警营文化建设,打造具有一监特色的民警精神文化生活氛围,民警队伍的归属感、自豪感和成就感进一步增强。坚持党委理论中心组学习制度,提高班子成员的学习能力、领导能力和决策能力。贯彻民主集中制,增强班子团结及整体合力,推进班子作风建设。出台《浙江省第一监狱公务人员“十个严禁”规定》,强化民警纪律作风建设。扎实开展精减台账、清退办公用房工作,规范三公经费和公务用车管理。

(琚子宝　余　伟)

浙江省十里丰监狱

【概况】 2012—2014年,浙江省十里丰监狱全面贯彻党的十八大和十八届三中、四中全会精神,认真贯彻落实习总书记对监狱工作的重要指示,强化监狱内部管理,深化依法治监。推进智能化现代文明监狱创建,安防设施和智能化建设迅速发展。统筹推进各项工作,依法执法、队伍建设、生态文明等方面得到提升,监狱整体保持良好的发展态势。2013年1月,根据“接轨中心城市、对接交通干道”的监狱布局调整理念,塔山关押点建成启用,撤销3个(四、八、十二)旧关押点,提升安防水平,提供交通便利。2014年,浙江省十里丰监狱被省委、省政府办公厅评为全省社区矫正工作先进集体。监狱连续实现监管安全18周年。

【文明监狱】 严格对照司法部“35条”规定、省局“50条”实施意见及《狱政管理工作标准实施细则》、智能化现代文明监狱建设标准等文件要求,按照监狱《中长期发展规划》,加强监管基础设施建设、安防体系建设和智能化现代文明监狱创建。深化智能应用,发挥实时监控、指挥调度、索情锁证、证据固定等功能。开发智能化在罪犯教育改造、医疗卫生等领域的应用。健全“5+1+1”教育模式,借助地域优势,培育“南孔文化”品牌。打造“在线教育、在线狱务公开、在线考试、在线心理咨询”的罪犯教育改造专网。构建远程医疗会诊系统。制定各类监管改造制度,强化检查考核评比,抓好制度执行。公平公正公开办理减假暂案件,实行量化考核、阳光执法,深化狱务公开,提升执法公信力。严格规范民警执法行为,深化执法业务综合管理系统、减刑假释办案软件,数字法庭,执法记录仪的应用。完善相关应急预案,常态化开展演练。巩固劳动现场规范化、安全生产标准化创建达标成果,局级劳动现场规范化工作创优率达100%,连续8年实现安全生产无事故。

丰源湖一角

【文化塑造】 开展“忠诚尽责守戒”主题实践活动。突出政治建警,文化育警,传承弘扬十里丰精神,构建“忠诚、公正、廉明、奉献”监狱民警核心价值观,弘扬主流正气。加强警示教育、专项督查、执法监督、责任追究工作力度,营造风清气正的工作环境。加强监狱文化建设，提升队伍整体素质。精心提炼“争先进位、走在前列”的工作要求，开展“十百千”民警培训工程，开展“让人放心、受人欢迎、被人注重”专题教育活动，建立发现、培养、宣传、学习“四位一体”长效机制。

2012年11月，“三十佳”文化品牌被司法部评为政法干警核心价值观教育实践活动优秀案例。涌现出全国先进工作者1人、浙江骄傲年度人物提名奖1人、最美衢江人十大爱心模范3人、最美衢州人十大年度人物和提名奖各1人，浙江好人榜人物1人、衢州好人榜人物5人，全国工人先锋号单位2个，全省政法系统先进集体1个、全国监狱工作先进集体1个。微电影《爱立方》获评全省政法系统首届微电影评展最佳影片奖，第十一届全国法治动漫微电影大赛最佳法治微电影奖和最佳导演奖。实施“青蓝工程”，民警素能得到提升。坚持队伍业务并举，党风作风齐抓的工作思路，深化党的建设与队伍管理。落实党建责任，党委与支部、支部与小组层层签订责任书，强化一把手责任。自觉践行党的群众路线、倡导“一线工作法”，深化领导挂钩联系制度。开展党员“一句话承诺”“闪光言行之星”、开展“千名党员”进社区活动。监狱积极与衢州市、衢江区建立“最美共建、文化共融”常态机制。

【生态文明】 十里丰监狱树立“生态思维”，坚持“项目牵引”，将治污作为“五水共治”的重点来抓，监狱共关停11家牧场，清空猪6万余头，解决监狱地界上的主要污染源头。先后投入700余万元，对监管区、备勤区、办公区的地下管网进行彻底的雨污分流改造。投资660余万元，在人口密度较大的关押点建设4个污水处理站，实现全监污水集中处理、达标排放的工作目标。与衢州市、衢江区政府对接，实施“衢丰引水”工程，项目于2014年10月全线建成启用，“衢丰引水”工程惠及监狱和衢江区4个乡镇16个行政村8万人口，解决监狱和周边乡镇的供水问题。加快土地整理开发，有序推进农综开发项目，面积333.33公顷、预算1000万元的高标准农田示范工程项目。

主动对接地方政府，加快监狱环境建设步伐，相继建成启用塔山和十里丰两个民警职工餐厅、狱部职工运动场、室内简易训练用房等一批民生工程项目。南北苑备勤生活小区环境综合整治、中心道路南移等重点项目工程有序推进。总投资3000余万元，重点推进丰源湖环境综合整治项目。监狱整体环境面貌、民警职工工作环境、生活品质得到明显提升。

【和谐发展】 保障民生，全力做好“大福利”文章。通盘考虑、统筹兼顾，采取有力措施，切实保护和激发好民警职工的工作积极性。开展“和谐分工会”深化年、“巾帼建功立业标兵岗”争创活动，举办田径及趣味运动会、开展“警营吉尼斯”竞技赛、女职工广场健身舞比赛、“绿色环保，走进春天”环湖毅行、“激情夏日”趣味比赛等群众喜闻乐见的文体活动，承办省厅、省前锋体协代表队集训工作。开展年度两轮健康体检，各有侧重、互为弥补，提高疾病的发现率、治愈力。开展以“夏日送清凉、冬日送温暖、节日送慰问、平时送健康”为内容的“四送活动”，坚持“五必访”，开展服务型团组织建设，承办南片省属监狱青年民警三联赛，启动“微心愿”爱心活动。

【迷你甘薯成为浙江省唯一进入青奥会的农产品】 发展特色农业，打造苗木、甘薯、蔬菜、果园四大特色种植基地，营造春花秋果、夏荫冬绿、宜居宜业的生态环境。注重发展“十里丰”系列优新特农产品，举办以“优质、生态、健康”为主题的甘薯文化节，“十里丰”成为系统内农场单位首个被认定的浙江省著名商标。2014年，迷你甘薯成功打进南京青奥会，成为浙江省唯一进入青奥会的农产品。

（耿广峰）

中核浙江衢州铀业有限责任公司

【概况】 2012—2014年,中核浙江衢州铀业有限责任公司是中国核工业集团公司下属的国有军工企业。公司前身为国营七七一矿,位于衢州市衢江区大洲南,是地处浙江省唯一的铀矿山企业。公司现有从业人员269人,在职职工222人,其中管理人员56人,各类技术人员70人,其中中高级技术人员37名。注册资本3380万元,固定资产6240万元。公司下设两个生产单位和10个处室。

【完成天然铀生产任务】 公司在役矿井为大茶园矿井,大茶园矿井经过几次技术改造,生产能力不断提高。矿山采用采矿机械化程度、采矿效率较高的无轨开采技术和充填效率较高的堆浸尾渣水力井下充填技术从事矿石开采,地表采用细粒级堆浸技术,探索低品位矿床资源开发利用途径。2012—2014年,每年完成集团公司下达的天然铀军品生产任务。

【技术改造促产能提高】 在确保天然铀生产的同时,公司通过争取国家、集团的政策支持,开展技改项目建设。2012年,综合技术改造项目基本完成,在衢江新城区新建成的公司科研开发中心大楼通过验收。2013年,完成矿山安全避险"六大系统"建设,项目通过地方安监部门验收,完成核设施安全隐患应急整治工程和地表环境整治项目建设任务。通过技术改造,大茶园矿井环保设施得到完善,安全本质度得到有效提高,矿井机械化、自动化和生产工艺水平上新台阶,产能不断提高。

【加快绿色矿山建设】 全面启动军工安全标准化达标创建,实现安全环保平稳可控,加快绿色矿山建设步伐。坚持"不安全不生产,不环保不生产"的原则,严格安全环保考核推动责任制的落实,以"科学发展、安全发展"为理念,抓好落实,领导带班下井,强化外包采掘施工队管理,实现安全生产形势总体平稳。启动军工安全生产标准化达标创建工作,成立以总经理为组长的达标创建领导小组,明确达标创建目标、时间节点,从策划准备、教育培训、现状摸底、对标整改、自评等几个阶段,实现全员参与。2014年12月,通过集团公司组织的外部现场评审,满足军工系统安全生产标准化二级单位要求,达到创建目标。

【支持地方新农村建设】 2012年,公司投入资金1400万元,帮助大洲镇周边村民解决饮用水、办公、道路硬化、亮化、绿化等问题,建设后祝村、荒圩埂村排污、环卫、图书馆、阅览室、体育设施、新村安置点等生活服务设施,建设后祝村、荒圩埂村饮水管网,完善饮用水工程,让890户村民喝上放心水,每年补贴村民自来水水费20万元。为有序推进新农村项目建设,公司与衢江区、大洲镇建立联席会议制度,对项目建设进度、资金管理等工作,及时协调、加强管理。促进新农村建设项目顺利实施,周边村庄的环境得到有效改善。同时,公司每年拿出25万元设立后祝村、荒圩埂村敬老基金,关爱老人、关注健康,积极承担企业的社会责任,营造"和谐村企"的外部发展环境,树立公司良好的企业形象。

(郑慧霞)

浙江华电乌溪江水力发电厂

【概况】 浙江华电乌溪江水力发电厂(简称乌溪江电厂)隶属于中国华电集团公司,位于衢江区境内,下辖湖南镇电站和黄坛口电站,国有大Ⅱ型水电企业,浙江电网的主力调峰电厂,乌溪江流域的梯级开发水电厂。全厂有发电机组7台，装机容量372兆瓦，分别为2台26兆瓦发电机组，4台50兆瓦发电机组和1台120兆瓦发电机组。乌溪江电厂具有发电、防洪、灌溉、供水、航运、生态等综合效应，长期为浙江电网削峰填谷，为衢州市的防洪灌溉、城市供水与浙西地区的经济社会发展做贡献。

湖南镇大坝全景图

乌溪江电厂下设办公室、计划规划部、财务产权部、人力资源部、政治部、纪检监察室、安全保卫部、检修维护部、技术设备部、运行部、水工部、项目发展部、工会办公室、团委等14个部室。2014年，在册职工392人，具有本科及以上学历的168人。具备专业技术资格人员214人，其中高级资格39人，中级资格73人，初级资格102人。

黄坛口电站全景图

【**年度业绩**】 2012年，乌溪江流域降雨量2414.5毫米，来水量37.14亿立方米。全年累计发电85852.77万千瓦时，上网电量84789.84万千瓦时。

2013年，乌溪江流域降雨量1624.77毫米，来水量21.63亿立方米。全年累计发电74938.32万千瓦时，上网电量73954.31万千瓦时。完成印度尼西亚阿萨汉一级水电站的运行维护工作，展现中国工程技术人员的工作能力。发布《浙江华电乌溪江水力发电厂社会责任报告》。

2014年，乌溪江流域降雨量1895毫米，来水量26.58亿立方米。全年累计发电72207.94万千瓦时，上网电量71234.30万千瓦时。乌溪江电厂单日发电量达到915.97万千瓦时，创下历史最高纪录。国家能源局大坝安全监察中心评定湖、黄两站大坝为正常坝。

【**主要成绩**】 2012年，企业获中国华电集团公司"五星级发电企业"称号；"高精度免调节变形监测通用棱镜基座"获国家知识产权局实用新型专利证书。

2013年，乌溪江电厂被省委宣传部、省委组织部等六家单位评为浙江省思想政治工作优秀单位，被省委宣传部、省思想政治工作研究会命名为首批浙江省"心灵港湾工作坊示范点"，被中国电力信息化推进联盟评为"中国电力信息化标杆企业"，被中国能源报及其独立的中国美丽电厂评审委员会授予"中国美丽电厂"称号。

2014年，被衢州市公安局、衢州市综治办评为市级治安安全先进单位。企业继续保持全国文明单位，连续6次获评全国"安康杯"竞赛活动优胜单位，连续14次获评国家级优秀质量管理小组。省委书记夏宝龙一行到乌溪江电厂湖南镇大坝库区调研"五水共治"等工作。

【**"数字党建"的开发与运用**】 2012—2014年，"数字党建"系统的开发，主要基于企业现有信息网络系统，通过水电厂多业务平台，以B/S开发模式，实现分布式网络管理,集宣传教育、党务管理、协同办公、远程学习、调查研究、考核检查等功能于一体。系统的开发运用实现资源共享,依托数字党建平台,实现企业党建规范化管理。系统平台涵盖党务政工日常工作,基础学习管理子系统、党务管理子系统、精神文明管理子系统、学习调研管理子系统,政工管理子系统等5项。包括党员管理、党组织管理等17个功能模块。

党务管理平台——实现企业内党内基础信息数字化,将企业党组织、党员等基础信息纳入网络平台的基础数据库进行集中管理,方便实现查询、统计、电子存档,实现党务工作流程电子化,将党组织关系转移、党员发展、党组织换届、党支部考核等党务工作实现可控在控。

协同办公平台——数字党建网络平台构建在现有多业务平台基础上,采用统一开发技术,将系统功能与多业务平台集成,具备业务事件触发、网络审批、流程监控、网络提醒等功能。网站通过自动翻红的形式把工作提醒和工作流程都集约在主页面上,只要开机就能第一时间发现并处理,提高工作效率。

远程学习平台——将各种学习教育的视频和文字资料提供给企业全体员工,运用图文并茂的信息展示、多媒体视频等手段,丰富学习形式和手段,提升学习效果。

调查研究平台——实现党员、职工的思想状况调查问卷的组卷、发放和统计等功能,及时、准确掌握企业干部职工的思想动态,通过平台生成的数据分析,准确掌握系统党员构成情况和发展趋势,为领导决策提供依据。

实时全程的检查考核平台——上级组织和任务发起人可以实时查询各项工作进展情况,各项任务完成后可及时评价,系统自动记录完成时间、效果,自动进行横向对标、催办、阶段性汇总统计,提升检查考核工作精益化。

(杨玉林)

中国冶金地质总局浙江地质勘查院

【概况】 中国冶金地质总局浙江地质勘查院隶属于国务院国资委所辖的中国冶金地质总局,是一支集地质找矿、工程勘查、环境地质、环境地质防治与施工于一体,具有冶金地质特色的综合性地质勘查单位。承揽多项国家重点勘查项目,完成60项以国土资源大调查项目为重点的国家地质项目及各类大型社会地质项目,找矿成果成绩显著,取得较好的经济与社会效益。提供有矿产地50处;完成地质灾害评估报告100份;先后在胶东半岛、赣东北、皖南及浙江大部等地进行金矿、铅锌及萤石矿勘查,完成各类地质报告及开发利用方案100份;承担衢州开发区及各乡镇的土地整理与开发利用规划的测量工作,为经济建设和环境保护做出突出贡献。2012—2014年,被评为衢州市文明单位。

【中国冶金地质总局浙江地质勘查院挂牌成立】 中国冶金地质总局浙江地质勘查院由原一局二队与第一地质勘查院衢州分院整合而成。2013年9月6日,成立仪式在院办公楼前举行。

2013年9月6日,中国冶金地质总局浙江地质勘查院挂牌成立

中共衢州市委副书记、市长沈仁康，浙江省国土资源厅副厅长潘圣明，一局局长黄尊显、党委书记刘三洋、衢州市各县市区国土局领导出席揭牌仪式。由一局副局长杨艺华主持，局长黄尊显首先宣布中国冶金地质总局浙江地质勘查院成立并发表讲话；市长沈仁康和副厅长潘圣明分别致辞，希望新成立的浙江地勘院更好地发挥技术优势，为浙江社会发展助力，并表示将继续大力支持浙江地勘院的建设和发展。新任浙江地质勘查院院长闫金宝作表态发言。市长沈仁康、局长黄尊显、副厅长潘圣明、书记刘三洋共同为中国冶金地质总局浙江地质勘查院揭牌。

【地质找矿新突破】 2012—2014年，浙江地勘院为解决浙江省矿山资源危机，延长矿山服务年限，缓解职工就业，促进经济发展和社会稳定，浙勘院承担绍兴县平水铜矿、遂昌县治岭头金矿和龙游县灵山铜多金属矿三个国家老矿山接替资源勘查项目。三年，共探获Au金属量6.44吨，Ag金属量14.68吨，Cu金属量3.66万吨，Pb+Zn金属量0.80万吨，平均延长矿山开采年限约10年，稳定职工就业2万余人，使老矿山重焕生机，获得巨大经济效益和社会效益。

绍兴县平水铜矿 经过认真细致的综合研究，结合成矿条件、成矿规律和建立成矿模式后，技术人员提出主矿体并未尖灭，在深部产状发生倒转。项目组在6线反向施工钻孔取得重大突破，发现矿化蚀变带一百余米厚，并在深部发现1号铜矿体的延伸部位，发现两条独立的金矿体，工业矿体累计真厚度将近二十米，且品位相对较高。经过两年勘查，矿区深部及外围共新增(333)及以上资源量Cu 8万多吨，Au 5多吨。打破前人主矿体深部已经封边的结论，有效延长老矿山的服务年限，在资源缺乏的浙江省取得较好的经济和社会效益。

遂昌县治岭头金矿 在F1断裂带找到四百多米石英脉，金平均品位达到25.18g/t，矿带总体走向长约420米，倾向延伸180米，在180中段、220中段及260中段均见到石英脉型的金银矿，品位较富，推测本勘查区F1构造成矿带Ⅵ号矿体南北两侧寻找金银矿的前景，预计金属量达到1吨多，F1既是溶矿构造又是成矿构造，为进一步找矿打开空间。

龙游县灵山铜多金属矿 在0号勘查线施工钻孔ZK001孔钻孔显示共有四层Cu矿体，发现三层独立矿体，Cu平均品位0.97%，龙游深部找矿取得重大进展，为下步深部找矿提供依据。

【地质勘查成果丰硕】 2012—2013年，浙江省绍兴县平水铜矿接替资源勘查项目设计通过专家评审，分别被评为优秀设计。2014年，浙江省遂昌县治岭头金矿接替资源勘查项目通过专家评审，被评为优秀设计，并在年度总局原始资料展评会上获得第一名。浙江桃红—西裘—东堡地区铜金矿调查评价项目通过中国地质调查局南京地质调查中心组织的设计评审获得优秀级，成果报告于2014年获得中国地质调查局报告编制优秀奖。同年，浙江省江山市峡口镇柴村萤石矿详查项目在浙江省商业性地质勘查成果质量检查中获得优秀，并报送参加浙江省优秀成果资料展评。

【资质等级全面提升】 2012—2014年，获批三个国家接替资源勘查项目，占浙江省的五分之三。在延续“平水铜矿”“遂昌金矿”两个项目的基础上，又获批新立“浙江省龙游县灵山铜多金属矿接替资源勘查”项目，获批中央财政资金项目资金总计4780万元，获批浙江省深部找矿资金项目3个，项目资金共计823.3万元。

2013年11月，成功取得固体矿产勘查、区域地质调查、地质钻(坑)探四项甲级资质。2014年6月，获批地球物理勘查，地球化学勘查，水文地质、工程地质、环境地质调查三项乙级资质。

【市场影响力扩大】 2012—2014年,浙江地勘院与南京地调中心、浙江省海洋学院、浙江省地质学会等开展学习交流,与衢州巨化集团、杭州、台州等多家矿业公司开展合作洽谈,并先后赴江西省国土资源厅、江西景德镇、浙江台州、绍兴、衢州、丽水、临海等各县市区国土部门展开沟通,获取市场信息,与多个市场主体达成初步合作意向及开展工作,市场影响力逐步扩大。编制规划服务社会,承担江山等地区的矿山规划编制及衢州开发区及各乡镇的土地整理与开发利用规划的测量工作,完成地质灾害评估等报告近20份,为经济建设和环境保护做贡献。

【推进人才强院工程】 2012—2014年,注重人才培养,接受各类技术和管理专业的培训400人次。建立以中青年职工为主的业务骨干队伍,实行"以老带新、以中促青"的传帮带制度,聘请退休的老专家对新员工进行专业技术、业务能力、工作作风等方面的"传、帮、带",积极引进人才,每年都到有关院校招人才,支持员工参加专业对口、单位急需的各类技术培训和技术交流,鼓励在职进修、继续教育,重视内部培训、自主培训,每年利用出队前和江南梅雨时节进行职工业务技能培训。完善《地质勘查工作质量管理办法》《材料采购管理办法》《人才引进暂行办法》等24项管理制度,提升管理水平。

【职工经济适用房完工】 为解决地勘行业工作、生活条件艰苦和职工住房困难的问题,2010年衢州市政府办公室〔2010〕79号文批准二队《关于建设职工经济适用房的申请》。建房工程经过公开招标由浙江联润建设工程有限公司承建,于2011年10月动工,2013年8月竣工;建筑面积1.61万平方米,共计六幢180套。新建住房为职工提供较好的居住环境,是一项深得民心的民生工程,为队伍的稳定和发展起到较好的推动作用。

(吴衡华)

衢州市铜山源水库管理局

【概况】 2012—2014年,衢州市铜山源水库管理局以防汛抗旱为中心,以水利工程建设为重点,以"五水共治"为契机,突出重点,务求实效,各项工作稳步推进。水库累计向灌区供水5911.83万立方米,灌溉农田和经济作物2.32万公顷,有效保障灌区农业丰收、农民增收。

【防汛抗旱】 2012年,库区降雨2143.5毫米,产生径流2.75亿立方米,其中6月降雨量最大,降雨量为352.8毫米。水库从3月9日6时58分开始溢洪,至3月11日8时整停止,溢洪水量为20.26万立方米。抗旱期间,水库从7月27日开始向灌区供水,至9月8日结束,累计向灌区供水670.32万立方米。

2013年,晴热少雨,持续高温。库区降雨1393.3毫米,产生径流1.42亿立方米。其中,汛期降雨832.6毫米,产生径流9162.1万立方米。抗旱期间,水库管理局从6月21日上午9点开始首次向灌区供水,全年共分三个阶段(第一阶段:6月21日—8月7日;第二阶段:8月9日—8月25日;第三阶段:9月3日—10月18日),历时80天,共向衢江区(杜泽镇、莲花镇、云溪乡等)、柯城区(九华乡、万田乡)、龙游县(塔石镇、横山镇等)和十里丰监狱供水4774.92万立方米。

2014年,库区降雨2193.7毫米,产生径流2.49亿立方米。其中,汛期降雨1082.4毫米,产生入库径流2.14亿立方米。水库泄洪两次,第一次从6月23日8时开始至7月5日17时停止。第二次从7月28日20时开始至7月31日17时停止,共出水2445.8万立方米。抗旱期间,水库从6月13日开始向灌区供水，至9月18日结束，累计向灌区供水466.59万立方米。

【工程建设】 2012年，铜山源水库除险加固设计变更项目开始实施。该项目为铜山源水库除险加固工程的附属工程，主要建设内容有坝顶护栏及封闭管理设施安装，雷锋渡槽基础和铜山溪两侧河岸挡墙局部加固，堰坝及河道局部疏浚，绿化和水土保持工程、库区应急抢险管理房等，同年底该项目基本完工。2013年，灌区2006年度节水续建配套项目扫尾工程全部完工。2014年，浙江省“千万亩十亿方节水工程”衢州市铜山源水库灌区项目二期（2007年度扫尾）工程完工。有效改善灌区灌溉面积，增加粮食生产能力，增加灌区综合经济效益。

【水利综合开发】 铜山源水库利用自身优势，有效整合各项资源，合理开发，促进水利经济发展。2012—2013年，水库库面养殖实现承包收入776万元。库区林场对312公顷林木资源实行封闭式管理的基础上，开发22.67公顷果竹林，种植优质蜜橘、胡柚、枇杷、猕猴桃等经济作物，实现生态环境建设和资源开发利用的和谐发展。2012—2014年，铜山源水电开发有限公司实现发电收入2295.35万元。

【水库水质治理】 2012—2014年，水库管理局深入开展水库水质治理工作。定期进行水质监测，强化科学调水，做好水质数据分析、污染源排查工作，对水库库面进行及时清理。2014年8月15日，收回竞拍价为388万元/年的水库养殖承包经营权，助力五水共治。同年11月，根据浙江大学环境与资源学院《铜山源水库底泥检测成分分析与静态释放动力学研究方案》，启动水库底泥采样工作。12月，由浙江河海测绘院实施完成水库水下地形测量和淤泥测量工作。自2014年10月起，市环境监测站监测显示铜山源水库水质均达到地表水三类水质以上标准。

（盛翰信）

衢江区组织机构及负责人名录

(2012.01—2014.12)

区级领导机构

【中共衢州市衢江区委员会】

书　　记　朱建华(—2013.1)
　　　　　吴江平(2013.1—)
副 书 记　鲍秀英(女,—2013.6)
　　　　　赖瑞洪(2013.6—)
　　　　　童炜鑫(—2013.8)
　　　　　施维达(2013.8—)
常务委员　朱建华(—2013.1)
　　　　　吴江平(2013.1—)
　　　　　鲍秀英(女,—2013.6)
　　　　　赖瑞洪(2013.6—)
　　　　　童炜鑫(—2013.8)
　　　　　施维达(2013.8—)
　　　　　赵建新(—2012.1)
　　　　　余金华(—2013.8)
　　　　　吴剑锋(—2014.5)
　　　　　方世忠(2014.5—)
　　　　　吾东明
　　　　　毛胜田
　　　　　汪　群
　　　　　费里夫(2012.1—)
　　　　　秦财华
　　　　　黄忠京
　　　　　汪樟华(—2012.7)
　　　　　傅忠武(2012.7—)
　　　　　王小兵(2014.8—)
　　　　　朱剑涛(挂职,2013.6—)
　　　　　荣忠光(挂职,2014.8—)

【衢州市衢江区人大常委会】

主　　任　周小平(—2012.2)
　　　　　耿建新(2012.2—)
副 主 任　吕金福(—2012.2)
　　　　　陈志全(—2012.2)
　　　　　郑雪龙
　　　　　张建新
　　　　　严　曦(2012.2—)
　　　　　黄民新(2012.2—)
　　　　　方　平

赵瑞慈(女,兼)
党组书记 耿建新
副 书 记 郑雪龙(2012.5—)

【衢江区人民政府】
代 区 长 鲍秀英(女,—2012.2)
赖瑞洪(2013.6—2014.1)
区 长 鲍秀英(女,2012.2—2013.6)
赖瑞洪(2014.1—)
副 区 长 赵建新(—2012.2)
吾东明
袁亚平
王晓松(—2012.2)
费里夫(—2012.2)
何志前(2012.2—2013.6)
童土善(2012.2—)
季根寿(2012.2—2013.11)
曾有仙(女)
邓荣海(2013.6—)
巫建民(2013.11—)
陈 孝(挂职,2012.3—2012.7)
石琪琪(挂职,2012.7—2014.9)
周毛毛(挂职,2013.8—)
荣忠光(挂职,2014.9—)
李永伟(挂职,2014.9—)
党组书记 鲍秀英(女,—2013.6)
赖瑞洪(2013.6—)
副 书 记 吾东明(2012.3—)

【政协衢州市衢江区委员会】
主 席 廖立生(—2012.2)
赵建新(2012.2—)
副 主 席 金召卫
严 曦 (—2012.2)
黄民新(—2012.2)
留渭良(兼)
夏海涛(2012.2—)
余渭龙
秘 书 长 陈 刚(2012.2—)
党组书记 赵建新
副 书 记 夏海涛(2012.5—)

【中共衢州市衢江区纪律检查委员会】
书 记 吴剑锋(—2014.5)
方世忠(2014.5—)
副 书 记 孙 良
吴水标(—2013.5)
姜志岳(2013.8—)
监察局局长 孙 良

【衢江区人民武装部】
部 长 王小兵 (2012.3—)
政 委 傅忠武 (—2014.3)
刘新辉 (2014.3—)

【衢州市衢江区人民法院】
院 长 程品方(2012.2—)
副 院 长 孙天根
刘 强
胡志宏
党组书记 程品方(2012.2—)

【衢州市衢江区人民检察院】
代检察长、党组书记 吴 刚(2012.1—2012.2)
检察长、党组书记 吴 刚(2012.2—)
副检察长 李素明(女)
吴海青
廖小丰

区委工作部门

【衢江区委办公室】

主　　任　胡耀龙(—2012.5)
　　　　　郑明福(2012.5—2013.3)
　　　　　郑勇钦(2013.6—)

【衢江区委组织部】

部　　长　毛胜田

【衢江区委老干部局】

局　　长　宋彩虹(女)

【衢江区委宣传部】

部　　长　汪　群

【衢江区新闻中心】

主　　任　杜一岳(—2014.8)
　　　　　王国成(2014.8—)

【衢江区委统一战线工作部】

部　　长　费里夫(—2013.11)
　　　　　秦财华(2013.11—)

【衢江区民族宗教事务局】

局　　长　朱林华

【衢江区侨务办公室】

主　　任　蓝建夏

【衢江区委台湾工作办公室(区政府台湾事务办公室)】

主　　任　陆晓明

【衢江区委政法委员会】

书　　记　余金华(—2013.11)
　　　　　费里夫(2013.11—)

【衢江区委农业和农村工作办公室】

主任、党组书记　吕雨土(—2013.11)
　　　　　　　　余水林(2013.12—)

【衢江区委编制委员会办公室】

主　　任　郭志强(2012.4—)

【衢江区直属机关工作委员会】

书　　记　吴迎春(2014.3—)

【衢江区委区政府信访局】

局　　长　谢文荣

【衢江区委党校】

校　　长　毛胜田
常务副校长　王建国(—2013.6)
　　　　　　陆洪林(2013.6—)

【衢江区委党史研究室】

主　　任　方桂仙(女,—2012.3)
　　　　　杜一岳(2014.8—)

【衢江区保密局】

局　　长　汪立新

【衢江区档案局(馆)、地方志办公室】

局　　长　何晓红(女)

人 民 团 体

【衢江区总工会】

主席、党组书记　童康祥

【共青团衢江区委】

书记、党组书记　甘小华(女,—2014.3)
　　　　　　　　宁　春(女,2014.3—)

【衢江区妇女联合会】

主席、党组书记　赖光娟(女)

【衢江区科学技术协会】

主席、党组书记　张明坤(—2013.11)
　　　　　　　　蒋　伟(2013.12—)

【衢江区社会科学界联合会】

主　　席　郑耀富(—2012.4)

【衢江区文学艺术界联合会】

主　　席　陈剑明

【衢江区残疾人联合会】

理 事 长　陈华松

【衢江区工商联合会】

主　　席　王敏良

党组书记　蓝小珍(女)

民 主 党 派

【民革衢江区支部】

主任委员　舒志涛

【民盟衢江区支部】

主任委员　马建红(女,2013.4—)

【民建衢江区支部】

主任委员　胡娟霞(女)

【民进衢江区支部】

主任委员　李素明(女,—2014.10)
　　　　　蓝建芳(女)

【农工党衢江区支部】

主任委员　赵瑞慈(女)

【九三学社衢江区支社】

主任委员　王美琴(女)

人大工作部门

【办公室】

主　　任　柯　兰(2012.3—2013.12)
　　　　　方渭泉(2013.12—)

【法制工作委员会】

主　　任　徐炜田(2012.3—)

【财政预算工作委员会】

主　　任　童土洪(2012.3—)

【经济建设工作委员会】

主　　任　翁有平(2012.3—)

【教育科技文化卫生民族华侨工作委员会】

主　　任　方渭泉(2012.3—2013.12)
　　　　　李雪霞(女,2013.12—)

【代表与选举任免工作委员】

主　　任　余世华(2012.3—)

【农村资源环境工作委员会】

主　　任　陈世林(2012.3—2013.11)

【建设与资源环境保护工作委员会】

主　　任　谢向阳(2013.11—)

政协工作部门

【办公室】

主　　任　许金铭

【提案委员会】

主　　任　叶仕聪

翁配祥(2014.12—)

【经济科技委员会】

主　　任　何卫平(—2013.12)

吕雨土(2013.12—)

【社会法制和民族宗教委员会】

主　　任　章一清

【教育文化卫生体育和文史委员会】

主　　任　吴长安(—2014.3)

【文史资料委员会】

主　　任　吴长安（2014.3—)

【教育文化卫生体育委员会】

主　　任　左贞华(女,2014.3—)

【港澳台侨委员会】

主　　任　蓝建夏(畲族,兼)

【农业农村和人口资源环境委员会】

主　　任　钱秀华(2012.3—)

【委员工作委员会】

主　　任　方志强

政府工作部门

【衢江区政府办公室】

主　　任　季根寿(—2012.4)

巫建民(2012.4—2013.11)

周　迅(2013.11—)

【衢江区发展和改革局(物价局)】

局长、党组书记　宋志毅

【衢江区经信局(中小企业局)】

局长、党组书记　陈水清(—2012.5)

胡水木(2012.5—)

【衢江区商务局】

局长、党组书记　刘小卿

【衢江区安全生产监督管理局】

局　　长　朱国明

党组书记　卢和邦(—2012.4)

朱国明(2012.4—)

【衢江区教育局】

局长、党委书记　郭志强(—2012.4)

方勇胜(2012.4—)

【衢江区科学技术局】

局长、党组书记　张明坤(—2013.12)

谢根兴(2013.12—)

【衢江区民政局】

局长、党组书记　黄良诚(—2013.11)

王荣富(2013.12—)

陶海富(—2014.12)

【衢江区水库移民管理办公室】

主任、党组书记　方艳霞(女)

【衢江区司法局】

局长、党组书记　方建华

【衢江区财政局】

局长、党组书记　李　青

【衢江区政府国有资产监督管理委员会】

主　　任　应铁飞(2014.3—)

【衢江区人力资源和社会保障局】
党组书记、局长　胡林生(—2012.4)
吴水标(2012.4—)
社保局长　黄月华(女,—2013.3)
郑连光(2014.3—)
就业局长　胡　晨(女,2014.3—)

【衢江区住房和城乡建设局】
局长、党组书记　胡林生(2012.4—)

【衢江区交通运输管理局】
局长、党组书记　周柏青

【衢江区水利局】
局长、党组书记　金祖耀

【衢江区农业局】
局长、党组书记　汪泉水

【衢江区林业局】
局长、党组书记　江永华

【衢江区文化广电新闻出版局】
局长、党组书记　谢根兴(—2013.12)
局长、党组书记　刘华新(2013.12—)

【衢江区卫生局】
局长、党委书记　谢向阳(—2013.11)
黄良诚 (2013.11—)

【衢江区人口和计划生育局】
局长、党委书记　胡放远(—2012.4)
卢和邦 (2012.4—2014.12)

【衢江区卫生和计划生育局】
党委书记　黄良诚 (2014.12—)

【衢州市第二人民医院(衢江区人民医院)】
院长、党支部书记　周亦文(女,—2013.3)
院长、党委书记　余晓峰(2013.4—)

【衢江区审计局】
局　　长　袁金培
党组书记　袁金培(2012.4—)

【衢江区体育局】
局　　长 左贞华 (女,—2014.3)
陈建武 (2014.3—)
党组书记　左贞华 (女,—2014.2)
陈建武 (2014.2—)

【衢江区统计局】
局　　长　党组书记　李诗海

【衢江区旅游局】
局长　党组书记　李雪霞(女,—2013.12)
程佳华(2013.12—)

【衢江区粮食局】
局长　党委书记　方世才

【衢江区人民防空办公室(民防局)】
主任(局长)　邓荣海(—2012.4)
胡放远(2012.4—)

【衢江区市场监督管理局】
局长、党委书记　汪寅炬(2014.2—)

【衢江区广播电视台】
台长、党组书记　方勇胜(—2012.4)
郑耀富(2012.4—)

【衢江区机关事务管理局】
局　　长　吕长青

党组书记　方渭泉（—2012.3）
吕长青（2012.5—）

【衢江区政府经济技术协作办公室（招商局）】
主任（局长）、党组书记　梁忠进

【衢江区政府咨询委员会】
主　任　周小平（2012.6—）

【衢江经济开发区管委会】
主任、党委书记　邓荣海（2012.4—2013.6）
巫建民（2013.6—2013.11）
陈根锡（2013.11—）

【衢江区“五水共治”共建生态家园办公室】
主　　任　金仕建（2014.5—）

【衢江区行政服务中心】
主任、党组书记　孙柳青

【衢江区公共资源市场化配置监督管理办公室】
主　　任　姜志岳（—2013.9）
徐强才（2013.9—）
党组书记　徐强才（2014.12—）

【衢江区供销合作社】
主任、党委书记　刘银生

省、市属单位

【衢州市公安局衢江分局】
局　长　黄忠京
政　委　郑东清（—2013.11）
陈森建（2013.11—）

【衢州市衢江区国家税务局】
局长、党组书记　毛晓侦（—2014.10）
俞　豪（2014.10—）

【衢州市地税局衢江税务分局】
局长、党支部书记　陈兴华

【衢州市工商行政管理局衢江分局】
局长、党委书记　汪寅炬（—2014.2）

【衢州市衢江区食品药品监督管理局】
局　　长　应铁飞（—2014.2）
党组书记　钱秀华（—2012.3）
王建国（2013.6—2014.2）

【衢州市质量技术监督局衢江区分局】
局长、党委书记　王晓华（—2012.10）
邹加文（2012.10—）

【衢州市综合行政执法局衢江分局】
局　　长　朱立明
党组书记　徐亚平（—2012.5）
朱立明（2012.5—）

【衢州市国土资源局衢江分局】
局长、党组书记　何亚明

【衢州市规划局衢江分局】
局　　长　鄢凌峰
党组书记　刘水清

【衢州市环境保护局衢江分局】
局　　长　党组书记　徐国峰

【衢州市衢江区乌溪江引水工程管理处】
主　　任　林松茂（—2014.9）

【中国邮政集团公司衢州市分公司衢江分局】
局　　长　吕志峰（—2013.1）

副 局 长(主持工作) 洪 萌(2013.1—2014.3)

【中国电信衢州分公司衢江分局】

局 长 汪茂青(—2013.5)
江 震(2013.5—)

【中国移动浙江有限公司衢江分公司】

总 经 理 蒋亦辉(2012.12—)

【衢州市电力局衢江分局】

局 长 朱德水(—2012.6)

【浙江华电乌溪江水力发电厂】

厂 长 张士军

【浙江省十里丰监狱】

党委书记、政委 罗爱民
党委副书记、监狱长 周敏华(2012.9—)

【浙江省第一监狱】

政 委 姚俊良(—2012.12)
方昌顺(2012.12—)
监 狱 长 方昌顺(—2012.12)
董长青(2012.12—)

【中核浙江衢州铀业有限责任公司】

总 经 理 舒小斌 (—2013.11)
杜玉海(2013.11—)

【中国冶金地质总局一局二队】

队 长 闫承锋(—2013.9)

【中国冶金地质总局浙江地质勘查院】

院 长 闫金宝(2013.9—)

金融单位

【中国农业银行衢江支行】

行 长 吾利民

【中国工商银行衢江支行】

行 长 周朝晖(—2014.10)
方 俊(2014.10—)

【中国建设银行衢江支行】

行 长 余 彬

【中国银行衢江支行】

行 长 汪小倩(女,—2012.5)
丁月红(女,2012.5—)
周宏祥(2014.12—)

【衢江农村信用合作联社】

党委书记 宋献礼(—2014.10)
徐水华(2014.10—)
理 事 长 宋献礼(—2014.9)
徐水华(2014.9—)

【中国邮政储蓄银行衢江支行】

行 长 江 奇

【衢江上银村镇银行】

行 长 韩 军(2012.12—)

【中国人民财产保险公司衢江支公司】

总 经 理 刘 勇

【中国人寿保险公司衢江支公司】

总 经 理 郑卫建

乡镇（街道　办事处）

【上方镇】

党委书记　陆洪林（—2013.6）
　　　　　徐明峰（2013.6—2014.9）
镇　　长　张建忠（—2014.2）
　　　　　吴韶光（2014.2—）

【灰坪乡】

党委书记　方连山
乡　　长　吴迎春（—2014.2）
　　　　　刘卸全（2014.2—）

【峡川镇】

党委书记　陶水富（—2012.4）
　　　　　陈建武（2012.4—2014.2）
　　　　　刘　俊（2014.2—）
镇　　长　刘　俊（—2014.2）
　　　　　杨伟华（2014.2—）

【杜泽镇】

党委书记　王荣富（—2012.5）
　　　　　吴利旗（2012.9—）
镇　　长　吴利旗（—2012.9）
　　　　　祝拥斌（2012.9—2014.2）
　　　　　王志林（2014.3—）

【莲花镇】

党委书记　郑明福（2012.5—）
　　　　　郑　浩（2012.5—）
镇　长　　王立宏（—2014.2）
　　　　　屠忠清（2014.2—）

【太真乡】

党委书记　陈建武（—2012.4）
　　　　　郑亚清（2013.6—）
乡　　长　郑亚清（—2013.6）
　　　　　慎　欣（2013.6—）

【双桥乡】

党委书记　李荣才
乡　　长　祝晓军（—2014.3）
　　　　　廖红华（2014.3—）

【周家乡】

党委书记　王耀林（—2013.12）
　　　　　杜卫荣（2014.2—）
乡　　长　杜卫荣（—2014.2）
　　　　　杜青青（女，2014.1—）

【云溪乡】

党委书记　李志刚（—2014.2）
　　　　　郑瑞荣（2014.2—）
乡　　长　徐永忠（—2014.2）
　　　　　陈志良（2014.3—）

【樟潭街道】

党委书记　巫建民（—2012.4）
　　　　　柴志强（2012.4—2014.9）
　　　　　徐明峰（—2014.9）
主　　任　徐强才（—2013.7）
　　　　　陈建春（2013.7—）

【浮石街道】

党委书记　柴志强（—2012.4）
　　　　　陶水富（2012.4—2013.12）
　　　　　庄雪梅（女，2014.2—）
镇　　长　陈宏光（—2012.10）
　　　　　郑瑞荣（2012.10—2014.3）
　　　　　周建明（2014.3—）

【高家镇】

党委书记　胡水木(—2012.5)
　　　　　王荣富(2012.5—2013.12)
　　　　　李志刚(2014.2—)
镇　　长　龚诗龙

【全旺镇】

党委书记　余水林(—2014.1)
　　　　　傅红庆(2014.2—)
镇　　长　傅红庆(—2014.3)
　　　　　甘小华(女,2014.3—)

【大洲镇】

党委书记　郑　浩(—2012.5)
　　　　　郑勇钦(2012.5—2013.6)
　　　　　朱永平(2013.6—2014.9)
　　　　　王　典(—2014.9)
镇　　长　朱永平(2013.6—)
　　　　　章青华(—2013.6)

【横路办事处】

党委书记　庄雪梅(女,—2014.2)
　　　　　叶利明(2014.2—)
主　　任　叶利明(—2014.2)
　　　　　黄国瑞(2014.2—)

【东港街道】

党委书记　曾建民(—2013.2)
　　　　　黄建霖(2013.2—2013.8)
　　　　　张晓峰(2013.10—)
主　　任　黄建霖(—2013.2)
　　　　　张晓峰(2013.2—2013.10)
　　　　　王春木(2013.10—2014.12)

【黄坛口乡】

党委书记　王利民(—2014.2)
　　　　　张建忠(2014.2—)
乡　　长　杜莹莹(女,—2013.6)
　　　　　李燕琴(女,2013.7—)

【廿里镇】

党委书记　陈水清(2012.5—)
镇　　长　叶雪军(—2013.12)
　　　　　祝拥斌(2014.2—)

【后溪镇】

党委书记　徐明峰(—2013.6)
　　　　　柴胜辉(2013.6—)
镇　　长　柴胜辉(—2013.6)
　　　　　杨超鹏(2013.6—)

【湖南镇】

党委书记　洪明泉(—2013.12)
　　　　　王立宏(2014.2—)
镇　　长　蓝小明

【岭洋乡】

党委书记　赖建飞(—2013.12)
　　　　　徐永忠(2014.2—)
乡　　长　郑瑞荣(—2012.9)
　　　　　杨子文(2013.6—)

【举村乡】

党委书记　洪明泉(—2012.4)
　　　　　杜莹莹(女,2013.6—2014.9)
　　　　　严　晋(2014.9—)
乡　　长　余伟明(—2013.12)
　　　　　章李华(2014.3—)

2012—2014年衢江区国民经济和社会发展主要统计数据

2012—2014年地区生产总值表

表68　　　　单位:万元、元、%

年份	地区生产总值	第一产业增加值	第二产业增加值	#工业增加值	#建筑业增加值	第三产业增加值	人均生产总值
2012年	1119066	187206	537917	432821	105096	393943	28097
2013年	1221034	194895	587056	474684	112372	439083	30646
2014年	1319421	200929	640755	526849	113906	477737	32954

2012—2014年地区生产总值指数表(以上年为100)

表69　　　　单位:%

年份	地区生产总值	第一产业增加值	第二产业增加值	#工业增加值	#建筑业增加值	第三产业增加值	人均生产总值
2012年	110.9	103.7	112.8	113.2	110.7	111.9	110.8
2013年	109.2	101.4	111.7	112.7	107.4	109.1	109.2
2014年	109.5	103.1	111.8	112.7	107.6	109.0	109.0

2012—2014年地区生产总值构成表

表70　　　　单位:%

年份	地区生产总值	第一产业	第二产业	#工业	#建筑业	第三产业
2012年	100	16.7	48.1	38.7	9.4	35.2
2013年	100	16.0	48.1	38.9	9.2	36.0
2014年	100	15.2	48.6	39.9	8.6	36.2

2012—2014年全区总户数和人口情况表

表71

单位:户、人、‰、%

年份	总户数	年末总人口	#男性	#女性	#非农业人口	人口自然增长率	计划生育率
2012年	136412	397662	205351	192311	36222	-3.0	91.9
2013年	138128	399198	205859	193339	35747	4.1	90.9
2014年	145156	401567	206591	194976	35985	5.2	89.6

2012—2014年全区农业主要指标表(一)

表72

单位:万元、%、公顷、吨

年份	农林牧渔业总产值	比上年增长	年末耕地面积	粮食播种面积	粮食总产量	柑橘面积	柑橘产量
2012年	343954	4.6	31944	31201	178904	9187	153498
2013年	354459	3.1	31936	30887	178506	8575	156167
2014年	355387	0.3	32143	25003	158112	6959	164203

2012—2014年全区农业主要指标表(二)

表73

单位:万头、吨、千瓦

年份	蔬菜产量	生猪饲养量	肉类总产量	淡水产品产量	农业机械总动力	种植业与养殖业比例	粮经比例
2012年	311435	281.46	109688	10442	314604	1:1.38	1:2.45
2013年	320328	239.2	104513	11255	339410	1:1.32	1:2.63
2014年	359267	197.9	92350	11830	342137	1:1.1	1:3.69

2012—2014年全区工业主要指标表

表74

单位:万千瓦时、万元、个

年份	规模工业用电量	工业总产值	#规模工业总产值	规模企业个数	工业增加值
2012年	61840	1729316	1045434	123	432821
2013年	59599	1955600	1173290	121	474684
2014年	73461	2109603	1337770	131	526849

2012—2014年全区固定资产投资主要指标表

表75　　单位:人、万元

年份	固定资产投资	#工业投资	#房地产投资	#基础设施建设
2012年	690336	448746	96143	95200
2013年	851677	448756	143634	137820
2014年	1019478	525083	128220	271979

注:1. 2013年固定资产投资数据含杭新景23000万元

2. 2014年固定资产投资数据含杭新景18000万元

2012—2014年全区财政、进出口主要指标表

表76　　单位:万元、万美元

年份	地方财政总收入	#地方公共财政预算收入	财政支出	外贸进出口总额	#外贸出口
2012年	84500	52909	151164	34015	21702
2013年	105567	66144	165564	49682	33703
2014年	129014	79872	182769	59449	41075

2012—2014年全区人民生活方面主要指标表

表77　　单位:万元、元、平方米、人

年份	社会消费品零售总额	城乡居民储蓄存款余额	农村常住居民人均可支配收入	农村居民人均住房面积	城镇单位在岗职工年均工资	城镇失业人员年末数
2012年	327906	468916	10261	67	56222	506
2013年	371621	574829	11441	63	61004	1191
2014年	500903	705178	13789	71	71296	1156

注:1. 2014年中石油总部搬迁衢江区,统计也从柯城区划归衢江区,零售额6.88亿元

2. 农村居民收入2012—2013年为农村居民人均纯收入,2014年起为农村常住居民人均可支配收入

区委、区政府重要文件选目

2012年区委文件目录

表78

件号	文 号	题 名	日 期
1	区委发〔2012〕4号	关于加强宣传文化队伍建设的实施意见	2012年1月17日
2	区委发〔2012〕6号	关于印发中国共产党衢州市衢江区委员会关于加强自身建设的决定的通知	2012年1月7日
3	区委发〔2012〕10号	关于进一步加强和创新社会管理的实施意见	2012年2月23日
4	区委发〔2012〕11号	关于印发衢江区2012年度招商引资工作的实施意见	2012年2月24日
5	区委发〔2012〕12号	关于在区开展“进村入企”大走访活动的实施意见	2012年3月7日
6	区委发〔2012〕13号	关于印发衢江区项目建设突破年社会管理创新落实年和行政效能提升年活动实施方案的通知	2012年3月7日
7	区委发〔2012〕15号	关于印发2012年度区委、区政府重点工作分工抓落实安排的通知	2012年3月28日
8	区委发〔2012〕20号	关于在创先争优中进一步推进服务型党组织建设的实施意见	2012年5月8日
9	区委发〔2012〕21号	关于进一步发挥人大常委会讨论决定重大事项职能作用的意见	2012年5月13日
10	区委发〔2012〕22号	关于加快主导产业和龙头骨干企业培育促进工业经济跨越发展的若干意见	2012年5月21日
11	区委发〔2012〕24号	关于印发衢江区2012年度乡镇(街道、办事处)拉高标杆追赶跨越综合考核办法的通知	2012年5月31日
12	区委发〔2012〕27号	关于表彰2010—2012年区创先争优先进基层党组织、优秀共产党员的决定	2012年7月9日
13	区委发〔2012〕32号	关于全面推进“三民工程”标准化建设的实施意见	2012年9月12日
14	区委发〔2012〕33号	关于实施人才集聚的若干意见	2012年11月8日
15	区委发〔2012〕34号	关于认真学习宣传贯彻党的十八大精神的通知	2012年11月22日
16	区委发〔2012〕36号	关于学习贯彻党的十八大精神全面实施“百千万先锋行动”的通知	2012年12月21日
17	区委发〔2012〕35号	关于命名表彰区级文明单位和文明村镇的决定	2012年12月28日
18	区委发〔2012〕38号	转发《衢州市衢江区乡镇人大规范化建设暂行办法》的通知	2012年12月31日
19	区委发〔2012〕39号	关于促进旅游业大发展的意见	2012年12月30日

2012年区委办文件目录

表79

件号	文　号	题　　名	日　期
1	区委办发〔2012〕15号	关于公布2011年衢江区年度大事评选结果的通知	2012年2月15日
2	区委办发〔2012〕16号	关于表彰建区十周年纪念活动先进集体和先进个人的通报	2012年2月15日
3	区委办发〔2012〕25号	关于印发衢江区2012年度工业招商引资考核办法的通知	2012年2月24日
4	区委办发〔2012〕26号	关于印发衢江区2012年度服务业招商引资工作考核办法的通知	2012年2月23日
5	区委办发〔2012〕27号	关于印发衢江区2012年度现代农业招商引资工作考核办法的通知	2012年2月24日
6	区委办发〔2012〕31号	关于深化实施"三企工程"的通知	2012年3月8日
7	区委办发〔2012〕33号	关于转发衢州市离任领导干部公车公物清交管理办法的通知	2012年3月8日
8	区委办发〔2012〕37号	关于印发衢江区2012年度农村土地流转实施办法的通知	2012年3月15日
9	区委办发〔2012〕40号	关于公布2012年度工业企业绿卡名单的通知	2012年4月10日
10	区委办发〔2012〕42号	关于印发衢江区2012年度乡镇(街道、办事处)财政收入和建设管理工和考核办法的通知	2012年4月6日
11	区委办发〔2012〕49号	关于印发衢江区党政机关首问责任制规定等三项制度通知	2012年4月16日
12	区委办发〔2012〕52号	关于印发2012年度衢江区农村土地综合整治工作考核办法的通知	2012年4月18日
13	区委办发〔2012〕57号	关于建立维护社会稳定五早工作机制的通知	2012年5月2日
14	区委办发〔2012〕58号	关于成立商贸兴工战略实施工作领导小组的通知	2012年5月4日
15	区委办发〔2012〕66号	关于印发区委区政府公务接待工作实施细则(试行)的通知	2012年5月9日
16	区委办发〔2012〕76号	关于深入推进美丽乡村四级联创活动的实施意见	2012年5月31日
17	区委办发〔2012〕77号	关于印发衢江区2012年度信访工作目标管理考核办法的通知	2012年5月30日
18	区委办发〔2012〕79号	关于印发衢江区2012年度党风廉政建设责任制考核办法的通知	2012年5月31日
19	区委办发〔2012〕80号	关于印发区委办2012年度拉高标杆追赶跨越岗位目标责任制考核办法的通知	2012年6月5日
20	区委办发〔2012〕88号	关于认真学习贯彻省第十三次党代会精神的通知	2012年6月18日
21	区委办发〔2012〕93号	关于表彰衢江区学习型党组织建设先进单位的决定	2012年7月2日
22	区委办发〔2012〕98号	关于进一步加强和规范干部外出考察学习管理的通知	2012年7月17日
23	区委办发〔2012〕102号	关于开展重大不稳定隐患挂牌督办化解稳控的通知	2012年8月2日
24	区委办发〔2012〕110号	关于进一步加强和改进律师工作的实施意见	2012年8月23日
25	区委办发〔2012〕94号	关于深入实施第六批农民大学生培养项目的通知	2012年7月11日
26	区委办发〔2012〕115号	关于进一步加强公务用车公务接待因公出国(境)及会议管理的通知	2012年8月9日
27	区委办发〔2012〕121号	关于印发衢州市衢江区领导干部离任经济责任事项交接制度的通知	2012年9月10日
28	区委办发〔2012〕129号	关于成立迄今-鄞州山海协作产业园建设工作领导小组的通知	2012年9月25日
29	区委办发〔2012〕130号	关于印发衢江区社会主义新农村建设考核办法的通知	2012年9月25日
30	区委办发〔2012〕132号	关于印发2012年度乡镇(街道、办事处)社会主义新农村建设主要工作任务的通知	2012年9月25日

续表79

件号	文 号	题 名	日 期
31	区委办发〔2012〕135号	关于印发衢江区农村党员干部违反河道采砂管理规定问责暂行办法的通知	2012年11月2日
32	区委办发〔2012〕138号	关于命名区档案馆为区级爱国主义教育示范基地的通知	2012年11月4日
33	区委办发〔2012〕139号	关于开展十八大期间重大社会不稳定隐患和信访问题挂牌督办化解稳控的通知	2012年10月23日
34	区委办发〔2012〕146号	关于印发2012年度乡镇(街道、办事处)建设“平安衢江”暨社会管理综合治理工作目标责任制考核办法的通知	2012年10月30日
35	区委办发〔2012〕149号	关于贯彻落实浙江省党政主要领导干部和国有企业领导人员经济责任审计办法的实施意见	2012年10月23日
36	区委办发〔2012〕151号	关于印发衢江区应急联动工作实施方案的通知	2012年11月28日
37	区委办发〔2012〕157号	关于印发《衢江区党政机关公务用车配备使用管理办法》的通知	2012年12月11日
38	区委办发〔2012〕158号	关于命名表彰衢江区十大爱心模范的决定	2012年12月12日

2012年政府规范性文件存目

表80

件号	文 号	题 名	日 期
1	衢江区政发〔2012〕24号	关于加快学前教育改革与发展的若干意见	2012年
2	衢江区政发〔2012〕26号	关于进一步加强土地资源开发利用和项目资金管理的通知	2012年
3	衢江区政发〔2012〕35号	关于实施商贸兴区战略促进服务业发展的若干政策意见	2012年
4	衢江区政发〔2012〕38号	关于浙江衢江经济开发区的若干政策意见	2012年
5	衢江区政发〔2012〕43号	关于印发衢江区全面推进依法行政工作十二五规划的通知	2012年
6	衢江区政发〔2012〕49号	关于印发衢州市衢江区人民政府工作规则的通知	2012年
7	衢江区政发〔2012〕50号	关于加快玫瑰产业发展的实施意见	2012年
8	衢江区政办发〔2012〕26号	关于加强公共资源交易管理的补充意见	2012年
9	衢江区政办发〔2012〕39号	关于加快推进柑橘减量增效工程的意见	2012年
10	衢江区政办发〔2012〕43号	关于印发衢江区人民政府咨询委员会工作规则的通知	2012年
11	衢江区政办发〔2012〕45号	关于印发衢江区安全生产警示约谈制度的通知	2012年
12	衢江区政办发〔2012〕57号	关于印发衢江区农村公路养护与管理办法的通知	2012年
13	衢江区政办发〔2012〕67号	关于公布衢江区简政放权调整事项目录的通知	2012年
14	衢江区政办发〔2012〕72号	关于进一步加强农业标准化工作的实施意见	2012年
15	衢江区政办发〔2012〕98号	关于推进政策投资工程建设项目招投标提速提质提效的实施意见	2012年
16	衢江区政办发〔2012〕108号	关于委托实施林区野外用火行政许可的通知	2012年

续表80

件号	文　号	题　　名	日　期
17	衢江区政办发〔2012〕109号	关于进一步加强村卫生室管理和乡村医生队伍建设的实施意见	2012年
18	衢江区政办发〔2012〕114号	关于完善城乡居民基本医疗保险管理办法的通知	2012年
19	衢江区政办发〔2012〕128号	关于公布衢江区湿地保护名录(第一批)的通知	2012年

2013年区委文件目录

表81

件号	文　号	题　　名	日　期
1	区委发〔2013〕3号	关于进一步加强关工工作的意见	2013年1月15日
2	区委发〔2013〕4号	关于加强和改进新形势下工商联工作的实施意见	2013年1月17日
3	区委发〔2013〕5号	关于大力推进文化强区建设的实施意见	2013年2月7日
4	区委发〔2013〕10号	关于印发贯彻落实中央政治局改进工作作风密切联系群众八项规定的操作的通报	2013年3月12日
5	区委发〔2013〕11号	关于进一步加强乡镇(街道、办事处)干部队伍建设的实施意见	2013年4月16日
6	区委发〔2013〕14号	关于印发衢江区民兵工作调整改革实施方案的通知	2013年4月28日
7	区委发〔2013〕15号	关于印发2013年度招商引资工作实施意见的通知	2013年5月13日
8	区委发〔2013〕16号	关于开展以"衢江情中国梦"为主题的中国特色社会主义宣传教育活动的实施意见	2013年6月18日
9	区委发〔2013〕19号	关于加强新形势下党外代表人士队伍建设的实施意见	2013年9月11日
10	区委发〔2013〕22号	关于印发衢江区2013年度乡镇(街道、办事处)综合考核办法的通知	2013年9月27日
11	区委发〔2013〕23号	关于印发衢江区2013年度机关单位综合考核办法的通知	2013年9月27日
12	区委发〔2013〕24号	关于印发衢江区2013年度项目谋划和推进工作赋分考核办法的通知	2013年9月27日
13	区委发〔2013〕25号	关于印发衢江区2013年度最低工资赋分考核办法的通知	2013年9月27日
14	区委发〔2013〕27号	关于开展"共建生态家园"干部走亲连心服务基层行动的实施意见	2013年10月30日
15	区委发〔2013〕34号	关于印发衢江区2013年招商引资奖励办法的通知	2013年12月6日
16	区委发〔2013〕36号	关于召开中国共产党衢州市衢江区第十二届二次代表大会的决议	2013年12月24日
17	区委发〔2013〕37号	关于印发衢江区河长制实施方案的通知	2013年12月30日
18	区委发〔2013〕38号	关于印发《衢江区建立健全惩治和预防腐败体系2013—2017年工作要点》的通知	2013年12月31日

2013年区委办文件目录

表82

件号	文　号	题　　名	日　期
1	区委办发〔2013〕5号	关于进一步加强预防职务犯罪工作的若干意见	2013年1月9日
2	区委办发〔2013〕12号	关于公布2012年衢江区年度大事评选结果的通知	2013年2月7日
3	区委办发〔2013〕14号	关于公布十大社会管理创新奖评选结果的通知	2013年2月16日
4	区委办发〔2013〕19号	关于2012年度区级机关满意单位不满意单位评选结果的通报	2013年2月17日
5	区委办发〔2013〕21号	关于2012年度农村基层组织建设、农村精神文明建设和统战工作考核结果的通报	2013年2月20日
6	区委办发〔2013〕22号	关于表彰2012年度项目工作之星和群众工作之星的通报	2013年2月18日
7	区委办发〔2013〕25号	关于2012年度新农村建设工作等三项重点单项考核结果的通报	2013年2月26日
8	区委办发〔2013〕28号	关于印发领导干部下基层三走进践行群众观实现开门红集中行动的实施意见的通知	2013年3月11日
9	区委办发〔2013〕32号	关于印发衢江区农村两违专项整治八项制度的通知	2013年3月19日
10	区委办发〔2013〕33号	关于深入推进历史文化村落保护利用工作的实施意见	2013年3月21日
11	区委办发〔2013〕35号	关于继续深化实施“三企工程”的通知	2013年3月22日
12	区委办发〔2013〕42号	关于印发衢江区影响机关工作效能行为责任追究办法的通知	2013年4月3日
13	区委办发〔2013〕48号	关于衢江区城市环境综合整治专项工作实施方案的通知	2013年4月17日
14	区委办发〔2013〕49号	关于印发深入实施壮村工程的行动计划(2013—2017年)的通知	2013年4月25日
15	区委办发〔2013〕51号	关于印发进一步加强“三公”经费和会议费管理实施细则的通知	2013年5月3日
16	区委办发〔2013〕52号	关于推进农村“阳光三资”工程开展“两创三评”活动的实施意见	2013年5月6日
17	区委办发〔2013〕56号	关于开展清理河道清洁乡村专项行动的意见	2013年5月15日
18	区委办发〔2013〕57号	关于印发乌溪江饮用水源保护区污染综合整治方案的通知	2013年5月10日
19	区委办发〔2013〕58号	关于印发2013年度工业招商引资工作考核办法的通知	2013年5月13日
20	区委办发〔2013〕59号	关于印发衢江区2013年度现代农业招商引资工作考核办法的通知	2013年5月13日
21	区委办发〔2013〕60号	关于印发衢江区2013年度服务业招商引资工作考核办法的通知	2013年5月13日
22	区委办发〔2013〕61号	关于成立衢州市衢江区社会主义学院的通知	2013年5月9日
23	区委办发〔2013〕62号	关于印发衢江区发展家庭农场实施意见的通知	2013年5月10日
24	区委办发〔2013〕63号	关于印发衢江区2013年普法依法治理工作要点的通知	2013年5月21日
25	区委办发〔2013〕64号	关于进一步落实衢江区重点信访问题化解稳控责任的通知	2013年5月21日
26	区委办发〔2013〕66号	关于印发衢江区三改一拆行动违法建设专项整治工作方案的通知	2013年5月22日
27	区委办发〔2013〕67号	关于印发衢江区2013年度信访工作目标管理考核办法的通知	2013年5月23日
28	区委办发〔2013〕68号	关于印发衢江区中央商务区形象提升专项工作实施意见的通知	2013年5月23日

续表82

件号	文　号	题　　名	日　期
29	区委办发〔2013〕69号	关于在全区推进农村文化礼堂建设的实施意见	2013年5月24日
30	区委办发〔2013〕70号	关于印发衢江区排查整治强基促稳专项活动实施方案的通知	2013年5月29日
31	区委办发〔2013〕73号	关于印发衢江区2013年度党风廉政建设目标管理责任制考核办法的通知	2013年6月7日
32	区委办发〔2013〕74号	关于印发衢江区城市文化旅游资源整合提升专项工作实施方案的通知	2013年6月7日
33	区委办发〔2013〕83号	关于深化国家卫生城市管理宣传工作的通知	2013年7月12日
34	区委办发〔2013〕86号	关于进一步加强和改进互联网管理工作的实施意见	2013年7月22日
35	区委办发〔2013〕87号	关于印发衢江区涉密文件信息资料保密管理实施细则的通知	2013年7月24日
36	区委办发〔2013〕89号	关于在全区机关事业单位推行机构编制实名制管理的通知	2013年7月29日
37	区委办发〔2013〕91号	关于国家卫生城市复审迎检问题整改情况的通报	2013年8月6日
38	区委办发〔2013〕92号	关于在全区实行纪实考绩工作制度的通知	2013年8月7日
39	区委办发〔2013〕93号	关于公布衢江区十大历史文化名人的通知	2013年8月8日
40	区委办发〔2013〕96号	关于印发进一步推动衢江区“三改一拆”行动工作方案的通知	2013年8月26日
41	区委办发〔2013〕98号	关于“评环境、评部门、评干部、评窗口”活动评议结果的通报	2013年9月5日
42	区委办发〔2013〕99号	关于印发衢江区社会稳定工作三色预警办法的通知	2013年9月5日
43	区委办发〔2013〕105号	关于印发《衢江—鄞州山海协作产业园管理办法》和《衢江—鄞州山海协作产业园管理联席会议制度》的通知	2013年9月30日
44	区委办发〔2013〕109号	关于开展平安示范暨“八无”乡镇(街道、办事处)创建活动的实施意见	2013年10月8日
45	区委办发〔2013〕112号	关于印发2013年度区级部门建设平安衢江暨社会管理综合治理工作目标责任制考核办法的通知	2013年10月16日
46	区委办发〔2013〕113号	关于印发衢江区2013年度衢江经济开发区公共财政预算收入和强乡镇工程考核办法的通知	2013年10月22日
47	区委办发〔2013〕120号	关于印发衢江区2013年度三企工程考核办法的通知	2013年11月1日
48	区委办发〔2013〕123号	关于命名表彰衢江区第二届十大爱心模范的决定	2013年11月8日
49	区委办发〔2013〕126号	关于加快推进美丽乡村先进县创建的实施意见	2013年11月27日
50	区委办发〔2013〕132号	关于加快乌溪江库区经济社会转型发展的意见	2013年12月24日
51	区委办发〔2013〕135号	关于印发《衢江区重大决策社会稳定风险评估操作规范》的通知	2013年12月25日
52	区委办发〔2013〕137号	关于进一步加强和改进乡镇(街道、办事处)机关党的建设的意见	2013年12月30日

2013年政府规范性文件存目

表83

件号	文 号	题 名	日 期
1	衢江区政发〔2013〕3号	关于印发衢江区政府投资项目审计监督办法的通知	2013年
2	衢江区政发〔2013〕12号	关于调整全区最低工资标准的通知	2013年
3	衢江区政发〔2013〕21号	关于加快推进生猪产业减量提质转型发展的意见	2013年
4	衢江区政发〔2013〕23号	关于促进个体工商户转型升级的实施意见(试行)	2013年
5	衢江区政发〔2013〕28号	关于印发衢江区农村村民建房管理办法的通知	2013年
6	衢江区政发〔2013〕29号	关于印发衢江区畜禽养殖禁养区、限养区、适养区划分方案的通知	2013年
7	衢江区政发〔2013〕34号	关于印发衢江区区级农业龙头企业申报认定和运行监测管理办法的通知	2013年
8	衢江区政发〔2013〕53号	关于印发衢江区城中村整体搬迁履行实施办法的通知	2013年
9	衢江区政办发〔2013〕7号	关于印发衢江区生猪调出大县奖励资金管理办法的通知	2013年
10	衢江区政办发〔2013〕20号	关于严格规范设施农用地审批管理的通知	2013年
11	衢江区政办发〔2013〕37号	关于印发衢江区50万元以下政府投资项目等价审计管理办法(暂行)的通知	2013年
12	衢江区政办发〔2013〕49号	关于加快推进生猪移栏上山(入园)生态养殖小区建设的实施意见	2013年
13	衢江区政办发〔2013〕60号	关于印发衢江区病死动物无害化处理管理办法(试行)的通知	2013年
14	衢江区政办发〔2013〕61号	关于印发衢江区畜禽养殖污染防治管理办法(试行)的通知	2013年
15	衢江区政办发〔2013〕62号	关于印发衢江区优秀家庭农场评定办法的通知	2013年
16	衢江区政办发〔2013〕65号	关于印发衢江区农村土地流转经营权证登记管理办法的通知	2013年
17	衢江区政办发〔2013〕70号	关于印发衢江区农村家庭集体聚餐食品安全管理办法的通知	2013年
18	衢江区政办发〔2013〕78号	关于推进特种设备安全大监管体系建设的意见	2013年
19	衢江区政办发〔2013〕81号	关于全面推进工贸行业企业安全生产标准化建设的实施意见	2013年
20	衢江区政办发〔2013〕83号	关于切实加强房地产开发项目资金监督管理工作的通知	2013年
21	衢江区政办发〔2013〕88号	关于完善土地资源开发利用若干政策的通知	2013年
22	衢江区政办发〔2013〕97号	关于建立“村级工程村民建”工作机制的通知	2013年
23	衢江区政办发〔2013〕98号	关于印发衢江区村级工程村民建工作操作规则(试行)的通知	2013年
24	衢江区政办发〔2013〕100号	关于印发衢江区城中村改造涉及村留地发展空间管理办法的通知	2013年
25	衢江区政办发〔2013〕110号	关于进一步完善衢江区农业投资项目决策咨询制度的通知	2013年
26	衢江区政办发〔2013〕111号	关于完善城乡居民基本医疗保险管理办法的通知	2013年
27	衢江区政办发〔2013〕121号	关于加快推进水库移民创业致富的实施意见	2013年
28	衢江区政办发〔2013〕123号	关于进一步加强全区环境安全工作的通知	2013年

2014年区委文件目录

表84

件号	文 号	题 名	日 期
1	区委发〔2014〕6号	关于表彰重才爱才先进单位和第五届拔尖人才的决定	2014年2月14日
2	区委发〔2014〕10号	关于深入开展党的群众路线教育实践活动的实施意见	2014年2月18日
3	区委发〔2014〕11号	关于印发《区委常委会带头深入开展党的群众路线教育实践活动的实施方案》的通知	2014年2月25日
4	区委发〔2014〕16号	关于给予2013年度优秀公务员嘉奖的通报	2014年3月26日
5	区委发〔2014〕18号	关于印发2014年度区委、区政府重点工作分工抓落实操作版的通知	2014年4月1日
6	区委发〔2014〕19号	关于表彰2013年度武装工作先进单位和个人的通报	2014年4月10日
7	区委发〔2014〕21号	关于命名表彰区级文明单位和文明村镇的决定	2014年5月3日
8	区委发〔2014〕23号	关于2014年度乡镇(街道、办事处)综合考核工作的意见	2014年6月18日
9	区委发〔2014〕24号	关于2014年度区级机关单位综合考核工作的意见	2014年6月18日
10	区委发〔2014〕25号	关于印发2014年度招商引资工作实施意见的通知	2014年7月3日
11	区委发〔2014〕26号	关于印发衢江区2014年度项目谋划和推进工作赋分考核办法的通知	2014年7月3日
12	区委发〔2014〕28号	关于印发吴江平同志在区委十二届六次全体(扩大)会议上的报告的通知	2014年8月14日
13	区委发〔2014〕29号	关于转发《衢江区人大系统密切联系群众工作的若干意见》的通知	2014年8月29日
14	区委发〔2014〕32号	关于进一步加强乡镇(街道、办事处)纪检组织规范化建设的实施意见	2014年11月5日
15	区委发〔2014〕34号	关于召开中国共产党衢州市衢江区第十二届三次代表大会的决议(2014年11月26日中国共产党衢州市衢江区第十二届委员会全体会议通过)	2014年12月8日
16	区委发〔2014〕36号	关于落实安全生产党政同责一岗双责齐抓共管的意见	2014年12月9日

2014年区委办文件目录

表85

件号	文 号	题 名	日 期
1	区委办发〔2014〕5号	关于印发衢江区农村生活污水治理实施方案的通知	2014年2月18日
2	区委办发〔2014〕7号	关于加强网上舆论工作的意见	2014年1月21日
3	区委办发〔2014〕8号	关于2013年度农村基层组织建设等考核结果的通报	2014年1月29日
4	区委办发〔2014〕12号	关于2013年度新农村建设工作等三项重点考核结果的通报	2014年1月30日

续表85

件号	文 号	题 名	日 期
5	区委办发〔2014〕14号	关于表彰2013年度建设平安衢江暨社会管理综合治理工作先进集体和先进个人的通报	2014年2月7日
6	区委办发〔2014〕18号	关于印发衢江区共建生态家园行动近期重点工作分工抓落实方案的通知	2014年2月24日
7	区委办发〔2014〕20号	关于建立党委（党组）履行党风廉政建设主体责任情况报告制度的通知	2014年2月25日
8	区委办发〔2014〕24号	关于进一步做好重点信访问题和不稳定隐患化解稳控工作的通知	2014年3月4日
9	区委办发〔2014〕25号	关于转发中共衢江区委宣传部2014年宣传思想文化工作要点的通知	2014年3月5日
10	区委办发〔2014〕28号	关于印发《衢江区项目工作“四赛”活动实施方案》的通知	2014年3月17日
11	区委办发〔2014〕29号	关于建立推进五水共治共建生态家园区领导挂联村和带队督查制度的通知	2014年3月25日
12	区委办发〔2014〕32号	中共衢江区委办公室2013年度落实党风廉政建设主体责任制工作情况的报告	2014年3月10日
13	区委办发〔2014〕35号	关于在全区开展村（社区）事务准入工作的实施意见	2014年4月1日
14	区委办发〔2014〕36号	关于印发2014年度部门联系乡镇（街道、办事处）方案的通知	2014年4月1日
15	区委办发〔2014〕37号	关于公布2013年衢江区年度大事评选结果的通知	2014年4月1日
16	区委办发〔2014〕38号	关于进一步明确衢江区重要河道河长制职责的通知	2014年4月3日
17	区委办发〔2014〕41号	关于在全区深化“三企工程”开展“进百企强服务、访百企谋发展”大走访活动的通知	2014年4月16日
18	区委办发〔2014〕43号	关于全面深化行政审批制度改革工作的意见	2014年4月21日
19	区委办发〔2014〕45号	关于印发2014年度区领导联系八个一工作的通知	2014年4月26日
20	区委办发〔2014〕50号	关于印发衢江区重点项目破难攻坚月活动方案的通知	2014年5月14日
21	区委办发〔2014〕55号	关于进一步加快红十字事业发展的实施意见	2014年5月15日
22	区委办发〔2014〕57号	关于开展非正常上访专项治理百日攻坚行动的通知	2014年5月21日
23	区委办发〔2014〕58号	关于命名表彰2013年度平安乡镇（街道、办事处）的通报	2014年5月27日
24	区委办发〔2014〕63号	关于建立区领导联系重点人才和大学生村官工作制度的通知	2014年6月5日
25	区委办发〔2014〕64号	关于印发衢江区2014年普法依法治理工作要点的通知	2014年6月9日
26	区委办发〔2014〕69号	领导干部“走进矛盾”工作方案	2014年7月9日
27	区委办发〔2014〕70号	关于印发《衢江区有机农产品培育认证三年行动计划》的通知	2014年9月18日
28	区委办发〔2014〕71号	关于实施第八批农民大学生培养项目的通知	2014年7月14日
29	区委办发〔2014〕72号	关于印发衢江区进一步加强村级非生产性开支监督管理的意见的通知	2014年7月14日
30	区委办发〔2014〕74号	关于印发衢江区农村集体资金资产资源管理办法的通知	2014年7月15日
31	区委办发〔2014〕78号	关于印发《2014年党风廉政建设和反腐败工作组织领导与责任分工》的通知	2014年8月6日

续表85

件号	文 号	题 名	日 期
32	区委办发〔2014〕80号	关于印发2014年度乡镇(街道、办事处)建设平安衢江暨社会管理综合治理工作目标责任制考核办法的通知	2014年8月13日
33	区委办发〔2014〕81号	关于印发2014年度区级部门建设平安衢江暨社会管理综合治理工作目标责任制考核办法的通知	2014年8月13日
34	区委办发〔2014〕84号	关于印发衢江区2014年度信访工作目标管理考核办法的通知	2014年9月1日
35	区委办发〔2014〕87号	关于成立"衢江发布"网络平台工作领导小组的通知	2014年9月17日
36	区委办发〔2014〕89号	关于印发衢江区农村赤膊墙整治专项行动实施方案的通知	2014年9月19日
37	区委办发〔2014〕92号	关于开展平安示范暨"八无"乡镇(乡镇、办事处)创建活动的实施意见	2014年9月29日
38	区委办发〔2014〕93号	关于做好村(社区)"三多"事项清理整改工作的通知	2014年10月11日
39	区委办发〔2014〕95号	关于印发《衢江区"三改一拆"、治污治堵百日攻坚行动方案》的通知	2014年11月3日
40	区委办发〔2014〕97号	关于印发《衢州市衢江区领导班子和领导干部作风状况评价办法(试行)的通知》	2014年11月6日
41	区委办发〔2014〕98号	关于印发《衢江区2014年度落实党风廉政建设责任制和推进惩防体系建设工作考核办法》的通知	2014年11月6日
42	区委办发〔2014〕99号	关于成立衢江区富里万亩水田垦造项目工作领导小组的通知	2014年11月6日
43	区委办发〔2014〕101号	关于印发《衢州市衢江区生猪养殖整规百日攻坚行动实施方案》的通知	2014年11月14日
44	区委办发〔2014〕104号	关于推进衢江区农村确权赋权改革的实施意见	2014年11月24日
45	区委办发〔2014〕107号	2014年度落实党风廉政建设主体责任制工作情况的报告	2014年11月3日
46	区委办发〔2014〕109号	关于印发《衢州市衢江区党员领导干部廉政谈话实施办法(试行)的通知》	2014年12月10日
47	区委办发〔2014〕110号	关于加强家庭农场人才队伍建设若干意见	2014年12月11日
48	区委办发〔2014〕111号	关于印发《衢江区宾港大道沿线改造提升专项工作实施方案》的通知	2014年12月17日
49	区委办发〔2014〕115号	关于在全区开展服务退役士兵"四帮一扶持"活动的实施意见	2014年12月19日
50	区委办发〔2014〕117号	关于命名表彰衢江区第三届十大爱心模范的决定	2014年12月24日

2014年政府规范性文件存目

表86

件号	文 号	题 名	日 期
1	衢江区政发〔2014〕19号	关于钙产业整治提升工作的意见	2014年
2	衢江区政发〔2014〕24号	关于石灰土窑整治提升工作的实施意见	2014年
3	衢江区政发〔2014〕25号	关于进一步加强土地整治工作的通知	2014年

续表86

件号	文　号	题　　名	日　期
4	衢江区政发〔2014〕36号	关于进一步加快光伏发电应用的实施意见	2014年
5	衢江区政发〔2014〕40号	关于促进农村电子商务产业发展的若干意见(试行)	2014年
6	衢江区政发〔2014〕48号	关于加快养老服务业的实施意见	2014年
7	衢江区政发〔2014〕51号	关于促进民营医疗机构发展的实施意见	2014年
8	衢江区政发〔2014〕57号	关于印发衢江区城乡居民基本医疗保险实施细则的通知	2014年
9	衢江区政办发〔2014〕23号	关于印发衢江区山塘水库生态治理实施方案的通知	2014年
10	衢江区政办发〔2014〕37号	关于印发衢江区工业投资项目模拟审批实施办法的通知	2014年
11	衢江区政办发〔2014〕38号	关于印发衢江区政府投资项目区级联合审批等实施办法(试行)的通知	2014年
12	衢江区政办发〔2014〕40号	关于印发衢江区铜山溪流域禁养区内生猪养殖污染专项整治实施方案的通知	2014年
13	衢江区政办发〔2014〕59号	关于印发衢江城区已出让土地处置实施办法的通知	2014年
14	衢江区政办发〔2014〕64号	关于印发衢江区开展一户多宅整治专项行动工作方案的通知	2014年
15	衢江区政办发〔2014〕74号	衢江区废旧物品回收站点集中整治工作实施方案	2014年
16	衢江区政办发〔2014〕99号	关于印发衢江区“三改一拆”行动违法建筑处理实施细则的通知	2014年
17	衢江区政办发〔2014〕108号	关于印发衢江区轻钙企业环境整治实施方案的通知	2014年
18	衢江区政办发〔2014〕116号	关于印发衢州市衢江区消火栓管理办法的通知	2014年
19	衢江区政办发〔2014〕123号	关于印发衢江区表土利用工作实施办法的通知	2014年
20	衢江区政办发〔2014〕133号	关于印发完善农村土地承包制度规范引导农村土地经营权有序流转实施意见的通知	2014年
21	衢江区政办发〔2014〕139号	关于印发衢江区农村村民违法建筑处理工作指导意见的通知	2014年
22	衢江区政办发〔2014〕144号	关于印发衢江区加快推进黄标车淘汰工作方案的通知	2014年

区政府为民办实事完成情况

2012年区政府为民办实事完成情况

一、就业方面。培训农民1万人次、企业用工1200人,引导和帮助农村劳动力就业5500人,新增城镇就业700人,城镇零就业家庭发现一户、援助一户。

全年培训农民10672人次、企业用工1580人,引导和帮助农村劳动力就业9875人,新增城镇就业1245人,城镇零就业家庭动态为零。

二、社会保障方面。城乡居民社会养老保险参保率达到95%以上;城乡低保补助标准分别达到每人每月424元、255元;完成杜泽、莲花2个养老服务中心项目建设。

全区城乡居民社会养老保险参保人数19.73万人,参保率达97.3%。城乡低保标准每人每月分别调整为424元、272元,共发放低保金2019.5万元。杜泽养老服务中心1号楼地基和2号楼一层在建,莲花养老服务中心一层在建。

三、医疗卫生方面。城乡居民基本医疗保险参保率达到95%以上,区内住院报销比例达到70%;乡镇卫生院一体化管理的村卫生室实行基本药物零差率销售;启动残疾人康复综合服务大楼建设,实施残疾幼儿抢救性康复项目。

全区城乡居民基本医疗保险参保人数30.41万人,参保率达96%,区内住院报销比例达70%。紧密型一体化管理的村卫生室实施基本药物零差率销售。残疾人康复综合服务大楼项目“两证”已办理,初步设计方案通过论证;为65名残疾儿童提供抢救性康复服务。

四、住房保障方面。启动城中村改造,开工建设15万平方米公寓房一期和迁建小区基础配套工程。

全面完成城中村改造调查摸底工作,新屋里小区一期14.7万平方米公寓房开工建设。缪家迁建点一期土地报批完成并启动土地征收。

五、教育文化方面。启动衢江区第一初中建设,90%以上的乡镇(街道)建成等级中心幼儿园,实施教育装备提升工程,配备学校计算机2000台、多媒体600台,中小学生均营养餐标准由350元提高到750元,设立困难学生救助专项资金;推进“春泥计划”和未成年人思想道德建设;送戏130场、送电影3300场,农家书屋行政村全覆盖;建成广播电视信息传输中心,完成数字电视整转2万户。

总投资1.34亿元48个班的第一初中动工建设;95%以上的乡镇(街道)建成等级中心幼儿园;为学校配备计算机2353台、多媒体726台;义务教育学校中小学生均营养餐标准由350元提高到750元;安排中小学校困难学生救助专项资金45万元。“春泥计划”教育实践基地新增74个、达到176个,共投入活动经费553.4万元。送戏140场、电影3800场,农家书屋实现行政村全覆盖。广播电视信息传输中心大楼基本建成、春节前投入使用,完成数字电视整转5万户。

六、扶贫方面。完成特扶项目投资5亿元以上,确保70%以上低收入农户人均收入超过4000元;全面完成廿里后山小区建设,推进上方立模、大洲东岳等安置小区建设。转移安置山区库区农户2500人以上。

全年实施特扶项目268个，累计完成投资5.57亿元；全区74%以上低收入农户人均收入超过4000元。总投资1.7亿元、占地10公顷的廿里后山小区全面建成，785套安置房交付使用；上方立模小区一期110套安置房交付、二期100套竣工；大洲东岳小区41户农民自建房完成。共转移安置山区库区群众4004人。

七、农村环境建设方面。实施环境整治提升村50个；完成农村住房改造5589户，其中农村困难家庭危房改造3000户以上；新建15个农村社区服务中心；基本实现村村建邮站。

全面完成50个村环境整治提升并通过省市验收，实施道路硬化78.75千米，埋设截污管网98千米，配置垃圾箱（池）821个、垃圾收集车50辆。改造农村住房5589户，其中农村困难家庭危房3350户。基本完成15个农村社区服务中心建设。全区272个村邮站建设全部完成并通过验收。

八、饮用水保障方面。30个山塘水库实现“清水养鱼”，新解决1.5万人饮用水安全问题。

30个山塘水库实现“清水养鱼”，解决43个村3.23万人饮用水安全问题。

九、交通方面。启动建设方杨撤渡建桥工程，完成廿项线廿里段改建，实施农村公路安保工程61千米。

总投资3350万元的百灵大桥（方杨撤渡建桥工程）开工建设，已完成部分桩基、系梁和立柱浇筑。廿项线廿里段改建工程路基完成，正进行路面硬化。完成8条乡道和42条村道总长61千米的安保设施建设。

十、公共安全方面。加固干堤6千米、病险水库6座，整治山塘20座；改造提升3个乡镇农贸市场；治理4个地质灾害隐患点。

完成干堤加固7.57千米，除险加固全旺富家垅、后溪五石垅、云溪里塘、周家坞塘及垅塘、横路马安垅等6座水库，整治山塘30座。廿里、杜泽、上方等4个农贸市场改造提升并通过省市验收。太真银坑、黄坛口坑口、湖南镇白坞口3个地质灾害隐患点治理完成并通过验收，全旺螺丝坞泥石流应急治理工程施工完成。

2013年区政府为民办实事完成情况

一、建成区第一初中，完成廿里小学二期扩建工程，启动1～2所公办幼儿园建设，配备中小学课桌椅5000套、计算机1000台。

区第一初中、廿里小学二期扩建工程建成并投入使用。公办幼儿园完成项目选址、可研批复等前期工作。完成学生课桌椅5000套、计算机1000台配备。

二、培训农民1万人次，引导和帮助农村劳动力就业5500人，新增城镇就业800人。

全年培训农民10850人次，引导和帮助农村劳动力就业8349人，新增城镇就业1156人。

三、区人民医院异地扩建工程投入使用；城乡居民基本医疗保险参保率达96%以上，区内住院报销比例达到75%。

区人民医院异地扩建工程一期于2013年12月28日投入使用；城乡居民基本医疗保险参保30.5万人，参保率达97.1%，区内住院报销比例达到75.2%。

四、城乡居民社会养老保险参保率达95%以上；农村低保补助标准提高13%；启动峡川、云溪2个敬老院改造。

全区城乡居民社会养老保险参保19.63万人，参保率达97.3%；农村低保补助标准提高13%；峡川镇、云溪乡养老服务中心开工建设。

五、完成保障房建设200套;转移安置山区库区群众1500人以上。

全年完成保障房建设200套;转移搬迁山区库区群众2525人,其中扶贫重点村2473人,地质灾害点52人。

六、30座山塘水库实现“清水养鱼”;新解决3万人饮水安全问题。

全年54座山塘水库实现“清水养鱼”;新解决4.7万人饮水安全问题。

七、建设农村联网公路26千米、安全设施30千米;完成农村公路大中修27千米。

全年建成农村联网公路26.5千米和33千米农村公路安全设施;完成石呈线、云十线、上田线、大杨线、芳全线等农村公路大中修27千米。

八、整转数字电视2000户;送戏120场、电影3800场、图书1.6万册;争创省体育强乡镇3个、省级小康体育村30个;“春泥计划”教育实践基地实现行政村全覆盖。

全区整转数字电视15500户,累计93000户;送戏156场、电影3800场、图书18500册;创建省体育强乡镇5个、省级小康体育村78个;建成“春泥计划”教育实践基地275个,实现行政村全覆盖。

九、改造提升通浦、大洲等农贸市场;加固山塘水库30座;整治河道水渠100千米。

通浦路农贸市场于2013年11月动工,大洲农贸市场于2013年12月20日开张;除险加固水库6座,整治山塘42座;治理河道38千米、渠道82千米。

十、加强政风民风热线、区长信箱、机关效能110、衢江新闻网等平台建设,畅通群众诉求渠道,诉求答复率达100%。

全年编发《政风民风交办事项报告单》323期,网络舆情专报12期;办理区长信箱56件,答复率100%;区机关效能110收到群众诉求572件,办结率100%;衢江新闻网开设5大版块25个栏目,开通衢江新闻网官方微博,及时主动回应群众关切。

2014年区政府为民办实事完成情况

一、整治山塘25座,治理江山港楼里段等河道38千米,出境水质达标率100%。

完成山塘整治34座、河道治理60千米,出境水质达标率100%。

二、新增生活污水治理村92个、农户受益率达70%以上,建设市级生态村50个。

新增生活污水治理村101个,农户受益率达80%,完成市级生态村建设90个。

三、完成新区—安仁等4条城乡供水一体化主干管建设;完成湖南镇自来水厂取水口改建;实施峡川镇水源保障工程;新解决3万人饮水安全问题;50座山塘水库实现洁水养殖。

完成塔山—十里丰、西垅—高家、新区—安仁、安仁—全旺、西垅—杜泽等5条主干管建设,共69.6千米;湖南镇自来水厂取水口改建已完工;峡川镇水源保障工程开工建设;新解决和提升农村安全饮水人口5.6万;347座山塘水库实现洁水养殖。

四、定期发布食用农产品放心指数;完成通浦、高家农贸市场改造提升。

发布食用农产品放心指数12期,检测食用农产品果蔬大类样品211批次,抽检家庭农场118家次,产品合格率100%;通浦路菜市场已完工并营业,高家农贸市场改造提升项目整体建筑已建至二层,一楼农贸市场将于春节前完工。

五、开工建设汽车东站,新增公交线路4条;

建设农村联网公路27千米、安保设施40千米，完成农村公路大中修26千米。

完成汽车东站项目环评审查、交通影响评价、初步设计评审和施工图初审等前期工作，项目招商方案于2014年10月上报市政府决策；新开通西区至衢江城区的26路、斗潭至衢江城区的36路和廿里至三中的526路公交；完成农村联网公路27千米、农村公路安保工程62千米、农村公路大中修63千米。

六、完成区第二小学主体建设，启动区第四小学扩建工程；开通衢江教育骨干网，校园网络实现“千兆到校、百兆到班”。

区第二小学完成食堂、风雨操场等主体结构建设；区第四小学扩建工程完成地质勘探、施工图设计和征地等工作；开通衢江教育骨干网，校园网络全部实现“千兆到校、百兆到班”。

七、建成农村文化礼堂24个。

已建成24个农村文化礼堂。

八、完成保障房建设378套；社会养老保险、基本医疗保险参保率分别达95%、96%以上；农村低保补助标准达到城镇的73%，区残疾人康复综合服务中心建成使用。

已完成378套保障房建设；城乡居民社会养老保险参保率达97.2%，城乡居民基本医疗保险参保率达97.3%；农村低保补助标准已参照市政府文件要求执行到位；区残疾人康复综合服务中心已全面竣工。

九、转移安置山区库区群众1500人以上。

转移安置山区库区群众3209人。

十、完成改造提升乡镇养老服务中心2个，建成城乡社区居家养老服务中心98个。

云溪乡、峡川镇养老服务中心建设项目主体工程已全面完工；建成111个城乡社区居家养老服务中心。

荣誉录

(2012—2014)

表87

荣誉	颁发单位	时间
全国农业标准化示范县	农业部	2012年
全国粮食生产先进县	农业部	2012年
区民政局获全国民政系统信访工作先进集体	民政部	2012年
衢江区价格认证中心被评为全国先进价格认证机构	国家发展改革委	2012年
衢江区第四小学被评为全国三八红旗集体	全国妇联	2012年
衢江区第四小学被评为全国妇女创先争优先进集体	全国妇联	2012年
黄坛口乡被评为国家级生态乡镇	环保部	2012年
黄坛口乡茶坪村被评为全国民主法治村	司法部	2012年
衢江区法院行政庭被评为全国法院优秀调解案例	最高人民法院	2012年
魏胜杰被评为全国法院先进个人	最高人民法院	2012年
黄月华被评为“全国新型农村和城镇居民社会养老保险工作先进个人”	人力资源和社会保障部	2012年
雷文伟被评为省第三次全国文物普查先进个人	国家文物局	2012年
程小英被评为全国城乡岗位建功先进个人	全国妇联	2012年
平安区	中共浙江省委、省人民政府	2012—2014年(连续3年)
市县党政领导科技进步目标责任制考核先进单位	中共浙江省委、省人民政府	2012年
衢江水利水电发展有限公司获全省重点建设立功竞赛先进集体	浙江省人民政府	2012年
浙江省农村饮用水工程长效管理达标县	浙江省水利厅	2012年
衢江区信访局被评为全省“党的十八大期间信访工作先进集体”	浙江省委政府信访领导小组、省信访联席会议	2012年
衢江区委统战部被评为省统一战线工作先进集体	浙江省委统战部	2012年
社会主义新农村建设档案工作示范县	浙江省档案局	2012年
衢江区创业宣讲团被评为省优秀宣讲团	浙江省委宣传部	2012年
衢江区检察院被评为全省基层检察院建设进步奖	浙江省人民检察院	2012年
杜泽法庭被评为模范五好法庭	浙江省高级人民法院	2012年
廿里法庭荣立二等功	浙江省高级人民法院	2012年

续表87

荣誉	颁发单位	时间
衢江区法律援助中心被评为全省法律援助工作先进集体	浙江省司法厅	2012年
衢江区能源办被评为全省能源工作目标考核先进集体	浙江省农业厅	2012年
衢江区林业局被评为全省森林旅游工作先进单位	浙江省林业厅	2012年
衢江区林业局被评为县级林业工作先进集体	浙江省林业厅	2012年
衢江区水利局被评为全省农村水电工作先进集体	浙江省水利厅	2012年
浙江省进出口贸易工作十周年先进集体	浙江省商务厅	2012年
浮石渡至大路章工程被评为“平安工地”	浙江省交通运输厅	2012年
衢江区卫生局被评为省医政工作先进集体	浙江省卫生厅	2012年
衢江区文化市场行政执法大队被评为全省广播影视行政执法工作先进集体	浙江省文化厅	2012年
衢江区教育局被评为全省教育宣传工作先进集体	浙江省教育厅	2012年
衢江区人力社保局被评为“全省金保工程建设优秀单位”	浙江省人力资源和社会保障厅	2012年
衢江区社保局被评选为全省社会保障卡医保“一卡通”建设工作先进单位	浙江省人力资源和社会保障厅	2012年
廿里镇被评为省“五四红旗”团委	共青团浙江省委	2012年
廿里镇被评为省计划生育依法行政先进单位	浙江省人口和计划生育委员会	2012年
衢江区第四小学被评为省“五一劳动奖章”	浙江省总工会	2012年
衢江区广播电视台被评为直播卫星公共服务建设先进单位	浙江省广电局	2012年
衢江区地税局被评为全省地税系统省级基层文明单位	浙江省地税局	2012年
衢江区农办农家乐业绩考评被评为全省一等奖	浙江省农办	2012年
衢江区社科联被评为省社科联社科普及先进单位	浙江省社科联	2012年
衢江区妇联被评为省妇女维权示范岗	浙江省妇联	2012年
衢江区第四小学被评为省“三八红旗集体”	浙江省妇联	2012年
衢江区林业局被授予“省绿化模范单位”称号	浙江省绿化委员会	2012年
莲花镇中心小学被评为省第五批体育特色学校	浙江省体育局	2012年
衢江区被评为首届女子体育节强县组一等奖	浙江省首届女子体育节组委会	2012年
周家乡、浮石街道被评为省第八批体育强镇(乡)	浙江省体育局	2012年
全省经济和信息化工作先进县(市、区)	浙江省经信委	2012年
浙江省重点工业企业运行分析系统建设先进单位	浙江省经信委	2012年
衢江区经信局被评为省经信系统工业投资和行政审批管理先进单位	浙江省经信委	2012年
衢江区经信局被评为省技术创新先进单位	浙江省经信委	2012年
衢江区物价局被评为全省价格鉴证工作先进集体	浙江省物价局	2012年
衢江区质监局被评为省质量安全区域监管工作优秀县级局	浙江省质监局	2012年
全省质监系统基层党建示范点	浙江省质监局	2012年

续表87

荣誉	颁发单位	时间
衢江区爱卫办被评为省农村改厕工作先进集体	浙江省爱卫会	2012年
衢江区爱卫办被评为省爱国卫生运动60周年先进集体	浙江省爱卫会	2012年
市第二人民医院(衢江区人民医院)被评为省二级甲等综合医院	浙江省卫计委	2012年
大洲镇被评为社会主义新农村建设档案工作示范乡镇	浙江省档案局	2012年
浙江省保障性安居工程先进集体	浙江省城乡住房工作协调委员会办公室	2012年
衢江区消防大队被评为文明单位	浙江省精神文明建设委员会	2012年
衢江区市场监管局被评为打击传销工作成绩突出的集体	浙江省打击传销联席会议办公室	2012年
石荣土被评为重点建设立功竞赛先进个人	浙江省政府	2012年
王土仙被评为省创先争优优秀共产党员	中共浙江省委	2012年
全国群众体育先进单位	国家体育总局	2013年
大洲镇被评为2011—2013年度优质服务窗口	全国人力资源社会保障部	2013年
双桥乡被评为国家级生态乡	环保部	2013年
衢江区市场监管局杜泽所被评为全国工商行政管理系统先进工商所	国家工商总局	2013年
童康祥被评为全国优秀工会工作者	中华全国总工会	2013年
陈雁被授予全国绿化奖章	全国绿化委员会	2013年
李樟花被评为全国维护妇女儿童权益先进个人	全国妇联	2013年
全省市县党政领导科技进步目标责任制考核优秀单位	浙江省委、省政府办公厅	2013年
全省百万造地保障工程建设先进单位	浙江省委、省政府	2013年
衢江区林业局被命名为浙江省文明单位	中共浙江省委	2013年
浙江省现代农业园区	浙江省人民政府	2013年
浙江省农村集体“三资”管理规范化县	浙江省农业厅、财政厅、监察厅	2013年
浙江省茶树良种化先进县	浙江省农业厅	2013年
全省经济和信息化工作先进县(市、区)	浙江省经信委	2013年
衢江区铁路建设项目办公室被评为重点建设立功竞赛先进集体	浙江省政府	2013年
樟潭街道被评为第三届省“人民满意公务员集体”	浙江省政府	2013年
衢江区人民调解委员会被评为全省优秀人民调解委员会	浙江省委办公厅	2013年
衢江区法院政治处被评为全省法院政工信息工作先进集体	浙江省委政法委	2013年
衢江区法律援助中心被评为全省法律援助为民服务创先争优先进集体	浙江省司法厅	2013年
杜泽法庭荣立集体二等功	浙江省高级人民法院	2013年
衢江区教育局被评为全省宣传教育先进集体	浙江省教育厅	2013年

续表87

荣誉	颁发单位	时间
衢江区文广局被评为省文化走亲先进单位	浙江省文化厅	2013年
衢江区人民医院神经内科被评为省县级医学龙头学科	浙江省卫生厅	2013年
衢江区消防大队被评为消防部队“温暖警营”	浙江省公安厅	2013年
樟潭街道被评为省级生态街道	浙江省环保厅	2013年
举村乡被评为省级生态示范乡	浙江省环保厅	2013年
衢江区妇联被评为省巾帼建功和双学双比活动先进集体	浙江省巾帼建功和双学双比活动协调小组办公室	2013年
衢江区妇联被评为省先进妇女组织	浙江省妇联	2013年
王敏岚被评为省三八红旗手	浙江省妇联	2013年
衢江区物价局被评为全省价格系统政务信息工作先进单位	浙江省物价局	2013年
衢江区物价局被评为全省收费验审工作先进集体	浙江省物价局	2013年
衢江区司法局被评为“浙江全面小康十大社会治理创新奖”	中国(浙江)全面小康论坛组委会	2013年
衢江区文广局被评为全省农家书屋工程建设先进单位	浙江省新闻出版局	2013年
衢江区市场监管局被评为2012年度全省政务信息工作先进单位	浙江省工商行政管理局	2013年
衢江区市场监管局被评为2012年度全省新闻宣传工作先进单位、全省优秀官方微博	浙江省工商行政管理局	2013年
衢江区人防办被评为人民防空工作先进单位	浙江省人防办	2013年
廿里质监站所被评为省级文明规范基层质监站所	浙江省质监局	2013年
衢江区市场监管局被评为省依法行政示范单位	浙江省全面推进依法行政工作领导小组	2013年
衢江区审计局被评为省县级审计机关考核先进单位	浙江省审计厅	2013年
杜泽镇被评为省级文明镇	浙江省精神文明建设委员会	2013年
衢江区人民医院眼科中心被评为省第一届“敬老文明号”	浙江省老工委	2013年
衢江区档案馆被评为省二级国家综合档案馆和省级爱国主义教育示范基地	浙江省档案局	2013年
大洲镇被评为省示范数字档案室	浙江省档案局	2013年
湖南镇破石村被授予民族团结进步模范集体	中华人民共和国国务院	2014年
衢江区检察院控告申诉科被评为全国文明接待室	最高人民检察院	2014年
胡金凤家庭获评全国孝老爱亲最美家庭	中宣部、全国妇联	2014年
全国群众体育先进单位	国家体育总局	2014年
衢江区档案馆被评为国家二级综合档案馆	国家档案局	2014年
衢江区司法局被评为中国十大社会治理奖(司法局“监地视频帮教对接模式”)	中国全面小康论坛委员会求是《小康》杂志社	2014年
莲花镇、岭洋乡、全旺镇被评为国家级生态乡镇	环保部	2014年

续表87

荣誉	颁发单位	时间
廿里镇、莲花镇被评为全国重点镇	建设部、发改委、民政部、国土资源部、农业部、科技部	2014年
廿里镇被评为全国文明镇	中央精神文明建设指导委员会	2014年
大洲镇东岳山禅寺被评为第二届“和谐寺观教堂”创建先进集体	国家宗教事务局	2014年
大洲镇外焦村特色村寨项目被列入全国少数民族特色村寨保护与发展名录	国家民族事务委员会	2014年
童康祥被授予全国五一劳动奖章	中华全国总工会	2014年
雷文伟家庭被评为首届全国“书香之家”	国家新闻出版广电总局	2014年
金川被评为全国消费维权先进工作者	中国消费者协会	2014年
衢江区被评为2009年以来国防动员工作先进单位	浙江省委、省政府、省军区	2014年
2005—2013年平安鼎	中共浙江省委、省政府	2014年
衢江区司法局被评为中国（浙江）全面小康十大社会治理创新奖	中国（浙江）全面小康论坛组委会	2014年
浙江省现代农业园区（综合区）标杆示范区	浙江省人民政府	2014年
莲花省级现代农业综合区被授予省级标杆性现代农业园区	浙江省人民政府	2014年
廿里法庭被评为全省模范五好法庭	浙江省高级人民法院	2014年
杜泽法庭被评为全省模范五好法庭	浙江省高级人民法院	2014年
朱贤红被评为全国法院人民法庭工作先进个人	最高人民法院	2014年
衢江区检察院监所检察科被荣记集体二等功	浙江省人民检察院	2014年
全省经济和信息化工作先进县（市、区）	浙江省经信委	2014年
全省网上技术市场工作先进县（市、区）	浙江省科技厅	2014年
衢江区人大常委会被评为人大信息工作先进单位	浙江省人大办公厅	2012—2014年
衢江区司法局被评为浙江省社区矫正工作先进集体	浙江省委、省政府办公厅	2014年
衢江区司法局被评为2013年—2014年度全省政法系统先进集体	浙江省政法委	2014年
衢江区司法局被评为全省司法行政系统依法行政工作先进集体	浙江省司法厅	2014年
廿里、周家司法所被评为五星级司法所	浙江省司法厅	2014年
衢江区农业信息与教育培训中心被评为省农民信箱工作先进单位	浙江省农业厅	2014年
衢江区林业局被评为县级林业工作先进集体	浙江省林业厅	2014年
衢江区水利局被评为省县级海洋与渔业工作先进单位	浙江省海洋与渔业局	2014年
衢江区教育局被评为2013学年全省教育宣传工作先进集体	浙江省教育厅	2014年
全省网上技术市场工作先进县（市区）	浙江省科技厅	2014年
浮石街道被评为教育强乡镇	浙江省教育厅	2014年

续表87

荣誉	颁发单位	时间
湖南镇破石村被授予文明村	浙江省精神文明建设委员会	2014年
衢江区体育局被评为省体育宣传工作先进单位	浙江省体育总会	2014年
双桥乡被评为省群众体育先进单位	浙江省体育局	2014年
陈建武被评为省群众体育先进个人	浙江省体育局	2014年
江忠红被评为首届最美浙江体育人	浙江省体育局	2014年
大洲镇被评为省级体育特色乡镇	浙江省体育局	2014年
《神针》微电影获评——美丽浙江城市形象微电影大赛最佳故事奖	浙江省委宣传部外宣办、省旅游局、省新闻出版局	2014年
衢江区委党校被评为全省党校系统考核工作进步奖	浙江省委党校	2014年
大洲镇团委被评为先进团委	共青团浙江省委	2014年
市第二人民医院脑科中心团支部被评为先进团支部	共青团浙江省委	2014年
衢江区人民武装部被评为安全管理先进单位	浙江省军区	2014年
衢江区工商联被评为省“五好”县级工商联	浙江省工商联	2014年
衢江区社保局获全省“巾帼文明岗”	浙江省妇联	2014年
衢江区社保局被评为档案管理工作一级达标单位	浙江省人力社保厅	2014年
衢江区巡特警大队被评为省优秀公安基层单位	浙江省公安厅	2014年
“蜜之源”牌蜜橘获浙江省农博会金奖	浙江省农业博览会组委会	2014年
衢江区安全生产监督管理局被评为全省安全生产监管系统先进集体	浙江省安监局、省人力资源和社会保障厅	2014年
衢江区住房和城乡建设局被评为省保障性安居工程先进集体	浙江省城乡住房工作协调委员会办公室	2014年
衢江区质监局被评为省依法行政示范单位	浙江省全面推进依法行政工作领导小组	2014年
衢江区人民医院被评为省级文明单位	浙江省精神文明建设委员会	2014年
衢江经济开发区被评为省山海协作产业园考核一等奖	浙江省经合办	2014年
衢江区消防大队中队党支部被评为“先进基层党组织”	浙江省消防总队	2014年
衢江区审计局被评为先进集体	浙江省审计厅	2014年
区妇联被评为省巾帼建功和双学双比活动先进集体	浙江省巾帼建功和双学双比活动协调小组办公室	2014年
庄雪梅被评为浙江省巾帼建功标兵	浙江省巾帼建功和双学双比活动协调小组办公室	2014年

各单位审稿人名单

(按编稿顺序排列)

方勇胜	张建新	周　迅	孙柳青	陈志全	方世忠	徐桂明
陈剑明	卢和邦	彭春土	郭志强	方凌明	杜一岳	吴韶光
宋彩虹	王敬国	郑益红	童康祥	宁　春	邵晓霞	蒋　伟
赖光娟	黄良城	杜明朗	柴胜辉	陈建武	刘华新	胡小飞
魏云祥	崔贤耀	吴　刚	方建华	徐圣忠	祝拥斌	符群益
江学金	李诗海	杨建云	朱国明	郑静滢	谢根兴	程佳华
王立宏	程立康	方连山	金祖耀	徐小明	陶海富	吴水标
何亚明	庄雪梅	梁忠进	吕长青	徐建安	李志刚	陶水富
周柏青	鄢凌峰	胡放远	刘文国	陶海良	王　典	颜小荣
龚　寅	刘　斌	汪寅炬	郑章忠	刘银生	袁金培	徐小军
蓝小珍	徐强才	杜莹莹	应铁飞	吾利民	周宏祥	陈　峰
刘　勇	毛春林	朱敏峰	江　霞	陆晓梅	方昌顺	周敏华
徐松生	周宁刚	余晓峰	黄云龙	蓝小明	陈剑明	陈剑明
韩　军	徐光平	罗永美	汪立新	黄晓春	卢和邦	胡放远
朱永平	王志林	傅利红	陈建春	慎　欣	李荣才	杜青青
郑瑞荣	徐明峰	周建明	叶利明	甘小华	章青华	李燕琴
袁伟华	王　中	杨超鹏	徐水忠	邱雪祥	章李华	杨雪华
方　俊	蓝成才					

说明索引

1. 索引分条目索引和表格索引。按标引词首字汉语拼音(同音字按声调)顺序排列,首字相同按第二字排列,以下依此类推。

2. 正文索引仅限于具体条目、类目、分目、及条目中的“概况”、“概述”不作索引。

3. 标引词后的阿拉伯数字表示页码。

4. “特载”、“特辑”、“大事记”、“机构及负责人”、“统计资料”、“文件目录选编”、“附录”类目及彩页未编索引。

条目索引

0—9

A

B

C

D

E

F

G

H

K

L

M

N

P

Q

R

S

T

W

X

Y

Z

表格索引